17,-

George E. Vaillant

Werdegänge

Erkenntnisse der
Lebenslauf-Forschung

Deutsch von
Lieselotte Mietzner

Rowohlt

Die Originalausgabe erschien 1977 unter dem Titel
«Adaptation to Life» im Verlag
Little, Brown and Company, Boston–Toronto
Umschlagentwurf Werner Rebhuhn

1. Auflage Februar 1980
Copyright © 1980 by Rowohlt Verlag GmbH,
Reinbek bei Hamburg
«Adaptation to Life»
Copyright © 1977 by George E. Vaillant
Alle deutschen Rechte vorbehalten
Gesamtherstellung Clausen & Bosse, Leck
Printed in Germany
ISBN 3 498 07054 1

Ich widme dieses Buch den Männern der Grantstudie. Sie haben mich mit ihrer Treue, ihren Problemen und Lösungen ein ganzes Jahrzehnt hindurch angeregt, gerührt und geleitet. Mein Leben wäre um vieles ärmer, wenn ich sie nicht gekannt hätte.

Inhaltsverzeichnis

I. Teil	Wie seelische Gesundheit erforscht wird – Methoden und Beispiele	9
	Einführung	11
1. Kapitel	Seelische Gesundheit	23
2. Kapitel	Die Männer der Grantstudie	45
3. Kapitel	Wie sie untersucht wurden	58
4. Kapitel	Gesundheit neu gefaßt: die Fähigkeit, sexuelle und aggressive Antriebe frei auszudrücken	73
II. Teil	Grundformen der Realitätsbewältigung	97
5. Kapitel	Die Anpassungsmechanismen des Ichs – eine hierarchische Gliederung	99
6. Kapitel	Sublimierung	120
7. Kapitel	Unterdrückung, Antizipation, Altruismus und Humor	137
8. Kapitel	Die neurotischen Abwehrmechanismen	165
9. Kapitel	Die unreifen Abwehrmechanismen	205
III. Teil	Die Auswirkungen der Realitätsanpassung auf die Persönlichkeitsentwicklung	251
10. Kapitel	Der Lebenszyklus des Erwachsenen	253
	Raupen und Schmetterlinge	253
	Die Adoleszenz – zum ersten Mal auf eigenen Füßen	268
	Intimität und berufliche Konsolidierung	278
	Generativität – die zweite Adoleszenz	284
	Die «Bewahrer des Sinns»	297
11. Kapitel	Wege zur Gesundheit	307
12. Kapitel	Erfolgreiche Anpassung	333
13. Kapitel	Im Kinde zeigt sich schon der ganze Mensch	364
14. Kapitel	Freunde, Ehefrauen und Kinder	387
	Freunde	390
	Vaterschaft	403
	Ehe	409
IV. Teil	Schlußfolgerungen	419
15. Kapitel	Das reifende Ich	421
16. Kapitel	Noch einmal: Was ist psychische Gesundheit?	449
17. Kapitel	Zusammenfassung	470

Anhang A	Glossar der Abwehrmechanismen	481
Anhang B	Das Interview-Schema	489
Anhang C	Einstufungsskalen	492

Literaturangaben 506
Danksagung 513

I. Teil: Wie seelische Gesundheit
erforscht wird –
Methoden und Beispiele

Einführung

> Jeder einzelnen Untersuchung zur Frage, wie Lebensprobleme aus eigener Kraft und mit angemessenen Mitteln praktisch bewältigt werden können, stehen Tausende von Arbeiten über Fehlanpassung gegenüber.
> LOIS MURPHY
> *The Widening World of Childhood*

1937 trafen sich der Philanthrop William T. Grant und der Mediziner Dr. Arlie V. Bock, Leiter eines Universitätsgesundheitsdienstes. Übereinstimmend stellten sie fest, daß man sich in der medizinischen Forschung zu stark auf die Untersuchung von Krankheiten konzentriere. «Zur Erforschung der Kranken, der geistig und körperlich Behinderten», so erklärten sie, «sind bisher fortlaufend großzügige Mittel vergeben und umfassende Programme realisiert worden ... Andererseits hat man es jedoch kaum je für notwendig gehalten, auch die Gruppe derer, denen es gut geht und die ihre Sache gut machen, systematisch zu untersuchen.»[1] Der Philanthrop und der Direktor des Gesundheitsdienstes entwickelten daraufhin den Plan, aus mehreren aufeinanderfolgenden Collegejahrgängen eine zwar zahlenmäßig kleine, aber gesunde Auswahl von Studenten zu treffen, um sie einer intensiven medizinischen und psychologischen Beobachtung zu unterziehen. Die Mitglieder der auf diese Weise gebildeten Versuchsgruppe sollten also gerade, weil man sie für gesund hielt, genauer untersucht werden. Dieses Buch beschreibt ihr Leben während der folgenden fünfunddreißig Jahre. Die Männer der «Grantstudie», wie die Untersuchung später genannt wurde, lebten zwar keineswegs alle in immerwährendem Glück und steter Zufriedenheit, doch ist, was sie erlebt und erfahren haben, für uns alle bedeutungsvoll.

In einer teilweise ähnlich konzipierten Studie hat Frank Barron, Psychologe an der University of California, gesunde graduierte Studenten sehr eingehend untersucht. Eines der Hauptergebnisse seiner Arbeit war, daß «kein besonders vom Glück verwöhntes Individuum gefunden werden konnte; auch im leichtesten Leben fehlte es nicht an Problemen und heimlicher Verzweiflung ... Die Auswertung der gewonnenen Befunde führt uns zu dem Schluß, daß Psychopathologie etwas universell Vorhandenes ist und daß nicht das Fehlen von Problemen die Gesundheit ausmacht, sondern eine bestimmte Art und Weise, mit den Problemen umzugehen.»[2] Barrons Schlußfolgerung schlägt bereits das Grundthema dieses Buches an.

Als sie zu spezieller Beobachtung ausgewählt wurden, hatten alle Teilnehmer der Grantstudie an einem stark leistungsbetonten Liberal-Arts-College bereits eine hohe akademische Stufe erklommen. Später im Zweiten Weltkrieg stiegen die meisten der ausgesuchten Kandidaten in den Offiziersrang auf und erwarben sich auch in der wesentlich rauheren Kriegsatmosphäre, in der sie nach anderen als nur nach intellektuellen Fähigkeiten beurteilt wurden, hohe Anerkennung. Drei Jahrzehnte später, zur Zeit ihres fünfzigsten Geburtstages, ist die Mehrzahl der Männer noch am Leben und frei von behindernden körperlichen Krankheiten. Über neunzig Prozent haben stabile Familien gegründet; durchweg alle stehen in ausgezeichneter beruflicher Position. *Dennoch ist kein einziger unter ihnen, dem alles immer nur in den Schoß gefallen wäre.* So kam es, daß im Lauf der Zeit die Frage, wie Männer sich den Bedingungen des Lebens anpassen, immer mehr in den Mittelpunkt der Grantstudie rückte.

Heinz Hartmann hatte schon in seiner 1937 erschienenen Monographie ‹*Ich-Psychologie und Anpassungsproblem*› die Auffassung vertreten, daß seelische Gesundheit und Anpassung nicht voneinander zu trennen seien. «Ich halte das Durchdenken dieses Begriffes», so schrieb Hartmann über die Anpassung, «der so einfach scheint, in Wahrheit aber eine Fülle von Fragen deckt ... nicht für unnütz, hoffe vielmehr, daß es uns zu einem klareren Verständnis vieler Fragen der allgemeinen Psychologie, der normalen, aber auch der pathologischen, und insbesondere auch zur Klärung unseres Begriffes seelischer Gesundheit verhelfen wird.»[3] Hartmann kam nicht mit der Studie in Berührung; und umgekehrt wußten auch die Mitarbeiter der Studie damals noch nichts von seiner Arbeit, obwohl sie in späteren Jahren zu einem der Eckpfeiler des modernen psychoanalytischen Denkens werden sollte.

Der Mitarbeiterstab der Grantstudie bestand in ihrer Anfangszeit aus Internisten, Psychiatern, Psychologen, Physiologen und Anthropologen. Als Fachleute auf ihrem Gebiet hatten diese Männer erkannt, daß die überwiegende Beschäftigung mit abweichenden oder außergewöhnlichen Mitgliedern der Spezies Mensch jede der von ihnen vertretenen Disziplinen beeinträchtigt hatte. Sie waren deshalb übereingekommen, zusammenzuarbeiten und gemeinsam eine Gruppe gesunder junger Männer zu untersuchen. Mitte der vierziger Jahre erschienen bereits die ersten beiden Publikationen über die Studie. Allerdings brachte weder ‹What People Are› von Clark Heath noch ‹Young Man, You Are Normal› von Ernest Hooton viel Überraschendes.[4] Diese frühen Veröffentlichungen verfolgten zunächst nur den Zweck, bereits abgeschlossene Forschungsarbeit zusammenzufassen, und das taten sie auch. Im übrigen waren sich damals die ursprünglichen Forscher der Tatsache bewußt, daß es noch zu früh war, um Untersuchungsergebnisse zu veröffentlichen. Hooton wies mahnend darauf hin, daß «es uns nicht genügen darf, zwei oder drei kleine Querschnitte durch die Gruppe der jungen Männer eines an sich schon äußerst schmalen Ausschnitts unserer Spezies zu legen, anstatt sie während ihres ganzen Berufsweges fortlaufend zu beobachten und zu untersuchen»[5]. Auch bei einem guten Bordeaux kann man im ersten Jahr nach der Abfüllung noch nicht das volle Bukett genießen.

Obwohl seither dreißig Jahre vergangen sind, beteiligen sich die Männer nach wie vor mit erstaunlicher Treue an dem Forschungsprojekt. In dem Maße, wie sie an Statur gewonnen haben, ist auch die Beschäftigung mit ihrem Leben immer faszinierender geworden. Die Untersuchten sind mittlerweile Autoren von Bestsellerromanen und Kabinettsmitglieder, Gelehrte und Industriekapitäne, Ärzte und Hochschullehrer von Rang, Richter und Zeitungsherausgeber. Dennoch haben sie alle in schillernder Vielfalt jene Verhaltensformen gezeigt, die Freud als «Psychopathologie des Alltagslebens» bezeichnet hat.

Mein Versuch, die Anpassungshandlungen dieser Männer zu beschreiben, ist ein ehrgeiziges und mit ungezählten Schwierigkeiten behaftetes Unternehmen. Die größte Klippe liegt darin, daß ich den Eindruck erwecke, es gäbe «gesündere» und «weniger gesunde» Verhaltensweisen. Doch sind alle vorliegenden Definitionen der Gesundheit – und namentlich der seelischen Gesundheit – relativ. Ich habe mir den Standpunkt zu eigen gemacht, daß – da gute Gesundheit schlechter, aber nicht noch besser werden kann – bei einer Diskussion über sie Begriffe wie «durchschnittlich» oder «normal» fehl am Platze sind. Meßgrößen wie das durchschnittliche Sehvermögen, die durchschnittliche Lebenserwartung, selbst der Durchschnitts-IQ reflektieren nur das durchschnittlich in der Bevölkerung vorhandene Ausmaß von Krankheit und Behinderung. «Gesund» wird hier also per definitionem nicht gleich «durchschnittlich» sein.

Doch von welchem Ausgangspunkt her kann seelische Gesundheit beurteilt werden? Sie läßt sich sowohl vom subjektiven Erleben des untersuchten Individuums (d. h. von seinem Wohlbefinden) als auch vom Gruppenstandpunkt her (d. h. als Nichtabweichung) betrachten. Wenn «Gesundheit» jedoch per Gruppenkonsens bestimmt wird, welche Gruppe einigt sich dann über den jeweiligen Konsens? «Gesundheit» kann auch noch vom Standpunkt des Klinikers her definiert werden (gesund ist alles, was das objektive Wohlbefinden des Organismus nicht beeinträchtigt). Aber könnte Gesundheit, wie auch der Psychoanalytiker Edward Glover bemerkt hat, dann wiederum nicht ebensogut eine Form des Wahnsinns sein, die bisher unerkannt geblieben ist, weil sie sich zufällig als günstige Form der Realitätsanpassung erwiesen hat? Glover brachte die Bestimmung «nicht durch Konflikte geprägtes Verhalten»[6] als alternativen Gesundheitsbegriff in die Debatte ein. Aber kann gesundes Verhalten nicht gerade das Resultat einfallsreicher Reaktion auf Konflikte sein? Die Möglichkeiten zum Weiterdiskutieren sind unerschöpflich.

Um die Frage anders zu stellen: Welchen Teilaspekt im Leben eines Menschen sollten wir untersuchen, um Gesundheit zu finden? Gewiß, je erfahrener und feinfühliger wir werden, desto unmeßbarer werden auch unsere Kriterien. Frank Barrons frühe Untersuchungen zur Kreativität postulierten, daß gesunde Menschen Eigenschaften wie «Humor», «Mut», «eine gewisse Unbefangenheit in der Weltsicht und Spontaneität im Handeln», «Ehrlichkeit des Denkens», «soziale Verantwortlichkeit», «Annahme der Vergangenheit und Furchtlosigkeit vor der Zukunft» und schließlich eine Fähigkeit, «zur Liebe in der Welt beitragen zu können», besitzen sollten.[7] Ich stimme solchen Kriterien aus ganzem Herzen zu, doch wie kann man sie messen? Leider lassen sich ideale Definitionen nicht systematisch auf wirkliche Menschen anwenden. Genau wie bei der Schönheit hängt auch bei der Wahrnehmung abstrakter Merkmale dieser Art allzuviel vom jeweiligen Betrachter ab.

Mit seiner praktischen Definition der seelischen Gesundheit hat Leo Tolstoi, einer der Ahnherren der Gegenkultur, Sigmund Freuds an den Werten der Mittelschicht orientierte Konzept des «Liebens und Arbeitens» um ein halbes Jahrhundert vorweggenommen. Freud war gerade ein halbes Jahr alt, als Tolstoi seiner Beinahe-Verlobten Valerie Arsenjew schrieb: «Man kann in der Welt ein wunderbares Leben leben, wenn man zu arbeiten und zu lieben versteht, zu arbeiten für das, was man liebt, und zu lieben, woran man arbeitet.»[8] Ganz im Sinne Tolstois sagte einer der robustesten Männer der Studie über sich: «Ich sehe erwartungsvoll in die Zukunft, weil ich ein gutgehendes Geschäft habe und eine liebe Familie, für die es sich zu arbeiten lohnt.» Ein anderer erklärte, wie gesund ein Mensch sei, ließe sich «an der Art, wie er mit anderen umgeht», abschätzen. Einem Gesunden gelänge es, «seine eigenen Ziele zu erreichen und seinen Mitmenschen beim Erreichen der ihren zu helfen», während sich das Leben eines Außenseiters darin erschöpfe, «sich mehr Feinde als Freunde zu schaffen und sich die Befriedigung seiner eigenen Bedürfnisse zu versagen».

Anstatt mich durch einen starren Gesundheitsbegriff einengen zu lassen, werde ich mich lieber Roy Grinker sen. anschließen, einem Psychiater, der unsere Auffassung von der seelischen Gesundheit wesentlich mitgeprägt hat. Er stellt fest, daß «die Artikel und Bücher zum Thema Gesundheit zwar zahlreich, doch voller Wiederholungen sind ... Die Diskussion beschränkt sich zumeist auf die theoretischen und begrifflichen Aspekte, und ... operationale Verweise fehlen ganz.»[9] Deshalb werde ich mich hier sowohl im Sinne der Grinkerschen Kritik als auch des Zitats von Frank Barron, daß «*nicht das Fehlen von Problemen die Gesundheit ausmacht, sondern eine bestimmte Art und Weise, mit den Problemen umzugehen*», auf die Erörterung der konkreten Aspekte der Anpassung beschränken. «Gesundheit» wird in diesem Buch anhand objektiver klinischer Befunde definiert. Die Männer werden nicht aufgrund ihrer hervorragenden Leistungen auf einem besonderen Gebiet als gut angepaßt betrachtet, sondern im Hinblick auf die Anzahl der Lebensbereiche, in denen sie gut zurechtkommen. Den Taten der Männer schließlich wird mehr Glauben geschenkt als dem, was sie über ihr Befinden aussagen: in diesem Sinne wird der robuste Hypochonder als gesünder angesehen werden als der Christian-Scientists-Anhänger, der seinen Gehirntumor verleugnet. Dennoch hoffe ich zeigen zu können, daß das, was die Menschen tun, eng mit ihren Gefühlen zusammenhängt.

Da eine Einleitung dem Schreibenden gewisse Freiheiten einräumt, möchte ich sie dazu nutzen, den Leser weiter über meine theoretischen Voreingenommenheiten aufzuklären. Da es in der Grantstudie vor allem um die Anpassung an die Lebenswirklichkeit geht, werde ich *Abwehrmechanismen des Ichs* einer eingehenden Betrachtung unterziehen. Oft gleichen diese Mechanismen den Methoden einer Auster, die auf ein eingedrungenes Sandkorn mit der Bildung einer Perle reagiert. Auch die Menschen zeigen, wenn sie in Konflikte geraten, unbewußtes und oftmals kreatives Verhalten. Diese intrapsychischen Anpassungsstile sind in der Psychiatrie mit besonderen Namen belegt worden (z. B. Projektion, Verdrängung, Sublimierung, um einige bekannte zu nennen). Der Gattungsbegriff für solche Anpassungsstile als Klasse lautet *Abwehrmechanismen des Ichs*. Das Wort *Ich* stellt in diesem Zusammenhang eine Repräsentation der adaptiven (im Dienst der Anpassung stehenden) und exekutiven (der bewußten Ausführung von Handlungen dienenden) Aspekte des Gehirns dar. In diesem Buch werden die in der psychoanalytischen Theorie als *Abwehr*mechanismen bezeichneten Ich-Funktionen häufig auch als Mechanismen der Lebensbewältigung oder *Anpassungs*mechanismen bezeichnet. Dadurch soll die Tatsache hervorgehoben werden, daß es sich bei der Abwehr eher um gesunde als um pathologische Vorgänge handelt. Ich werde sie als aktuelle Verhaltensweisen, als Affekte und Vorstellungen, die Abwehrzwecken dienen, erörtern, nicht jedoch als theoretische Konstrukte, die mit dem Anspruch verknüpft sind, psychische Abläufe zu beschreiben. Durchweg werde ich mich bemühen, aus dem, was von außen beobachtet werden kann, zu erschließen, was sich im Innern eines Menschen abspielt. In seinem Überblick über moderne Methoden zur Erforschung des Seelenlebens weist Leston Havens darauf hin, daß die induktivdeskriptive Methode keineswegs den einzig denkbaren Ansatz darstellt[10], doch habe ich mich dafür entschieden.

Zuerst wird der Leser vielleicht meine Vorstellungen wie auch die Terminologie, mit der ich die Anpassungsmechanismen bezeichne, willkürlich und schwierig finden. (Vielen erscheinen die Vögel, die ans Futterhäuschen kommen, bemerkenswert gleichartig, so daß es ganz unnötig scheint, sie genauer zu klassifizieren. Doch erntet der Beobachter, der sich auf einzelne Exemplare konzentriert und mit der Zeit immer mehr Erfahrung sammelt, Vergnügen und Kennerschaft, indem er erkennt, daß Kleiber und Meisen sich eben doch merklich voneinander unterscheiden.) Ich muß jedoch von Anfang an bekennen, daß Abwehrmechanismen weit ungreifbarer sind als Vögel. In der Tat sind die sogenannten Ich-Mechanismen reine Metaphern, keine biologischen Instinkte oder Automatismen. Die Leser sollten sich die Freiheit nehmen, ihre eigene Klassifikation einzubringen. Wir dürfen jedoch nicht außer acht lassen, daß irgendeine Art Kürzelsystem immer vonnöten ist, wenn wir psychische Prozesse beschreiben wollen. Ich habe die metaphorische Sprache der Psychoanalyse für meinen Zweck brauchbar gefunden.

Wenn ich über Anpassungsmechanismen schreibe, meine ich damit weder bewußtes Ausweichen vor Problemen oder die Anwendung der Willenskraft, noch starres Festhalten an bestimmten Verhaltensweisen oder Hilfesuchen bei anderen. Zwar sind das alles Mittel, um mit Problemen umzugehen; ich spreche jedoch von einem weit subtileren und fast vollkommen unbewußten Prozeß. Die Anpassungsmechanismen des Ichs sind in der Tat unerkannt geblieben, bis Sigmund Freud sie in seinen frühesten psychiatrischen Schriften aus den Jahren 1894 bis 1896 beschrieb.[11] Heute kann man wahrscheinlich bei der Mehrzahl der jüngeren College-Graduierten Begriffe wie Sublimierung, Projektion, Verdrängung, Reaktionsbildung und Verschiebung als bekannt voraussetzen. Viele könnten wahrscheinlich aus dem Verhalten vollkommen gesunder Freunde Beispiele dafür nennen. Doch vor dem zwanzigsten Jahrhundert war man sich des Vorhandenseins dieser Mechanismen überhaupt nicht bewußt. Wie die Krümmung der Erdoberfläche waren sie zwar schon immer in Sichtweite gewesen, doch mußte erst jemand auf sie zeigen, bevor alle Welt sie auch wahrnehmen konnte.

Lassen Sie mich ein konkretes Beispiel für unbewußtes Anpassungsverhalten anführen: Ein kalifornischer Hämatologe hatte angefangen, als Hobby lebende Zellen in Reagenzgläsern zu züchten. In einem kürzlich gegebenen Interview sprach er mit besonders lebhafter Anteilnahme von einer ungewöhnlich interessanten Kultur, die er aus einer Gewebebiopsie seiner Mutter gezogen hatte. Erst gegen Ende des Interviews erwähnte er beiläufig, daß seine Mutter vor drei Wochen an einem Schlaganfall gestorben war. So von Gefühlen gefärbt die Beschreibung der noch lebenden Gewebekultur geklungen hatte, so unbeteiligt war der Ton, in dem der Hämatologe vom Tod seiner Mutter sprach. Auf erfinderische und unbewußte Weise hatte er sein Hobby und seine besonderen Kenntnisse als Wissenschaftler dazu benutzt, seinen Schmerz vorübergehend zu lindern. Obwohl seine Mutter nicht mehr lebte, konnte er durch diese Verlagerung seiner Aufmerksamkeit immer noch für sie sorgen. Nichts Morbides war an der Art, in der er die Geschichte erzählte; und da Ich-Mechanismen unbewußt wirken, ahnte er nichts von seinem defensiven Verhalten. Viele der gesündesten Männer innerhalb der Studie wandten ähnliche Aufmerksamkeitsverlagerungen oder *Verschiebungen* an. Wenn nicht ein geschulter Beobachter eigens danach sucht, bleibt solches Verhalten in der Regel unbemerkt.

Ein anderes Beispiel für den Erfindungsreichtum des Ichs liefert uns ein sehr ruhiger, idealistischer Rechtsanwalt. Als junger Mann hatte er sich von seiner Frau dazu überreden lassen, Scheidungsfälle zu übernehmen, weil diese so viel Geld einbrachten; doch wenn er abends von der Arbeit nach Hause gekommen war, hatte ihm das Hausmädchen oft gesagt, daß seine Frau ausgegangen und daß kein Abendbrot bereitet sei. Nach und nach fand er heraus, daß seine Frau einen Geliebten hatte, den sie in die Kasinos von Lake Tahoe begleitete, wo er, auf Kosten des Anwalts, seiner Spielleidenschaft freien Lauf ließ. Als ich ihn fragte, wie er mit seinem Ärger fertiggeworden sei, antwortete der Rechtsanwalt: «Ich habe versucht, ihn unter den Teppich zu kehren. Ich tat so, als ob es ihn gar nicht gäbe.» Ich war gespannt, was er wohl noch hinzufügen würde. Er zögerte einen Augenblick, und dann erzählte er mir in beiläufigem Ton, daß er diese Abende oft bei einer Amateurtheatergruppe verbrächte, die sich zum Ziel gesetzt hatte, Komödien zu inszenieren. «Das war so eine Sache, mit der man sublimieren konnte, eine Art Familienersatz.» Auf diese Weise war es ihm gelungen, seinen Zorn von sich abzutrennen (*Dissoziation*). Weder dem Rechtsanwalt noch dem Wissenschaftler erschien das eigene äußere Verhalten ungewöhnlich, doch mußte es dem unbeteiligten Beobachter entschieden seltsam vorkommen. Ein solches unbewußtes Verhalten erlaubt uns, unser Leben unbehelligt von Angst und Depression, den äußeren Zeichen innerpsychischer Konflikte, weiterzuleben.

Vielleicht schüttelt der Leser bei diesen Beispielen den Kopf und fragt sich, wie sie sich im Leben gesunder Menschen ereignet haben können. Den Abwehrmechanismen des Ichs liegt jedoch ein dynamischer Wiederherstellungsprozeß zugrunde, und sie deuten keineswegs auf Abnormes hin. Abwehrhandlungen haben eher manches mit dem Verhalten eines Opossums gemein, wenn es sich – obwohl wach und lebendig – tot stellt, oder mit einem Mohrhuhn, das so tut, als würde es seinen verletzten Flügel pflegen, in Wirklichkeit aber dadurch seine Jungen schützt. Solche glatt ablaufenden Handlungen sind ein Zeichen von Gesundheit.

Analog dazu galten Fieber und Eiter jahrhundertelang als gleichbedeutend mit Krankheit, obwohl der Körper dadurch nur adaptiv auf eindringende Bakterien reagiert. Solange keine Komplikationen auftreten, sind diese Reaktionen normal; nicht normal ist allein die äußere Infektion. Das gleiche gilt für die Ich-Mechanismen: sie sind normale Reaktionen auf abnorme Umstände.

Formal ausgedrückt beschreibt der Begriff «Abwehrmechanismen des Ichs» unbewußte, *manchmal* pathologische seelische Prozesse, die das Ich einsetzt, um Konflikte zwischen den vier Leitmächten unseres inneren Lebens – den Trieben, der realen Welt, wichtigen Personen und den verinnerlichten, von Gewissen und Kultur aufgestellten Verboten – zu lösen. Konflikte können paarweise oder auch zwischen allen vier dieser Quellen der menschlichen Handlungen entstehen. Gewöhnlich dienen Ich-Mechanismen dazu,

1. die Affekte in plötzlich hereinbrechenden Lebenskrisen (z. B. beim Tod eines nahen Menschen) in erträglichen Grenzen zu halten;
2. das emotionale Gleichgewicht wiederherzustellen, indem sie ein jähes Aufwallen biologischer Triebe (z. B. in der Pubertät) zurückhalten oder in bestimmte Bahnen lenken;
3. einen «Aufschub» zu erlangen, um Veränderungen im eigenen Selbstbild (z. B. nach schweren Operationen oder bei unerwarteter beruflicher Beförderung) zu bewältigen;
4. unlösbare Konflikte mit lebenden oder toten Personen, von denen man sich nicht trennen kann (z. B. die Frau des Rechtsanwalts, die Mutter des Hämatologen), auszuhalten;
5. schwere Gewissenskonflikte (z. B. wegen Tötens im Krieg, Einlieferung der Eltern ins Altersheim) zu überstehen.

Der psychologisch versierte Leser wird sich vielleicht daran stoßen, daß ich das theoretische Konstrukt *Abwehrmechanismus des Ichs* zur Beschreibung äußeren Verhaltens verwende. Diese Kritik ist berechtigt, wenn sie darauf abzielt, daß ich im Grunde nicht über «psychische Mechanismen», sondern über Anpassungsstile schreibe. Ich möchte jedoch darauf hinweisen, daß der zeitliche Rahmen des Buches eine ganze Lebenszeit umfaßt und nicht nur eine Therapiestunde. Wie lange muß ein «psychischer Mechanismus» bestanden haben, bevor er sich auf den Lebensstil der Person auswirkt? Außerdem liefert die Erforschung der Lebensläufe Erwachsener dem Beobachter wahrscheinlich in vieler Hinsicht ähnliche Daten wie die, die ein Kinderpsychiater während der Spieltherapie aufnimmt. Dank ihres relativ hohen Intelligenz- und Ausbildungsstandes verfügten die Männer der Grantstudie bei der Wahl ihres Berufs wie ihres Lebensstils über sehr viel Freiheit. Im Alter von fünfzig Jahren hatten sich denn auch viele von ihnen berufliche Positionen geschaffen, die ganz auf ihre Persönlichkeit zugeschnitten waren, Positionen, in denen sie häufig nur sich selbst gegenüber verantwortlich waren und die teilweise eigens zum Zweck der Konfliktlösung geschaffen worden waren. Aus der Beschäftigung mit dem Verhalten der Männer erfuhr ich kaum etwas über ihre Träume, ihre unbewußten Phantasien und sprachlichen Fehlleistungen; doch darüber, was sie aus ihrem Leben gemacht haben, erfuhr ich sehr viel.

Natürlich ist es nicht unproblematisch, bei der Beurteilung eines Menschen allein sein Verhalten zugrunde zu legen und das, was er sagt und fühlt, ganz außer acht zu lassen. Doch können wir andererseits die Siegeschancen eines Rennpferds leichter von seinen bisherigen Rennergebnissen her abschätzen als von dem Eindruck, den es auf der Koppel auf uns macht. Entsprechend läßt sich auch die klinische Beurteilung eines Menschen durch aufmerksame Beobachtung seines äußeren Verhaltens viel einfacher auf ihre Gültigkeit prüfen. Gleichwohl werden beim Aufspüren und Interpretieren von Anpassungsstilen immer Irrtümer auftreten und persönliche Voreingenommenheiten zum Vorschein kommen. Der Versuch, die Anpassungszwecke von unvorhergesehenen Verhaltensweisen zu erschließen, ähnelt in gewisser Weise dem Deuten von Tintenklecksen im Rorschachtest: die eigenen Projektionen drängen sich dabei immer stärker in den Vordergrund. Doch bewahrt die Betrachtung ganzer Lebensläufe den Beobachter vor manchem Fehlurteil. So ist es zum Beispiel nicht allzu schwer, zu übereinstimmender Beurteilung von van Goghs Genie und seinen seelischen Qualen zu gelangen, wenn wir uns sein ganzes Leben vor Augen halten. Weil er der Menschheit mit seinen Bildern hohen ästhetischen Genuß geschenkt hat, was sowohl an ihrer anhaltenden Popularität als auch an ihrem gegenwärtigen Wert ablesbar ist, können wir ihn genial nennen; weil er sich ein Ohr abschnitt und in eine Nervenheilanstalt gebracht wurde, muß er zugleich als depressiv und aggressiv angesehen werden.

Lassen Sie mich drei Einwände vorwegnehmen. Erstens: als ich die Anpassungstechniken der untersuchten Männer beschrieb, drängte sich mir immer wieder der Gedanke auf, ihr Leben sei in der Tat «zu menschlich für die Wissenschaft, zu schön für nüchterne Zahlen, zu traurig für eine Diagnose und zu unvergänglich für Fachjournale». Wir Menschen brauchen die Wissenschaft, auch wenn sie uns nie ganz gerecht zu werden vermag. Die Männer der Grantstudie haben wahrhaftig Besseres verdient, denn als Versuchskaninchen mißbraucht zu werden.

Zweitens: ich bin Kliniker, und als solcher habe ich die Werdegänge der Männer auch mit klinischer Offenheit erörtert. Etwaige Übereinstimmungen zwischen den hier angeführten Fallgeschichten und lebenden oder toten Personen sind voll und ganz beabsichtigt. Ich habe bei der Auswahl der Beispiele jedoch darauf geachtet, daß sie auf mehr als einen der untersuchten Männer und darüber hinaus nach Möglichkeit auf viele weitere Menschen zutreffen. Es ist alles getan worden, um die genauen Lebensumstände der Teilnehmer der Studie zu verschleiern. Falls das klinische Detail dennoch haargenau auf eine Person aus dem Bekanntenkreis des Lesers zu passen scheint und gar auf jemanden, der um 1940 im College gewesen ist, dann dürfte sich dem zum Trotz am Ende doch herausstellen, daß der Leser auf den Falschen getippt hat. Sogar wenn sich Teilnehmer der Studie selbst zu erkennen meinen, dürften sie damit mindestens genauso oft unrecht wie recht haben; ich hoffe aber, daß sie allein schon durch die Identifikation wertvolle Einsichten gewinnen. (Im übrigen ist jede der hier veröffentlichten Fallgeschichten von den jeweiligen lebenden Vorbildern durchgesehen und nur mit ihrer Genehmigung abgedruckt worden.)

Drittens: mit der Verwendung fiktiver Namen für die Teilnehmer der Studie (wie z. B. «David Goodhart» oder «Horace Lamb») sollen weder humoristische Effekte erzielt noch menschliche Schwächen ins Lächerliche gezogen werden. Vielmehr möchte ich dem eiligen Leser dadurch den Überblick über die in verschiedenen Kapiteln erwähnten einzelnen Fallbeispiele erleichtern. In einem kurzen Aufsatz wären

Bezeichnungen wie «Fall I» oder «Dr. C.R.» durchaus am Platz, nicht so jedoch in einem Buch.

Schließlich sei noch ein vierter Einwand vorweggenommen: dieses Buch ist aus meinem persönlichen Blickwinkel und von meiner begrenzten Erfahrung her geschrieben; es muß deshalb notwendigerweise auch die aus meinen eigenen Anpassungsmechanismen erwachsenden Verzerrungen widerspiegeln. Deshalb sollte sich der Leser nicht scheuen, da, wo es ihm geraten erscheint, in Gedanken Korrekturen anzubringen oder auch darüber zu spekulieren, wie wohl meine Vorurteile und adaptiven Verzerrungen aussehen.

Damit der Leser mich bezüglich meiner sozialen und geographischen Herkunft einordnen und von daher meinen persönlichen Standort genauer einschätzen kann, seien kurz ein paar Lebensdaten erwähnt. Ich wurde in New York als Kind einer Akademiker- und WASP-Familie* geboren. In Privatschulen an der Ostküste und einem Ivy-League-College** erzogen, wechselte ich danach an die Harvard Medical School über, getreu dem verinnerlichten Gebot, daß die Tätigkeit als Hochschullehrer im Dienst der Allgemeinheit gut, Geschäftsleben und Privatpraxis dagegen eher zu meiden seien. Politisch erscheint mir die *New York Times* als die Quelle der Wahrheit. Ich denke wie ein Republikaner und wähle wie ein Demokrat. Ich bin geschieden, glücklich wiederverheiratet und lebe mit meiner zweiten Frau und vier Kindern in Cambridge, Massachusetts. Ich vermute, daß ich auf meinen «Skalen» zur Bewertung der Realitätsanpassung im Erwachsenenalter, der Wahl der individuellen Abwehrmechanismen und des Kindheitsmilieus jeweils ungefähr in der Mitte liege. Wie so viele meiner Psychiaterkollegen gebe auch ich gern vor, keiner «Schule» anzugehören; doch wird der Leser wahrscheinlich nicht lange brauchen, um herauszufinden, daß ich ein treuer Bewunderer Adolf Meyers und Erik Eriksons bin. Weniger augenfällig, aber dennoch belangvoll ist die Tatsache, daß ich zwei Jahre lang an einem Skinner-Labor gearbeitet habe und dabei zu der Überzeugung gelangt bin, daß zur Erforschung der Wahrheit die experimentelle Methode der Intuition weit überlegen ist.

* WASP – white, Anglo-Saxon, Protestant: Bezeichnung für die weiße, angelsächsische, protestantische Bevölkerung der Ostküste der USA.
** Ivy League colleges – Sammelname für eine Reihe alter tradtitionsreicher Elite-Colleges.

1. Kapitel   Seelische Gesundheit

> SIR CLAUDE:
> Wer nicht hart genug ist,
>   dem Leben seine Bedingungen aufzuprägen,
> Der muß die Bedingungen hinnehmen,
>   die es ihm bietet.
> T.S. ELIOT
> *Der Privatsekretär**

Was ist seelische Gesundheit?
Gesundheit, so möchte ich behaupten, ist Anpassung, und Anpassung wiederum ist das genaue Gegenteil dessen, was T.S. Eliot oben vertritt. Wenn ein Mensch nicht die Kraft hat, die Bedingungen des Lebens zu akzeptieren, muß er abwehrend dem Leben seine eigenen Bedingungen aufzwingen. Falls entweder er oder seine Umwelt in diesem Prozeß zu sehr entstellt werden, können seine Anpassungsbestrebungen als seelische Krankheit bezeichnet werden.

Dieses Buch untersucht die verschiedenen Mittel und Wege, wie Menschen sich selbst und ihre Umwelt verändern, um sich an die Lebensrealität anzupassen. Ich werde konkrete Beispiele anführen, die, wie bereits in der Einleitung erwähnt, aus dem Leben von Männern stammen, die ihrer offenkundigen seelischen Gesundheit wegen ausgewählt worden sind. (Daß die Grantstudie keine Frauen einbezieht, ist ein unverzeihliches Versäumnis, das allein durch eine weitere Untersuchung wiedergutgemacht werden kann.) Da sich gute Gesundheit im Bereich des Psychischen nur da manifestiert, wo Hindernisse zu überwinden sind, werde ich mich vor allem auf die Probleme und Schwierigkeiten konzentrieren, vor die die Männer sich gestellt sahen. Die Termini *Anpassung* und *Abwehr* sind in meiner Darstellung miteinander austauschbar.

Gleich zu Beginn ist zu beachten, daß sich die Formen der Anpassung, die man vornimmt, um sich selbst zu helfen, deutlich von der

---

* Hier zitiert nach: Eliot, T.S.: Die Dramen. Werke I. Frankfurt a.M. 1966, S. 334.

Art unterscheiden, auf die man für gewöhnlich von anderen Hilfe erhält. So folgte der Mediziner Dr. Arlie Bock, der Begründer des Forschungsprojekts, auf dem dieses Buch basiert, dem klinischen Leitprinzip, Menschen in Not müsse man «unter die Arme greifen», sie also von außen her unterstützen. Als es jedoch darum ging, Collegestudenten zur Erforschung der seelischen Gesundheit auszuwählen, ordnete Dr. Bock an, die Kandidaten vor allem nach ihrer Fähigkeit zu Unabhängigkeit und Selbstvertrauen auszusuchen.

In einer Krise wird sich wohl jeder hilfesuchend an Freunde, Eltern, Lehrer oder Ärzte wenden. Ein Kind, das im Park hinfällt und sich das Knie aufschürft, fängt an zu schreien, worauf seine Mutter es aufhebt, tröstet und sein Knie verbindet. Die Mutter «greift dem Kind unter die Arme», so daß es die Bedingungen, die das Leben stellt, annehmen kann. Da es von außen her Unterstützung erhält, braucht sein unbewußtes Ich ihm nicht zu Hilfe zu kommen.

So wertvoll die Hilfe anderer auch sein mag, gibt es doch vieles, was ein Mensch für sich selbst tun muß. Denken wir nur an das unwillkürliche Schreien des Kindes, das seine Mutter herbeieilen läßt, oder an die Blutgerinnung, durch die die kleine Wunde geschlossen wird. Beides sind Mittel, mit denen das Kind für sich selbst sorgt. Oder, um ein komplexeres Beispiel zu wählen, denken wir daran, daß eine gescheiterte Liebesbeziehung den einen Menschen dazu bringen kann, große Lyrik zu schreiben, und den anderen, Selbstmord zu begehen. Beide Reaktionen stellen Anpassungsbestrebungen des Individuums dar, mit denen es versucht, seinen Schmerz so umzuwandeln, daß er erträglich wird. Bei keinem der beiden Vorgänge kann indessen auch nur im entferntesten von vollbewußter Steuerung gesprochen werden.

Da die meisten das Schreiben guter Gedichte für gesund und Selbstmord für krank halten, wäre es an diesem Punkt naheliegend, eine genaue Bestimmung der seelischen Gesundheit zu versuchen. Aber warten wir lieber etwas ab. Termini wie «Gesundheit» und «Krankheit» sind weiter nichts als hilfreiche Abstraktionen. Ich greife bei der Darstellung der menschlichen Anpassungsvorgänge zwar auf sie zurück, doch bin ich mir bewußt, daß der Leser mit meinen Definitionen wohl nicht in jedem Falle übereinstimmen wird. Wie wir wissen, kann eine eingebildete körperliche Krankheit zu faktischer hypochondrischer Invalidität führen. Ist der Betroffene nun gesund oder krank? Andererseits können schwere körperliche Leiden – wie etwa im Falle von Theodore Roosevelts Asthma, John F. Kennedys schmerzhafter Rückenverletzung oder Franklin Roosevelts Polio, durch die er zum Krüppel wurde – auch zur Meisterung des Lebens beitragen. Innere Prozesse vermögen demnach die Auswirkungen äußerer Krankheiten sowohl aufzuheben als auch zu verstärken. Gesundheit und «Ich» eines Menschen müssen immer zusammen betrachtet werden.

Aber womöglich reagiert der Leser jetzt schon erschreckt und mißtrauisch. Sobald die Namen von Prominenten ins Spiel kommen, erhebt sich die Frage nach den Werturteilen des Autors. Insgeheim beanspruchen wir alle besondere Einsichten in das Problem, was Gesundheit eigentlich ist. Falls der Leser in Theodore Roosevelt nur einen neurotisch Überkompensierenden, in seinem Vetter Franklin einen unaufrichtigen Sozialisten oder in John F. Kennedy nichts als einen gutaussehenden Opportunisten sieht – wie soll er mir dann weiterhin folgen können bei dem, was ich über Gesundheit zu sagen habe? Mag sein, daß manchem die sanfte, zurückhaltende Art eines Behinderten mehr zusagt als das laute, aufdringliche Wesen dieser Politiker, für die nur der Erfolg zählte. Doch enthalten die Worte «psychisch» und «Gesundheit» einiges an Sprengkraft. «Gesundheit» stellt zugleich einen metaphysischen Begriff und ein Werturteil dar. Ein gewisses Mißtrauen ist deshalb wohl unvermeidlich. Im folgenden befasse ich mich jedoch im wesentlichen mit den Vorgängen, durch die die Anpassung erreicht wird; das letzte Wort darüber, ob diese Anpassung als «gut» oder «schlecht» zu betrachten ist, sei dem Leser überlassen.

Wenden wir uns nun zwei Männern zu, die in ihrem Leben von vornherein schlechtere Startchancen vorfanden. Der eine von ihnen kam offensichtlich trotzdem sehr gut zurecht und bewältigte zahlreiche Lebensaufgaben mit gutem Erfolg, und zwar auf höchst moralische und bescheidene Art. Das Anpassungsverhalten des zweiten brachte sowohl ihm selbst als auch den Menschen in seiner Umgebung des öfteren schweren Kummer. Wegen seines selbstlosen Eintretens für die Bedürfnisse anderer werde ich den Erfolgreichen David Goodhart, wegen seines selbstverwöhnenden Wesens den anderen Dr. Carlton Tarrytown nennen*. (Es ist schon möglich, daß diese

---

* Goodhart – läßt an «gutherzig» denken. Tarrytown – Bewohner des Ortes Tarrytown im Staat New York gelten als besonders reich und snobistisch.

Decknamen den amerikanischen Leser an John Bunyans Erbauungsbuch ‹The Pilgrim's Progress› erinnert. Ich verbinde damit die Absicht, die Anonymität der Betroffenen zu wahren, ohne jene charakteristischen Züge ihres Lebens, auf die es mir besonders ankommt, völlig aufzugeben. Die *großen Linien* im Leben der Männer und ihre Techniken zur Bewältigung von Lebensproblemen sollen hier so genau wie möglich nachgezeichnet werden; die belanglosen *Einzelheiten* aber, das Faktengerüst, durch das der einzelne identifizierbar wird, habe ich so weit wie möglich verändert.)

Als ich mit den beiden Männern sprach, erschienen sie mir sehr verschieden. Mit seinem leicht zerzausten Haar, dem zerknitterten Regenmantel und seiner aristokratischen Haltung ähnelte Mr. Goodhart einem sorgenüberhäuften Collegepräsidenten. Sein Maßanzug und seine gepflegte Sprechweise erinnerten in nichts mehr an seine Herkunft aus einer Detroiter Arbeiterfamilie. Nachdem es ihn bereits große Mühe gekostet hatte, den mit mir vereinbarten Gesprächstermin einzuhalten, sorgte er unter weiteren Ungelegenheiten dafür, daß ich eine Tasse Kaffee vorgesetzt bekam. Im Umgang war Mr. Goodhart ungezwungen, offen, herzlich und frei von Spannungen. Obwohl er nur selten direkten Augenkontakt mit mir aufnahm, empfand ich ihn nicht als kalt – eher als scheu. «Alles, was ich tue», so sagte er mir, «hängt von persönlichen Beziehungen ab.» Emotional war er von geringer Intensität, zeigte jedoch während unseres Gespräches eine breite Skala verschiedener Affekte. (Mit *Affekten* meine ich Gefühl, Kraft und Farbigkeit des Gefühlsausdrucks, impulsive Wärme, emotionale Stimmung. Wir *denken* Vorstellungen und *fühlen* Affekte.) Mr. Goodharts Augen wurden feucht, als er von seiner Ehe erzählte, und bei der Erinnerung an die Erlebnisse des letzten gemeinsamen Familienurlaubs brachte er tiefe Befriedigung zum Ausdruck. Obwohl er behauptete, es fiele ihm schwer, «starke Gefühle länger als nur einen Augenblick zu halten, Wut zum Beispiel, oder auch positive Gefühle», verstand er es dennoch außergewöhnlich gut, seine Gefühle in Worte zu fassen.

Das Gespräch mit Dr. Carlton Tarrytown verlief in einer Atmosphäre von beklemmender Sterilität. Er empfing mich in seinem Haus in Fort Lauderdale, Florida, in einem mit so viel Akkuratesse eingerichteten Wohnzimmer, daß ich mich an die Werbeanzeigen in der

Zeitschrift *House and Garden* erinnert fühlte oder fast an ein Kinderzimmer – so total waren die Realitäten der Erwachsenenwelt daraus verbannt. Mit seinen siebenundvierzig Jahren wirkte Tarrytown wie sechzig. Der große, leichenblasse Mann war zwar untadelig gekleidet, doch war von dem Firnis sozialer Überlegenheit, den er von einer privaten Internatsschule mit ins College gebracht hatte, nichts mehr übriggeblieben. Dr. Tarrytown sah sich selbst als von anderen unabhängig. Stolz erklärte er mir, er fände seine größte Befriedigung darin, sich immer nach seinem eigenen Kopf zu richten. Die Liebenswürdigkeit, mit der er mir begegnete, wirkte unecht, und nur unter starker innerer Anspannung vermochte er mir über seine Lebenssituation Auskunft zu geben. Sein ganzes Leben hindurch waren ihm seine Gefühle entweder gar nicht bewußt geworden, oder aber er hatte sie so impulsiv ausagiert, daß er sich ihr Vorhandensein damit selbst verschleierte. Mir schien, daß er mich nie als anderen Menschen wahrnahm, sondern nur als angstauslösenden Stimulus, den er so geschickt wie möglich abwehren mußte. Obwohl er völlig um sich selbst kreiste, fehlte ihm jede Kraft; während wir miteinander sprachen, kam es mir so vor, als ob ich einen unreifen Jugendlichen vor mir hätte. (Mr. Goodhart dagegen hatte mich trotz seiner Bescheidenheit ständig fühlen lassen, daß ich einem respektgebietenden, Mann gegenübersaß, der mir an Klugheit und Erfahrung überlegen war.)

Die Verschiedenartigkeit der beiden Männer läßt sich leichter erklären, wenn wir auch ihre unterschiedlichen Anpassungsweisen betrachten. Mr. Goodhart wandte *Sublimierung* und *Altruismus* an, um sich das Leben erträglicher zu machen, Dr. Tarrytown *Dissoziation* und *Projektion*. (Formale Definitionen dieser schwerfälligen psychiatrischen Fachtermini finden sich in Anhang A; in diesem Kapitel möchte ich eine verständlichere Sprache an die Stelle des Fachjargons setzen.)

Mit Hilfe von Sublimierung und Altruismus kann sich für leidende Menschen der alte Alchimistentraum erfüllen, unedle Metalle in Gold zu verwandeln. Goodhart besaß eine vergleichbare Gabe: er vermochte seine Gefühlsreaktionen auf Lebenskrisen in schöpferische Handlungen umzusetzen, die anderen von Nutzen waren und ihm selbst Befriedigung brachten.

Dissoziation und Projektion andererseits ermöglichen es einer Person, die Verantwortung für schmerzliche Gefühle und Geschehnisse ganz von sich abzuwälzen und dem damit einhergehenden Leiden auf dem schnellsten Weg auszuweichen. Seelische Schmerzen lassen sich durch Dissoziation geschickt verleugnen und betäuben und durch angenehmere Gefühle ersetzen. Dr. Tarrytown griff zu einer ganzen Reihe von Betäubungsmitteln – mystische Erlebnisse, Tranquilizer, in rascher Folge wechselnde, unbefriedigende Liebesbeziehungen. Durch Projektion schreibt ein Mensch seine inneren Gefühle, die er sich nicht eingestehen möchte, anderen zu. Der Paranoide ist deswegen für seine gesamte Umwelt ein Problem, nur für sich selbst nicht. Wenn Dr. Tarrytown in Schwierigkeiten geriet, wußte er selbst das als letzter. Mr. Goodhart dagegen hatte geschrieben: «Obwohl dies wie eine furchterregende Ansammlung von Übeln erscheint, sind ihre Auswirkungen für mich doch weitaus spürbarer gewesen als für meine Mitmenschen.»

Die systematische Überprüfung der Lebensläufe von Goodhart und Tarrytown hilft uns, abzuschätzen, welche Rolle die Wahl bestimmter Anpassungsmechanismen für die Gesundheit eines Menschen spielen kann. Obgleich es dem Leser zu Anfang so scheinen mag, als ob hier die Korrelate gesunder Anpassung mit den Prinzipien Horatio Algers* und der Boy Scouts of America verwechselt worden wären, bin ich doch zuversichtlich, daß die Tatsachen immer mehr für sich sprechen werden.

In Arbeiterkreisen aufgewachsen, verbrachte Mr. Goodhart sein Leben damit, in Wohlfahrtsorganisationen mitzuarbeiten, die das Problem der Stadtteilsanierung angingen. Als Siebenundvierzigjähriger verdiente er 35 000 Dollar pro Jahr. Sein ganzes Leben hindurch hatte er fortlaufend höhere Verantwortung übernommen, bis er schließlich bei der Ford Foundation Berater für Fragen des Städtebaus wurde. Sein beruflicher Erfolg ging über den seines Vaters weit hinaus; der persönliche Ehrgeiz Goodharts fand darin volle Befriedigung. Neben seiner Arbeit widmete er noch weiteren öffentlichen Sozialprojekten Zeit und Kraft.

Ganz anders Dr. Tarrytown. Trotz seiner sozial privilegierten Jugend und der Ausbildung in einem so einträglichen Beruf wie dem des Chirurgen war Tarrytowns Einkommen nur halb so hoch wie das

---

* Horatio Alger – fiktiver Held von Moralpamphleten des 19. Jahrhunderts, die zu ordentlichem Lebenswandel und Arbeitsamkeit aufriefen.

Goodharts. Er hatte seine kleine Privatpraxis für Allgemeine Chirurgie er aufgegeben und arbeitete nun als Hals-, Nasen- und Ohrenarzt für den Staat Florida. Nicht der Wunsch, dem Gemeinwesen zu dienen, bildete das Motiv für diesen Wechsel, sondern das Sicherheitsstreben Tarrytowns. Er blieb nicht nur im Berufserfolg hinter seinem Vater zurück, sondern war auch in seinen eigenen Augen ein Versager. Außerhalb seiner beruflichen Pflichten trug er keinerlei Verantwortung.

Tatsächlich fiel Mr. Goodhart auf der Skala zur Bewertung der allgemeinen seelischen Gesundheit, auf der die Männer der Studie eingestuft wurden, ins oberste, Dr. Tarrytown dagegen ins unterste Fünftel. Die Skala spiegelte den relativen Erfolg der Männer in den fünfundzwanzig Jahren seit Beendigung des Collegestudiums wider und erfaßte die vier Bereiche berufliche, soziale, psychische und subjektive physiologische Anpassung. Der genaue Wortlaut dieser Skala zur Bewertung der *Realitätsanpassung Erwachsener* ist ebenso wie die Definitionen der Anpassungsmechanismen in den Anhang aufgenommen worden; hier soll allein von den Befunden, die zu der relativen Einstufung von Goodhart und Tarrytown geführt haben, die Rede sein.

In der sozialen Anpassung der beiden Männer fanden sich zum Beispiel beträchtliche Unterschiede. Mr. Goodharts Ehe war zwar nicht glücklich, doch hatte sie bereits zwanzig Jahre gehalten. Mit Tränen in den Augen nannte er sie «keine kalte Ehe; es gibt einiges, was uns zusammenhält». Seine Kinder hatten Freunde, meisterten die Schule mit gutem Erfolg, liebten ihren Vater und wurden von ihm wiedergeliebt. Sein ganzes Leben lang waren ihm seine Mutter und seine ältere Schwester eine Quelle der Freude geblieben. Obwohl Goodhart keine Hobbys hatte und keinem Sportverein angehörte, hatte er doch mehrere enge Freunde, die an seiner Arbeit Anteil nahmen.

Dr. Tarrytown dagegen war das dritte Mal verheiratet. Zwischen seinen Ehen lagen zahlreiche stürmische Affären. Seine jüngste Ehe (mit einer beim Jugendamt beschäftigten Sozialarbeiterin) war allem Anschein nach stabil, doch nahm seine Frau ihm gegenüber fast eine Elternrolle ein. Sie hatten keine Kinder. Die drei Kinder aus Tarrytowns früheren Ehen hatten sich nicht gut entwickelt, doch nahm er es gelassen hin, daß er sie nicht besuchen durfte. Im Laufe der Jahre hatte er sich immer weiter von seinen Eltern entfernt. Er hatte sie nie besucht und sich auch bei ihrem Tod weiter nicht um sie gekümmert.

Als ich ihn nach seinen Freunden fragte, antwortete Dr. Tarrytown: «Im Augenblick habe ich gar keine Freunde.» Eine Durchsicht seines Lebenslaufs ergab jedoch, daß es nie grundlegend anders gewesen war. Ähnliche Gegensätze zeigten sich in der psychischen Anpassung der beiden Männer. Mr. Goodhart gönnte sich jedes Jahr einen vergnüglichen Urlaub; er hatte sich offenbar eine Fähigkeit zum Spielen bewahrt. Seit der Collegezeit hatte ihm seine Arbeit stets Freude gemacht. Er war zwar ein starker Raucher, trank aber nur mäßig und benutzte keinerlei Beruhigungsmittel. Er hatte sich nie in psychotherapeutische Behandlung begeben, noch war er von den Mitarbeitern der Studie als psychisch krank bezeichnet worden. Dr. Tarrytown dagegen hatte neben seiner Arbeit keine Interessen, und die Ausübung des Arztberufs hatte seit seinem Collegeabschluß ständig Ängste und das Gefühl des Unbefriedigtseins in ihm wachgerufen. Er machte niemals Urlaub; statt dessen nahm er in Lebenskrisen zu ausgedehnten Trinkorgien Zuflucht. Er schluckte bis zum Exzeß alle nur denkbaren Beruhigungsmittel. Dreimal hatte er wegen Medikamenten- bzw. Alkoholvergiftung ins Krankenhaus eingeliefert werden müssen. (Durch diese Mitteilung wird das in mich gesetzte Vertrauen nicht verletzt: das gleiche Problem war bei mehreren der von der Studie erfaßten Ärzte aufgetreten.) Dr. Tarrytown war häufig als seelisch krank diagnostiziert worden. Er hatte mehr als hundert Besuche beim Psychiater hinter sich.

Obwohl sich dieses Buch vorwiegend mit dem seelischen Wohlbefinden beschäftigt, ist es unmöglich, die relative seelische Gesundheit der beiden Männer zu erörtern, ohne auch ihre subjektiven Einschätzungen bezüglich ihres körperlichen Gesundheitszustands zum Vergleich heranzuziehen. Natürlich hängen körperliche Krankheiten nicht nur mit der psychischen Anpassung der Person zusammen; doch im allgemeinen kann man feststellen, daß die Reaktion auf physische Krankheit auch den in anderen Lebensbereichen gezeigten Anpassungsstil der Männer widerspiegelt. Bei Mr. Goodhart gab es seit seinen Collegejahren keinen einzigen Krankenhausaufenthalt zu verzeichnen. Obwohl er seinen Gesundheitszustand nicht ständig als «vorzüglich» einschätzte, blieb er der Arbeit krankheitshalber weniger als fünf Tage pro Jahr fern. Außerdem waren bei ihm nie Beschwerden aufgetreten, derentwegen er einen Arzt aufgesucht hatte oder eigentlich hätte aufsuchen müssen. Im Gegensatz dazu hatte Dr.

Tarrytown zweimal aus medizinischen Gründen im Krankenhaus gelegen; er nahm seinen eigenen Gesundheitszustand für gewöhnlich nicht als «vorzüglich» wahr, und regelmäßig mußte er wegen Krankheit mehr als fünf Tage im Jahr zu Hause bleiben. Man hatte zwar nie ein Magengeschwür bei ihm festgestellt, doch litt er unter Magenbeschwerden, die ihn häufig zum Arzt führten.

Bei der Erörterung der Unterschiede in ihrer unbewußten Realitätsanpassung werde ich noch genauer auf die familiäre Herkunft Goodharts und Tarrytowns eingehen. Daß das Leben der beiden Männer so unterschiedlich verlief, läßt sich jedoch weder durch stark voneinander abweichende sozioökonomische Bedingungen noch durch auffällige Unterschiede im Kindheitsmilieu erklären. So lautet denn auch eine der Hauptthesen dieses Buches, daß der Werdegang eines Menschen ebenso entscheidend durch seine Anpassungstechniken bestimmt wird wie durch sein Erbgut, seine Erziehung, seine soziale Stellung und seine Möglichkeiten, psychiatrische Beratung in Anspruch zu nehmen.

Goodhart stammte aus einer Familie der unteren Mittelschicht in Detroit. Er hatte städtische Schulen mittlerer Güte besucht. Während der Wirtschaftskrise war sein Vater häufig arbeitslos. Als Goodhart über ein Stipendium ans College kam, verdiente sein Vater jedoch als Verkaufsmanager eines Warenhauses 4000 Dollar pro Jahr, so daß er die Hälfte der Ausbildungskosten seines Sohnes selbst aufzubringen vermochte. Obwohl seine schulische Vorbildung zu wünschen übrigließ, graduierte Goodhart magna cum laude mit der Gesamtnote Eins.

Dr. Tarrytown war in einem vornehmen Bostoner Vorort aufgewachsen. Sein Vater, ein erfolgreicher Bankdirektor, hatte ihn auf erstklassige Privatschulen geschickt. Im College lavierte Tarrytown mit Ach und Krach an ernsteren Disziplinarstrafen vorbei, und trotz seines Interesses für die Medizin schloß er mit dem Notendurchschnitt «Befriedigend» ab. Die angeborene Intelligenz wirkte nicht als bestimmender Faktor bei den unterschiedlichen Studienleistungen der beiden Männer. Beide lagen mit ihrer sprachlichen Begabung über, mit ihren mathematischen Fähigkeiten unter dem Collegedurchschnitt.

Genausowenig liegen die Gründe für die Wahl unterschiedlicher

Abwehrformen bei Goodhart und Tarrytown im Bereich bewußter Willens- und Moralentscheidung. Der kleine Junge, der im Park hinfällt, faßt nicht bewußt den Entschluß, mit Hilfe der Blutgerinnung seine Schürfwunde zu verschließen – wäre er ein Bluter, würde niemand ihn deswegen zur Rechenschaft ziehen. Entsprechend entschied sich auch Dr. Tarrytown nicht mit voller Überlegung für Dissoziation anstelle von Altruismus, und genausowenig können wir ihm seine Projektionen zum Vorwurf machen. Wir können die adaptiven Prozesse eines Menschen nicht einfach dadurch entschlüsseln, daß wir ihn danach befragen. Allein der äußere Beobachter ist in der Lage, ihr Vorhandensein überhaupt festzustellen. Ein Hypnotisierter kann sein Verhalten nur durch Rationalisierung erklären; oft ist er sich gar nicht bewußt, daß er nur der Suggestion des Hypnotiseurs erlegen ist. Entsprechend begründet der Betroffene den Gebrauch von Anpassungsmechanismen häufig mit Bemerkungen wie «Damals hielt ich das für eine gute Idee» oder «Ich habe nur getan, was alle tun». So wie dem in der Einleitung erwähnten Rechtsanwalt fällt es uns gelegentlich auf, daß wir uns solcher Mechanismen bedienen, doch können wir sie nicht beim richtigen Namen nennen.

Die besonderen Kindheitserfahrungen der beiden Männer sollten uns eigentlich am ehesten darüber Aufschluß geben können, worin die Unterschiede zwischen Goodhart und Tarrytown begründet sind. Nun habe ich meine Darstellung der menschlichen Anpassung gerade deshalb mit diesen beiden Männern begonnen, weil sie beide eine außerordentlich ungünstige Kindheit hatten. Goodhart wie Tarrytown fallen im Hinblick auf den Verlauf ihrer Kindheit ins unterste Fünftel der untersuchten Probandengruppe. (Genau wie bei den Abwehrmechanismen und der Realitätsanpassung im Erwachsenenalter wurde auch die Kindheitsumgebung der Männer von Mitarbeitern des Forschungsteams eingestuft, die die Männer in Unkenntnis anderer Variablen, also unvoreingenommen, bewerteten. [Dieses Verfahren wird im Amerikanischen «blind rating» = «Blindbewertung» genannt, die «neutralen Beurteiler» «blind raters». – Anm. d. Übers.] Dabei wurden mehrere Teilaspekte berücksichtigt. Die wichtigeren Befunde werden in Kapitel 13 diskutiert.) Kurz gesagt: verglichen mit den Eltern anderer Teilnehmer der Studie waren die Eltern von Goodhart und Tarrytown nur in sehr geringem Maße fähig, ihren Kindern das Gefühl des Urvertrauens in die Welt beziehungsweise das wohltuende Bewußtsein innerer Autonomie mitzugeben. Beide Männer waren als Kind ängstlich und einsam; bei beiden war das Familienleben namentlich in ihrer Adoleszenzzeit von offenem und verdecktem Streit geprägt.

Ein wesentlicher Unterschied zwischen den beiden Männern lag in ihrem ungleichen Vermögen, die Schwächen ihrer Eltern zu tolerieren. Schon in der Adoleszenz konnte Mr. Goodhart – wenn auch nur widerstrebend – eingestehen, daß seine Mutter «sehr nervös, reizbar, ängstlich und immer sorgenvoll» sei. Mit achtundzwanzig gab er an, sie habe seit langem seelische Probleme – eine Ansicht, die durch das vorliegende Material bestätigt wurde. Dr. Tarrytown dagegen schwankte nie in seinem Glauben, daß seine depressive und nicht immer verantwortungsbewußte Mutter «zu gut für diese Welt» sei. Noch als Student im zweiten Collegejahr, als sein eigenes ungezügelt eskapistisches Verhalten ihn immer wieder in gefährliche Situationen brachte, gab er sich große Mühe, für seine kranke Mutter zu sorgen, obwohl sie sich soeben ein weiteres Mal von ihm abgewandt hatte. Damals und auch später noch hielt er die ganze Menschheit für gestört und betrachtete nur seine Mutter und sich selbst als Ausnahmen.

Wenn der Rückschau zu trauen ist, dann lebten die Mütter beider Jungen «in einer Phantasiewelt». Doch wenn sie auch nicht angemessen für ihn sorgte, war Mr. Goodharts Mutter immerhin physisch präsent, was sich konstruktiv für den Jungen auswirkte. Sie ließ ihren Sohn an ihrer Vorliebe für gute Literatur teilhaben, und beim Lesen von Romanen entdeckte Mr. Goodhart, daß er die Rassenvorurteile seiner Eltern nicht unbedingt zu übernehmen brauchte. Dr. Tarrytowns Mutter war gerade zur Zeit der Geburt ihres Sohnes sehr depressiv gewesen. Sie hatte ihren Sohn in der Obhut von Kindermädchen zurückgelassen und sich ganz von ihm abgewandt. Als sie nach Jahren wieder in sein Leben trat, führte sie ihn in ihre persönliche mystische Gedankenwelt ein und verstärkte mit diesem ihrem einzigen Vermächtnis die Voreingenommenheit ihres Sohnes und seinen Hang zum Eskapismus noch weiter, anstatt ihn davon zu befreien. Goodhart verwarf also die irreale Lebensanschauung seiner Mutter, während Tarrytown sie übernahm. Wie es jedoch dazu kam, kann keiner von uns mit Sicherheit sagen.

Beide Väter waren Alkoholiker. (Genau wie in der Gesamtbevölkerung trat Alkoholismus bei etwa einem Drittel der von der Studie erfaßten Familien auf.) Aber auch hier gab es wieder einen Unterschied. Mr. Goodharts Vater ging aus dem Haus, um zu trinken, während Dr. Tarrytowns Vater seinen Sohn teilnehmen ließ und das Trinken als aufregend und abenteuerlich hinstellte. Als Heranwachsender lernte Tarrytown, Alkohol so zu gebrauchen wie Goodhart die Bücher – zur Flucht. Dagegen gewöhnte Goodhart sich aus Entsetzen vor seinem betrunkenen Vater an, Alkohol mit Vorsicht zu genießen.

Auf der einen Seite konnte Goodhart mit neunzehn eingestehen, sein Vater sei «kalt», und mit achtundvierzig vermochte er sich daran zu erinnern, wie sehr er das betrunkene Wüten seines Vaters gefürchtet und sich immer wieder bemüht hatte, seine Furcht zu besiegen. Auf der anderen Seite hatte Dr. Tarrytown noch in seinem zweiten Collegejahr über seinen Vater gesagt: «Ich mag ihn sehr gern. Er ist ein interessanter Mensch, und es macht Spaß, mit ihm zusammenzusein.»

Als seine Eltern sich scheiden ließen, beklagte Tarrytown sich nicht. Statt dessen wies er eilfertig darauf hin, wie glücklich er doch sei, einen Vater zu haben, der ihn im Notfall immer finanziell unterstützen könnte. Erst in mittleren Jahren gestand sich Tarrytown endlich eine schmerzliche Wahrheit ein, die die Mitarbeiter der Studie schon erkannt hatten, als er neunzehn war: «Das ganze Verhältnis zwischen meinem Vater und mir war eine einzige Quälerei. Wir haben uns aus tiefster Seele gehaßt.» Es liegt auf der Hand, daß die durch Anpassungsmechanismen hervorgerufenen Realitätsverzerrungen im Lauf der Zeit in die Weltsicht des Individuums eingehen können. Eine Wahrheit, die zu schrecklich ist, als daß man sie ertragen könnte, wird im Unbewußten verändert oder zunächst nicht anerkannt. *Die veränderte Wahrheit wird dann subjektiv als wahr erlebt.* Mit anderen Worten: der Anpassungsstil der Männer wirkte sich im selben Maße auf ihre Erinnerung der Kindheitsumgebung aus wie umgekehrt die Kindheit die Wahl ihrer Anpassungsmechanismen beeinflußte.

Als die Männer während ihrer Adoleszenz zum ersten Mal eingestuft wurden, machten weder Tarrytown noch Goodhart auf die Mitarbeiter der Studie einen besonders vielversprechenden Eindruck. Ihre spätere unterschiedliche Realitätsanpassung war im College noch keineswegs vorauszusehen. Die Mitarbeiter des Forschungsteams hatten David Goodhart als dünnen, blassen, passiven jungen Mann mit ausgezeichneten Umgangsformen bezeichnet, aber auch als «ziemlich nervös und befangen; er hat feuchte, kalte Hände». Ein Psychiater hatte nach der Untersuchung Goodharts einmal lakonisch geäußert: «Der Junge ist ein Neurotiker.» In der Gesamtbeurteilung fanden sich Attribute wie «befangen, gepflegt, unaggressiv, verläßlich, nüchtern, aufrichtig und kultiviert».

Carlton Tarrytown erfuhr als Collegestudent eine sehr widersprüchliche Beurteilung. So sah ihn einer der Wissenschaftler als «anziehenden, ausgeglichenen, physisch und psychisch gereiften Burschen. Wenn ihn seine Gesundheit nicht im Stich läßt, wird er es wohl einmal sehr weit bringen. Im ganzen ein sehr sympathischer Junge.» Dagegen zeigte sich ein anderer Forscher besorgt über den Kettenraucher und unbedenklich trinkenden und waghalsigen Autofahrer Tarrytown. Für ihn war Tarrytown «sozial unangepaßt, ängstlich, vergnügungssüchtig, unstet, unzuverlässig, von geringer Urteilskraft». Die Unterschiede in der Beurteilung erklären sich aus der Tatsache, daß Tarrytowns Lebensstil sich gut dazu eignete, sein Unglücklichsein zu verbergen, ja sogar ganz zu negieren. Den Fünfundzwanzigjährigen beschrieb ein Mitglied der Forschungsgruppe als «fröhlich und ausgeglichen. Er scheint jetzt viel zielstrebiger in der Lebensführung.» In der Tat war nichts falscher. Es war Tarrytown jedoch inzwischen gelungen, der Realität seine Bedingungen aufzuzwingen – allerdings nicht ohne seinen Preis dafür zu zahlen.

Lassen Sie mich nun, nachdem ich die Herkunft der beiden Männer in groben Zügen umrissen habe, ihre Anpassungsstile genauer miteinander vergleichen. Tarrytown und Goodhart hatten eine ganze Reihe ähnlicher Schwierigkeiten zu bewältigen gehabt. Erstens hatte das impulsive Verhalten ihrer trinkenden Väter beiden beständig Angst und Schrecken eingejagt. Zweitens lebte bei der Gründung ihrer eigenen Familie in beiden noch die Erinnerung an die frühere mangelhafte elterliche Fürsorge; in beiden Fällen mag das mit dazu beigetragen haben, daß die Ehe unglücklich wurde. Drittens löste die Arbeit bei jedem von ihnen Ängste aus. Um diese Schwierigkeiten zu meistern, wandten beide offenbar im großen und ganzen den gleichen Anpassungsstil an, den Goodhart auf folgende höchst prägnante Weise charakterisierte: «Ich tue das, was ein Kind tut: ich wende meine Aufmerksamkeit ab.» In der Adoleszenz hatte jeder von ihnen als Reaktion auf seine unglückliche Kindheit beschlossen, in seinem Leben anderen zu helfen. Goodhart wollte Pfarrer werden, Tarrytown Psychiater.

Im Lauf der Zeit kristallisieren sich jedoch bei beiden Männern deutlich unterschiedliche Anpassungsweisen heraus. Goodharts *Altruismus* und *Sublimierung* heben sich klar von Tarrytowns *Projektion* und *Dissoziation* ab. Das läßt sich zum Beispiel an ihrer Abwehr gegen den Tod beobachten. Als Dr. Tarrytowns Mutter starb, schloß er seine Praxis und verlor sich in einer zweiwöchigen Zechtour, bis die Beerdigung samt allen Nachwirkungen vorbei war und er seine Aufmerksamkeit nicht mehr länger abzuwenden brauchte. Dagegen ließ Mr. Goodhart, als sein bester Freund nach einem Segelunfall in Maine vermißt wurde, sofort alles liegen und beteiligte sich an der Rettungsaktion. Noch Tage, nachdem es nach menschlichem Ermessen keinerlei Hoffnung auf ein Überleben mehr gab, drängte Goodhart darauf, die Suche weiterzuführen. Indem er sich weigerte, an den Tod seines Freundes zu glauben, wandte auch er in gewisser Weise seine Aufmerksamkeit ab; nur war seine Art, dem Schmerz der Trauer zeitweilig auszuweichen, eine ganz andere. Hoffnung und Altruismus mildern das Unerträgliche, aber sie leugnen es nicht.

Wenn Dr. Tarrytown in irgendeiner Weise in Konflikt mit seiner Umgebung geriet, wurde er von sozialer Angst fast erdrückt. Schon die Intimität normaler Freundschaft war mehr, als er ohne Schwierigkeiten ertragen konnte. Wie viele Männer, die nacheinander eine große Zahl von Liebschaften und Ehen eingehen, fühlte er sich am wohlsten, wenn er es auch in der Liebe mit «relativ Fremden», wie er es nannte, zu tun hatte. Ohne Verlegenheit konnte er seinen enormen Schlaf- und Beruhigungsmittelkonsum eingestehen, aber er war ganz und gar unfähig, das, was ihm angst machte, genauer zu benennen. Wie ein Kind war er nicht imstande, seine Gefühle auf seine eigene Person zu beziehen.

Tarrytown konnte sich seine eigenen Aggressionen nicht eingestehen. Als Kind nannte seine Mutter ihn «den frechsten kleinen Lügner, den es je gegeben hat», was damit zusammenhing, daß er seine Feindseligkeit auf andere projizierte und sich deshalb ständig von Gefahren umringt sah. Er log nicht aus Boshaftigkeit, sondern um zu überleben. Einmal hatte er feststellen müssen, daß «die Leute einen fertigmachen, wenn man sie nicht zum Lachen bringt». Ein anderes Mal hatte er sich in der verzweifelten Situation gesehen, daß seine Mutter sich umbringen würde, falls es ihm nicht gelänge, sie aufzuheitern. Tarrytown litt unter vielfältigen körperlichen Symptomen – hauptsächlich Kopfschmerzen und Magenkrämpfen –, doch woher sie stammten, wußte er nicht. Er war Mitglied der fanatischen rechtsgerichteten John Birch Society und erbitterter Gegner aller Kommunisten, die er verdächtigte, ihm seine persönliche Freiheit rauben zu wollen, doch wählte er selten und schloß sich nie einer Demonstration an. Tarrytown war unfähig, zu benennen, was eigentlich die ständige Angst und Unruhe bei ihm auslöste, außer daß ihm «alles ein wenig Sorge» machte. Erinnern wir uns daran, daß er erst nach drei Jahrzehnten den Mitarbeitern der Studie gegenüber zugeben konnte, wie schlecht sein Verhältnis zu seinem Vater war. Niemals, noch nicht einmal auf dem Tennisplatz, erlaubte er sich auch nur die kleinste aggressive Geste.

Auch Mr. Goodhart hatte in ständiger Angst vor seinem Vater gelebt. Noch als Jugendlichen kostete es ihn Überwindung, den Interviewern diese Angst einzugestehen. Doch schon mit neunzehn Jahren hatte er sich bewußt gefragt, wo er eigentlich seine Gefühle versteckt hielt. Er erkannte, daß er sie «hinter einer Maske» verbarg. «Wenn man es geschickt anstellt, kann man viele Spitzen abfangen», sagte er dazu. Humor erlaubt es einem, andere in abgeschwächter Form anzugreifen. Schon damals hatte Goodhart entdeckt, daß er durch die Mitarbeit an der humoristischen Zeitschrift seines College seine Aggressionen auf sozial akzeptierte Weise ausleben konnte. In seinem Beruf sollte Goodhart dieses Problem bald noch direkter angehen. In der Familie, in der er aufgewachsen war, hatte er oft hilflos zwischen seinen zerstrittenen, vorurteilsbeladenen Eltern gestanden. Die Rassenvorurteile schlugen hohe Wellen, als zahlreiche arme Weiße aus dem Süden in die Nachbarschaft gezogen waren. In der Armee sah er sich als weißer Offizier in einer überwiegend aus Schwarzen bestehenden Division «vor die brenzlige Aufgabe gestellt, sowohl die vorgesetzten Offiziere als auch die Mannschaften bei Laune zu halten». Nach dem Krieg ging er daran, diese bedrohliche Situation zu meistern, indem er sein ganzes Leben lang in den städtischen Gettos von Detroit und Chicago nach Wegen suchte, zwischen der Stadtverwaltung und den Beauftragten der Ford Foundation, zwischen hard hats*

---

* Hard hats – weiße Arbeiter, insbesondere Bauarbeiter, die die berufliche Konkurrenz der Schwarzen fürchten.

und armen Schwarzen zu vermitteln. Faktisch schützte er dabei seinen engstirnigen Vater vor Bedrohung, obwohl er doch zugleich offen und in beruflicher Funktion gegen das Rassenvorurteil seines Vaters vorging.

Vergleichen wir nun Goodharts einfallsreichen Altruismus mit Tarrytowns steter Furcht vor Mord und Selbstmord, Goodharts verdeckte, doch Spannungen lösende Gegenangriffe mit Tarrytowns angstvoller Untätigkeit. Und bedenken wir auch die drei wichtigen Folgen aus Goodharts Anpassungsstil: erstens, daß er sich dabei wohl fühlte; zweitens, daß seine Umwelt sein Verhalten als vorbildlich und belohnenswert ansah; drittens, daß er durch seine gelungene Anpassung seinem ehemals gefürchteten Vater näherkommen konnte, anstatt sich noch weiter von ihm zu entfernen.

Dr. Tarrytown dagegen fühlte sich weder im Rausch noch mit seinen Vorurteilen wohl. Mit der Unfähigkeit, bewußt mit seinen Aggressionen umzugehen, hing es zusammen, daß er die Chirurgenlaufbahn aufgab – sie wurde ihm zu gefährlich. Die Verleugnung seiner aggressiven Gefühle drängte ihn schließlich immer mehr in die Isolation; er entfernte sich immer weiter von seiner Mutter, seinem Vater, seinen beiden Ehefrauen und seinen drei Kindern. Altruistisches Verhalten ist der Projektion vorzuziehen, nicht etwa, weil es moralischer wäre, sondern weil es bessere Wirkungen zeitigt.

Die seelisch Gesunden sind keineswegs vor Ängsten und Depressionen gefeit. Das hängt damit zusammen, daß gesunde Anpassung realitätsgerechte Wahrnehmung der Welt voraussetzt; realitätsgerechte Wahrnehmung jedoch bringt oft Leid mit sich. Als ich Mr. Goodhart fragte, wie er mit der sich ständig verbreiternden Kluft in seiner Ehe fertigwürde, antwortete er, seine erste Abwehrstufe sei «das Rauchen». Als ich ihn weiter drängte, gab er zu, daß seine Ehe ihn unglücklich machte, indem er bekannte: «Ich möchte lieber nicht darüber reden.» In der Tat war er jedoch sehr wohl in der Lage, darüber zu reden. Er bezeichnete seine Ehe als seine größte Sorge und weinte, als wir darüber sprachen, übernahm jedoch die volle Verantwortung für die Rolle, die er dabei spielte.

Wie bewältigte dagegen Tarrytown seine gescheiterten Ehen? Durch Dissoziation hielt er sie von sich ab, ließ sich in unvermittelte Promiskuität fallen oder suchte in Beruhigungsmitteln Vergessen. Es kam vor, daß er pro Nacht zehn Stunden schlief, monatelang keinerlei sexuelles Verlangen spürte und für sich allein Yoga und das Studium fernöstlicher Religionen betrieb. Nicht ein einziges Mal erwähnte er je gegenüber der Forschungsgruppe, daß er unglücklich war. Tarrytown war ein Meister darin, dem Leben seine Bedingungen aufzuzwingen. Er verstand es ungleich besser als Goodhart, seelischem Leiden auszuweichen. Aber obwohl Leiden auf ein Versagen der Anpassungsmechanismen hindeutet, ist es für sich genommen noch kein Indiz für mangelhafte seelische Gesundheit.

In der Art ihres Humors unterschieden sich die beiden Männer auffallend voneinander. Tarrytowns Humor war der eines Clowns und fast schon masochistisch; in Goodharts Humor lag das sublimierte Eingeständnis seines Schmerzes. Tarrytown hatte in verschiedenen Lebensabschnitten bei seinen Freunden die Rolle eines Clowns gespielt. Es ist die Tragödie des Clowns, daß die anderen *über* ihn lachen. Goodhart dagegen besaß die Fähigkeit, die anderen dazu zu bringen, *mit* ihm zu lachen. Er hatte gelernt, sich mit seinen Scherzgedichten auf zurückhaltende Art vor seinen Freunden zu produzieren. Sein Humor erleichterte es ihm auch, die sehr realen Ängste zu beherrschen und auszudrücken, von denen er als Vermittler zwischen haßerfüllten gegnerischen Parteien gequält wurde. Durch den jeweils andersartigen Humor der beiden Männer wurde Goodharts persönliche Statur gestärkt, die Tarrytowns dagegen geschwächt. Mit Ironie und echtem Humor ist dem einzelnen mehr gedient als mit masochistischem Possenspiel. Deshalb ist es wichtig, sich diese Abwehrmechanismen als Teile ein- und desselben Spektrums vorzustellen. Wo jedoch genau die Grenze zwischen Tarrytowns Dissoziation und Goodharts echtem Humor verläuft, ist schwer zu sagen.

Nicht nur zwischen Dissoziation und Humor, sondern auch zwischen Goodharts einfühlsamen Altruismus und Tarrytowns Projektionen bestanden sowohl Parallelen wie Unterschiede. Projektion und Einfühlung sind auf derselben Skala anzusiedeln. Jeder der beiden Männer nahm bei anderen Probleme oder Gefühlszustände wahr, die in Wirklichkeit seine eigenen waren. Goodhart fand seine eigenen Probleme jedoch bei solchen Menschen wieder, die sie auch tatsächlich teilten und somit seine Bemühungen zur Verbesserung ihrer Lage auch würdigen konnten. So hatte Goodhart beispielsweise auf dem Höhepunkt des Kalten Krieges die Überzeugung vertreten, daß vor allem die Ungerechtigkeiten des eigenen Systems schuld seien, falls Amerika jemals kommunistisch würde, und nicht etwa russische Einmischung. Er arbeitete sein ganzes Leben an der Aufgabe, dieses System zu ändern. Anstatt sich in die Voreingenommenheit seines Vaters zu flüchten, setzte er sich so erfolgreich für die Bürgerrechte ein, daß er als Vierzigjähriger von der Presse als nationaler Führer gefeiert wurde.

So wie der Altruist Verantwortung übernimmt, so weist der Projizierende sie von sich. Dr. Tarrytown projizierte seine eigenen Probleme auf Menschen, die sie keineswegs teilten. Wie ein um das Seelenheil der Menschen besorgter Inquisitionspriester griff er die Probleme anderer auf eine Weise auf, die nur er allein, *nicht aber die, denen zu helfen er vorgab*, würdigen konnten. Zur Zeit des Kalten Krieges ging auch Tarrytowns persönliches Leben durch eine Phase der Unruhe und Verwirrung; der Studie gegenüber stellte er es jedoch immer so dar, als ob bei ihm alles in bester Ordnung sei. «An dem ganzen Wertesystem, mit dem wir leben, ist etwas grundverkehrt», so schrieb er. «Nirgendwo sind die Menschen so verstört und unglücklich wie hier in Amerika.» Gleichzeitig erwähnte er, daß er Barbiturate nehme, «um mich gegen eine Realität abzuschirmen, die mir nicht besonders zusagt (der weltweite Trend in Richtung auf Kollektivismus in der einen oder anderen schwachsinnigen Form)». Es fällt schwer, seine Logik nachzuvollziehen. Er begnügte sich nicht damit, jeden in Amerika außer sich selbst für unglücklich zu halten – wenn es ihm dann doch einmal schlecht ging, dann waren die Kommunisten daran schuld, nicht etwa seine eigenen Konflikte.

In der Jugend hatte Tarrytown dem Ideal, «notleidenden Menschen zu helfen», nachgestrebt, doch existierte sein Altruismus bloß in der Phantasie und wurde nicht in Handeln umgesetzt. Die Wirklichkeit sah anders aus: er hatte die Chirurgie aufgegeben, um nur ja niemanden zu verletzen, und als Arzt im Dienst der Regierung arbeitete er so wenig wie möglich. Sogar der Drang, die Welt nach den Vorstellungen der John Birch Society zu verändern, beschränkte sich auf die Ebene der Phantasie. Tarrytown verfocht den Gedanken der Verantwortung jedes Individuums, er war ein erbitterter Gegner des Wohlfahrtsstaates, doch sah er sich nicht in der Lage, seine beiden früheren Ehefrauen oder auch nur seine Kinder regelmäßig zu unterstützen.

Mit zunehmendem Alter wandte Dr. Tarrytown sich immer mehr

vom öffentlichen Leben ab. «Ich lese weder Zeitungen noch höre ich Radio», so schrieb er. Obwohl er an der Außenwelt wenig Anteil nahm, vertrat er 1968 doch den Standpunkt, der Krieg in Vietnam müsse mit militärischen Mitteln entschieden werden, und zwar «zum frühestmöglichen Zeitpunkt». Obwohl seine Bostoner Erziehung den Fanatismus von «red-necks»[*], wie er Goodharts Eltern eigen war, verhinderte, trat Tarrytown 1968 für die Präsidentschaft von Gouverneur Wallace und gegen die Bürgerrechtsgesetze von Präsident Johnson ein, «damit die Neger nicht übermütig werden». Die Aggressionen, die er nicht offen auslebte, wurden auf andere projiziert; sie wandten sich jedoch wieder drohend gegen ihn selbst zurück und verstärkten noch seine Ängste. Paranoia ist eine Abwehr der wahrhaft Verzweifelten.

Einer der hervorstechendsten Züge geglückter Anpassung liegt darin, daß sie Weiterentwicklung zuläßt. So gesehen folgte bei Mr. Goodhart Altruismus auf Sublimierung. Als Kind hatte er sich mit Hilfe von Büchern aus der Wirklichkeit geflüchtet, doch später als Collegestudent gelang es ihm, sich von seinem Eskapismus zu befreien, indem er sich lesend über soziale Ungerechtigkeiten informierte und ironische Verse schrieb. Mit fünfundzwanzig hatte Goodhart erklärt: «Ich dachte zwar immer ‹Ich bin nicht meines Bruders Hüter›, aber mittlerweile habe ich doch ein soziales Gewissen entwickelt.» Sein weiteres Leben bestand in dem fruchtbaren Bemühen, für andere zu erringen, was er selbst nicht bekommen hatte. Dr. Tarrytown dagegen entwickelte sich mit der Zeit immer mehr zurück. Als Neunzehnjähriger schien er reif, doch mit neunundvierzig zeigte er adoleszente, fast kindliche Züge. Es ist kein Zufall, daß seinem Haus in Fort Lauderdale etwas Kindliches anhaftete.

Ich möchte nun, bevor ich weitergehe, die möglichen Determinanten von Goodharts und Tarrytowns auseinanderstrebender Entwicklung noch einmal rekapitulieren. Wenn sich die Kindheit der Männer auch im weitesten Sinne ähnelte, gab es andererseits doch auch Unterschiede. Eine Kinderpsychiaterin, die nur Einblick in das Leben der

---

[*] Red-necks – konservative, für Gesetz und Ordnung eintretende und gegen Rassenintegration eingestellte Weiße namentlich in den Südstaaten der USA.

Männer bis zum Alter von achtzehn Jahren hatte, faßte beider Kindheit jeweils wie folgt zusammen: «Tarrytown wurde von einer Reihe von Kindermädchen aufgezogen.» «Goodhart wuchs in einer Familie auf, die von einem gewalttätigen, gefährlichen, trinkenden Vater beherrscht wurde. Fürsorge und Hingabe auf seiten der Mutter haben dem Probanden offenbar zum Aufbau von Ich-Stärke verholfen.» Die Psychiaterin hatte keinerlei Möglichkeit, exakt zu messen, was sie unter «Ich-Stärke» verstand, doch haben die nachfolgenden dreißig Jahre ihren *Eindruck* bestätigt.

Goodhart hatte seine Eltern während seiner Entwicklungsjahre beständig in seiner Nähe gehabt, während Tarrytown aus unterschiedlichen Gründen nicht weniger als die Hälfte seiner Kindheit und Jugend von einem oder beiden Elternteilen getrennt war. Immer gerade dann, wenn er seine Mutter brauchte, ließ sie ihn im Stich. Sie hatte ihre schwersten Depressionen bei seiner Geburt und danach wieder bei ihrer Scheidung, die die einschneidendste Krise im Adoleszenzalter ihres Sohnes darstellte. Im Gegensatz dazu litt Goodharts Mutter gerade am meisten unter Depressionen, als ihr Sohn sie verließ, um auf die Hochschule und danach zur Armee zu gehen. Goodhart wird sich durch eine Mutter, der sein Unabhängigwerden Schwierigkeiten bereitete, in mancher Hinsicht gestärkt gefühlt haben, wogegen Tarrytown sich durch eine Mutter, die seine Abhängigkeit nicht ertragen konnte, geschwächt gefühlt haben muß.

Die verläßliche Gegenwart von Menschen, die uns lieben, erleichtert uns die Wahrnehmung und Hinnahme schmerzlicher Realität und bereichert unser Leben. So bekannte der dreißigjährige Tarrytown während einer Periode totaler Nüchternheit über eine Frau, die er liebte, aber nicht geheiratet hat: «Sie erfüllt bestimmte elementare Bedürfnisse von mir so vollkommen, daß es mir möglich und wünschenswert erscheint, mehr Energien auf den Aufbau eines Lebens ohne Alkohol zu verwenden.» Eine kurze Zeitlang zeigte er sich reifer als jemals zuvor. Dann ging die Beziehung zu Ende, und Tarrytown glitt wieder in sein eskapistisches Verhalten zurück. Demnach stellten Altruismus und Sublimierung bei Goodhart möglicherweise eine Art Luxus dar, der sich aus verinnerlichter Zuneigung speiste, einen Luxus, für den Tarrytown gewöhnlich nicht die Kraft aufbringen konnte.

Es bleibt keinem Leser verwehrt, über Tarrytowns Engstirnigkeit zu Gericht zu sitzen; bedenken wir jedoch, daß man möglicherweise leicht ängstlich und menschenscheu werden kann, wenn die eigene Mutter während der frühen Kindheitsjahre beständig abwesend war und wenn man nie einen richtigen Freund gehabt hat. Falls Goodhart hier als Mensch in einem besseren Licht erscheint, so lassen Sie mich vorab darauf hinweisen, daß eines der Kennzeichen gesunder Anpassung darin besteht, daß sie von außen betrachtet oft einen moralischen Eindruck macht. Da jedoch unsere Anpassungsmechanismen auf unsere biologischen Anlagen, auf Internalisierung von Personen, die uns geliebt haben, und weitere, bisher unerforschte Quellen zurückgehen und da sie überdies ganz im Unbewußten ablaufen, können wir uns auch nichts auf sie zugute halten. Wenn uns unsere Abwehrmechanismen nicht in Versuchung führen, sondern vom Übel erlösen, dann können wir das entweder Gott oder unserem eigenen Ich zuschreiben, je nachdem, ob wir die unfaßbare erlösende Macht lieber in uns selber suchen oder nach außen projizieren wollen.

Was wir auch immer darüber denken mögen, Tarrytown war jedenfalls kein schlechter Mensch; er konnte nur die Realität nicht akzeptieren. Als ich ihn in Florida besuchte, war er mir ein freundlicher und gewandter Gastgeber. Daß ich ihn in diesem Kapitel nicht als achtbaren Menschen darzustellen vermochte, zeugt in erster Linie von den Grenzen meiner Großzügigkeit und meines Geschicks. Indem ich versuchte, Tarrytown zu klassifizieren, ihn genau einzuordnen und «objektiv» zu sehen, habe ich damit zugleich sein Wesen verdunkelt. Goodhart war mir viel sympathischer. Ausgestattet mit belastbareren Anpassungstechniken, hat er – zumindest in meinen Augen – mutig die Bedingungen angenommen, die das Leben ihm bot. Wir müssen uns jedoch daran gewöhnen, Anpassung und Moralurteile auseinanderzuhalten.

In diesem Kapitel sind fünf Themen angesprochen worden, die im folgenden weiterentwickelt und ausgeführt werden sollen. Dazu zählt erstens die These, daß es nicht die isolierten Kindheitsträumen sind, die unsere Zukunft prägen, sondern eher der Charakter der lang andauernden Beziehungen zu wichtigen Menschen. Zweitens: unser Leben verändert sich fortwährend, und es gibt keinen Lebenslauf, der nicht voller Brüche steckte. Was zum einen Zeitpunkt an psychische Krankheit denken läßt, kann zu anderer Zeit durchaus anpassungsfördernd erscheinen. Drittens: der Schlüssel zum Verständnis psychopathologischer Symptome liegt im Verständnis der Abwehrmechanismen; denn viele scheinbar psychopathologische Störungen stellen im Grunde Heilungsprozesse dar. Wir können die einzelnen Abwehrmechanismen voneinander unterscheiden und sie einem Punkt auf einer Skala zuordnen, die sowohl eine Korrelation zur persönlichen Reife wie zur Gesundheit herstellt. Im weiteren Verlauf dieser Darstellung werden wir sehen, daß sich jeder Abwehrstil zu einem anderen Abwehrstil weiterentwickeln kann. Daraus folgt, daß jede Persönlichkeit ihre eigene Dynamik besitzt und keine Lebensbahn bis ins letzte vorhersagbar ist. Viertens: da die menschliche Entwicklung sich auch im Erwachsenenalter fortsetzt, kann die innere Wahrheit eines Menschenlebens immer nur eine relative und allein aus der Längsschnittbetrachtung erschließbare sein. Rückschauende Erklärungen sind niemals unverfälscht, und manchmal müssen erst Jahrzehnte vergehen, bevor die wahrheitsgetreue Erklärung eines Ereignisses möglich wird. Und die letzte These: seelische Gesundheit ist real existent und kann in großen Teilen operational (d. h. unter Offenlegung der Handlungen oder «Operationen», durch die sie erforscht wird) auf eine Weise diskutiert werden, die nicht von moral- oder kulturbedingten Vorurteilen bestimmt ist.

2. Kapitel Die Männer der Grantstudie

> Schon allein dadurch, daß ich überhaupt an der Studie teilnehme, daß ich regelmäßig die Fragebogen zugeschickt bekomme und über die Antworten nachdenke, und so weiter . . . habe ich angefangen, meine persönliche Entwicklung, wichtige Lebensentscheidungen, mein berufliches Fortkommen und ähnliche Dinge viel bewußter zu analysieren. Zu wissen, daß alles, was mit mir passiert, in ein langfristiges Forschungsprojekt über die Entwicklung und das Verhalten des Menschen eingeht, hat mich sicher auf mancherlei Weise beeinflußt, obwohl ich nicht genau sagen kann, wie . . . Ich bin zwar bisher nur durch sporadische briefliche Kontakte und ein Nachinterview direkt mit der Studie in Berührung gekommen, doch hätte ich ein sehr starkes Gefühl des Verlustes, wenn sie abgebrochen würde.
> *Auszug aus einem Fragebogen der Grantstudie*

Wenn uns die Lebensläufe speziell ausgewählter Collegestudenten Aufschluß über die menschliche Realitätsanpassung liefern sollen, dann müssen wir genau wissen, nach welchen Kriterien sie ausgesucht worden sind und worin sie sich als Gruppe von anderen Menschen unterscheiden. Insgesamt wurden ursprünglich 268 Männer ausgesucht. Davon kamen 66 aus den Collegeabschlußklassen 1939 bis 1941 und 202 aus einer Sieben-Prozent-Stichprobe der Klassen 1942 bis 1944. Der Ausleseprozeß variierte geringfügig von Jahr zu Jahr. Neunzig Prozent der untersuchten Probanden wurden jedoch nach folgendem Verfahren ausgewählt:

Aus jeder Klasse wurden etwa vierzig Prozent der Studenten von vornherein ausgeschieden, weil bei ihnen nicht sicher war, ob ihre akademischen Leistungen zur Graduierung ausreichen würden.

Danach wurden die medizinischen Unterlagen der verbleibenden sechzig Prozent überprüft und die Hälfte der Studenten wegen offenkundiger physischer oder psychischer Mängel ausgesondert.

Die Namen der noch verbleibenden dreißig Prozent der Studenten einer Klasse wurden jedes Jahr den Dekanen des College vorgelegt, die etwa hundert ihnen «robust» erscheinende junge Männer auswählten. Die Dekane waren angewiesen worden, diejenigen jungen Männer zu benennen, die ihnen am unabhängigsten schienen und bei denen die Wahrscheinlichkeit gering war, daß sie je den Gesundheitsdienst konsultieren müßten.

Kurz gesagt, sie wählten Männer aus, die laut Dr. Arlie Bock, dem Leiter des Universitätsgesundheitsdienstes, «ihren eigenen Kurs steuern konnten», oder – in den Worten des Dekans – «junge Männer, bei denen wir uns freuten, daß wir sie zum Studium zugelassen hatten». Ungefähr zwanzig Männer wurden nach dem Zufallsprinzip ausgewählt: darunter fielen auf eigenen Vorschlag Aufgenommene (vier Prozent), jüngere Brüder bereits ausgewählter Kandidaten (zwei Prozent) und außergewöhnlich vielversprechende Studenten, die durch das Standardauswahlverfahren noch nicht erfaßt worden waren (vier Prozent).

Zwanzig Prozent der jedes Jahr vorläufig ausgewählten Männer wurden nicht endgültig in die Studie aufgenommen, weil sie dem Forschungsprojekt gegenüber nicht ausreichend motiviert waren. Mangelnde Bereitschaft zur Teilnahme zeigte sich gewöhnlich bei solchen Studenten, die durch die aufwendige Arbeit im Laboratorium des College oder durch Verpflichtungen außerhalb des Lehrplans – z. B. der Mitgliedschaft im Footballteam der Universität – stark belastet waren. Einmal in das Forschungsvorhaben aufgenommen, verhielten sich die Probanden außerordentlich loyal. Nur zehn der 268 endgültig ausgewählten Männer brachen während ihrer Collegezeit die Teilnahme ab, was gewöhnlich auf das Drängen der Eltern hin geschah.

Die Untersuchungsgruppe wurde nicht mit dem Anspruch zusammengestellt, repräsentativ zu sein. Deshalb kann der nicht streng systematisch gehandhabte Auswahlprozeß die Gültigkeit der Ergebnisse nicht beeinträchtigen. Das Auswahlverfahren war darauf angelegt, mit hoher Wahrscheinlichkeit eine große Anzahl junger Männer zu erfassen, die – unabhängig vom Standpunkt des Betrachters – im Leben erfolgreich sein würden.

Abgesehen von den Beschränkungen, die bei einer nur aus Collegestudenten bestehenden Probandengruppe naturgemäß gegeben sind, enthielt der Auswahlprozeß jedoch schon zwei schwerwiegende Vorentscheidungen. Die erste Vorentscheidung liegt darin, daß bevorzugt Männer vom einen Ende der Skala «unabhängig – abhängig» gewählt wurden. Nachdem sie ein strenges Aufnahmeverfahren durchlaufen hatten, besuchten die jungen Männer ein College, das sehr hohe Anforderungen stellte. Von den bereits Studierenden wurden wiederum nur die akademisch Erfolgreichen ausgewählt. Im späteren Leben waren die Männer der Grantstudie in beruflicher Hinsicht zumeist erfolgreicher als ihre Geschwister. Anders ausgedrückt: man hatte die Männer nach ihrem Vermögen ausgewählt, ihren angeborenen intellektuellen Fähigkeiten voll gerecht zu werden oder sie sogar noch zu übertreffen. Ebenso stabile, doch unbeschwertere junge Männer mit weniger starkem Leistungswillen blieben wahrscheinlich unterrepräsentiert. Die Fähigkeit, im Leben erfolgreich zu sein, wurde höher bewertet als die, Intimität erleben zu können.

Die zweite Vorentscheidung hängt eng mit der ersten zusammen. Der Schwerpunkt der hier dargestellten Anpassungsstile weist eindeutig in die Richtung der Stoiker. Wie einer der erfolgreichsten Männer der Studie erklärte, genoß er es in seinem Leben am meisten, «niemandem verpflichtet zu sein und anderen Menschen helfen zu können». Allzu viele der Untersuchten entsprachen jener Definition von Normalität, die einer der beteiligten Forscher aufgestellt hatte: «Ein gesunder Mensch ist einer, der weder sich selbst noch anderen jemals zum Problem wird.» Andere Auswahlmaßstäbe müßten angelegt werden, um auch den gut angepaßten Hedonisten zu erfassen. Um im Bild des ersten Kapitels zu bleiben: wenn die Männer der Grantstudie sich die Knie aufschlugen, verließen sie sich nicht so sehr auf Verbände und Mütter, sondern versuchten, selbst damit fertigzuwerden.

Dieses Buch beschreibt fünfundneunzig der ursprünglich bestimmten 268 Männer. Diese Untergruppe kam auf folgende Weise zustande: Zunächst wurden alle Männer bis auf diejenigen, die die letzten drei erfaßten Collegeklassen abgeschlossen hatten (1942 bis 1944), ausgesondert. Bis dahin waren alle früheren Mängel in der Untersuchungsmethode beseitigt worden, und die über die Mitglieder dieser letzten drei Collegejahrgänge verfügbaren Daten waren voll standardisiert. Darauf wurden alle Mitglieder dieser 202 Personen zählenden Gruppe, deren Fallnummer auf 1, 5, 6, 8 oder 0 endete, zu einem persönlichen Gespräch gebeten. (Die genannten Endnummern waren durch das Los ermittelt worden.) Auf diese Weise kam eine Untersuchungsgruppe von 102 Männern zusammen. Zwei von ihnen gehörten zu jenen zehn Studenten, die schon vor ihrem Collegeabschluß aus der Studie ausgeschieden waren. Nach neueren Informationen sind diese beiden Männer noch am Leben, sie führen stabile Ehen, erziehen Kinder und leiten höchst erfolgreiche Geschäftsunternehmen. Von den verbleibenden hundert Männern starben fünf vor dem fünfundzwanzigsten Jahrestag ihrer Graduierung; die Todesursachen sind Verwundung im Zweiten Weltkrieg, Herzanfall, Autounfall, angeborenes Nierenleiden und Krebs. Im College hatten sich noch keine wesentlichen Unterschiede zwischen diesen fünf Männern und ihren Kommilitonen gezeigt. Damit umfaßte die Stichprobe also noch fünfundneunzig Männer. Einer von ihnen war kurz vor dem vereinbarten Gesprächstermin an Krebs gestorben. Da aber seine Freunde befragt werden konnten, war es möglich, ihn in die Untersuchung einzubeziehen. Alle übrigen vierundneunzig Männer willigten drei Jahrzehnte, nachdem sie für das Forschungsprojekt ausgewählt worden waren, in ein Treffen mit mir ein, worauf ich mit jedem von ihnen ein zweistündiges Gespräch führte. Die Untersuchungsgruppe war also weder durch die Zahl der inzwischen gestorbenen Männer noch durch geographische Zerstreuung wesentlich verändert worden.

Die Überprüfung der bei Collegestudenten gewonnenen Erkenntnisse auf ihre Allgemeingültigkeit ergibt zwei Haupteinwände intellektueller und sozioökonomischer Art. Nach ihren Ergebnissen im Scholastic Achievement Test entsprachen die untersuchten Studenten in ihren intellektuellen Leistungen den obersten fünf bis zehn Prozent der High-School-Abgänger, doch entfernten sie sich mit ihrer Durchschnittspunktzahl von 584 nicht allzuweit von dem Ergebnis anderer fähiger Collegestudenten. Da gute Leistungen im Studium schon eines der Kriterien ihrer Auswahl gewesen waren, ist es nicht verwunderlich, daß 61 Prozent der Männer der Grantstudie mit Auszeichnung graduierten, während nur 26 Prozent ihrer Kommilitonen einen ähnlich guten Abschluß erlangten. Danach nahmen 76 Prozent der von der Studie Untersuchten ein Graduiertenstudium auf, während es bei ihren Mitstudenten nur 60 Prozent waren. Im Hinblick auf ihre getestete Intelligenz zeigten sich die Teilnehmer der Studie jedoch nur leicht überlegen.

Äußerlich unterschieden die Probanden sich nicht von anderen Collegestudenten. Ihre Durchschnittswerte – 178 cm Körperhöhe, 72 kg Gewicht – stimmten mit denen ihrer Kommilitonen überein. Doch zählten im Vergleich zu ihren Studiengenossen doppelt so viele Männer der Studie zum mesomorphen Typus (kräftiger, muskulöser Körperbau). 98 Prozent waren Rechtshänder, und ihre Körperhaltung wurde als geringfügig besser beurteilt als die ihrer Kameraden.

Sozioökonomisch gesehen stammten die meisten Männer der Studie, jedoch bei weitem nicht alle, aus der Schicht der sozial Privilegierten. Ein Drittel ihrer Väter verdiente 1940 mehr als 15000 Dollar jährlich, ein Drittel lag unter 5000 Dollar, und einer von sieben Vätern verdiente weniger als 2500 Dollar pro Jahr. Ein Drittel der Väter hatte studiert, während andererseits die Hälfte der Eltern nie bis zur College-Graduierung gekommen war. Fast die Hälfte der Männer der Studie hatte Privatschulen besucht, doch lebten als Studenten etwa genauso viele von einem Stipendium. Um einen erheblichen Teil der Ausbildungskosten selbst tragen zu können, arbeitete jeder zweite von ihnen auch während der Vorlesungszeit. Es ist bemerkenswert, daß die Untersuchungsergebnisse nach dreißig Jahren *keine* Korrelationen zu den bei Studienbeginn gegebenen relativ starken sozioökonomischen Unterschieden aufwiesen. Persönliche Initiative, qualifizierte Ausbildung und vor allem das Verstreichen eines Vierteljahrhunderts hatten alle statistischen Unterschiede eingeebnet.

Die Männer stammten aus relativ stabilen Familien. Bis zum Alter von neunzehn Jahren hatten nur vierzehn Prozent von ihnen einen Elternteil durch Tod und nur sieben Prozent einen Elternteil durch Scheidung verloren. Doch weichen diese Werte mit Ausnahme der geringfügig niedrigeren Scheidungsrate der Eltern weder merklich von denen der Collegestudenten insgesamt noch von denen der amerikanischen Mittelschicht im allgemeinen ab. Erstgeborene waren deutlich überrepräsentiert. 41 Prozent der Männer führten als Älteste die Geschwisterreihe an, weitere elf Prozent waren Einzelkinder. Nur 21 Prozent waren die Jüngsten der Familie.

Die untersuchten Männer rekrutieren sich also aus jener überaus schmalen Bevölkerungsgruppe, die um das Jahr 1940 private Colleges im Nordosten der USA besuchte. Die Probandengruppe umfaßt 80 Prozent Protestanten, 10 Prozent Katholiken und 10 Prozent Juden. In den meisten Fällen lebten ihre Vorfahren schon seit 1850 in Amerika. Schwarze wurden durch die Studie nicht erfaßt. 89 Prozent der

Männer kamen aus dem Gebiet nördlich der Mason and Dixon Line* und östlich des Missouri. (Fünfundzwanzig Jahre später lebten noch drei Viertel der Untergruppe von 95 Männern in diesem Gebiet, während sechzig Prozent der Gesamtgruppe in die fünf städtischen Zentren San Franzisco, New York, Washington, Boston und Chicago abgewandert waren.)

Das historische Ereignis des Zweiten Weltkrieges zwang den Männern jedoch gemeinsame Lebensumstände auf, durch die es möglich wurde, sie nicht nur im Hinblick auf intellektuelle Hochleistung und privilegierte soziale Position mit ihren Mitmenschen zu vergleichen. Obwohl nach ihren akademischen Lorbeeren ausgewählt, bewiesen sie auch als Soldaten Umsicht und Mut. In seinem Buch über die Männer der Grantstudie, ‹College Men at War›, zieht Dr. John Monks zahlreiche interessante Vergleiche.[1] Nur elf Teilnehmer der Grantstudie statt der statistisch wahrscheinlichen siebenundsiebzig wurden aus körperlichen Gründen für wehruntauglich erklärt, nur drei statt der zu erwartenden sechsunddreißig wegen psychischer Störungen abgelehnt. Ein Drittel der Männer nahm zehn Tage oder länger an anhaltenden Gefechten teil, und der Prozentsatz an Gefallenen und Verwundeten unter ihnen lag genauso hoch wie in der Armee insgesamt. Verglichen mit dem, was andere Untersuchungen über akute Gefahrensituationen im Kampf ergaben, klagten die Männer der Grantstudie über weitaus weniger Symptome von Übelkeit, sexueller Enthemmung, Herzklopfen, Zittern und Schwindel. Die 230 Männer der Studie, die je eine Uniform trugen, errangen zwanzig «Bronze Star Medals», drei Orden «Legion of Merit», drei «Distinguished Flying Crosses» und ein «Navy Cross», obwohl die meisten von ihnen wegen ihrer Jugend erst im letzten Kriegsjahr an die Front kamen.

Wenn man ihren Aufstieg in der militärischen Hierarchie zugrunde legt, bewältigten die Männer die gestellten Anpassungsaufgaben spielend. Nur zehn Prozent waren schon im Offiziersrang in die Armee eingetreten, doch wurden einundsiebzig Prozent als Offiziere entlassen. Fünfundvierzig Prozent derer, die bei der Marine dienten, kamen bereits als Offiziere, weitere fünfundvierzig Prozent wurden während ihrer Dienstzeit befördert. In 52 Prozent der Führungszeug-

---

* Mason and Dixon Linie – Grenzlinie zwischen Nord- und Südstaaten bis zum Sezessionskrieg.

nisse der Männer fand sich der Vermerk, die befehlshabenden Offiziere hätten «den ausdrücklichen Wunsch» geäußert, sie unter sich zu haben; weiteren 41 Prozent der Männer wurde von ihren Vorgesetzten bescheinigt, sie wären ihnen als Untergebene «erwünscht» gewesen. Nur in sieben Prozent der Führungszeugnisse hieß es, die befehlshabenden Offiziere wären einfach nur «zufrieden» damit gewesen, die Männer der Studie unter sich zu haben. Weniger als fünf Prozent der Untersuchten hatten Schwierigkeiten, sich nach Kriegsende wieder im Zivilleben zurechtzufinden.

Im Alter von siebenundvierzig Jahren verfügte das durchschnittliche Mitglied der Studie über das Einkommen und die soziale Position eines erfolgreichen Geschäftsmannes oder Akademikers und teilte die politischen Ansichten, geistigen Interessen und den Lebensstil eines Collegeprofessors. Trotz eines jährlichen Durchschnittseinkommens von etwa 30000 Dollar fuhren 1968 weniger als 5 Prozent der Männer Sportwagen oder Luxuslimousinen. Obwohl sie finanziell sehr gut gestellt waren, stimmten die Männer häufiger für die demokratische als für die republikanische Partei, und dementsprechend hielten sich 71 Prozent für politisch «liberal» und nicht für «konservativ». Nur 14 Prozent der Männer hatten McCarthys Verhöre 1954 gutgeheißen. Im Unterschied zu 80 Prozent ihrer ehemaligen Studienkameraden waren 1967 91 Prozent für die Drosselung des amerikanischen Engagements in Vietnam. Hätten die Mitglieder der Grantstudie zu bestimmen gehabt, dann wären 1968 nicht Humphrey und Nixon, sondern Eugene McCarthy und Rockefeller als Präsidentschaftskandidaten aufgestellt worden. Wie so viele liberal gesinnte Angehörige ihrer Generation unterstützten auch die Männer der Grantstudie die Bürgerrechtsbewegung. Zwar hatten sich nur wenige unter ihnen aktiv am Kampf gegen die Rassentrennung beteiligt, doch hießen sie die Beschlüsse des Obersten Gerichtshofes (Supreme Court) und die neue Gleichberechtigungsgesetzgebung nachträglich gut.

Auf dem Wiedersehenstreffen fünfundzwanzig Jahre nach dem Collegeabschluß wurde mit Hilfe einer schriftlichen Befragung eine Reihe von Daten ermittelt, die uns einen Vergleich zwischen den 44 (von insgesamt 48) an der Grantstudie teilnehmenden College-Absolventen des Jahres 1944 und siebzig Prozent ihrer Kommilitonen ermöglichen. (Nur vier Mitglieder der Grantstudie, aber dreißig Prozent ihrer ehemaligen Kommilitonen weigerten sich, den auf der Wiedersehensfeier ausgegebenen Fragebogen zu beantworten.) Die Unterschiede zwischen den Probanden der Grantstudie und ihren Studienkollegen erwiesen sich trotz des mühevollen Ausleseverfahrens in vieler Hinsicht als nicht sehr erheblich. 1969 betrug das jährliche Einkommen bei einem von vier Teilnehmern der Studie mehr als 40000 Dollar. Ebenfalls ein Viertel, vor allem in Lehrberufen Tätige, verdienten unter 20000 Dollar jährlich. Damit unterschied sich die Einkommensverteilung der Männer nicht wesentlich von der ihrer Studienkollegen, doch setzten sich bei den ersteren viermal so viele immer noch für ihre ehemalige Collegeklasse ein. Die Scheidungsrate und eingestandene eheliche Instabilität lagen in beiden Gruppen etwa gleich hoch. Fünfundzwanzig Jahre nach Beendigung ihres Studiums waren in beiden Gruppen ungefähr 95 Prozent der Männer verheiratet und 15 Prozent geschieden. Ein Viertel des gesamten Jahrgangs war Jurist oder Arzt geworden, 15 Prozent Lehrer, zumeist an einem College, und 15 Prozent Kaufleute. Die übrigen 40 Prozent verteilten sich auf andere akademische Berufe wie den des Architekten, Betriebswirts und Ingenieurs; andere arbeiteten in der Werbung, bei Banken und Versicherungen sowie in Regierungsbehörden. Bezüglich der Verteilung auf die einzelnen beruflichen Untergruppen gab es keine Unterschiede zwischen den Teilnehmern der Grantstudie und ihren früheren Kommilitonen. Die Männer, die in bezug auf seelische Gesundheit, eheliche Stabilität und beruflichen Erfolg nicht mit ernsteren Problemen zu kämpfen hatten, waren auch eher bereit, die gestellten Fragen zu beantworten. Da die Untersuchten der Studie den Fragebogen nahezu ausnahmslos ausfüllten, lassen sie sich wahrscheinlich mit den siebzig Prozent ihrer Studienkollegen vergleichen, die zur Beantwortung des Fragebogens bereit waren und deshalb von ihrer seelischen Gesundheit her wohl eine gewisse Auslese darstellen.

Was die Männer der Studie tatsächlich von ihren ehemaligen Mitstudenten unterschied, war, daß sie sich sehr viel wohler fühlten. Ein wesentlich höherer Prozentsatz von ihnen bezeichnete seine Arbeit als «äußerst befriedigend» und die eigene Gesundheit als «ausgezeichnet». Es waren bei ihnen bedeutend weniger Krankheitstage zu verzeichnen. Im Alter von siebenundvierzig Jahren überschritten nur 18 Prozent der Männer ihr Idealgewicht um bis zu 20 Pfund, und nur 13 Prozent gingen fünf Tage oder mehr pro Jahr wegen Krankheit nicht zur Arbeit. Diese Zahlenwerte liegen weit unter denen der Gesamtbevölkerung. Am wichtigsten aber war, daß ihre Sterblichkeitsrate um fünfzig Prozent unter der ihrer Kommilitonen lag.

Tabelle 1
Antworten auf eine Befragung 25 Jahre nach Collegeabschluß

	44 Teilnehmer der Grantstudie	590 Studienkollegen
1. Beantworteten den Fragebogen	92 %[2]	70 %
2. Graduierten mit Auszeichnung	61 %[2]	26 %
3. Absolvierten Graduiertenstudium	76 %[1]	60 %
4. Halten ihren Beruf für äußerst befriedigend	73 %[1]	54 %
5. Beruflich weniger erfolgreich als der Vater	2 %[2]	18 %
6. Weniger als zwei Krankheitstage pro Jahr	82 %[2]	57 %
7. Halten gegenwärtigen Gesundheitszustand für ausgezeichnet	64 %[1]	43 %
8. Befürworten Drosselung des Vietnam-Engagements der USA (Winter 1968/69)	93 %[1]	80 %
9. Besuchten öffentliche High School	57 %	44 %
10. Jemals geschieden	14 %	12 %
11. Nie verheiratet	7 %	6 %
12. Augenblickliche Ehe instabil	16 %	12 %
13. Häufiger Gottesdienstbesuch	27 %	38 %
14. Gegenwärtig Nichtraucher	74 %	71 %
15. Ständig abstinent	7 %	20 %
16. Konsum an hochprozentigem Alkohol mindestens 180 ccm (4 Gläschen) täglich	7 %	9 %
17. Seit Collegeabschluß 10 oder mehr Besuche beim Psychiater	21 %	17 %

[1] Nahezu signifikanter Unterschied ($p < 0.5$ – ein Unterschied, der der Wahrscheinlichkeit nach in einem von 20 Fällen auftritt).
[2] Signifikanter Unterschied ($p < 0.1$ – ein Unterschied, der der Wahrscheinlichkeit nach in einem von 100 Fällen auftritt).

Der Vergleich zwischen den Männern der Grantstudie und der Bevölkerung insgesamt ist nicht besonders lohnend, da die Untersuchten einer so streng ausgelesenen Gruppe angehören. Jeder von ihnen hatte es in seinem Beruf so weit gebracht, daß berufliches Zurückbleiben erst dann sichtbar wird, wenn man die Männer untereinander vergleicht. Eine Zeitlang hatten 14 Prozent von ihnen übermäßig getrunken; doch waren nur vier Prozent der Männer – deutlich weniger als der nationale Durchschnitt – länger als zwei Jahre und nur geringfügig beeinträchtigt.[2]

Von ihrem psychischen Wohlbefinden her betrachtet ging es den Teilnehmern der Grantstudie im Erwachsenenalter besser als der Bevölkerung im ganzen, doch ist schwer zu sagen, um wieviel besser. Ursprünglich nach Gesundheit ausgewählt, war keiner unter ihnen, der auf unüberwindliche Probleme getroffen wäre, doch blieben umgekehrt auch keinem der Männer Leid, Mühsal und Angst erspart. Vergleiche zwischen den Untersuchten der Grantstudie und anderen Gruppen sind so lange problematisch, als die Vergleichsgruppen nicht von denselben Forschern und nach denselben Kriterien eingestuft werden. Nach den Maßstäben, die Srole und seine Mitarbeiter in ihrer Untersuchung über die seelische Gesundheit von Stadtbewohnern in Amerika zugrunde legten, wären zum Beispiel 70 bis 90 Prozent der Männer der Grantstudie unter die Gruppe der 18,5 Prozent New Yorker gefallen, die Srole und seine Mitarbeiter als «gesund» betrachteten.[3] Auf der anderen Seite waren die Psychiater, die die Probanden der Grantstudie während ihres Collegestudiums untersucht hatten, bei mehr als der Hälfte von ihnen der Ansicht gewesen, daß eine psychiatrische Behandlung ihnen guttun würde. Bis zum Alter von dreißig hatten zehn Prozent der Männer Psychiater konsultiert; mit achtundvierzig hatte sich ihre Zahl auf 40 Prozent erhöht. Dagegen hatten nur 13 Prozent der zwanzig- bis neunundfünfzigjährigen New Yorker aus Sroles Zufallsstichprobe jemals einen Psychiater aufgesucht. Leider erstreckt sich die ambulante psychiatrische Versorgung bis heute mehr auf die Privilegierten als auf diejenigen, die sie nötig haben.

Wohl die einzige Versuchsgruppe, bei der eine echte Vergleichsgrundlage mit den Männern der Grantstudie besteht, ist die aus Termans Längsschnittuntersuchung von 1000 begabten kalifornischen Schulkindern.[4] Ihre Mitglieder kamen aus sozioökonomischen Verhältnissen, die denen der Teilnehmer der Grantstudie in etwa entsprachen. Da die Männer und Frauen der Terman-Gruppe in bezug auf ihre getestete Intelligenz zum obersten einen Prozent der Bevölkerung gehörten, waren sie den Probanden der Grantstudie intellektuell überlegen. Da Termans Versuchspersonen jedoch nicht nach Leistung, sondern nach Befähigung ausgelesen waren, schlossen nur 70 Prozent von ihnen ihr Collegestudium mit der Graduierung ab. Der Anteil der Verheirateten lag mit 94 Prozent in beiden Gruppen gleich hoch, doch wies die Terman-Gruppe die höhere Scheidungsrate auf (23 Prozent). Die Männer der Termanschen Stichprobe hatten weniger Kinder als die Teilnehmer der Grantstudie (zwei gegenüber drei), doch fielen bei ihnen die Jahre des Kinderaufziehens zum Teil mit der Weltwirtschaftskrise zusammen. In beiden Gruppen trat Homosexualität mit einer Häufigkeit von einem bis zwei Prozent auf.

Die untersuchenden Psychiater hatten neun Prozent der Terman-Gruppe «schwerwiegende Fehlanpassung» bescheinigt; drei Prozent der Teilnehmer waren in einer psychiatrischen Klinik behandelt worden. Wenn man die unterschiedliche Terminologie in Rechnung stellt, entsprechen diese Anteile etwa denen der Probanden der Grantstudie. 15 Prozent der Terman-Gruppe hatten in ihrem Leben einmal eine Zeitlang übermäßig getrunken gegenüber 14 Prozent der Untersuchten der Grantstudie. Weder die Männer der Terman- noch die der Grantstudie wurden im Erwachsenenalter jemals krimineller Delikte überführt. Die Sterblichkeitsrate lag in beiden Gruppen unter dem bei weißen Amerikanern entsprechenden Alters wahrscheinlichen Wert.

Von den Männern der Grantstudie hatte eine größere Anzahl ein Graduiertenstudium durchlaufen, doch waren ihre Studienleistungen nicht ganz so hervorragend wie die der Männer der Termanstudie. Im Durchschnittsalter von fünfundvierzig Jahren waren etwa acht Prozent der Untersuchten der Grantstudie in ‹Who's Who in America› aufgeführt, verglichen mit sieben Prozent der Terman-Gruppe. Im Alter von fünfzig Jahren standen in beiden Gruppen zwölf Prozent der Männer in ‹American Men of Science› verzeichnet. Da die von Terman erfaßten Männer zehn Jahre älter sind als die Teilnehmer der Grantstudie, lassen sich ihre Einkommen nicht ohne weiteres miteinander vergleichen. 1964, als sie durchschnittlich dreiundvierzig Jahre alt waren, verdienten 40 Prozent der Mitglieder der Grantstudie 25000 Dollar jährlich. Von den Probanden Termans erzielten nur zehn Prozent im Jahr 1954 im ungefähr gleichen Lebensalter ein entsprechendes Einkommen, doch lagen die Gehälter in jenen Jahren allgemein niedriger.

Nun erhebt sich eine schwierige, aber berechtigte Frage: In welcher Weise haben dreißig Jahre fortgesetzter Beobachtung sich im Leben der Untersuchten niedergeschlagen? Die einzelnen Mitglieder der Studie kannten sich untereinander nicht, und auch als Studenten hatten sie nie eine feste Gruppe gebildet, doch bekamen sie alle Abschriften der frühen wissenschaftlichen Berichte ausgehändigt. Vor kurzem wurden sie alle gefragt, welche Auswirkungen die Studie auf sie gehabt habe. Abgesehen davon, daß ihr Selbstvertrauen gestärkt und regelmäßiges Nachdenken über das eigene Leben ihnen zur Gewohnheit wurde, *fühlten* sich die Männer der Grantstudie durch die Untersuchung nicht nennenswert beeinflußt. Bei der Durchsicht ihrer Lebensläufe drängte sich mir die Vermutung auf, daß das ständige Beobachtetwerden sich zumindest so weit auf sie ausgewirkt hatte, daß sie, verglichen mit ihren Studienkollegen, weniger stark davor zurückscheuten, sich in psychiatrische Behandlung zu begeben. Doch wurde ihr Leben durch zahlreiche andere Faktoren viel stärker und nachhaltiger bestimmt als durch die Tatsache, daß sie gelegentlich von Sozialwissenschaftlern unter die Lupe genommen wurden. Sie führten ein viel zu vielfältiges und farbiges Leben, als daß ihnen viel Zeit geblieben wäre, lange darüber nachzusinnen, daß sie ja auch noch Versuchskaninchen der Grantstudie waren. (Hier ist festzuhalten, daß zur Zeit, als die Daten für dieses Buch zusammengetragen wurden, noch keinerlei Forschungsmaterial über die *Anpassungsstile* der Männer veröffentlicht worden war. Auch hatte man es bei der Erstellung der Fragebögen bisher stets vermieden, die Aufmerksamkeit der Männer auf diesen Aspekt ihrer Persönlichkeit zu lenken.)

Über die Auswirkungen der Studie sagte einer der Teilnehmer: «Die Studie hat in all diesen Jahren für mich so stark den Charakter eines nüchternen, stetigen, wohlwollenden und verläßlichen Begleiters in einer sich ständig verändernden Welt angenommen, daß ich wohl mit großer Hoffnung und Vertrauen auf das hören würde, was sie mir eventuell zu sagen hätte . . . Ich merke schon, dies ist eine leicht quengelige Bitte, mir doch mitzuteilen, daß alles mit mir in Ordnung ist, daß ich einen vernünftigen Kurs steuere, der mich vorwärtsbringen wird, und überhaupt die Rolle einer gütigen Autoritätsperson voller Weisheit und Einverständnis mir gegenüber einzunehmen.» Ein anderer erklärte: «Ehrlich gesagt, als ich mich 1939 zur Teilnahme an der Studie entschloß, habe ich in Sachen Berufsberatung doch sehr viel mehr von ihr erwartet, als dann tatsächlich geschehen ist. Ich gebe zu, daß ich stolz bin, eine von den 268 Versuchspersonen der Grantstudie zu sein, ja daß ich bei Gelegenheit sogar öffentlich damit geprahlt habe. Im ganzen habe ich aber doch das Gefühl, daß das Feedback zwischen Studie und Teilnehmern viel zu wünschen übrig läßt.»

Aus meiner eigenen Erfahrung mit der Studie kann ich sagen, daß unter den Teilnehmern keiner war, den ich nicht respektieren konnte. Ich bedauere es sehr, daß ich durch meine Rolle als Untersuchender nur so formell und flüchtig mit ihnen in Kontakt treten konnte; und doch habe ich diese Rolle sehr genossen, weil sie mir die Möglichkeit gab, vierundneunzig so faszinierende Persönlichkeiten zwar nur kurz, aber aus der Nähe kennenzulernen. Die Männer der Grantstudie sind keineswegs außergewöhnlich oder fremdartig, doch zeigen sie ein breites Spektrum an Verhaltensweisen, die innerhalb eines kulturellen Segments der Menschheit als gesund und wertvoll gelten. Ihr Leben, das vor Beeinträchtigungen durch die Vorurteile anderer und vor Vernachlässigung in der Kindheit weitgehend geschützt war und das ihnen erlaubte, beruflich die allerhöchsten Sprossen zu erklimmen, kann nicht repräsentativ für das der Mehrheit der amerikanischen Bevölkerung stehen. Doch ist es gerade diese relativ privilegierte Stellung der Männer, die sie zur Erforschung der menschlichen Anpassungsprozesse besonders geeignet macht. Das Pflanzenwachstum kann da, wo optimale Bedingungen herrschen, am einfachsten studiert werden; Menschen zeigen sich in ihrer vollen Entfaltung nur da, wo sie die Freiheit der Wahl genießen.

3. Kapitel   Wie sie untersucht wurden

> Es ist Tradition, daß sich die Ärzte immer erst dann um ihre Patienten bemühen, wenn bereits Symptome mannigfacher Art aufgetreten sind. Das Department of Hygiene . . . plant, dieses Vorgehen umzukehren und die Einflüsse, die in der Vorgeschichte gesunder junger Männer wirksam waren, zu analysieren . . . Allgemein gehen wir davon aus, daß Kranke Pflege und Aufmerksamkeit brauchen, doch hat man es bisher offenbar kaum je für notwendig gehalten, systematisch zu untersuchen, wie Menschen gesund bleiben und im Leben vorankommen . . . Wir müssen gesicherte Tatsachen an die Stelle der gängigen Mutmaßungen setzen, denn wir alle brauchen weniger Verbote und dafür mehr positive Verhaltensrichtlinien.
>
> DR. ARLIE V. BOCK
> *Auszug aus einer Presseerklärung vom 30. September 1938*

Die Grant Study of Adult Development und die Oakland Growth Study der Universität Berkeley machen sich gegenseitig den Ruhm streitig, die längste prospektive Untersuchung der Persönlichkeitsentwicklung Erwachsener in der Welt zu sein. Für sich allein in einem kleinen Backsteinbau untergebracht, arbeiteten die Mitarbeiter der Projektgruppe in einer warmen und freundlichen Atmosphäre. Von den Sekretärinnen bis zum medizinischen Direktor gaben sie sich den untersuchten Männern gegenüber nicht wissenschaftlich-distanziert, sondern voll freundlicher Anteilnahme. Die Probanden der Grantstudie waren über den Gang der Untersuchung voll informiert und wurden alle mit ihrem Einverständnis untersucht, doch konnten sie sich nicht selbst zur Teilnahme melden – eine Bedingung, die Wichtigtuer aus den Reihen der zukünftigen Versuchspersonen fernhielt. Da die Männer nach ihrer psychischen Gesundheit ausgewählt wurden, galt es als ehrenvoll, in das Forschungsprojekt aufgenommen zu werden. Die Mitarbeiter der Studie ließen sich weit genug auf die Männer ein, um ein Gespür dafür zu entwickeln, wann sie sie verletzten; sie wurden deshalb bei auftretenden Schwierigkeiten im Leben der Männer häufig um Hilfe gebeten. Auf diese Weise wuchs ein festes Zusammengehörigkeitsgefühl, das inzwischen vier Jahrzehnte überdauert hat. Die meisten Kandidaten fanden es anregend und wertvoll, bei dem Forschungsprojekt mitzumachen, was sie den Mitarbeitern gegenüber freimütig äußerten. Einige Eltern hielten die Teilnahme ihrer Söhne an der Studie sogar für deren wertvollste Erfahrung während der ganzen Collegezeit.

Andererseits nahmen die Teilnehmer auch eine Reihe von Verpflichtungen auf sich, die jeden von ihnen mindestens zwanzig Stunden kosteten. Nach der Aufnahme in das Projekt führte jeder Teilnehmer acht Gespräche mit einem Psychiater. Diese Gespräche konzentrierten sich in erster Linie auf die Familie, die Berufspläne und das persönliche Wertesystem der Männer. Dabei bemühten sich die Psychiater besonders darum, die Teilnehmer persönlich und nicht nur als Patienten kennenzulernen; sie versuchten weder, pathologische Symptome bei ihnen zu orten noch ihr Leben psychoanalytisch zu interpretieren.

Die Probanden sprachen auch mit einer Sozialarbeiterin, Lewise Gregory (später Mrs. William F. Davies), die der Studie als einziges Mitglied des ursprünglichen Teams auch 1976 noch angehörte. Die aus Virginia stammende, warmherzige und sensible Mrs. Davies wurde weniger auf Grund ihrer Ausbildung als ihrer natürlichen Fähigkeiten für diese Aufgabe ausgesucht. Sie nahm nicht nur die Daten zu einem detaillierten Bericht über den sozialen Werdegang eines jeden untersuchten Collegestudenten auf, sondern reiste kreuz und quer durch die USA, um auch die Eltern der Männer kennenzulernen. (Jahre später, als ich selbst durch Zufall mit einigen der Eltern zusammentraf, vermochten sie sich noch mit dem größten Vergnügen an diese Besuche zu erinnern.) Im Elternhaus jedes Mannes erkundete Mrs. Davies die Familiengeschichte, die sich auch auf die Großeltern, Tanten, Onkel und auf die Cousins und Cousinen ersten Grades erstreckte. Sie befragte die Mütter nach der frühkindlichen Entwicklung ihrer Söhne sowie nach etwaigem Auftreten von Geisteskrankheiten innerhalb der Verwandtschaft. Weiter forschte sie nach, welche Probleme bei der Erziehung eines jeden Jungen aufgetreten waren. Diese Familieninterviews wirkten sich vor allem in einer Verstärkung der Zustimmung aus. Sie festigten nicht nur die Beziehung zwischen dem Probanden und der Studie, sondern stellten darüber hinaus sicher, daß die in dem Befund über die soziale Entwicklung festgehaltenen Daten tatsächlich von Bedeutung waren. Durch die Akzentuierung des Pathologischen läßt uns die übliche psychiatrische Erfassung des sozialen Werdegangs allzu häufig wie Figuren aus den Stücken von Tennessee Williams erscheinen.

Dr. Clark Heath, von 1938 bis 1953 Direktor der Grantstudie und ausgebildeter Internist, unterzog jeden Kandidaten einer außerordentlich gründlichen, zweistündigen körperlichen Untersuchung. Darin eingeschlossen war auch die gründliche Erfragung der Alltagsgewohnheiten, früherer Krankheiten und der physischen Reaktion auf Streß. Darauf wurde jeder Kandidat von einem Physiologen untersucht, der die Insulintoleranz, die Atemfunktion und die physiologischen Auswirkungen eines Belastungstests (fünfminütiges oder bis an die Grenze der physischen Erschöpfung reichendes Rennen auf einer Tretmühle) maß. Diese Tests wurden im ergometrischen Labor der Universität unter der Leitung von Dr. Bruce Dill durchgeführt.

Schließlich wurde jeder Kandidat von Professor Frederick Wells, einem Psychologen, der wie kein anderer für die psychodiagnostische Beurteilung junger Männer prädestiniert war, getestet. Er hatte bei der Entwicklung der Gruppenintelligenztests der Armee, der Army Alpha Tests, eine führende Rolle gespielt. Mit seinen Assistenten untersuchte er jeden Mann mit Hilfe psychologischer Testverfahren zur Messung der angeborenen Intelligenz (dem verbalen und numerischen Alpha-Test), eines Wortschatztests, einer Kurzfassung des Rohrschachtests und eines Block-Design-Tests zur Erfassung von manueller Geschicklichkeit und Raumauffassung. Bei der Mehrzahl der Männer wurde auch ein Scholastic Aptitude Test und ein Mathematical Attainments Test durchgeführt.

Gelegentlich stieß die Studie an die Grenze der wissenschaftlichen Erkenntnis der damaligen Zeit. So zeichnete man beispielsweise auf einem Elektroenzephalographen die Gehirnströme eines jeden Probanden auf und versuchte, der Mode der damaligen Zeit entsprechend, aus dem Gekrakel des Kurvenschreibers Rückschlüsse auf die Persönlichkeit der Untersuchten zu ziehen. (Nein, natürlich erfüllten sich die aus diesem Verfahren abgeleiteten Voraussagen nicht. Trotzdem sollten wir diese Versuche nicht belächeln, denn die Möglichkeiten des Elektroenzephalogramms waren erst 1937 entdeckt worden, und die psychologischen Persönlichkeitsforscher versprachen sich zu jener Zeit noch sehr viel von dem neuen Verfahren.)

Ein zweiter zum Scheitern verurteilter Versuch, mit Hilfe des Forschungsprojekts der Grantstudie eine neue Wissenschaft voranzutreiben, wurde mit der Bestimmung der Körperbautypen der Männer unternommen. Dazu wurden die Männer von einem Anthropologen buchstäblich vom Kopf bis zu den Zehen vermessen. Er ermittelte bei einem jeden den Somatotyp und andere körperliche Merkmale, von denen man annahm, daß zwischen ihnen und der Persönlichkeit Korrelationen bestanden. Unter dem Einfluß der Arbeiten des deutschen Psychiaters Ernst Kretschmer ging William H. Sheldon damals davon aus, daß man aus der Zugehörigkeit eines Menschen zum ektomorphen, mesomorphen oder endomorphen Körperbautypus Rückschlüsse auf seine Persönlichkeit ziehen könne. Auf Grund der Ergebnisse der Studie wissen wir heute, ein Dritteljahrhundert später, daß weder die Rohform der Enzephalographie noch das mit viel Scharfsinn betriebene Verfahren der Somatotypologie besonderen Aufschluß über die Persönlichkeiten der Probanden der Studie liefern konnten.[1]

Leider blieb die Arbeit von vier weiteren bahnbrechenden Persönlichkeitsforschern der dreißiger Jahre unbeachtet. Ich sage «leider», weil die Erkenntnisse dieser vier Wissenschaftler in meine Interpretation der Befunde der Studie eingegangen sind. Erik Erikson, Anna Freud, Harry Stack Sullivan und Heinz Hartmann haben unser heutiges Verständnis von der menschlichen Persönlichkeit wesentlich mitgeprägt, doch waren ihre Erkenntnisse in den Jahren 1937 bis 1942 noch zu neu, als daß sie in den Forschungsansatz der Grantstudie hätten hineinwirken können.

Harry Stack Sullivan hatte jedoch 1940 schon damit begonnen, die psychodynamische Theorie der Persönlichkeit zu revolutionieren.[2] Doch konnten er und seine britische Kollegin Melanie Klein sich in der psychiatrischen Fachwelt nur sehr langsam mit ihrer Auffassung durchsetzen, daß die Persönlichkeit eines Menschen mindestens ebenso stark durch seine *inter*personalen Beziehungen geprägt wird wie durch die *intra*personalen Beziehungen zwischen seinem Ich, seinem Gewissen und seinen Triebregungen. Bis es soweit war, war das Forschungsprojekt der Grantstudie schon in vollem Gange. Deshalb befragten die Psychiater der Studie die jungen Männer zum Beispiel nicht über ihre Freundschaftsbeziehungen oder ihre Bemühungen um Intimität mit dem anderen Geschlecht, obwohl die psychiatrischen Interviews der Collegezeit die genaue Exploration der jugendlichen Sexualentwicklung eingeschlossen hatten. Tatsächlich widmete die Studie den zwischenmenschlichen Beziehungen der Männer erst ab 1950 stärkere Aufmerksamkeit.

1937 erschien ›Das Ich und die Abwehrmechanismen‹ von Anna Freud zum ersten Mal in englischer Sprache[3], und Heinz Hartmann legte auf deutsch seine Untersuchung ‹Ich-Psychologie und Anpassungsproblem› vor[4]. Jedoch konzentrierte sich die Grantstudie erst ab 1967 stärker auf die in beiden Werken behandelten psychischen Anpassungsstile.

In den späten dreißiger Jahren hatte Erik Erikson an der University of California mit den Untersuchungen begonnen, die 1950 im Erscheinen seines Buches ‹Kindheit und Gesellschaft› gipfeln sollten, worin er überzeugend nachwies, daß nicht nur die Kinder, sondern auch die Erwachsenen seelische Reifungsprozesse durchlaufen.[5] In jener Zeit sahen die Forscher der Grantstudie genau wie ihre Kollegen in aller Welt die psychodynamische Reifung mit der Adoleszenz als abgeschlossen an.

Trotz der konzeptionellen Schwächen ihrer Entstehungszeit bestand die Studie weiter und wurde ab 1950 unter der neuen Bezeichnung The Study of Adult Development (Studie der Persönlichkeitsentwicklung Erwachsener) fortgeführt. Nach Collegeabschluß bekamen die Teilnehmer bis 1955 jedes Jahr, danach jedes zweite Jahr einen Fragebogen zugesandt, in dem vor allem den Bereichen Beruf, Familie, Gesundheit, Gewohnheiten (z. B. hinsichtlich Urlaubsgestaltung, Nikotin- und Alkoholkonsum, Sport) und politische Ansichten Aufmerksamkeit gewidmet wurde. Diese Befragungen lagen seit 1950 hauptsächlich in den Händen von Dr. Charles McArthur, einem fähigen klinischen Psychologen, der von 1955 bis 1972 Direktor der Grantstudie war. Seiner außerordentlichen Beharrlichkeit ist es zu verdanken, daß die Studie jene Zeit, als weder Regierungsstellen noch Stiftungen von Längsschnittuntersuchungen mehr etwas wissen wollten, sicher überstand. Weder in der Entwicklungspsychologie noch bei den geldgebenden Instanzen mochte man sich darauf einstellen, daß die psychische Reifung des Menschen tatsächlich das ganze Leben andauern kann.

Obwohl die Männer darauf vorbereitet waren, daß sie weit über die

Graduierung hinaus beobachtet werden sollten, konnte doch niemand genau absehen, wie lange die Studie tatsächlich weitergeführt werden würde. Leider blieben deshalb zahlreiche Fragen, die später im Hinblick auf die Veränderungen der mittleren Lebensphase relevant werden sollten, ungestellt.

Die Teilnehmer der Grantstudie waren gebildete Menschen und die Fragen offen gestellt, so daß die Fragebogen viel mehr an Information erbrachten, als sie ausdrücklich erbaten. Nicht selten antworteten die Männer mit kurzen Aufsätzen. «In der Regel», so schrieb einer der Männer, «habe ich immer etwas ausführlicher geantwortet als verlangt war, vor allem aus Dankbarkeit dafür, daß die Studie mir geholfen hat, mich selbst besser zu verstehen.»

Charakteristische Eigenschaften, die auch in vielen anderen Seiten ihres Lebens erkennbar waren, spiegelten sich in teilweise sehr persönlichen Antworten auf Standardfragen. «Mit allem, was wir sagen», so bekannte einer der Männer, «verraten wir etwas von uns.» Ein anderer Teilnehmer schickte einen Fragebogen zwei Jahre zu spät ein; er hatte ihn eben wiedergefunden – unter seinem Bett! Ein Mann, dem es gelungen war, die Auswirkungen der Kinderlähmung zu überwinden, weil er unbedingt im Footballteam der Universität spielen wollte, schrieb im Alter von dreiundvierzig Jahren: «Ihre Fragebogen helfen mir sehr; wie kann ich *Ihnen* helfen?» Die Fähigkeit, Nachteile in Vorteile umzumünzen, durchzog sein ganzes Leben.

Auf der anderen Seite gab es zum Beispiel einen Mann, der sich stets als Versager einschätzte, obwohl er sehr erfolgreich war. Er verübelte es der Studie, daß sie ihn überhaupt aufgenommen hatte, und empfand es als «höchst lästig, mich selbst bewerten zu müssen». Er protestierte dagegen, «so lange überwacht zu werden ... Die Studie forderte zu viel und gab zu wenig.» Selbstzweifel, Pessimismus und Passivität – Eigenschaften, mit denen dieser Mann sich sein ganzes Leben lang herumquälte – wurden an dem zuvor Erwähnten nie beobachtet.

Selbst Antworten auf Multiple-Choice-Fragen konnten sehr bezeichnend sein. So kreuzte ein Mann bei der Frage nach seinem Sexualleben «befriedigend» an, setzte jedoch hinzu: «Von der Häufigkeit her verhält sich unser beider Verlangen wie drei zu eins, doch stellen wir uns ganz gut aufeinander ein.» Da er bei den anderen Fragen nach seiner Ehe stets die günstigste Antwortmöglichkeit gewählt hatte, erschien es ihm am Ende offenbar ratsam, noch hinzuzufügen: «Das Obige hört sich langweilig an, aber es stimmt. Vielleicht besteht doch noch Hoffnung auf Abwechslung durch einen Ehekrach.» Der Schluß, daß es sich um eine friedliche, doch stark verstandesbetonte Ehe handeln mußte, bestätigte sich in den Gesprächen, die ich später mit dem Probanden und mit seiner Frau führte.

In den Fragebogen verrieten sich die Männer auch durch versehentliche Schreibfehler. Ein junger Geschäftsmann, der seine Behauptung, daß das Materielle für ihn *nicht* wichtig sei, noch weiter bekräftigen wollte, versicherte der Studie: «Ich möchte unbedingt märchenhaft reich sein». Er hatte das Wörtchen «nicht» vergessen. Daß dieses Verschreiben nur ein Zufall war, wird durch die Tatsache widerlegt, daß der junge Mann später unter Aufwendung großer persönlicher Mühen von allen Teilnehmern der Untersuchung das meiste Geld verdiente.

Von 1950 bis 1952 wurden alle Teilnehmer der Studie erneut interviewt, und zwar von Dr. Margaret Lantis, die Sozialanthropologie studiert und bereits praktische Berufserfahrung gesammelt hatte. Sie reiste umher und besuchte die Männer an ihrem Wohnort. In den Interviews erhob sie umfangreiches Datenmaterial über die Entwicklung ihrer Kinder und erkundete den Lebensstil der Männer genauso, als ob sie Eskimos oder Samoaner vor sich hätte. Häufig untersuchte sie die Männer auch mit Hilfe des Thematischen Apperzeptionstests, einem projektiven Verfahren, bei dem mehrdeutige bildliche Darstellungen gedeutet werden.

Dreißig Jahre nach Beginn der Untersuchung führte ich ein Interview mit jedem der überlebenden vierundneunzig Männer aus der hundert Teilnehmer umfassenden Untergruppe. Schon als ich sie um das Gespräch gebeten hatte, hatte ich darauf hingewiesen, daß ich als Psychiater weniger an den Fehlschlägen, sondern in erster Linie an den positiven Seiten ihres Lebens interessiert sei. Ich bat die Männer, mir den für sie günstigsten Ort zu nennen, an dem ich sie dann später treffen wollte. Obwohl ich dreizehn Jahre jünger bin als die untersuchten Männer, erwies sich der Versuchsrahmen aus ihren Collegetagen als dauerhaft. Zwar war mir ständig bewußt, daß ich gerade in die Schule gekommen war, als sie die Schwelle zum Erwachsenenalter überschritten, doch behandelten sie mich ausnahmslos so, wie Studenten den Arzt ihres College behandeln. Nie stieß ich auf Herablassung.

Vor jedem Gespräch sah ich die Unterlagen des betreffenden Mannes vollständig durch. Sie bestanden aus mehreren hundert Seiten Fragebogen, Forschungsprotokollen, Tests und Korrespondenz. Nur in einem einzigen Fall hatte ich einen der Männer bereits vorher kennengelernt. Das Interview war halb vorstrukturiert; die Männer bekamen alle dieselben offenen Fragen vorgelegt (siehe Anhang B). Auf diese Weise war es möglich, meine Informationen über die Männer, meine anfängliche Einstellung ihnen gegenüber, meine eigenen Unzulänglichkeiten und die Fragen bei jedem Interview relativ konstant zu halten. Falls sich dennoch Unterschiede im Ablauf der Interviews ergaben, konnten sie größtenteils den persönlichen Eigenarten der einzelnen Männer zugeschrieben werden.

Tatsächlich reagierten sie in sehr unterschiedlicher Weise. Nur ein Mann sträubte sich übermäßig gegen das geplante Treffen; doch dann ließ er das Interview über seine Mittagspause hinaus andauern und erstattete mir einen ausführlichen, mitreißenden und erstaunlich freimütigen Bericht über sein Leben. Umgekehrt bauten mehrere Männer, die zunächst sehr bereitwillig in das Interview eingewilligt hatten, raffinierte Hindernisse auf. Zwei von ihnen ließen keine Gelegenheit aus, ihre vielköpfigen Familien zwischen sich und mich zu schieben. Nachdem er meinen Anfangsfragen ausgewichen war, wandte ein anderer Mann sich mir zu und sagte: «Na, und wie steht es denn bei Ihnen?» Zuerst fragte ich mich, ob ich mich denn so ungeschickt verhalten hatte, doch als ich mir dann noch einmal die Notiz des Psychiaters, der denselben Mann dreißig Jahre zuvor untersucht hatte, ansah, wurde ich beruhigt. Die Eintragung von 1938 besagte: «Dieser Junge ist schwerer zu interviewen als alle anderen in der ganzen Gruppe.»

Bei manchen Männern ähnelte das Interview sehr stark einer Konsultation beim Psychiater, bei manchen war es eher wie ein Zeitungsinterview und bei einigen wie ein Gespräch mit einem alten Freund. Sobald ich fragte, wie es wirklich um sie stünde, gaben mir einige der Männer voller Angst zu verstehen, ich solle doch lieber neutralere Themen anschneiden. Bald lernte ich, die Fähigkeit, offen über das eigene Leben zu sprechen, als ein Zeichen seelischer Gesundheit zu werten. So gut wie immer entsprach die Art, wie die Männer mir gegenüber reagierten, ihrem allgemeinen Verhalten anderen gegenüber. Eine der herzlichsten und faszinierendsten Persönlichkeiten aus der Untersuchung empfing mich morgens um sieben bei sich zu Hause, bot mir an, mir ein Ei zu kochen, und dehnte das Zusammentreffen weit über die zwei Stunden aus, um die ich gebeten hatte. Das alles geschah ungeachtet der Tatsache, daß der Betreffende einen Sechzehnstunden-Arbeitstag vor sich hatte, in zwei Wochen mit seinem gesamten Haushalt nach New York umziehen wollte und soeben einen verheerenden geschäftlichen Rückschlag erlitten hatte, der in den Zeitungen Schlagzeilen machte. Dagegen hielten mich weitaus weniger beschäftigte, doch sozial isolierte Männer erst einmal eine Woche hin, um sich dann mit mir in der neutralsten Umgebung zu treffen, die sie finden konnten. Zwei von ihnen wählten Flughäfen.

Eine Reihe von Männern kam zum Interview zu mir nach Cambridge, doch in den meisten Fällen reiste ich zu ihnen – im Süden bis Florida, im Westen bis Hawaii, im Norden bis an die kanadische Grenze und im Osten bis an die Küste von Maine. Die Tatsache, daß sämtliche lebende Teilnehmer der Studie noch nach dreißig Jahren in ein psychiatrisches Gespräch einwilligten, zeugt von dem außerordentlichen Takt und der Wärme der Männer und Frauen, die die Untersuchung anfänglich durchgeführt hatten; sie spricht auch für die gleichermaßen bemerkenswerte Loyalität und Großzügigkeit der beteiligten Probanden.

Alle New Yorker und die meisten Neuengländer empfingen mich in ihrem Büro und luden mich später zum Essen ein. Bei sämtlichen im Mittleren Westen wohnenden Teilnehmern der Studie wurde ich in das Heim der Männer und zum Abendessen eingeladen. Die Kalifornier verteilten sich gleichmäßig auf beide Gruppen. Einige Männer machten mich mit ihrer Familie bekannt und bestanden darauf, daß ich einige Zeit mit ihr verbrachte. Andere gaben sich Mühe, ihre Familie vor mir zu verstecken, bis ich wieder außer Sichtweite war. Etliche Ehefrauen waren unverkennbar mißtrauisch und ließen keinen Zweifel daran, daß sie unter keinen Umständen «mit diesem Irrenarzt» zusammentreffen wollten. Eine Ehefrau jedoch bewirtete mich zuerst mit einem vorzüglichen Abendessen und gab mir dann noch für meine Frau, die zu Hause krank im Bett lag, eine selbstgebackene Pastete mit.

Da ich so viel von den Männern wußte und da sich selbst die Zurückhaltenderen unter ihnen sehr aufrichtig verhielten, waren die Interviews durchgängig anregend und anstrengend. Nur von Patienten, mit denen ich länger zusammenkam, habe ich in so kurzer Zeit so viel lernen können. Viele der Gespräche waren so intensiv, daß es mich überraschte und beglückte. Mit den Männern zu sprechen ähnelte oft dem Wiederaufnehmen einer alten Freundschaft nach einer Zeit des Getrenntseins. Ich fühlte mich ein bißchen schuldig, denn ich hatte so wenig getan, um das Vertrauen und die Herzlichkeit, die mir entgegengebracht wurde, zu verdienen.

Ob ich die Männer mochte oder ob sie mich mochten, hing weit eher mit ihrem Leben als mit meinem zusammen, wie ich bald entdeckte. Die Männer, denen es schon von jeher leichtgefallen war, andere zu lieben, erfüllten mich mit einem Gefühl der Wärme und brachten mich dazu, sowohl meinen eigenen Takt und mein Geschick als Interviewer als auch den Glücksfall zu bestaunen, daß sie an so einem erfreulichen Projekt mitwirkten. Als ich das Büro eines solchen Mannes wieder verließ, fühlte ich mich zwei Meter groß; doch hatte er sein ganzes Leben lang diese Wirkung auf andere gehabt. Umgekehrt gaben mir Männer, die ihr Leben lang Angst vor anderen gehabt hatten und deshalb auch selbst nicht geliebt worden waren, das Gefühl, inkompetent und ungeschickt zu sein. Ihnen gegenüber kam ich mir auf einmal als der herzlose Wissenschaftler vor, der im Interesse der Wissenschaft ihr Inneres bloßlegt. Einer dieser Männer hatte im Gespräch bekannt, daß er Angst davor habe, zu sterben und der Welt nichts Wertvolles hinterlassen zu können. Danach fühlte auch ich mich erschöpft und deprimiert, so als ob ich unser Gespräch allein getragen und er nur genommen und nichts gegeben hätte.

Um dem Leser die Orientierung über den weiteren Gang meiner Darstellung zu ermöglichen, möchte ich nun kurz die Methode umreißen, mit der ich die Lebensläufe der Probanden ausgewertet habe. Wer klinische Details abstrakten Ausführungen vorzieht, kann das Folgende überschlagen und gleich zum nächsten Kapitel übergehen.

Erstens: Gesundheit ist relativ; deshalb werden die Männer immer nur untereinander verglichen. Darüber zu streiten, ob Dostojewski seelisch gesünder, reifer und anpassungsfähiger war als Richard Nixon, wäre sinnlos. Solche Überlegungen sind nicht nur deswegen unfruchtbar, weil wir uns von Berühmten schon vor jeder Datenanalyse eine feste Meinung bilden, sondern auch deswegen, weil die verfügbaren Vergleichspunkte und auch die Quellen biographischer Daten so unterschiedlich sind. Was die Männer dieses Buches angeht, so stammen ihre Daten aus einheitlichen Quellen. Bezüglich ihrer intellektuellen Leistung, ihrem kulturellen und historischen Hintergrund wie auch der Vorauswahl nach körperlicher und seelischer Gesundheit stimmten sie bereits überein. Sie alle hatten die Weltwirtschaftskrise miterlebt und die aktive Teilnahme am Zweiten Weltkrieg vor sich. Ich besaß über jeden von ihnen gleichermaßen detaillierte Informationen. Wie diese Männer sich nun wohl im Vergleich mit Fischern auf Formosa oder Pariser Hausfrauen oder auch nur ihren viktorianischen Eltern oder ihren Kindern aus der Nach-Spock-Ära* ausnehmen würden, werde ich allerdings nicht zu ergründen versuchen. Die Untersuchten können sich nur untereinander als Folie dienen.

Zweitens: es wurde einige Mühe darauf verwendet, die Ergebnisse der Untersuchung in den Bereichen kindliche Anpassung, Charaktertypus, Angemessenheit der Abwehrmechanismen, ja sogar die Ehen der Männer in Zahlenwerte umzuformen (siehe Anhang C). Sicher riecht es ein wenig nach Pseudowissenschaft, solche komplexen Variablen in Zahlen auszudrücken. Solange sie systematisch ableitbar sind, dienen numerische Skalen jedoch dazu, Werturteile so zu kodifizieren, daß sie nicht in jeder Augenblickslaune des Forschers nachträglich umzustoßen und umzuinterpretieren sind. Numerische Skalen ermöglichen es überdies, die Männer, die auf die Extrempunkte eines bestimmten Spektrums fallen, auf einfache Weise zu ermitteln. Wenn wir in einen Raum voller Menschen gehen und die anwesenden Männer und Frauen nach ihrer Schönheit in eine Rangfolge von 1 bis 20 bringen, dann ist es Ansichtssache, ob Nummer 9 attraktiver ist als Nummer 11; jedoch daß Nummer 2 attraktiver ist als Nummer 19, wird wohl allgemein anerkannt werden. Und doch ist Schönheit eine Eigenschaft, die wir normalerweise kaum mit Zahlen in Verbindung bringen. Die Teilnehmer der Studie wurden nicht deshalb mit Hilfe von Skalen beurteilt und systematisch eingestuft, weil Kindheitsum-

---

* Spock – gemeint ist der Kinderpsychologe Benjamin Spock, der vor allem mit seinem ‹Common Sense Book of Baby and Child Care› (1945) großen Einfluß auf das pädagogische Denken in den USA ausgeübt hat.

gebung oder Realitätsanpassung im Erwachsenenalter mit der gleichen Präzision meßbar wären wie Körpergewicht oder Blutdruck, sondern weil nur exakte Zahlenwerte einen systematischen Vergleich erlauben.

Weiter gehe ich davon aus, daß Gesundheit genau wie Intelligenz oder sportliche Begabung auf dem integrierten Zusammenspiel einer ganzen Reihe von Fähigkeiten beruht. Ein großer Wortschatz oder Freude an geistiger Akrobatik machen einen Menschen noch nicht intelligent. Doch wird jemand, der in vielen Teilbereichen gut abschneidet, von den meisten Beobachtern unabhängig von ihrem jeweiligen Standpunkt als intelligent eingestuft werden. Entsprechend kann man sich einen schwachen Athleten schlecht als Sieger im Zehnkampf vorstellen. Deshalb wurden die Männer der Studie systematisch auf eine Vielzahl von Eigenschaften und Merkmalen hin untersucht, die über den Gesundheitszustand Auskunft geben können. Männer, die sich auf vielen Gebieten bewährten, wurden als gesünder betrachtet als andere, die nur in einigen wenigen Bereichen erfolgreich waren.

Drittens: Statistiken, Zahlen, «Kontrollen», «blinde» Datenauswertung sind zwar mühselig, doch brauchen wir sie, um den Verzerrungseffekt vorgefaßter Meinungen auszugleichen. Gesundheit ist ein mit Wertungen befrachteter Begriff; statistische Analyse und experimentelles Vorgehen helfen uns, Tatsachen und Werturteile auseinanderzuhalten. So wurden zum Beispiel die Werturteile enthaltenden Fragen, ob Epileptiker heilig und Tuberkulosekranke schöpferischer als Nichtinfizierte seien, und ob der Genuß von Marihuana die Wirkung guter Jazzmusik verstärke, in der Vergangenheit von vielen besonnenen Beobachtern bejaht. Auf Grund formaler Experimente (d. h. kontrollierter Vergleich von gleichwertigen Gruppen durch «blind raters», durch unvoreingenommene Auswerter) können wir die drei obigen Thesen heute alle mit Nein beantworten. Jedoch kann auch ein widerlegtes Werturteil immer noch auf ein bestimmtes Individuum zutreffen. John Keats und Eugene O'Neill waren nicht nur tuberkulosekrank, sondern auch in hohem Maße schöpferisch.

Bei der Beobachtung der Männer der Grantstudie habe ich auch Schlüsse gezogen, die auf statistisch gültigen, doch für das betreffende Individuum weniger belangvollen Befunden beruhen. Da Scheidung beispielsweise statistisch gesehen häufiger bei Menschen auftritt, die in mehreren anderen Lebensbereichen mangelhaft angepaßt sind, kann sie in unserer Kultur als objektiver Indikator für Anpassungsmängel gelten.[6] Doch hätte es im Falle eines Teilnehmers der Studie tödlich ausgehen können, wenn er an seiner Ehe festgehalten hätte; und ein anderer Mann führte nach einer Scheidung eine der besten und stabilsten Ehen aus der ganzen Untersuchung.

Die in diesem Buch angewandten statistischen Verfahren führen unweigerlich zu Voraussagen. Menschliches Verhalten vorherzusagen erscheint uns jedoch vielfach anmaßend oder sogar gefährlich. Viele von uns halten noch an dem alten magischen Glauben fest, daß Vorhersagen den Gang des Lebens negativ beeinflussen können und deshalb lieber unterbleiben sollten. Doch wie geht es beim Pferderennen zu: hat die Angabe der Gewinnchancen schon jemals einen Außenseiter daVon abgehalten, das Rennen zu machen, oder hat sie je den Sieg des Favoriten garantieren können? Und doch – welcher echte Wetter würde den Stand der Wetten ignorieren wollen?

Viertens: unsere Stichprobe stammt aus einem schmalen Bevölkerungsausschnitt und ist keineswegs repräsentativ. Von vornherein bildeten die Teilnehmer der Studie eine Auslese in bezug auf Intelligenz, stabile Familienverhältnisse, körperliche Gesundheit, intellektuellen Ehrgeiz, Leistungsfähigkeit und sozioökonomische Absicherung. Doch soll mit der Studie nicht «normal» im Sinne von «durchschnittlich», sondern im Sinne von «bestmöglich» erfaßt werden. Will man die natürlichen Heilungsprozesse bei Knochenbrüchen studieren, dann bietet sich dazu ein gesunder junger Mensch eher an als ein achtzigjähriger unterernährter und herzkranker Patient. Will man die Anpassung an emotionale Belastung untersuchen, dann scheint es sinnvoll, bei einer privilegierten Gruppe zu beginnen. Ging im Leben der Männer der Grantstudie einmal etwas schief, dann hatten sie eine optimale Chance, alles wieder einzurenken. Wir werden zahlreiche Abwehrformen bei ihnen beobachten können, die gemeinhin mit seelischer Krankheit in Verbindung gebracht werden, doch demonstrieren die Männer auch, daß diese Prozesse oft wieder zu Gesundheit hinführen.

Durch die Wahl einer relativ homogenen Untersuchungsgruppe wurde der Vergleich zwischen den einzelnen Teilnehmern stark vereinfacht. In eine Untersuchung der menschlichen Eßgewohnheiten würden wir Angehörige möglichst vieler Kulturen einbeziehen wollen; bei der Erforschung der Verdauung dagegen würden wir Nahrung und Kultur konstant halten. Da das vorliegende Buch sich mit der psychischen Anpassung befaßt, scheint es legitim, die soziologischen, kulturellen und intellektuellen Faktoren möglichst konstant zu halten. Um ein umfassendes Verständnis zu erlangen, müssen wir die Anpassungsmechanismen selbstverständlich auch bei Frauen, in anderen Kulturen und anderen Epochen untersuchen.

Fünftens: die Männer wurden in einer Langzeituntersuchung beobachtet. In einem einzigen kurzen Zeitabschnitt kann kein Einzeltest, nicht einmal der einfühlsamste Interviewer Eigenschaften wie Schönheit oder Ehrlichkeit verläßlich bestimmen. Diese Tugenden lassen sich nicht einfach definieren. Die Schönheit einer Frau hängt in gewisser Beziehung davon ab, von wie vielen und wie lange sie als schön empfunden wird. Wir halten sie nur dann für ehrlich, wenn wir sie oft so erfahren haben. Bei der Langzeituntersuchung liegt der Schlüssel zur Gewißheit nicht in der Gründlichkeit des Vorgehens, sondern in der Redundanz, der Überfülle an gesammelter Information. Natürlich ist dies auch der Kern der biographischen Lebensbeschreibung. Lincolns Barmherzigkeit, John F. Kennedys Charme oder Hamlets Unentschlossenheit wurden nicht durch einzelne herausragende Vorfälle zur Gewißheit, sondern dadurch, daß diese Eigenschaften sich wieder und wieder in ihrem Verhalten zeigten. In dieser Studie werden Charaktereigenschaften und Anpassungsstile nicht nach dem Grad ihrer Auffälligkeit, sondern nach der Häufigkeit ihres Auftretens gewichtet. Wird ein bestimmter Charakterzug bei dem einen Mann häufig, bei dem anderen selten beobachtet, dann bezeichnen wir die beiden Männer in dieser Beziehung als unterschiedlich. Als Neunzehnjährige wurden die Männer von drei verschiedenen Wissenschaftlern interviewt, als Einunddreißigjährige von einem anderen Beobachter, als Siebenundvierzigjährige von mir. Für sich allein genommen war keines dieser Interviews ausreichend, doch war das aus den verschiedenen Einzelinterviews mit wechselnden Gesprächspartnern zusammengesetzte Gesamtinterview genauer, als es ein einzelnes je hätte sein können. So empfanden die weiblichen Mitarbeiter einen Mann aus der Studie als dynamisch und von starker Ausstrahlungskraft, die männlichen Beobachter dagegen betrachteten ihn als neurotischen Dummkopf. Ein sehr zurückhaltender Mann aus reichem Hause wurde von einem Beobachter aus einem ähnlichen Milieu als charmant angesehen, von einem Mitarbeiter aus einer Arbeiterfamilie dagegen als stocksteif und leblos.

Wenn die Teilnehmer der Studie lange genug beobachtet wurden, kamen oft verborgene Wahrheiten ans Licht. Ein verschwiegener Mann war dreißig, bevor er bekannte, daß seine Mutter nach seiner Geburt eine Kindbettdepression hatte. Diese Tatsache war weder bei den psychiatrischen Interviews, die er als Neunzehnjähriger mitgemacht hatte, noch bei dem Familieninterview je erwähnt worden. Derselbe junge Mann war schon im hohen Erwachsenenalter, als er zugab, daß er im ersten Collegejahr unsterblich verliebt gewesen sei. Voller Befriedigung bekannte er: «Dr. W. [der Psychiater der Studie, der acht Forschungsinterviews mit ihm durchgeführt hatte] hat nie etwas gemerkt . . . Ich wollte nur einmal sehen, ob es mir gelingen würde, einem Psychiater gegenüber etwas zu verschweigen.»

Längsschnittuntersuchung und mehrfache Interviews ermöglichen es schließlich, den Halo-Effekt einigermaßen unter Kontrolle zu bekommen, der bewirkt, daß die Männer mit den besten Ergebnissen noch besser, die Männer mit den schlechtesten Ergebnissen noch schlechter erscheinen, als sie in Wirklichkeit sind. Bei der Längsschnittuntersuchung können bestimmte Aspekte im Leben der Männer von «blind raters» bewertet werden, die andere wichtige Faktoren nicht kennen.

Doch nun genug der Worte. Kehren wir zu den Hauptpersonen zurück.

4. Kapitel Gesundheit neu gefaßt: die Fähigkeit, sexuelle und aggressive Antriebe frei auszudrücken

> W. C. Fields wurde einmal von seiner Sekretärin gefragt, was sie einem außergewöhnlich lästigen Besucher antworten solle, der den Schauspieler mit großer Beharrlichkeit zu sprechen verlangte. Mr. Fields soll darauf gesagt haben: «Ach, geben Sie ihm doch irgendeine ausweichende Antwort. Sagen Sie ihm, er kann mich am Arsch lecken!»
> *Anekdote aus einem Interview der Grantstudie*
>
> 1. Für wie stabil halten Sie Ihre Ehe?
> RECHT STABIL
> 2. Die sexuelle Übereinstimmung ist im ganzen gesehen . . .?
> SEHR BEFRIEDIGEND
> 3. Trennung oder Scheidung wurden erwogen: nie, gelegentlich, ernsthaft? [Neben den Multiple-Choice-Antworten stand eine kühn in schwarzer Tinte hingeworfene Bemerkung:]
> AN SCHEIDUNG HABEN WIR NIE GEDACHT, ABER AN MORD? JA!!
> *Auszug aus einem Fragebogen der Grantstudie*

Tarrytowns mangelhafte seelische Gesundheit, so haben wir im ersten Kapitel gesehen, hing mit seiner Unfähigkeit zusammen, aggressive und sexuelle Gefühle auszudrücken. Aber sollte seelische Gesundheit angesichts der Tatsache, daß uns die Gesellschaft durch mannigfache Tabus davor zurückzuhalten sucht, Lust und Zorn ungehemmt auszuleben, nicht vielmehr eine Folge der Beherrschung dieser beiden störenden Triebe sein? Ganz so einfach ist es denn doch nicht. Um eine Definition der seelischen Gesundheit gebeten, antwortete Freud, sie bestünde in der Fähigkeit, zu lieben und zu arbeiten. Indem ich zeige, wie gesunde Mechanismen der Lebensbewältigung die sexuellen und aggressiven Antriebe in den Dienst des

«Liebens und Arbeitens» stellen, möchte ich im folgenden Kapitel versuchen, das eben angeführte Paradoxon zu lösen. Wie Lust und Wut erscheinen zum Beispiel auch die beiden obigen Zitate derb und abstoßend, solange man sie rein wörtlich nimmt. Ich habe jedoch mit beiden Anekdoten die Erfahrung gemacht, daß meine Zuhörer gewöhnlich nicht entrüstet, sondern mit Gelächter darauf reagieren. Das erste Zitat enthält das Glaubensbekenntnis eines der am härtesten arbeitenden und moralisch vorbildlichsten Männer der Studie. Das zweite ist dem Fragebogen einer Ehefrau entnommen, die ihren Mann bisher zwanzig Jahre lang innig geliebt hat; wie die letzte Nachuntersuchung ergab, sind beide noch am Leben, wohlauf und glücklich verheiratet.

Anhand des Lebens zweier so gegensätzlicher Männer wie Frederick Lion und Horace Lamb* können wir die Beziehung zwischen Aggression und erfolgreichem Lieben und Arbeiten erhellen. Mr. Lion war ein zorniger Mann. In der Pubertät hatte er seine beiden Eltern körperlich angegriffen. In seiner Collegezeit gehörte er zu den wenigen Teilnehmern der Studie, denen wegen Disziplinarverstößen Ausschluß drohte. Später bei der Luftwaffe schätzten ihn einige seiner Vorgesetzten als verantwortungslos ein; seine schlechteste Beurteilung bekam er stets in militärischer Führung. Andere Offiziere dagegen hielten ihn für «herausragend». Mit seinem Selbstbild eines «Barrakudas» machte es ihm in späteren Jahren als Journalist Freude, unpopuläre Anliegen durchzufechten. Manche seiner Untergebenen sahen in ihm als dem leitenden Redakteur einen schwer zufriedenzustellenden und aufbrausenden «Hund», doch die Auflage seiner Zeitschrift stieg beständig.

Obwohl mindestens dreimal so grob wie Mr. Lamb, konnte Mr. Lion seiner Umwelt doch sehr viel mehr von sich geben. So erklärte er sich sofort bereit, mich am nächsten Tag zu treffen, obwohl er als der Verantwortliche für eine vierzehntäglich erscheinende Zeitschrift unter ständigem Druck stand. Er kam in ein Restaurant, die Ärmel seines hellgelben Hemdes aufgerollt, ein Lächeln auf dem faltendurchzogenen, koboldhaften Gesicht. Die selbstverständliche Überlegenheit, die er ausstrahlte, wurde durch Enthusiasmus und gefühlsmäßige Aufrichtigkeit so sehr gemildert, daß ich mich bei allem, was

---

* ‹lion› und ‹lamb› sind die englischen Wörter für ‹Löwe› und ‹Lamm›.

er sagte, einbezogen fühlte. Mr. Lion verband Würde und Arroganz mit ansteckender Wärme – eine seltene Gabe.

Nachdem wir zusammen gefrühstückt hatten, gingen wir in sein Büro. Es steckte voller persönlicher Gegenstände, die sowohl die Person ihres Besitzers wie die Schlachten, die er geschlagen hatte, widerspiegelten. Die meisten dieser Erinnerungsstücke hatten offensichtlich nur Gefühlswert; prahlerisch war kein einziges. Mr. Lion versuchte nicht, aus seinen Verbindungen zu den Berühmten und Mächtigen Kapital zu schlagen. In seinen Bücherregalen standen historische Standardwerke und soziologische Untersuchungen zum Zeitgeschehen in Amerika, die so aussahen, als ob er sie auch gelesen hätte. Als ich nach meinem Gespräch mit dem potentiell jähzornigen und selbstherrlichen Mr. Lion aufbrach, war ich bester Stimmung, voller Sympathie für diesen Mann und dankbar, daß er mir so viel gegeben hatte.

Für Mr. Lamb gab es überhaupt keine Schwierigkeiten. Als Kind hatte er ein paarmal Wutanfälle gehabt, die ihm seine Mutter jedoch «rasch wieder ausgetrieben» hatte, wie sie später voller Stolz berichtete. Danach gab es keinerlei Anzeichen mehr, daß Mr. Lamb jemals wieder in Wut geraten war. Dafür nannte seine Mutter ihn jetzt «sehr anhänglich». Um mit dem Drill der Air Force besser fertigzuwerden, wählte er sich den Leitspruch: «Höflich sein und alles einstecken.» Noch mit fünfundvierzig Jahren war «Spuren» seine bevorzugte Technik im Umgang mit ungerechten Vorgesetzten.

Obwohl keinerlei Verantwortung mit seinem Posten verbunden war, konnte Mr. Lamb keine Zeit erübrigen, um mich während seiner Arbeitszeit zu empfangen. Schließlich willigte er in einen Termin zwei Wochen später bei sich zu Hause ein. Horace Lambs Gegenwart war beherrschend. Seine Kleidung war makellos, aber grau; die Jacke behielt er die ganze Zeit über an. Er hatte ein sehr glattes Gesicht. Seine Sprechweise war affektiert und monoton. Ein Mann hinter seiner Maske, zu dem es mir nie vorzudringen gelang. Als Kliniker vermutete ich, daß Horace Lamb nicht hohl, sondern verängstigt war.

Seine Wohnung war untadelig, doch fehlte abgesehen von den säuberlich gebundenen Briefmarkenalben, die er als Junge angelegt hatte, jeglicher persönliche Gegenstand. Das Bücherregal enthielt viele Bücher über Porzellan und Keramik sowie ein paar seltene Erstausgaben. Einige davon lagen unter Glas, damit sie nicht beschädigt werden konnten, doch würden sie so auch niemals gelesen werden. Nachdem ich Mr. Lamb verlassen hatte, fühlte ich mich mutlos und frustriert. Mit ihm über sein Leben zu sprechen, hatte mir ein Gefühl gegeben, als sei ich in einen surrealistischen Film verstrickt: nichts zählte, nichts war wirklich; keine der Gestalten hatte ein Gesicht; und vielleicht war alles auch überhaupt nie geschehen.

Mr. Lamb wurde innerlich immer noch von feindseligen Gefühlen gequält, obwohl er es sich nie erlaubte, sie offen auszudrücken. Als er dreißig war, unterzog man ihn dem Thematischen Apperzeptionstest, einem Test, bei dem der Proband gebeten wird, spontan zu erzählen, was ihm zu einer Anzahl mehrdeutiger Bildszenen einfällt. Eine Testkarte ist unbedruckt. Zu diesem Stück weißem Karton erzählte Mr. Lamb: «Dies ist ein freies Stück Papier mit einer Nummer auf der Rückseite. Nun, das könnte ein Bild vom letzten Zugunglück der Pennsylvania Railroad sein . . . Ich würde sagen, das Bild wurde nachts aufgenommen, man sieht die ganzen Scheinwerfer und die Krankenwagen . . . Man sieht, wie sie versuchen, Körper aus den Trümmern zu ziehen, und dann sieht man die vielen schreckenslüsternen Zuschauer, die das alles beobachten . . . Ich denke an die ganzen Züge, die durch dieses Unglück wahrscheinlich aufgehalten werden.» Als Mr. Lamb mit siebenundvierzig gefragt wurde, ob er Fragen zu den Forschungsergebnissen der Grantstudie habe, erkundigte er sich als einziges nach den Todesursachen der bereits verstorbenen Teilnehmer. Doch sollte Mr. Lamb im wirklichen Leben niemals Feindseligkeit zeigen; seine geheime Faszination durch Katastrophen kam nur in spontanen Assoziationen und Phantasien ans Licht.

Vom Endergebnis her gesehen unterschied sich das Leben beider Männer sehr stark voneinander. Frederick Lions Familie gedieh, er hatte lebendige, enge Freundschaftsbeziehungen und bekleidete eine sehr verantwortungsvolle Position, die ihm Selbstachtung, ein hohes Einkommen und den Ruf sozialen Engagements einbrachte. Horace Lamb hatte weder Kinder, enge Freunde noch eine Arbeit, die er oder seine Umwelt sehr nützlich gefunden hätten.

Trotz ihrer unterschiedlichen Ergebnisse weisen die Kindheitsumgebungen beider Männer viele Gemeinsamkeiten auf. In beiden Familien gab es eine beträchtliche Anzahl neurotischer Verwandter. Beide Väter waren kleine Geschäftsleute und wurden von ihren Söhnen als Versager betrachtet. Wie zahlreiche Väter aus der Studie hatten auch sie ihr Geld während der Weltwirtschaftskrise verloren. Die weniger typische Konsequenz war freilich, daß beide Väter sich darauf verließen, daß ihre Frauen und angeheirateten Verwandten sie finanziell unterstützten. Lion wie Lamb erschien daher als Kind die Mutter als die beherrschende Figur der Familie.

Beide Männer hatten zunächst private Tagesschulen besucht und waren dann nach St. Paul's, einem konservativen, doch sehr angesehenen Internat geschickt worden. Beide Männer traten mit den politischen Scheuklappen ins College ein, die den Oberschichtsfamilien von der Atlantikküste, die der Episkopalkirche angehörten und gegen Roosevelt opponierten, in jener Epoche gemeinsam waren. «Vor dem Krieg», so drückte Mr. Lion es mit seiner typischen Unverblümtheit aus, «war mir tatsächlich alles schnurzegal.» Im College fielen die Männer weder durch hohe Intelligenz noch durch außergewöhnliche Zeugnisse auf – beide hatten einen Dreier-Durchschnitt. In ihrem zweiten Collegejahr, als die Sozialarbeiterin und der Internist zum ersten Mal ein Interview mit ihnen durchführten, wurden beide Männer als kooperativ und sympathisch bezeichnet. Doch der Psychiater und der Psychologe nahmen deutliche Unterschiede zwischen den beiden wahr. Sie betrachteten Mr. Lion nicht nur als «wohlerzogen», sondern auch als jemanden mit «der sicheren Art eines Menschen, der mit anderen umzugehen versteht». «Offenbar berührt ihn jedes Gefühlserlebnis sehr tief», setzte der Psychiater noch hinzu. Wahrhaftig, er schien «eher einen Überschuß an Energie» zu haben. Dagegen hatte derselbe Psychiater Mr. Lamb zunächst als «groß, gutaussehend und überaus ungezwungen» eingeschätzt, dann aber hinzugefügt: «Im ganzen hat mich dieser junge Mann nicht besonders beeindruckt . . . Offenbar fehlt es ihm an Schwung.» Später bezeichnete er Lamb als «bitter, vorwurfsvoll und unaufrichtig». Der Psychologe hatte notiert, Lambs Testergebnisse ließen «keinerlei Anzeichen von Energie oder Aggressivität» erkennen. Die Anthropologin, die die beiden ein Jahrzehnt später befragte, sah in Lamb einen «adretten, konservativ gekleideten jungen Mann»; Lion dagegen hatte sie mit «seiner kraftvollen Art» beeindruckt.

Auch die Militärlaufbahn der beiden Männer verlief ähnlich. Beide dienten als Luftwaffenoffiziere weit entfernt von der Front. Dennoch ist nicht zu bestreiten, daß Mr. Lion als Siebenundvierzigjähriger gesünder war als Mr. Lamb. Die Unterschiede zwischen den beiden lagen jedoch nicht im Bereich physischer oder psychischer Gesundheit an sich. So wurde Mr. Lamb von einem Mitarbeiter der Studie, der ihn in der mittleren Lebensphase in bezug auf seine psychische Anpassung einstufte, als etwas zu ruhig und nüchtern bezeichnet. Er hatte zwar nie psychiatrische Hilfe gesucht, doch nahm er nicht immer seinen vollen Urlaub, und wenn er sich Urlaub gönnte, verbrachte er ihn damit, seiner Mutter Pflichtbesuche abzustatten. Andererseits hatte Mr. Lion, der ausgedehnt und einfallsreich Urlaub zu machen verstand und alles andere als ein nüchterner Mensch war, fünfzigmal einen Psychiater konsultiert. Keiner der beiden Männer hatte eine Abneigung gegen seine Arbeit, trieb Alkohol- und Drogenmißbrauch oder war jemals als seelisch krank oder gestört betrachtet worden.

Beide hatten sich ein halbes Jahrhundert lang ausgezeichneter körperlicher Gesundheit erfreut. Der Heuschnupfen, den Mr. Lamb als Kind gehabt hatte, war vielleicht ein bißchen stärker gewesen als der von Mr. Lion, doch hatte Mr. Lion charakteristischerweise immer wieder Unfälle gehabt und war bei drei Gelegenheiten bewußtlos geschlagen worden. Keiner von beiden hatte als Erwachsener je chronische Krankheiten, versäumte mehr als zwei Arbeitstage pro Jahr oder lag länger als ein paar Tage im Krankenhaus. Der einzige Unterschied bestand darin, daß Lamb seinen gegenwärtigen Gesundheitszustand immer nur als «gut» bezeichnete und unter Streß an einer Vielzahl körperlicher Symptome litt. Obwohl bei ihm keine Gefühle erkennbar waren, nahm er Arzneimittel gegen Heuschnupfen, Magenbeschwerden und Kopfweh. Umgekehrt zeigte Lion, obgleich er ein leidenschaftlicher Mann war, unter Streß kaum körperliche Symptome. «Meine Gesundheit», verkündete er stolz, «ist sensationell.» Lion glich darin einem anderen Teilnehmer der Untersuchung, der erklärt hatte: «Ich habe nie selber Magengeschwüre gehabt – nur bei anderen welche verursacht!»

Es war vor allem der Bereich des «Liebens und Arbeitens», in dem die Unterschiede zwischen den beiden Männern auffallend waren. Als Jugendlicher hatte Mr. Lion mit großem körperlichem Einsatz und Erfolg Sportarten betrieben, die Mannschaftsgeist verlangten und die Geselligkeit förderten. Als Erwachsener spielte er Golf, um mit seinen Freunden zusammenzusein, und Tennis, um sich mit anderen zu messen. Mr. Lion kam im Beruf ständig vorwärts, stand im

‹Who's Who in America› verzeichnet und verdiente jährlich 60000 Dollar. Diesen «bürgerlichen» Erfolg hatte der rebellische, gefühlsbetonte Mann als aufgeschlossener, veränderungswilliger Herausgeber eines liberalen Magazins errungen. Er war mit ganzem Herzen bei dieser Arbeit, die seine Erwartungen voll erfüllte. Jahre vorher hatte er der Studie geschrieben: «Ich will etwas machen, was mich ganz fesselt und zugleich dem Wohl der Menschheit dient.»

Als Collegestudent hatte Lion gesagt, er «verliebe sich jeden Tag in ein anderes Mädchen», und wirklich hatte er das in jenem Jahr viermal getan. Er ließ sich tätowieren, weinte im Kino ganz offen und wollte Auslandskorrespondent werden, weil er sich das «romantisch» vorstellte. Mr. Lion hatte seine Frau unter schwierigen Umständen einem anderen Mann streitig machen müssen; wie er mir anvertraute, war das «eine verteufelt knifflige Sache» gewesen. Als ich ihn kennenlernte, war Mr. Lion schon fünfzehn Jahre mit dieser Frau verheiratet, doch nannte er seine Ehe immer noch «eine große Herausforderung und ein großes Abenteuer». Zeitweilig hatte er die Beziehung zu seinem engsten Freund und auch die zu seiner Frau als «zu intensiv» bezeichnet. Lust und Zorn sind immer auch ein Wagnis.

Lion war äußerst stolz auf seine vier Kinder. Zu seinen Eltern und Geschwistern hielt er trotz ihrer exzentrischen Züge immer noch herzliche Beziehungen aufrecht. Stets hatte er eine Reihe enger Freunde gehabt, die in Notzeiten bewiesen hatten, daß er sich auf sie verlassen konnte, und denen er einen wichtigen Platz in seinem Leben einräumte.

Nicht so Mr. Lamb. In seiner Jugend war er ein mittelmäßiger Segler und Golfer gewesen; als Erwachsener trieb er mit Ausnahme von einsamen Dauerläufen keinen Sport mehr. Zwanzig Jahre lang war er mit leidlichem Erfolg im diplomatischen Dienst tätig gewesen; doch er kam zu langsam voran, so daß man ihn schließlich bat, in Pension zu gehen. Seine gegenwärtige Arbeit, die verglichen mit der vorigen stark abfiel, konnte seine Karriereerwartungen weder im Augenblick noch in der Zukunft erfüllen. Er war weniger erfolgreich, als sein Vater im gleichen Alter gewesen war. «Das Motiv meiner Arbeit», bekannte Mr. Lamb, «ist Sicherheit.»

Mr. Lamb war nicht nur unverheiratet geblieben; seinen Angaben nach war er auch nie verliebt gewesen. Schon als Junge ungewöhnlich zurückhaltend gegenüber Frauen, fand er «aufdringliche Frauen» auch als Siebenundvierzigjähriger noch immer abstoßend und Sex «ekelhaft und erschreckend». Enge Freunde, seien sie nun männlich oder weiblich, hatte er in seinem Leben nie gehabt. Noch als Fünfundvierzigjährigem fiel es ihm jedes Mal schwer, wenn er von seiner Mutter Abschied nehmen sollte.

Auch in der Weltsicht der beiden Männer bestanden große Diskrepanzen. Mr. Lion hatte die beschränkten Ansichten seiner Jugend so erweitert, daß er schließlich als Sprecher der liberalen Presse auftreten konnte. Als junger Mann war er einmal 800 Kilometer weit gefahren, um zu wählen. Als er gefragt wurde, was er täte, wenn er beim Entwurf der Außenpolitik mitzureden hätte, antwortete er mit charakteristischer Aufrichtigkeit: «Ich würde Joseph McCarthy die Stimmbänder herausschneiden lassen.» In unserem Gespräch fünfzehn Jahre später fluchte er ausgiebig, doch gebrauchte er «four-letter words (unanständige Ausdrücke) nicht reflexhaft, sondern wegen ihrer gefühlsmäßigen Nuancen. Er engagierte sich in der Stadtteilarbeit und stand in enger Verbindung mit den politischen Strömungen seiner Zeit.

Mit siebenundvierzig teilte Mr. Lamb mir mit, daß seine politischen Ansichten sich gewandelt hätten. Als Beispiel führte er an, daß die Kinder seines Bruders auch außerhalb der Ivy-League-Colleges eine gute Ausbildung bekommen könnten. Er meinte es ganz ernst. Bei den Wahlen von 1948 hatte Mr. Lamb sich nicht die Mühe gemacht, das Wahllokal in seiner Nachbarschaft aufzusuchen. Im Augenblick beschränkte sich seine Teilnahme am öffentlichen Leben auf Blutspenden für das Rote Kreuz und Sammlungen für karikative Organisationen. Mr. Lamb hatte 1954 zu den Bewunderern McCarthys gezählt. In den Momenten unseres Gesprächs, in denen man von ihm den Gebrauch eines herzhaften «four-letter word» erwartet hätte, kam nichts als ein ständig wiederholtes «nice» (nett,) über seine Lippen. Im Gegensatz zu W. C. Fields und Frederick Lion wagte Lamb nie, anderen zu sagen, was er wirklich dachte – und damit gab er der Menschheit in der Tat eine ausweichende Antwort.

Diese Einzelheiten sollen die Männer nicht ins Lächerliche ziehen oder demonstrieren, daß Mr. Lion gesünder war als Mr. Lamb. Sie sollen jedoch den Hintergrund bilden, vor dem ich zeigen möchte, mit welchem Erfindungsreichtum unbewußte Anpassungstechniken

Abwehrverhalten in wertvolle Tugenden oder in sinnlose, sterile Selbstkasteiung verwandeln können.

Unter Stress wandte Mr. Lion *Sublimierung* an, Mr. Lamb dagegen *Phantasien*, die primitive Vorstufe der ersteren. Natürlich ist die Sublimierung des Künstlers ohne Phantasien nicht denkbar, doch verleiht sie ihnen eine entscheidende Qualität, die bis zu einem gewissen Grad die Unterschiede zwischen Lion und Lamb erklären kann. Beispielsweise ging Mr. Lamb als Collegestudent mit seiner Angst vor Menschen in der Weise um, daß er sich allein hinsetzte und trank. Er hörte gern allein Radio und fand, daß Mathematik und Philosophie die interessantesten Fächer seien. Obwohl er Angst davor hatte, mit Mädchen auszugehen, achtete er sehr genau auf sein Äußeres. Dieser schüchterne Junge träumte paradoxerweise von dem Tag, an dem er ein U-Boot befehligen würde. Dr. Charles McArthur äußerte sich folgendermaßen über die Ergebnisse des Thematischen Apperzeptionstests, den Mr. Lamb im Alter von dreißig Jahren abgelegt hatte: «Es ist, als ob er in einer Welt lebt, zu der er überhaupt nichts beigetragen hat. Anstatt sich für etwas zu entflammen, hat er sich in seine periphere Sichtweise zurückgezogen.»

Dreißig Jahre später wandte Lamb nicht mehr soviel Sorgfalt auf seine Kleidung, doch war er nun sehr darauf bedacht, sich fit zu halten. Er bekannte, daß in seinem Leben «Dinge an die Stelle von Menschen getreten waren» und daß er es liebte, sich «in die Ruhe und den Frieden eines einsamen Wochenendes» zurückzuziehen. Da er ohne eigene Familie auf das Alter zuging, spielte er mit dem Gedanken, seine Sammlung wertvoller Bücher einem jungen Cousin, den er besonders gern mochte, zu hinterlassen, doch hatte er sich kaum bemüht, diesen Cousin je persönlich kennenzulernen. Mr. Lamb berichtete, daß seine «Hauptaktivität in Krisen» darin bestünde, schlafen zu gehen und daß er seine «persönliche Lebenseinstellung» für wichtiger halte als seine «Beziehungen zu Menschen». Von allen Männern, die ich interviewt hatte, verwechselte er als einziger die beiden auffallend unterschiedlichen Frauen, die im Abstand von einem Jahrzehnt mit allen Teilnehmern der Studie gesprochen hatten. Die eine war eine sehr aufgeschlossene Südstaatlerin gewesen, die jedermann freundlich entgegenkam; die andere eine reservierte, sachliche Intellektuelle, die die Menschen «studierte».

Für Lamb dienten seine Phantasien einem klaren Zweck. Bei Kindern können Tagträume zu einem wesentlichen Ersatz für Menschen werden; auch Erwachsenen können Phantasien andere Menschen ersetzen. Dr. Tarrytowns Einsamkeit hatte mich traurig gestimmt, doch als Mr. Lamb sagte: «Vielleicht bin ich mir selbst genug», glaubte ich ihm. Ohne Phantasien hätte Mr. Lamb sehr depressiv werden oder sich in eine fieberhafte, selbstzerstörerische Jagd nach Befriedigung in Alkohol und Spiel stürzen können. Oder die Suche nach Intimität hätte ihn wie Tarrytown in die Promiskuität geführt. Statt dessen führte Lamb ein ruhiges und gesetztes Leben. Allerdings forderte es einen hohen Preis. Denn Phantasien verhindern nicht nur jede Äußerung von Aggression, sondern führen auch zur Unterdrückung von Freude und Vergnügen. Mr. Lambs Leben ließ sich in seiner eigenen schlichten Bemerkung zusammenfassen, die er mir gegenüber gemacht hatte: «Streß kenne ich nicht, so weit engagiere ich mich nie. Doch kenne ich deswegen andererseits auch kein richtiges Glück.» Anstatt einen anderen Menschen zu lieben, lebte Lamb nur für sich selbst. Die Menschen, durch die wir uns haben anrühren lassen, bereichern uns innerlich das ganze Leben hindurch. Lambs Panzer schirmte ihn zu gut nach außen ab.

Doch können wir uns nicht bewußt für diese oder jene Abwehrmechanismen entscheiden. Auch Frederick Lion war noch nicht mit der Fähigkeit zu sublimieren auf die Welt gekommen. Dieses Können hatte sich erst aus früheren Abwehrstilen wie dem der Phantasie entwickeln müssen. Als Collegestudent war auch Mr. Lion Eskapist gewesen. Als ihn der Collegebetrieb niederdrückte, war er nach New York gefahren, um zu den «Ledernacken» zu gehen. Einmal stand er in Gefahr, nach einem Unfall beim Tauchen zum Krüppel zu werden, doch vermochte er sich hinterher an keinerlei Angst mehr zu erinnern; es war, als ob es die Drohung der dauernden Lähmung nie gegeben hätte.

Im Erwachsenenalter trat eine Verlagerung in Lions Stil auf. Wenn ihm die Verantwortung und die wütenden Angriffe, denen er bei seiner Arbeit ausgesetzt war, zu viel wurden, zog er sich auf seine Farm in Vermont zurück. Dort stellte er dann das Telefon ab und half seiner Frau bei ihrem Steckenpferd, der Rosenzucht. Eskapismus, gewiß; doch gelang es Mr. Lion als Erwachsenem, Angst und Verzweiflung gemeinsam mit einem Menschen, den er liebte, in etwas Schönes umzusetzen.

In der Nacht, als einer seiner besten Freunde bei einem Jagdunfall ums Leben gekommen war, saß Mr. Lion da und schrieb, während ihm die Tränen das Gesicht hinunterliefen, das beste Gedicht seines Lebens. In dem Gedicht war sein Freund selbstverständlich nicht tot; Lions Hader verwandelte sich darin in eine Lobeshymne. Später gewann er mit diesem Gedicht einen Preis. Nach unserem Gespräch schenkte er mir zur Erinnerung an meinen Besuch eine Abschrift. (Anstatt meinem Gewissen zu folgen und es dem Archiv der Studie einzureihen, habe ich dieses Gedicht bisher immer noch in meinem persönlichen Besitz.) Wie die Phantasien jedes Künstlers ermöglichte es auch Lions Sublimierung, Träume mitzuteilen. Sein Freund lebt jetzt auch in mir weiter.

Um die unerträgliche Wirklichkeit zu mildern, hatten sich Lion wie Lamb ihre eigene innere Welt geschaffen. Doch gab es in Lions innerer Welt viele Gefühle, die andere mitempfinden konnten. Seine reifen Abwehrmechanismen konnten sich wie eine gute Kamera scharf auf Gefühlsereignisse einstellen, während die Wirklichkeit durch Lambs und Tarrytowns Phantasien wie in einem Zerrspiegel bis zur Unkenntlichkeit entstellt wurde. Reife Abwehrmechanismen können etwas derart Unmitteilbares wie Verzweiflung so umwandeln, daß andere sie schätzen und daran teilnehmen können, während unreife Formen der Abwehr wie Phantasie und Projektion fast ausnahmslos mehr vergeuden als erhalten.

Die Ursprünge wirkungsvoller Abwehrmechanismen liegen im dunkeln. Die Wurzeln der Unterschiede zwischen Lion und Lamb sind ungewiß, doch läßt die Rückschau gewisse Vermutungen zu. In der frühen Adoleszenz hatte Lion bei verschiedenen Gelegenheiten den Respekt sowohl seines Vaters wie seiner Mutter errungen, indem er sie körperlich angriff. Er hatte auf seine Unabhängigkeit gepocht und dafür sogar den Verlust ihrer Liebe riskiert, doch sie betrachteten seine Aufsässigkeit als draufgängerisch und liebenswert. Wie wir noch sehen werden, traf das auf die Familien vieler erfolgreicher Männer der Studie zu. Außerdem verfügte Lion von Geburt an über eine überragende Fähigkeit, seine Bewegungen zu koordinieren – eine Gabe, die unter anderem zur Folge hat, daß ein Junge früh für die gekonnte und beherrschte Art, wie er mit seinen Aggressionen umgeht, gelobt wird. Vielleicht war es tatsächlich die auf dem Sportplatz erlernte Gewandtheit, die es Lion ermöglichte, seine Eltern auf eine handfeste, doch «spielerische» Art anzugreifen, die sie respektieren konnten. Mit Eintritt der Reife verlagerte sich seine Kühnheit mehr auf die geistige Ebene, doch die alte Leichtigkeit blieb. Mr. Lion kämpfte für die Armen und wurde gleichzeitig reich dabei: ein Balanceakt, der dem Goodharts ebenbürtig war. Um seine Wut wirkungsvoll einzusetzen, muß der Zornige sie wohl in bestimmte Bahnen lenken und zugleich die Liebe anderer gewinnen können.

Mr. Lambs Mutter äußerte der Studie gegenüber nie, daß sie ihren Sohn bewunderte. Doch erwähnte sie, sie hätte Schwierigkeiten, mit anderen Leuten auszukommen – was vielleicht heißen sollte, daß sie schlecht mit *ihm* auskam. Sie hielt Horace für unselbständig und zaghaft. Zwar achtete sie auf seine Tischmanieren, doch gibt es kein Anzeichen dafür, daß sie ihm darüber hinaus noch irgend etwas beibrachte. Mit Sicherheit verbot sie ihm, Wut zu zeigen, und es blieb ihm zur Kontrolle seiner Aggressionen nichts als die primitiven Kindheitsmechanismen und die gesitteten Manieren, die man ihn gelehrt hatte.

Die Annahme, daß Abwehrstile in Familien weitergegeben werden, wurde durch die Befunde der Studie nicht gestützt. Ein mit seelischer Krankheit «behafteter» Familienstammbaum wirkte sich nicht auf die Wahl weniger entwickelter Abwehrmethoden aus. Vielleicht ist es kein bloßer Zufall, daß Lion einen – nicht so bevorzugten – Bruder hatte, der sich ähnlich wie Mr. Lamb entwickelte, und Mr. Lamb einen bevorzugten Bruder, der mehr Mr. Lion glich. Sublimierung und Altruismus sind nicht erblich. Deswegen geht meine Vermutung dahin, daß die innere Aggressionskontrolle, die Mr. Lion so gute Dienste leistete, nicht nur aus seiner Veranlagung zur Körperbeherrschung, sondern auch aus der Anerkennung herrührte, die er von anderen, für ihn wichtigen Personen erhielt. (Diese Personen brauchen nicht unbedingt die Eltern zu sein.)

Niemand kann uns Selbstwertgefühl lehren; wir nehmen es von außen her auf. Auch Abwehrmechanismen erwerben wir nicht durch bewußtes Lernen. Die Reaktionen von anderen Menschen – und nicht einfach nur die Ereignisse – sind es, die unsere Abwehrmethoden prägen. So erwächst der Stil eines großen Geigers nicht nur aus seiner angeborenen Begabung und individuellen Eigenart oder aus unermüdlichem Üben, sondern mindestens ebenso weitgehend aus allem, was er von genialen und engagierten Lehrern übernimmt.

Schließlich spielt auch das Sozialsystem eine Rolle. Wie wir im achten Kapitel noch genauer sehen werden, ist es leichter, sich in der Realität zurechtzufinden, wenn man zur richtigen Zeit an der richtigen Stelle steht. Mr. Lamb wären seine vornehme Herkunft und seine verfeinerten Sitten vielleicht zugute gekommen, wenn er in einer starreren Sozialstruktur gelebt hätte. Hätte jedoch Mr. Lion seine Art des Journalismus etwa im Spanien Francos ausprobiert, dann wäre es trotz seines gottgegebenen Sinns für Balance leicht um ihn geschehen gewesen. Seine Aggressionen, so gewandt er sie auch auszudrücken vermochte, hätten ihn vor ein Exekutionskommando bringen können.

Die Lebensläufe des Rechtsanwalts George Byron und des Arztes Casper Smythe* illustrieren zwei sehr unterschiedliche Anpassungsstile im Bereich des sexuellen Ausdrucks. Über fünfundzwanzig Jahre hin hatte Mr. Byron mehrere Liebesaffären, ohne jedoch die enge Beziehung zu seiner Frau aufzugeben. Dieses Kunststück wurde durch Geschick und spezifischen Gebrauch bestimmter Anpassungsmechanismen ermöglicht; genau wie bei Lion und Goodhart erforderte auch die Anpassung Byrons eine gewisse Raffinesse. Obwohl nicht wie Lamb durch Angst vor Intimität gelähmt, war Dr. Smythe nacheinander zwei Ehen und ein Liebesverhältnis eingegangen, die alle mindestens ebensoviel Schmerz wie Freude gebracht hatten. Im Alter von fünfzig Jahren sprach er endlich der Studie gegenüber aus, was man dort schon seit einiger Zeit gewußt hatte: er hatte ernste Probleme damit, seine Sexualität auszudrücken.

Beide Männer waren in ihrer Collegezeit im Hinblick auf psychische Gesundheit und voraussichtlichen Erfolg in der Zukunft als durchschnittlich eingestuft, beide von den Mitarbeitern der Studie als «überheblich» und «blasiert» bezeichnet worden. Fünfundzwanzig Jahre später erwies sich jedoch Byrons Streben nach weltmännischer Kultiviertheit als dauerhaft, während es sich bei Dr. Smythe, genau wie bei Dr. Tarrytown, als vorübergehend herausstellte. Tatsächlich hatten sich die tiefgreifenden Unterschiede in ihrer sozialen Herkunft

---

* George Byron – vgl. den englischen romantischen Dichter gleichen Namens. Casper Smythe – eine etwas vornehmere Spielart des häufigen Namens «Smith».

offenbar umgekehrt. Casper Smythe war in eine Oberschichtsfamilie hineingeboren, mit Mündelgeldern bedacht und in eine ausgezeichnete Preparatory School geschickt worden. Mit siebenundvierzig ähnelte er in seinem zerknitterten Anzug eher einem abgekämpften Handelsvertreter, dem man einen längeren Urlaub und einen besseren Schneider gewünscht hätte.

Mr. Byron war in einem vorwiegend von Iren bewohnten ärmlichen Stadtviertel aufgewachsen und hatte eine städtische öffentliche High School besucht, doch nun, mit siebenundvierzig, schien er mit der kalifornischen Oberschicht verschmolzen. Ohne Jackett, nur mit einem buntgemusterten Hemd und legeren, frisch gebügelten Hosen bekleidet, bat er mich in sein Büro. Groß, glattrasiert, gebräunt und entspannt, wie er war, schien er eher in einen Country Club als in eine Regierungsbehörde zu passen.

Im Gegensatz zu den beiden vorigen Männern bestanden in der frühen Kindheit von George Byron und Casper Smythe tatsächlich erhebliche Unterschiede. Die Kindheit von Dr. Smythe zählte zu den am niedrigsten bewerteten aus der ganzen Studie. Er war durch eine komplizierte Geburt zur Welt gekommen, von einer Vielzahl von Ersatzpersonen mit der Flasche aufgezogen und schließlich zu ältlichen Verwandten gegeben worden. Die Tante und der Onkel waren zu alt, als daß sie es gern noch einmal mit einem lebhaften kleinen Jungen aufgenommen hätten. Seine ganze frühe Kindheit über litt Smythes Mutter an Tuberkulose. Sie starb, als er achtzehn Monate alt war. Smythes Vater hatte wegen seiner eigenen schlechten Gesundheit und seiner Karriere als Diplomat kaum mehr etwas mit seinem Sohn zu tun; er starb, als Smythe in die sechste Klasse ging. Als kleines Kind war Smythe jähzornig gewesen. In der Pubertät zog er sich von seinen Kameraden, bei denen er leidlich beliebt gewesen war, zurück, um ein «einsamer Wolf» zu werden, wie er sagte. Mit siebenundvierzig gehörte er zu den wenigen Männern, die die Zeit zwischen dem ersten und dem dreizehnten Lebensjahr als die unglücklichste ihres Lebens betrachteten.

Byrons Kindheit war dagegen beim «blind rating», in einer Bewertung, in der Vorurteile ausgeschaltet waren, als eine der sonnigsten der ganzen Untersuchung eingeschätzt worden. Seine Mutter hatte keine Schwierigkeiten beim Stillen, in der Familie bestand ein ungewöhnlich enger Zusammenhalt, und die Gesundheit in seinen ersten

Kindheitsjahren war ausgezeichnet. Als Byron heranwuchs, war er genau wie Frederick Lion ein sehr aggressiver Junge, und seiner Mutter gefiel das. Während der High-School- und Collegejahre hatte er stets enge Freunde und war geschickt darin, die Anerkennung Fremder zu gewinnen.

Wie bei Lion und Lamb konnten auch die Unterschiede zwischen Byron und Smythe nur im Bereich des «Liebens und Arbeitens» belegt werden. Nach den formalen Indikatoren, die in der Studie zur Feststellung der psychischen und physischen Gesundheit verwandt wurden, rangierten beide Männer auf der gleichen Stufe. Sie mochten ihren Beruf und begaben sich nie in psychotherapeutische Behandlung. Beide waren weder jemals in eine psychiatrische Klinik eingewiesen noch als seelisch krank bezeichnet worden. Sie nahmen nur gelegentlich Schlaftabletten, und nur ihre Ehefrauen fanden, daß sie zuviel tränken. Was ihr körperliches Wohlbefinden angeht, so neigten beide dazu, ihre Gesundheit als vorzüglich zu betrachten. Jeder von ihnen versäumte weniger als zwei Arbeitstage pro Jahr. Als Erwachsener hatte Dr. Smythe nur einen einzigen Krankenhausaufenthalt gehabt, doch wegen seines Magengeschwürs gelegentlich ärztlichen Beistand gesucht. Byron war, größtenteils als Folge seines abenteuerlichen Lebensstils und seiner vielen Reisen, siebenmal für kurze Zeit im Krankenhaus gewesen, doch erfreute er sich gegenwärtig guter Gesundheit.

Wie Goodhart und Lion war es auch Byron gelungen, durch die Mitarbeit an idealistischen Unternehmungen große berufliche Erfolge zu erringen. Nach dem Jurastudium hatte er keine Anwaltspraxis eröffnet, sondern war zwischen dem Department of Health, Education and Welfare (Bundesministerium für Gesundheit, Erziehung und Wohlfahrt) und Auslandshilfeprogrammen (Point IV und AID, Entwicklungsorganisationen) hin- und hergependelt, da er so gern reiste. Er kam stetig voran, war erfolgreicher als sein Vater und verdiente gegenwärtig 35 000 Dollar im Jahr. Er hatte außerhalb seines Berufs an maßgeblicher Stelle bei kommunalen Angelegenheiten mitgewirkt. Sein Vorwärtskommen entsprach seinen Erwartungen.

Byron war mehr als zwanzig Jahre verheiratet, und im ganzen war seine Ehe harmonisch. In der Mehrzahl der stabilen Ehen wurde die sexuelle Übereinstimmung nach zwei Jahrzehnten nur noch als «befriedigend» beurteilt, bei den Byrons jedoch trotz seiner Affären immer noch als «sehr befriedigend». Byron hatte ein herzliches und enges Verhältnis zu seinen Eltern und Geschwistern, und die Anpassung aller seiner fünf Kinder war stabil. Mit aufrichtiger Freude zeigte er mir Fotos von seiner Frau und seinen fünf Kindern. Byron und seine Freunde trieben oft zusammen Sport.

Dr. Smythe seinerseits war es in zwanzigjährigem Bemühen nicht gelungen, reich zu werden. Er arbeitete in einem großen Universitätsgesundheitsdienst und beklagte sich ständig, daß seine Arbeit ihn nicht fordere. Doch war er weder mutig genug gewesen, um Angebote, selbst einen College-Gesundheitsdienst zu leiten, anzunehmen, noch war er seinen Erwartungen entsprechend befördert worden. Obwohl ihm viel an Geld lag, verdiente er als Arzt nur 18000 Dollar im Jahr. Er war hinter dem Erfolg seines Vaters zurückgeblieben und arbeitete im Augenblick bei keinerlei öffentlichen Projekten mit. (Byron hatte am College mit einem Durchschnitt von B+ abgeschlossen, während Smythe trotz vergleichbarer intellektueller Begabung nur auf einen Durchschnitt von C− gekommen war, der mehrere Es einschloß.*

Dr. Smythe war zweimal geschieden, und seine Kinder hatten entsprechend gelitten. Obwohl selbst Waise, machte er in mittleren Jahren keinerlei Anstrengungen, seinen zwanzigjährigen Sohn – der Verwandte, der ihm wahrscheinlich auf der ganzen Welt am nächsten stand – zu sehen, weil der Sohn nicht versucht hatte, Smythe zu besuchen. Auf Fragebogen, die sich auf die ersten Jahre jeder seiner Ehen bezogen, hatte er die sexuelle Übereinstimmung als «nicht so gut wie gewünscht» bezeichnet. Obwohl Smythe zeitweilig in kommunalen Organisationen mitgearbeitet hatte, war es ihm nicht gelungen, Freunde zu finden.

Die sexuelle Einstellung der beiden Männer erhellte wichtige Unterschiede in ihren Anpassungsstilen. Als Achtzehnjähriger hatte Smythe behauptet, stark an Mädchen interessiert zu sein: «Ich fühle mich viel besser, wenn ich verliebt bin.» Doch die Mitarbeiter der Studie hatten den Eindruck, daß Verliebtsein für Smythe bedeutete, jemanden zu haben, der «sich um ihn kümmert». Sein mit neunzehn

---

* Die amerikanische Notenskala umfaßt die Noten A, B, C, D, E und die Zwischenstufen A+, A− usw. A ist die beste Note.

Jahren abgelegter Rohrschachtest war insofern bemerkenswert, als er ausgesprochene Angst vor Sexualität erkennen ließ. Im ersten Jahr seiner ersten Ehe hatte er einmal im Monat Geschlechtsverkehr mit seiner Frau, die sich dazu folgende Bemerkung erlaubte: «Ich wünschte, er würde zur Analyse gehen – nicht allein wegen unseres Sexuallebens, sondern auch wegen seines Magengeschwürs, und damit ich jemanden hätte, mit dem ich darüber sprechen kann.» Mit dreiundzwanzig sah es Dr. Smythe als eines seiner größten Probleme an, seine Frau sexuell zu befriedigen. Später versuchte er, ihre Seitensprünge mit rationalisierter Gelassenheit hinzunehmen. Mit achtundzwanzig gab er an, er könne «wegen der außerplanmäßigen Aktivitäten, die man mir aufgehalst hat, nicht mit ihr Schritt halten». Daß das ebenfalls eine Rationalisierung war, zeigt sich an der Tatsache, daß er im Urlaub regelmäßig zwanghaft und übermäßig trank und damit sexuelle Beziehungen unmöglich machte. Wiederholte körperliche Untersuchungen ergaben keinen Grund für seine Libidoschwäche. Seine Zeugungsfähigkeit war intakt, und mit zweiundvierzig erklärte er stolz, daß er «Sex jetzt zum erstenmal genieße». Aber selbst mit fünfzig dachte Smythe immer noch, daß «die meisten Menschen in sexueller Hinsicht Tiere sind», und er schrieb, er würde «eine asexuelle Ehe» vorziehen.

Dagegen nahm die Frau von Mr. Byron *seine* Affären mit stoischer Gelassenheit hin. Wie mehrere katholische Männer der Studie hatte Byron Masturbation in der Adoleszenz für eine schreckliche Sünde gehalten. Eilfertig arbeitete er ein raffiniertes System aus, um sich einen anscheinend unbeschränkten Vorrat an Mädchen zu sichern, mit denen er schlafen konnte – nicht gerade das übliche Bewältigungsmuster der Teilnehmer der Grantstudie. Mit gleicher, doch unbewußter Findigkeit spaltete Byron dieses Verhalten von seinem katholischen Gewissen ab.

Nach seiner Heirat hatte Byron weiterhin gelegentliche Liebesaffären gehabt, doch diesmal mit Frauen, die er schon lange kannte. Anders als die Beziehungen Tarrytowns beruhten die Byrons auf gemeinsamen Interessen und Respekt. Doch ist dieser Fall nicht allein wegen der Intensität seiner Liebesbeziehungen interessant, sondern auch wegen des befriedigenden Zusammenlebens mit seiner Frau. Nachdem sie 1950 sowohl Byron als auch seine Frau interviewt hatte, bemerkte die Anthropologin der Studie: «Hinsichtlich emotionaler

Unterstützung hängen beide fast ausschließlich voneinander ab.» Zwanzig Jahre später schrieb Byron der Studie: «Meine Frau ist mein bester Freund.»

Die Unterschiede in den zwischenmenschlichen Beziehungen dieser beiden Männer zeigen sich auch in ihrem Charaktertypus. Mr. Byron wies viele sogenannte hysterische Charakterzüge wie Aggressivität, sexuelle Reizbarkeit, Exhibitionismus und Emotionalität auf. Aus seiner verwaisten Kindheit zeigte Mr. Smythe zahlreiche Merkmale des sogenannten oral-abhängigen Charakters: Pessimismus, Passivität, Selbstzweifel und Angst vor Sexualität. So konnte Mr. Smythe schreiben: «Ich sehne mich nach größeren Dingen, Reisen, anregenderer Umgebung», doch trennte er sich nie von der Sicherheit seiner vertrauten Universität im Mittleren Westen. Mr. Byron indes reiste um die Welt und übernahm als Direktor internationaler Hilfsprogramme immer größere Verantwortung.

Es ist eine Binsenwahrheit der Grantstudie, daß Männer, die mit ihren eigenen Aggressionen umgehen können, der Welt im ganzen liebevoller entgegentreten. Mr. Byrons Mutter hatte ihren Sohn einen Tataren genannt und hinzugesetzt: «Er ist uns allen immer auf der Nase herumgetanzt, aber lieblos war er nie.» 1967 befürwortete der streitsüchtige Mr. Byron den schrittweisen Rückzug aus Vietnam, 1970 das sofortige Ende des Krieges. Umgekehrt war der passivere Mr. Smythe 1947 dafür gewesen, einen Präventivschlag gegen die Russen zu führen. «Laßt uns hingehen und es hinter uns bringen», hatte er damals erklärt, doch konnte er der Studie auch mitteilen, daß «Sicherheit der Lichtblick bei meiner Arbeit ist . . . Ich habe nicht das Rückgrat, um mich in die Welt hinauszuwagen.» 1967 polterte er los: «In Südostasien müssen Wasserstoffbomben eingesetzt werden . . . Es ist mir unbegreiflich, daß wir so tief sinken konnten, uns von einem kleinen russischen Satellitenstaat auf die Knie zwingen zu lassen.»

Unsere Aufgabe ist nicht, politische Meinungen gegeneinander abzuwägen, sondern die verschiedenen Arten, wie sich die Männer als Erwachsene mit dem Leben auseinandergesetzt haben, miteinander zu vergleichen. Doch kam es in unserer Untersuchung häufig vor, daß die politischen Ansichten der Männer über das Geschehen in der Außenwelt offenbar den Bestrebungen ihres Ichs, inneren Aufruhr in den Griff zu bekommen, entsprachen. Vielleicht liegt eine der möglichen Erklärungen für die Unterschiede in den politischen Ansichten

Smythes und Byrons darin, daß Mr. Byron sich in seiner Ehe stark und sicher fühlte, während Mr. Smythe die Erfahrung seiner bröckelnden Ehe folgendermaßen beschrieb: «Es ist, als ob man von Soldaten des Vietcong umzingelt ist.» Der auffallendste Unterschied zwischen den beiden Männern bestand darin, daß Mr. Byron zur Triebkontrolle Antizipation und Unterdrückung einsetzte, Dr. Smythe dagegen mit seinem passiv-aggressiven Lebensstil seine Aggressionen sowohl gegen sich selbst als auch gegen seine eingebildeten Feinde kehrte. Sein ganzes Leben hindurch schob George Byron Befriedigung so lange auf, bis er wirklich bereit war. Während er Ehehandbücher las und Pläne zur Verführung junger Damen schmiedete, hatte er sich selbst das Masturbieren versagt. Gut vorbereitet begann er dann eine der promiskuitivsten Collegekarrieren der ganzen Studie. Einengende Beziehungen, Empfängnis und Geschlechtskrankheiten wurden vorausgesehen und vermieden. Während des Jurastudiums stand die Frage, was für ein Leben Byron in Zukunft führen sollte, beständig im Mittelpunkt seines Denkens. Er las mit Interesse Biographien großer Männer, und fünfundzwanzig Jahre später konnte er mit Stolz auf einen verwirklichten Lebensplan hinweisen. «Da ich wußte, daß ich es nicht übers Herz bringen würde, den Leuten Rechnungen zu schicken», machte er keine private Anwaltspraxis auf. Doch hatte er sich in Postgraduiertenkursen so gut vorbereitet, daß attraktive Positionen im Innenministerium, dann bei den Programmen Point IV und AID nicht lange auf sich warten ließen. Obwohl er ein farbiges und bewegtes Lebens geführt hatte, hatte er doch gleichzeitig umsichtig und geschickt investiert. Dadurch hatte er – wie so manche antizipierende Männer innerhalb der Studie – mit siebenundvierzig Jahren ein unabhängiges Einkommen erlangt, das so hoch war wie das, mit dem Casper Smythe auf die Welt gekommen war. (Trotz steigender Aktienkurse verfügte Smythe mit siebenundvierzig Jahren nicht über ein höheres Vermögen als mit zwanzig.)

Da er seine eigene impulsive Art kannte, plante Byron im voraus, wo er als nächstes arbeiten würde, falls es mit seiner augenblicklichen Stelle schiefginge. In Washington ließ er sich vor seinem Chef zu einem so heftigen Wutausbruch hinreißen, daß er danach auf eigenen Wunsch in Urlaub ging, aus Angst, seinen Vorgesetzten körperlich anzugreifen; doch war er sich seiner Wut stets voll bewußt. Seine Liebesbeziehungen als Erwachsener hatte er genauso gut geplant.

Dr. Smythe regulierte seine Befriedigung auf eine ganz andere Weise. Noch vor seiner Collegezeit hatte er versucht, sich ungeachtet der Konsequenzen von seiner beherrschenden Tante zu befreien, indem er immer das Gegenteil von dem tat, was sie wollte. In Krisenzeiten hielt er sich an die Maxime: «Ich pfeife drauf.» Im Unterschied zu George Byron brachte Smythe es im College fertig, in den Ruf eines Taugenichts zu geraten – nur leider ohne den dazugehörigen Spaß. Zweimal drohte ihm der Ausschluß; einmal wegen mangelhafter Studienleistungen und das zweite Mal, weil er betrunken gefahren war und einen schweren Unfall verursacht hatte. Als seine Freundin ihn verließ, trank er zwei Tage lang. Er trank wieder, als er nicht zur Pilotenausbildung zugelassen wurde. Seine verbale Reaktion war: «Was macht das schon, das ist doch ganz albern»; doch das konkrete Resultat seiner zweiten Sauftour war ein gebrochenes Bein. Nach einem betrunkenen, sexuell inaktiven Urlaub schrieb er der Studie, es wäre «wunderschön» gewesen. Seine Frau nannte denselben Urlaub «einen schrecklichen Fehlschlag». Smythes passiv-aggressiver Stil der Konfliktbewältigung führte schließlich dazu, daß diese Ehe an der Untreue der Frau zerbrach.

Zusammenfassend können wir feststellen, daß George Byron seiner impulsiven Natur durch langfristige instinktive Vorausplanung viel Befriedigung abrang. Er besaß die Fähigkeit, sein Verlangen bewußt wahrzunehmen und dennoch nicht nach ihm zu handeln. Obwohl er von Natur aus weniger leidenschaftlich war, setzte Dr. Smythe seine Gefühle unbedacht und ambivalent in Handlung um. Das Endergebnis glich oft der Folge, die einer zu spüren bekommt, wenn er gegen den Wind spuckt.

Ein zweiter wichtiger Unterschied zwischen den Anpassungstechniken der beiden Männer bestand darin, daß Byron, genau wie Lion, seine Triebwünsche und -konflikte *sublimieren* konnte. Casper Smythe neigte dazu, seine leidenschaftlichen Gefühle zu «vergessen» oder zu verdrängen. Sublimierung lenkt Emotionen in bestimmte Bahnen; Verdrängung staut sie an. In der Gewißheit, daß ihm dieses Wissen irgendwann einmal zugute kommen würde, las Byron Freud zu seinem Vergnügen. Smythe fiel im Psychologie-Einführungskurs durch: es war sicherer, sich diese Dinge gar nicht erst zu merken. Im College hatte Smythe in den Rohrschachklecksen furchterregende Insekten und Spinnen wahrgenommen; als er Jahre später danach gefragt wurde, konnte er sich nur noch an Schmetterlinge erinnern. Nach seinem schweren Autounfall kam Smythe außergewöhnlich gefaßt im Krankenhaus an. Vierundzwanzig Stunden später begann er auf einmal, sich unbeherrschbar und ohne physische Ursache zu erbrechen, doch konnte er sich nicht vorstellen warum. In einer Zeit, als es ihm schwerfiel, in seiner Ehe die männliche Rolle zu spielen, schrieb Smythe der Studie, daß er zur University Alumnae Association – derVereinigung der ehemaligen Studenten einer Universität – gehöre. Später, als die Ehe dann zerbrach, merkte er am Rande an: «Ich bin mir im Zweifel darüber, was eine Ehe eigentlich tatsächlich wert ist . . . Der Zustand meiner eigenen Ehe (der vorzüglich ist) hat mit meinen Überlegungen nichts zu tun.» Wie der Hausbesitzer in dem Lied «The Arkansas Traveler» konnte Smythe sein Dach nie reparieren, denn sobald die Sonne wieder schien, hatte er schon wieder vergessen, daß es undicht war.

Gefühlskonflikte brachten Byron dazu, sich zu erinnern – nicht zu vergessen. George Byron wandelte seine jugendliche Promiskuität in eine stabile Ehe und in leidenschaftliches Interesse für Ästhetik und Renaissancemalerei um. Er setzte seine organisatorischen Energien dazu ein, im Rahmen der Auslandshilfe für sich selbst Posten in Rom, Paris und Tokio einzurichten. Er schwelgte im Raffinement fremder Länder, reiste jedoch brav und bieder mit seiner Frau und seinen fünf Kindern. Den strengen Katholizismus seiner Kindheit lehnte er zwar ab, räumte jedoch ein: «Immer, wenn meine Lieblingskomponisten gespielt werden, gehe ich wieder in die Kirche.» Er reagierte seinen Ärger ab, indem er ausländische Bürokratien drängte, sich mehr um ihre unterprivilegierten Bürger zu kümmern, erfreute sich jedoch selbst ohne Gewissensbisse an den mit seinem Beruf verbundenen «Sondervergünstigungen». Als er in Rio de Janeiro war, genoß er das warme Klima, den Strand und die Bedienung durch seine zwei Hausangestellten.

Dr. Smythes Verdrängung machte ihn vergleichbar mit einem jener unbewußten Voyeure, die festgenommen werden, weil sie versehentlich eine Umkleidekabine für Frauen betreten haben. Er fühlte sich immer schuldig, doch nie konnte er sich erinnern, warum. Mit Mr. Byrons Sublimierung hätte ein solcher Voyeur Künstler werden und mit Aktgemälden viel Geld verdienen können.

Wie echte Höflichkeit sagt auch echte Kultur mehr über einen

Menschen aus als nur die Tatsache, daß er die einschnürenden Manieren der Reichen beherrscht. Kultiviertsein heißt wissen, wie andere empfinden, schließt den Erwerb einer ganzen Reihe von Fähigkeiten ein und bedeutet, kurz gesagt: spielen zu können. Kultiviertheit ist Goodharts gewandte Art, seine Bedürfnisse zu befriedigen, ohne dabei den anderen mehr als nötig zur Last zu fallen; ist Lions Fähigkeit, andere mit Stolz darüber zu erfüllen, daß sie ihn kennengelernt haben. Als Mr. Lion aus der Mietskaserne die Lebensmitte erreicht hatte, war er kultiviert; Dr. Smythe aus der Park Avenue wirkte verglichen mit ihm ein wenig bäurisch. Das führt uns wieder zu der Frage des Warum zurück. Woher stammen die unterschiedlichen Anpassungsstile?

Die Unterschiede in den Anpassungsstilen von Smythe und Byron erklären sich eher aus der Bedeutung, die verinnerlichte Personen für die Entwicklung des Individuums haben, als aus soziologischen Faktoren. Byron hatte das Glück, liebevolle, akzeptierende Eltern zu haben, denen so viel an ihren Kindern lag, daß sie sie erzogen. Solche Eltern begleiten ihre Kinder, wenn sie traurig sind, so daß sie lernen können, Schmerz zu ertragen und sich darauf vorzubereiten, und sie ermutigen ihre Kinder, zu spielen und zu kämpfen. Lamb und Smythe hatten solche Eltern gefehlt. Auch eine lockere Moral und der sozioökonomische Rahmen der aufgeklärten Oberschicht konnten Smythe nicht von seiner Angst vor der Sexualität befreien. Als Waise hatte er die Welt durch kühle, gehemmte Verwandte kennengelernt. Mit wenig kulturellen Hemmungen, doch einer durch mangelnde Liebe und Zärtlichkeit gestörten frühkindlichen Entwicklung fiel Smythe Selbstbefriedigung leichter als die sexuelle Beziehung zu einem anderen Menschen. Ohne Geschwister oder Eltern, die ihm hätten zeigen können, wie man spielt, kannte er keine sozialen Formen der Entspannung. Doch ohne die Stütze des Spiels ist die Aufgabe, bewußt Schmerz zu ertragen, nur sehr schwer zu erlernen; Smythe lernte nur, zu fliehen. Hinzu kommt, daß er jedesmal Frauen geheiratet hatte, die genauso bedürftig waren wie er selbst. Jede von ihnen suchte eine elterliche Stütze, konnte sie aber selbst nicht geben. Smythe gab immer vor, er suche ein Sexualobjekt; die Wahrheit, daß er nach seinen verlorenen Eltern suchte, konnte er nicht eingestehen. Doch konnte er ohne verinnerlichte Mutter die adaptiven Fertigkeiten nicht entwickeln, die nötig gewesen wären, um seinen starken Wunsch nach einer Mutter in das Streben nach einem anderen Ziel zu verwandeln.

Umgekehrt hatte Byrons Umgebung ihn gelehrt, an die reale Existenz des Höllenfeuers zu glauben sowie daran, daß Protestanten und Masturbierende auf ewig verdammt seien. Aber seine Mutter hatte ihn auch geliebt und sein Temperament bewundert. Auf dieser Grundlage ermöglichte ihm Sublimierung, reife Sexualbeziehungen zu genießen und sich ohne Furcht die Tatsache einzugestehen, daß er «zugleich eine Ehefrau und eine Mutter» geheiratet hatte. Da sowohl er als auch seine Frau eine glückliche Kindheit gehabt hatten, konnten sie sich gegenseitig elterliche Stütze sein.

Im ganzen deutet alles darauf hin, daß nahe Beziehungen unsere Anpassungsfähigkeit prägen und nicht die kulturelle Umwelt. Umgekehrt fördert geglückte Anpassung wieder enge Beziehungen. Wie Harry Harlows isolierte Affenkinder uns gelehrt haben, brauchen wir als Kinder enge und liebevolle Beziehungen, wenn wir nicht wie Smythe als Erwachsene Angst vor der Sexualität haben sollen. In der Studie zeigte sich, daß sich eine heitere Kindheit kaum auf die berufliche Entwicklung der Männer auswirkt; statt dessen liegt die Bedeutung der Kindheit darin, daß sie die Liebesfähigkeit tiefgreifend beeinflußt. Was hier notwendig grobe Verallgemeinerung ist, wird im achten Kapitel genauer ausgeführt werden.

II. Teil   Grundformen der
          Realitätsbewältigung

5. Kapitel Die Anpassungsmechanismen des Ichs – eine hierarchische Gliederung

> Die Sprache gibt tatsächlich nur Andeutungen und ist so wenig genau, sogar in den Wissenschaften, daß man sehr bald außerhalb der Tatsachen steht, wenn man die Tatsachen aus dem Auge verliert und sich nur an die Worte hält. Man kann also der Wissenschaft nur schaden, wenn man sich streitet, weil man an einem Wort festhält, das nur eine Quelle des Irrtums ist, wenn es nicht mehr für alle den gleichen Gedanken ausdrückt. Wir ziehen daraus die Nutzanwendung, daß man sich immer an die Tatsachen halten muß ...
> CLAUDE BERNARD

*Einführung in das Studium der experimentellen Medizin**

Bei der Betrachtung der persönlichen Anpassungsstile der sechs bisher erwähnten Männer wurden bereits mehrere Ich-Mechanismen dargestellt. So habe ich darauf hingewiesen, daß Mr. Goodharts Altruismus und Sublimierung der Realitätsbewältigung besser dienten als Dr. Tarrytowns Dissoziation und Projektion. Dr. Smythes passive Aggression schien weniger wirkungsvoll als Mr. Byrons Antizipation, und während Mr. Lambs Phantasien ihn in die Einsamkeit führten, hingen Sublimieren und Lieben bei Mr. Lion wesenhaft miteinander zusammen. Um dem Leser das Verständnis der weiteren Darstellung und die Einordnung der unbewußten Anpassungsreaktionen in einen denkbaren größeren Bezugsrahmen zu erleichtern, sollen in diesem Kapitel achtzehn derartige Mechanismen in einen systematischen Zusammenhang gestellt werden. Wie beim zweiten und dritten Kapitel können diejenigen unter den Lesern, die der erklärenden Worte müde sind und sich mit Claude Bernard lieber an

---

* Hier zitiert nach der Ausgabe des Johann Ambrosius Barth-Verlages, Leipzig 1961, S. 264f.

die Tatsachen halten, auch dieses Kapitel überschlagen.

Der Begriff der unbewußten Anpassungs- oder Abwehrmechanismen – diese Begriffe werden synonym verwendet – wirft eine ganze Reihe von Fragen auf: Erstens: woran erkennt und wie mißt man Abwehrmechanismen? Zweitens: sind diese Mechanismen tatsächlich vorhanden, oder bedarf es zu ihrer Wahrnehmung des Glaubens unerschütterlicher Freudianer? Drittens: wie viele Abwehrmechanismen gibt es insgesamt? Viertens: besteht ein Unterschied zwischen krankhaften Abwehr- und anpassungsfördernden Bewältigungsmechanismen? Können Abwehrmechanismen überhaupt je gesund sein? Fünftens: welche praktischen Konsequenzen zieht der Gebrauch bestimmter Abwehrformen nach sich? Sechstens: sind sie unveränderbar oder wandeln sie sich im Zuge der Persönlichkeitsentwicklung? Und schließlich: was ist zu tun, wenn man einen bestimmten Abwehrmechanismus bei seinem Freund oder bei seinem Kind beobachtet?

Wenden wir uns gleich der ersten Frage zu: wie identifiziert man Abwehrmechanismen? Leider bewegt sich unser Wissen über die seelischen Abwehrvorgänge noch etwa in denselben Grenzen wie das der Astronomen des 19. Jahrhunderts über den Planeten Pluto, den man weder direkt beobachten, vermessen noch überhaupt als besonderen Planeten erkennen konnte. Es gelang jedoch, aus der Art, wie Pluto andere, für uns sichtbare Planeten auf ihrer Umlaufbahn regelmäßig ablenkte, Rückschlüsse auf das tatsächliche Vorhandensein dieses Planeten zu ziehen. Entsprechend erkennt der Beobachter die verborgenen Abwehrvorgänge eines Menschen am Vorliegen durchgängig auftretender Realitätsverzerrung. Die Frage der Messung stellt jedoch bei den Abwehrmechanismen ein noch größeres Problem dar als bei Himmelskörpern, die keiner von uns je erblickt hat, denn Abwehrmechanismen beziehen sich ja nicht auf klar getrennte Einheiten, sondern vielmehr auf komplexe Integrationsprozesse. Wie wir eine Symphonie als einheitliches Ganzes erkennen, so nehmen wir auch einen bestimmten Abwehrmechanismus nur im Zusammenwirken vieler einzelner, über eine gewisse Zeit hinweg jedoch gleichsinnig verlaufender Prozesse wahr. Darüber hinaus erschwert es das Erkennen von Abwehrmechanismen, daß unser seelisches Wohlbefinden in Gefahr gerät, wenn wir allzuviel über unser eigenes Abwehrverhalten erfahren. Deshalb kann es bei der Bestimmung von Abwehrmechanismen stets nur um Annäherungsprozesse gehen.

Bevor wir an die systematische Einteilung der Abwehrmechanismen gehen können, muß zuerst noch die zweite Frage beantwortet werden: Sind Abwehrmechanismen bloß eine Erfindung der Psychoanalytiker? Es ist richtig, daß die Existenz der Abwehrmechanismen vor Freud noch von niemandem erkannt worden ist. Weder Aristoteles noch Hippokrates, weder Sophokles noch Shakespeare, weder Montaigne noch Janet hatten Freud bei der Entdeckung auch nur so einfacher psychischer Mechanismen wie denen der Isolierung oder der Projektion vorgegriffen. Freud nun konnte nicht nur nachweisen, daß die Erscheinungen der Psychopathologie nicht auf störenden *Vorstellungen*, sondern auf peinlichen *Affekten* beruhen; darüber hinaus zeigte er auch, daß viele der als pathologisch geltenden Symptome potentielle Heilungsprozesse darstellen. 1894 bemerkte Freud, daß ein Affekt (durch die von ihm später so benannten Vorgänge der Bewußtseinsspaltung, Verdrängung und Isolierung) nicht nur als ein von den dazugehörigen Vorstellungen und Objekten «dislozierter» oder «transponierter», sondern (durch Affektverschiebung und Sublimierung) wieder eine «Verknüpfung» mit anderen Vorstellungen und Objekten eingehen kann.[1] Das waren revolutionäre Ideen; und in der Tat stellt die Lehre von den unbewußten Anpassungsvorgängen vielleicht sogar Freuds originellsten Beitrag zum Streben des Menschen nach Selbsterkenntnis dar. Zu seinen Lebzeiten neigten jedoch er selbst und auch seine Schüler eher dazu, die Bedeutung der Abwehrmechanismen zu unterschätzen. Erst der spätere Herausgeber seiner Werke, James Strachey, und seine Tochter und geistige Erbin Anna Freud erkannten und würdigten die ganze Vielfalt und die Tragweite seiner Entdeckung, der Abwehrmechanismen des Ichs, die Freud selbst oft gar nicht zu sehen schien.

In einem Zeitraum von vierzig Jahren erkannte Freud die meisten Abwehrmechanismen, von denen wir heute noch sprechen, und bestimmte als ihre fünf wichtigsten Merkmale: 1. Abwehrmechanismen sind eines der wesentlichen Mittel der Trieb- und Affektkontrolle. 2. Sie laufen unbewußt ab. 3. Sie können als Einzelmechanismen voneinander unterschieden werden. 4. Obwohl häufig das Kennzeichen schwerwiegender psychischer Störungen, sind Abwehrmechanismen doch dynamisch und reversibel. 5. Sie können genauso gut anpassungsfördernd wie auch pathogen wirken.

Im ersten Jahrzehnt, nachdem er ihr Vorhandensein postuliert hatte, ging Freud näher auf die Einzelmechanismen Humor, Realitätsentstellung, Hypochondrie, Bewußtseinsspaltung (Dissoziation), Verschiebung, Verdrängung, Unterdrückung, Phantasie und Isolierung ein. Nach 1905 erschien der Begriff der Abwehr jedoch kaum noch in seinen Schriften, sondern wurde ersetzt durch «‹*Verdrängung*›, (wie ich anstatt ‹Abwehr› zu sagen begann)»[2]. Zwanzig Jahre verstrichen, ohne daß die Unterschiede zwischen den einzelnen Abwehrformen deutlicher herausgestellt worden wären. 1936 schrieb er dem interessierten Freund Romain Rolland: «Es gibt eine außerordentliche Fülle von Methoden, Mechanismen sagen wir, deren sich unser Ich bei der Erledigung seiner Abwehraufgaben bedient ... meine Tochter, die Kinderanalytikerin, schreibt eben ein Buch darüber.»[3] Dabei dachte Freud an die historisch bedeutende Monographie ‹*Das Ich und die Abwehrmechanismen*›, die ihm seine Tochter Anna zum achtzigsten Geburtstag zum Geschenk machte.[4]

Es kommt wohl nicht von ungefähr, daß Anna Freud, die auf dem von ihrem Vater bereits Geleisteten aufbaute, zwei Aspekte des psychischen Abwehrgeschehens zu erkennen vermochte, die ihm verborgen geblieben waren. So wies sie nicht allein nach, daß es ebenso möglich wie zweckmäßig ist, die verschiedenen Abwehrmechanismen klar gegeneinander abzugrenzen, sondern zeigte auch, daß die aggressiven Triebregungen, gegen die sich ein großer Teil der Abwehrimpulse richtet, potentiell nützlich und konstruktiv sind.

Obgleich Freud sich nie die Mühe machte, alle die Mechanismen, die Anna Freud zwei Jahrzehnte später aufführen sollte, selbst zu benennen oder in einem Aufsatz zusammenzustellen, deutete er doch manchmal an, daß sie in einer gewissen Rangfolge stünden. Verleugnung, Entstellung und Projektion kennzeichnete er als psychotische, Sublimierung, Altruismus, Humor und Unterdrückung am entgegengesetzten Ende des Spektrums als reife Abwehrmechanismen.

Der Psychoanalytiker Robert Wallerstein umriß in neuerer Zeit einen wichtigen Gesichtspunkt, der neue Forschungsperspektiven eröffnet: «Jedes Individuum ersteigt in seiner Entwicklung gewissermaßen eine epigenetische Leiter in Richtung auf immer reifere und realitätsgerechtere Anpassungsweisen. Jede Sprosse stellt eine bestimmte Abwehrstufe dar, die der jeweiligen Entwicklungsphase entspricht.»[5] Dieses außerordentlich bedeutungsvolle Konzept einer Ontogenese der Abwehrmechanismen war jedoch bereits 1905 von

Freud eingeführt worden, als er schrieb: «Somit kann die allgemein perverse Sexualanlage der Kindheit als die Quelle einer Reihe unserer Tugenden geschätzt werden, insofern sie durch Reaktionsbildung zur Schaffung derselben Anstoß gibt.»[6] Kriminelles Verhalten kann sich in Altruismus wandeln.

Freud hatte dabei eine Klasse von Abwehrmechanismen im Auge gehabt, die Libido umwandeln können – und zwar gerade nicht in eine Quelle der Neurose, sondern in Kulturleistung und Tugend. «Ein Stückchen weit, bald hier, bald dort, überschreitet jeder von uns die fürs Normale gezogenen engen Grenzen in seinem eigenen Sexualleben. Die Perversionen sind weder Bestialitäten noch Entartungen im pathetischen Sinne des Wortes. Es sind Entwicklungen von Keimen, die sämtlich in der undifferenzierten sexuellen Anlage des Kindes enthalten sind, deren Unterdrückung oder Wendung auf höhere, asexuelle Ziele – deren *Sublimierung* – die Kräfte für eine gute Anzahl unserer Kulturleistungen abzugeben bestimmt ist»[7] und durch die «den überstarken Erregungen aus einzelnen Sexualitätsquellen Abfluß und Verwendung auf andere Gebiete eröffnet wird, so daß eine nicht unerhebliche Steigerung der psychischen Leistungsfähigkeit aus der an sich gefährlichen Veranlagung resultiert»[8]. Später führte er aus: «Der Humor kann nun als die höchststehende dieser Abwehrleistungen aufgefaßt werden. Er verschmäht es, den mit dem peinlichen Affekt verknüpften Vorstellungsinhalt der bewußten Aufmerksamkeit zu entziehen, wie es die Verdrängung tut, und überwindet somit den Abwehrautomatismus ...»[9]. Die entsprechende Verknüpfung der Aggression mit schöpferischem Handeln wurde jedoch erst in Anna Freuds differenzierterer Beschreibung der Abwehrmechanismen geleistet; Freud selbst hatte sie zumeist nur mit Tod und Zerstörung in Verbindung gebracht.

Es sollte uns nicht verwundern, daß die Lehre von den unbewußten Abwehrmechanismen nicht sofort allgemeine Anerkennung gefunden hat. Daß die Erde rund ist, daß unser Planet sich um die Sonne dreht und unsere Ururahnen affenähnlich waren – alle diese Erkenntnisse wurden zunächst einmal als ketzerisch betrachtet. Freuds Theorie der unbewußten Abwehr fand eine ähnliche Aufnahme. Jede dieser Ideen mußte zuerst einem beschränkten Kreis von Menschen zur festen Überzeugung werden, bevor sie zum anerkannten wissenschaftlichen Tatsachenbestand hinzugezählt wurde. Das (im übertragenen Sinne aufzufassende) Vorhandensein unbewußter psychischer Abwehrvorgänge gilt inzwischen jedoch nicht mehr nur denjenigen als Gewißheit, die die Psychoanalyse mit einer Religion verwechseln. Staatsmänner wissen um Projektion; in der vergleichenden Verhaltensforschung spricht man ohne Scheu von Verschiebung; Sublimierung und Verdrängung, zwei den Biographen schon seit langem vertraute Begriffe sind mittlerweile auch in die Terminologie der Sozialhistoriker eingegangen.

Dennoch fällt der Nachweis, daß es sich in einem bestimmten Fall nicht um «rein zufälliges», sondern um Abwehrverhalten handelt, nicht leicht. Das Aufsuchen bestimmter Abwehrformen bei einem bestimmten Menschen ist ein zeitraubendes Unterfangen. Es bedarf dazu ähnlichen Schlußfolgerns und Beweisesammelns, wie wir es aus der Suche nach dem Mörder von Kriminalgeschichten her kennen. Die Methode der Längsschnittuntersuchung hilft uns jedoch, Abwehrmechanismen nicht bloß als psychoanalytische Denkmodelle, sondern als reale Gegebenheiten zu begreifen. Aus diesem Grund basiert dieses Buch auch nicht auf Datenmaterial aus dem Sprechzimmer, sondern auf den Ergebnissen von Lebenslaufstudien, die drei Jahrzehnte lang durchgeführt worden sind.

Die Antwort auf die dritte Frage «Wie viele Abwehrmechanismen gibt es?» lautet: «So viele, wie Engel auf einem Stecknadelkopf tanzen können.» Es gibt so viele Abwehrmechanismen, wie der Beobachter sich vorzustellen wagt. Im folgenden möchte ich auf achtzehn Abwehrmechanismen näher eingehen, die alle von den sechs Forschern, denen wir einen Großteil unseres Wissens auf diesem Gebiet verdanken (Percival Symonds[10], Anna Freud[11], Arthur Valenstein[12], Elvin Semrad[13], Otto Fenichel[14] und Lawrence Kolb[15]) erwähnt werden. Doch kann jede beschränkte Auswahl notwendigerweise nur willkürlich und subjektiv sein. Freud nennt in seiner Zusammenfassung der psychoanalytischen Theorie von 1932 nur vier Abwehrmechanismen; Valenstein beschreibt vierundvierzig.

Ich habe die ausgewählten achtzehn Abwehrformen nach dem relativen psychischen Entwicklungsgrad, dem sie entsprechen, sowie nach ihrer pathologischen Gewichtigkeit geordnet.[16] In Tabelle 2 erscheinen sie auf die vier systematischen Stufen der «psychotischen», «unreifen», «neurotischen» und «reifen» Mechanismen verteilt. Diese Einteilung legt erneut Schlüsse nahe, wie sie sich schon aus den Lebensläufen Goodharts und Lions ergeben hatten: daß nämlich die Entwicklung der menschlichen Persönlichkeit von der allmählichen Höherentwicklung ihrer Anpassungsprozesse (von der ersten zur vierten Stufe) begleitet ist. Die Realitätsverleugnung des Kindes (eine «psychotische» Abwehr) kann sich zur Phantasie eines Lamb weiterentwickeln, diese sich wiederum im Jugendalter mit der Dissoziation eines Tarrytown verbinden, um dann in der Reife zur Sublimierung eines Lion zu werden.

In Anhang A werden die achtzehn Mechanismen der Tabelle formal definiert. Hier in diesem Kapitel kommt es mir darauf an, genügend Synonyme und Umschreibungen zu nennen, damit der Leser meine Terminologie in seine eigene integrieren kann. Doch lassen Sie mich noch eine Einschränkung vorbringen, bevor ich fortfahre: die Phänomene des unbewußten Abwehrverhaltens sind unzweifelhaft vorhanden, ihre theoretische Vergegenständlichung jedoch kann immer nur in einem metaphorischen Sinne Geltung haben. Wenn sie in diesem Kapitel klassifiziert werden, dann allein der besseren Übersicht halber.

Mit den sogenannten psychotischen Mechanismen wahnhafte Projektion, psychotische Verleugnung und Entstellung sind auf der ersten Stufe der Skala die am wenigsten entwickelten Formen der Abwehr zusammengefaßt. Diese Mechanismen sind oft bei normalen Individuen unter fünf Jahren zu beobachten. Sie treten häufig in den Träumen und dem Phantasieleben Erwachsener auf. Zeitweilig dringen Geister und Dämonen in unser Bewußtsein ein; der Walter Mitty* in uns allen kann Tote zum Leben erwecken und heroische politische Umwälzungen in Gang bringen. Für den *Benutzer* wird durch diese Mechanismen die Realität umgestaltet; für den *Beobachter* erscheint derjenige, der sie gebraucht, verrückt. Deshalb sollten wir das, was wir beim Warten an der Ampel oder beim Durchblättern von Pornomagazinen denken, lieber für uns behalten. Sollten die Mechanismen der ersten Stufe über den intimen Persönlichkeitsbereich hinaus in unser alltägliches Verhalten hineinwirken, dann kann dieses Verhalten weder mit den Mitteln der herkömmlichen Psychotherapie

---

* Walter Mitty – Held einer Kurzgeschichte von James Thurber (‹*The Secret Life of Walter Mitty*›) – ein grauer Durchschnittsmensch, der sich mit Tagträumen von Abenteuern und Ruhm aus der Wirklichkeit hinwegstiehlt.

Tabelle 2
Systematische Gliederung der Anpassungsmechanismen

1. Stufe: Psychotische Mechanismen (häufig bei Psychosen, im Traum und in der Kindheit)
Verleugnung (der äußeren Realität)
Entstellung
Wahnhafte Projektion

2. Stufe: Unreife Mechanismen (häufig bei schweren Depressionen, Persönlichkeitsstörungen und in der Adoleszenz)
Phantasie (schizoides Sichzurückziehen, Verleugnung durch Phantasien), vgl. Lamb
Projektion, vgl. Tarrytown
Hypochondrie
Passiv-aggressives Verhalten (Masochismus, Wendung gegen die eigene Person), vgl. Smythe
Ausagieren (zwanghafte Kriminalität, Perversion), vgl. Tarrytown

3. Stufe: Neurotische Mechanismen (häufig bei jedermann)
Intellektualisierung (Isolierung, zwanghaftes Verhalten, Ungeschehenmachen, Rationalisierung)
Verdrängung, vgl. Smythe
Reaktionsbildung
Verschiebung (Konversion, Phobien, Witz),
vgl. den Hämatologen in der Einleitung
Dissoziation (neurotische Leugnung), vgl. Tarrytown

4. Stufe: Reife Mechanismen (häufig bei «gesunden» Erwachsenen)
Sublimierung, vgl. Lion
Altruismus, vgl. Goodhart
Unterdrückung
Antizipation, vgl. Byron
Humor, vgl. Goodhart

noch durch Vernunft oder Drohungen verändert werden. Geisteskranke, Träumer und wutentbrannte Zweijährige sind alle gleichermaßen allmächtig. Psychotische Abwehrvorgänge lassen sich allein durch Veränderungen in der äußeren Realität oder im Nervensystem des Betroffenen (d. h. durch Verabreichung von Beruhigungsmitteln beziehungsweise durch fortschreitende psychische Reifung) durchbrechen.

Wahnhafte Projektion geht mit schweren, gewöhnlich von Verfolgungsideen geprägten Wahnvorstellungen hinsichtlich der äußeren Realität einher. Sie tritt bei der paranoiden Schizophrenie, im Delirium tremens und bei organischen Gehirnsyndromen als der vorherrschende Anpassungsmechanismus in Erscheinung. Mit Verleugnung meinen wir totales Leugnen der äußeren Realität. Obwohl sie eines der hervorstechenden Merkmale der Psychosen darstellt, kann es andererseits etwa für einen sterbenden Patienten ein günstiger Anpassungsvorgang sein, sich über die Realität hinwegzusetzen. Entstellung modelt die Realität in starkem Maße um, um sie inneren Bedürfnissen anzupassen. Sie findet sich ebenso häufig im manischen Größenwahn wie im anpassungsfördernden religiösen Glauben.

Da diese drei Mechanismen im Wachzustand bei gesunden Erwachsenen kaum vorkommen, sollen die wenigen Beispiele, die ich im Rahmen der Untersuchung beobachten konnte, an dieser Stelle eingefügt werden. Bei einem der Männer wies das Auftreten von Realitätsentstellung in der Adoleszenz bereits darauf hin, daß er sein ganzes Lebens hindurch relativ ungünstige Anpassungsmechanismen gebrauchen würde. Als Sechzehnjähriger glaubte er ernsthaft, die Sünde des Selbstmords zu begehen, falls er sein Trinkglas nicht vor jedem Gebrauch zwanghaft reinigen würde. Während der Zwangsneurotiker seine eigenen fixen Ideen selbst als wunderlich wahrnimmt, betrachtete dieser junge Mann sein Verhalten durchaus als angemessen. Er, der hochkultivierte und belesene Collegestudent, fürchtete sich vor den angeblichen Folgen sexueller Aktivität. Er glaubte allen Ernstes, Masturbation führe zu Geisteskrankheit. Während seiner Grundausbildung bei der Infanterie teilte dieser scheue Dreiundzwanzigjährige der Studie mit: «Ich bin der glücklichste Mensch im ganzen Lager!» Doch kann dieses Glück in der Tat nur wahnhaft gewesen sein.

Andere Beispiele für Realitätsentstellung im Leben der Männer traten in ganz spezifischen Zusammenhängen auf: in der Kindheit, im religiösen Glauben und bei Geisteskrankheit. Als Dreijähriger nannte einer der Untersuchten zwei Freunde und einen Hund, die nur in seiner Vorstellung existierten, sein eigen; alle drei waren ungewöhnlich lebendige Gefährten, für die ein Platz am Familientisch freigehalten werden mußte. Ein anderer Mann hielt neuere religiöse Wunder mit sechzehn so fraglos für wahr, daß es sogar den Rektor der Konfessionsschule, die er besuchte, stutzig machte. Im dritten Fall wollte ein erfahrener Biochemiker nicht wahrhaben, daß er an Diabetes litt. Trotz positiver Harnzuckertests, deren Ergebnisse ihm greifbar vor Augen standen, weigerte er sich, die nötigen Medikamente einzunehmen. Freilich zeigte er dieses Verhalten nur während der akuten Stadien einer depressiven Psychose. Sobald diese behandelt wurde, fühlte er sich wieder sicher genug, um seine Diabetes nicht länger zu ignorieren.

Während dieser psychotischen Phase kam es bei demselben Mann zum einzigen Fall wahnhafter Projektion im Erwachsenenalter. Er erklärte mir am Telefon ausführlich, er würde vom FBI als kommunistischer Spion verdächtigt und beschattet. Was ihn in Wirklichkeit verfolgte, waren Selbstzweifel und schuldbewußte Selbstanklagen wegen mangelnder Fähigkeiten als Wissenschaftler und als Vater. Er wurde später in eine Klinik eingewiesen.

Das einzige weitere Auftreten wahnhafter Projektion stammt aus der frühen Kindheit des einzigen jugendlichen Straftäters der Grantstudie. Wenn auf die ausführliche Aufzeichnung früher Kindheitserlebnisse der Männer allerdings mehr Wert gelegt worden wäre, dann gäbe es mehr solcher Beispiele. Der betreffende Mann hatte als Fünfjähriger den zur Strafe geäußerten Andeutungen seiner Kinderfrau, die dunklen Stellen in der Badewanne seien Käfer, geglaubt und mit Entsetzen reagiert. Mit sieben mußte er eine Marionettenaufführung von «Hänsel und Gretel» verlassen, weil ihm das Puppenspiel zu lebensecht wurde. Eine solche Episode erhellt die Aufgabe, vor der das kindliche Ich steht: wie kann das Kind im Spiel seine Phantasien ausleben und familiäre Konflikte im Märchengeschehen lösen, ohne jemals Realität und Traum miteinander zu verwechseln? Nur in Alpträumen und nächtlichen Angstzuständen drängen gelegentliche Verärgerung und Mißtrauen eines Kindes gegenüber seiner Mutter schmerzhaft ans Licht – nur dann wird Phantasie mit Realität verwechselt. Normalerweise kann dieser Konflikt leicht gelöst werden: das Kind schmiegt sich eng an die gute *Mammi*, während diese ihr andächtig lauschendes Kind mit Geschichten von garstigen Hexen, die zum Schluß verbrennen (z. B. in ‹*Hänsel und Gretel*›), oder von bösen *Stiefmüttern*, die sich in glühenden Schuhen zu Tode tanzen (in ‹*Schneewittchen*›), ergötzt.

Der einzige eindeutige Fall von psychotischer Leugnung zeigte sich bei einem Geschäftsmann, der weder vor sich selbst noch vor seinem Arzt zugeben konnte, daß er nach Beruhigungsmitteln süchtig war. Damit eine vermutete neurologische Erkrankung mit Sicherheit ausgeschlossen werden konnte, ließ er deshalb sogar eine unnötige diagnostische Gehirnoperation an sich vornehmen; in Wirklichkeit lag jedoch Barbituratvergiftung vor. Obwohl diese Episode für das Verhalten des betreffenden Mannes keineswegs typisch war, steht sie doch mit der klinischen Erkenntnis in Einklang, daß Leugnung der äußeren Realität unter nichtpsychotischen Erwachsenen am häufigsten bei Suchtkranken vorkommt.

Die Abwehrarten der zweiten Stufe, die «unreifen» Mechanismen (Projektion, Phantasie, Hypochondrie, passiv-aggressives Verhalten und Ausagieren), waren – anders als die psychotischen Mechanismen – häufig im Verhalten der Untersuchungsteilnehmer zu beobachten. Unreife Mechanismen sind die gebräuchlichen Abwehrmittel in Kindheit und Jugend. Vielfach treten sie auch bei Erwachsenen mit depressiven Störungen, bei Suchtkranken und in Verbindung mit «Charakterstörungen» auf.

Auch körperliche Krankheit und genetisch bedingte Anfälligkeit können zum Rückgriff auf unreife Mechanismen führen. Taube, Schwachsinnige und Irre werden paranoid; fast Erblindete und starke Trinker ziehen sich in Phantasiewelten zurück, um ihrem Elend zu entkommen. Hypochondrie tritt am häufigsten bei körperlich Kranken auf. Wir kennen eine genetische Störung, bei der die Kranken masochistisch ihre eigenen Finger verschlingen. Epilepsie schließlich kann bei manchen Menschen dazu führen, daß sie ihre eigenen Impulse ausagieren, ohne sich dessen bewußt zu sein.

Während der Adoleszenz zeigte die Mehrzahl der Probanden Abwehrformen der zweiten Stufe; manche allerdings behielten sie auch als Erwachsene bei. Für den *Benutzer* lindern diese Mechanismen normalerweise den Kummer, den ihm andere Menschen entweder durch ihre Gegenwart oder durch ihren Verlust verursachen. Wenn diese Mechanismen jedoch zur Lösung von Konflikten zwischen dem

Gewissen, der Realität und den Trieben benutzt werden, kann immer nur eine unvollständige Integration die Folge sein. Zwar kann Angst auf diese Weise vermieden werden, doch erlebt der äußere *Betrachter* unreife Mechanismen als sozial unerwünscht, äußerst störend und möglicherweise auch als Fehlverhalten. Der *Benutzer* ist sich seiner Probleme jedoch nur in den seltensten Fällen bewußt. Welcher Paranoide käme schon zum Psychiater, um über seine Projektionen zu klagen?

Gegen unreifes Abwehrverhalten ist weder mit Vernunft, Deutungsversuchen noch mit Drohungen anzukommen. So wird zum Beispiel der Student, der ewig zu spät zur Vorlesung kommt, kaum reagieren, wenn ihm ein Wecker überreicht oder eine Rüge erteilt wird. Doch können bessere persönliche Beziehungen (zu einem engagierteren Lehrer etwa, oder durch die Teilnahme seiner Freundin am selben Kurs), wiederholtes Zur-Rede-Stellen (namentlich durch Angehörige der eigenen Gruppe) oder Demonstration der Folgen seines Verhaltens (etwa der realen Möglichkeit eines Ausschlusses) anstelle bloßer Worte diese Abwehr durchbrechen.

Es sollte uns nicht überraschen, daß ein Mensch, der einen bestimmten unreifen Abwehrmechanismus selbst ständig anwendet, andere mit ähnlichen Problemen häufig sehr gut verstehen kann. Vielleicht finden Jugendliche und auch Erwachsene mit Charakterstörungen deshalb in Selbsthilfegruppen soviel Geborgenheit und Rückhalt, weil die Gruppenmitglieder die allen gemeinsamen unreifen Abwehrformen verzeihen, durchschauen und direkt angehen können. Der Durchschnittsmensch verfügt nicht über diese Gabe; oft verstärken wir durch unser Verurteilen die Undurchdringlichkeit unreifer Abwehrmechanismen noch.

Die dritte Stufe umfaßt «neurotische» Mechanismen (Intellektualisierung, Verdrängung, Reaktionsbildung, Verschiebung und Dissoziation). Obwohl sie der Symptomatik der Neurose zugrunde liegen, finden sich diese Mechanismen von der Kindheit bis zum Greisenalter auch häufig bei normalen Individuen. Sie waren bei Männern wie Byron und Lion mit gleicher Häufigkeit zu beobachten wie bei den Smythes und Lambs. Die Mechanismen dieser Stufe dienen zumeist der Bewältigung aktueller Konflikte, werden jedoch, im Unterschied zu den unreifen Abwehrstilen, die normalerweise eine Anpassung an *inter*personale Konflikte darstellen, eher gegen rein *intra*psychische Konflikte eingesetzt. Für den *Benutzer* verändern diese Mechanismen das innere Affekterleben beziehungsweise den Triebausdruck und veranlassen ihn – und darin unterscheiden sie sich von den unreifen Mechanismen –, einen Psychiater aufzusuchen. Dem *Beobachter* erscheinen sie als persönliche Marotten oder neurotische Fixierungen (hang-ups). Neurotische Abwehrmechanismen können häufig schon durch kurzes psychotherapeutisches Eingreifen drastisch verändert werden.

In der Tat fallen neurotische Abwehrformen bei denen, die sich zu einer Psychotherapie entschließen, oft deutlicher ins Auge als unreife Abwehrformen. Das rührt weniger daher, daß die erstgenannten therapiebedürftiger wären, sondern daß diese vergleichsweise anpassungsgerechten Mechanismen eher bewußtes Unbehagen hervorrufen als die weniger anpassungsfördernden unreifen Mechanismen.

Zur vierten Stufe der reifen Mechanismen gehören Altruismus, Humor, Unterdrückung, Antizipation und Sublimierung. Diese Mechanismen sind bei «gesunden» Individuen von der Adoleszenz bis zum Alter anzutreffen. Begrifflich können sie als harmonische Kombination weniger reifer Mechanismen aufgefaßt werden. Für den *Benutzer* integrieren diese Mechanismen die vier bisweilen einander zuwiderlaufenden Leitmächte des menschlichen Verhaltens: Gewissen, Realität, soziale Beziehungen und Triebe. Der *Betrachter* nimmt reife Abwehrmechanismen als willkommene Tugenden wahr, bei denen gewöhnlich keinerlei Grund besteht, sie therapeutisch zu verändern. Ihr Anpassungswert wird eher dadurch beeinträchtigt, daß sie nicht in Maßen, sondern zu gut angewendet werden. Obwohl sie dem Bewußtsein zugänglicher sind als die bisher erwähnten Abwehrformen, können sie dennoch nicht durch bewußte Willensentscheidung erworben werden. Nichts ist unglaubwürdiger, als wenn jemand sich *bemüht*, humorvoll oder altruistisch zu sein, und nie steht einem der Ärger deutlicher ins Gesicht geschrieben, als wenn man bewußt versucht, ihn zurückzuhalten. Unter erhöhtem Streß können reife Mechanismen sich zu weniger reifen zurückbilden.

Nachdem wir also die Abwehrmechanismen auf einem Spektrum angeordnet haben, können wir uns nun der vierten Frage zuwenden:

Wann dient ein bestimmter Anpassungsmechanismus der Lebensbewältigung, wann ist er pathologisch? Denn inzwischen dürfte klargeworden sein, daß ein Großteil dessen, was wir «psychische Krankheit» nennen, tatsächlich nichts anderes als eine Anpassungsreaktion des Individuums darstellt. Nicht die Abwehrmechanismen an sich sind pathogen, sondern die Konflikte und verwirrenden Geschehnisse, die sie auf den Plan rufen. Um die Wirkungsweise einer bestimmten Abwehr richtig einschätzen zu können, müssen wir sowohl den Zusammenhang, in dem sie auftritt, als auch ihre Flexibilität berücksichtigen. Wenn eine Abwehrmaßnahme auf rigide, unflexible Weise angewandt wird, wenn sie stärker durch Bedürfnisse aus der Vergangenheit als durch gegenwärtige und zukünftige Realitäten motiviert ist, wenn sie die aktuelle Situation zu stark entstellt, wenn sie Befriedigung nicht nur einschränkt, sondern ganz aufhebt und den Ausdruck von Gefühlen eher zurückstaut als in neue Bahnen lenkt – dann dürfte sich diese Abwehrmaßnahme für eine realitätsgerechte Anpassung aller Wahrscheinlichkeit nach nicht eignen.

Auch der jeweilige Lebenszusammenhang spielt eine Rolle. Denken wir an einen Krebskranken, der davon träumt, er wäre gesund und der damit die Realität, in der er todkrank ist, *verleugnet*. Gewiß hat der Trost, den wir aus der Realitätsverleugnung im Traum schöpfen, keine nachteiligen Konsequenzen. Doch nehmen wir an, dieser Mann beharrte auf seiner Leugnung. Konsultierte er einen Wunderheiler, um den Schmerzen einer Operation zu entgehen, würden einige vielleicht sagen, er sei verrückt, und er selbst würde dadurch womöglich den Kampf seines Körpers gegen die Krankheit zu seinen Ungunsten beeinflussen. Wenn er jedoch unter bestimmten Umständen – sagen wir: *nachdem* er im Krankenhaus optimale Behandlung genossen hat – nicht wahrhaben wollte, daß ihm mehr fehlt als eine schwere Erkältung, dann kann die Realitätsverleugnung wieder als ein der Anpassung förderlicher Mechanismus fungieren. Der Kranke könnte dadurch seine letzten Tage für sich und seine Angehörigen leichter machen. Die Entscheidung für eine bestimmte Abwehrhandlung läßt sich nicht angemessen einschätzen, wenn nicht die Umstände, die sie hervorgerufen haben, und ihre Auswirkungen auf die sozialen Beziehungen zugleich in Betracht gezogen werden.

Ausgehend von der systematischen Stufenfolge der Abwehrmechanismen wird es nun auch möglich, die fünfte Frage zu beantworten: was bringt es uns ein, wenn unsere Abwehrmechanismen flexibel, reif und der Lebensbewältigung dienlich sind? Die Antwort auf diese Frage ist eines der Hauptthemen dieses Buches, doch lassen die auffallenden Gegensätze in Tabelle 3 schon allgemeine Schlüsse zu.[17] Zur Erhebung der Daten, auf denen diese Tabelle basiert, wurden «blind raters» herangezogen. Der Beobachter, der den Anpassungsgrad der einzelnen Männer beurteilte, wußte nichts über ihre Abwehrhandlungen, während die Beobachter, die die Abwehrhandlungen der Männer auf ihren jeweiligen Reifegrad hin überprüften, hinsichtlich der äußeren Anpassung der Betreffenden ganz im unklaren blieben. In der Tabelle werden die fünfundzwanzig Männer, die hauptsächlich reife Abwehrformen anwandten, den einunddreißig Männern mit dem unreifsten Abwehrverhalten gegenübergestellt. (Anhang C erläutert die Methode, nach der bei der Bestimmung des Reifegrads der Abwehrhandlungen vorgegangen wurde.)

Der klare Zusammenhang zwischen den als reif eingestuften Abwehrmechanismen und greifbaren Erfolgen in vielen Lebensbereichen ist bemerkenswert. Selbst die Frage, ob sie sich «glücklich» fühlten, wurde von den Männern mit reifen Abwehrformen viermal so häufig bejaht. (Als «glücklich» wurde definiert, auf wen mindestens vier der folgenden Selbstbeurteilungen zutrafen: Berufliche Position ist erfreulich – Berufliche Position erfüllt die persönlichen Erwartungen – Die eigene Gesundheit wird als ausgezeichnet erlebt – Die Ehe ist glücklich – Die Gegenwart ist die glücklichste Zeit – Die Gegenwart ist nicht die unglücklichste Zeit des ganzen bisherigen Lebens.)

Wie die einzelnen Fallgeschichten bereits anklingen ließen, verfügten die Männer mit reifem Abwehrverhalten in viel höherem Maße über die Fähigkeit zu arbeiten und zu lieben. Freundschaft und reife Abwehr gingen Hand in Hand. Mehr als die Hälfte der Männer mit unreifen Abwehrmechanismen wurde als psychisch krank bezeichnet; die wenigsten unter ihnen wußten, wie man spielt. Umgekehrt suchte keiner der Männer mit reifen Abwehrformen je einen Psychotherapeuten auf, und nicht einer von ihnen wurde je als psychisch krank diagnostiziert. Überraschenderweise konnte nachgewiesen werden, daß der Gebrauch unreifer Abwehrmechanismen dem Auftreten chronischer körperlicher Krankheiten nicht folgt, sondern ihm im

Gegenteil vorausgeht. Alle Teilnehmer der Studie, die mit fünfundvierzig Jahren reife Abwehrmechanismen gezeigt hatten, erfreuten sich auch mit fünfundfünfzig noch guter Gesundheit, wie eine vor kurzem durchgeführte Untersuchung durch neutrale Ärzte ergab. Dagegen traten bei einem Drittel der Männer, die zwischen zwanzig und fünfundvierzig die unreifsten Abwehrformen aufgewiesen hatten, chronische Krankheiten auf, oder sie verstarben innerhalb des folgenden Jahrzehnts.

Nicht minder bedeutsam ist die Tatsache, daß unvermitteltes Regredieren der Abwehrmechanismen im Zentrum des Geschehens steht, das wir «psychische Krankheit» nennen. Als man beispielsweise zur Überprüfung der diesem Kapitel zugrunde liegenden Kategorien fünfundzwanzig in stationärer psychiatrischer Behandlung befindliche Patienten untersuchte, gelang es nur selten, im Leben dieser Kranken Phasen zu entdecken, in denen sie jene reifen Abwehrmechanismen der vierten Stufe (vgl. Tabelle 2) angewandt hatten. Dage-

Tabelle 3
Vergleich zwischen den Benutzern reifer und unreifer Anpassungsmechanismen

	Vorherrschender Anpassungsstil		
	Reif $n = 25$	Unreif $n = 31$	Statistischer Unterschied
Realitätsanpassung insgesamt			
1. Realitätsanpassung als Erwachsener im obersten Drittel	60 %	0 %	2
2. Realitätsanpassung als Erwachsener im untersten Drittel	4 %	61 %	3
3. «Glücklich» (oberstes Drittel)	68 %	16 %	3
Berufliche Anpassung			
1. Einkommen über 20 000 Dollar jährlich	88 %	48 %	2
2. Position befriedigt den persönlichen Ehrgeiz	92 %	58 %	3
3. Aktives soziales Engagement außerhalb des Berufes	56 %	29 %	1

Soziale Anpassung

1. Lebendige Freunschaftsbeziehungen	64 %	6 %	3
2. Eheliche Harmonie: unterhalb des letzten Quartils oder geschieden	28 %	61 %	2
3. Karge Freundschaftsbeziehungen	4 %	52 %	3
4. Keine Wettkampfsportarten (Befragte zwischen 40 und 50 Jahre alt)	24 %	77 %	3

Psychische Anpassung

1. Mindestens 10 Konsultationen beim Psychiater	0 %	45 %	2
2. Als psychisch krank bezeichnet	0 %	55 %	3
3. Emotionale Probleme als Kind	20 %	45 %	1
4. Ungünstigstes Kindheitsmilieu (unterstes Viertel)	12 %	39 %	1
5. Keine volle Ausnutzung der zustehenden Urlaubszeit	28 %	61 %	1
6. Kann anderen gegenüber Aggressionen äußern (oberstes Viertel)	36 %	6 %	1

Medizinische Anpassung

1. Mindestens vier Krankenhausaufenthalte als Erwachsener	8 %	26 %	
2. Mindestens fünf Krankheitstage jährlich	0 %	23 %	1
3. Jetziger Gesundheitszustand schlecht (objektive Untersuchung)	0 %	36 %	1
4. Eigenes Befinden seit der Collegezeit subjektiv stets als «ausgezeichnet» eingestuft	68 %	48 %	1

[1] Wahrscheinlich signifikanter Unterschied ($p < .05$).
[2] Signifikanter Unterschied ($p < .01$).
[3] Hochsignifikanter Unterschied ($p < .001$ – ein Unterschied, der der Wahrscheinlichkeit nach in einem von tausend Fällen auftritt).

gen bedienten sich die Männer aus Tabelle 3, deren Untersuchung keinerlei Anzeichen für eine psychische Krankheit ergab, beständig dieser Mechanismen. Außerhalb der psychiatrischen Klinik hatten die fünfundzwanzig stationär behandelten Patienten (und auch die einunddreißig stärker gestörten Teilnehmer der Grantstudie aus Tabelle 3) statt dessen Anpassungsmechanismen der neurotischen und unreifen Stufe benutzt. Während der stationären Behandlung wurden mit psychotischer Leugnung, Entstellung und wahnhafter Projektion bei der Hälfte der Patienten Mechanismen der ersten Stufe gefunden. Demnach umspannt die in Tabelle 2 enthaltene Stufung nicht nur das Spektrum kindlich–erwachsen, sondern auch krank–gesund.

Vor einigen Jahren entwickelten Norma Haan und Theodore Kroeber am Institute of Human Development in Berkeley eine ganz ähnliche Hierarchie der Abwehrmechanismen.[18] Mit Hilfe von «blind rating» stellten auch diese beiden Wissenschaftler fest, daß bei Männern ein enger Zusammenhang zwischen der Wahl bestimmter Abwehrmechanismen und der seelischen Gesundheit und Reife besteht und daß dasselbe auch für Frauen gilt. Haan wies nach, daß die Bevorzugung reifer Abwehrmechanismen im Erwachsenenalter zu Aufwärtsbewegungen in Intelligenzleistung und Sozialstatus führte.[19] Obwohl einige Untersuchungen die Vorstellung erwecken, der Abwehrstil einer Person sei sowohl das Resultat als auch ein bestimmender Faktor ihrer sozialen Schichtzugehörigkeit[20], stützen die vorliegenden Forschungsergebnisse insgesamt doch die Ansicht, daß die Wahl der Anpassungsmittel die soziale Mobilität mindestens ebenso sehr bestimmt wie sie umgekehrt von ihr bestimmt wird.[21] Langner und Michael stellten in ihrer sehr eingehenden Untersuchung der seelischen Gesundheit bei einem Querschnitt erwachsener Stadtbewohner fest, daß soziale Aufsteiger zu Zwangsvorstellungen und zum Gebrauch der Mechanismen der Hemmung und Verdrängung neigen.[22] «Unter den sozialen Absteigern», so führten sie aus, «finden sich vor allem Alkoholiker und Personen mit Charakterstörungen, und zwar insbesondere der von Mißtrauen geprägten und passiv-abhängigen Spielarten. Diese umfassen sowohl Ausagieren wie die noch schwerwiegenderen Rückzugstaktiken, wobei insbesondere der Alkoholismus mit selbstzerstörerischen Tendenzen verbunden ist. In der Schicht mit niedrigem sozialökonomischem Status sammeln sich also vor allem jene Menschen, die bei dem erfolglosen Versuch, ihre belastende Situation zu bewältigen oder erträglicher zu gestalten, zu diesen für eine Anpassung relativ ungeeigneten und schädlichen Mitteln gegriffen haben.»[23]

Wie wirkt sich die psychische Reifung auf unsere Anpassungsmechanismen aus? Diese sechste Frage kann nicht mit Sicherheit beantwortet werden. Wir können jedoch davon ausgehen, daß die Herausbildung «reifer» Mechanismen während der Adoleszenz sowohl die Folge des sich entwickelnden Nervensystems als auch ein Nebenprodukt geglückter Identifikation mit anderen Menschen darstellt. Wie alle Fertigkeiten, so fordern auch die reifen Abwehrmechanismen zu ihrer Entwicklung nicht allein die biologische Bereitschaft, sondern auch geeignete Identifikationsmodelle. Der herausragende französische Entwicklungspsychologe Jean Piaget hat nachgewiesen[24], daß in der psychischen Reifung des Kindes das unerbittliche «Auge um Auge, Zahn um Zahn» des Alten Testaments allmählich der barmherzigeren und flexibleren neutestamentlichen Sittenregel Platz macht: «Alles nun, das ihr wollt, das euch die Leute tun sollen, das tut ihnen auch!» (Matth. 7, 12) Piaget hat weiter aufgezeigt, daß das Fortschreiten der Adoleszenz mit einer Zunahme der Fähigkeit zu komplexen geistigen Integrationsprozessen einhergeht.[25] Analog dazu verläuft die Entwicklung der biologischen Fähigkeit zum Gebrauch reiferer Anpassungsmechanismen wahrscheinlich parallel zu der Persönlichkeitsentwicklung des Erwachsenen.[26]

So kann ein Kind sich erst etwa im Alter von sieben Jahren vorstellen, wie der Raum, in dem es sich befindet, aus der Perspektive eines ihm gegenübersitzenden Beobachters aussieht. Vielleicht kann Projektion von Gefühlen erst dann durch Verdrängung oder Verschiebung von Gefühlen ersetzt werden, wenn das Kind sowohl von seiner Gehirnentwicklung wie von seinem Gefühlsleben her in der Lage ist, zu begreifen, daß die Wahrnehmung der anderen sich nicht unbedingt mit der seinen zu decken braucht. Andererseits ist jeder, der einmal mit kleinen Kindern zu tun gehabt hat, mit der Tatsache vertraut, daß impulsives Verhalten bei ihnen oft jäh mit strikten Verboten (Reaktionsbildungen) etwa der Art «Jungen weinen nie» oder «Zwischen den Mahlzeiten zu essen schadet in jedem Fall» abwechselt. Weniger vertraut, da nicht bei «anderen», sondern bei «uns selbst» zu beobachten, ist ein Vorgang, der sich im Erwachsenendasein abspielt: der

Reifungsprozeß des kindlichen Moralbewußtseins ermöglicht es, freudlose Reaktionsbildungen durch die mehr Befriedigung versprechenden Mittel des Altruismus und der Sublimierung zu ersetzen. Entsprechend ist die im Lauf des Lebenszyklus zu beobachtende Weiterentwicklung des kindlichen Witzes von Masochismus über Verschiebung zu Humor sowohl mit der Reifung der kognitiven Fähigkeiten wie auch der Entwicklung der Triebkontrolle verknüpft.

Im Zusammenhang mit der Tatsache, daß Abwehrmethoden sich von weniger reifen zu reiferen Formen hin entwickeln, müssen wir uns auch darüber im klaren sein, daß die Welt des Erwachsenen sicherer und vorhersagbarer ist als die des Kindes. Ausführlich wurde bereits auf die Gründe eingegangen, warum einem Menschen wie Lion die Sublimierung seiner Aggression dadurch erleichtert wurde, daß er in einer Familie aufwuchs, deren Mitglieder autonomes Verhalten respektierten, und daß er in einem Land lebte, in dem die Freiheit der Presse geschätzt wird.

Psychotherapie im weiteren Sinne stellt schließlich ein Mittel dar, um Verlagerungen der Abwehrstufe zu beeinflussen. Im Lauf einer Psychoanalyse werden starre Abwehrmechanismen aufgegeben und durch flexiblere Bewältigungsmethoden ersetzt. Wenn ein Trinker bei den Anonymen Alkoholikern mitarbeitet, treten Altruismus und Reaktionsbildung an die Stelle von Ausagieren und Projektion. Durch einen guten Lehrer, Trainer oder Ehegatten kann die Entwicklung flexibler Bewältigungsmuster ebenfalls gefördert werden.

Die letzte der in diesem Kapitel aufgeworfenen Fragen lautet: was sollte man tun, wenn man seinen Freund oder sein Kind beim Gebrauch eines anpassungswidrigen Mechanismus beobachtet? Obwohl es selbstverständlich keine Patentlösung gibt, ist mir diese Frage doch so häufig gestellt worden, daß ich einige Anhaltspunkte nennen kann. Erstens: ein Mensch ist schutzlos ohne Anpassungsmechanismen. Deshalb sollte man beim Aufzeigen und Abbauen der Abwehr eines anderen Menschen denselben Takt und dieselbe Achtung vor seiner persönlichen Entscheidung und seiner Intimsphäre walten lassen, wie wenn man jemandem ein Stück seiner Kleidung auszieht. Zweitens: versuchen Sie nie, eine Abwehr anzugreifen oder zu interpretieren, wenn Sie nicht die nötige Zeit, Liebe und Geduld aufbringen, um die Konsequenzen mit tragen zu helfen. Vielfach kann der Betroffene auf

Abwehrmittel verzichten, wenn ein anderer dazu bereit ist, einen Teil der entstehenden Auswirkungen abzufangen. Drittens: der Versuch, einen Abwehrmechanismus abzubauen, schlägt in der Regel fehl, wenn man nicht darauf vorbereitet ist, einen alternativen Bewältigungsmodus vorzuschlagen. Abwehrmechanismen entwickeln sich zu anderen Mechanismen weiter. Sie verschwinden nicht einfach spurlos. Zu guter Letzt: vergessen Sie nicht, daß Abwehrvorgänge unbewußt ablaufen. Jeder Versuch, ihnen mit logischen Kategorien beizukommen oder sie zu disziplinieren, ist von vornherein zum Scheitern verurteilt.

In den nächsten vier Kapiteln soll die in Tabelle 2 dargestellte Stufenfolge der Abwehrmechanismen weiter ausgeführt und herausgearbeitet werden, wie Abwehrmechanismen in bestimmten Kombinationen zu Bausteinen psychischer Krankheit werden können.

6. Kapitel Sublimierung

> Wer spürt die mördrisch stolzen Mädchen auf?
> Welch dröhnende Verfolgung, glühend Fliehn?
> Was schrillt und paukt? Welch helle Raserei? . . .
>
> Noch glücklichere Liebe! Überglück!
> Für immer glühend, glühend nach Genuß,
> Für immer bebend, und für immer jung,
> Nicht bitter wie der Atmenden Geschick,
> Das Elend schafft und finstren Überdruß
> Und wiederkehrt mit Brand auf Stirn und Zunge.
>
> JOHN KEATS
> *Ode auf eine griechische Urne**

Erfolgreiche Abwehr erfüllt den Zweck, Konflikte zu lösen. Wie das Leben der Männer der Grantstudie zeigt, besteht optimale Konfliktlösung nicht darin, Unbehagen einfach zu ignorieren, willkürlich Kompromisse zwischen Trieb und Gewissen zu schließen oder Intimität durch feige, masochistische Selbstaufgabe zu erkaufen. Nein, das Kennzeichen gelungener Abwehr ist weder sorgsames Kalkulieren noch ein ausgeklügelter Kompromiß, sondern aufbauende, schöpferische Umwandlung. John Keats ruft mit seinen Versen eine wunderbare Vorstellung wach: «Noch glücklichere Liebe! Über glück!/Für immer glühend, glühend nach Genuß . . .» Durch seine überlegene Sprachgewalt verwandelt er Begierde, vielleicht sogar eine bevorstehende Vergewaltigung, in das allerschönste Spiel. Auf einer leblosen attischen Vase hat der Dichter das gezügelte, doch immer noch leidenschaftliche Verlangen entdeckt, das er jetzt selbst miterlebt. Ein weniger poetischer Teilnehmer der Grantstudie meinte dasselbe, wenn er in alltäglicher Sprache schreibt: «Bei mir ist das sexuelle Verlangen zweimal so stark wie bei meiner Frau. Wir passen uns einander an, indem wir unser Liebesspiel so variieren, daß es je-

---

* Hier zitiert nach: Abendländische Lyrik, hrsg. von Erwin Laaths. München 1969. S. 274–275 (Übersetzung von Heinz Piontek).

dem von uns beiden gerecht wird. Wir meinen nämlich, daß man die Liebe wie eine Kunst betreiben sollte!»

Für die Lösung wichtiger Lebenskrisen ist diese schöpferische Fähigkeit entscheidend. Nehmen wir ein ganz anderes Beispiel: die Tragödie der Verträge von Potsdam und Jalta lag darin, daß jede der Großmächte genau ein Viertel von Berlin bekam. Um das Mißtrauen und die Eifersüchteleien der Großmächte untereinander zu besänftigen, hätte es jedoch mehr als eines bloßen Kompromisses bedurft. Wahrscheinlich hätten die Krisen des Kalten Krieges nur dann abgewendet werden können, wenn jedes der beteiligten Länder mehr zurückerhalten hätte, als es zuvor eingesetzt hatte. Bei intrapsychischen Konflikten ist es nicht anders. Das Wunder unseres Ichs besteht darin, daß es den widerstreitenden Mächten in unserem Innern zuweilen ans Magische grenzende Fähigkeiten verleiht, Fähigkeiten, die es in der großen Politik jedoch nicht gibt. So vermochte Frederick Lion in seinem Kummer gute Gedichte zu schreiben; David Goodhart war imstande, in seinem Zorn die Wunden der Rassentrennung schließen zu helfen. Mit Selbstmordgedanken spielend hatte Beethoven mit einunddreißig über seinen teilweisen Gehörverlust geklagt: «Ach, wäre ich doch nur von diesem Leiden befreit – ich würde die ganze Welt umarmen!» Als Vierundfünfzigjähriger machte er durch den lebensbejahenden lyrischen Chor seiner Neunten Symphonie Schillers ›Hymne an die Freude‹ – «Seid umschlungen Millionen! Diesen Kuß der ganzen Welt!» – unsterblich, obwohl er inzwischen völlig taub geworden war.

Der Anpassungsprozeß, auf den ich anspiele, wird häufig als «Sublimierung» bezeichnet. Wir wissen nicht, wie seine aufbauende Wirkung zustande kommt, denn kein Künstler schafft und kein Kind spielt allein aus bewußtem Willen. Vielleicht kann das Leben von Leutnant Edward Keats* besser als das jedes anderen Mannes innerhalb der Studie zur Erhellung dieses Geheimnisses beitragen. Da Sublimierung jedoch nicht von allein entsteht, muß ich bei seiner Geschichte ein wenig weiter ausholen.

---

* Edward Keats – erinnert an den im Motto zu diesem Kapitel zitierten John Keats, Dichter der englischen Hochromantik.

Edward Keats war wie der typische reiche Bilderbuchjunge, der alles hat, wovon die anderen nur träumen können – außer Freiheit. Bildlich gesprochen lebte er in einem Schloß hinter dem hohen gußeisernen Zaun des Gewissens, das seine Eltern ihm mitgegeben hatten. Es gab kein Entrinnen; deshalb mußte er zu seiner eigenen Unterhaltung Spiele erfinden. Das ging auch eine ganze Zeit lang gut. Keats wuchs in einer familiären Umgebung auf, die als eine der günstigsten der ganzen Studie eingestuft wurde. Jedermann zeigte ihm, wie sehr er geliebt wurde. Seine Mutter erklärte stolz: «Die Angestellten und seine Schwestern vergöttern ihn» und fügte hinzu, er sei «das beglückendste Kind» gewesen, «das man sich denken kann». Sowohl die Mitglieder des Forschungsstabes als auch seine Studienkameraden hatten Keats in der Anfangszeit der Studie als etwas Besonderes angesehen. Selbst als er in mittleren Jahren bereits emotional zum Krüppel geworden war, hatte er immer noch viele enge Freunde.

Der Psychiater der Studie hatte Keats in seiner Collegezeit als jemanden eingestuft, der keinerlei Konflikte mit seinen Familienangehörigen hat und ihn als «liebenswürdig, herzlich, offen, ein angenehmes Wohlgefühl, jedoch nicht Euphorie ausstrahlend» bezeichnet. Weiter wurde Keats als «von sich eingenommener, muskulöser, athletischer Bursche», jedoch auch als «mitfühlend, unbefangen, großzügig, versöhnlich und natürlich – der allernormalste bisher» charakterisiert. Sein befehlshabender Offizier hatte über den fünfundzwanzigjährigen Keats gesagt: «Er hat ein heiteres, angenehmes Wesen und übt mit seinem feinen Humor eine positive Wirkung auf die Moral seiner Kameraden aus. Seine normalen und zusätzlichen Pflichten erfüllt er in hervorragender Weise.» Als er dreißig war, schilderte ein enger Studienfreund Keats als «immer gutaufgelegt, fröhlich, immer lächelnd, nie brummig oder nörgelnd». Tatsächlich beklagte oder ärgerte er sich nie über andere. Ein Arzt und enger Freund bemerkte über den siebenundvierzigjährigen Keats, er sei «vital, kräftig und besitzt Durchsetzungsvermögen. Er hat die Fähigkeit des Schauspielers, stets unterhaltsam zu sein ... In seinen Beziehungen zu anderen macht er einen harmonischen und entspannten Eindruck.» Kurz: Leutnant Keats hatte ein großes Vertrauen in das Universum.

Der einzige Fehler war, daß seine Eltern ihn *zu* gut erzogen hatten. Wie Goodhart lernen viele Kinder, deren Eltern versagt haben, die elterlichen Fesseln in der Adoleszenz abzuwerfen. Von den Forderungen liebender Eltern macht man sich jedoch nicht so leicht frei. Im Alter von einem Jahr hatte man Leutnant Keats nicht nur zur Sauberkeit erzogen, sondern ihm mit Hilfe von Aluminiummanschetten auch bereits das Daumenlutschen abgewöhnt. Als Achtjähriger war er in der Lage, die Aufsicht, die seine Eltern bis dahin über ihn ausgeübt hatten, selbst zu übernehmen. Damals schwor er, nie mehr mit seiner jüngeren Schwester zu streiten – und er hielt seinen Schwur. Seine Belohnung war, daß er mit der Liebe seiner Eltern aufwuchs, die sich an seinem «herrlichen Humor» und seiner «lieben Art» erfreuten.

Erst als Keats bereits am College studierte, zeichnete sich ein echter Konflikt ab. Wie sollte er sich in der wirklichen Welt wirklichen Menschen nähern, ohne die Liebe verinnerlichter Eltern zu verlieren, die ihm – wie er dachte – doch verboten hatten, sich je die Hände zu beschmutzen? Mit zwanzig sagte er zu den Mitarbeitern des Forschungsteams, schmutzige Witze seien ganz in Ordnung, «da sie ja mit sexuellem Empfinden sowieso nichts zu tun» hätten. Doch hielt er nichts davon, Mädchen zu küssen, weil das «unreif und respektlos» sei. Die Genitalien des Mannes fand er «abstoßend».

Und doch war Keats in seinem moralischen Gefängnis nicht völlig hilflos. Schon als Jugendlicher hatte er damit begonnen, nach Wegen zu suchen, wie er seine starken Antriebe mit seinen inneren Verboten in Einklang bringen könne. Wenn er auch den männlichen Körper keineswegs anziehend fand, so war er doch von seiner Muskelkraft fasziniert und genoß es, seinen eigenen Körper in hartem athletischem Kampf zu erproben. Wenn er auch nur selten mit Mädchen ausging und behauptete, der Frauenkörper sei nicht sexuell erregend, war er doch imstande, die Schönheit weiblicher Aktgemälde und -plastiken zu empfinden. Wenn ihm auch wirkliche Romanzen versagt blieben, fand er doch unter den Romantikern seine Lieblingsdichter.

Als er mit neunzehn aufhörte, American Football zu spielen, weil ihm dieser Sport zu aggressiv war, hatte es den Anschein, als sei das Gewissen dieses «von sich eingenommenen, muskulösen, athletischen Burschen» zu weit gegangen. Doch fand Keats im Fliegen einen Ersatz, und für kurze Zeit war das Schicksal ihm wohlgesonnen. Als der Zweite Weltkrieg ausbrach, wurde er Kampfflieger. Er flog Thunderbolts – verläßliche, königliche, leistungsstarke Verfolgungsjäger, die überdies noch eine Tonne Bomben abwerfen konnten. Unter weniger außergewöhnlichen Umständen hätte sein eigenes Handeln starke Schuldgefühle bei ihm hervorrufen müssen, doch so, wie die Dinge standen, fand Leutnant Keats es höchst erregend, Kampfflieger zu sein. Mit dreiundzwanzig schrieb er nach Hause: «Ich bin schon immer gern geflogen, und einfach nur in der Luft zu sein ist schon ein Genuß. Zwei Dinge reizen mich besonders: das eine ist, auf ein Schleppziel zu schießen, und das andere, ein kleines, schnelles Flugzeug nach meinem Willen lenken zu können.» Wenn Keats schon bis zum Alter von einunddreißig Jahren warten mußte, bis seine sexuellen Aktivitäten auch nur über ein leichtes Petting hinauskamen, muß das Fliegen der Thunderbolts doch ein aufregender Ersatz gewesen sein. Wie Untersuchungen zur Psychologie des Fliegens ergeben haben, setzen viele normale Menschen im Traum und viele Piloten allgemein das Fliegen mit Geschlechtsverkehr gleich.

Nach seinem Einsatz als Kampfbomberpilot in Italien und später in Frankreich schrieb Keats: «Für mich gibt es überhaupt keine befriedigendere Art, im Krieg zu kämpfen. Fliegen an sich ist immer abenteuerlich, und aus der Luft zu kämpfen noch viel mehr . . .» Doch dann schränkte er ein: «Gäbe es nicht das Ziel, den Krieg zu gewinnen, wäre das Fliegen in meinem Fall reine Selbstsucht.» Durch Sublimierung wurde es möglich, aggressive Regungen nach außen zu bringen und zugleich bei der Gesellschaft (oder seinem Gewissen) die Zustimmung zu finden, an der ihm so sehr lag. Keats wurde dreimal mit der «Air Medal» ausgezeichnet.

Für Leutnant Keats zählten die äußeren Kriegsgefahren kaum. So erzählte er: «Ich kann mich daran erinnern, daß ich mir, als ich nach einstündigem Gefecht zum Stützpunkt zurückkam, selbst sagte: ‹Dies sind die aufregendsten Tage, die ich je erleben werde.› Ich hatte danach noch viele Male Grund, diese Bemerkung zu wiederholen. Der Dienst als Kampfpilot war absolut unvergleichlich . . . War ich erst mal im Flugzeug und oben in der Luft, war es jedesmal von neuem faszinierend . . . Ich befand mich dauernd im Fliegerabwehrfeuer: das Luftgefecht war ausgesprochen aufregend . . . In gewissem Sinn ähnelte mein Dienst dem Leben im College, so daß ich weiter keine Mühe hatte, mich darauf einzustellen. Da wir die Zerstörung, die wir ein paar Kilometer unter uns anrichteten, nicht direkt miterleben konnten, blieb uns auch das Grauen des Krieges sehr fern. Das Ganze war mehr ein Spiel (was für ein furchtbares Eingeständnis!).» Derselbe

Keats, dem American Football zu brutal erschienen war, verfügte als Bomberpilot im Kampf gegen die Nazis sowohl über den nötigen Abstand als auch über die Rechtfertigung, Mord in ein Spiel zu verwandeln. «Welch dröhnende Verfolgung ... Welch helle Raserei!»

Nach Kriegsende wurde Leutnant Keats von den Flakgeschossen seines Gewissens eingeholt. So schrieb er der Studie 1946: «Für uns war der Kriegseinsatz sehr abenteuerlich und sehr bequem ... doch beim Gedanken an die Infanterie, die sich mühselig durch den Dschungel kämpfen mußte und tief im Dreck steckte, während wir immer nur das Allerbeste bekamen, überfallen mich Schuldgefühle. Wir haben auf Abstand gekämpft. Wir saßen Tausende von Metern hoch in der Luft und beschossen unsere Ziele, doch haben wir weder Menschen sterben sehen noch Mann gegen Mann gekämpft ... Es grenzt ans Unmoralische, daß man für das Privileg, in der interessantesten Waffengattung einen abwechslungsreichen Dienst zu versehen und in vorzüglichsten Quartieren untergebracht zu sein, auch noch ausgezeichnet wird.»

Keats nachträgliche Skrupel unterstreichen nur die Mühelosigkeit seiner Realitätsanpassung während des Krieges. Vielleicht entstanden seine späteren Schwierigkeiten zum Teil daraus, daß er seine eigene Durchsetzungsfähigkeit außer auf dem Sportplatz *nie* zu akzeptieren vermochte. Vielleicht bestand sein Problem nach dem Krieg auch darin, daß er sich seiner eigenen Abwehrvorgänge bewußt wurde und dadurch zugleich ihren Schutz verlor.

Nach dem Krieg absolvierte Keats ein Graduiertenstudium und wurde danach Sozialarbeiter. Er versuchte, sich voll und ganz für soziale Belange einzusetzen, doch tat er das mit solcher Selbstlosigkeit, daß für ihn selbst wenig Vergnügen dabei heraussprang. Im Rahmen der hier zugrunde gelegten Kategorien gleicht sein Verhalten eher der *Reaktionsbildung* als dem Altruismus. Als der Krieg zu Ende war, kehrte Keats nach Deutschland zurück, um die Befriedigung, die ihm die Zerstörung des Landes verschafft hatte, zu sühnen. Eine Zeitlang sah es so aus, als ob er sich erneut mit Sublimierung weiterhelfen könnte. Er wurde nach Heidelberg – also nicht gerade einem besonders unangenehmen Standort – geschickt; doch wollte es ihm nicht gelingen, hinter den Mauern seines Gewissens frei zu atmen, und er litt unter dem Gefühl, daß ihn «Kommunikationsbarrieren» von den Deutschen getrennt hielten.

Mit einunddreißig schrieb Keats an die Studie: «Als wichtigster Zug meines psychischen Selbstbildes hat sich jetzt herauskristallisiert, daß ich meine feindseligen Gefühle deutlicher wahrnehme, während ich früher stolz darauf gewesen bin, überhaupt keine zu haben.» Mit dieser Selbsterkenntnis kam er nie zurecht. Er entfremdete sich zunehmend von seiner Arbeit, seiner Frau und von den Deutschen. Als er mit vierzig Jahren in die Vereinigten Staaten zurückkehrte, war er ein gebrochener Mann. Er zog nach Boston und widmete sich der Arbeit in Encountergruppen – das heißt, er verhalf anderen dazu, ihre Gefühle frei zu äußern, eine Freiheit, die er selbst sich versagte. Über das Eisengitter seines seelischen Gefängnisses hinweg übte er sich in Menschenliebe; nur für ihn selbst fiel wenig Freude dabei ab. Wie ein befreundeter Arzt erklärte: «In der mittleren Lebensphase behielt er zwar seinen Charme, doch Energie und Tatkraft waren verlorengegangen.»

Obwohl ich in diesem Buch hervorhebe, daß der Lebenslauf der untersuchten Männer stärker durch den Erfindungsreichtum ihres Ichs als durch glückliche Umstände bestimmt wurde, spielten die äußeren Gegebenheiten doch auch eine Rolle. So erhielt Keats durch den Umstand, daß der Krieg mit seinen besonderen Gesetzen gerade in jener Zeit begann, willkommenen Aufschub. Wie zu erwarten war, fiel seine Reaktion auf den Vietnamkrieg ganz anders aus. Diesen Krieg hielt er für schändlich und ungerecht. Er kämpfte auf dieselbe Weise gegen ihn an, wie er schon seine eigene unverzeihliche Feindseligkeit bekämpft hatte: durch passive Aggression. Doch wurde er diesmal, als er Sitzstreiks gegen die Einberufungsbefehle organisierte, für seine Anstrengungen nicht ausgezeichnet, sondern eingesperrt. Frederick Lion dagegen erntete für seine weit energischeren Bemühungen, dem Vietnamkrieg durch offene publizistische Attacken ein Ende zu bereiten, hohe materielle Belohnung und Anerkennung.

Keats' Beispiel lehrt, daß man auch mit «reifen Abwehrmechanismen» leiden kann, genauso wie es gelegentlich auch vorkommt, daß ein Mensch das Leben mit unreifen Mechanismen meistert. Wie ein übertrainierter Schäferhund bereitete Keats seiner Umgebung viel Freude und wenig Ungelegenheiten, nur Freiheit lernte er niemals kennen.

Man könnte argumentieren, daß Keats' Sublimierung – anders als die Beethovens – instabil und damit ungenügend oder womöglich gar keine Sublimierung war. Bezeichnenderweise sahen drei unabhängige Beobachter Episoden, die ich als Sublimierung (und damit als reifen Abwehrmechanismus) einstufte, als Verschiebung, Reaktionsbildung oder Intellektualisierung (neurotische oder Mechanismen der dritten Stufe). Ich hatte Keats' Lebenslauf anhand der aufeinanderfolgenden Fragebogen studiert und die verschiedenen Episoden in der Reihenfolge ihres Auftretens einzeln bewertet, so daß sein Verhalten gegen Ende mich erstaunte. Doch vielleicht nahmen die anderen Beurteiler den Menschen Keats und seinen persönlichen Abwehrstil deswegen anders wahr, weil sie die nacheinander folgenden Episoden als ganzes Bündel vor sich sahen und einstuften (sie wußten von Anfang an über das Ende seiner Geschichte Bescheid). Wie Reaktionsbildung sich zu Altruismus fortentwickeln kann, so vermag ein verschobener Triebausdruck sich in sublimiertes Interesse zu verwandeln, das bei vielen Zustimmung findet. Abwehrmechanismen sind relativ und offen für Veränderungen. Wir können Aggression sublimieren, verschieben oder gegen unser eigenes Selbst wenden. Leutnant Keats ergriff jede dieser drei Möglichkeiten.

Sublimierung leistet jedoch mehr, als nur Triebansprüche annehmbar zu machen: sie läßt Vorstellungen genußreich werden. Verschiebung – also Trennung von Gefühl und Objekt – und Intellektualisierung – Trennung von Gefühl und Vorstellungen – können zu einem sehr kargen Leben führen, es sei denn, sie entwickelten sich zu Sublimierung weiter. Sublimierung ermöglicht es, Vorstellung, Objekt *und* das abgemilderte Gefühl im äußeren Verhalten zusammenzuhalten.

Von daher kann es nicht überraschen, daß Sublimierung von den Männern, die als Wissenschaftler Anerkennung und Befriedigung fanden, als bevorzugter Anpassungsmechanismus angewandt wurde. Zum Beispiel gehörten die siebzehn Männer aus unserer Stichprobe, die Lehrberufe ergriffen, sämtlich zu den intellektuell «Übererfolgreichen». Im College lagen ihre Noten höher, als ihre angeborene Intelligenz erwarten ließ, und als Erwachsene waren sie mit der verwirrenden Vielfalt des Lebens dadurch fertiggeworden, daß sie sich auf die Freuden der Beschäftigung mit geistigen Dingen zurückzogen. Viele hörten nie auf, Ideen höher zu schätzen als Gefühle. Doch wenn sich durch Intellektualisierung auch vielleicht glänzende Schulnoten erzielen lassen, so muß sie beim Erwachsenen doch durch ein flexibleres Abwehrsystem gemildert werden, und zwar durch eines, das auch ein gewisses Maß an Triebbefriedigung zuläßt. Verglichen mit den acht relativ erfolglosen Akademikern sublimierten die neun Männer mit den produktivsten Universitätskarrieren dreimal so häufig (nach der in der Studie verwandten Bewertungsskala). Die Professoren, die nicht zu sublimieren vermochten, führten leblose Ehen, respektierten ihre Studenten nicht und wiesen bedeutend mehr psychische Erkrankungen auf. Die akademisch Erfolgreichsten schnitten im Hinblick auf ihre während der Collegezeit getesteten geistigen Fähigkeiten nicht besser ab als die übrigen Professoren, doch fiel es ihnen sehr viel leichter, ihren Ideen eine gefühlsmäßige Färbung zu geben.

Ein anschauliches Beispiel für das Ausmaß, in dem Sublimierung zu erfolgreicher Realitätsbewältigung beitragen kann, liefert uns Professor Dylan Bright*. Obwohl er intellektuell weniger begabt war als der durchschnittliche Teilnehmer der Studie, besaß sein Leben doch den Glanz des Abenteuerlichen. Sobald ich Professor Brights Zimmer betreten hatte, legte er die Füße auf seinen Schreibtisch und begann, pausenlos auf mich einzureden. Vom Aussehen her glich er mehr einem Preisboxer als einem Englischprofessor. Obwohl sein Affektreichtum mich ansprach, war ich mir am Anfang nicht sicher, ob ich ihn eigentlich mochte. Als erste Reaktion auf meine Bitte um ein Gespräch hatte er gesagt: «Herrgott, dann ist ja gleich der ganze Nachmittag im Eimer!» Seine kaum gebändigte Aggressivität grenzte ans Kaltschnäuzige, und allein sein Charme verhinderte, daß mir unsere Begegnung wie eine offene Schlacht vorkam. Plastisch schilderte er mir seine Sorgen, um dann zu knurren: «Aber wenn davon etwas bekannt wird, schlage ich Ihnen die Zähne ein!»

Bright, so müssen Sie wissen, war Football lineman** und Ringermeister, der gleichsam nebenbei noch Lyrikprofessor geworden war. In der High School war er ein aufmüpfiger Schüler mit dem Notendurchschnitt «D» gewesen, dem einmal der Ausschluß gedroht hatte. Der Sport reizte ihn weit mehr als die triste Welt des Klassenzimmers. Dennoch hatte sein Rektor Bright als «lebhaft und glühend in seinen Überzeugungen» dargestellt, und die Mitarbeiter der Studie hatten ihn als «einen eifrigen, enthusiastischen, anziehenden jungen

* Dylan Bright – erinnert an den englischen Dichter Dylan Thomas; engl. «bright» – helle, gewitzt, intelligent.
** Football lineman – Stürmer beim American Football.

Burschen von aufgeschlossener Wesensart» erlebt, der «die ganze sprühende Lebendigkeit und den umgänglichen Charme seiner Mutter» geerbt hatte. Bright verlor nie seinen brennenden Ehrgeiz, wenn es ihm auch schließlich gelingen sollte, ihn zu bezähmen und zu sublimieren. Seine Energie, seine außerordentliche Gabe, Freundschaft zu schließen und sein Talent, aus seinen Tätigkeiten großes Vergnügen zu schöpfen, machten ihn in der Tat zu einer der farbigsten Persönlichkeiten innerhalb der Studie.

Im Unterschied zu Unterdrückung und Antizipation ließ sich zwischen dem Gebrauch von Sublimierung und besonders glücklichen Kindheitserfahrungen keinerlei Beziehung nachweisen. Professor Bright war ebenso wie Goodhart in einer sehr disharmonischen Familie aufgewachsen. Sein emotional labiler, trinkender Vater war kaum je zu Hause anzutreffen gewesen. Bright hatte früh die Triumphgefühle wie auch die Gefahren erlebt, die darin liegen, den Platz des Vaters in der Familie einzunehmen. Als Kind hatte er miterlebt, wie die Zerstrittenheit seiner Eltern ihre Ehe zerstörte. Sein Vater, der zeitweise als Schwächling erschien, war zugleich ein sehr stimmungsabhängiger Mensch, der zum Zeitvertreib auf die Jagd ging. Seine Mutter war eine große, kräftige, energische Frau, die ihren Sohn selbst als Erwachsenen noch um einen halben Kopf überragte. Als Kind hatte Bright sich Gott als einen Mann vorgestellt, «der von oben auf mich herunterschaut und nur darauf wartet, mir mit einem Donnerschlag auf den Kopf zu hauen». Vielleicht war er, der Liebling seiner Mutter, deswegen ein so verängstigtes Kind gewesen. Er hing an den Rockschößen seiner Mutter und hatte Angst vor der Dunkelheit. Seine Mutter erklärte gegenüber der Studie: «Seit Dylan alt genug ist, um allein denken zu können, hat er schon immer Angst vor dem Tod gehabt.»

Sogar seine eigene Energie flößte Professor Bright Angst ein. Schon lange vor der Zeit, als er beinahe von der High School verwiesen worden wäre, hatte er Schwierigkeiten damit gehabt, seine Triebe zu beherrschen. Seine Mutter hatte ihm von Anfang an beigebracht, sich vor Sinnengenuß in acht zu nehmen. Wie Leutnant Keats war auch Bright das Daumenlutschen, Bettnässen und Sichbeschmutzen bereits vor seinem ersten Geburtstag ausgetrieben worden. Als Zweijährigen ließ seine Mutter ihn wegen seiner «absolut widerlichen Angewohnheit zu masturbieren» im Bett Handschuhe tragen.

Als Dylan Bright sich in seinem lebenslangen Bemühen, seine

Ängste zu besiegen, zum ersten Mal vom Schürzenzipfel seiner Mutter löste, geschah das, um tollkühne Streiche an der Grenze der Legalität zu verüben. Als Junge machte er mehr Gehirnerschütterungen durch als irgendein anderer der Untersuchten. Doch im Lauf der Zeit lernte er allmählich, gekonnter mit seiner Selbständigkeit umzugehen. Nachdem er achtzehn geworden war, wechselte er zunehmend zu Unternehmungen mit «vertretbarem Risiko» über, wie er es nannte; von da ab gab es dann keine Verletzungen mehr. Aus dem in der Mannschaft des gesamten Bundesstaates spielenden Football lineman seiner High-School-Zeit wurde im College ein von verzehrendem Ehrgeiz getriebener Ringer. Er spielte mit einer Verbissenheit Tennis, als ob es um sein Leben ginge. Der Reiz, allein zu kämpfen, ging ihm über alles; im Doppel spielte er nie. Nach Abschluß der Collegejahre machte seine flammende Begeisterung für Tennis und Ringen einer glühenden Leidenschaft für Gedichte Platz; doch der Erste sein wollte er nach wie vor. Obwohl er nur mit einer durchschnittlichen Intelligenz ausgestattet war, absolvierte er das Graduiertstudium in Yale im Eiltempo und mit absoluten Spitzenzensuren. Wegen des damit verbundenen Prestiges nahm er einen Ruf nach Princeton an, wo er schon wenige Jahre danach frohlockend ordentlicher Professor wurde.

Nicht immer hatte sich die Fähigkeit von Brights Ich, schöpferische Lösungen zu entwickeln, so deutlich gezeigt. Wie wir es schon aus Dr. Smythes Leben und der Regression von Leutnant Keats in mittleren Jahren kennen, so hatte auch Bright zunächst versucht, seiner Ängste durch passiv-aggressive Rebellion Herr zu werden. Mit zunehmender Reife hatte er Aufbegehren dann durch *Reaktionsbildung* ersetzt. Plötzlich erschien ihm das erste Mädchen, mit dem er geschlafen hatte, «widerlich». Unbewußt wählte er denselben Ausdruck, mit dem seine Mutter seine sexuellen Experimente im Kleinkindalter verurteilt hatte. Asketisch gab er den Geschlechtsverkehr mit seiner engsten Freundin auf, «weil ich sehen wollte, ob ich das überhaupt schaffe». Im College zog der ehedem kriminelle Bright ernsthaft einen Beruf im Strafvollzug in Erwägung, und in Princeton erregte der Pflichteifer, mit dem er als junger, vitaler Englischdozent auf die Einhaltung strenger Geschlechtertrennung achtete, Ärger bei den Studenten und Verwunderung bei der Verwaltung. Selbst in mittleren Jahren sah Professor Bright seinen Erfolg immer noch als eine Sache eherner Selbstbeherrschung an: «Wenn einem Menschen

Selbstdisziplin fehlt», so erklärte er mir in warnendem Ton, «kann er ganz schnell vor die Hunde gehen.»

Doch hier täuschte sich Bright. Mit starren Abwehrmechanismen wäre sein Leben eine Katastrophe geworden. Erst als Sublimierung an die Stelle der Reaktionsbildung seiner Jugend trat, fing Dylan Bright Feuer. Durch Auftritte in Schaukämpfen setzte er erst seinen Amateurstatus aufs Spiel, um dann die erzielten unrechtmäßigen Einkünfte brav und bieder in Geigenstunden anzulegen. Als er sich mit neunzehn entschloß, in Zukunft dem Geschlechtsverkehr zu entsagen, widmete er sich statt dessen einer engen und geistig anregenden Freundschaft, die ihn zum ersten Mal mit der Lyrik in Berührung brachte. Er kämpfte darum, in der Graduate School der Erste in seinem Semester zu sein, milderte seinen Ehrgeiz jedoch, indem er sich Shelleys Gedichte zum Thema seiner Doktorarbeit wählte.

Brights Leben trat mit fünfunddreißig in seine entscheidende Phase, als seine Frau den Anstoß dazu gab, daß ihre bisher gute und vertrauensvolle Ehe langsam auseinanderbrach. Dieser Fehlschlag fiel genau in die Zeit, als Bright erkannte, daß seine akademischen Leistungen zwar für eine Professur in Princeton ausreichten, ihm jedoch nie nationale Beachtung sichern konnten. Angesichts dieser beiden sehr konkreten Niederlagen flüchtete er sich in Alkohol, belanglose Liebesaffären und Stock-Car-Rennen – der Lyrikprofessor regredierte zu jünglingshaftem Ausagieren. Wie schon früher im College gab Bright auch diese Kavaliersdelikte eines Erwachsenen rasch zugunsten gekonnterer Formen des Amüsements auf. Obwohl er allein seinen Kindern weiterhin eng verbunden blieb, ging er Flaschentauchen am Barrier-Riff und bezwang die schwierigsten Surfing-Küsten Australiens. Auf der Jagd nach Orchideen – den sinnlichsten aller Blumen – durchkämmte er zusammen mit einem guten Freund den Dschungel des Amazonas. Voller Entzücken erzählte er mir, er und sein Freund hätten eine völlig neue Orchideenart entdeckt. «Es war ein berauschendes Abenteuer!»

Professor Brights Anpassungsreaktionen waren in der Tat erfinderisch. Einerseits zog er sich aus seiner gescheiterten Ehe zurück, andererseits schloß er eine enge Freundschaft mit einem anderen Menschen. Einerseits wich er seiner akademischen Niederlage aus, andererseits ließ er sich auf Aktivitäten ein, bei denen er Gefahren mit dem geringsten Risiko bestehen und zugleich seinen Kummer mit echtem Nervenkitzel betäuben konnte. Sublimierung erleichterte ihm nicht nur wirkungsvollen Triebausgleich, sondern ermöglichte Bright überdies, der Etikettierung als «Neurotiker» oder Geisteskranker zu entgehen. Wie Dr. Smythe, so nannte auch Bright sich selbst «einen Lebenskünstler. Ich lasse die Dinge einfach an mir abprallen. Über Probleme lache ich nur.» Doch im Gegensatz zu Smythe wich Bright seinen Schwierigkeiten nicht ständig aus, indem er sie in Alkohol ertränkte oder sich in selbstzerstörerische Risiken stürzte. Zweimal in seinem Leben mußte er sich das Trinken abgewöhnen, weil er Gefahr lief, Alkoholiker zu werden. Seine Reaktion auf den Tod seines Vaters wurde von einem der Mitarbeiter der Studie als «hypomanisch» bezeichnet; dieser Fachterminus verweist auf eine Tendenz zu offener Manie. Doch bestand Brights Dissoziation schmerzhafter Affekte in beiden Fällen nur zeitweilig. Durch Sublimierung wurde er fähig, die Bedingungen des Lebens zu akzeptieren. Er behielt stets Zugang zu seinen Gefühlen und mäßigte sie gleichzeitig durch Abenteuer, Lachen und Beziehungen zu anderen Menschen. Auf die Frage, ob er je einen Psychiater konsultiert habe, antwortete Bright mit einer Anspielung auf seinen besten Freund und seine zweite Frau: «Professionelle Hilfe könnte immer nur ein schwacher Abglanz sein, verglichen mit der Gesellschaft dieser beiden Menschen.» Genau wie das Schaffen des Künstlers stellt auch Intimität einen schöpferischen Akt dar, doch was die Heilung seelischen Leidens angeht, ist sie der Kunst weit überlegen.

Als letzter und hochbedeutsamer Aspekt der Sublimierung bleibt zu nennen, daß sie den verqueren Phantasien eines Mr. Lamb im Alltag zu realer Geltung verhelfen kann. Der Künstler ist ein Mensch, der noch seine allergeheimsten Träume anderen mitzuteilen vermag. Obwohl auch alle untersuchten erfolgreichen Universitätsprofessoren über diese Gabe verfügten, trat sie doch bei Professor Ernest Clovis* am deutlichsten hervor. Das Erstaunlichste an Professor Clovis war, daß er, der von allen Männern der Studie vielleicht das tragischste persönliche Schicksal erlitten hatte, in mittleren Jahren dennoch von sich sagen konnte: «Ich habe wahrscheinlich überhaupt keine besonders schweren Krisen durchgemacht.» Anders als Bright versuchte er nicht,

---

* Ernest Clovis – erinnert an Clovis I. (dt. Chlodwig I.), dem Gründer des Frankenreiches.

sich mit Ausgelassenheit und Lachen zu trösten. Die Leichtigkeit, mit der Keats sein ganzes Leben in ein Spiel verwandelte, fehlte ihm; statt dessen hatte er sich, um weiterleben zu können, ganz in die Beschäftigung mit der Welt des mittelalterlichen Frankreich zurückgezogen.

Mein Gespräch mit Professor Clovis fand im Hauptmagazin der Sterling Library in Yale statt. Sein enger, fast an eine Mönchszelle gemahnender Raum, der bis oben mit alten Büchern und Handschriften vollgestopft war, wurde jedoch zugleich von einem leuchtenden, modernen Druck belebt. Clovis selbst war ein sympathischer, gutaussehender Mann in einem dunkelgrauen Anzug, den eine fröhliche, orangefarbene Krawatte überraschend aufhellte. Während er mit mir sprach, wandte er häufig den Blick ab, so daß ich ihn anfänglich als kalt empfand. Doch überwog der Eindruck von Selbstdisziplin den der emotionalen Strenge, und bald erkannte ich, daß er ein auf sich zurückgezogener, verschlossener Mensch war, dessen zurückgestaute Gefühlswärme nach innen strahlte. Ich bemerkte, daß Gespräche über andere Menschen ihn deprimierten, während bei der Diskussion von Ideen ein Lächeln auf seinem Gesicht erschien.

Dennoch war ich des öfteren tief gerührt von Clovis' Worten. Wenn er seine Gelehrtenarbeit zeitweise dazu benutzte, seine chronische Depression unter Kontrolle zu halten, so hatte er auch allen Grund, deprimiert zu sein. Als er mir von dem vier Jahre zurückliegenden Tod seines Vaters erzählte, traten ihm die Tränen in die Augen. Wie er mir eilends versicherte, hatte er seine Gefühle «damals, als das geschah, unterdrücken» müssen. Als er das tragische Leiden seiner ersten Frau erwähnte, rückte er wieder von mir ab, zeigte starke Unruhe und Niedergeschlagenheit, während er sich mir im Gespräch über seine glücklichere zweite Ehe öffnete und den Blickkontakt aufrechterhielt.

Clovis, das einzige Kind in seiner Familie, war in einer streng religiösen Farmergemeinde aufgewachsen. Er gab zwar an, zu beiden Eltern ein erfreuliches Verhältnis gehabt zu haben, doch wenn sie ihm auch auf geistlichem Gebiet viel gegeben hatten, waren sie gefühlsmäßig doch sehr gehemmt gewesen. Er war ganz ohne körperliche Zärtlichkeit aufgewachsen; wie seine Mutter der Studie gegenüber bekannte, hatte Ernest «schon sehr früh selbständige und unabhängige Züge entwickelt». Im College war er den Beobachtern emotional äußerst farblos erschienen. Damals trug er die helle Krawatte, die meinen Blick sofort auf sich gelenkt hatte, noch nicht. Einige Männer, die eine ähnliche Kindheit erlebt hatten wie Clovis, waren gefühlskalte Erwachsene geworden, die im Bereich der Naturwissenschaften arbeiteten und ein streng geregeltes Leben bar allen erkennbaren Vergnügens führten. Dagegen war Clovis inzwischen ein namhafter Mediävist, ein erstklassiger Squash-Spieler und ein guter Vater – und noch nach fünfzehn Ehejahren erklärten er und seine zweite Frau übereinstimmend, sie genössen noch immer «ein sehr befriedigendes» Sexualleben.

Als Kind hatte Clovis in Phantasievorstellungen Rückhalt gefunden. Da seine Familie es keinem ihrer Mitglieder erlaubte, selbstsüchtig zu sein, legte er sich einen imaginären Spielkameraden zu, dessen hervorstechendste Eigenschaft Selbstsucht war. Dieser eingebildete Spielgefährte ersetzte dem durch den abgelegenen Wohnort isolierten kleinen Jungen nicht nur den Freund, sondern besaß zugleich das wunderbare Talent, dem beherrschenden Vater des Jungen immer wieder eins auszuwischen. Als er älter wurde, ersann Clovis neue Möglichkeiten, Freude in sein dürres, vom Verstand geprägtes Leben zu bringen. Wirkliche Spiele traten an die Stelle der Phantasie. Er lernte, seinen Vater im Tennis zu besiegen, und durch den Sport kamen sie einander näher. Im College benutzten die Gehemmteren unter den jungen Männern, die mit Hilfe eines Stipendiums studierten, ihren Geldmangel häufig als Rechtfertigung dafür, daß sie selten mit Mädchen ausgingen. Der genauso mittellose Clovis war jedoch überaus erfolgreich beim anderen Geschlecht: Er unterhielt seine Partnerinnen, indem er sie in Kunstmuseen führte, deren Besuch nichts kostete.

Clovis, der im Zweiten Weltkrieg in der Armee des Panzergenerals Patton in Frankreich gekämpft hatte, fühlte sich später stark zu den Menschen und der Kultur dieses Landes hingezogen. Jedoch anders als verschiedene seiner ehemaligen Kommilitonen engagierte er sich nach dem Krieg nicht in konkreten Bestrebungen zum Wiederaufbau Europas, sondern suchte nach dem Frankreich, wie es früher einmal gewesen war. Er fand Freude darin, sich durch mittelalterliche Handschriften hindurchzuarbeiten, alte Sprachen zu meistern und in der Vorstellung eine Welt wiederaufzubauen, die ebenso ungreifbar war wie der Spielgefährte seiner Kindheit. Doch es gelang ihm auch, Phantasie und wirkliche Welt miteinander zu verbinden. Sein Intellekt bildete den Feuerstein, an dem er die Funken einer Faszination schlug, die auch auf andere übergreifen konnte. Dadurch verdeutlicht er einen entscheidenden Aspekt des schöpferischen Prozesses; denn kein Mensch ist einsamer als der Künstler, dessen Werk keinem etwas sagt, und kein Leben gilt weniger als das des Gelehrten, der nicht zwischen seinem Wissen und der Realität eine Brücke zu schlagen weiß.

Clovis erhielt während seines Graduiertenstudiums stets die angesehensten Stipendien, die wärmste Anerkennung seiner Lehrer und Berufungen an große Universitäten. So konnte er auch sagen: «Ich habe eine Art Sendungsbewußtsein entwickelt, daß ich vielleicht dazu beitragen kann, in unserem Land ein tieferes Verständnis nicht nur der literarischen und historischen Leistungen, sondern auch der sozialen und politischen Werte Frankreichs zu fördern.» Seine Karriere als Universitätslehrer, Autor und Forscher war ein uneingeschränkter Erfolg.

Trotz seines beruflichen Triumphs kam es zur Katastrophe. Seine erste Frau erkrankte an Enzephalitis, die ihre Persönlichkeit zerstörte und sie beständig ans Bett fesselte. Als Katholik hielt Clovis eine Scheidung für undenkbar, doch wurde die Ehe für beide Partner zunehmend unerträglicher. Da seine Eltern beide niemals offen Gefühle gezeigt hatten, war Clovis früh zu der Überzeugung gelangt, Gefühle seien Privatsache. Stoisch machte er der Studie Mitteilung von der «leichten Hoffnungslosigkeit, in die mich die Enzephalitis meiner Frau gestürzt hat . . . Meine Eltern würde es nur beunruhigen, wenn ich ausführlicher mit ihnen darüber spräche . . . Manchmal wünsche ich mir, diese Probleme mit den Freundinnen meiner Frau zu besprechen, habe es aber bisher immer unterlassen, weil es so nach Klagen aussähe.» Doch er konnte seine Zurückhaltung überwinden und ersatzweise enge Beziehungen zu anderen Frauen aufbauen. Nach dem Tod seiner Frau schloß er eine neue glückliche Ehe.

Vor der Erkrankung seiner Frau war das moderne Theater ein gemeinsames Hobby des Ehepaares Clovis gewesen. Als die Gehirnentzündung seiner Frau Ernest Clovis dann zwang, allein ins Theater zu gehen, begann er, sich leidenschaftlich für das klassische französische Drama zu interessieren. Kurz nach dem Auftreten der Krankheit hatte Clovis mit dem Gedanken an Scheidung gespielt, ihn jedoch aus Gewissensgründen wieder fallenlassen. In jener Zeit machte er sich daran, «die romantische Tragödie der hoffnungslosen Liebe eines verheirateten Mannes und einer Prostituierten, die beide lieber Selbstmord begehen als ihrer Liebe untreu zu werden», aus dem Französischen zu übersetzen. Dieser asketische Professor, der sich bei Tageslicht nie Tränen gestattete, saß bei Theaterstücken, die für die meisten englischsprachigen Zuschauer nur von historischem Interesse sind, weinend im Parkett. «Ich schluchze im Verein mit den alten Damen», bekannte er, «und empfinde das als aufregendes Erlebnis.» Doch anders als Dr. Tarrytown machte Clovis kein Geheimnis aus der Quelle seines Trostes. In Yale vermittelte er allen seinen Studenten eine lebendige Begegnung mit dem französischen Theater.

Vor fünf Jahren wurde Clovis' Tochter von Lupus erythematosus (Schuppenflechte) befallen, einer noch kaum erforschten Krankheit, die Arthritis, irreversible Nierenschäden und sporadische emotionale Instabilität hervorruft. Er erlebte die Gefahr, in der seine Tochter schwebte, bewußt mit; erneut standen ihm die quälenden Jahre mit seiner ersten Frau vor Augen. Doch hatte Clovis sich wenigstens einen Lebensbereich geschaffen, in dem er die Dinge immer in der Hand behielt. Er berichtete, er sähe «sehr hoffnungsfroh» in die Zukunft, weil er eine wissenschaftliche Studie zu schreiben gedenke, und fügte hinzu: «Die Sprache des Materials, das ich dafür zugrunde lege, bereitet mir gefühlsmäßige, ästhetische Befriedigung.»

In meinem Gespräch mit Clovis hatte ich das Gefühl, daß der einzige Schicksalsschlag, an dem dieser Mann zerbrechen würde, das Versiegen seiner geistigen Schaffenskraft sei. Ohne die Fähigkeit, seine geheime Welt des mittelalterlichen Frankreich auch anderen zu erschließen, hätte er schwer depressiv werden können. Solange es ihm jedoch weiter möglich war, zu sublimieren und seine Gelehrtenarbeit zu betreiben, konnte er auch seine Kraft und Lebensfreude behalten.

Professor Clovis, Leutnant Keats und Professor Bright zählen nicht zu den Teilnehmern der Studie, die die besten Ergebnisse aufweisen. Bei jedem von ihnen könnte der Psychiater Psychopathologie und der Erforscher gesunder Anpassung Mängel nachweisen; jeder von ihnen zeigte Wesenszüge, die ihn zur Verzweiflung bringen oder in den Augen anderer zum Neurotiker hätten stempeln können. Dennoch wandelte jeder von ihnen seine Schwächen zumindest für eine gewisse Zeit in ein Verhalten um, das ihm sinnliches Vergnügen brachte – Vergnügen, das mit den Gegebenheiten des Lebens in Einklang stand. John Keats, der Dichter, sagte es anders: «Schönes ist wahr und Wahres ist schön – dies ist, was ihr auf Erden wißt, mehr frommt euch nicht.»

7. Kapitel Unterdrückung, Antizipation, Altruismus und Humor

Reife ist die Fähigkeit, Befriedigung aufzuschieben.
Angeblich von Sigmund Freud

Sich an die Realität anpassen heißt, sich ständig weiterzuentwickeln. Deshalb können wir nur die Bewältigungsstile als vergleichsweise gesund betrachten, die der weiteren Persönlichkeitsentwicklung dienen. Unter den Untersuchten waren sechs Männer, die in ihrer Collegezeit als psychisch sehr robust eingestuft worden waren, sich später als Erwachsene jedoch nur mangelhaft anpassen konnten – sie alle wandten unreife Abwehrmittel an. Umgekehrt zeigten sich vier als Studenten für psychisch sehr anfällig befundene Männer im ganzen als sehr gut angepaßt – sie benutzten vorwiegend reife Abwehrmechanismen.

Am Beispiel von Bürgermeister Timothy Jefferson* läßt sich die Wechselbeziehung zwischen reifer Anpassung und fortgesetzter Entfaltung illustrieren, denn im Laufe der Zeit reifte Jeffersons Persönlichkeit wie ein guter Wein. Ursprünglich hatten ihn die Dekane auf Grund seines Empfehlungsbriefes von der High School an die Studie empfohlen: «Tim ist ein Junge, der weiß, was er will und wie er es erreicht.» Als sie ihn dann wirklich vor sich sahen, waren die Mitarbeiter der Grantstudie jedoch nicht sehr beeindruckt. Sie bezeichneten Tim als «gewissenhaften, zurückhaltenden, wenig anziehenden» Burschen. Der Internist nannte ihn «angespannt, steif, farblos, kalt, unreif . . . ein unscheinbarer Junge».

Der neunzehnjährige Timothy Jefferson war Nichtraucher und trank keinen Alkohol; er war allem Anschein nach unfähig, sich zu ärgern und erhielt wegen seiner überaus gedämpften Art auf der Skala zur Messung der psychischen Anpassung nur eine durchschnittliche Punktzahl. Nach seinem ersten Zusammentreffen mit ihm bezeichnete der Psychiater ihn als «äußerst gehemmt, passiv . . . Abstrakte

---

* Timothy Jefferson – Timothy erinnert an engl. «timid» – schüchtern, scheu, blöde; Jefferson – Präsident der USA (zu Beginn des 19. Jahrhunderts).

Ideen bedeuten ihm mehr als Menschen.» Drei Jahre später nannte ihn der Internist immerhin schon «emotional gefestigt, innerlich zufrieden und nach außen hin erfolgreich». Doch fand er Tim immer noch zu ernst und humorlos. Nach fünf Jahren hatte sich das Bild weiter gewandelt; der Dekan der juristischen Fakultät charakterisierte Jefferson als einen «vor Energie strotzenden» Menschen. Wieder zwei Jahre später registrierte der Internist der Untersuchung, der Jeffersons Fallbericht kannte, «starke Veränderungen» bei ihm, «denn er kommt nun tatsächlich aus sich heraus, ist umgänglich im Gespräch und von überaus angenehmer Wesensart».

Fast in jedem Fragebogen wurden die Männer danach gefragt, was ihnen an ihrer Berufsposition am meisten zusage. Am schrittweisen Wandel seiner Antworten läßt sich Jeffersons zunehmende Reife ablesen: Er ging im Laufe der Jahre von der Wertschätzung von Dingen zur Wertschätzung von Menschen über. Hatte er mit fünfundzwanzig noch angegeben, das Lösen von Problemen gefiele ihm am besten, so sagte er mit dreißig: «Tun, was getan werden muß».

Mit vierzig fand er «die Verwaltungsarbeit» am angenehmsten und mit siebenundvierzig, «mit anderen Menschen zusammenzuarbeiten». Ohne die früher gezeigten Eigenschaften der Gerechtigkeit und Ausdauer über Bord zu werfen, hatte dieser farblose junge Mann sich zu einem humanen, klarsichtigen Politiker weiterentwickelt.

Dieselbe Familienarbeiterin, die den adoleszenten Jefferson als «zurückhaltend und wenig anziehend» beschrieben hatte, notierte über den Siebenundvierzigjährigen: «Timmy und ich haben uns herrlich miteinander unterhalten und ausgiebig darüber gelacht, daß er es nicht geschafft hat, den Fragebogen vollständig auszufüllen.»

Als ich 1969 mit ihm sprach, war Jefferson Bürgermeister einer New Yorker Vorstadt auf Long Island. Wie es seiner früher gezeigten Wesensart entsprach, betrat er binnen sechzig Sekunden nach der vereinbarten Zeit mein Büro, doch erschien er nun in einem gutsitzenden Anzug; sein ergrauendes Haar gab ihm einen Hauch von Vornehmheit. Er glich weit mehr einem politischen Schwergewicht als einem erwachsen gewordenen Pfadfinder. In seiner Art war er ungezwungen; der frühere Asket war nun ein Mann, der seine Pfeife heiß und innig liebte. Mit Ausnahme der Momente, in denen er die Augen schloß, sich bedächtig die Nase rieb und tief in Gedanken versunken schien, hielt er den Blickkontakt ständig aufrecht. Zwar immer noch ernsthaft, zeigte er sich nun seiner Umgebung gegenüber doch hellwach und aufgeschlossen. Er erschien kraftvoll, zuversichtlich, redegewandt und doch anderen gegenüber feinfühlig. Nichts war mehr da von der Aura des Abstrakten, die ihn früher umgeben hatte; statt dessen sah er nun die Welt mit Mr. Goodharts Augen – ganz von den Menschen her. Das Gedrückte des Heranwachsenden war verschwunden. Er konnte jetzt herzhaft loslachen, wenn ihn etwas amüsierte, so wie er andererseits, wenn ihn während unseres Gesprächs etwas traurig stimmte, zu seinem Taschentuch griff.

Was mich an Jefferson jedoch am meisten beeindruckte, war seine Fähigkeit, Schwierigkeiten direkt anzugehen. Die beiden Haupthindernisse, mit denen er während seines Erwachsenenlebens zu kämpfen hatte, waren seine Rigidität und gefühlsmäßige Verkrampfung und die Erkrankung seiner Tochter an Mukoviszidose, einer Erbkrankheit, die ihre Lebenserwartung außerordentlich verringerte. Um mit diesen Problemen fertigzuwerden, griff er zu *Altruismus, Antizipation* und *Unterdrückung*.

Jeffersons Mutter hatte der Studie gegenüber bekannt, daß sie Aggressivität bei keinem ihrer Kinder hatte dulden können; wenn ihr Sohn zornig geworden war, hatte sie ihn ausgelacht. Auch Leutnant Keats' Mutter hatte Feindseligkeit nicht ertragen können, worauf ihr Sohn sein Leben lang gegen seinen Ärger ankämpfte. Jefferson dagegen reagierte flexibler. Wie bei Keats bestand auch sein erstes Anpassungsmanöver aus *Reaktionsbildung* (siehe Anhang A). Beispielsweise hatte Jefferson als Collegestudent zu Protokoll gegeben, er gerate nie in Zorn. Dieser Bemerkung hatte er eine bezeichnende Anekdote folgen lassen. Er hatte zuvor am selben Nachmittag beobachtet, wie ein Polizist voller Wut auf einen Jungen einschlug, worauf er nach Hause gegangen war und vor seiner Familie eine flammende Tirade über das, was geschehen war, vom Stapel gelassen hatte. Er setzte hinzu, daß er niemanden hasse, außer denjenigen, die aggressiv seien. Mit anderen Worten: er haßte es, zu hassen.

Sobald Jefferson gelernt hatte, der Reaktionsbildung vergnügliche Seiten abzugewinnen, entwickelte sie sich zu der reiferen Abwehrform des Altruismus weiter. So war er zum Beispiel nicht bereit, sich von den strengen baptistischen Glaubensgrundsätzen zu lösen, nach denen er in seiner Kindheit in Kansas erzogen worden war, und ging deshalb während seiner Collegejahre regelmäßig zum Gottesdienst.

Dabei zeigte sich bald, daß der regelmäßige Kirchgang dem scheuen Jungen aus dem Mittleren Westen Gelegenheit bot, mit anderen Studenten Freundschaft zu schließen und zu pflegen. Die geselligen Kirchenveranstaltungen dienten Jefferson als sichere Gelegenheiten, neue Freundinnen kennenzulernen.

Als Einunddreißigjähriger schrieb er, er erhalte seine größte Befriedigung bei der Arbeit aus dem Bewußtsein, «mit meinen Fähigkeiten einen wertvollen Beitrag zu einem gemeinsamen Zweck zu leisten, was zumindest von einigen auch anerkannt wird». Mit siebenundvierzig erschien es ihm als seine größte Leistung, «die Bürger der Stadt dazu gebracht zu haben, ihre Stadt selbst zu regieren, wovon diese wiederum profitiert hat». Er konnte das sagen, obwohl er zu den Menschen gehörte, die Machtausübung genießen, und obwohl er sich in seiner zwanzigjährigen Tätigkeit als Bürgermeister verdiente Rechte erworben hatte. All das ist umso bemerkenswerter, als Jefferson selbst als Kind jegliche Unabhängigkeit versagt geblieben war.

Die Starrheit und Strenge seiner Eltern in Kansas hatten die «blind raters» so sehr abgestoßen, daß sie Jeffersons Kindheit in die untere Hälfte der Untersuchung eingestuft hatten. Hatte er sich nicht als Neunzehnjähriger darüber beklagt, daß ihn seine Mutter mit übermäßiger Strenge an das Zur-Toilette-Gehen gewöhnt hatte? Hatte sie ihn nicht bloßgestellt, wann immer er versuchte, aggressiv zu sein? Dennoch sagte Jefferson in mittleren Jahren, einem Lebensabschnitt, in dem viele Männer ihre Kindheit zum ersten Mal ohne rosa Brille sehen, seine Mutter verberge «echte Herzenswärme» unter ihrem für die Bewohner des Mittleren Westens typischen gestrengen Gebaren, und seine Berufslaufbahn legte den Gedanken nahe, daß er zumindest zwei Dinge von ihr übernommen hatte. Einmal hatte er sich Oliver Wendell Holmes* zum Vorbild gewählt, «weil er Mut, Wahrheitsliebe und Humor bewiesen und [im Gegensatz zu Jeffersons Mutter] die Unabhängigkeit anderer respektiert hat». Gleichzeitig gab Jefferson in kreativer Identifikation mit seiner überaus anspruchsvollen Mutter an, daß das erstklassige Kanalisationssystem, das er seiner Stadt beschert hatte, sein größter Stolz sei.

Der Bewältigungsmechanismus der Antizipation erlaubt es, ein Er-

---

* Oliver Wendell Holmes – berühmter Richter des amerikanischen Supreme Court und Verfasser philosophischer Schriften.

eignis schon vor seinem Eintreten auf einer affektiven Basis bewußt wahrzunehmen und dadurch die mit ihm zusammenhängenden Ängste und Depressionen abzuschwächen. Antizipation ist in gewisser Weise gleichbedeutend mit dem, was die Psychiater «Einsicht» nennen. Jefferson verfügte schon als Vierzehnjähriger über die Fähigkeit, sich selbst mit den Augen der anderen zu sehen. Er bemühte sich ganz bewußt, seine Schüchternheit zu überwinden. Mit achtzehn beschloß er, vor der Ehe keine sexuellen Beziehungen einzugehen, «weil mich das zu sehr durcheinanderbringen würde». Viele Teilnehmer der Studie, die unbewußt das gleiche empfanden, verlegten die Ursache ihrer Ängste jedoch nach außen und bezeichneten die Angst vor Schwangerschaft und Geschlechtskrankheiten als die eigentlichen gefühlsmäßigen Hindernisse. Mit siebenundzwanzig gehörte Jeffersen zu den wenigen Männern, die der Studie gegenüber aufrichtig zugeben konnten, daß die Ehe ihnen Angst einflößte. Er ging jedoch auf ganz besondere Art mit dieser Angst um, indem er nämlich seine gesamte Freizeit mit Vorbereitungen auf die Hochzeit verbrachte und in der Wohnung, in der er und seine Braut später leben wollten, alle Holz- und Malerarbeiten selbst ausführte. Wie Mithridates sich langsam an Gift gewöhnte, so bereitete auch Jefferson sich in kleinen Schritten, behutsam den kommenden Ereignissen vorgreifend, auf die Ehe vor. Er behauptete, er bescheide sich deswegen mit dem Bürgermeisterposten in einer Kleinstadt, weil ihm schon vor langer Zeit klargeworden sei, daß er für den normalen politischen Kampf zu moralisch denke und außerdem zu viel Angst vor Aggressionen habe. Er wollte jedoch in der öffentlichen Verwaltung tätig sein, weil er damit seiner Introvertiertheit entgegenwirken und mit Menschen zusammenarbeiten konnte.

Jefferson blieb sein Leben lang der überqualifizierte dicke Frosch im kleinen Teich, dem jedoch von allen Seiten Anerkennung entgegengebracht wurde, da seine Fähigkeit zur Antizipation sich nicht allein in Einsicht in seine emotionale Verletzbarkeit umsetzte, sondern es ihm darüber hinaus ermöglichte, sein Leben lang auf alles im Übermaß vorbereitet zu sein. Mit seinem Jura-Examen von der Harvard-Universität und einem Magistergrad in öffentlicher Verwaltung besaß er die qualifizierteste Ausbildung von allen Bürgermeistern Long Islands. Er setzte das Gespräch mit seinen Angestellten als Mittel zur Konfliktlösung innerhalb der Stadtverwaltung ein und griff bewußt auf seine Kenntnisse im Arbeitsrecht zurück. Das zunehmend großzügigere Gehalt, das ihm die Steuerzahler zugestanden, legte Zeugnis ab von seinem Erfolg.

Bürgermeister Jefferson war auch ein Meister der *Unterdrückung*. Nachdem er die Mitglieder des Forschungsstabes der Grantstudie näher kennengelernt hatte, gestand er ein, er sei durchaus nicht frei von dem bei seiner Mutter so verpönten Ärger, denn obgleich ihn nie jemand wütend erlebe, «kocht und brodelt es in mir». (Denken wir dagegen an Dr. Tarrytown, der sich zwar immer wieder zornig verhielt, sich seines eigenen Gefühls dabei jedoch nie bewußt war.) Jefferson wußte während des Krieges sehr wohl, daß er nur ungern in der Marine diente, beklagte sich aber nie. Einmal kam ihm zu Bewußtsein, daß er so wütend auf einen vorgesetzten Offizier war, daß er sich bei der nächsten Gelegenheit auf ihn stürzen könnte. Er bewahrte die Ruhe, sprach jedoch später mit einem Offizierskollegen über seine Gefühle. Anders gesagt: er hielt seine Wut so lange zurück, bis er sie gefahrlos äußern konnte. Ein anderes Mal beobachtete er, wie sein Schiff von einem feindlichen Torpedo getroffen wurde. Mit einer Gelassenheit, die seine Männer erstaunte, verwandte er seine ganze Energie darauf, die Ordnung wiederherzustellen, um sich dann in Ruhe schlafen zu legen. Die antizipatorischen Ängste vor seiner Heirat hatte er bewußt erlebt und deswegen einmal die Beantwortung eines Fragebogens der Studie verweigert, indem er erklärte: «Ich möchte diese Fragen lieber erst später beantworten . . . Gerade in jüngster Zeit hat die betreffende Angelegenheit für mich so sehr an Bedeutung gewonnen, daß meine Einstellung dazu gegenwärtig im Flusse ist.» Einige Zeit später kam er jedoch darauf zurück und berichtete der Studie, was er empfunden hatte. Anders als Unterdrückung verschieben sowohl Verdrängung als auch passive Aggression die peinlichen Anforderungen ins Unabsehbare.

Als ich den siebenundvierzigjährigen Jefferson nach der größten Schwierigkeit bei seiner Arbeit fragte, antwortete er in charakteristischer Weise: «Ich weiß nicht genau, was Sie damit meinen. Ich möchte ja nicht unbescheiden sein, doch von meiner Kompetenz her habe ich keinerlei Schwierigkeiten, mit einem Problem fertigzuwerden. In einer derartigen Situation habe ich mich noch nie befunden.» Auf die Frage, welche Probleme sich bei seiner Arbeit stellten, kam er als erstes darauf zu sprechen, was für wundervolle Mitarbeiter er habe.

Dann faßte er sein eigenes Verhalten in die Worte: «Ich habe sehr viel Geduld. Es dauert sehr lange, bevor ich mich über jemanden aufrege.»

Ich erkundigte mich nach seinen Kindern, worauf er mir sagte, seine Tochter habe Mukoviszidose. «Keiner will eine Voraussage über den weiteren Verlauf ihrer Krankheit wagen.» Gefragt, wie er auf die Nachricht von der Krankheit seiner Tochter reagiert habe, antwortete er: «Es war ein ziemlich harter Schlag, als ich davon erfuhr.» Sich die Nase schneuzend, fuhr er fort: «Mich hat es stärker getroffen als meine Frau. Wir haben das Glück, daß unser Arzt ausgezeichnet ist; er hat uns genau gezeigt, wie wir mit der Krankheit umgehen müssen. Meine Frau macht das alles. Wir haben beschlossen, das Ganze nicht zu einem Problem werden zu lassen.» Das heißt, daß er die Gefährlichkeit der Situation und seine eigene gefühlsmäßige Betroffenheit zwar bewußt erlebte, mir aber dennoch die Lichtseite von allem geschildert hatte, ohne meine Fragen abzuwehren, wie so viele der Befragten es häufig taten. Bei der Durchführung des Behandlungsplanes für Mukoviszidose gaben die Menschen an seiner Seite ihr Bestes. Er *sagte* zwar, er sähe das Ganze nicht als Problem, *verhielt* sich jedoch vollkommen realistisch. Jefferson lebte im Einklang mit seinem Gewissen, seinen Antrieben, der Realität und den Menschen, die ihm wichtig waren. Er vermochte die Bedingungen, die das Leben stellt, klar zu erkennen und zu akzeptieren.

Bevor er mich nach unserem Gespräch verließ, vertraute mir Jefferson voll aufrichtiger Genugtuung an, er habe inzwischen gelernt, mit seiner Frau zu streiten. «Seltsamerweise», so berichtete er mir, «hat sich unsere sexuelle Harmonie durch das Streiten noch verbessert.» Aus fünfundzwanzigjähriger Beobachtung war bereits klargeworden, daß seine Ehe eine der stabilsten der ganzen Untersuchung war. Nun war er soweit gekommen, sie auch zu genießen.

Um die vier reifen Mechanismen Altruismus, Antizipation, Unterdrückung und Humor genauer betrachten zu können, wenden wir uns nun dem Lebenslauf anderer Männer zu.

Altruismus beruht auf der Fähigkeit, Befriedigung daraus zu gewinnen, daß man anderen gibt, was man selbst gern haben möchte. Er stellt eine anpassungsfähige Weiterentwicklung der Reaktionsbildung dar, d. h. einer Abwehr, die es erlaubt, äußerlich einen Kurs zu steuern, der inneren, unbewußten Regungen genau zuwiderläuft. Obwohl man ihn kaum als reine Tugend bezeichnen kann, bildet der Altruismus dennoch eine Art Schutzwall gegen die allerheftigsten Gefühle. Viele der Männer der Studie, die in der Jugend ihre eigenen Triebansprüche abgewehrt und sich die Befriedigung versagt hatten, versöhnten sich nie mit ihren Trieben. Häufig lernten sie jedoch, Befriedigung daraus zu gewinnen, daß sie anderen halfen, gerade die Triebregungen zu genießen, mit denen sie selbst nicht frei umgehen konnten.

An Dr. Jacob Hyde* läßt sich die Beziehung zwischen Altruismus, Gefühlsaufruhr und Reaktionsbildung aufzeigen. Dr. Hyde war ein Mensch voller Widersprüche; und seine Widersprüche kamen vor allem daher, daß er ausgiebig Reaktionsbildung anwandte. Gerade die Leidenschaften, die am heftigsten in ihm tobten, hielt er am strengsten im Zaum. Bei meinem Gespräch mit diesem gefühlsstarken, massigen Mann, dem sich bereits das Haar zu lichten begann, hatte ich das Gefühl, einem schwelenden Vulkan gegenüberzusitzen. Seine an Churchill gemahnenden Kinnbacken waren ohne die ewig glimmende Zigarre kaum denkbar. Genau wie andere Altruisten hatte auch Jake Hyde das Problem, von den Freuden und dem Reichtum des Lebens viel mehr zu wissen, als ihm selbst unmittelbar zugänglich war. Im zusammenfassenden Bericht der Grantstudie war er zunächst als «schwunglos . . . übermäßig ernsthaft und ohne Phantasie» dargestellt worden, und der Dekan der medizinischen Fakultät hatte ihn als «eine ziemlich farblose Persönlichkeit» bezeichnet. Doch der Internist der Studie, der ihn besser verstand, meinte: «Bei ihm spielt sich unter der Oberfläche mehr ab, als man von außen ahnt»; und ein erfahrener Kliniker, der Hyde intensiv getestet hatte, schrieb unmißverständlich: «Hyde ist ein leidenschaftlicher Mensch.»

Unter Hydes Verwandten gab es mehr psychisch Kranke als in nahezu sämtlichen anderen Familien der Studie. Nur bei zehn Teilnehmern der Studie fiel die unabhängige Bewertung der Kindheitsumgebung niedriger aus. Als Sechsjähriger hatte Jake Hyde Katzen sadistisch gequält, doch mit fünfzehn verurteilte er seinen Vater, «einen

---

* Jacob Hyde – vgl. die Erzählung ‹*Dr. Jekyll und Mr. Hyde*› von Robert Louis Stevenson.

großen, breiten, kräftigen Kerl», weil er seinen Jagdhund mißhandelte. Freilich war Hydes eigene Grausamkeit damals noch nicht ganz überwunden. Er arbeitete deswegen einmal den ganzen Sommer im Schlachthof, um sich zu vergewissern, daß man den Tieren so wenig Schmerzen wie möglich zufügte.

Er ließ sich ständig auf Risiken ein. «Unwetter sind etwas Herrliches», rief er aus; «ich würde mich auch im schlimmsten Sturm immer noch vor die Tür wagen!» Als er dann ins College kam, war seine Waghalsigkeit urplötzlich verschwunden. Jake Hyde gehörte zu den ganz wenigen Männern der Studie, die überhaupt nicht am Collegesport teilnahmen. Er gab an, noch nie in seinem Leben verletzt worden zu sein. Tatsächlich hatte ihn jedoch ein Schäferhund, den er als Elf- oder Zwölfjähriger leichtsinnig gereizt hatte, ziemlich schwer gebissen, doch hatte Hyde sich, wie er selbst sagte, «schon immer darum bemüht, Unerfreuliches zu vergessen».

Der fundamentale Konflikt, der bei Hyde Zorn und dann wieder Reaktionsbildung gegen diesen Zorn hervorrief, erwuchs aus der Tatsache, daß er in vielerlei Hinsicht unter seiner Mutter gelitten hatte, während sie – wie im griechischen Drama – ihrerseits selbst von ihrer Mutter gepeinigt worden war. Im College blieb dieser Konflikt noch so weit verborgen, daß Hydes offen zur Schau getragene kindliche Anhänglichkeit noch in Bemerkungen wie der folgenden ihren Niederschlag finden konnte: «Bei keinem der klinisch untersuchten Probanden liegt eine noch verehrungsvollere und dauerhaftere Mutterbindung vor als bei ihm.» Hydes Mutter war nach seinen eigenen Worten «eine strahlende Persönlichkeit», die «Schmerzen ohne einen Laut ertrug». Doch keinem der Mitarbeiter der Untersuchung gelang es, ihr von Angesicht zu Angesicht zu begegnen. Beim Besuch der Sozialarbeiterin hatte sie zu starke Schmerzen gehabt, um herunterzukommen und mit ihr zu sprechen. Die Familienarbeiterin hatte nach ihrem Gespräch mit Hydes Vater notiert: «Ich hatte das Gefühl, daß irgend etwas nicht stimmte, ohne allerdings genau sagen zu können, was das war.»

Das Problem war, daß sich nie ein Beweis dafür finden ließ, daß Mrs. Hydes Schmerzen jemals wirklich vorhanden waren. Mrs. Hyde hatte ihrem Sohn zu verstehen gegeben, seine Geburt sei die Ursache ihres Leidens. In seinen Augen war dieses Leiden so groß, daß er, wie er bekannte, «schon seit der Kindheit Arzt werden wollte, um sie gesundzumachen». Als Adoleszenter befolgte er religiöse Rituale, um zu verhindern, daß sie starb. Nach Ansicht der Mediziner der Studie waren ihre Beschwerden allerdings so deutlich hypochondrisch, daß sie sogar in absentia als Neurasthenikerin erkannt wurde. Mit fünfundvierzig Jahren schrieb Hyde: «Der Gesundheitszustand meiner Mutter ist so gut wie eh und je.» In mittleren Jahren vermochte er zu erkennen, daß sie ihre vielen eingebildeten Krankheiten dazu benutzt hatte, eine tyrannische Herrschaft über ihre Söhne zu errichten.

Vor seiner Ehe hatte Hyde nicht nur auf seinen Zorn mit Reaktionsbildung geantwortet. Als Collegestudent sagte er, er habe «vor Leuten, die trinken, allen Respekt verloren». Er fühlte sich nicht nur deswegen zur Medizin hingezogen, weil er dadurch eine Mutter umsorgen konnte, die ihn selbst nicht umsorgt hatte, sondern auch, weil Ärzte (in direktem Gegensatz zu seinem Vater und ihm selbst als Kind) «niemanden verletzen». Die Mitarbeiter des Forschungsteams hegten jedoch die Befürchtung, sein früher gezeigter Sadismus könne andauern. So hatte der Internist festgehalten: «Sollte Hyde jemals Macht bekommen, was ich allerdings bezweifle, dann wäre er vermutlich starrköpfig und geradezu beängstigend aggressiv.»

Höchstwahrscheinlich dank Hydes Fähigkeit, Reaktionsbildung in Altruismus umzuwandeln, wurde die Befürchtung des Internisten niemals wahr. In Wirklichkeit sorgte Hyde sein Leben lang treu für seine Familie und arbeitete zum Nutzen der Menschheit; was an Ansätzen zu sophokleischer Tragik in ihm war, kam nie zum Ausbruch. Doch ehe es soweit war, wurde die Findigkeit von Hydes Ich auf eine harte Probe gestellt; denn solange ein Mensch nichts hat, für das er aufrichtig dankbar sein kann, erfordert Altruismus einen zu schwierigen seelischen Balanceakt. (Dr. Tarrytown, der sich in der Adoleszenz vorgenommen hatte, ein altruistischer Psychiater zu werden, ohne daß ihm zuvor jemand «unter die Arme gegriffen» hatte, gelangte bei dem Versuch, seinen Plan zu verwirklichen, nie über Wunschphantasien hinaus. Angeblich hatte sich Dr. Hyde der Medizin zugewandt, um seine Mutter umsorgen zu können; doch erst, als er eine Krankenschwester heiratete, trat wahrhaftig Altruismus an die Stelle seines Zorns. Es war wie ein Wunder, daß der Interviewer nach Hydes Eheschließung feststellen konnte, er und seine Frau seien «von allen bisher befragten Paaren das fröhlichste». Und Hyde selbst konnte nach seiner Heirat schreiben: «Ich schulde der Welt so viel mehr, als sie mir schuldet. Ich hoffe nur, daß ich wenigstens einen Teil dieser Schuld zurückzahlen kann.» Kurz: als Neunzehnjähriger hatte Hyde noch seine Sünden abbüßen wollen; mit fünfundzwanzig erbot er sich, für seine Freuden Gegenleistungen zu erbringen.

Nachdem er seine medizinische Ausbildung abgeschlossen hatte, traten die Widersprüche in Hydes Leben noch deutlicher hervor. Hyde gab den Arztberuf auf, um zusätzlich eine Ausbildung als Pharmakologe zu absolvieren – angeblich, weil er den Menschen lieber durch seine Arbeit im Labor als am Krankenbett helfen wollte. Doch als er dann Doktor der Pharmakologie geworden war, nahm er einen Posten am Edgewood Arsenal in Maryland an, wo im Auftrag der Armee die Erforschung von Nervengasen betrieben wurde, die es ermöglichten, unauffällig, geruchlos und beinahe augenblicklich zu töten. Dieses Laboratorium erschien Dr. Hyde als der richtige Ort, um seine eigene Forschungsarbeit über das Azetylcholin, dem chemischen Übermittler der Impulse zwischen den Nerven sowie zwischen Nerv und Muskel, zu verfolgen. Mit schon fast überängstlich anmutender Sorgfalt stellte er sicher, daß seine Forschungsergebnisse nie zur Zerstörung, sondern ausschließlich zu Heilungszwecken verwandt werden konnten. Er hatte ja schließlich nicht Medizin studiert, um seine Mutter umzubringen, sondern um sie gesundzumachen.

Wie viele Grundlagenforscher, so stand auch Jacob Hyde zwischen dreißig und vierzig beständig vor der Frage, wie er seine Energie mehr für andere Menschen als für Laborversuche einsetzen konnte. Die Lösung, die er in den Vierzigern fand, bestand darin, das Edgewood Arsenal zu verlassen und an die Universität zurückzukehren. Dort versuchte er, seine Pharmakologiekenntnisse als Berater der Weltgesundheitsorganisation zu nutzen, im Brainstorming-Verfahren neue Behandlungsmethoden für Schizophrene zu finden und humanitäre Gesichtspunkte in die Abrüstungsdiskussion einzubringen. Wegen seiner intimen Kenntnisse über Nervengase blieb er jedoch weiterhin Berater für die amerikanische Armee.

Als der sechsundvierzigjährige Hyde gefragt wurde, mit wem er über seine persönlichen Probleme spreche, antwortete er genau wie viele andere Altruisten: «Normalerweise nehme ich in derartigen Gesprächen eher die Rolle des Zuhörers ein.» Beim Tod seines Vaters eilte Hyde unverzüglich zu seiner Mutter. Er drängte seinen eigenen Schmerz zurück, um sie besser trösten zu können. Diese Erfahrung lehrte ihn, «wie wichtig es ist, jemand anderen zu haben, für den man sorgen kann, der die eigenen Gedanken ausfüllt und einen vom Grübeln abhält».

Im Laufe eines altruistischen Lebens hatte Jacob Hyde fast soviel Macht erlangt, wie er sich gewünscht hatte. Obwohl er Experte für die Auswirkungen der gefährlichsten Gifte war, die die Menschheit kennt, hatte er sein Wissen immer nur zum Wohle der Menschen eingesetzt. Anders als Dr. Tarrytown hatte Dr. Hyde sich nie durch die Angst vor seinen eigenen Aggressionen lähmen lassen. Also brauchte er sie auch nicht in die sicherere Welt der Phantasie zu verbannen. Wie Märtyrer und Heilige, die Meister des Altruismus, so vermochte Hyde sich seine Leidenschaftlichkeit dennoch nur in einem einzigen Lebensbereich zu bewahren: dem der Religion. Der jugendliche Hyde war den Unterlagen zufolge «von unangefochtener Religiosität» gewesen, und noch als sehr beherrschter Fünfundvierzigjähriger bekannte er: «Meine religiösen Regungen sind immer noch recht intensiv.» Da der Altruismus sich aus genauso starken Energien speist wie die künstlerische Schöpferkraft, kommen auch Heilige und Märtyrer kaum unangefochten an den Fallstricken des Teufels vorbei. Gewiß hatte Hyde aus Schwertern Pflugscharen geschmiedet, doch für einen Friedensstifter hatte er sich dabei in sehr gefährliche Gesellschaft begeben.

Unter dem Abwehrmechanismus der Antizipation verstehen wir vorgreifendes, Erleichterung schaffendes, gefühlsmäßiges Gewahrwerden zukünftigen Unbehagens. Fast ein halbes Jahrhundert mußte vergehen, bevor die Psychoanalytiker auch diesen Prozeß unter die unbewußten Anpassungsmechanismen einreihten. Erst nachdem man in den fünfziger Jahren mit der eingehenden psychiatrischen Erforschung der gesunden Anpassungsvorgänge begonnen hatte, entdeckte man, daß ein gewisser Grad von Angst vor einem zukünftigen Ereignis die Anpassung fördert. David Hamburg untersuchte zusammen mit seinen Mitarbeitern am National Institute of Mental Health psychisch gesunde Eltern von Kindern, die an Leukämie erkrankt waren, sowie gesunde Collegestudenten, die zum ersten Mal außerhalb ihres Elternhauses lebten.[1] Irving Janis studierte psychisch gesunde Patienten, denen eine Operation bevorstand.[2] Die Psychiater, die die Freiwilligen des Peace Corps auf ihren Übersee-Einsatz vorbereiteten, ermittelten, welche Teile des Trainingsprogramms am meisten zu späterer geglückter Anpassung beitrugen.[3] Alle diese Untersuchungen gelangten zu dem Ergebnis, daß der Wert vorwegnehmender, «antizipatorischer» Angst und im voraus erlebten Kummers hoch zu veranschlagen ist. Ob es den Freiwilligen des Peace Corps glücken würde, erfolgreich zu arbeiten, ließ sich in der Tat eher nach ihrer Fähigkeit zum vorzeitigen Erleben zukünftiger Ängste als nach ihrer in psychologischen Tests festgestellten emotionalen Stabilität voraussagen.

Parallel zur Persönlichkeitsentwicklung der untersuchten Männer entwickelte sich auch ihr Gebrauch der Intellektualisierung weiter. Antizipation wurde zum Instrument, durch das sich unwillkürliche Beunruhigung und gefühlsleeres Grübeln über zukünftige Gefahren zu ihrem Nutzen ummünzen ließen. Von den neunzehn Männern, die Antizipation anwandten, hatten alle Freude an ihrer Arbeit, ging keiner je zum Psychiater, war nur einer länger als fünf Tage pro Jahr krank, und bis auf vier Ausnahmen führten alle glückliche Ehen. Antizipieren können beruht vor allem anderen auf der Fähigkeit, zukünftige Gefahren klar zu erkennen und sie dadurch zu entschärfen.

William Foresythe* besaß mehr von dieser besonderen Gabe der emotionalen Voraussicht als alle anderen Teilnehmer der Studie. Bill war für das Außenministerium tätig, von dem er in politische Krisengebiete entsandt wurde, um Störquellen zu finden und zu beheben. Er war auf die Länder Südostasiens spezialisiert. Als ich ihn das erste Mal traf, tauchte die Krise, mit der er rang, täglich in den Schlagzeilen der Zeitungen auf. Jedoch beim Anblick des gutaussehenden, charmanten und selbstsicheren Foresythe wurde ich zuerst einmal an den Filmschauspieler Rex Harrison erinnert. Foresythe war voller Energie, doch entspannt; mit seinen dunklen Koteletten sah er viel jünger aus, als es seinem Alter entsprach. Doch vollführte zur Zeit unseres Gesprächs keiner der Männer der Studie beruflich einen gewagteren Balanceakt als er.

Nicht selten verloren diejenigen der Männer, denen ihr Beruf eine olympische Weltsicht aufnötigte, die Bedürfnisse des einzelnen dabei völlig aus dem Blick. Was mich jedoch an Foresythe besonders beeindruckte, war die Lebendigkeit, mit der er die Menschen schilderte,

---

* William Foresythe – vgl. engl. «foresight»: Voraussicht, Voraussehen.

die in seinem Leben eine Rolle spielten. Voller Erstaunen sah ich, wie ungemein menschlich ein Mann wirken konnte, der in politische Ereignisse von solch außerordentlicher Tragweite verstrickt war.

Foresythes wache Bewußtheit war schon bei seinem ersten Interview für die Grantstudie aufgefallen. Damals hatte der Psychiater notiert, Foresythe gleiche «einem Windhund vor dem Rennen». Weiter hatte er bemerkt: «Foresythe hat einen köstlichen Humor . . . wirkt vertrauenerweckend . . . erscheint in sich gefestigt und verläßlich . . . besitzt Schwung, Energie und Durchsetzungsvermögen.» Doch da William Foresythe sich in seinem Leben stets mehr auf das Vorbeugen (Antizipieren) als auf das nachträgliche Heilen verlegt hatte, waren seine Konflikte auch nicht so einschneidend wie die anderer Männer. Im College hatte er seine Examina bestanden, indem er sich einen genauen Überblick über den zu bewältigenden Stoff verschafft hatte. Der untersuchende Psychiater hatte notiert: «Bill hat sehr viel über Fragen der Lebensführung nachgedacht . . . Seine Überlegungen sind vom Inhalt wie vom Ausdruck her sehr klar.» Zwei Jahre später, im Zweiten Weltkrieg, reagierte Foresythe wieder auf charakteristische Weise: er wurde Infanterieoffizier der Etappe. Seine Vorgesetzten nannten ihn «einen bemerkenswerten Offizier, der systematisch analysierend und mit klarem Verstand an die Probleme herangeht und keinen Auftrag je anders als hervorragend erledigt.» Im Kampf konnten nur unvorhergesehene Gefahren Foresythe Angst einflößen. Auf die Frage, welche Möglichkeiten er durch den Militärdienst verliere, schrieb er zurück: «Ich verschenke dadurch keine Möglichkeiten; wenn überhaupt, schaffe ich mir neue.»

Nach dem Krieg gab es für Foresythe kein Ausruhen. Er schrieb: «Ich habe den starken Wunsch und das dringende Bedürfnis, herauszufinden, auf welchem Gebiet ich mein Bestes leisten kann.» Achtzehn Monate später waren die Weichen für sein berufliches Fortkommen gestellt; fortan brauchte er sich nie mehr darüber Gedanken zu machen. «Auf der Suche nach einem größeren geistlichen und weltanschaulichen Bezug, auf den ich mein Leben ausrichten kann», fing Foresythe mit siebenunddreißig an, in die Kirche zu gehen. Von da an vertiefte sich seine Religiosität immer mehr. Die Ängste der Lebensmitte waren bewältigt, noch bevor sie begonnen hatten.

Als Siebenundvierzigjähriger war Foresythe mit der umfassenden

Analyse der drängenden Probleme, mit denen die Vereinigten Staaten sich in Südostasien konfrontiert sahen, und mit der Planung möglicher Lösungen beschäftigt. Er arbeitete auf einem Beobachtungsposten, der ihm einen besseren Überblick erlaubte als denjenigen, die in Saigon in der Gefechtslinie standen; dennoch hatte er sich nicht völlig von den Sorgen und Nöten der wirklichen Welt gelöst. Während Präsidenten wie Johnson und Nixon, die sich ihre eigenen Ängste nicht eingestehen konnten, die Studentendemonstrationen bedrohlich fanden, schrieb Foresythe 1968, Hippies und protestierende Studenten seien «symptomatisch für eine sich rasch wandelnde Gesellschaft ... Es kommt jetzt vor allem darauf an, wie die Gesellschaft auf diese Symptome reagiert.» Obwohl er im Weißen Haus kein Unbekannter war, gehörte Foresythe nicht zu den Befürwortern der amerikanischen Militäreskalation in Vietnam.

Antizipation gehört zweifellos zu den Mechanismen, die durch eine Psychoanalyse oder durch langfristige Psychotherapie verstärkt werden. Sie beruht bis zu einem gewissen Grad auf der Fähigkeit, Gefühle, die andere Ich-Mechanismen aus dem Blickfeld verdrängen würden, bewußt zu akzeptieren. Foresythe hatte sich im Rahmen der im Weißen Haus abgehaltenen Fortbildungskurse mit psychodynamischen Gruppenprozessen beschäftigen müssen. Bewußt wandte er das dabei erworbene Wissen bei der Bewältigung der in seiner Familie entstehenden emotionalen Konflikte an. Foresythe, der nie einen Psychiater konsultiert hatte, vermochte sich die Früchte psychologischer Einsichten stärker zunutze zu machen als manche andere, die eine Therapie hinter sich hatten.

Im Repertoire der menschlichen Abwehrmechanismen gehört der Humor zu den wahrhaft eleganten Abwehrformen. Wer würde leugnen, daß der Humor neben der Hoffnung eines der wirksamsten Gegenmittel ist, das die Menschheit den Leiden aus der Büchse der Pandora entgegenzusetzen hat? Wie Freud formulierte: «Der Humor kann nun als die höchststehende dieser Abwehrleistungen aufgefaßt werden. Er verschmäht es, den mit dem peinlichen Affekt verknüpften Vorstellungsinhalt der bewußten Aufmerksamkeit zu entziehen, wie es die Verdrängung tut, und überwindet somit den Abwehrautomatismus»[4]. Wie Antizipation und Unterdrückung, so erlaubt es auch der Humor, daß Vorstellung und Affekt im Bewußtsein beisammenbleiben.

Es ist nicht ohne weiteres möglich, Humor genauer zu untersuchen; allzuviel geht durch die Wiederholung verloren. Durch Humor gelöste Spannungen schwelen – anders als durch Verdrängung oder Reaktionsbildung bloß verschleierte Konflikte – nicht weiter, um dann eines Tages erneut aufzubrechen. Aus zeitlicher Entfernung betrachtet treten der Stoizismus des Marc Aurel, die Projektionen Hitlers oder die Sublimierung da Vincis oder Beethovens deutlich hervor; Humor dagegen ist kurzlebig. So zuverlässig wir ihn auch wahrnehmen: genau wie ein Regenbogen entzieht er sich immer wieder unserem Zugriff.

Die Daten der Grantstudie wurden unter Bedingungen erhoben, die den Nachweis des Humors als eine der Hauptabwehrformen erschwerten, doch war er im Anpassungsstil mehrerer Männer deutlich als beherrschendes Motiv zu erkennen. Ich halte es für mehr als bloßen Zufall, daß alle vier Teilnehmer der Grantstudie, die an der humoristischen Zeitschrift ihres College mitgearbeitet hatten, als Kind einen Elternteil durch Tod verloren hatten. In seinem Bericht über einen Sommer, den er zusammen mit seiner trinkenden Mutter verbracht hatte, schrieb ein ehemaliger Redakteur einer humoristischen Zeitschrift an die Studie: «Meine Mutter kam ganz gut klar – spätestens immer dann, wenn sie sich ein paar Klare genehmigt hatte!» Vor die Frage gestellt, wohin er die Mitarbeiterin der Studie am besten ausführen könnte, kam dieser im Elternhaus sehr unglückliche und Frauen gegenüber äußerst schüchterne Junge auf die Idee, mit ihr in den Zirkus zu gehen. Vier Jahre später saß er während der Ardennenschlacht in einem Bauernhaus, das an drei Seiten von Deutschen umstellt war. «Na sowas», wandte er sich zu einem seiner Kameraden, «haben wir's jetzt nicht genau wie in einem dieser zweitklassigen Western!» Durch die Winteroffensive der Deutschen abgeschnitten, gab es für die in den Ardennen kämpfenden Amerikaner kaum Gelegenheit, sich zu waschen. Dieser Mann fand jedoch immer noch die Zeit, nach Hause an die Grantstudie zu schreiben: «Lieber Gott, wenn meine Großmutter das wüßte, würde sie sich im Grab rumdrehen – ihr Enkel hat Flöhe!»

Witz, Clownerie und Karikatur verschieben oder verbergen den Affekt. Wahrer Humor verbirgt nichts, sondern ist, wie Freud erklärte, «ein Mittel, um die Lust trotz der sie störenden peinlichen Affekte zu gewinnen»[5]. Dieser Prozeß läßt sich gut an der Art und Weise verdeutlichen, in der einer der Männer mit dem plötzlichen Tod seines Vaters fertig wurde. «Ich kann mich daran erinnern, daß mir die humorvolle Seite am Tod meines Vaters sogar schon vor seinem Begräbnis aufgefallen ist. Mein Vater hat sein Leben genossen und sich auf alles, was ihm begegnete, voller Begeisterung eingelassen. Ich habe einen Schnappschuß von ihm, der ein paar Stunden vor seinem Tod gemacht worden ist, auf dem ist er mit dem Fisch zu sehen, den er an jenem Nachmittag gefangen hat – es war der größte Fisch, den er in seinem Leben je gefangen hat, und er war ungeheuer stolz ... Seitdem ich das weiß, ist das Gefühl der Trauer bei mir allmählich abgeklungen, und nur die Kameradschaftlichkeit, die in den letzten zehn Jahren seines Lebens zwischen uns war, ist lebendig geblieben. Ich denke nicht sehr oft an ihn, doch manchmal ist er mir ganz nahe.»

Ein dritter Mann zeigte Humor bei dem Bemühen, seine lebenslange Abneigung gegen autoritäres Verhalten zu beherrschen. Während des Krieges litt er sehr unter der militärischen Disziplin, brachte es jedoch fertig, einerseits Kommentare über seine Zwangslage nach Hause zu schreiben, die von hysterischer Komik waren, und andererseits *gleichzeitig* vorzügliche Tüchtigkeitszeugnisse zu erhalten. Auf die Frage der Studie: «Welche Dinge, die Sie selbst nicht gehabt haben, wünschen Sie Ihren Kindern am meisten?», antwortete er: «Jemand, der auf ihre Kinder aufpaßt.» Gebeten, die «hauptsächlichen Arten des Zeitvertreibs, die Sie entwickelt haben», zu nennen, erwiderte er: «Ich habe vor allem weniger Freizeit entwickelt!» Seine Antwort auf meine ungelegene Bitte, mir beim Wiedersehenstreffen zum fünfundzwanzigjährigen Jubiläum des Collegabschlusses zwei Stunden seiner knapp bemessenen Zeit zu widmen, lautete wie folgt:

Lieber Dr. Vaillant,
nach Erhalt Ihrer dringlichen Bitte habe ich mich erneut an das abgegriffene Programmheft – oder sollte ich sagen, die «Bibel» der Abschlußkläßler von 1942 – gewandt. Doch ist bei meinen erschöpfenden Bemühungen leider nur eine weitere Enttäuschung herausgekommen ... Obwohl es wahrscheinlich stimmt, daß jeder, der sämtliche Aktivitäten von Sonntag bis Donnerstag mitmacht, psychiatrischen Beistand nötig hat, wird meine erschöpfte alte Person auf der anderen Seite vermutlich doch noch mehr nach einem Schläfchen ver-

langen, falls sich während dieser Zeit zwei freie Stunden finden sollten.

Das Programm ist tatsächlich so vielfältig und so interessant, daß es während des betreffenden Zeitraums kaum zwei Stunden zu geben scheint, die sich nicht mit mindestens einer Veranstaltung überschneiden oder in die Essens- oder Ankleidezeit hineinreichen. Ich habe schließlich doch noch einen Termin gefunden: Dienstag, den 13. Juni, zwischen 14 und 17 Uhr. Allerdings habe ich gewisse Befürchtungen, daß alle anderen in der Studie Ihnen womöglich denselben Termin genannt haben werden.

Auf jeden Fall sollte die Frage, die Sie mir im Schlußabschnitt Ihres Briefes gestellt haben, damit wenigstens teilweise beantwortet sein: ich interessiere mich nach wie vor für so gut wie alles und bewältige Schwierigkeiten, indem ich mich ihnen beuge.

Er hatte in seinem Brief keinen Hehl daraus gemacht, daß ich ihm ungelegen kam und ihm lästig fiel; zugleich hatte er das jedoch so offen zugegeben, daß ich es ihm nicht übelnehmen konnte. Damit wurde ein Konflikt zwischen Gewissen, Trieb, Realität und einem anderen Menschen auf liebenswürdige Art gelöst.

In meinem nachfolgenden Gespräch mit ihm kam er spontan auf das Thema «Humor» zu sprechen. «Humor hilft mir, mit schwierigen Situationen fertigzuwerden. Durch Humor lerne ich Menschen kennen und komme ihnen näher, doch man muß auch darauf achten, daß nicht einfach nur Witzereißen daraus wird . . . Was ich überhaupt nicht leiden kann, ist eine Angelegenheit, bei der ich nicht lachen kann.» Im gesamten Datenmaterial der Studie findet sich keinerlei Hinweis darauf, daß er sich mit seinem Humor jemals selbst herabgesetzt hätte. Statt dessen gelang es ihm, dreißig Jahre lang produktiv mit seinem tyrannischen Vater zusammenzuarbeiten, und er schnitt von allen Teilnehmern der Studie als einer der Erfolgreichsten ab.

Unterdrückung mit ihrem stoischen Zähnezusammenbeißen und spartanischen Hinausschieben der Befriedigung ist nicht so elegant wie Sublimierung; die Menschenliebe von Altruismus und Humor fehlt bei ihr, und anders als Antizipation wird sie in der Psychiatrie nicht als Tugend, sondern als Laster angesehen. Unterdrückung ist gewissermaßen die plumpe DC-3, das unansehnliche Arbeitstier, der ganz alltägliche Volkswagen unter den Abwehrmechanismen. Mit Unterdrückung kann man leben, doch bringt sie stets die Schönheit der Realität zum Opfer. Dennoch verändert Unterdrückung von allen hier erwähnten Bewältigungsmechanismen die Welt am wenigsten und geht auf die Bedingungen, die das Leben stellt, am besten ein. Geschickt angewandt, gleicht Unterdrückung einem gut getrimmten Segel: jede Einschränkung ist genauestens darauf berechnet, auch noch den kleinsten Windhauch auszunutzen und nicht, ihn zu ignorieren.

Betrachten wir zum Beispiel Richard Lucky*, den Mann mit der unbeschwertesten Kindheit in der ganzen Studie. Es kam kaum einmal vor, daß er subjektiv unangenehme Stimmungen erlebte oder von ihnen berichtete. Sein normales Lebenstempo bestand darin, als der höchste Manager zweier Unternehmen eine Sechzig-Stunden-Woche abzuleisten und dann zur Entspannung am Sonntag zehn Kilometer zu laufen. Doch von einem Tauchunfall, der ihm während des Zweiten Weltkrieges bei der Marine zugestoßen war, berichtete er folgendermaßen: Er befand sich zwölf Meter unter Wasser, das Luftventil war blockiert, das Funkgerät ausgefallen – und er wußte, daß sein Luftvorrat im Taucherhelm nur noch für acht Minuten ausreichte. Augenblicklich erkannte er, daß er selbst überhaupt nichts tun konnte, um sich herauszuhelfen. «Ich dachte, das ist jetzt das Ende... Der Versuch, rasch hochzukommen, hätte nichts genützt und wahrscheinlich auch noch dreimal soviel Luft verbraucht. Ich habe nicht gebetet. Ich habe nur ganz ruhig dagesessen, ein bißchen wie eine alte Kuh, und auf Hilfe gewartet – und ich war tiefunglücklich.» Er war sich seiner Gefühle bewußt, wußte jedoch zugleich auch, daß sie ihm nicht helfen konnten – also hielt er sie bis zu seiner Rettung zurück.

Da Unterdrückung von allen Abwehrstilen am direktesten mit erfolgreicher Anpassung gekoppelt ist, verdient sie ausführlich erörtert zu werden. Amerikas Dichter, unter ihnen Robert Frost, Emily Dikkinson und Edwin Arlington Robinson, haben immer wieder den bittersüßen Lohn aufgeschobener Befriedigung besungen. Die nicht zu unterdrückende Angst dabei ist jedoch, daß der Mensch stirbt oder die Gelegenheit vorübergeht, ohne daß die Leidenschaft je zum Ausdruck gebracht werden konnte. Unterdrückung ist von allen reifen

* Richard Lucky – vgl. engl. «lucky»: glücklich, vom Glück begünstigt.

Abwehrmechanismen am anfälligsten gegen allzu häufigen Gebrauch. Denken wir an den Fall eines Teilnehmers der Studie, eines Yankees vom echten Schrot und Korn, der bekannte: «Ich bin mit meinem Leben zufrieden und habe keine Klagen . . . Die anderen bewundern mich am meisten dafür, daß mir das Lachen leichter fällt als das Weinen.» Gefragt, wie er mit seiner stürmischen Ehe zurechtkomme, gab er zur Antwort: «Ich beiße mir auf die Lippen und lasse das alles erst gar nicht zu einem Problem werden.» In Wirklichkeit war es jedoch so gewesen, daß er für kurze Zeit die Seligkeit einer stürmischen Liebschaft gekostet und auch die Freuden des Weines im Übermaß genossen hatte, bis er dann beide Exzesse unterschiedslos von sich wies. Der Grund war nicht, daß er je an der Aufrichtigkeit oder der Stärke seiner Leidenschaft gezweifelt hätte: im Gegensatz zu Jacob Hyde wandte er keine Reaktionsbildung an. Er konnte sich noch immer lebhaft an die Wonne, im Rausch alles hinter sich zu lassen, erinnern und wußte nur zu gut, daß er einmal wirklich geliebt hatte. Doch war mit seiner Enthaltsamkeit wahrscheinlich seiner Familie wie auch der eng zusammenlebenden Gemeinde in Maine, wo er wohnte, besser gedient. Nur – was war mit ihm? Wenn es sehr hart komme, so sagte er, tröste er sich mit Thoreaus bitterem Satz: «Die Mehrzahl der Menschen bringt ihr Leben in stiller Verzweiflung hin.»

Schon seit der Zeit der alten Griechen zweifelt man an der Weisheit der Stoiker. Mr. Goodhart fand eine treffende Definition der Unterdrückung, als er schrieb: «Ich bin Stoiker; mich wirft so leicht nichts um . . . Es ist keine Frage der Unfähigkeit, Gefühle zu akzeptieren und mit ihnen umzugehen, sondern eher der Neigung, sie mit mir allein abzumachen anstatt mit anderen . . . Ich fühle mich dadurch nicht schlechter, in vieler Hinsicht nützt mir das sogar, doch vom Verstand her bemerke ich natürlich auch die beschränkenden Folgen, die dabei entstehen.»

Kurz bevor er erfuhr, daß er an inoperablem Krebs litt, hatte ein sehr anständiger, ordentlicher Teilnehmer der Studie aus Philadelphia seinen nicht minder anständigen Cousin aus Boston gefragt: «Mein Gott, manchmal frage ich mich, was kostet es uns eigentlich, alles in uns zurückzuhalten?» Der Preis liegt auf der Hand: Wer die Zähne zusammenbeißen kann, braucht keine anderen Betäubungsmittel. Diejenigen unter den hier Untersuchten, die am meisten unterdrückten, brauchten die anderen Abwehrmittel nicht mehr – doch ihr Leben war schmerzhaft.

Wie die Psychiater betonen, besteht seelische Gesundheit unter anderem wesentlich darin, seine Gefühle frei äußern zu können. Kann Unterdrückung, so wird der Leser vielleicht fragen, deshalb nicht schwerwiegende Folgen für die Gesundheit des Betroffenen haben, falls er sie zu lange anwendet? Dank ihres Längsschnittcharakters helfen uns die Ergebnisse der Grantstudie, abzuschätzen, ob Unterdrückung uns einen zu hohen Preis abverlangt. Zwanzig der untersuchten fünfundneunzig Männer benutzten Unterdrückung offensichtlich als Hauptabwehrmaßnahme. Das waren die Stoiker. Daneben standen sechzehn Männer, die entweder nicht bereit oder nicht fähig waren, den Belastungen des Lebens Unterdrückung entgegenzusetzen. Das waren die «Lotusesser»*.

Der Vergleich zwischen beiden Gruppen ist aufschlußreich. Von den zwanzig Stoikern erschienen fünf eher farblos; doch unter den sechzehn Lotusessern fanden sich acht, die entweder schizoid (praktisch unfähig zu jeglicher Intimität) oder chronisch depressiv waren. Tarrytown gehörte zum Beispiel zu den Lotusessern; Jefferson, Lion und Clovis waren Stoiker.

Es kann wohl kaum überraschen, daß die Berufslaufbahn der Stoiker sehr viel günstiger ausfiel als die der Lotusesser. Diese Beobachtung ließe sich auch als Krankheitserscheinung der protestantischen Arbeitsethik abtun. Doch wie sah es bei den Ehen aus? In Lied und Sage erscheint das Leben der Lotusesser sehr viel süßer. Landstreicher und fröhliche Huren haben mehr vom Leben als verkniffene öffentlich vereidigte Buchprüfer. So meinte einer der Stoiker, seine Ehe werde «durch Willensanspannung statt durch Anziehung» zusammengehalten. Ein anderer bekannte, er habe sich schon vor fünfzehn Jahren mit der Tatsache abgefunden, daß seine Ehe nie glücklich werden könnte. «Es ist klar», so setzte er hinzu, «daß wir außer

---

* Lotusesser (Lotophagen) – in der griechischen Sage ein freundliches Märchenvolk, dessen wohlschmeckende Lotusspeise Vergessen bewirkte. Als ihre Heimat galt Syrien. Als Odysseus auf seiner Heimfahrt zu ihnen gelangte, mußte er seine Gefährten, die zur Erkundung ausgezogen waren, von den Lotophagen Lotus zum Mahl erhalten hatten und deshalb nicht zurückkehren wollten, mit Gewalt auf das Schiff zurückbringen.

Kindern nichts zustande gebracht haben . . . Unser Liebesleben ist ziemlich hoffnungslos, doch sowie einmal das erste Jahr ohne sexuelle Beziehungen vorbeigegangen ist, hat man es geschafft.» In seiner Ehe fühlte er sich «wie ein Mann mit einer kranken Mutter: man kann entweder selbst für sie sorgen oder sie ins Altersheim bringen». Er entschied sich dafür, durchzuhalten, und schloß seine Antwort auf dem Fragebogen mit einer Bemerkung, die nur ein Stoiker machen kann: «Nebenbei bemerkt, liegt die Schuld ja auch zur Hälfte bei mir.»

Wenn man jedoch die Ehen beider Gruppen systematisch miteinander vergleicht, erscheint Unterdrückung mehr als Segen denn als Fluch. Nur zwei der zwanzig Stoiker waren geschieden, und ebenfalls nur zwei von ihnen (die oben Zitierten) ertrugen ihr Eheleben nur zähneknirschend. Acht der Ehen der Stoiker gegenüber drei bei den Lotusessern wurden als «ausgezeichnet» eingestuft. Auf die sechzehn sogenannten Lotusesser entfielen zehn Scheidungen; bei neun von ihnen war die sexuelle Harmonie «nicht so gut wie gewünscht» oder überhaupt nicht vorhanden.

In den Mythen führt Stoizismus zu emotionaler Sterilität. Doch im systematischen Vergleich stellt sich diese Verallgemeinerung als Scheinwahrheit heraus. So war einer der Stoiker als Collegestudent von seinem Dekan zwar als «ungesellig» und «der unzugänglichste Gesprächspartner, den ich je vor mir hatte» bezeichnet worden, und der Psychiater hatte angemerkt: «Er hat eine undurchsichtige Art, die es schwer macht, sich in seine Gefühlsreaktion einzufühlen . . . Seine Affekte haben etwas Lebloses.» Doch zeigt der Vergleich der Beziehungen der Stoiker zu ihren Eltern, Ehefrauen und Freunden mit den entsprechenden Beziehungen der Lotusesser, daß nur ein *einziger* Stoiker so schlechte Sozialbeziehungen (wie sie sich in seinem Punkteergebnis auf der in Anhang C abgedruckten Sozial-Anpassungs-Skala ausdrückten) aufwies wie umgekehrt *elf* der Lotusesser. Wie die Zäune in Robert Frosts Gedicht, so macht auch Unterdrückung gute Nachbarn.

Als einer der Stoiker als Neunundzwanzigjähriger im Rahmen des Thematischen Apperzeptionstests gebeten wurde, zu einem mehrdeutigen Bild eine Geschichte zu erzählen, begann er: «Also, das ist wahrscheinlich jemand, der sich in den Schlaf geweint hat»; worauf er sich bemühte, das Thema zu wechseln. Als der Untersucher ihn drängte, mit der Geschichte fortzufahren, begann er zögernd: «Mir fällt einfach keine Geschichte dazu ein . . . Ich kann das einfach nicht . . . Ich weiß nicht, wieso . . . Ja, vielleicht hat er etwas nicht bekommen, was ihm ziemlich wichtig war.» Widerstrebend erzählte er dann, daß er als Kind einmal lange Zeit von seinen Eltern getrennt gewesen war. Als ich denselben Mann als Siebenundvierzigjährigen nach den Trennungs- und Heimwehphasen seiner Kindheit fragte, bagatellisierte er sie und erklärte, seine Lebensphilosophie sei: «Sich über Schwierigkeiten hinwegtrösten oder sich durchkämpfen und dabei immer möglichst ruhig zu bleiben.» Ihm hatte die geglückte Unterdrückung seiner Gefühle einen hohen Preis abverlangt. Mit neunzehn hatte man noch über ihn notiert: «Ein Windhund . . . hochgebildet, äußerst sensibel . . . hohe Sensibilität . . . beschäftigt sich am liebsten mit Dingen, die etwas mit Gefühlen zu tun haben.» Als ich mit dem Siebenundvierzigjährigen zusammentraf, entdeckte ich voller Entsetzen, daß dieser einstige Dichter, dessen Umgangsformen an die «der Zöglinge feiner englischer Internatsschulen» erinnert hatten, nun nur noch die Narben des Lebens zeigte. Er kam in einem T-Shirt daher, sein Gesicht war hart und faltendurchzogen, seine Art und Redeweise so derb wie die Archie Bunkers*. Aus dem künstlerisch begabten Collegestudenten war in mittleren Jahren ein ängstlicher Mann von der Dickfelligkeit eines New Yorker Taxifahrers geworden.

Ich zitiere hier absichtlich die Ausnahmen. Im allgemeinen zeigten die Stoiker nicht mehr emotionale Verhärtung als die Lotusesser. Nur einen Stoiker, doch acht Lotusesser konnte man als seelisch krank bezeichnen. Die letzteren zeigten fünfmal so häufig die Merkmale Abhängigkeit, Passivität, Angst vor der Sexualität, Selbstzweifel und Pessimismus. Es entsprach nicht unseren Erwartungen, aber aus dem Datenmaterial folgte, daß die Lotusesser und nicht die Stoiker auf eine an Zuwendung arme Kindheit zurückblickten. Das befriedigte Kind kann die Befriedigung hinausschieben, und Erwachsene benehmen sich nur dann wie verwöhnte Kinder, wenn sie nicht zuviel, sondern zuwenig Liebe bekommen haben.

Anstatt ihre Schwierigkeiten nach Art unverbesserlicher Optimisten nicht wahrhaben zu wollen, wandten die Stoiker tatsächlich weniger Dissoziation (neurotische Realitätsverleugnung) an als die Lo-

---

* Archie Bunker – eine Art amerikanischer «Alfred Tetzlaff».

tusesser. In zahlreichen Arbeiten über psychosomatische Symptome wird davon ausgegangen, daß derjenige, der seine Gefühle zurückhält, Gefahr läuft, krank zu werden. Sicherlich waren unter den Stoikern Männer mit Bluthochdruck, Magengeschwüren, Kopfschmerzen und selbstverständlich auch Hämorrhoiden. Doch bei den Lotusessern traten diese Beschwerden mit derselben Häufigkeit auf. In der Tat schnitten die Stoiker bei den meisten die körperliche Gesundheit betreffenden Parametern sogar besser ab. Zum Beispiel war die Wahrscheinlichkeit bei ihnen eindeutig geringer als bei den Lotusessern, daß sie an Kopfschmerzen, Verstopfung, Magenschmerzen und Schlaflosigkeit litten; vielleicht ließen sie diese Leiden auch einfach nicht zu. Nicht die Stoiker, sondern die Männer, die eine karge Kindheit gehabt hatten, litten unter Bluthochdruck.

Anhand des Lebenslaufs von Eben Frost* läßt sich der Abwehrvorgang der Unterdrückung sehr gut darstellen. Eben Frost war in einer Farmerfamilie aufgewachsen, die mühselig ihre 1000 Dollar jährlich aus einem Hügel in Vermont kratzte. Eben half im Sommer in der Molkerei seiner Eltern und ging im Winter acht Kilometer zu Fuß in eine Zweiklassenschule. Er wußte damals schon, daß er sehr einsam war und daß er einmal einen Beruf ergreifen wollte, der ihn mit anderen Menschen in Berührung brächte. In stummer Auflehnung gegen das tägliche Einerlei auf der Farm faßte er als Zehnjähriger den Entschluß, einmal für immer wegzugehen. Er wollte zum College gehen und danach in Harvard Jura studieren – und genau das tat er auch.

Bei meinem ersten Zusammentreffen mit Frost fand ich einen liebenswürdigen, warmherzigen, fröhlichen und aufgeschlossenen Mann, der sich sehr für andere interessierte. Trotz seiner Ruhe war Eben Frost doch ein ganz anderer Mensch als Horace Lamb. Seine Sprache war eindeutig und klar, und seine Ungezwungenheit wirkte ansteckend. Frost war ein gutaussehender, überaus humorvoller Mann, der als Fünfundvierzigjähriger weitaus mehr an einen Museums- oder Krankenhauskurator oder an einen jener auf den Autorastplätzen beim Picknick anzutreffenden «Ehemaligen» einer Ivy-League-Universität erinnerte als an einen armen Farmersjungen. Im Gegensatz zu Lamb schilderte Frost alle seine Unternehmungen ganz von den Menschen her, die daran beteiligt waren. Erst als ich ihn nach

---

* Eben Frost – erinnert an den amerikanischen Dichter Robert Frost.

einer Stunde dazu zu bringen versuchte, offen über emotionale Konfliktzonen zu sprechen, zeigte sich, daß auch seine Wohlgelauntheit ihre Grenzen hatte. Wie bei einem scheuenden Pferd wurde sein Verhalten immer weniger kooperativ und schließlich sogar so abrupt, daß ich das Gespräch rasch auf weniger konfliktgeladene Themen zurücklenkte. (Dagegen verführte die Freiheit des psychiatrischen Gesprächs diejenigen Männer – namentlich Ärzte –, die charakteristischerweise wenig Unterdrückung anwandten, dazu ganz aus sich herauszugehen und die schmerzhaften Seiten ihres Lebens mit teils kathartischer, teils bekennerhafter Aufrichtigkeit vor mir auszubreiten.)

Im Umgang miteinander waren die Mitglieder der Familie Frost nicht sehr herzlich gewesen. Über Gefühle war nie gesprochen worden. Und doch mochten sich die Familienmitglieder, wenn sie das auch nie offen aussprachen. Eben urteilte vielleicht doch zu hart, als er erklärte: «Familienbande – wenigstens intime Familienbande – hat es bei uns praktisch nie gegeben.» Sein Vater wurde als «unerschütterlich» und als «imposanter Charakter mit der Moral der alten Welt» beschrieben. Die Mutter «machte sich nie unnötige Gedanken»; sie teilte der Studie wenig über Eben mit, außer, daß es «angenehm war, Eben um sich zu haben. Wenn es im Hause irgendeine Geduldsarbeit zu tun gab, holten wir ihn herein.» Bevor er die Farm verließ, um zum College zu gehen, war Eben in der Tat ein überaus hilfsbereites Kind gewesen. Anders als Lamb oder Tarrytown hatte er Intimität früh zu schätzen gelernt. Er hatte zwar in der High School «stets die Nase vorn gehabt» und bei der Entlassung die Abschlußrede gehalten, doch bestand sein größtes Talent laut eigener Aussage darin, «leicht Freunde zu gewinnen». Im College hatte er am liebsten Mannschaftssport betrieben, und in seinem Beruf als Jurist befriedigte ihn sein ganzes Arbeitsleben hindurch «der direkte Klientenkontakt» am meisten.

Als Eben Frost in die Untersuchung aufgenommen wurde, hatte man ihn als «ausgeglichen, äußerst freundlich, sehr aktiv, durchsetzungsfähig und energisch» eingeschätzt. Einer der Beobachter hatte damals bemerkt: «Er scheint mir ein außergewöhnlicher Bursche zu sein.» An diesem Eindruck sollten die folgenden dreißig Jahre wenig ändern.

Schon als Achtzehnjähriger sah Frost ein, daß seine Selbstgenügsamkeit ihm einen Preis abverlangte. «Ich hasse niemanden», sagte er, «aber manchmal habe ich Angst, ich könnte auch niemanden lieben.» Er bewunderte «lateinische Ehen», bei denen die Partner, wie er dachte, ganz ineinander aufgingen. Später meinte er: «Anscheinend bin ich so selbstgenügsam, daß ich Krisen überhaupt nicht kenne. Das heißt nicht, daß immer alles glatt ginge, nur macht mir eben nichts wirklich zu schaffen. Bestimmt ist das nicht unbedingt eine ideale Veranlagung – aber ich bin schon immer so gewesen.» Mit fünfundzwanzig sagte Frost über sich: «Ich nehme alles leicht», und zwanzig Jahre später: «Ich bin ungeheuer vernünftig.» Doch hatte er auch seine unverhohlene Freude daran, wie er andere mit seiner sanften Liebenswürdigkeit reizen konnte.

Für Frost war Unterdrückung eine Lebensgewohnheit. Als der Militärdienst die Berufspläne des Einundzwanzigjährigen durchkreuzte, erklärte er, der Krieg habe seine Berufslaufbahn «etwas durcheinandergebracht . . . Aber schließlich tut er das bei einem jeden von uns. Außerdem leiste ich damit meinen Beitrag zu den Kriegsanstrengungen.» Die zahlreichen Fragen nach Verlobung und Heirat in den Fragebogen der Studie beantwortete er stets verschwommen, bis er eines Tages im lakonischen Stil Calvin Coolidges* mitteilte: «Im Urlaub geheiratet» – nichts weiter. In Wirklichkeit hatte Frost seine Hochzeit jedoch schon seit Monaten geplant.

Auf die wiederholten Anfragen der Studie nach Eheproblemen erwiderte Frost: «Nur Einfältige oder Lügner werden sagen: ‹keine›, doch genau das ist meine Antwort.» Zwanzig Jahre weiterer Beobachtung erbrachten, daß er weder einfältig noch unaufrichtig war. Als Dreißigjähriger hatte er angegeben, der Mensch, den er am meisten bewundere, sei seine Frau; als Siebenundvierzigjähriger hatte er seine Ehe als stabil bezeichnet. Seine einzige Sorge sei, wieweit seine emotionale Selbstgenügsamkeit für seine Frau ein Problem darstelle; er selbst jedoch habe keinerlei Probleme mit seiner Frau.

Als sein Vater starb, fuhr Frost – anders als Tarrytown – zur Beerdigung in seinen Heimatort. Er bemerkte jedoch dazu: «Manche Menschen tun ja so, als ob es den Tod nicht gäbe und täuschen sich absichtlich selbst. Ich hielt es für meine Pflicht, an der Beerdigung teilzunehmen . . ., doch sah ich keinen Sinn darin, noch länger dort

---

* Calvin Coolidge – früherer, aus Neuengland stammender amerikanischer Präsident mit dem typischen wortkargen Yankee-Humor.

zu bleiben. Gegen den Leichenschmaus, der danach stattfand, hatte ich heftige Bedenken – nicht heftige, aber ich war einfach dagegen... Die ganze Zeit, in der ich da war, habe ich ihn kein einziges Mal angesehen.»

Doch wurde Frosts Gesundheit danach, daß er seine Gefühle zurückhielt, nicht in Mitleidenschaft gezogen. Der Internist hatte den Gesundheitszustand des Achtzehnjährigen als «außergewöhnlich gut» bezeichnet. Frost hatte als Siebenundvierzigjähriger noch immer *keinen Tag* im Krankenhaus gelegen, noch *nie* aus Krankheitsgründen die Arbeit versäumt und seinen Gesundheitszustand mehr als drei Jahrzehnte hindurch stets als «vorzüglich» charakterisiert. Doch Frost gehörte nicht zu den Mitgliedern der Christian Scientists, die der Wahrheit nicht ins Gesicht sehen wollen. Er ließ sich regelmäßig untersuchen. Wie eine kürzlich vorgenommene körperliche Untersuchung ergab, waren Hämorrhoiden der einzige körperliche Defekt, den er aufwies.

Hinsichtlich seiner Anpassung an die Lebensrealität lag Frost eindeutig im obersten Drittel der Untersuchten. Als Industrieanwalt in New York war er von allen seinen Kollegen wohl der einzige, der es fertigbrachte, nur vierzig bis fünfzig Stunden pro Woche zu arbeiten. «In meiner Praxis gerate ich nie unter Druck; ich habe mir eine streßfreie Arbeit ausgesucht... Ich bin der unbelastetste Mensch, den man sich vorstellen kann.» Mit seinen Kollegen hatte er keinerlei Schwierigkeiten. Er war Präsident der Parent Teacher Organisation* ein dem Vorort, in dem er wohnte. Fünf Jahre vorher hatte Frost ehrlich zugegeben: «Meine Karriere als Jurist befriedigt mich nicht, so daß ich wohl um die große Frustration nicht herumkommen werde.» Als er in der Lebensmitte Zwischenbilanz zog, wünschte er, er wäre lieber Künstler geworden. Er tröstete sich damit, Pläne für den Bau eines eigenen Hauses zu entwerfen. Sechs Jahre später hatte er seine Berufslaufbahn als Jurist so neugeordnet, daß der direkte enge Kontakt mit anderen Menschen, nach dem er sich sehnte, häufiger wurde. Er übernahm die Verantwortung für die Anleitung junger Mitarbeiter, worauf er mir bald voller Begeisterung sagen konnte: «Meine Arbeit regt mich an.»

---

* Parent Teacher Organisation – der aus Eltern und Lehrern gebildete Beirat der kommunalen Schulen in Amerika.

Zusammenfassend läßt sich sagen, daß die Befunde aller Probanden der Studie darauf hindeuten, daß die Mechanismen der Unterdrückung und Antizipation am häufigsten mit faktischer seelischer Gesundheit, lebendigen Sozialbeziehungen und erfolgreichem Berufsleben einhergehen. Bei den schwach Angepaßten spielen diese Abwehrformen offenbar nur eine geringe Rolle. Sublimierung und Altruismus wurden dagegen mit gleicher Häufigkeit bei den schwach Angepaßten wie bei den Erfolgreicheren angetroffen. Diese Abwehrmechanismen halfen den Betroffenen immer wieder aus der Klemme und wiesen (wie sich an der Berufslaufbahn von Bright, Goodhart und Hyde erkennen läßt) sichere Auswege aus dem Strudel der Konflikte. Von den (im nächsten Kapitel dargestellten) neurotischen Abwehrmechanismen unterscheiden sich Sublimierung und Altruismus vor allem durch ihre elegante Mühelosigkeit, ihre Flexibilität und die Fähigkeit, zukünftiges wie gegenwärtiges Leiden zu lindern.

8. Kapitel Die neurotischen Abwehrmechanismen

> Für uns ist die Erde ein Aufenthaltsort, wo wir alle möglichen Bilder und Töne in Kauf nehmen müssen, und auch Gerüche, weiß der Himmel – wo wir gewissermaßen vergammeltes Hippopotamusfleisch einatmen müssen, ohne uns anstecken zu lassen. Und da, nicht wahr, kommt es dann auf die Seelenstärke an, auf die Fähigkeit, das Zeug unauffällig zu verscharren – darauf, daß einer imstande ist, nicht in sich selber, sondern in irgendeiner ruhmlosen, zermürbenden Arbeit aufzugehen.
>
> JOSEPH CONRAD
> *Das Herz der Finsternis**

Freuds originellste geistige Leistung liegt vielleicht nicht so sehr in seiner Erkenntnis, daß psychische Störungen nicht im Vorstellungs-, sondern im Gefühlsbereich der Person wurzeln, oder in seiner Entdeckung, daß unser Wachleben in unseren Träumen wiederkehrt und die Träume von unbewußten Gefühlsregungen beherrscht werden: all das haben die Dichter schon seit Jahrhunderten, wenn nicht seit Jahrtausenden gewußt. Vielmehr hat Freud die Psychologie des neunzehnten Jahrhunderts auf den Kopf gestellt, indem er zeigte, daß aus dem Rahmen des Normalen fallendes menschliches Verhalten nicht unbedingt unmoralisch oder geistesgestört zu sein braucht, sondern daß es genau umgekehrt kompensatorisch und anpassungsfördernd wirken kann. In seinem 1894 erschienenen Aufsatz «Die Abwehr-Neuropsychosen» wies Freud darauf hin, daß es möglich ist, Gefühle säuberlich von den dazugehörigen Vorstellungen, vom Bewußtsein und von ihrem Objekt zu trennen.[1] Die Folge solch abwehrenden Umgangs mit dem eigenen Gefühl ist die Entstehung von Neurosen. Wie wir in den vorangegangenen Kapiteln bereits gesehen haben, *modifizieren* reife Abwehrmechanismen Gefühl, Vorstellung,

---

* Hier zitiert nach: Joseph Conrad: Meistererzählungen. Deutsch von Fritz Güttinger. Zürich 1977.

Subjekt und Objekt, jedoch ohne dabei jemals eine dieser Instanzen ganz zugunsten der anderen aufzugeben. Sublimierung und Altruismus lenken Gefühle in bestimmte Bahnen, ohne sie zurückzustauen. In diesem Kapitel soll untersucht werden, wie Freuds «Abwehr-Neuropsychosen» uns dabei helfen, Gefühlsregungen, Vorstellungen, geliebte Menschen, ja manchmal sogar das eigene Selbst sozusagen «unauffällig zu verscharren».

Ich habe bereits darauf hingewiesen, daß die fünf Mechanismen der Intellektualisierung (Isolierung), Verdrängung, Verschiebung, Dissoziation und Reaktionsbildung das Fundament der Psychoneurose bilden. Den Zwangsvorstellungen liegt Isolierung zugrunde; Verschiebung kann zu Phobien und hysterischer Lähmung führen; beide Mechanismen zusammen erklären Zwanghaftigkeit. Dissoziation ist der hinter Bewußtseinslücken und Persönlichkeitsspaltung stehende Mechanismus; in der Kombination mit Verdrängung führt Dissoziation zu Hysterie. Reaktionsbildung endlich gebiert Büßerhemd und Asketentum. Doch lassen Psychiater und Psychologen zu häufig außer acht, daß die «ruhmlose, zermürbende Arbeit» der Neurose genausogut der Anpassung wie der Selbstzerstörung dienen kann. Jeder Teilnehmer der Studie wandte diese Abwehrmaßnahmen häufig und bisweilen sogar zu seinem deutlichen Vorteil an. Tatsächlich litten die beiden Männer, die praktisch keinerlei neurotische Mechanismen gebrauchten, ständig unter Konflikten, und beide bezeichneten sich selbst als «chronisch depressiv».

Verdrängung stellt die elementare Form des Abwehrmechanismus dar – was du nicht ertragen kannst, das vergiß. In der Tat hat Freud die beiden Termini «Abwehr» und «Verdrängung» lange Zeit gleichwertig nebeneinander benutzt. «Die Verdrängungslehre», so schrieb er, «ist nur der Grundpfeiler, auf dem das Gebäude der Psychoanalyse ruht»[2]. Unter Psychoanalytikern würde meine Behauptung, Verdrängung stelle nur eine Abwehr unter anderen dar, noch heute viele Gegner finden.

Äußerlich gesehen ist Verdrängung an einer seltsamen Vergeßlichkeit zu erkennen. Seltsam wirkt der aus der Verdrängung resultierende Gedächtnisschwund deswegen, weil der der verdrängten Vorstellung anhaftende Affekt im Bewußtsein verbleibt und die Vorstellung selbst auf scheinbar unerklärliche Weise wieder auftaucht, wenn auch in verkleideter Form. Oft kann die Person, die einen Bewußtseinsinhalt verdrängt, noch Assoziationen an das Vergessene knüpfen. So hatte einer der Probanden der Studie als Neunzehnjähriger erklärt, alle Kindheitsereignisse, die vor seinem siebten Lebensjahr lägen, wären seinem Gedächtnis vollständig entfallen; andererseits gab er jedoch an, Gedichte stiegen manchmal «schon als Ganzes» aus seinem Unbewußten auf. Jahre später sollte ihm das Gedichteschreiben die kathartische Verarbeitung schmerzhafter, verdrängter Kriegserfahrungen ermöglichen.

Über einen anderen, damals neunzehnjährigen Teilnehmer der Grantstudie hatte der Psychiater notiert: «Sein Erinnerungsvermögen für frühe Ereignisse ist ausgesprochen schwach.» Der Internist der Studie hatte bemerkt: «Das schlechte Gedächtnis dieses Mannes sowie seine auffallende Ungenauigkeit hinsichtlich seiner Lebensdaten haben mich sehr erstaunt.» Als Zweiunddreißigjähriger vermochte derselbe Mann jedoch zu sagen: «Ja, ich erinnere mich ganz deutlich an die Streitigkeiten in meiner Familie», worauf er zum erstenmal die heftigen Auseinandersetzungen zwischen seinen Eltern schilderte, unter denen er als Kind sehr gelitten hatte. Als er siebenundvierzig war, traten Wutanfälle bei ihm auf. Er konnte nicht erklären, wodurch sie hervorgerufen wurden, doch jedesmal, wenn er die Anfälle erwähnte, mündeten seine Assoziationen in unterdrückte Kritik an seiner Frau. Bei unserem Gespräch erregte er dadurch meine Verwunderung, daß er sich nicht an das Sterbedatum seiner im vergangenen Jahr verstorbenen Mutter zu erinnern vermochte. Er meinte: «Wie merkwürdig, daß mir das entfallen konnte», und fing an, seine Schreibtischschublade nach einem Zeitungsausschnitt zu durchwühlen, der ihm dann das gesuchte Datum ins Gedächtnis zurückrief. Bekanntlich bildet derartiges assoziatives Durchwühlen geistiger Schubladen das Kernstück der Psychotherapie und der dabei erfolgenden Wiederentdeckung verdrängter Erinnerungen.

Richard Lucky zeigte sich fast sein ganzes Leben lang als ein Meister gesunder Verdrängung; vielleicht erschien seiner Umwelt deswegen als so sehr vom Glück begünstigt. Einmal hatte er geschrieben: «Ängstlichkeit ist unser schlimmster Feind. Sobald ich merke, daß ich mich in einem Teufelskreis aus Ängsten und Sorgen verfangen habe, versuche ich, mir herauszuhelfen, indem ich einfach nicht mehr an die betreffende Situation denke . . . Prinzipiell habe ich es immer als höchst wohltuend empfunden, das Positive hervorzuheben und das Negative wegzuschieben.» Einmal sandte er der Studie einen Fragebogen mit der folgenden Bemerkung zurück: «Ich habe diesen Bericht unter meinen Papieren gefunden. Er war schon versiegelt und fertig zum Abschicken, doch dann muß er verlegt worden sein.» Tatsache war, daß Lucky den Fragebogen zwei Jahre zuvor erhalten hatte, zu einem Zeitpunkt, als er beruflich in eine Sackgasse geraten war; er hatte «nicht daran gedacht», ihn abzuschicken, bis er seine Karriere wieder in ein zielgerichtetes fließendes Fahrwasser gesteuert hatte. Sobald die Gefahr beruflicher Stagnation überwunden war, konnte auch das Verdrängte zurückkehren, und Lucky vermochte der Studie mitzuteilen, wie sehr er damals mit seiner beruflichen Laufbahn unzufrieden gewesen war.

Als Fünfundvierzigjähriger lebte Lucky in einer der besten Ehen der ganzen Studie, wenn sie auch vielleicht die Vollkommenheit nicht ganz erreichte, die er mit den Worten: «Sie werden es mir nicht glauben, doch wir haben überhaupt keine Meinungsverschiedenheiten, weder im großen noch im kleinen» angedeutet hatte. Während unseres Gesprächs hatte Lucky auch erwähnt, er sei so glücklich, noch nie eine Krankenhausbehandlung nötig gehabt zu haben. Doch erinnerte ihn sein siebzehnjähriger Sohn, der im Zimmer anwesend war, daran, daß er vor zehn Jahren wegen eines Beinbruchs im Krankenhaus gelegen hatte. Am meisten kommt es dabei jedoch auf die Tatsache an, daß Lucky in seinem ganzen Leben noch nie ernstlich unter seiner Vergeßlichkeit gelitten hatte.

Der Lebenslauf Richard Stovers[*] bekräftigt die These, daß Verdrängung nicht unbedingt in die Neurose führen muß. Dick Stover war ein vergnügter, gesunder Mensch. Als ich zu unserem Gespräch bei ihm eintraf, übte er im Hof hinter seinem Haus mit seinen beiden Söhnen Baseballwürfe. Den Handschuh abstreifend, geleitete er mich ins Haus, wo wir uns zusammen in sein schlichtes, gemütliches Wohnzimmer setzten, er in einem einfachen karierten Baumwollhemd, ich in einem formellen Anzug. Stover war ein großer Mann mit großen kräftigen Händen und der vertrauenerweckenden Naivität, die Eben

---

[*] Richard Stover – erinnert an engl. «to stover»: sich sträuben.

Frost vielleicht behalten hätte, wenn er nie aus Vermont weggegangen wäre. Stovers Sprechweise war langsam und von lakonischer Kürze. Er wirkte entspannt und innerlich ausgeglichen. Seine betont ruhige und vernünftige Art wirkte eher vertraueneinflößend als irritierend, beruhte sie doch nicht auf der Realitätsverleugnung des unverbesserlichen Optimisten, sondern auf dem inneren Frieden eines Menschen, der sein Leben von überflüssigem Ballast frei hielt. Scheinbar achtlos war er an den Türen zu beruflichem und sozialem Erfolg, die sein Collegestudium ihm geöffnet hatte, vorbeigegangen. Wie Bürgermeister Jefferson hatte auch er es vorgezogen, als dicker Frosch im kleinen Teich zu überleben.

Bis zum Abschluß seines Studiums war Dick Stover ein Muster an Pfadfindertugend und ein Meister der Verdrängung. Er beteuerte, daß er bis zum Alter von sechzehn Jahren nie sexuelle Gedanken oder Empfindungen gehegt hätte, und leugnete ab, während der High-School-Jahre je sexuelle Neugier verspürt zu haben. Die Vorstellung, seine Eltern könnten jemals sexuelle Beziehungen miteinander gehabt haben, fand er schockierend und ernüchternd. Als ihn der Psychiater der Studie zum erstenmal nach seinen Masturbationsgewohnheiten fragte, lautete Stovers Antwort zunächst, er habe die Frage nicht verstanden. Bei ihrer Wiederholung sagte er, er wisse nicht genau, was «Masturbation» bedeute (eine einzigartige Reaktion). Schließlich ging er mit der Bemerkung über die Frage hinweg, außer im Halbschlaf habe er nie masturbiert, und dann auch nur, wenn er nicht mehr die Willenskraft aufgebracht habe, dagegen anzukämpfen. (Durch die Untersuchung der Grantstudie wurde die alte Schuljungenweisheit bestätigt: als Collegestudenten gaben neunzig Prozent der Männer zu, schon einmal masturbiert zu haben, und als Fünfundvierzigjährige bekannten die meisten der verbleibenden zehn Prozent, daß sie gelogen hatten.)

Während seiner Collegejahre zeigte Stover eine durch und durch männliche Identifizierung; Körperbildung und Lebensstil wiesen keinerlei Spuren von Verweichlichung auf. Als der Mittelstürmer seiner College-Basketballmannschaft war er ein großer Star. Da er noch nie eine Freundin gehabt hatte, wetteiferten seine ungläubigen Mannschaftskameraden miteinander, wer ihm als erster ein Rendezvous vermitteln konnte, doch gelang es Stover stets, sie zu überlisten. Selbst während er im Zweiten Weltkrieg in Italien stationiert war, brachte er es fertig, nie mit Mädchen zusammenzukommen. Kein Wunder, daß Freud zunächst annahm, der Vorgang der Verdrängung sei zu erstaunlich, um unbewußt bleiben zu können.

Bald nach seiner Rückkehr aus Italien heiratete Stover. In der Ehe gelang es ihm, eine ausgezeichnete und aktive sexuelle Harmonie herzustellen, und es machte ihm keinerlei Schwierigkeiten, seinen beiden Söhnen und seinen drei Töchtern ein Vater zu sein. Als ich den Neunundvierzigjährigen auf seine frühere Schüchternheit gegenüber Frauen ansprach, hatte er jegliche Erinnerung daran verloren. Er ähnelte in gewisser Weise jenen Sechzehnjährigen, die auf einmal heftig mit Mädchen flirten, ohne sich noch im geringsten daran zu erinnnern, wie inbrünstig sie sie noch vor ein paar Jahren gehaßt haben.

Im wirklichen Leben betrachtete Stover Tränen als ein Zeichen von Schwäche, doch bei Filmen weinte er leicht. Er wußte, daß er anderen äußerlich ruhig erschien, meinte jedoch: «Keiner weiß, was in mir vorgeht.» Gefragt, was denn tatsächlich in ihm vorgehe, gab er zur Antwort, das wisse er nicht. Er vermochte sich noch nicht einmal an seine Tagträume zu erinnern und erklärte: «Unter Streß werde ich innerlich ganz verkrampft.»

Eine der Hauptthesen dieses Buches besagt, daß sich die einzelnen Abwehrmaßnahmen im Laufe der Zeit zu reiferen Formen weiterentwickeln. So konnte auch Stover mit zunehmendem Alter immer häufiger den relativ flexiblen und anpassungsfördernden Mechanismus der Unterdrückung einsetzen, um seine Schwierigkeiten zu bewältigen. Zugegeben, die Grenze zwischen Verdrängung und Unterdrückung gleicht an Deutlichkeit dem Übergang von gelb zu grün auf dem Farbenspektrum: beide Mechanismen gehen nahtlos ineinander über. (Freud schrieb zu diesem Punkt, er habe es vermieden anzugeben, ob ich mit dem Worte ‹unterdrückt› einen anderen Sinn verbinde als mit dem Worte ‹verdrängt›. Es dürfte nur klar geworden sein, daß letzteres die Zugehörigkeit zum Unbewußten stärker als das erstere betont»[3].) Unterdrückung beinhaltet das Element der Wahl und die bewußte Wahrnehmung des affektiven Gehalts der Vorstellung; bei der Verdrängung fehlt beides. Mit sechsundvierzig ging Stover mit folgender Einstellung an Lebenskrisen heran: «Auch das wird irgendwann einmal vorbeigehen . . . Wenn man sich nur genug Mühe gibt, wird am Ende alles gut.» Häufig mußte Stover frei assoziieren, um zum Ursprung seiner Empfindungen vorzudringen. «Es macht mir wenig aus», erzählte er, «wenn andere mich beschimpfen, obwohl manche in solchen Situationen vielleicht schon zuschlagen würden.» Als ich fragte, wie er sich denn dabei fühle, wenn ein anderer ihn beschimpfe, gestand er: «Ich fühle mich nicht gut ... Ich denke mir dann: ‹Warum fühle ich mich eigentlich nicht gut? Körperlich ist doch alles in Ordnung.› Und dann suche ich nach der Ursache, und wenn ich sie gefunden habe, versuche ich, das zu ändern.» Ohne je einen Psychiater aufgesucht zu haben, hatte er sich selbst eine Rohform der Selbstanalyse beigebracht, um besser mit seiner Verdrängung umgehen zu können.

Isolierung gehört zu den ersten Abwehrformen, die Freud entdeckt hat. Er beschrieb diesen Mechanismus 1894 zum erstenmal, begrub ihn dann jedoch in den Tiefen seines Gedächtnisses, bis er 1926 mit der Bemerkung auf ihn zurückkam: «Die andere der neu zu beschreibenden Techniken ist das der Zwangsneurose eigentümlich zukommende *Isolieren*.»[4] Daraufhin beschrieb er den Mechanismus der Isolierung ein weiteres Mal. Wie Freud zeigte, verbannt die Verdrängung die *Vorstellung* aus dem Bewußtsein, erhält jedoch gleichzeitig den *Affekt*, wogegen Isolierung die *Vorstellung* erhält und das *Gefühl* vertreibt. In Freuds eigenen Worten: «Es kommt ... einer ungefähren Lösung dieser [Abwehr-]Aufgabe gleich, wenn es gelingt, *aus dieser starken Vorstellung eine schwache zu machen,* ihr den Affekt, die Erregungssumme, mit der sie behaftet ist, zu entreißen ... Die nun geschwächte Vorstellung bleibt abseits von aller Assoziation im Bewußtsein übrig»[5]. Das ist das Wesen der Zwangsvorstellung: sie erscheint uns unwichtig, und dennoch taucht sie immer wieder in unserem Bewußtsein auf.

Von allen Abwehrmechanismen ist Intellektualisierung (worunter ich die psychoanalytischen Termini *Isolierung, Ungeschehenmachen* und *Rationalisierung* fassen möchte) am deutlichsten mit einem bestimmten Charaktertypus, nämlich dem des Zwangsneurotikers, verknüpft.

Theatralische Charaktere sind oftmals überaus geschickt im Verdrängen, so daß sie, ohne sich sexueller *Vorstellungen* bewußt zu sein, eine gleichsam animalische Anziehungskraft ausüben können. Umgekehrt hatte ein stark zwanghafter Proband als Siebenundzwanzigjähriger geschrieben: «Ich versuche immer noch, zu entschlüsseln, warum ich bisher noch keine sexuellen Beziehungen aufgenommen habe, obwohl ich ihnen doch positiv gegenüberstehe.» Anders als Stover vermochte dieser Mann sich sexuelle *Vorstellungen* bewußt zu halten, doch erlebten die Mitarbeiter der Studie ihn als «einen der unattraktivsten, am wenigsten ansprechbaren jungen Männer innerhalb der ganzen Untersuchung . . . reizlos, farblos . . . Er ist noch nicht einmal imstande, Hunger zu empfinden.»

Die Männer, die ausgiebig intellektualisierten, zeigten auch zweimal so häufig Merkmale wie Ausdauer, Ordnungsliebe, Hartnäckigkeit, übertriebene Sparsamkeit, Übergenauigkeit, emotionale Rigidität und Verhärtung. Verglichen mit den übrigen Untersuchten waren bei den Intellektualisierern weitaus seltener außereheliche Affären und weitaus häufiger eine «sehr befriedigende» sexuelle Harmonie mit ihrer Ehefrau festzustellen. Sie waren eher ohne Freunde als ohne Arbeit.

Dekan Henry Clay Penny* war ein rationaler Mensch, der stets beide Seiten einer Frage sah. Bezeichnenderweise erschien er zu unserer Verabredung auf die Sekunde pünktlich. Seine Uniform bestand aus einer Tweedjacke mit Wildlederbesätzen auf den Ellbogen, einer Pfeife, schütterem Haupthaar und der Aura entschlossener Seriosität. Gemildert wurde die Ernsthaftigkeit seines Auftretens durch ein vergnügtes Augenzwinkern und durch die bemerkenswert offene und aufrichtige Art, in der er mit mir sprach. Der Psychiater seines College hatte ihm schon seinerzeit hohes Einfühlungsvermögen attestiert, und auch jetzt machte Penny noch große Anstrengungen, die Dinge auch von meiner Seite her zu sehen. Dreißig Jahre zuvor hatte er einen außergewöhnlich günstigen Eindruck auf die Mitarbeiter des Forschungsteams gemacht, mit deren Charakterisierung – «herzlich, optimistisch, mitfühlend, offen, liebenswürdig, fröhlich» – ich mich nur voll einverstanden erklären konnte. Daneben jedoch hatte Mr. Penny sein ganzes Leben lang noch andere Charakterzüge gezeigt: Ordentlichkeit, Hartnäckigkeit, emotionale Rigidität und Sparsamkeit. In der Tat fällt es schwer, sich das nüchterne Leben solcher Männer ohne die Symbolbedeutung des Geldes vorzustellen. Menschen, die Ge-

---

* Henry Clay Penny – erweckt Assoziationen an Sparsamkeit und an den berühmten redegewandten Senator Henry Clay aus Kentucky, «The Great Compromiser».

fühl und Realität vollkommen auseinanderhalten können, leisten Vorzügliches als Buchhalter und Finanzmakler, doch die amüsantesten Unterhalter sind sie nicht. Als Achtundzwanzigjähriger legte Penny von den 3600 Dollar, die er pro Jahr verdiente, 400 Dollar beiseite, obwohl er eine vierköpfige Familie zu ernähren hatte. In mittleren Jahren waren die Ersparnisse des ehemaligen Stipendiaten auf 100000 Dollar angewachsen – und das, obwohl er stets großzügig für Wohlfahrtszwecke gespendet und den akademischen Bereich nie verlassen hatte.

Bei allem, was er tat, richtete Penny sein Augenmerk mit Vorliebe auf die Einzelheiten, die mit Gefühlen nichts zu tun hatten. Als sein Vater starb, teilte Mr. Penny der Studie mit, dieser Todesfall sei deswegen ganz besonders beklagenswert, weil sein Vater dicht vor einer erheblichen Gehaltserhöhung gestanden habe. Als er Jahre danach seine aufrichtige Trauer beim Tod seines Vaters schilderte, verweilte er längere Zeit bei dem Aspekt, wie arm er als graduierter Student gewesen war. Die Vorstellung der Armut ersetzte den öffentlichen Affekt der Trauer. Insgeheim weinte Penny um seinen Vater. Während Mr. Stover noch nicht einmal den Todestag seiner Mutter im Gedächtnis zu behalten vermochte, schrieb Mr. Penny der Studie einen zwei Seiten langen Bericht über die Krankheit und das Sterben seiner Mutter – jedoch ohne seinen eigenen Kummer dabei auch nur mit einer Silbe zu erwähnen.

Während seiner High-School-Zeit war Mr. Penny an Kinderlähmung erkrankt. Seine erste Reaktion war die «Gewißheit», daß er wieder gesund werden würde. Er begann, regelmäßig zu beten, und zwar nicht aus besonderer Frömmigkeit, sondern weil das Gebet ein Mittel darstellte, die Dinge in seinem Sinne zu beeinflussen. Da er nun nicht mehr Baseball spielen konnte, wurde er der Manager der Mannschaft mit einem fast computerhaften Speicherungsvermögen für die Zahlen der Spielstatistiken. Noch im College war dieser ehemals sportliche Junge den meisten seiner Kameraden an Schnelligkeit unterlegen. Deswegen gab er die Tennis-Einzel auf und wurde ein bemerkenswerter Squash-Spieler. Sein Spiel baute sich vor allem auf taktischer Planung, Stehvermögen und Ausdauer auf.

Anders als Stover war Penny nicht imstande, Vorstellungen aus seinem Bewußtsein zu verdrängen. Da er strittige Fragen stets von mehreren Seiten her betrachtete, fehlte es in seinem Leben nicht an Zweifeln und Selbstkritik. Dadurch fiel es ihm schwer, Entscheidungen zu fällen. In der McCarthy-Ära verwandelte sich diese Abwehr in einen Trumpf. Zu einer Zeit, als die enorme gefühlsmäßige Polarisierung das politische Bewußtsein vieler Menschen trübte, vermochte Penny als Doktor in neuerer Geschichte sowohl den Standpunkt eines Kapitalisten wie den eines Kommunisten mit gleicher Klarheit zu vertreten. Später in den sechziger Jahren wandte er dieselben Fähigkeiten an, um zwischen Studenten und Lehrenden zu vermitteln. Er machte eine glänzende akademische Karriere, mußte während seines Graduiertenstudiums jedoch voller Bedauern feststellen, daß seine intellektuell anspruchsvolle Arbeit ihn zunehmend von seinen Freunden isolierte.

Seit Anbeginn der Geschichte dienten Rituale dem Zweck, Vorstellung und bedrohlichen Affekt voneinander zu trennen. Wie viele andere ansonsten rational handelnde Männer war auch Penny von Ritualen abhängig. Als er fünfundzwanzig war, traten schwere Asthmaanfälle bei ihm auf. Penny entdeckte, daß sie ausblieben, wenn er einen bestimmten Inhalierstift benutzte. Später stellte er fest, daß es schon genügte, den Inhalierstift beständig bei sich zu tragen, um das Asthma zu bannen. Von seiner Frau sagte Penny: «Wir haben herausgefunden, daß wir Meinungsverschiedenheiten unmöglich weiter aufrechterhalten können, wenn wir am Ende eines jeden Tages gemeinsam unsere Gebete sprechen. Wir haben uns gegenseitig versprochen, dieses eine Ritual unbedingt beizubehalten.» Seine Ehe war dreißig Jahre lang glücklich gewesen. Sein Vater starb, nachdem Penny eben seinen Fragebogen für 1951 eingeschickt hatte. Wegen dieses zufälligen Zusammentreffens hatte er ein Jahr später starke Bedenken, den Fragebogen für 1952 auszufüllen. «Je mehr ich darüber nachdenke», erklärte er, «desto mehr glaube ich an Zufall und Schicksal.» Und so klopfte er auch als Sechsundvierzigjähriger noch auf Holz, nachdem er mir erzählt hatte, daß seine Gesundheit ausgezeichnet sei.

Im Unterschied zu stärker exhibitionistischen Naturen, die nach Ruhm streben, Gefahren verdrängen und es nicht erwarten können, ihren Namen in Neonlettern zu sehen, fürchten Intellektualisierer häufig, bei ihren Mitmenschen bedrohliche Reaktionen zu wecken, wenn sie sich zu sehr hervortun sollten. Mr. Penny war ein ausgezeichneter und loyaler Stellvertreter, und ein beträchtlicher Teil seiner Gelehrtenarbeit wurde unter fremdem Namen veröffentlicht. Wie viele Intellektualisierer wurde auch er wegen seiner Fähigkeit, hart zu arbeiten, hochgeschätzt. Er griff nie direkt in das politische Leben und die großen Auseinandersetzungen seiner Zeit ein, sondern widmete sich in seinem Beruf zunächst dem Studium des politischen Geschehens und danach der Vermittlertätigkeit im Bereich der Hochschulpolitik. Genau wie Mr. Goodhart entwickelte sich auch Dekan Penny zum Meister in der Handhabung menschlicher Beziehungen.

Gegen Ende unseres Gesprächs schilderte Dekan Penny eine ernsthafte Auseinandersetzung, die er mit dem Universitätspräsidenten gehabt hatte. Ich fragte ihn, wie die Angelegenheit denn gelöst worden sei, worauf er erwiderte: «Nun, ich hoffe doch sehr, daß ich mit dem Verlassen seines Büros auch unsere Meinungsverschiedenheiten hinter mir gelassen habe.» Wie Peter Pan sich von seinem Schatten löste, so konnte Henry Penny sich von seinen Gefühlen lösen – und gleichzeitig sensibel und emotional lebendig sein.

Zu den Männern, die Intellektualisierung als hauptsächliche Abwehrmaßnahme gebrauchten, gehört auch Samuel Lovelace*. Anders als Penny könnte man ihn wohl schon als neurotisch bezeichnen. Penny hatte nur als graduierter Student unter Einsamkeit gelitten, Lovelace dagegen einen erheblichen Teil seines Lebens. Lovelace hatte seine sexuelle Wißbegierde in den High-School-Jahren nicht verdrängt, sondern ausgiebig über Masturbation nachgelesen. Er vermochte zwar gedanklich wie auch auf der Ebene intellektueller Diskussion mit den Vorstellungen, die Stover ganz aus seinem Gedächtnis und aus seinem Bewußtsein verdrängt hatte, umzugehen, doch ging der affektive Ausdruck dieser Vorstellungen bei Stover sehr viel weiter als bei ihm.

Als Collegestudent hatte Lovelace es sich zur Gewohnheit gemacht, vor Prüfungen «wie wild zu büffeln». Er wußte, daß er auf diese Weise nichts lernte, doch das Ritual verlieh ihm ein «Gefühl der Sicherheit». In der Armee freundete er sich nicht mit seinen Kameraden an, sondern stellte statt dessen «soziologische Untersuchungen über meine Mitsoldaten» an. In Krisenzeiten stützte er sich auf seinen

---

* Lovelace – weckt vom Klanglichen her die Assoziation «loveless» (lieblos, ungeliebt).

«fast religiösen Glauben an logisches Denken, wissenschaftliches Vorgehen und die Beherrschung der eigenen Gefühle» und fand bei seiner Münzsammlung einsamen Trost. Nachdem er geheiratet hatte, intellektualisierte Lovelace: «Theoretisch bin ich noch genauso fasziniert wie vor unserer Heirat; nur macht sich eben vom Biologischen her das Fehlen sexueller Spannung störend bemerkbar.» Der Gedanke war da, doch das Gefühl fehlte. Die Ehe wurde zunehmend unerträglicher. «Das Zusammenleben mit ihr ist so aufreibend und frustrierend», klagte Lovelace und fügte hinzu, er sei, um sich selbst zu schützen, «in die Rolle des distanzierten, gefühlsmäßig unbeteiligten Beobachters» geschlüpft. Lovelace brachte es nie fertig, sich so weit in seinen Zorn hineinzusteigern, daß er seine Frau verlassen hätte; vielmehr lehrte ihn die Krankheit seiner Frau, «was der Mensch doch für ein kompliziertes Wesen sein kann». Als er von seiner eigenen beunruhigenden Fähigkeit sprach, auch sein verquältes Eheleben immer noch unter mehreren Aspekten zu sehen, entschlüpfte ihm der Satz: «Man kann sogar Adolf Hitler rational erklären.» Dieser Ausspruch war das Höchste an echtem Gefühl, was er während unseres langen und mühseligen Gespräches zeigte.

Es liegt auf der Hand, daß reife Abwehrmechanismen beim Erwachsenen normalerweise der Anpassung dienen, unreife Mechanismen ihr dagegen grundsätzlich abträglich sind. Doch erfordert die Antwort auf die Frage, warum sich der Gebrauch desselben neurotischen Abwehrmechanismus – der Isolierung – für Penny so vorteilhaft, für Lovelace dagegen eher nachteilig auswirkte, einen kleinen Umweg. Alexander Leighton[6], Dorothea Leighton[7] und Morton Beiser[8] haben in ihren Arbeiten zur Realitätsanpassung der Bewohner zweier kleiner kanadischer Gemeinden untersucht, wieweit Zusammenhänge zwischen psychischer Gesundheit und äußerer Umgebung bestehen. Die genannten Sozialpsychiater richteten ihr Augenmerk vor allem darauf, in welcher Weise außerhalb des Individuums gelegene Umweltstrukturen zur Erhaltung der psychischen Gesundheit beitragen. Sie beobachteten, daß bestimmte auf psychische Defekte hinweisende Symptome (die nach der Terminologie dieses Buches überwiegend als «neurotische Abwehrmechanismen» zu bezeichnen wären) zwar häufig als integraler Bestandteil der Persönlichkeitsstruktur eines Individuums vorkamen, der Grad der daraus resultierenden sozialen und psychischen Behinderung jedoch zwischen *nicht vorhanden* und *schwerwiegend* schwanken konnte. So wurde beispielsweise aufgezeigt, daß in einer wohlwollenden und klar strukturierten Umwelt auch sehr labile Individuen ohne Schwierigkeiten überleben konnten, indem sie die «Einsiedlerkrebs-Haltung» einnahmen, wie die Forscher es nannten. Weiter wurde herausgearbeitet, welcher Art die soziokulturellen Bedingungen sind, die tendenziell zu psychischer Beeinträchtigung führen. Dazu zählen Umwelteinflüsse, die es dem Individuum unmöglich machen, Selbstachtung zu entwickeln, Liebe zu geben und zu empfangen, Mentoren zu finden, das eigene Leben selbst zu steuern und einen festen Platz innerhalb des Sozialsystems einzunehmen. Zur Bestätigung ihrer Befunde wiesen die Leightons und ihre Mitarbeiter in einem Experiment nach, daß eine Integration von Gemeinschaften ohne starken inneren Zusammenhalt (von geringer Kohäsion) sich positiv auf die psychische Gesundheit ihrer Bewohner auswirkt[9].

Mit diesen Befunden steht die Tatsache in Einklang, daß alle Probanden der Grantstudie eine Reihe neurotischer Abwehrmechanismen anwendeten und neurotische Symptome zeigten. Doch befand sich eine Gruppe von Männern darunter, die sie – genau wie Penny – zu ihrem Nutzen gebrauchten: das waren die Männer, die auf eine von Stabilität und innerem Zusammenhalt geprägte Kindheit zurückblicken konnten und über vielfältige soziale Stützen verfügten (stabile Ehe, Kirchenzugehörigkeit, Sport als Aggressionsventil, politische Identifizierung mit dem Status quo). Dagegen wendeten die Männer, die eine unglückliche Kindheit gehabt hatten und denen es an sozialen Stützen fehlte, neurotische Abwehrmechanismen weitaus häufiger in einer der Anpassung abträglichen Weise an und unterzogen sich bereitwilliger einer psychotherapeutischen Behandlung.

Mit anderen Worten: der Hauptunterschied zwischen Penny und Lovelace liegt weniger in den Gefahren, gegen die sie sich wehren mußten, als vielmehr darin, wieweit sich jeder von ihnen auf äußere Hilfeleistung verlassen konnte. Obwohl Penny Polio gehabt hatte, war seine Kindheit doch so glücklich gewesen, daß man sie ins oberste Drittel der untersuchten Gruppe eingestuft hatte. Als Erwachsener fand er einen Rückhalt in formeller Kirchenzugehörigkeit, einer glücklichen Ehe und sportlichem Wetteifern im Kreis guter Freunde. Im Jahre 1968 gehörte er zu den Republikanern und Anhängern Nixons, die für Hippies und studentische Aktivisten nicht allzuviel Verständnis aufbrachten. Er hielt es nie für nötig, seine Gefühle zu einem Psychiater zu tragen. In sozialer Hinsicht sicher abgestützt, erwuchsen Penny aus seinem Intellektualisieren nie mehr Probleme, als er damit zu lösen vermochte.

Mr. Lovelace seinerseits hatte eine der schlimmsten Kindheiten der ganzen Studie erlebt. Im Erwachsenenalter verfügte er nur über wenige Stützen, auf die er zurückgreifen konnte. Er fand weder in seiner Ehe noch in seiner Zugehörigkeit zur Kirchengemeinde einen Halt. Er beteiligte sich nicht an kameradschaftlichen Unternehmungen mit seinen Freunden und betrachtete die Welt nicht nur als höchst veränderungsbedürftig, sondern war überdies der Ansicht, daß studentische Aktivisten und Hippies dabei vorangehen sollten – bei einem Achtzehnjährigen eine tröstliche, bei einem Fünfundvierzigjährigen jedoch eine sehr verunsichernde Überzeugung. Wegen Intellektualisierens und Entscheidungsunfähigkeit hatte Lovelace jahrelang psychiatrischen Beistand gesucht. (Der Mangel an sozialen Stützen erlaubte in der Tat ebenso zuverlässige Voraussagen darüber, welche Männer sich in psychotherapeutische Behandlung begeben würden, wie ihre eigentlichen psychopathologischen Symptome.[10]) Zusammenfassend können wir sagen: während Lovelace – wie Hamlet – an seiner Entscheidungsunfähigkeit zugrunde ging, erwarb Penny sich gerade dadurch als Vermittler Anerkennung, daß er festen Entscheidungen auswich.

Am Beispiel von Russell Lowell*, einem echten Bostoner, sehen wir einmal mehr, wie ein Mensch über die neurotischen Abwehrmechanismen hinauswachsen und Unterdrückung an ihre Stelle setzen kann. Wenn Lowell als Neunzehnjähriger beim Debattierwettstreit gewann, dann erschien er beim nächsten Mal wieder mit derselben Krawatte und in denselben Kleidern. Der Rektor seiner Schule hatte Lowell als «natürliches Führertalent» bezeichnet, «mit all den guten Eigenschaften, die dazugehören»; doch anders als Penny und Goodhart wurde Lowell kein Führer, sondern beschäftigte sich als Angestellter einer der größten Bostoner Banken damit, all die Einzelfra-

---

* Lowell – Ort in der Nähe von Boston und Name eines amerikanischen Lyrikers, der in Boston lebte.

gen und Details abzuklären, die die Industriebosse bei ihren Abmachungen offenließen. Sein Leben lang war er der Überzeugung, abstraktes Denken sei die beste Art, mit Gefühlen umzugehen. Auf meine Frage, wie er persönliche Probleme bewältige, antwortete er: «Ich spreche grundsätzlich nicht gern über persönliche Probleme, solange ich nicht genügend Zeit gehabt habe, um darüber nachzudenken – und danach ist das Reden dann ganz überflüssig.» Genau wie bei anderen Männern, deren Anpassungsleistung vor allem auf Intellektualisierung beruhte, wurde das magische Denken auch bei Lowell durch hohe Detailgenauigkeit gemildert. Konnte Dick Stover, der meisterlich verdrängte, nie die Namen seiner Arzneimittel im Gedächtnis behalten, so wußte Lowell über Namen, Dosierungen und Nebenwirkungen genau Bescheid. Bevor er am Rücken operiert wurde, verwandte er viel Zeit und Sorgfalt darauf, «herauszufinden, was da eigentlich gemacht wird». Wie Penny klopfte auch er instinktiv auf Holz, als er mir sagte, seine Gesundheit sei gut.

Trotz seines Bedürfnisses, intellektuell nie die Kontrolle zu verlieren, lernte Russell Lowell im Lauf der Zeit jedoch, sich stoisch in das Unvermeidliche zu fügen. Als ich ihn, der Abhängigkeit verabscheute, darauf ansprach, wie er es verkrafte, wegen einer zweiten Rückenoperation noch einmal das Krankenhaus aufsuchen zu müssen, antwortete er: «Ich habe mir ein tragbares Radio und ein Paar Pantoffeln besorgt und mich krankgemeldet. Schließlich kann ich mich ja nicht selbst am Rücken operieren.» Auf die Frage, was ihn die Erfahrung des Kummers gelehrt habe, antwortete er: «Daß das Leben weitergehen muß – aber das habe ich schon als neunjähriger Junge gelernt, als meine Mutter starb.» Als ich ihn bat, die ungesetzlichste Handlung zu nennen, die er je begangen hatte, war seine Antwort: «Ein Musterknabe wollte ich nie sein, doch bin ich im Laufe meines Lebens zu der Ansicht gelangt, daß die Sachen, die verboten sind, sich auch überhaupt nicht lohnen.» Was das Rauchen angeht, so hörte er damit auf, als sein täglicher Konsum eine Packung pro Tag überstieg: «Es erschien mir dumm, mit etwas weiterzumachen, das mir gar kein besonderes Vergnügen bereitete.» Bei ihm hörte sich das sehr einfach an!

An Lowells Einstellung zur Sexualität zeigt sich am deutlichsten, in welchem Ausmaß das Intellektualisieren bei ihm durch Unterdrückung gemildert wurde. Unterdrückung wurde zur vermittelnden Instanz zwischen den Ansprüchen der Kultur und seinen biologischen und sozialen Bedürfnissen. Als Dreißigjährigen hatte man Mr. Lowell gebeten, seine sexuelle Einstellung vor der Ehe zu schildern. Als der tüchtige Rechtsanwalt, der er war, gab Mr. Lowell eine ganz ungewöhnlich ausführliche Antwort: «Seit dem Alter von vierzehn Jahren hat es mir immer Spaß gemacht, mit Mädchen aus meiner eigenen sozialen Schicht zusammenzusein, Dinge zu unternehmen und sie auszuführen . . . Manchmal lud ich sie zum Abendessen zu mir nach Hause ein, manchmal auch für ein ganzes Wochenende. Mit einigen dieser Mädchen bin ich schon einmal Hand in Hand gegangen und habe sie auch geküßt – und an dem Abend, bevor ich den Dienst bei der Armee antreten mußte, bin ich mit einer noch weiter gegangen . . . Doch habe ich meine physischen und sexuellen Kontakte mit diesen Mädchen immer so weit beschränkt, wie ich es oben beschrieben habe und bin auch nie darüber hinausgegangen – ich wollte das auch gar nicht, höchstens in meinem Wunschdenken –, weil ich immer das Gefühl hatte, das würde doch nur zu Schwierigkeiten und unangenehmen Folgen führen. Ich hielt es nicht für wünschenswert oder angebracht, auf diese Weise mit Frauen zu verkehren, mit denen ich für den Rest meines Lebens gesellschaftlichen Umgang pflegen würde . . . Meine Collegefreundinnen lernte ich dann besser kennen, als Menschen wie als richtige Freunde. Eine, die ich noch nicht einmal geküßt habe, gehört heute ebenso zu meinen besten Freunden wie viele männliche Bekannte. Dasselbe gilt für meine Freundin aus der Armeezeit.»

Daraufhin schilderte er die Beziehungen, die er als Soldat mit Mädchen, die nicht seiner sozialen Schicht angehörten, gehabt hatte. In diesen Beziehungen konnte er seine «sexuellen Bedürfnisse befriedigen und die Einsamkeit lindern . . . Was ich darüber denke? Zugegeben, nach den geltenden Maßstäben habe ich dabei unmoralisch gehandelt, doch empfinde ich deswegen weder Gewissensbisse noch Bedauern. Diese Beziehungen erfüllten einen praktischen Zweck. Ich weiß, daß ich dank dieser gelegentlichen Erlebnisse als Soldat Besseres leistete und mich im ganzen ruhiger fühlte.» Und voller Zärtlichkeit erzählte er noch weiter von seinen Erinnerungen.

Zur Zeit, da ich dies schreibe, ist Lowell glücklich verheiratet, und das schon seit fünfundzwanzig Jahren. Als er jedoch auf einem Multiple-Choice-Fragebogen angeben sollte, wieweit die sexuelle Übereinstimmung mit seiner Frau ihn befriedigte, brachte er es fertig, die Kluft, die eine übertriebene Wissenschaftlichkeit zwischen der kalten

Vorstellung und dem warmen Affekt aufreißt, noch zu vertiefen. Lowell setzte sein Kreuzchen in die Mitte zwischen «befriedigend» und «sehr befriedigend» und schrieb dazu: «*Ausreichend* ist ein besserer Ausdruck dafür.» Der Leser fröstelt. Die aufregenden Liebesgeschichten eines Bright, Lion oder Byron hat Lowell nie kennengelernt. In seiner Welt geht es zu wie in der der Stoiker. Aber vielleicht hat es gar nichts mit übergroßer Bescheidenheit zu tun, sich in einer unvollkommenen Welt mit «ausreichender» Befriedigung zufriedenzugeben. Außerdem konnte Lowell – anders als Penny – nicht nur über Dollars und Cents, sondern auch über seine Gefühle sprechen, und anders als Lovelace war er zumindest ein klein wenig in seine Geliebte verliebt.

Einen dritten Weg zur neurotischen Lösung intrapsychischer Konflikte stellt die Verschiebung dar. Wie Freud 1894 bemerkt hatte, kann ein Affekt nicht nur durch Verdrängung und Isolierung als ein von störenden Vorstellungen «dislozierter» oder «transponierter» auftreten, sondern über die Verschiebung wieder mit anderen Vorstellungen eine Verknüpfung eingehen. Freud sprach von einer «Zwangsvorstellung, die, an sich wenig intensiv, hier mit unbegreiflich starkem Affekt ausgestattet ist . . . Die Trennung der sexuellen Vorstellung von ihrem Affekt und die Verknüpfung des letzteren mit einer anderen, passenden, aber nicht unverträglichen Vorstellung – dies sind Vorgänge, die ohne Bewußtsein geschehen[11].» Ein alltägliches Beispiel: nicht selten werden Ehekonflikte, die eigentlich auf sexuellen Unstimmigkeiten beruhen, als zwanghaftes Streiten um Geld ausgetragen.
  Die Abwehraufgabe der Verschiebung besteht demnach darin, die emotionale Aufmerksamkeit von den Problemen weg auf unwesentliche Kleinigkeiten zu lenken. Dies zeigte sich etwa bei einem Probanden, dem allmählich bewußt wurde, daß die Ehescheidung nicht zu vermeiden war: von seinen Gefühlen her stand er dicht vor Mord oder Selbstmord, doch der Studie gegenüber gab er an, das einzige, was ihm an seiner Ehe nicht passe, sei, «daß meine Frau immer stundenlang telefoniert».
  Der Mechanismus der Verschiebung liegt einer großen Vielfalt von menschlichen Verhaltensweisen zugrunde. Phobien und hysterische Konversionssymptome, Witz, Karikatur und Parodie, Spiele und Hobbies beruhen alle auf Affekten, die von einem Objekt auf ein anderes verschoben worden sind. Doch im Unterschied zu den anderen

neurotischen Abwehrformen wird durch die Verschiebung Triebabfuhr ermöglicht. Sie ähnelt in dieser Hinsicht den reifen Abwehrformen, die die konfligierenden Impulse, die durch die meisten neurotischen Abwehrmechanismen blockiert werden, in bestimmte Bahnen lenken. Zugegeben: die Grenze zwischen Verschiebung und Sublimierung oder zwischen Witz und Humor ist nicht mit letzter Sicherheit zu bestimmen. Doch liegt ein Unterscheidungsmerkmal darin, daß Verschiebung verschwindet, sobald der Konflikt gelöst ist, während die Aktivitäten, die einmal zur Sublimierung benutzt werden, ein Leben lang weiter mit Genuß betrieben werden können.

So entwickelte zum Beispiel ein Teilnehmer der Studie mit einer schönen, aber frigiden Frau ein leidenschaftliches Interesse an Goldmünzen. Bezeichnenderweise beteiligte er an dieser Sammlerleidenschaft niemanden außer seiner Frau. In einem der Fragebogen erwähnte er einmal in traurigem Ton die Gleichgültigkeit seiner Frau den Goldmünzen gegenüber: «Ich mache mir diese ganze Arbeit – ich habe dieses ganze Zeug gesammelt, und niemand schaut es an!» Drei Jahre später, nach der Scheidung von seiner Frau, verwandte der ehemals glühende Numismatiker seine Energien darauf, seiner neuen Ehefrau in spe den Hof zu machen. Als ich ihn auf seine Münzsammlung ansprach, hatte er buchstäblich «vergessen», daß er sich je für Münzen interessiert hatte. Im Gegensatz dazu macht das französische Theater Professor Clovis heute noch genauso viel Freude wie vor zwanzig Jahren.

Wenn Verschiebung auch etlichen sogenannten neurotischen Verhaltensmustern zugrunde liegt, so spielt dieser Mechanismus doch auch in der gesunden Realitätsanpassung eine wesentliche Rolle. Konrad Lorenz hat auf die Bedeutung hingewiesen, die die Verschiebung für die Hemmung aggressiver Verhaltensweisen zwischen Tieren der gleichen Gattung hat [12]. Durch ritualisiertes Angriffsverhalten fordern Raubtiere sich gegenseitig heraus, ohne dabei Blut zu vergießen; Männchen kämpfen um Weibchen, und Geschäftsfreunde liefern sich friedliche Schlachten auf dem Tennisplatz. Durch solche Spiele kann klargestellt werden, wer der Stärkere ist, ohne daß einer der Kämpfenden dabei auf der Strecke bleibt.

Richard Fearing* ist einer der Menschen, die ihr Leben mit Hilfe von Verschiebung meistern. Sein Beispiel lehrt uns zugleich, daß unter Phobien leidende Kinder nicht in jedem Fall auch als Erwachsene Phobiker sein müssen. Fearings berufliche Laufbahn – er war Vizepräsident einer großen Computerfirma – war nach außen hin erfolgreich, und ihm selbst machte seine Arbeit Spaß. Seine Ehe war stabil; er hatte ein enges Verhältnis zu seinen Kindern; seine Freundschaften waren herzlich; und in meinem Interview mit ihm gewann ich die Überzeugung, daß er seelisch gesund war. In gestreiften Hemdsärmeln kam Fearing die Treppe herunter, um mich außerhalb des Prunks der Chefetage zu begrüßen. Er stellte sich mit Vornamen vor und schüttelte mir herzlich die Hand. Obwohl er haargenau dem Typ des Konzernmanagers entsprach, wirkte er schwungvoll und reich an vitalem Affekt. Wenn sein Büro auch den Eindruck harter Arbeit vermittelte, so war es andererseits doch voller Menschen, die kamen und gingen, ohne anzuklopfen; und obwohl es in dem Raum nach Selbstdisziplin aussah, standen darin zur Erholung der dort Arbeitenden nicht steiflehnige Stühle, sondern Sofas. Fearings Selbstkontrolle hinderte ihn nicht daran, offen und vertrauensvoll mit mir über menschliche Dinge zu sprechen.

In Fearings Jugend war es alles andere als sicher gewesen, daß seine Energie je ans Licht drängen würde. Bis zum Alter von acht Jahren hatte Richard Fearing heftige Wutanfälle gehabt, doch später als Collegestudent meinte er, von jeher unaggressiv gewesen zu sein. Statt dessen erzählte er den Mitarbeitern der Studie, daß er als Kind panische Angst vor Gewittern und Alpträume gehabt habe, in denen er von Gangstern verfolgt wurde. Seine erste Erinnerung war an seine phobische Angst vor Wölfen – vor Wölfen, die ihm die Finger abreißen würden, falls er unartig wäre. Er war mit großer Strenge zur Sauberkeit erzogen worden, und noch im College nahm er Abführmittel, wenn er nicht zweimal täglich zur Toilette gehen konnte. Als ob sie zum Schaden noch den Spott fügen wollte, beklagte sich seine Mutter trotzdem noch, ihr überdisziplinierter Sohn sei «chronisch krank, verstopft und zum Sport nur begrenzt tauglich». Wie sie der Studie gegenüber erklärte, war «Dick nicht stark genug, um sich körperlich abzureagieren – es ging alles über den Kopf». Fearings von viktoriani-

---

* Richard Fearing – vgl. engl. «to fear»: sich fürchten, Angst haben.

schem Geist erfüllte Eltern fühlten sich weder für seine Hemmungen noch für seine Phobien in irgendeiner Weise verantwortlich. Es kam ihm nie in den Sinn, sich an ihnen zu rächen. Statt dessen quälte ihn jedesmal, wenn er von ihnen getrennt war, die Furcht, ein schreckliches Schicksal – eine Katastrophe, die *er* in seiner Vorstellung vor sich sah – könne sie ereilen.

Die Mitarbeiter der Grantstudie stimmten Fearings Mutter zu, als sie bekannte: «Ich glaube kaum, daß aus Dick je etwas Besonderes wird.» Dem Internisten fielen seine «schlaffen Muskeln» auf. Der Psychiater beschrieb ihn als «schwunglosen, faulen Menschen ohne starke Interessen und Antriebe . . . Diesem jungen Mann fehlt es an Mumm und Energie.» Jedoch sobald er ins College eingetreten war, wandelte sich Fearings Einstellung zu seiner eigenen Aggression – die bisher in hilfloser Angst vor schrecklichen Stürmen und wilden Tieren zum Ausdruck gekommen war – auf wundersame Weise in den Drang, Stürme zu bändigen. Wie Jacob Hyde zeigte auch er eine Vorliebe für heftige Wolkenbrüche, nahm während des verheerenden Hurrikans von 1938 an den Rettungsarbeiten teil, und wie vier andere Männer, bei denen ungewöhnlich strenge innere Verbote gegen vorehelichen Geschlechtsverkehr bestanden, lernte auch Fearing das Fliegen.

Als Erwachsener *übertrug* Fearing seine inneren Konflikte nicht nur einfach in befriedigendes äußeres Verhalten, sondern *wandelte sie überdies in körperliche Beschwerden um*. Als Neunzehnjähriger hatte er dem Psychiater gegenüber geäußert, er könne nicht verstehen, wie man jemals emotional aus dem Gleichgewicht geraten könnte. Fearing konnte das sagen, weil seine eigenen Gefühle unter Streß nur als physische Symptome auftraten und ihm nie als Gefühle bewußt wurden. Während seiner Kindheit hatten Kopfschmerzen es ihm häufig unmöglich gemacht, von zu Hause wegzugehen, um zu verreisen. Fearing gehörte zu denjenigen gehemmten Teilnehmern der Studie, die als junge Erwachsene kurz vor ihrer Heirat zunächst über Verstopfung und dann über Impotenz klagten. Doch als man ihn beruhigte, verschwand seine Impotenz und trat nie wieder auf. Als leistungsbesessener Erwachsener, der seine Arbeit nie bewußt als Streß wahrnahm, litt Fearing unter Müdigkeit und schluckte Vitamin B 12 gegen seine eingebildete «bösartige Anämie». An einem kritischen Punkt in seinem Berufsleben mußte er sich einmal wegen Schmerzen im unteren Rücken für eine Woche ins Krankenhaus begeben, aber die Ursache für sein Leiden konnte nicht gefunden werden. Doch anders als die Hypochonder, von denen im nächsten Kapitel die Rede sein wird, zeigte Fearing seinen medizinischen Leiden gegenüber eine ganz unerwartete heitere Gelassenheit. Er interessierte sich keineswegs so stark für seine Arzneien, wie man es von einem so ordentlichen und von vielfältigen Symptomen geplagten Menschen eigentlich hätte erwarten können. Während seines Krankenhausaufenthaltes teilte er der Studie leichthin mit: «Obwohl meine Frau da gegenteiliger Meinung ist, haben meine Rückenbeschwerden offensichtlich nichts mit Überarbeitung zu tun.»

Zwanzig Jahre später konnte Fearing sich jedoch eingestehen, daß seine Rückenschmerzen zu einem Zeitpunkt aufgetreten waren, als sein berufliches Fortkommen ihn in ernste Depressionen gestürzt hatte. Doch genau wie die Impotenz waren auch die Schmerzen im unteren Rücken nur von kurzer Dauer. Sie erfüllten den Zweck, ihm einen Aufschub zu gewähren, so daß er Atem schöpfen und mit anderen, die ihm vielleicht helfen würden, über seine Ängste sprechen konnte. Danach war er dann in der Lage, die Aufgaben zu meistern, die ihm zuvor Angst eingejagt hatten: den Erfolg zu erringen, den er bisher durch den unabsichtlichen Einfluß seiner Mutter als etwas Anstößiges zu betrachten gelernt hatte.

Mit der Zeit verlagerte sich Fearings Aggressionskonflikt aus dem Körper hinaus auf die Gehirnfunktionen und seine Lebenseinstellung. Obwohl er weder im Beruf noch in der Ehe Probleme hatte, bekannte er, als er älter wurde: «Ich habe ein Gefühl der Unsicherheit, das mich manchmal fast überwältigt ... Ich habe Angst vor der Gewalttätigkeit unserer Welt, denn ich fühle mich nicht gerüstet, in einer solchen Welt zu bestehen.» Und diese Worte kamen aus dem Munde eines Computermagnaten! Doch erinnern wir uns daran, daß er auch einmal gefürchtet hatte, sein heimatlicher Vorort von Cleveland stecke voller Wölfe.

Zehn Jahre später, als seine Rückenschmerzen und auch seine «bösartige Anämie» schon längst vergessen waren, sprach Fearing vor den Mitarbeitern der Studie zum erstenmal offen aus, wie ehrgeizig er wirklich war. «Ob ich mich selbst für erfolgreich halte?» schrieb er. «Aber ja doch! Ob mir das sehr wichtig erscheint? Außerordentlich wichtig! ... Ich wünschte, ich stände nicht unter dem Zwang, mir so viel beweisen zu müssen. Ich wünschte, es wäre nicht so wichtig, Vizepräsident meiner Firma zu sein. Ich wünschte, wir könnten alle etwas entspannter an die Dinge herangehen.» Außerdem erwähnte er, er habe im Jahr 1970 «praktisch regelmäßig Kopfschmerzen, Magenkrämpfe und Durchfall gehabt. Die Ärzte meinten, das alles wäre durch Spannungen bedingt. Die Symptome haben jedoch fast ganz nachgelassen.»

Verschiebung schützte Fearing nicht allein vor seinen Trieben, sondern auch vor seinem Gewissen. Richard Fearing hatte Freude an Späßen und Freude am Spiel. Er vermochte sich zumindest gelegentlich zu entspannen, und dann wandelte sich sein Verschieben in Sublimierung. Obwohl in allem Geschäftlichen konservativ, erlaubte Fearing sich bei öffentlichen Reden Aggressivität und schamlosen Exhibitionismus. War er als Heranwachsender phlegmatisch gewesen, so spielte er nun aktiv Tennis, Golf, Squash und war ein begeisterter Segler und Skiläufer. Was körperliche Fitness angeht, so stand er darin keinem der von der Studie Untersuchten auch nur im geringsten nach. Bei unserem Gespräch überbrückte er die Kluft zwischen Formalität und menschlichem Kontakt am liebsten mit amüsanten Geschichten. Er beantwortete zwar auch meine tiefschürfendsten Fragen, doch einmal brach er in Gelächter aus und meinte: «Also das ist doch wirklich die härteste Ausfragerei, die mir je vorgekommen ist!» Witz wandelt Verärgerung in einer Weise um, daß sie gefahrlos geäußert werden kann.

Ohne vollständige Unterlagen über das Leben der Männer läßt sich kaum mit Gewißheit sagen, warum der Gebrauch von Verschiebung sich im Falle von Mr. Fearing so viel günstiger auswirkte als für verschiedene andere Teilnehmer der Studie. Ein Grund dafür liegt vielleicht in der Klugheit, durch die Fearings übermäßige Disziplin gemildert wurde. Die Sozialarbeiterin beschrieb die alten Fearings als «liberal-fortschrittliche Eltern . . . In der ganzen eng miteinander verbundenen Familie herrscht ein Geist von Jugend und Fröhlichkeit.» Von Fearings Mutter hieß es, sie sei überaus anziehend, und die Sozialarbeiterin nannte sie «eine der intuitivsten Personen, die mir je begegnet sind». Zwar hielt sie das Masturbieren ihres Sohnes irrigerweise für schädlich, brachte ihm aber andererseits das Segeln bei; und wenn Fearing auch wöchentlich sechzig Stunden in der Firma zubrachte, nahm er sich andererseits doch auch ausgedehnten Urlaub, den er mit immer wieder anderen Beschäftigungen ausfüllte. Obwohl er Sarkasmus als seinen größten Fehler ansah, wurden Fearings Beziehungen zu anderen Menschen doch weder durch Wutausbrüche noch durch Passivität gestört. Kurz: Fearing gehörte zu denen, die sich ihr Leben so einzurichten verstehen, daß sie sich ihre Gefühlswärme und -echtheit erhalten können. Er hatte gelernt, aus seinem chronischen Bedürfnis nach dem Respekt der anderen Vergnügen zu ziehen.

Woran können wir erkennen, wann ein heftiges Gefühl auf Verschiebung beruht und wann wir es mit einem Primärgefühl zu tun haben? Liegt nicht in der Annahme verschobener Gefühlsregungen nur ein weiterer Beweis für den abergläubischen und unwissenschaftlichen Charakter des psychoanalytischen Denkens? Wenn nicht einfach die Aussage des Psychiaters gegen die des Patienten stehen soll, dann müssen wir auch hier, genau wie bei allem Abwehrverhalten, Detektivarbeit leisten, um eine Verschiebung nachzuweisen.

Nehmen wir die folgende Fallgeschichte – eine Fallgeschichte, die die Vorzüge der Längsschnittstudie bei der Erkennung möglicher unidentifizierbarer Abwehrmechanismen verdeutlicht. Einer der Probanden der Grantstudie war als Kind – so die Mutter – «wieder und wieder verdroschen worden, bis er vor seinem Vater Angst hatte». In der High-School-Zeit hatte er zu den ein oder zwei Prozent der Teilnehmer der Studie gehört, die von zu Hause weggelaufen waren. In der Armee hatte er zu den ein oder zwei Prozent der Teilnehmer der Studie gehört, denen ein Kriegsgerichtsverfahren drohte. Zu Beginn der Erwachsenenzeit wurde seine rebellische Natur gezähmt. Mit fünfunddreißig schrieb er uns dann, er litte unter «akuter Angst vor Gewittern. Obwohl sie [die Phobie] sich ungefähr über ein Jahr hinweg entwickelt hat, ist sie im September und Oktober unerträglich stark geworden.» Die Phobie dauerte zwei Jahre an, bis sie abklang. In der Rückschau brachte der betreffende Mann sie mit seinen Ängsten vor dem Abschluß seiner Doktorarbeit in Zusammenhang. Diese Ängste hatten in dem Jahr, in dem die Phobie aufgetreten war, begonnen und waren mit Beendigung der Arbeit zurückgegangen. Der Betreffende schrieb dazu: «Ich glaube, ich habe zunächst überhaupt gar keinen Zusammenhang zwischen den Dingen gesehen.» Mit anderen Worten: als seine Ängste sich wieder an die Doktorarbeit hefteten, verlor sich die Angst vor Gewitterstürmen. Jedoch genau wie Gewitterphobien bei erwachsenen Männern selten vorkommen und auf eine Verschiebung schließen lassen, können Doktorarbeiten oft dadurch behindert werden, daß sich ihr verschobene Ängste entgegenstellen. Doch ein ganzes Jahrzehnt lang erbrachte auch noch so sorgfältiges Studieren der Fragebogen des ehemaligen Phobikers keine weiteren Hinweise.

Mit sechsundvierzig erwähnte der betreffende Mann schließlich der Studie gegenüber ein Detail, das er bisher nicht für mitteilenswert gehalten hatte. Sein Vater hatte im Mai des Jahres, in dem die Phobie aufgetreten war, einen schweren Schlaganfall erlitten. Im Laufe des Sommers hatte sich herausgestellt, daß die geistige Behinderung seines Vaters von Dauer sein würde. Wenn ein überstrenger und ehemals gefürchteter Vater gerade dann zusammenbricht, wenn sein Sohn mit aller Kraft um den Erfolg kämpft, dann können sich bei dem jungen Mann leicht Schuldgefühle und Angst vor dem Erfolg einstellen. Da ihm seine Ängste vor Vergeltung durch den kranken Vater unsinnig erschienen, machte der Sohn sie an Gewitterstürmen fest. Es brauchte elf Jahre geduldigen Wartens, bis die Mitarbeiter der Studie entdeckten, daß das, was da in einer Phobie «unauffällig verscharrt» wurde, ein sterbender, ehemals brutaler Vater war.

Unter Reaktionsbildung verstehen wir inflexible Einstellungen, Affekte oder Verhaltensweisen, die einem unannehmbaren Impuls genau zuwiderlaufen. In der gesunden Erwachsenenentwicklung tritt sie als Durchgangsstadium auf: als Frucht der Delinquenz und Quelle des Altruismus. Verglichen mit allen neurotischen Abwehrmechanismen ging der Gebrauch der Reaktionsbildung analog zur Reifung der Männer am deutlichsten zurück.

Reaktionsbildung wirkt als Anpassungsmechanismus da am nützlichsten, wo es ihr gelingt, effektiv gefährliches Verhalten unter Kontrolle zu bringen. Das Vorgehen der Anonymen Alkoholiker ist unter anderem deswegen erfolgreich, weil es totale Abstinenz zur Tugend erhebt. Entsprechend fällt es leichter, mit dem Rauchen aufzuhören, wenn die Zigaretten auf einmal nicht mehr Verlangen, sondern Widerwillen hervorrufen. Doch gerade weil sie stets unerbittlich aufs Ganze geht, kann Reaktionsbildung auch zu gefährlicher Rigidität und sinnlosem Verzicht auf Befriedigung führen. Übermäßige Sauberkeit ist im Operationssaal von Nutzen; beim Fingermalen dagegen verdirbt sie allen Spaß. Wir mögen uns darüber freuen, daß ein besonders brutaler Bundespolizist die Mafia verfolgt, anstatt ihr in die Hand zu arbeiten; doch bleibt sein Mangel an Toleranz menschlichen Schwächen gegenüber trotzdem beklagenswert.

Reaktionsbildung wird gewöhnlich dazu benutzt, allzu freies Ausleben von Aggression, Sexualität und Abhängigkeitsbedürfnis zu verhindern. So hatte einer der Männer zum Beispiel als Kind mehrere länger dauernde, stark behindernde Krankheiten durchgemacht, was dazu führte, daß ihm seine Mutter noch in der Adoleszenz den Rükken wusch. Er wurde zu einem rigoros auf seine Unabhängigkeit bedachten Erwachsenen, der Abhängigkeit bei seinen Untergebenen scharf verurteilte. Ein anderer Mann wurde als Neunzehnjähriger von seinen Klassenkameraden zum «Unschuldslamm» gekürt, bei dem die geringste Wahrscheinlichkeit bestand, daß er je sexuelle Erfahrungen machen würde, und er selbst dachte ernsthaft daran, Priester zu werden. Obwohl er seine mönchischen Anwandlungen schon lange hinter sich gelassen hatte, machte sich derselbe Mann mit neunundvierzig Sorgen darüber, ob er nicht vielleicht hypersexuell sei (was nicht zutraf). Ein anderer Teilnehmer der Studie bekannte in mittleren Jahren, er versuche schon jahrelang vergeblich, mit dem Rauchen aufzuhören, dem er verfallen sei, seitdem er mit dem Trinken aufgehört habe, dem er verfallen sei, seitdem ihn die Angst überfallen habe, er könne nach Frauen «süchtig» werden. («Schließlich», so hatte er sinniert, «ist man ja nicht nur dazu auf der Welt, andere zu lieben!»)

Gelegentlich gelang es erst dann, bei einem Probanden Reaktionsbildung nachzuweisen, wenn seine Kinder ins Adoleszenzalter kamen. Beispielsweise wiederholte sich die sexuelle Freizügigkeit einiger Teilnehmer der Grantstudie in keinem Falle bei ihren Kindern, während die Töchter dreier Probanden, die sexuelle Zügellosigkeit als Neunzehn- und Zwanzigjährige am lautesten verdammt und ihre sexuellen Aktivitäten in der Jugend am stärksten eingeschränkt hatten, einen außergewöhnlich promiskuitiven Lebenswandel führten. Sicherlich sehnt sich in seinem innersten Herzen auch das standhafteste Mitglied der Anonymen Alkoholiker noch nach einem Bier.

Im Falle von Bürgermeister Jefferson und Dr. Jacob Hyde, bei denen Reaktionsbildung nur in einer bestimmten Phase ihrer ansonsten gesunden Erwachsenenentwicklung aufgetreten war, forderte sie keinen zu hohen Preis. Dagegen litten die Männer, die Reaktionsbildung ihre ganzen Erwachsenenjahre hindurch anwandten, nicht nur sehr viel mehr darunter, sondern erschienen auch dem neutralen Beobachter eher neurotisch gestört. Dabei waren im allgemeinen zwei Haupttypen zu erkennen. Ein Teil der Männer wehrte sich mit Reaktionsbildungen gegen Selbstbehauptung und Kreativität. Diese Männer behielten häufig auch als Fünfzigjährige noch die Unsicherheit von Adoleszenten, waren Versager im Beruf und verhielten sich auf eine Weise, die fast unausweichlich zum Mißerfolg führte. Eine zweite Gruppe benutzte Reaktionsbildung zur Abwehr ihrer Sexualität. Die ihr angehörenden Männer waren in ihren Zwanzigern oftmals extrovertierte, sexuell experimentierfreudige und trinkfeste Romantiker gewesen, bis sie ihre Impulse in den Dreißigerjahren streng gezügelt hatten, um dann in ihren Vierzigern als asketische Hüter der bestehenden Ordnung aufzutreten. Durch die Angst, sich zu rasch zu verzehren, waren sie vor der Zeit alt geworden, und als ob das ständige Zurückhalten ihrer Gefühle sie vergiftet hätte, war auch ihr körperlicher Gesundheitszustand wesentlich schlechter. Die Männer beider Gruppen, denen es nie gelang, ihre Reaktionsbildungen aufzugeben, führten allesamt unglückliche Ehen.

Richter Conrad Spratt* war wohl *das* Musterbeispiel für Reaktionsbildung; er reagierte jeglichem Vergnügen gegenüber deutlich allergisch. Doch war Spratt keineswegs lammfromm – wie Dr. Hyde glich er eher einem Vulkan, in dessen Tiefen Energien brodelten, die freilich nie ans Licht kamen. Unter den Männern der Studie hatten wenige so viel Grund zu hassen, waren wenige so abhängig wie er, und dennoch gab es keinen darunter, der sich Haß und Abhängigkeit mit derselben Unnachsichtigkeit verboten hätte wie Spratt. Für Spratts Mutter war ihr kleiner Sohn ein Schmutzfink gewesen, der «heftige Wutanfälle» hatte. Anders als die meisten der von der Grantstudie untersuchten Männer hatte Spratt bis zu seinem zwölften Lebensjahr am Daumen gelutscht. In der Adoleszenz kehrten sich dann gerade die Merkmale, die ihn von seinen Kameraden in der Studie unterschieden, völlig um. Hatte er einerseits als einziger der Untersuchten mit zwölf Jahren noch am Daumen gelutscht, so war er andererseits auch der einzige, der sich als Neunzehnjähriger selbst das Geld für

* Conrad Spratt – erinnert an engl. «sprat»: Knirps, Zwerg.

sein Collegestudium verdiente und sogar noch einen Teil davon nach Hause schickte. Aus dem ehemals ständig verdreckten Jungen war ein zwanghaft sauberer Erwachsener geworden. D. H. Lawrence, Byron und Goethe waren die Idole des Collegestudenten Spratt gewesen, doch verlangte er sich als Erwachsener selbst lange Jahre mönchische Abstinenz ab. Sein ganzes Leben lang hatte er es mit aggressiven Menschen zu tun, und doch hielt er jedesmal auch die andere Wange hin. Schließlich hätte er sich um ein Haar selbst umgebracht.

Ich lernte Richter Spratt kurz nach seinem Beinahe-Selbstmord kennen. Mein erster Eindruck von ihm war der eines akademisch gebildeten und melancholischen Mannes. Er empfing mich mit großer Freundlichkeit in seinem Amtszimmer. Spratt war ein kleiner, energischer Mann mit lockigem Haar und hellen Augen. Seltsamerweise wirkte sein Lächeln überhaupt nicht ansteckend. In seiner Gegenwart fühlte ich mich niedergedrückt; fast tat er mir ein wenig leid. Ab und zu berührte mich seine Art, sich als Heiliger zu geben, ziemlich unangenehm. Vielleicht war darin noch eine Spur der alten Arroganz enthalten, die bei den allerersten Interviews für die Grantstudie zum erstenmal aufgefallen war. Den aggressiven Lion mochte jeder gern leiden, doch der sanfte Richter Spratt hatte nur wenig Freunde. Menschen, die Reaktionsbildungen zeigen, verbreiten, ohne es zu wissen, eine unangenehme Aura der Überlegenheit um sich.

Doch als er dann mit mir sprach, veränderte Spratt sich auf wundersame Weise. Bei seinen Worten hatte ich das Gefühl, den Premierminister eines Entwicklungslandes zum Thema «Vorwärts aus eigener Kraft!» referieren zu hören. Als sich Richter Spratt schließlich mit einem warmen Lächeln von mir verabschiedet hatte, ließ mich das Gefühl nicht los, in ihm den tragischen Helden der Grantstudie gefunden zu haben. So ängstlich war er darauf bedacht, keinem Lebewesen etwas zuleide zu tun, daß er nicht genügend für sich selbst sorgen konnte. Wie bei anderen Männern, die sich mit Hilfe von Reaktionsbildung selbst kasteien, schien auch Spratts Persönlichkeit von einer allumfassenden Milde durchdrungen. Mag die Menschheit ihre Märtyrer auch zuerst einmal schäbig behandeln – am Ende lernt sie doch, sie zu lieben.

Wie wir schon bei anderen neurotischen Mechanismen gesehen haben, waren es die äußeren Umstände, die Conrad Spratts Reaktionsbildung so unwandelbar zu einer Behinderung seiner Anpassung machten. Er wuchs als der Sohn eines strenggläubigen methodistischen Missionars in der Mandschurei auf. Spratts früheste Erinnerung war an die Schläge seines Vaters, und noch mit fünfundvierzig lebte «die schreckliche Brutalität, die mein Vater verkörperte», deutlich in seinem Gedächtnis. Auch Spratts Mutter war eine sehr strenge Frau, die sich mehr um die Kinder in der Mission als um ihren Sohn kümmerte. Zum Ausgleich verdiente Spratt sich ihre Anerkennung, indem er auf seine jüngere Schwester aufpaßte und eine Singgruppe ins Leben rief, die den Chinesenkindern in den Waisenhäusern Unterhaltung brachte. Doch anstatt sich über die Anpassungsfähigkeit ihres Sohnes zu freuen, erklärte Spratts Mutter der Studie gegenüber, bisweilen sei ihr Sohn «ein eingebildeter Esel».

Nach der japanischen Invasion in die Mandschurei beharrte Spratts Vater darauf, mit seiner Familie hinter den japanischen Linien zu bleiben. Um ihn vor Repressalien der Japaner zu schützen, wurde Conrad als Vierzehnjähriger in die Vereinigten Staaten geschickt, wo er bei Fremden lebte. 1940 verließ sein Vater das Land erst im letzten Augenblick. Als seine Eltern nach Amerika zurückkehrten, steckte Spratt, der seine Jugendjahre ohne Familienleben zugebracht hatte, mitten im Collegestudium und zugleich in den Fesseln eines Jobs, der ihn dreißig Stunden in der Woche beanspruchte. Weit entfernt davon, seinem Sohn Bewunderung zu zollen, verlangte sein Vater boshaft von ihm, er solle Geld nach Hause schicken.

Schon zu der Zeit, als er ins College kam, hatte Spratt damit begonnen, sich selbst in Fesseln zu legen. So erklärte er sich etwa willig bereit, an der Grantstudie teilzunehmen, obwohl er befürchtete, daß dabei Informationen aus ihm «herausgelockt» werden sollten. Obwohl er sich die Mittel für sein Studium selbst verdienen mußte, wählte er die schwierigsten Kurse und schloß dennoch mit einem Einser-Durchschnitt ab. Wie Spratt versicherte, brauchte er von niemandem finanzielle Unterstützung, denn: «Je mehr Verpflichtungen ich eingehe, desto kleiner wird meine Freiheit» – und er richtete sich danach. Auch Liebe, so behauptete er, brauche er nicht, sondern lediglich «jemanden, der von meiner Liebe abhängig ist, der das Bedürfnis hat, von mir geliebt zu werden».

Spratts Verhalten im Zweiten Weltkrieg war nicht minder extrem. Seine Familie war wiederholt von den Japanern bedroht worden, bevor man sie gezwungen hatte, China endgültig zu verlassen. Obwohl Spratt wußte, daß die Japaner viele der chinesischen Freunde seiner Familie getötet oder ins Gefängnis geworfen hatten, erklärte er noch nach dem Angriff auf Pearl Harbor am 19. Dezember 1941, er wolle nicht kämpfen, sondern an der Westfront als Sanitätsfahrer Dienst tun. Spratts pazifistisches Credo beruhte auf einer weiteren Selbsterkenntnis, die ein Licht auf den Ursprung seiner Reaktionsbildung warf: «Ich kann mich glücklich schätzen, daß ich nicht das Temperament meines Vaters geerbt habe.»

Schließlich kämpfte Spratt in Neuguinea und auf den Philippinen gegen die Japaner. Er schrieb: «Mit meinem Pazifismus ist es vorbei. Ich bin froh, daß ich gelernt habe, mit einem Maschinengewehr umzugehen.» Doch war Spratt keineswegs frei. So tat er sich während des Krieges am meisten auf seine Fähigkeit zugute, länger durchzuhalten als die anderen und auf diese Weise dann Kameraden retten zu können. Spratt wurde dem Nachrichtendienst zugeteilt, doch um sich selbst zu beweisen, daß er keine Angst hatte, setzte er durch, daß er im Fallschirmspringen ausgebildet wurde. Bei einem Absprung brach er sich das Bein und erkrankte prompt an Osteomyelitis – einer chronischen Knochenmarkentzündung – in den Schenkel- und Hüftknochen, die in späteren Jahren zurückkehrte und ihn zum Krüppel machte. Aus den Fesseln der Reaktionsbildung ist nicht leicht freizukommen.

Nach dem Krieg kehrte Spratt mit einer Gruppe von Missionaren nach Japan zurück, «um dafür zu sühnen, daß ich drei Jahre lang an der Zerstörung Japans mitgewirkt habe». Doch diese Selbstaufopferung war so groß, daß selbst Spratts Reaktionsbildung sie nicht auffangen konnte. Zu lange waren die Japaner seine Feinde gewesen. Nach wiederholten heftigen Auseinandersetzungen mit den Japanern wurde Spratt von seiner Missionsgruppe nach Hause geschickt. Reaktionsbildung ist nicht flexibel genug, um solche Haßgefühle, wie Richter Spratt sie mit sich herumtrug, zu überspielen – es sei denn, sie entwickelte sich zu Altruismus weiter.

Nur in seinen Idealvorstellungen, in denen er sich als Tolstoi oder als Albert Schweitzer sah, lockerte Spratt sein strenges Regiment über sich selbst. Im wirklichen Leben versagte er sich nach wie vor jede Befriedigung. Seine Heirat kurz nach seiner Rückkehr aus Japan geschah mehr aus einem aufgesetzten Gefühl der Selbstaufopferung als aus Liebe; Spratt selbst nannte seine Frau «einen Menschen, der andere sehr stark einengt». Als Sechsundzwanzigjähriger begann Spratt in Harvard mit dem Jurastudium. Wie es seiner Art entsprach, ernährte er in dieser Zeit nicht nur sich selbst, sondern auch seine Frau und deren Kind aus früherer Ehe und schaffte es außerdem noch, zur Mitarbeit an der juristischen Fachzeitschrift *Law Review* eingeladen zu werden*. Und er wurde Vegetarier. Harte Arbeit und unermüdliches Eintreten für die Belange der Kinder brachten ihm schon bald die Berufung als Richter nach Chicago ein, wo er die nächsten fünfzehn Jahre als Vorsitzender Richter mit Jugend- und Familienfragen zu tun hatte. Dank seines starken Antriebs, vernachlässigten Kindern beizustehen, wurde er immer mehr zum Anwalt des mißhandelten Kindes. Daneben schrieb er weiterhin für juristische Blätter, spielte bei der Erziehung seiner eigenen Kinder eine viel aktivere Rolle als allgemein üblich und gönnte sich niemals Urlaub.

In dieser Zeit legte Spratt einen Thematischen Apperzeptionstest ab. Dieser Projektionstest wurde später durch den Direktor der Grantstudie, Dr. Charles McArthur, der über Spratts Leben seit 1950 nicht informiert war, ausgewertet. McArthur schrieb: «Man fragt sich, ob er nicht während ganzer Lebensabschnitte darum flehte, von seinem unerbittlichen Unabhängigkeitsanspruch erlöst zu werden, andererseits jedoch gerade durch seine eigene Abwehr jede Hilfe verhinderte . . . Der Test war ein echtes Notsignal. Dieser ‹unmenschliche› Mann ruft um Hilfe.» Mit diesen Bemerkungen sagte Dr. McArthur Spratts Zukunft voraus und wies zugleich auf einen der gefährlichsten Aspekte der Reaktionsbildung hin. Diese Abwehr kann dadurch, daß sie den Bedürfnissen des Individuums eine völlig entgegengesetzte Richtung gibt, die Rettung behindern. Seine Reaktionsbildung zeigte, daß Richter Spratt die Abwehr des Ungeschehenmachens anwandte.

Wie wir bereits gesehen haben, hielt Spratt seine Abhängigkeitswünsche bis zur Lebensmitte wohl verborgen. Seinen Gesundheitszustand hatte er stets als «ausgezeichnet» angegeben, und bei der Arbeit hatte er keinen Tag wegen Krankheit gefehlt. Doch als Dreiunddreißigjähriger kam er dann mit virusbedingter Lungenentzündung ins

---

* Diese Mitarbeit gilt als Vorzug, der nur den besten Studenten eines Jahrgangs zuteil wird.

Krankenhaus. Diese Krankheit folgte kurze Zeit nach dem in Spratts Thematischem Apperzeptionstest zum Ausdruck gekommenen «Hilferuf». Zwei Jahre später verschlimmerten sich die Symptome an der Stelle von Spratts früherem Beinbruch. Während der folgenden sechs Jahre litt er an periodisch auftretenden und zeitweise unerträglichen Schmerzen. Eine hypochondrische Neigung schien unverkennbar.

In seinen frühen Vierzigerjahren wurde Spratts abwehrender Pazifismus erneut durchbrochen: zum erstenmal stellte er sich offen gegen seinen Vater, tat dies aber nur, weil dieser Spratts Schwester beleidigt hatte. Sobald seine Aggressionen einmal offen zutage getreten waren, wurde Spratt zunehmend depressiver, denn beim Abbau der Reaktionsbildung gegen Aggressivität richtet diese sich zunächst gegen das eigene Selbst. Nachdem er sich zu heftigen Vorwürfen gegen seinen Vater hatte hinreißen lassen, verschlimmerten sich Spratts chronische Schmerzen so sehr, daß er für drei Wochen ein Krankenhaus aufsuchen mußte, wo er Opiate verabreicht bekam. Als letztes kam dann noch hinzu, daß Spratts Frau immer ungehaltener wurde und ihren invaliden Gatten mit immer kritischeren Augen betrachtete. Für sie waren seine überlangen Arbeitstage die Ursache seiner Schmerzen im Bein, und obwohl er mehr und mehr ihres Mitgefühls bedurfte, war sie nicht bereit, ihn zu trösten. (Halten wir hier fest, daß Spratts Hypochondrie – anders als etwa Fearings Konversionshysterie – ihm nicht das einbrachte, was er brauchte: deshalb auch ihre Wendung ins Chronische.)

Richter Spratt begab sich in psychotherapeutische Behandlung, war jedoch zunächst nicht sehr intensiv bei der Sache. Kamen ihm einmal Möglichkeiten der Bedürfnisbefriedigung zu Bewußtsein, wurden sie ihm verwehrt; also sprach er von seiner Psychotherapie auch nur in abwertendem Ton als von einem Vorwand, der ihm erlaubte, sich die Aufmerksamkeit zu verschaffen, die er in seiner Ehe nicht bekam. In dieser Zeit tauchten die ersten ernsthaften Selbstmordgedanken auf. Glücklicherweise gelang es seinem Psychiater, ihn aufzurütteln, indem er ihm die Frage stellte: «Richter Spratt, was würden Sie empfehlen, wenn Ihnen ein Angeklagter eine Geschichte wie die Ihre erzählte?» Spratt räumte ein, daß er in einem solchen Fall intensivere psychiatrische Betreuung für angezeigt hielte. Doch denken wir daran, daß sich die Aufgabe einer Abwehr nicht einfach verordnen läßt. Richter Spratt war erst geholfen, als er selbst schließlich imstande war, andere zu bitten, ihm seine Last tragen zu helfen.

Von da an fand die psychotherapeutische Behandlung häufiger statt, und zum erstenmal in seinem Leben gab der «unmenschliche» Richter Spratt offen zu, daß auch er Hilfe brauchte.

Das Aufgeben seiner Reaktionsbildung erbrachte sogar ganz handgreiflichen Nutzen: zum erstenmal seit Jahren gingen die chronischen Schmerzen von seiner alten Knochenmarksentzündung zurück. Spratt nahm zum erstenmal seit einem Jahrzehnt Urlaub und sagte mir frohlockend: «Ich schäme mich jetzt nicht mehr, Vergnügen um des Vergnügens willen zuzulassen.» Er ließ sich von seiner ersten Frau scheiden und heiratete kurz nach unserem Gespräch ein zweites Mal. Ein Jahr danach konnte er schreiben: «Wie unsere Freunde sagen, war uns beiden eine wahre Wiedergeburt vergönnt!»

Von allen Ich-Mechanismen ist Dissoziation der auffallendste. Das Subjekt kann sich des Mechanismus der Dissoziation bedienen, um emotionaler Belastung zu entgehen, indem es entweder seinen Charakter oder seine persönliche Identität verändert. Gutes Theaterspielen, namentlich das Schauspiel nach der Stanislawski-Methode*, bietet ein treffendes Beispiel dafür, wie ein Affektzustand auf anpassungsfördernde Weise durch einen anderen ersetzt werden kann. In ihren weniger flexiblen Formen leitet Dissoziation zu den nicht minder dramatischen Zuständen von Bewußtseinslücken und Persönlichkeitsspaltung über. Denken wir dabei nur an die erstaunlichen Charakterveränderungen in Stevensons Erzählung ‹Dr. Jekyll and Mr. Hyde› oder in Pär Lagerkvists Roman ‹*Die Sybille*›. So wie Pollyanna** auch unter Tränen immer wieder zu lächeln begann und selbst in den erbärmlichsten Lebenslagen immer noch Erfreuliches zu entdecken wußte, so wie ein Mensch in Hypnose oder in religiöser Ekstase sogar in den erschreckendsten Situationen noch angenehme Empfindungen haben kann – genauso ermöglicht Dissoziation der bedrängten Persönlichkeit, ihre eigene Realität zu verändern. In einer Hinsicht unterscheidet sich Dissoziation von allen übrigen Abwehrmechanismen: sie ist die einzige Abwehrform, die willentlich angewandt

---

* Stanislawski-Methode – Methode, die eine vollkommene Identifikation mit der Rolle verlangt.
** Pollyanna – unbeirrbar optimistische Hauptfigur eines Romans von Eleanor Porter.

werden kann. Alkohol- und Drogenrausch, Trancezustände und Meditation ermöglichen tiefgreifende Bewußtseinsänderungen und können ohne Ausnahme willentlich herbeigeführt werden.

In der Psychiatrie wird der Prozeß der Dissoziation häufig als «Leugnung» bezeichnet, da er beides, Vorstellung wie Affekt, verändern kann. So gerechtfertigt das rein sprachlich auch sein mag, scheint es mir doch wesentlich, den Vorgang der Leugnung als *neurotische* Leugnung zu charakterisieren und ihn somit von der *psychotischen* Leugnung abzuheben, in der nicht nur die innere emotionale Realität, sondern auch die äußere Realität um der Anpassung willen umgestaltet wird. Die Welt des Theaters wird nicht durch Halluzination und Wahnideen regiert, sondern durch die Illusion. Wenn die Männer, die Dissoziation gebrauchten, in gefährlichen Situationen zuweilen ihr Leben aufs Spiel setzten, dann nicht aus Wahnwitz oder blindem Übermut. Männern wie Byron, Bright und Lion half ihr Dissoziieren, die Gefahren des Lebens zu bestehen, ohne darin umzukommen.

Der Punkt, an dem Verdrängung endet und Dissoziation beginnt, bedarf ebenfalls weiterer Klärung, da die beiden Mechanismen bei Hysterikern gewöhnlich gemeinsam vorkommen. Von einem durch die Studie erfaßten Arzt stammt eine feine Unterscheidung zwischen den beiden Abwehrformen. Er erklärte, er habe sich jeden Gedanken an sexuelle Beziehungen mit seiner Frau aus dem Kopf geschlagen und nehme demzufolge seine Ehe als ausgezeichnet wahr, obwohl wir, wie er sagte, «das wahrscheinlich Verdrängung nennen würden». In der Tat handelte es sich dabei jedoch nicht um *Verdrängung* , da er sich seines Konflikts geistig sehr wohl bewußt war. Statt dessen fiel auf, daß dieser Mann sich durch Drogengenuß und Meditationsübungen völlig von der aus seiner Enthaltsamkeit entstehenden emotionalen Spannung *dissoziiert* (abgespalten) hatte.

Auch zwischen übertriebenem Optimismus und stoischem Ertragen ist die Grenzlinie manchmal nur sehr schwer zu ziehen. Psychiater können stundenlang darüber diskutieren, ob die Neigung, in jeder Lage auch das Positive zu sehen, nun ein Leugnen oder Akzeptieren der Wirklichkeit bedeutet. Es scheint für die menschliche Anpassung wesentlich, Angst in optimalen Dosierungen zu erleben – zuwenig Angst hemmt die Entwicklung, zuviel Angst beeinträchtigt die Funktionstüchtigkeit. Wichtig ist, daß Unterdrückung die Angst mildert, Dissoziation sie jedoch ganz beseitigt. Bei der Untersuchung von Patienten, denen eine Operation bevorstand, hat Irving Janis beobachtet[13], daß die postoperative Phase für diejenigen Patienten am günstigsten verlief, die vor dem Eingriff leichte Angst verspürt hatten. Diejenigen, die die tatsächlich vorhandenen Probleme herunterspielten (Unterdrückung), fuhren damit besser als die Patienten, die die bevorstehende Operation als Gelegenheit ansahen, «Urlaub» zu machen (Dissoziation), oder als die, die sich von ihrer Angst überwältigen ließen (keine Abwehr).

Ebenso ist es aufschlußreich, die Männer, deren Abwehr hauptsächlich auf Dissoziation beruhte, denjenigen gegenüberzustellen, die Intellektualisierung anwandten. Diese beiden Abwehrmechanismen erscheinen so gut wie unvereinbar. Die Teilnehmer der Grantstudie, die Dissoziation als ihre vorherrschende Abwehrform gebrauchten, neigten stark zu sogenannten hysterischen Zügen, das heißt, sie waren sexuell herausfordernd, übermäßig gefühlsbetont und leicht erregbar, zeigten exhibitionistische und egozentrische Verhaltensweisen; Merkmale wie Rigidität, Ordentlichkeit und Gewissensstrenge schienen bei ihnen nicht vorhanden zu sein. Zur Schauspielerei neigende Persönlichkeiten können äußere Umstände, die ihren eingebildeten, doch angenehmen inneren Zustand stören könnten, vollkommen ignorieren. Sie erscheinen deswegen häufig wunderbar spontan. Obwohl die Probanden der Studie, die Dissoziation gebrauchten, entgegen dem psychiatrischen Vorurteil ihre Gefühle frei äußern konnten, litten sie häufiger unter psychischen Krankheiten und fühlten sich unglücklicher als die emotional verspannteren Intellektualisierer. Der Preis, den die ersteren dafür bezahlten, so liebenswürdige Unterhalter zu sein, lag darin, daß sie sich oft ihrer eigenen Identität nicht sicher waren.

Obwohl sie aus einer Gruppe männlicher Akademiker ausgesucht waren, glich der Lebensstil der Männer, die hauptsächlich Dissoziation anwandten, dem der Theaterleute in der ganzen Welt. Von den elf Untersuchten, die am meisten dissoziierten, dachten alle außer zweien ernsthaft an Scheidung. Bei der Gruppe dieser elf Männer waren zwölf Scheidungen zu verzeichnen – das sind mehr als bei allen anderen vierundachtzig Untersuchten zusammengenommen. Acht der elf Männer, die am stärksten dissoziierten, waren zu irgendeinem

Zeitpunkt ihres Lebens einmal exzessive Trinker gewesen, und mit dreimal größerer Häufigkeit als die anderen Männer neigten sie dazu, pro Tag zwei Schachteln Zigaretten zu rauchen. Andererseits brüstete sich ein ziemlich zwanghafter Teilnehmer der Grantstudie damit, daß er sich in den letzten dreißig Jahren überhaupt nicht verändert habe, was auch durch seinen Fallbericht bestätigt wurde. Zwangsneurotiker scheuen vor Dissoziation zurück. Sie bemühen sich angestrengt, ihren inneren Zustand genau den Gegebenheiten ihrer Umwelt anzupassen. Sie haben ein strenges Gewissen und erscheinen verspannt. Die Mechanismen der Isolierung und Rationalisierung werden häufig von ihnen angewandt.

Nur einer der zwölf Männer, die am meisten intellektualisierten, war ein starker Trinker; nur zwei von ihnen gehörten zu den starken Rauchern. Keiner der Intellektualisierer hatte sich scheiden lassen, obwohl die Ehe bei verschiedenen von ihnen unglücklich war; nur zwei von ihnen hatten jemals ernsthaft an Scheidung gedacht. Doch konnte man diese Männer umgekehrt auch schwerlich als die unterhaltsamsten Gesprächspartner der Welt bezeichnen.

Ein Beispiel für Dissoziation liefert uns der bereits in der Einleitung erwähnte Rechtsanwalt. Auf die Untreue seiner Frau und ihr Versäumnis, für die Mahlzeiten zu sorgen, hatte er ohne ein Zeichen von Ärger reagiert. Doch anders als Spratt bekannte er sich weder lauthals zu seiner Friedfertigkeit noch versuchte er, sie zu unterdrücken. Nielmehr veränderte er sein eigenes Selbst, indem er sich unbefangen und fröhlich an der Inszenierung heiterer Theaterstücke beteiligte. Dabei ließ er das, was ihn bedrückte, buchstäblich hinter sich zurück. Es hatte in seinem Leben schon mehrmals Zeiten gegeben, in denen es ihm gelungen war, sich innerlich ganz aus einer gefährlichen Lage herauszulösen. Während des bangen Jahres der Berlin-Blockade brachte er als einziger unter allen Untersuchten die Meinung vor, das auf russischer Seite bestehende Mißtrauen «gehöre doch vielleicht nur einer vorübergehenden Phase an», und es wäre ratsam, sich «großherzig» zu zeigen. Einen der Fragebogen schloß er einmal mit der Bemerkung ab: «Ich muß wohl ein Optimist sein, der sich durch den ganzen Zynismus ringsum nicht beirren läßt.» Dieser Mann besaß einen herzerfrischenden, rührenden Charme. Seine unschuldige Art erweckte die Sympathien anderer, beeinträchtigte jedoch andererseits seine Anpassungsfähigkeit. Er hatte in seinem Leben mehrfach zu Alkohol und Amphetaminen Zuflucht genommen, um seine innere Realität zu verändern. Wegen seiner Depressionen hatte er einmal schließlich sogar eine Psychotherapie begonnen. Wie er mir gegenüber bekannte, war ihm die professionelle Hilfe jedoch nicht besonders nützlich erschienen: «Ich habe immer versucht, meinen Psychiater als Menschen anzusprechen und ihn zum Lachen zu bringen.» Vielleicht nickt der Leser jetzt voller Zustimmung und denkt bei sich: ‹Genau da hapert es auch mit den Psychiatern – es fehlt der Sinn für Humor.› Doch der Rechtsanwalt hatte darunter zu leiden, daß er seine Aufmerksamkeit nicht auf die nächstliegenden Tatsachen konzentrieren konnte. Obwohl ihre vergnügte Außenseite manchmal darauf hinzudeuten scheint, sind solche Meister im Entfliehen nicht glücklicher als andere Leute.

Dagegen hatte ein Arzt Dissoziation wesentlich nutzbringender angewandt. Der Psychiater der Studie hatte ihn als Neunzehnjährigen als «angenehm, kontrolliert, warmherzig, reif, zufrieden, freundlich, kerngesund, fröhlich und robust» beschrieben. Die Familienarbeiterin hatte seine Angehörigen «wirklich sympathische Leute» genannt und hinzugefügt: «Ich kann mich nicht erinnern, je mit mehr von Herzen kommender Wärme und Begeisterung aufgenommen worden zu sein.» Im Lauf der Jahre hatte ich mich jedoch zu fragen begonnen, ob sich das alles nicht viel zu glatt anhörte. Sicher neigte dieser Mann dazu, das Leben zu beschönigen und die Dinge immer nur positiv zu sehen. Dennoch hatte die Neigung des Doktors, sich innerlich ganz von seinem Schmerz loszumachen, nicht dazu geführt, daß er die Fähigkeit zur klaren Einschätzung seiner Situation verloren hätte. Er erzählte mir, er sei, als es mit seiner an Krebs erkrankten Mutter allmählich zu Ende ging, vier Monate lang jedes Wochenende zu ihr geflogen. Während er mir davon berichtete, begann er hastig nach seinen Zigaretten zu kramen und ging schließlich sogar hinaus, um eine neue Packung zu holen. Er kam mit einer neuen Schachtel zurück, zündete sich eine Zigarette an, und während er dann den Rauch tief einsog, erklärte er mir, er habe zwar schon während des Krieges Menschen sterben sehen, dies aber sei seine «erste tiefe Erfahrung des Todes» gewesen. «Meine Mutter und ich hatten ein ganz eigenartiges Verhältnis zueinander . . . Ich habe sie andauernd zum Lachen gebracht, ich habe bewußt darauf geachtet, daß unser Gespräch nie durch Gedanken an Krankheit und Tod verdunkelt wurde. Ja, wir haben uns tatsächlich richtig miteinander amüsiert.» (Sein Humor diente weniger der Verschiebung als der Flucht.) Seit dem Tod seiner Mutter hatte er auch angefangen, vor dem Abendessen drei Drinks zu nehmen. Er setzte sich jedoch bald bewußt mit seinen Trinkgewohnheiten auseinander, so daß der Alkohol für ihn nie zum Problem wurde.

George Byron und Dr. Carlton Tarrytown wandten beide Dissoziation an, doch mit sehr unterschiedlichem Effekt. Mr. Byron hatte schon immer gewußt, daß er «ein ruheloser Geist» war. Im Alter von zwanzig Jahren hatte er einmal zwei Tage mit Trinken zugebracht, «weil ich mal sehen wollte, wie das ist». Um den Reiz der Bewußtseinsveränderung auszukosten, gab er sich sein ganzes Leben lang ausgefallenen Beschäftigungen hin. Als Marinesoldat kurierte er aufkommende Unzufriedenheit mit kurzen Sauftouren; in sonstigen Streßzeiten betäubte er sich mit zehn Stunden Schlaf pro Nacht. Anders als viele der aktiven, leistungsbewußten Männer aus der Studie zog Byron sich mit einer leichten Erkältung und einem guten Buch ins Bett zurück, sobald er bei der Arbeit unter Streß geriet. Als er vierunddreißig war, kam es in seiner Familie zu einer schweren Krise. Byron reiste für einige Wochen ins Ausland und stürzte sich in die Freuden einer Liebesaffäre. Später, in mittleren Jahren, zu einem Zeitpunkt, als er nahe daran war, seinen Chef – ein Mitglied von Kennedys Kabinett – niederzuschlagen, reiste er ein weiteres Mal ins Ausland. Dort verbrachte er die erste Woche im Bett; dann gönnte er sich fünf Wochen ungenehmigten Urlaub. Während dieser Zeit, die er später als die unglücklichste seines Lebens bezeichnen sollte, war er imstande, der Studie zu schreiben: «Das Leben hat überhaupt keinen Sinn, aber ich finde es herrlich.» Doch Mr. Byron ergriff tatsächlich die Flucht: Wie ein Schauspieler, der aus dem Theater nach Hause kommt, konnte er nach Amerika zurückkehren und sich in seiner Welt im wesentlichen wieder genauso zurechtfinden wie vor der Reise.

Dr. Tarrytown dagegen zahlte seine Zeche immer selbst. Wir haben bereits mehrere Beispiele für sein Dissoziieren gehört. In den Worten seiner Mutter: «Er war der frechste kleine Lügner, den es je gegeben hat – es ist nicht zu glauben, wie er anderen Lügen auftischte und auch noch damit durchkam.» Die Collegejahre waren Tarrytown als die glücklichste Zeit seines Lebens im Gedächtnis geblieben, «weil wir uns permanent berauschten und doch, wenigstens zum Teil, damit Erfolg hatten». Seine Mutter bemerkte verwundert, daß er «seine Gefühle ganz abschalten und der leidenschaftsloseste Mensch von der Welt» sein konnte. So fremd sich Tarrytown auch immer seinen nächsten Mitmenschen gegenüber fühlen mochte, verlor er doch nie die Fähigkeit, mit Fremden Liebesbeziehungen einzugehen. Wenn die Intellektualisierer in ihrer Ehe oder in ihrem Leben überhaupt ernste Probleme hatten, dann hörten sie gewöhnlich so lange damit auf, die Fragebogen zurückzusenden, bis sie ihr Leben wieder unter Kontrolle hatten. Dr. Tarrytown jedoch unterließ es nie, die Grantstudie auf dem laufenden zu halten. Seine rechte Hand wußte nicht, was die linke tat.

Vergleichen wir Byron und Tarrytown, so wird deutlich, daß es auch hinsichtlich der sozialen Stützen, bei denen sie Halt suchen konnten, Unterschiede zwischen beiden Männern gab. So sehr Byron auch immer seinen eigenen Gefühlen davonlaufen wollte, seine Mutter hatte sie doch akzeptiert und bewundert. Dank seiner Fähigkeit, Dissoziation in Sublimierung umzuwandeln, führte Byrons Hang zum Eskapismus ihn an wahrhaft exotische Orte, wo er jedoch immer noch imstande war zu leben, sich zu ernähren und eine Familie zu gründen. Während seiner Studienzeit hatte Byron nicht im Alkohol, sondern in der Beschäftigung mit der Philosophie Trost gesucht, und dieses Interesse war ihm später wieder zugute gekommen. Halten wir dem Tarrytowns wehmütige Bemerkung entgegen, die er als Siebenundvierzigjähriger machte: «Im College hätte ich gern mehr über die östliche Philosophie gelernt.» Tarrytowns Ausbruchsversuche führten jedoch nur dazu, daß er seine eigenen Gefühle in der Einsamkeit begrub und sich in «ruhmlose, zermürbende» Rauschzustände versetzte. In seinem ganzen Leben hatte es nichts gegeben, was ihm je das Gefühl vermittelt hätte, er habe das Recht, sich um seinen eigenen Schmerz zu kümmern oder sich gar auf ihn zu konzentrieren. Die Depressionen seiner Mutter und ihr Dissoziations- und Fluchtverhalten hatten stets Vorrang genossen. (In der Tat liefern uns die Meister der Dissoziation, die Heroinsüchtigen, etliche Hinweise darauf, daß ihnen von ihren Eltern jede Gelegenheit genommen wurde, auch nur schwache Ängste zu erleben.)

Zusammenfassend können wir sagen: Isolierung beläßt die Vorstellung im Bewußtsein, entkleidet sie jedoch jedes Affektes («Ich könnte ihn umbringen, aber wütend bin ich nicht.») Dagegen beläßt Verdrängung den Affekt im Bewußtsein, entzieht ihm jedoch die dazugehörigen Vorstellungen so weitgehend, daß sogar das Objekt im dunkeln bleibt. («Ich bin heute so wütend, ich weiß nur nicht, auf wen.») Verschiebung ermöglicht dem Subjekt, die Verbindung zwischen konflikterzeugender Vorstellung und Affekt aufrechtzuerhalten, richtet beide jedoch auf ein weniger gefährliches Objekt. («Heute nach dem Essen mit meinem Mann habe ich mich fürchterlich über meinen Hund geärgert.») Reaktionsbildung ermöglicht dem Subjekt, Vorstellungen und Affekte im Bewußtsein zu halten, die den im Unbewußten vorhandenen Vorstellungen und Affekten diametral entgegenlaufen. («Es ist meine Christenpflicht, ihn zu lieben.») Dissoziation erlaubt dem Ich, die innere Befindlichkeit des Subjekts so zu verändern, daß das aus einem Konflikt entstehende Unbehagen unbedeutend wird. («Immer wenn ich ihn treffe, trinken wir einen und amüsieren uns über die alten Zeiten.»)

Das Wesentliche ist bei allen neurotischen Abwehrmechanismen, daß sie das, was im Innern der betreffenden Person vorgeht, verändern. Außenstehenden bleibt die Beteiligung an der dabei geleisteten zermürbenden Arbeit erspart. Oftmals erfahren sie gar nichts von den quälenden Phobien und Zwangsvorstellungen des Betroffenen, es sei denn, er teilte es ihnen eigens mit. Anders als die reifen und unreifen Mechanismen, die man häufig nach moralischen und sozialen Gesichtspunkten bewertet, werden die neurotischen Mechanismen gemeinhin als individuelle Eigenarten betrachtet. Doch nicht wegen Paranoia oder Altruismus gehen Patienten zum Arzt oder zum Schamanen. Es sind vielmehr vor allem die neurotischen Mechanismen, die für den Betroffenen mit der «Erlaubnis» verknüpft sind, sich in der Rolle des Kranken zu präsentieren. Vielleicht ist diese Reaktionsweise der Mitmenschen durch die Entdeckung gefördert worden, daß es «Heiler» gibt, die imstande sind, in der Therapie neurotische Abwehrmechanismen zu deuten und hilfreiche Einsichten zu ermöglichen.

Die von den fünfundzwanzig «gesunden» Teilnehmern der Studie angewandten Abwehrmaßnahmen zählen zur Hälfte zu den neurotischen Abwehrformen. Demnach suchen Neurotiker zwar Beistand bei Seelenärzten, doch ist nicht notwendigerweise krank, wer neurotische Abwehrmechanismen anwendet. Jedermann tut das. Unreife Abwehrformen werden allerdings nicht so leicht aufgegeben; das erklärt vielleicht, warum die Psychoanalyse zwar die «Abwehr-Neuropsychosen» zu heilen, psychische Erkrankungen insgesamt aber nicht auszurotten vermocht hat, denn wie wir im folgenden Kapitel sehen werden, sind es die unreifen Abwehrmechanismen, die den Menschen echtes Leid bringen. Unreife Abwehrmechanismen sind nicht nur der Interpretation weniger zugänglich, sondern zerstören darüber hinaus oftmals das Bündnis zwischen dem Heilenden und dem Patienten. Menschen mit neurotischen Abwehrmechanismen gleichen armen Sündern, die sich selbst als solche erkennen, eilends zur Beichte gehen und dadurch Absolution erlangen. Ganz anders verhält es sich bei denjenigen die unreife Abwehrformen aufweisen: sie wenden sich entweder vom Priester ab, um Steine gegen die Kirchentür zu werfen, oder aber sie betrachten sich selbst als die einzigen aufrechten Menschen auf der Welt, als Seher, die von den Narren ringsum zu Unrecht verfolgt werden.

9. Kapitel Die unreifen Abwehrmechanismen

> At beauty I am not a star;
> There are others lovelier by far;
> But my face, I don't mind it;
> You see I'm behind it;
> It's the people out front that I jar.
>
> *Woodrow Wilson zugeschrieben**

Die Anpassungsweisen, die den Neurosen zugrunde liegen, sind für den Betroffenen so unangenehm und für den Beobachter so unbedeutend wie eine Laufmasche im Strumpf oder ein Stein im Schuh. Umgekehrt erscheinen die unreifen Abwehrmechanismen dem Betroffenen so harmlos und dem Beobachter so unerträglich kraß wie die Vorliebe für starke Zigaretten oder für Knoblauch. Zu den unreifen Abwehrmechanismen zählen Phantasie, Projektion, Masochismus (passive Aggression), Hypochondrie und Ausagieren (acting out). Psychiater kleben denjenigen, die diese Mechanismen gebrauchen, gern das abwertende Etikett der «Charakterstörung» auf. Sie sehen solche Menschen als für eine Behandlung ungenügend motiviert und unheilbar an. In der Tat liegt der Grund dafür, daß den Menschen mit Charakterstörungen so wenig Verständnis entgegengebracht wird, genau darin, daß keiner sie mag. Im Fall des Psychotikers, des übellaunigen Melancholikers und des scheuen Introvertierten bitten die Psychiater um Nachsicht, nicht jedoch bei den Individuen, die unreife Abwehrmechanismen anwenden. Vielleicht ist das auch der Grund, warum es so schwerfällt, ein einfühlsames Bild des exzentrischen Lamb, des vorurteilsbefangenen Tarrytown oder des passiv-aggressiven Smythe zu zeichnen: man befürchtet immer, sie könnten unheilbar sein.

* Deutsch etwa: An Schönheit fehlt es mir gar sehr,
    Da kommen manche ganz anders daher,
    Doch mein Gesicht, das erfreut mich,
    Denn dahinter wohn ich –
    An den Leuten davor ich mich stör.

Gegen diese pessimistische Furcht kommt allein die Längsschnittperspektive an. Die Teilnehmer der Grantstudie haben in den dreißig Jahren, in denen sie beobachtet worden sind, einwandfrei demonstriert, daß unreife Abwehrmechanismen nicht einfach nur als starrer die Persönlichkeit deformierender Panzer, sondern durchaus auch als dynamische Anpassungsweisen zu betrachten sind. Doch dazu ist vor allem Geduld vonnöten. Denken wir zum Beispiel an die hoffnungslosen Schwankungen und Unruhen der Adoleszenz. Bezeichnenderweise greifen Adoleszente ohne Scheu zu stimmungsändernden Drogen, und nicht sie selbst, sondern die anderen kommen ihnen sonderbar vor. Nicht anders als ihre physischen Beschwerden existieren auch ihre leidenschaftlichsten Lieben oft nur im Imaginären. Adoleszente sind wahre Meister in der Kunst, sich selbst eine Grube zu graben und dann auch prompt hineinzufallen. Aus diesen Gründen habe ich mich dafür entschieden, die Mechanismen, die der Drogensucht, der Paranoia, der Hypochondrie, der Exzentrizität und dem Masochismus zugrunde liegen, als «unreife Abwehrmechanismen» zu bezeichnen. Doch glücklicherweise ist die Adoleszenz eine Krankheit, der von vornherein Grenzen gesteckt sind. Zwar können wir niemanden mit schönen Worten, durch eine Psychoanalyse oder auch mit Prügeln aus der Adoleszenz vertreiben. Jeder muß ihr – wenn auch mit ein wenig Unterstützung von außen – für sich allein entwachsen. Doch vergessen wir nicht, daß wir, die Neurotiker von heute, die störrischen Adoleszenten von gestern sind.

Wenn die Psychiater dazu neigen, Menschen mit Charakterstörungen als wenig geeignet für eine Behandlung anzusehen, dann wegen solcher Züge wie «Narzißmus» und «passiver Abhängigkeit». Auch die Adoleszenten sind außerordentlich egozentrisch. So beklagen sie sich gern, ihre Eltern griffen in ihr Recht zur freien Entscheidung ein, zeigen aber andererseits wenig Neigung, selbst für ihren Unterhalt zu sorgen. Entsprechend neigten diejenigen Probanden der Grantstudie, die unreife Abwehrmechanismen gebrauchten, am stärksten zur Egozentrizität, und es zeigte sich eine signifikante Korrelation zwischen den Merkmalen «Passivität» und «Abhängigkeit» und einem jeden der in diesem Kapitel angeführten Anpassungsstile.

Obwohl wir zum Schutz vor Charakterstörungen Trennwände – seien sie aus Beton oder aus sozialem Hochmut – errichten, bleiben unsere Versuche, uns selbst zu retten, vergeblich. Wir bestrafen Drogensüchtige, und dennoch vermehren sie sich wie die Kaninchen. Der Alkoholiker und seine leidgeprüfte Ehefrau werden mit der Zeit unlösbar ineinander verhakt. Je öfter wir den Masochisten von unserer Tür und den Hypochonder aus dem Sprechzimmer weisen, um so hartnäckiger kehren sie zurück. Genau wie die Adoleszenten sind auch die von Charakterstörungen Betroffenen unbelehrbar, und dennoch können es die reiferen Mitglieder der Gesellschaft nicht unterlassen, immer wieder Versuche zu ihrer Besserung zu unternehmen.

All die erwähnten Züge der Charakterpathologie kosten Nervenkraft und widersprechen der Logik. Doch Vorsicht! Können Sie sich einen Hypochonder, einen Exhibitionisten oder einen Paranoiker allein auf einer einsamen Insel vorstellen? Sicherlich nicht. Diese scheinbar unveränderlichen Charakterzüge treten nur in Gegenwart anderer Menschen auf. Kurz: die unreifen Abwehrmechanismen sind nicht in jedem Falle die unheilbaren schlechten Gewohnheiten, als die sie an der Oberfläche erscheinen mögen. Manches Mal sind sie das Mittel, das uns ermöglicht, mit den Menschen, ohne die wir genausowenig leben können wie mit ihnen, einen wenn auch mühevollen Waffenstillstand einzugehen. Denn wenn die neurotischen Abwehrformen häufig dem Zweck dienen, mit unerträglichen Triebansprüchen fertigzuwerden, so helfen uns die unreifen Abwehrmechanismen hauptsächlich, mit unerträglichen Menschen auszukommen.

Wie bereits im fünften Kapitel gezeigt wurde, behindern die unreifen Abwehrmechanismen die Gesamtanpassung: das Auftreten jedes dieser Mechanismen war mit einer Beeinträchtigung der psychischen Funktionen verbunden. Ein Grund, warum unreife Abwehrmechanismen eine realitätsgerechte Anpassung behindern, liegt darin, daß sie den komplexen Prozeß, den wir normalerweise nur zwischen Mutter und Kleinkind oder allenfalls noch bei Liebenden beobachten, ins Erwachsenenalter hinein fortsetzen. Unreife Abwehrvorgänge führen zu einem Verwischen der Persönlichkeitsgrenzen. Sie bewirken, daß wir «Ich» und «Du» nicht mehr klar auseinanderhalten können. Dichter und Sänger und leider auch die Demagogen und Bösewichter der Weltgeschichte haben schon seit jeher gewußt, daß wir uns gegen das Auftreten von Charakterstörungen nicht zur Wehr setzen können.

Unreife Abwehrmechanismen ermöglichen es einem Menschen, wie ein Geist oder Dämon in andere menschliche Körper einzudringen, Teile seines Selbst abzulegen oder in den Charakter einer anderen Person zu schlüpfen. Einem Hypochonder können die Menschen, die er liebt oder haßt, auf einmal körperliche Schmerzen verursachen. Ein verabscheuenswürdiger Charakterzug, den man als Kind unbewußt von den Eltern übernommen hat, wird später vielleicht einmal als Vorurteil gegen irgendeine bedauernswerte Minderheitengruppe nach außen projiziert. Ein Geistlicher findet seine sexuellen Wunschträume plötzlich in rätselhafter Weise von seiner straffällig gewordenen Tochter ausagiert. In Tennessee Williams' Theaterstück ‹Die Glasmenagerie› erwachen Lauras zerbrechliche Glastierchen auf einmal zum Leben – in ihrer Vorstellung.

Anders gesagt: Unser ganzes Leben lang bevölkern wir unsere innere Welt mit Menschen. Wenn es sich nun dabei dank einer glücklichen Kindheit konstant um dieselben Menschen handelt, denen wir relativ wenig ambivalente Gefühle entgegenbringen, dann werden unsere Beziehungen im wirklichen Leben einigermaßen sicher, liebevoll, autonom und klar abgegrenzt sein. Keine Gruppe wurde als Kind mehr geliebt als die Stoiker, keine wies im Erwachsenenalter ein sichereres Gefühl für die eigene Identität auf und zeigte eine höhere Wahrscheinlichkeit, auch weiterhin stabil verheiratet zu bleiben. Keine Gruppe war weniger passiv und abhängig, bei keiner war die Wahrscheinlichkeit, auf die Stufe der unreifen Abwehrmechanismen zu regredieren, geringer. Umgekehrt blieben die zwischenmenschlichen Beziehungen der Männer, die ständig unreife Abwehrformen gebrauchten, stets verworren und trüb. Aus dem unbewußten Bestreben, sich die Illusion der Dauerhaftigkeit dieser Beziehungen zu erhalten, kann die unreife Abwehr dazu führen, daß der Betroffene unbefriedigende psychische Vorstellungen von anderen Menschen modifiziert. Solcherart internalisierte Menschen können kurzerhand in einen guten und einen schlechten Teil gespalten, nach außen projiziert oder mit anderen Vorstellungen verschmolzen werden. Wie die neurotischen Mechanismen allerhand Zaubertricks mit Gefühlen und Vorstellungen vollführen, so springen die unreifen Abwehrformen auf magische Weise mit Gefühlen *und* ihren Objekten um. Betrüger, Demagogen und die großen – erdichteten wie tatsächlichen – Verführer ziehen alle kurzfristig Vorteil aus der Anwendung unreifer Abwehrmechanismen.

Doch wie kann ein Fetisch, ein Vorurteil oder ein eingebildetes

Kopfweh solche Auswirkungen haben? Wie kommt es, daß man sich von seinem Fehlverhalten nicht lösen kann? Genau das war es auch, was das Kaninchen sich fragte, als es der Teerpuppe wegen ihrer Unhöflichkeit eine Ohrfeige gab und dann feststellte, daß seine Pfote kleben blieb*; zur Strafe für diese neuerliche Unverschämtheit gab es der Teerpuppe einen Tritt, worauf es noch fester an ihr haftete. Zu seinem großen Erstaunen band jeder wütende Tritt das Kaninchen noch enger an das Objekt seines Mißvergnügens. Wir machen es nicht anders, denn auch wir nehmen die unreifen Abwehrmechanismen anderer sehr persönlich. Vielleicht ist das auch der Grund, weshalb wir diese Mechanismen gern als pervers oder als tabu abstempeln. Wir haben Angst, daß die Perversionen uns niemals mehr loslassen könnten, sobald wir einmal mit ihnen in Berührung gekommen sind. Beim Zusammentreffen mit Drogensüchtigen regen sich auch bei Liberalen Vorurteile, der Masochist weckt unseren latenten Sadismus und der Simulant unsere passive Aggression. Auch die besonnensten und unerschütterlichsten Eltern verlieren den Kopf und reagieren äußerst unvernünftig, wenn ihre halbwüchsigen Kinder sie lange genug reizen. Doch verlaufen die Vorgänge, durch die all das geschieht, unbemerkt, und selbst wenn ein Außenstehender sie wahrnimmt, erscheinen sie ihm unerklärlich. Denken wir an die Figuren in Eugene O'Neills autobiographischem Stück ‹*Eines langen Tages Reise in die Nacht*›: Insgesamt zeigten sie alle Mechanismen dieses Kapitels und blieben dadurch für Jahrzehnte aneinander gebunden, ohne jemals aufhören zu können, zu quälen und gequält zu werden, ohne jemals Vergessen zu finden. Ihre Tragik lag darin, daß sie nie offen zugeben konnten, wie tief und aufrichtig sie einander liebten.

Das alles klingt vielleicht ein wenig abstrakt. Wenden wir uns deshalb wirklichen Fallberichten aus der Grantstudie zu.

Projektion ist der nach der Verdrängung wohl bekannteste Abwehrmechanismus. Sie erlaubt, die Verantwortlichkeit für die eigenen Gefühle zurückzuweisen und auf andere zu übertragen. Projektion ist der Mechanismus, der bei organischen Gehirnerkrankungen, bei Taubheit und unter Drogeneinfluß am häufigsten zu Hilfe genommen wird, um trotz der inneren Verwirrung eine äußere Ordnung aufrechtzuerhal-

---

* Szene aus Walt Disneys Film ‹*Song of the South*›.

ten. Beispielsweise ist es für eine senile Frau einfacher, ihre Pflegerin zu verdächtigen, daß sie ihre Brille boshaft versteckt habe, anstatt vor sich selber zuzugeben, daß sie selbst mit ihren nachlassenden Geisteskräften sie verlegt hat. Wie weitere in diesem Kapitel beschriebene Mechanismen ist auch die Projektion im wesentlichen eine überindividuelle Abwehr. Viele der «unleidlichsten» Charaktertypen, die wir kennen – der Vorurteilsbefangene, der wegen angeblicher Ungerechtigkeiten ständig Gekränkte, der krankhaft eifersüchtige Ehegatte und der Berufsrebell – gebrauchen Projektion. Mit niemandem läßt es sich schwerer diskutieren als mit einem Menschen, der immer den anderen die Schuld zuschiebt, und niemand zeigt mehr Widerstreben dagegen, Liebe anzunehmen, niemand haßt inbrünstiger als der Paranoiker. Wen wundert es, daß keiner ihn mag.

Zwei Tatsachen über die Paranoia seien erwähnt, die zu denken geben: Erstens besteht häufig eine auffallende Ähnlichkeit zwischen dem Verfolger und dem Verfolgten; zweitens fürchtet der Paranoiker häufig Liebe genausosehr wie Haß. Zum Beispiel war ein Proband der Grantstudie in einer rechtsgerichteten politischen Vereinigung tätig, die sich bemühte, die Vereinigten Staaten gegen eine «üble Verschwörung» zu verteidigen. Doch galt sein voller Abscheu gar nicht den Demokraten, Sozialisten oder etwa den Kommunisten. Vielmehr hatte er sich zwei *republikanische* Politiker zu seinen gefährlichsten Feinden auserkoren, zwei Politiker, die ihm und seinen Angehörigen von der ethnischen und sozialen Herkunft sowie vom Gesichtsschnitt her unverkennbar ähnelten! Der betreffende Mann lebte zwar in finanziell gesicherten Verhältnissen, doch war er emotional stärker vernachlässigt worden als alle anderen Teilnehmer der Studie. Was er jedoch am meisten fürchtete, war eine Regierung, die zu gut für die Bürger sorgte.

Die Männer, die Projektion anwandten, hatten Angst vor der Intimität. Genauso wie sie ihre Gefühle nur zu gern anderen zuschrieben, genauso hatten sie Angst davor, was für Gefühle die anderen ihnen wohl entgegenbringen würden. Ein Paranoiker hatte als Zehnjähriger geschrieben: «Je besser ich die Menschen kennenlerne, desto mehr ziehe ich die Tiere vor.» Daran sollte sich niemals wirklich etwas ändern. Ein anderer Mann schrieb: «Die Menschen neigen instinktiv dazu, dem gegenseitigen Kontakt aus dem Wege zu gehen.» Entsprechend fehlen dem Paranoiker die sozialen Stützen, die auf den Gebrauch neurotischer Abwehrmechanismen oftmals mildernd einwirken. Keiner der Männer, die als Kind ein enges Verhältnis zu ihrem Vater gehabt hatten, wurde als Erwachsener paranoid; umgekehrt hielten nur wenige der untersuchten Paranoiker einen befriedigenden Kontakt mit ihren Eltern und Geschwistern aufrecht.

Es ist etwas Sonderbares, fast könnte man sagen, etwas Unheimliches an der Projektion. Paranoia, Eifersucht, starke Vorurteilsbefangenheit und dämonische Besessenheit führen allesamt zu zwanghafter, übermäßiger Konzentration auf den Feind. Mag Projektion die Angst erzeugen, diejenigen, die einem nahestehen, könnten einem etwas antun, so verspricht sie andererseits doch auch eine besondere Art der Intimität mit Fremden. Um ein Beispiel zu nennen: Von den Menschen als Zielscheibe unverdienter Kritik ausersehen zu sein, bedeutet ja auch, daß man mehr Beachtung erhält als einer, der völlig unbemerkt von seinen Mitmenschen dahinlebt. Es verschafft auch Befriedigung, zu wissen, daß andere einen zu ihren schlimmsten Feinden zählen; und wenn sie auch sonst keiner liebt, werden verschmähte alte Jungfern immer noch von den unter ihrem Bett lauernden Lüstlingen begehrt. Kurz, Projektion ist weder ein Defekt noch ein untrügliches Zeichen für Wahnsinn, sondern lediglich eines der ungewöhnlicheren Mittel, mit denen wir Sterblichen uns selbst Trost zu spenden versuchen.

In beruflicher Hinsicht waren die Paranoiker von allen Untersuchten der Studie am wenigsten erfolgreich, und umgekehrt machte keiner der Männer, deren Erwachsenenanpassung und zwischenmenschliche Beziehungen über dem Durchschnitt lagen, nennenswerten Gebrauch von der Projektion. Vielleicht hängt das damit zusammen, daß Projektion genau wie Dissoziation (neurotische Leugnung) das Individuum daran hindert, die Realität zu erkennen, und wenn wir die Außenwelt zu sehr verzerren, wird es für andere sehr schwierig, uns zu lieben. Über einen der am stärksten paranoiden Teilnehmer der Studie hatte sein befehlshabender Offizier gesagt: «Er ist bescheiden und sehr loyal. Er hat einen wachen Verstand und schöpferische Fähigkeiten, doch seine Schwäche liegt auf dem Gebiet der adäquaten und fairen Urteilsbildung.» Der Psychiater der Studie hatte zuvor notiert, das «Auffallende» an diesem Mann sei «der Mangel an Interesse, Energie, Schwung». Der Proband selbst beharrte jedoch darauf, daß der Psychiater der Studie ihm die «hemmenden Vorstellungen» eingegeben habe, die regelmäßig auftraten, sobald er etwas tun wollte. Der Proband wandte sich auch nicht hilfesuchend an die Grantstudie, als er einmal gut vorbereitet in eine Prüfung ging und sie dann wieder verließ, ohne ein einziges Wort zu Papier gebracht zu haben, sondern sah ganz im Gegenteil in der Studie die Instanz, die für sein Versagen verantwortlich war.

Die Projektion weist noch weitere paradoxe Züge auf. Wir halten den Paranoiker gewöhnlich für aggressiv, doch besteht in der Tat bei keiner anderen Abwehrform eine so deutliche Korrelation zu den Merkmalen Selbstzweifel, Pessimismus und Passivität. Wie die Unterschiede zwischen Lamb und Lion ahnen lassen, erfordert stetige Selbstsicherheit die Fähigkeit, Vertrauen und Liebe zu empfinden. Im Leben John F. Kennedys zeigte sich weit mehr Aggression als in dem des ewig gekränkten Mörders Lee Harvey Oswald.

Obgleich wir den Paranoiker als ausnehmend selbstsüchtig betrachten, besteht doch zwischen Altruismus und Projektion eine faszinierend enge Verwandtschaft. Sowohl Einfühlung als auch Projektion führen zu einem Verschwimmen der individuellen Grenzen. Doch sich in einen anderen einfühlen heißt, deutlich wahrzunehmen und sich selbst in die Lage des anderen – und nicht den anderen in die eigene Lage – zu versetzen. Der Paranoiker hilft sich selbst und bringt andere zur Weißglut, indem er sie fälschlicherweise so behandelt, als ob *sie* seine Gefühle empfänden. Der Altruist versetzt sich mit Hilfe seines Einfühlungsvermögens zwar ebenfalls in die Situation der anderen, doch nimmt er seine eigenen Gefühle zu Recht bei den anderen wahr und bemüht sich, ihnen zu helfen. Der Beweis dafür ist, daß ihm nicht Feindseligkeit, sondern Dankbarkeit entgegengebracht wird. Im öffentlichen Leben gehen Einfühlung und Projektion ineinander über. Wie viele der großen Führer der Geschichte wurden nicht von einigen als Retter, von anderen jedoch als selbstsüchtige, argwöhnische Despoten angesehen?

Reaktionsbildung stellt offensichtlich eine Zwischenstufe zwischen Projektion und Altruismus dar. An der Lebensgeschichte von Dr. Hyde ist bereits deutlich geworden, wie Reaktionsbildung unmerklich in Altruismus übergehen kann, doch bei anderen Männern entwickelte sich Projektion zu Reaktionsbildung weiter.

Das Leben des von der Grantstudie untersuchten Harry Hughes* verdeutlicht diese Fortentwicklung der Projektion. Harry Hughes war als Jugendlicher von Selbstzweifeln und Pessimismus beherrscht gewesen. In den Jahren seiner Internatsschulzeit hatte die Sexualität ihm Angst eingejagt, und er hatte geglaubt, daß Masturbation zu Geisteskrankheit führe, doch suchte er die Schuld dafür nicht bei sich, sondern in der Außenwelt. Überdies bemühte er sich, den Nachweis zu führen, daß nicht er, sondern die Schulverwaltung Angst vor der Sexualität habe: Als er in einem Aufsatzwettbewerb einen Preis gewonnen hatte, bat er um eine unzensierte Fassung von Henry Millers Roman ‹Wendekreis des Krebses›, wodurch er in den Mittelpunkt einer die ganze Schule erfassenden Kontroverse geriet.

Im College wirkte er auf die Mitarbeiter der Studie «vom Aussehen und Gebaren her sehr unglücklich», doch er meinte, sein einziger Kummer bestünde darin, daß es ihn verlegen mache, wenn andere sein Erröten bemerkten. Hughes ertrug es nicht, von anderen Menschen abhängig zu sein. Er war stets auf der Hut. Es fiel ihm schwer, Kritik anzunehmen, und anstatt zuzugeben, daß er sich innerlich nicht wohl fühlte, richtete er seine Aufmerksamkeit krampfhaft auf das Problem der Wasser- und Luftverschmutzung. Er fragte sich ernsthaft, ob nicht die politische Unruhe der Vorkriegszeit daran schuld sei, daß es ihm nicht gelungen war, ein erfolgreicher Künstler zu werden. Es war für ihn sehr viel einfacher, sich auf die verschmutzte Luft und das kriegsgeschüttelte Europa zu konzentrieren, als sich mit der pubertären Hoffnungslosigkeit und dem Kampf in seinem Innern zu beschäftigen. Indem er die Reformbedürftigkeit der Gesetze gegen Pornographie und Umweltverschmutzung vorwegnahm, eilte er seiner Zeit dennoch weit voraus. Paranoiker bilden oft die Speerspitze des sozialen Fortschritts.

Während seiner Collegezeit hegte Hughes tiefe Zweifel an der Aufrichtigkeit seiner Mitmenschen. Der Psychiater meinte dazu: «Harry projiziert sein Mißtrauen und seinen Zynismus nach außen.» Zwei Jahre später konnte Hughes selber zugeben, er habe sich von der Studie «verfolgt» gefühlt. Jedoch wie er bereits 1940 zu Recht vor der drohenden Luftverschmutzung gewarnt hatte, so deckte er auch dies-

---

* Harry Hughes – erinnert an den Millionär und Sonderling Howard Hughes.

mal durch seine übersensible Wachsamkeit eine verborgene Wahrheit auf: es war tatsächlich so, daß verschiedene Mitarbeiter der Grantstudie hinter seinem Rücken «herabsetzend» über ihn gesprochen hatten. Sie hatten ihn in ihren Aufzeichnungen «einen echten Psychoneurotiker» und «einen kranken Menschen» genannt. Kein Wunder, daß er sich hintergangen vorkam, wenn er aus ihrem Verhalten ihm gegenüber solche Urteile herauslas.

Wie vielen Männern, die Projektion anwenden, machte es auch Hughes besondere Schwierigkeiten, zu erkennen, wo Verfolgtwerden aufhört und Intimität anfängt. In den Zwanzigern hatte er lakonisch erklärt, er «habe nicht die Absicht zu heiraten». Als er sich mit neunundzwanzig verliebte, glaubte er sich von seiner Frau verfolgt. Jahre später, als er von seinem Kummer beim Tod seiner Mutter sprach, legten seine Worte die Vermutung nahe, daß er die Verantwortung nach außen verlegt hatte. «Mit dem Tod meiner Mutter», so schrieb er, «hat eine aufreibende Zeit begonnen, über die ich erst allmählich hinwegkomme.» Schließlich war es auch Hughes, der – obwohl die meisten Männer die fortgesetzte Beschäftigung der Grantstudie mit ihnen als ein Akzeptiertwerden empfanden – protestierte, er habe nicht gewußt, daß die Forscher der Grantstudie «so lange hinter mir her» sein würden.

Als Hughes reifer wurde, setzte er zunehmend Reaktionsbildung an die Stelle der Projektion. Er wurde kein Revolutionär, sondern ein hart arbeitender, zwanghafter, überaus gewissenhafter Buchherausgeber. Der Umschwung kam allmählich. Zuerst war es sehr schwierig, bei ihm die Grenze zwischen Reaktionsbildung und Projektion genau zu bestimmen. Mit achtzehn Jahren hatte er der Studie gegenüber erklärt, Tanzen wäre ungesund: «Tanzmusik wirkt aufreizend auf die Gefühle der Leute und ist deswegen zu verurteilen.» Mit sechsundzwanzig hatte er nicht mehr ganz so schwere Befürchtungen, daß die Sexualität ihn schädigen könnte, doch beschloß er nun, aus religiösen Gründen keusch zu leben. Wie er sagte: «Meine religiöse Überzeugung hat mich von den meisten Bereichen ferngehalten, in denen es Probleme hätte geben können.»

Als Neunzehnjähriger hatte Hughes sowohl auf körperlicher wie auf übertragener Ebene versucht, seinen Ärger aus sich herauszuverlagern. Ärger verursachte ihm buchstäblich Brechreiz. Genau wie er es mit seiner Sexualität getan hatte, begann er dann, seinen Aggressionen nicht mehr Projektion, sondern Reaktionsbildung entgegenzusetzen; mit vierundzwanzig Jahren lebte Hughes nicht nur zölibatär, sondern war auch Kriegsdienstverweigerer. Mochten seine Tagträume sich auch stets um das Berühmtsein drehen, so fiel es Hughes doch auf, daß er im realen Leben «das Bedürfnis hatte, mich voll zu verausgaben». Als Sechsundvierzigjähriger konnte er immer noch behaupten: «Ich fürchte mich vor dem Konkurrenzkampf aus Furcht, andere zu verletzen», doch gab er zugleich zu, daß er sehr ehrgeizig war. Mit fünfzig vermochte er schließlich einzugestehen, daß er immer gern der Erste sein wollte, und er war imstande, nun in altruistischem Verhalten Zuflucht zu suchen. Seinen Erfolg als Publizist auf dem gewerblichen Sektor betrachtete er als eine «Arbeit im Dienst der gerechten Sache». Er erzog seine Kinder in der Überzeugung, daß «der Dienst am Nächsten uns glücklich macht». In seinen reifen Jahren erwies sich Hughes sogar als treuer Teilnehmer der Studie, von der er sich einst verfolgt gefühlt hatte, und aus dem ehemaligen Einzelgänger war nun ein begehrter Partygast geworden. Zwar leidet Hughes nach wie vor unter Ängsten, doch vermag er sie nun ohne Projektion zu akzeptieren und ist imstande, der Außenwelt freudig und kompetent zu begegnen.

Anders als bei Harry Hughes folgte bei Francis Oswald* Projektion auf Reaktionsbildung. Was der Studie an Angaben über ihn als Vater und Angestellten vorlag, klang so ungünstig wie bei kaum einem anderen der Untersuchten. Aus einem anziehenden Neunzehnjährigen war in mittleren Jahren ein so isolierter Mann geworden, daß ich mich allein durch seine Gegenwart schon einsam fühlte. Die Ursache seiner Abwehrverlagerung dürfte jener unbekannte, möglicherweise genetisch bedingte biologische Defekt sein, auf dem einige der psychotischen Depressionen beruhen.

Wie Leutnant Keats und Harry Hughes war auch Frank Oswald streng erzogen worden. Er war als Einjähriger nicht nur fähig, seine Blasen- und Darmfunktionen zu kontrollieren, auch das Daumenlutschen hatte man ihm bereits durch Einschmieren der Finger mit Tabascosauce abgewöhnt. Bei Unregelmäßigkeiten des Stuhlgangs bekam er Abführmittel und Einläufe, und noch in späteren Jahren stell-

* Francis Oswald – erinnert an den Kennedy-Mörder Lee Harvey Oswald.

te er einen Widerwillen gegen seinen Vater bei sich fest, weil der «immer etwas von mir erwartet».

Zunächst verliefen die Dinge so, daß Oswald eben jedesmal, wenn es hart auf hart ging, selbst härter wurde. Seine Fähigkeit, Schwierigkeiten zu meistern, erfüllte ihn mit tiefem Stolz. Er ruderte bei jedem Wetter in seinem Einer und bildete sich – genau wie Richter Spratt – viel auf sein Durchhaltevermögen ein. Als Student ging er auf einmal äußerst freundlich mit einer Schwester um, die er zuvor nie gemocht hatte; wie seine Eltern sagten, «bewegte Francis sich auf einmal genau in die entgegengesetzte Richtung». Als hochdekorierter Zugführer bei der Marineinfanterie meldete Oswald sich im Krieg immer freiwillig zu den schwierigsten Aufgaben. Dennoch wurde er bei der Grantstudie als «in Sprache und Gebaren sehr sanft» eingestuft. Captain Oswald muß einer jener ausgesprochen seltenen Marines gewesen sein, die jungfräulich und ohne je einen Tropfen Alkohol angerührt zu haben, aus dem Südpazifik heimkehrten. Er war ein Paradefall von Reaktionsbildung.

Doch genügten Tabasco und Reaktionsbildung nicht. In seinen Mittzwanzigern wurde Oswald gerade von jenen Gefühlen, die er so strikt verurteilte, unablässig verfolgt. Obwohl er enthaltsam lebte, merkte er doch, wie unerwünschte sexuelle Gedanken in sein Bewußtsein drängten und ihn bei der Arbeit störten. Wenn Oswald mit Frauen ausging, ertappte er sich dabei, «automatisch Motive in die Situation hineinzuinterpretieren, die gar nicht existierten». Er versicherte der Grantstudie, er sei «am Geldverdienen überhaupt nicht interessiert», und doch «taucht das Thema ‹Geld› in der Unterhaltung mit Oswald immer wieder auf», wie einer der Interviewer der Studie bemerkte. Jahrelang wurde er in Alpträumen von der Erinnerung gequält, daß er im Zweiten Weltkrieg getötet hatte.

In dem Jahr, in dem Oswald dreißig wurde, starben seine Eltern. Er hatte zwar seine inneren Verbote so weit gelockert, daß es ihm möglich wurde zu heiraten, doch gab es nun Streit mit seiner Frau über die Erziehung der Kinder zur Disziplin. Oswald, der sich mit der Strenge seiner Eltern identifizierte, vertrat eine unnachsichtige Sauberkeitserziehung. «Ein kleines Kind weiß noch gar nicht genug», so schrieb er, «als daß es sich dadurch gestört fühlen würde. Ein Kind besteht nur aus Gewohnheiten. Je früher man anfängt, ihm gute Gewohnheiten beizubringen, desto besser für das Kind.» Anstatt sich einzufühlen, projizierte er.

Als er einunddreißig war, hatte sich Oswalds Reaktionsbildung völlig in Projektion umgewandelt. Damals ärgerte er sich sehr über seinen Chef, der angeblich versuchte, ihn «unter Druck zu setzen», damit er in Gebieten arbeitete, in die Oswald nicht gern gehen wollte. Im Jahr darauf, zu einer Zeit, als Oswald in Wirklichkeit mit dem Posten eines früheren Chefs liebäugelte, sprach er davon, daß sein jetziger Chef ihn verfolge. Mit der Zeit wechselte er von Arbeitsstelle zu Arbeitsstelle, da er sich immer stärker von seinen Arbeitgebern verfolgt fühlte. Er begann ein außereheliches Verhältnis und klagte dann, seine Geliebte sei «eine Nachbarsfrau, die es darauf abgesehen hat, daß ich mich scheiden lasse».

Schließlich, als er vierzig wurde, hatte sich bei Oswald das Gefühl verstärkt, daß seine Kinder, die er mit soviel Strenge erzogen hatte, ihn verfolgten. Zwar nahm er manchmal dunkel wahr, daß er zu hart mit seinen Söhnen umging, doch war ihm sein Verhalten normalerweise nicht bewußt. So konnte er einerseits sagen: «Solange ich nicht will, daß meine Kinder mit einem Messer im Hals gefunden werden, kann ich ihnen nicht alles erlauben»; andererseits schrieb er jedoch, seine Tochter gebe sich mit ihrem unmoralischen Lebenswandel alle Mühe, «mir und meiner Frau ein Messer ins Herz zu stoßen». Doch die Wahrheit war, daß Oswald seine Tochter vor kurzem bei einem Wetter mit zum Segeln genommen hatte, bei dem sie beide um ein Haar umgekommen wären. Als im folgenden Jahr Selbstmordgedanken und ausgeprägte Verfolgungsvorstellungen auftraten, wurde Oswald in eine Anstalt eingeliefert. In dem Maße, in dem seine Projektionen zunahmen, verkümmerte seine Fähigkeit, sich auf die reale Welt einzustellen. Nach seiner Entlassung aus dem Krankenhaus war Oswald des öfteren ohne Arbeit. Wie viele Revolutionäre, die die Gefahren ihres Inneren in die Außenwelt übertragen, so schlüpfte auch er in die Rolle eines modernen Don Quijote und kämpfte tapfer um die Erhaltung der Sumpfsteppe der Everglades in Florida. Mit fünfzig entwickelte er eine rührende Anhänglichkeit gegenüber der Grantstudie und bat uns um Hilfe, doch geschah das zu einem Zeitpunkt seines Lebenszyklus, an dem bereits die meisten Männer ihrerseits anderen Hilfe leisteten. Zudem waren die Mitarbeiter der Studie zu weit von seinem Wohnsitz in Florida entfernt, um ihm wirklich beistehen zu können.

Zwei Jahre danach steuerte er seinen Wagen gegen die Stützpfeiler einer Brücke und war sofort tot. Die Polizei fand keinerlei Anzeichen dafür, daß er versucht hatte, den Wagen zu bremsen. Als Unfallursache wurden Selbstmord, Alkohol oder beides angenommen. Oswalds Dämonen verfolgten ihn bis an sein Ende.

Sonderlinge und Adoleszente sind nicht nur Meister der Projektion, sondern auch der Phantasie. Phantasie ermöglicht uns, Ereignisse, die in Wirklichkeit vielleicht sogar unerträglich sind, in unserem Kopf in Ordnung zu bringen. Die verleugneten Realitätsbereiche können die Außenwelt, unser Gewissen, unseren Körper, ja selbst unsere Gefühle einschließen. Phantasien verleihen kleinen Kindern die Allmacht von Königen und Königinnen, helfen Zehnjährigen, es dem Tyrannen des Schulhofes einmal so richtig heimzuzahlen und bieten Adoleszenten die Chance, ohne Angst sexuelle Intimität einzuüben. Phantasie schenkt Erwachsenen nach dem Einschlafen oder beim Tagträumen an der Verkehrsampel Wunscherfüllung. Leider versagt sie im wirklichen Leben, es sei denn, man gebraucht sie als ein Mittel, um zukünftige Handlungen im Geiste durchzuspielen. Obwohl Phantasie uns immer zu trösten vermag, ist sie nur ein kläglicher Ersatz für Aktivität, Freundschaft und Spiel. Wie einer meiner Freunde es ausdrückte: «Sich nur im Kopf zu amüsieren bringt nichts.»

Von den fünfundneunzig Männern, die ich studierte, gebrauchten neun häufig Phantasie. Keiner von ihnen beteiligte sich an Gemeinschaftsspielen, keiner hatte enge Freunde, und nur vier erhielten die Verbindung zu Eltern oder Geschwistern aufrecht. Es gab Teilnehmer der Studie, die durch die Mechanismen der Antizipation und Intellektualisierung Unabhängigkeit erlangten, indem sie ihren Kopf gebrauchten, doch bei der Phantasie war das nicht der Fall. Intellektualisierung erlaubt uns, einerseits mit Vorstellungen zu spielen und auf der anderen Seite doch mit realen Menschen umzugehen; Phantasie dagegen erweckt imaginäre Personen in unserer Vorstellung zum Leben und steht somit jeder Hilfestellung durch die wirkliche äußere Person im Wege. Wir fanden Phantasie enger mit Abhängigkeit verknüpft als alle anderen Abwehrmechanismen mit Ausnahme von Projektion und Masochismus.[1] Andere hervorstechende Züge der Männer, die zum Gebrauch von Phantasie neigten, waren Egozentrizität, Pessimismus, Eigensinn und emotionale Verhärtung. Demnach besteht hier ein Widerspruch: im Allmachtsgefühl des Tagtraums meinen wir, niemanden zu brauchen, doch sind es gerade die Einsamen und Bedürftigen, die sich mit imaginären Freunden zufriedengeben müssen.

Der Einsiedler und der Exzentriker wollen nichts Unrechtes, und dennoch ist der Betrachter empört. Zum Teil gilt seine Empörung der Tatsache, daß er einfach ausgeschlossen wird. Bei der Durchsicht der in Collegetagen aufgenommenen Interviews mit den Männern, die gewohnheitsmäßig Phantasien anwandten, stieß ich auf die folgenden abschätzigen Kommentare: «An seiner düsteren, gefrorenen, humorlosen Trauermiene hätte man ihn buchstäblich in jeder Menschenmenge erkannt.» – «Er sah schlimm aus, verwahrlost und unrasiert.» – «Wird viele Unannehmlichkeiten haben . . . und er riecht.» – «Er kommt daher wie ein Hausmeister . . . läuft in einem alten säurezerfressenen T-Shirt herum.»

Wir begegnen Träumern auch deswegen mit Mißtrauen, weil Tagträume echte Originalität möglich machen. Wirklich originell zu sein heißt nach außen unabhängig scheinen, und wer von anderen unabhängig ist, wird leicht als sonderbar gebrandmarkt. Jede große künstlerische Leistung entspringt einer ganz persönlichen Phantasie, und bei seinem schöpferischen Tun fragt der Künstler – für uns ist das schon ein Bedeutungsbestandteil dieses Begriffes – nie einen anderen um Rat. So setzte beispielsweise einer der Teilnehmer der Grantstudie, die am meisten phantasierten, seinen Stolz darein, selbst eine Scheune zu bauen. Er brüstete sich damit, daß er bei dem ganzen Unternehmen nie jemand anderen um Rat fragte, legte Strom- und Wasserleitung, ohne sich in Büchern Anleitung zu holen und war dann selbst entzückt über die durch und durch originellen, wenn auch exzentrischen Lösungen, die er entwickelt hatte. Doch aller Wahrscheinlichkeit nach war der nachfolgende Eigentümer der Scheune darüber nicht ganz so erfreut.

Wirkliche Schöpferkraft ermöglicht uns, unsere Träume so mitzuteilen, daß die anderen davon berührt werden. Wie wir an der Lebensgeschichte von Professor Clovis gesehen haben, verlaufen die menschlichen Reifungsprozesse in einer klaren Stufenfolge, die von Phantasie über Intellektualisierung zu Sublimierung führt.

Lassen Sie mich Beispiele anführen. Die Mutter eines der phantasierenden Männer der Grantstudie hatte einen Nervenzusammenbruch erlitten, als ihr Sohn etwa drei Jahre alt war; der Junge war daraufhin depressiv geworden. Seine Eltern bestraften ihn oft, indem sie vierundzwanzig Stunden überhaupt nicht mit ihm sprachen, doch projizierte seine Mutter die Verantwortung für die Folgen nach außen, indem sie der Studie gegenüber erklärte: «Als er fünf Jahre alt war, hatte ihm sein Kindermädchen schon allen Mumm abgewöhnt.» Zur adaptiven Bewältigung seiner Lage lernte der Junge, seinen Geist wandern zu lassen. Er vertiefte sich immer stärker in seine Sammlung ausländischer Münzen und bereiste in seiner Vorstellung all die Länder, aus denen sie stammten. Die High-School-Zeit durchlebte er als zurückgezogener Einzelgänger. «Ich dachte schon, er würde ein Einsiedler», klagte seine Mutter, doch in der Tat schrieb er endlose Briefe an Münzensammler in aller Welt. Er träumte davon, als Eisenbahner durch die Welt zu fahren, war jedoch noch nicht in der Lage, Phantasie in Handlung umzusetzen. In den Collegejahren vergnügte er sich damit, in der Halle eines nahegelegenen Hotels zu sitzen, «um die Menschen zu studieren und dem Leben nahe zu sein». Er führte seine Ausbildung mit einem Graduiertenstudium fort, «einfach aus dem Gefühl heraus, dadurch etwas über andere Länder erfahren zu können». In dieser Zeit hatte er immer noch keine Mädchenbekanntschaften, sondern unternahm lange, einsame Autoausflüge. Als ihn einer der Mitarbeiter der Studie fragte, ob er das Reisen nicht vielleicht noch mehr genießen würde, wenn er ein Mädchen mitnähme, antwortete er: «Nein . . . damit würde ihre Mutter wohl nicht einverstanden sein.»

Als er achtundzwanzig war, hatte der betreffende Mann begonnen, bei International Telephone and Telegraph zu arbeiten. Er war zunächst in New York und beschäftigte sich weiter mit seiner Münzsammlung, fand jedoch, daß sie ihm jetzt nicht mehr soviel Spaß machte wie früher. Mit fünfunddreißig schließlich war er glücklich verheiratet und hatte eine neue, vielversprechende berufliche Laufbahn bei der Weltgesundheitsorganisation eingeschlagen. Als er fünfundvierzig war, hatte sein Beruf ihn in viele Teile der Welt geführt, und er wurde ernsthaft für einen verantwortungsvollen höheren Verwaltungsposten bei den Vereinten Nationen in Betracht gezogen. Aus den Phantasien seiner Kindheit hatte sich ein sublimiertes Interesse am Reisen entwickelt, das von konkretem sozialem Nutzen war. Niemandem wäre es eingefallen, ihn wie damals als Achtzehnjährigen als «komischen Kerl» abzuqualifizieren.

Anders als bei Projektion, Masochismus und Delinquenz wurde die Berufstätigkeit der Männer durch ihre Phantasien nicht in Mitleidenschaft gezogen. Genausowenig schloß das Vorhandensein von Phantasien subjektives Wohlbefinden aus; denn wenn Phantasien und Freundschaften sich auch ins Gehege kommen, ist Phantasie doch die einzige Abwehr, die es einen ertragen läßt, keine Freunde zu haben. An dem Probanden Professor Harvey Newton* läßt sich zeigen, wie Phantasie auch zum eigenen Vorteil gebraucht werden kann. Für Newton gab es weder bei der Arbeit, bei seiner psychischen Anpassung noch bei seinem körperlichen Gesundheitszustand besondere Probleme. «Wenn man eine Arbeit hat, die man gern tut», sagte er mir, «dann kann einen nichts wirklich umschmeißen . . . und außerdem habe ich keine Probleme, bei denen ich Hilfe brauche.» Nur die Einsamkeit seines Lebens legte stumm Zeugnis darüber ab, was ihm abverlangt wurde.

Wie die meisten Männer, die sich in Phantasien zurückzogen, machte Harvey Newton so gut wie nie Urlaub und beteiligte sich nicht an Spielen. Seine bevorzugte Art, sich zu entspannen, bestand darin, auf seiner Farm in Vermont Holz zu spalten. Sein engster Freund war ein Mann, den er schon jahrelang nicht mehr gesehen hatte. Doch fand sich Newton gleichmütig mit seinem Mangel an Freunden ab: «Ich mache mir nicht viel aus Menschen, sonst wäre ich auch gar nicht in dieser Fachrichtung.» Er war einer der führenden Physiker des Landes.

Sobald man vergaß, unter welchen Ängsten er litt, konnte Professor Newton genau wie Dr. Tarrytown ein nervenzermürbender Gesprächspartner sein. 1940 hatte sich ein Psychiater der Studie beklagt: «Mit diesem jungen Mann ist das Gespräch schwieriger als mit allen anderen aus der Gruppe.» Dreißig Jahre später stimmte ich ihm zu. Doch bekannte Newton schließlich selbst auf einem Fragebogen: «Es wäre vielleicht gefährlich und destruktiv, wenn ich anderen Menschen nahekäme . . . Ich habe Angst, die anderen zu erdrücken, wenn ich mich zu weit auf sie einlasse.»

Bei der Phantasie zeigte sich eine deutlichere Korrelation zu einer freudlosen Kindheit als bei allen anderen Abwehrstilen. Newton hatte – genau wie Tarrytown und die Mehrzahl der Männer, die zu Phan-

* Harvey Newton – erinnert an den großen englischen Physiker Isaac Newton.

tasien neigten – eine psychisch kranke Mutter gehabt. Wegen unklarer hypochondrischer Beschwerden pflegte Mrs. Newton sich manchmal bis zu fünf Wochen ins Bett zurückzuziehen. Als ich sie kennenlernte, behandelte sie mich wie einen Stein. Unter allen Eltern war sie die einzige Person, die sich nicht voller Wärme an Lewise Gregory Davies, die Familieninterviewerin, erinnerte. So kann es kaum erstaunen, daß Professor Newton als Fünfzigjähriger die folgende Antwort als zutreffend ankreuzte: «Die Erfahrung hat mich gelehrt, von anderen wenig zu erwarten.»

Obwohl er ansonsten ein nüchterner Bursche war, übten Mythologien während seiner Adoleszenz eine starke Faszination auf Harvey Newton aus. Er war zwar weder sprachlich interessiert noch verfügte er über Möglichkeiten, sich emotional auszuleben; dennoch gewannen Märchen eine ungemeine Lebendigkeit für ihn. Sie schienen «einer höheren Seinsebene anzugehören». Abends kreisten seine Gedanken so lange um das Geschehen in den Märchen, bis er einschlief. Seine Frau heiratete er als junger Mann wegen der Ähnlichkeit ihrer intellektuellen Interessen. Er kannte sie zwei Wochen; das Ganze war, in seinen eigenen Worten, «eine kalte Verstandesangelegenheit». Ein paar Jahre später ließ er sich scheiden, weil er sich «mit der unterschiedlichen Geschwindigkeit ihrer Gehirnfunktionen nicht anfreunden» konnte.

Später führten Newtons Versuche, sich Beziehungen zu anderen Menschen vorzustellen, zu anpassungsfördernder Intellektualisierung. Er verschrieb sich mit Leib und Seele der Kernphysik und bezeichnete sich selbst als «sehr glücklich». Reine Wissenschaft, so erklärte er, «ist der direkteste Weg zur Erforschung der Gegebenheiten unserer physischen Umwelt und zur Anpassung an sie». Er ging an das Massachusets Institute of Technology, um «eine Struktur zur Lösung der Probleme, an deren Klärung mir gelegen ist, zu entwickeln ... Ich möchte keinen Verwaltungsjob, ich möchte einfach zusammen mit ein paar anderen Leuten in aller Ruhe auf dem Papier mit der Physik herumspielen.» Und doch gelang es ihm am MIT, seine phantastische Vorstellung von einer «Struktur» zur Lösung der Rätsel des Universums in ein Forschungsprojekt umzusetzen, dessen Durchführung für ihn und seine Mitarbeiter zu einer aufregenden, abwechslungsreichen Arbeit wurde. So konnte er als Fünfzigjähriger nicht anders als ein Künstler voller Stolz berichten: «Wir haben soeben ein neues Laboratorium eingerichtet und damit Vorstellungen verwirklicht, an denen ich zehn Jahre lang gearbeitet habe . . . Meine Arbeit ist absolut faszinierend!»

Theoretisch könnte man erwarten, daß die Menschen, die ganz in ihrem Kopf leben, die freiesten Geister sind und am ehesten die Fähigkeit zum Spielen besitzen. Auf die Künstler trifft das auch zu; doch nur deswegen, weil ihre Phantasien durch einen uns rätselhaft, ja fast magisch scheinenden geistigen Prozeß so in Sublimierung umgeformt werden, daß es auch anderen möglich wird, ihre geheimen Träume in sich aufzunehmen. In unseren Träumen verbringen wir den perfekten Urlaub stets auf einer einsamen Insel. Für unseren wirklichen Urlaub sind wir jedoch auf wirkliche Menschen angewiesen.

Anhand der Lebensgeschichte des Dr. William Mitty* können wir nachvollziehen, wie ein Mann, der weder lieben noch spielen konnte, darauf kam, sich die Menschen, die er brauchte, selbst zu erfinden. Über den achtzehnjährigen William Mitty hatte der Psychiater gesagt: «Man fragt sich, ob er sich nicht selbst mehr Arbeit macht, so daß ihm zum Spielen keine Zeit mehr bleibt.» Und als Siebenundvierzigjähriger bekannte Mitty im Gespräch mit mir: «Ich würde wirklich gern in Urlaub fahren – wenn ich nur wüßte, wie man das macht.» Später versuchte Mitty, mir seine seit dreißig Jahren bestehende Ehe zu beschreiben: «Auf irgendeine Art hätten wir wohl doch mehr Gemeinsamkeiten entwickeln müssen, aber mir ist nicht klar, wie . . . Ich habe einfach so ein Gefühl, daß es eigentlich viel schöner hätte sein können.»

Ich traf Dr. Mitty das erste Mal auf einem Bahnhof. Ein Freund bot ihm an, ihn nach Hause zu fahren. Dreimal machte der Freund sein Angebot, und jedesmal schlug Mitty aus. Doch hatte er keine andere Möglichkeit, nach Hause zu kommen, und offenbar war er auch gar nicht in der Lage, seinen Freund davon zu überzeugen, daß er nicht gern mitfahren wollte. Wie in den Theaterstücken Harold Pinters wurde ein Gefallen, den der eine Mensch dem anderen erweisen wollte, in einem peinlichen Schwebezustand belassen.

Mitty hatte andere Menschen von jeher auf Abstand erlebt. Über seine Kindheit hatte die Mutter verallgemeinernd bemerkt: «Ich glaube kaum, daß Willy viel an anderen Menschen lag. Er beschäftigte

---

* William Mitty – erinnert an Walter Mitty, den in Tagträume versunkenen Durchschnittsmenschen, Held einer Kurzgeschichte von James Thurber.

223

sich mehr oder weniger allein mit seinen Teleskopen und seinen Fossilien.» Sie hatte ihm allerdings auch nicht geholfen. Als William Mitty zum ersten Mal von zu Hause weg und in ein über fünfzehnhundert Kilometer entferntes College ging, schüttelten sie und ihr Sohn sich zum Abschied nur die Hände.

Da er in seinen Bewegungen eher schwerfällig und ungeschickt war, ging Mitty allem Sport aus dem Wege. Statt dessen baute er sich ein prachtvolles Teleskop und wurde Präsident des Astronomieklubs seiner High School. Obwohl die Fotografie ihn faszinierte, zog Mitty Aufnahmen von Dingen denen von Menschen vor. Er brachte sich absichtlich einen Schreibstil bei, den niemand außer ihm verstehen konnte. Wie eine erstaunliche Anzahl anderer Probanden der Grantstudie machte auch Mitty seinen Flugschein, anstatt sich mit Mädchen zu verabreden. Doch anders als Leutnant Keats hatte er auch keine männlichen Freunde. Sogar in seinen Alpträumen schwebte er immer noch frei durch den Raum, ohne Berührung mit seinen Mitmenschen.

Um überhaupt Boden unter die Füße zu bekommen, schuf Mitty sich eine eigene mitmenschliche Welt in seinem Kopf. Wenn die Jungen in der High School über sexuelle Dinge sprachen, lief er davon, doch für sich allein las er ausgiebig über Sexualität nach. Er masturbierte häufig, begleitet von heterosexuellen Phantasien; und doch stellte er erstaunt fest, daß die reale Gegenwart hübscher Mädchen ihn sexuell nicht erregte. Während Mittys Collegezeit war die Grantstudie offenbar sein einziger Freund. «Des öfteren», so berichtete einer der Mediziner, «zeigte William die Neigung, zu uns zu kommen und so lange dazusitzen, bis wir ihn fortschickten.» Nach seiner Graduierung schrieb er der Studie einen Brief, in dem er darum bat, man möge doch einen Zimmergenossen, eine Mitfahrgelegenheit nach Hause und ein Stipendium zum Weiterstudieren für ihn finden. Wenn die Grantstudie Mitty auch zum Versuchskaninchen gemacht hatte, so war man dort doch darum bemüht gewesen, herauszufinden, was eigentlich in seinem Kopf vor sich ging; andererseits hatten die Mitarbeiter des Forschungsteams nie von Mitty verlangt, er solle die Gedanken nachvollziehen, mit denen *sie* sich beschäftigten – was doch sonst im allgemeinen zwischen Freunden üblich ist. Tatsächlich sind Psychiater manchmal die besten Freunde, die schizoide Charaktere (Menschen mit chronischer Phantasietätigkeit) überhaupt je gewinnen.

Den Forschungsmitarbeitern der Studie fiel es jedoch trotz seiner Anhänglichkeit schwer, mit Mitty warm zu werden. Die einsame Festung, die der Träumer nach außen hin darstellt, wirkt auf seine Umwelt nicht anziehend. Der Psychiater der Studie faßte seinen Eindruck von Mitty in der Bemerkung zusammen: «Er hat nur ein sehr geringes Einfühlungsvermögen. Irgend etwas fehlt bei ihm.» Endlich als Fünfzigjähriger vermochte Mitty genau wie Newton auf dem unpersönlichem Formular eines Ja/Nein-Fragebogens hindurch anzudeuten, wo eigentlich das Problem lag. (Ich habe seine Stegreifkommentare durch Schrägschrift hervorgehoben.) «Meine Tagträume helfen mir, andere Menschen weniger zu brauchen.» *Das kann sein . . .* «Ich vermeide engen Kontakt und Vertrautheit mit anderen.» *Aber ich weiß wirklich nicht warum . . .* «Manchmal habe ich befürchtet, daß die Stärke meiner Gefühle sich destruktiv auswirken könnte . . . Manchmal habe ich das Gefühl, daß ich die Menschen, die ich am meisten brauche, verzehren oder verschlingen könnte.» Er war so ausgehungert nach Menschen, daß er Angst davor hatte, mit ihnen allein zu sein.

Die Religion machte es Mitty in seinen Zwanzigern für kurze Augenblicke möglich, sein Phantasieleben mit der zwar riskanteren, doch dafür auch befriedigenderen Abwehr der Sublimierung (oder der Diskussion?) zu vertauschen. Er arbeitete damals am California Institute of Technology, mehr als dreitausend Kilometer von seiner Familie und Lichtjahre von den Sternen, die er erforschte, entfernt. Mitty hatte sehr an Heimweh gelitten, doch der Studie hatte er geschrieben: «Unsere Freiheit wird durch den alarmierenden Niedergang der amerikanischen Familie genauso bedroht wie durch all die Atomwaffen, die gegen uns eingesetzt werden könnten.» (Anders gesagt: wie viele Phantasierende setzte Mitty sein eigenes inneres Leiden mit der Menschheitskatastrophe gleich.) Dann geschah – in der Altersstufe, von der Erikson behauptet, daß das Individuum nun entweder Intimität erreicht oder aber ein Leben in der Isolation führen wird – ein kleines Wunder. Mitty nahm Gott in sein Leben auf. Durch seinen nächsten Bekannten, seinen Mathematikprofessor, fand er Zugang zu der religiösen Reformbewegung des Oxford Movement, in dem er sich leidenschaftlich engagierte. Ein halbes Jahr später konnte er schreiben: «Es ist so herrlich, glücklich zu sein.» Sein Engagement für das Oxford Movement nannte er «fanatisch», sein neues Glück «unbeschreiblich». «Das Gebet ist die stärkste Kraftquelle des Menschen», schrieb Mitty. «Es ist erstaunlich, wie weit Er uns zu helfen bereit ist, wenn wir Ihn nur richtig darum bitten.»

Es ist nicht sicher, ob es nun die Ursache oder die Folge seiner Bekehrung war: jedenfalls verliebte Mitty sich. Bezeichnenderweise hatte er die betreffende Frau zunächst nur als Briefpartnerin kennengelernt. Doch wurde die nur auf dem Papier bestehende Liebe in seinem Innern lebendig. Seine Freundin gehörte ebenfalls dem Oxford Movement an, und es lag, wie er sagte, «eine große Freude darin, alles, was wir tun, mit dem Glauben an Gott in Verbindung zu bringen . . . Es ist, als ob ein Kindheitstraum wahr würde.» Noch Jahre später, als Mitty sich im Gespräch mit mir an seine damalige Religiosität erinnerte, erschien ein warmes, leuchtendes Lächeln auf seinem Gesicht. Fast freudestrahlend vertraute er mir an, das Oxford Movement sei «eine Sache, nach der ich jahrelang gesucht habe . . . Es war genau das, was ich innerlich brauchte.» (Zwei weitere einsame Teilnehmer der Studie hatten in ihren Zwanzigern ähnliche Bekehrungserlebnisse durchgemacht: bei dem einen handelte es sich dabei um die katholische Kirche im Mittleren Westen, bei dem anderen um eine religiöse Gemeinschaft in New Mexico.)

Doch existierten Mittys Liebes- und Freundschaftsbeziehungen fast sein ganzes Erwachsenenleben hindurch am lebendigsten doch immer nur in seiner Vorstellung. Während unseres Geprächs fragte ich ihn, wie er mit dem Tod seines Vaters – er war kurz zuvor gestorben – fertiggeworden sei. Mitty antwortete, er habe versucht, sich an all die guten Zeiten zu erinnern, die er und sein Vater gemeinsam erlebt hätten. Doch hatte er seinen Vater über ein Jahrzehnt nicht mehr gesehen! Als ich ihn darum bat, mir etwas über seinen engsten Freund zu erzählen, sagte er, ihm fielen dabei mehrere Leute ein, die er allerdings nur selten sehe. Als Beispiel erwähnte er einen Freund, den er elf Jahre nicht mehr getroffen hatte, versicherte mir jedoch: «Wenn wir zusammenkommen, gibt es kein Halten mehr!» Ähnlich den Sternen des Weltalls gewannen Mittys Beziehungen, die mir so distanziert erschienen, in seinem eigenen Denken Unmittelbarkeit.

Dr. Mitty betrachtete sich selbst nicht als sonderbar. Er hatte keinerlei Gespür dafür, daß er mit anderen nicht zurechtkam. Schließlich war das, was sich in seinem Kopf abspielte, von Nutzen für die Welt. Mag uns seine Geschichte auch zeitweise fast unerträglich bedrückend vorkommen, so sollten wir doch nicht vergessen, daß er überlebte. Obwohl nur mit durchschnittlichen intellektuellen Fähigkeiten ausgestattet, hatte Mitty aufgrund seiner Leistungen ein volles Collegestipendium bekommen. Sein Astrophysik-Professor am California Institute of Technology nannte ihn einen «äußerst fähigen Forscher» und bescheinigte ihm «außergewöhnliche Originalität». Mit einem Doktorgrad in Astrophysik arbeitet er heute als angesehener Konstrukteur von Radioteleskopen und Berater des Smithsonschen Observatoriums außerhalb von Boston. Er hat geheiratet und drei Söhne großgezogen. Wenn er auch nicht der beste Freund ist, den man sich denken kann, ist er doch ein treuer Vater und Gatte geworden.

Unter dem Begriff *Ausagieren* (acting out) verstand man in der Psychoanalyse ursprünglich die Umsetzung der konflikthaften Wünsche des Patienten von einer innerhalb der Behandlung erscheinenden Phantasie auf eine äußere Handlung. Ich habe den Begriff im vorliegenden Buch weiter gefaßt, so daß er auch den dynamischen Unterbau dessen, was wir herabsetzend «kriminelles Verhalten» nennen, einbegreift. Ausagieren heißt erstens, seinen Impulsen nachzugeben, um das Bewußtwerden der Spannung, die bei einem Aufschub möglicherweise auftreten könnte, zu verhindern. Zweitens setzt Ausagieren den Impuls so rasch in Handlung um, daß das Subjekt weder mit seinen *Gefühlen* noch mit seinen Gedanken zu erfassen braucht, was es tut. Drittens ermöglicht Ausagieren dem Subjekt, einen unbewußten Impuls direkt auszudrücken und sich damit über verinnerlichte Tabus, die die Handlung verbieten, hinwegzusetzen.

So erschoß Charles Whitman vom Glockenturm der Texas University aus sieben Unbekannte, nachdem er zuvor in besinnungsloser Raserei seine Mutter und seine Frau umgebracht hatte. Er dürfte dabei weder für das soziale Verbot des Mordes einen Gedanken übrig gehabt haben noch sich des tatsächlichen Ausmaßes seiner rasenden Wut oder der Person, der sie galt (vermutlich seinem Vater), bewußt gewesen sein.

In der Strafjustiz blieb bisher stets ungeklärt, wo die Grenze zwischen Verfolgungswahn und unverbesserlichem Verbrechertum zu ziehen ist. Selbstverständlich können wir alle dem Irren leichter vergeben als dem Psychopathen. Sogar die vergleichsweise toleranten Psychiater sehen Verbrechertum, impulsgeleitete Kriminalität, als die am wenigsten entschuldbare Anpassungsform an. Psychiater, die sich häufiger in Gefängnissen aufhalten, findet man äußerst selten; und selbst in soliden Psychiatrie-Lehrbüchern wird der Psychopath immer noch als eine Art Höhlenmensch hingestellt – als jemand, der unfähig ist, menschliche Schuld, Depression und Angst zu empfinden. Kurz gesagt: der Psychopath trägt die Züge der Unmenschlichkeit. Ohne sorgfältige journalistische Nachforschungen (wie etwa in Truman Capotes Roman ‹Kaltblütig› oder in J. Anthony Lukas' Recherchen über die Mörderin Linda Fitzpatrick, ‹Don't Shoot, We Are Your Children›) bleibt das Leiden auch des bekanntgewordenen Psychopathen im dunkeln. Und doch waren die Probanden der Studie, die den Mechanismus des Ausagierens am häufigsten gebrauchten, unglücklicher, stärkeren sexuellen Ängsten ausgeliefert und pessimistischer als alle anderen Gruppen.

Die Abwehr des Ausagierens ist als Fundament einer Vielzahl verschiedener Fehlverhaltensformen zu betrachten, die von ständigem Drogengenuß und Selbstverstümmelung bis zu wiederholtem kriminellen Verhalten und zu den sich selbst frustrierenden Perversionen reichen. Wie bei allen komplexen menschlichen Verhaltensweisen, so ist auch die Erklärung eines bestimmten Fehlverhaltens unmöglich, wenn man nur einen der hypothetischen Abwehrmechanismen heranzieht. So kann selbst eine «einfache» Perversion schon auf dem komplizierten Zusammenspiel von Reaktionsbildung, Sublimierung, Phantasie, Projektion und Ausagieren beruhen.

Im ganzen gesehen sind die Folgen des Ausagierens katastrophal. Die Ängste des chronischen Trinkers werden durch den fortlaufenden Alkoholkonsum stärker, nicht schwächer. Unterschlagungsbetrüger und Prostituierte unterlassen es meist, ihre Reichtümer auch zu genießen, und auf Zornesausbrüche folgt häufig Niedergeschlagenheit und Unzufriedenheit mit sich selbst. Genausowenig – und entgegen dem verbreiteten Glauben – entgeht der Psychopath der Verfolgung durch sein eigenes Gewissen. Oft hat der Kriminelle, der zweimal aus dem Gefängnis entlaufen und dreimal eingeliefert worden ist, seine erneute Festnahme begünstigt. Womöglich hat er sich sogar mit zusammengebissenen Zähnen den Spruch «Born to lose» («Zum Verlierer geboren») auf die Brust tätowieren lassen, bevor der ganze Kreislauf begann. Dennoch heißt es, er habe kein Gewissen.

Ausagieren tritt häufig in der Jugend auf, denn das ist die Zeit, in der die Instinkte angesichts der vergleichsweise geringen Fähigkeit des Ichs, sie zu befriedigen, am hellsten auflodern. Überwältigt von Gefühlsaufwallungen, die ihnen fremd sind und die sie sich nicht bewußthalten können, handeln Heranwachsende erst und versuchen dann, ihr Verhalten nachträglich zu rationalisieren. Von allen untersuchten Mechanismen war Ausagieren derjenige, dessen Gebrauch sich am deutlichsten auf die Jahre der Adoleszenz beschränkte.

Ein die Anpassung betreffender Aspekt des Ausagierens liegt darin, daß dieser Mechanismus den Impuls eher zerstreut, anstatt ihn auf eine bestimmte Person zu konzentrieren. Ein von den bizarrsten sexuellen Perversionen getriebener Mensch kann sich völlig im unklaren darüber sein, nach was für einem Partner beziehungsweise nach welchem Teil des Partners er eigentlich sucht. Entsprechend vermochte einer der Männer der Grantstudie, der in seiner Kindheit zwanghaft Brände gelegt hatte, seine Aufmerksamkeit auch in der Adoleszenz noch nicht genau auf den Punkt zu richten, der ihm Schwierigkeiten bereitete. Als er mit fünfundvierzig Jahren endlich Herr über sein Seelenleben geworden war, konnte er jedoch ganz nüchtern erklären: «Ich habe schon immer gedacht, daß das Feuerlegen bei mir reine Aggression gegen meine Eltern war.» Obwohl er das als Student noch nicht zugeben mochte, zählte seine Kindheit zu den traurigsten der ganzen Studie.

Nicht nur beim gefährlichen Verbrecher sind Projektion und Ausagieren miteinander gekoppelt, sondern in einer für die Anpassung geeigneteren Weise paaren sich diese beiden Abwehrmechanismen auch im Revolutionär. In den sechziger Jahren wußte im amerikanischen Außenministerium niemand so genau, ob man in Fidel Castro einen politischen Visionär oder aber einen heißblütigen Banditen vor sich hatte. Nicht anders als der kleinste Gesetzesbrecher aus dem Getto ist auch der Revolutionär in seiner Kindheit häufig niedergehalten worden. Gewalt erzeugt Gewalt. Vielleicht besteht die einzige Möglichkeit, Gewalt so anzuwenden, daß etwas Neues daraus entstehen kann, in der Revolution.

Robert Hood* ist ein Teilnehmer der Grantstudie, an dessen Lebens-

---

* Robert Hood – erinnert an Robin Hood, den Rebellen, den Helden zahlreicher englischer Volksballaden.

gang sich die weniger anpassungsfördernden Aspekte des Ausagierens aufzeigen lassen. Da der ein wenig viktorianische Ausleseprozeß der Studie Rebellen von vornherein ausgeschlossen hatte, war Hoods Aufnahme in die Untersuchung ein Faktum, das die Mitarbeiter des Forschungsteams stets von neuem in Erstaunen versetzte. Obgleich er aus einer Oberschichtsfamilie kam, benahm er sich wie ein Straßenjunge. Mit zwölf fing er zu rauchen an; mit fünfzehn war er süchtig. In dem Internat, das er besuchte, war er ständig vom Ausschluß bedroht. In seinem ersten Collegejahr trank er außergewöhnlich viel und brüstete sich damit, mit einhundertachtzig Stundenkilometern durch die Gegend zu fahren. Prüfungsvorbereitungen sahen bei ihm so aus, daß er sich eine Woche lang betrank, um dann nicht zum Examen zu erscheinen. Beim Militär war Hood ein schwerer Disziplinarfall; er gehörte zu den zwei Teilnehmern der Studie, die im Rang herabgestuft wurden. Während seiner Ehe pflegte er mit zahlreichen Frauen sexuellen Umgang. Um ein Haar hätte er sein Kind mißhandelt. Oberflächlich gesehen war Mr. Hood ein Taugenichts. Die Mitarbeiter der Studie nannten ihn einen «Psychopathen» – unfähig zu Trauer, Reue und Angst.

Vor dem Hintergrund seines ganzen Lebens betrachtet, erscheinen Hoods Übeltaten jedoch weniger unsinnig. Er war das im fünften Kapitel erwähnte straffällig gewordene Kind, dem die Riesen und Hexen der Märchen so echt vorkamen, daß es sich wirklich von ihnen verfolgt glaubte. (Erinnern wir uns: Paranoiker und Straftäter sind enge Verwandte.) Diese Ängste traten zu einer Zeit auf, als Mr. Hood – übrigens als einziger der Probanden – wiederholt von seiner Mutter getrennt war. (In regelmäßigen Abständen machte sie drei Monate lang zur Unterhaltung – oder zur notwendigen Erholung – Ferien ohne ihre noch nicht schulpflichtigen Kinder.) Während Hood in seiner Adoleszenz die Schulordnung übertrat und sich in rücksichtslosem, fast selbstmörderischem Fahren übte, hatte seine Mutter die Scheidung von seinem selbstmordgefährdeten, depressiven, im Krankenhaus liegenden Vater eingereicht und sich gleichzeitig von ihrem zukünftigen Mann offen den Hof machen lassen.

Es wäre falsch zu sagen, daß Hoods Abwehrsystem versagt hätte. Wie bei vielen straffällig Gewordenen und Drogensüchtigen fällt an seinen ersten dreißig Jahren vor allem die Tatsache auf, daß nie offen ausgesprochen wurde, wie depressiv und unglücklich er tatsächlich war. Allein die Tatsache, daß er für die Grantstudie ausgewählt wurde, zeigt, wie gut sein seelisches Leiden und seine familiären Schwierigkeiten verdeckt waren. In jener Zeit hatte der Internist der Studie notiert: «Robert hat keinerlei konkrete Probleme, derentwegen er irgend jemanden um Hilfe bitten möchte, und er hält sich selbst für glücklich.» Impulsives *Agieren* schützte ihn vor seinen eigenen *Gefühlen*. Hoods militärische Degradierung wegen ungebührlichen Verhaltens, seine sexuelle Promiskuität und die mögliche Kindesmißhandlung fielen in den Lebensabschnitt, als er selbst mitten in seiner Scheidung steckte. Sobald die Scheidung erfolgt war, gingen sowohl sein übermäßiges Trinken als auch seine sexuelle Zügellosigkeit zurück, und seine Militärlaufbahn wurde ein Erfolg.

Doch was für eine Entschuldigung konnte Robert Hood dafür ins Feld führen, daß er den Wunsch verspürt hatte, ein einjähriges Kind durchzuprügeln? Ich glaube, der Grund lag darin, daß ihm durch das Kind das Leid seiner eigenen Kindheit hätte bewußt werden können. Diesen Schmerz hatte er stets aus seinem Bewußtsein verdrängt – als Fünfjähriger mit Hilfe von wahnhafter Projektion, als Collegestudent durch Projektion und Ausagieren. So flüchtete Hood sich als junger Erwachsener in Wutanfälle gegen sein unglückliches Kind, weil er, wie er sagte, «die Aussicht nicht ertragen konnte, meine Kinderjahre indirekt noch einmal zu erleben». Nachdem er geschieden war, sah er sein Kind nie wieder.

Als Zweiunddreißigjähriger bekannte Hood schließlich der Studie gegenüber: «Seit meinem achtzehnten Lebensjahr habe ich immer geglaubt, daß mein Leben auf jeden Fall durch Selbstmord enden würde.» Und hätten Alkohol und Ausagieren ihm nicht Fluchtwege eröffnet, hätte Hood leicht in ebenso gefährliche Depressionen abgleiten können wie sein Vater. Denken wir daran, wie wenig hilfreich die Umwelt dem begegnet, der sich zum Ausagieren getrieben fühlt; denn obwohl die Gesellschaft im Falle offenkundiger Depression mit Fürsorge reagiert, gilt Selbstmord, die äußerste Form des Ausagierens, nach dem Gesetz zahlreicher Staaten als Verbrechen. Zwanzig Jahre später wurde Hoods Sohn, den sein Vater immer vollständig abgelehnt hatte, wegen «Auflehnung» von der Yale University ausgeschlossen. Vielleicht sind die College-Dekane im Umgang mit unglücklichen Menschen auch heute noch nicht umsichtiger als in Hoods Tagen. Oder vielleicht verbirgt Ausagieren die eigenen Nöte so geschickt, daß niemand, und sei es der geschulteste Beobachter, sie mehr wahrnimmt.

Mit der Zeit tritt an die Stelle der sorglosen *Lässigkeit* der «Unterschichts»-Straftäter (und vieler Adoleszenter) die *Angst* der «Mittelschichts»-Neurotiker (und vieler Erwachsener mittleren Alters). Wenn Süchtige und Straftäter sich manchmal in mittleren Jahren «bessern», dann scheint ihr nachfolgendes Leben häufig durch Reaktionsbildungen eingeschränkt. Manche Kriminelle, die in der Mitte ihres Lebens «ausbrennen», ersetzen ihre allem Anschein nach unvernünftigen Straftaten durch Intellektualisierung und Dissoziation und werden Rechtsexperten an Gefängnissen oder ängstliche Alkoholiker.

So kam es, daß die frühere Diagnostizierung Hoods durch die Grantstudie als *psychopathische Persönlichkeit* auf den Fünfunddreißigjährigen nicht mehr zutraf. Während der nächsten fünfzehn Jahre konnte man ihn sicherlich als *Psychoneurotiker* bezeichnen: Erstens, weil Hood zur Intellektualisierung neigte, anstatt in Übereinstimmung mit seinen Gefühlen zu handeln. In den frühen Dreißigern, zu einer Zeit, als er immer noch mit seinem Hang zum Alkohol zu kämpfen hatte, arbeitete er als Psychologe in einem Krebszentrum – er *studierte* die pharmakologische Linderung menschlichen Leidens. Gefragt, woran er sich in Lebenskrisen orientiere, antwortete er: «Schon immer habe ich großes Vertrauen in die Integrität und Güte meines Verstandes gesetzt.» Anstatt sich offen zu seinen reaktionären Ansichten zu bekennen, abonnierte er rassistische Schriften.

Zweitens: Hood entdeckte, daß er sich mit Hilfe von transzendentaler Meditation von seiner Angst ablösen (dissoziieren) konnte, und brauchte deswegen nicht mehr Alkohol oder Schlaftabletten zur Bewußtseinsveränderung zu benutzen. Im Augenblick plant er, seine Arbeit ganz aufzugeben und zusammen mit seiner Frau nach den Virgin Islands zu gehen, um dort dank einer ihm kürzlich zugefallenen Erbschaft ein Leben der Meditation zu führen.

Drittens hatte der fünfundvierzigjährige Hood sich zu einem Meister der Reaktionsbildung entwickelt. Er hatte einen Zustand der Besonnenheit, eine zwar asexuelle, doch stabile Ehe und eine fortgesetzte Berufstätigkeit erreicht; aufgegeben hatte er dafür Freunde, Kinder, Alkohol und sexuelle Betätigung. Der Preis, den er bezahlte, bestätigt Freuds Ausspruch: «Junge Hure, alte Betschwester.» Mit fünfzig, in einem Alter, in dem die meisten Teilnehmer der Grantstudie die Erfahrung machen, was es heißt, wahrhaft generativ zu sein, lebt Robert Hood als arbeitsloser Oberschichts-Wohlfahrtsempfänger. Doch daß er überhaupt am Leben, immer noch verheiratet und bei guter Gesundheit ist – das ist mehr, als er als Zweiunddreißigjähriger selbst zu erwarten wagte.

Im täglichen Leben finden wir Hypochondrie als verbreitete Anpassungserscheinung. Manchmal stellt sie ein Mittel dar, um dringend benötigte Fürsorge zu bekommen. So erzählte mir ein unabhängiger und gut an die Bedingungen des Lebens angepaßter Proband, er bekäme immer dann Halsschmerzen, wenn er menschliche Zuwendung brauche. Häufiger ist die Hypochondrie jedoch eine Methode, auf sehr unangenehme Weise seine Aggressionen im Zaum zu halten. Ein Proband bekannte, ihm würde übel, sobald er unbezähmbaren Ärger verspüre. Anstatt denjenigen, die in seiner Vergangenheit nicht für ihn gesorgt haben, Vorwürfe zu machen, beschimpft der Hypochonder seinen Doktor. Anstatt sich lauthals darüber zu beklagen, daß seine (oftmals unausgesprochenen) Abhängigkeitswünsche übergangen worden sind, fällt der Hypochonder seiner Umgebung mit seinem Leiden und seinen Beschwerden auf die Nerven. Deshalb gibt es für den Hypochonder, der seine innere Wut in Klagen über körperliche Beschwerden umgewandelt hat, auch niemals Trost. Die dreizehn Männer der Studie, die am häufigsten hypochondrisches Verhalten zeigten, neigten weitaus häufiger als die übrigen Untersuchungsteilnehmer dazu, Arzneimittel einzunehmen, Psychiater und Ärzte aufzusuchen und aus emotionalen Gründen ins Krankenhaus zu gehen. Selbst wenn sie vollkommen gesund waren, bezeichneten diese Männer ihren Gesundheitszustand kaum je als ausgezeichnet.

Anders als viele der neurotischen Abwehrvorgänge kann die Abwehr der Hypochondrie nie durch den Hinweis «Das bildest du dir alles nur ein!» durchbrochen werden. Als Reaktion auf eine solche Bemerkung wird der Hypochonder nur noch stärkere Schmerzen verspüren. Hypochondrie ist nichts anderes als eine Bitte um Aufmerksamkeit. Genau wie der «alte Matrose»* steht der Hypochonder of-

---

* Gemeint ist die in S. T. Coleridges Gedicht ‹The Ancient Mariner› beschriebene Gestalt.

fenbar unter dem Zwang, seinen Mitmenschen auch noch die allerkleinsten Einzelheiten seines Leidens mitzuteilen. Er gibt sich erst dann zufrieden, wenn der andere anerkennt, daß noch nie ein Mensch so gelitten hat wie er. Durch Hypochondrie bindet man also – genau wie bei anderen unreifen Abwehrmechanismen – andere an sich. Das geschieht dadurch, daß man in dem anderen, der Anteil nimmt, Schuldgefühle erweckt; es kommt dabei stets so weit, daß ein anderer die Verantwortung für die Aggressionen des Hypochonders übernimmt. Wir regen uns so sehr über das Jammern des Hypochonders auf, daß wir seine versteckte Wut übersehen und meinen, es wäre unsere eigene.

Wie wir schon bei anderen Abwehrmechanismen gesehen haben, ist auch die Hypochondrie Teil einer Reihe abgestufter, in der Entwicklung aufeinanderfolgender Abwehrstrategien. Im Zuge seiner Gesundung wird ein Schizophrener etwa wahnhafte Projektion und psychotische Leugnung aufgeben und zu hypochondrischen Klagen übergehen, um eine erste vorsichtige Beziehung zu seinem Psychiater aufzubauen. Denken wir auch an das eindrucksvolle Beispiel von Mary Baker Eddy. Nach Jahren der Selbstentmündigung durch hypochondrische Klagen begründete sie die Religionsgemeinschaft der Christian Scientists, die alle körperlichen Leiden als reine Produkte unserer Einbildungskraft und Ergebnisse «irdischer Irrtümer» ansieht – in der Tat eine Reaktionsbildung, wie sie im Buche steht! Umgekehrt sehen wir in Richter Spratt einen Menschen, der unter schweren Streßbedingungen Reaktionsbildung durch Hypochondrie ersetzte.

Bei schweren Depressionen können hypochondrische Ängste leicht zu ausgeprägtem Verfolgungswahn – einem psychotischen Mechanismus der 1. Stufe – regredieren. Doch während das Subjekt den Verfolger bei wahnhafter Projektion gewöhnlich außerhalb seiner selbst wahrnimmt, scheint er sich bei wahnhafter Hypochondrie dagegen im Innern der Person zu befinden.

Ungeachtet der Abgegrenztheit der Menschen untereinander nimmt der Hypochonder beim Verlust einer geliebten Person häufig Züge von ihr in sein eigenes Selbst auf. So starb zum Beispiel der Vater eines der untersuchten Männer an einem Blinddarmdurchbruch, woraufhin sein damals zehnjähriger Sohn unvermittelt Anfälle von Würgen und Erbrechen zeigte, für die nie eine körperliche Ursache gefunden werden konnte. Im Unterschied zu gesunder Identifikation mit geliebten, uns umsorgenden Menschen, einer Internalisierung, die dem Subjekt Weiterentwicklung und Entfaltung ermöglicht, führt hypochondrische Introjektion zu Niedergedrücktheit und einem Gefühl des Leidens. Die durch den Hypochonder verinnerlichten Personen oder Persönlichkeitszüge schenken ihm keinen Halt, sondern wirken eher wie Eindringlinge, die ihn von innen her bedrängen.

Während es keine Schwierigkeiten bereitet, einen einfachen Vorgang wie den der Projektion begrifflich zu fassen, müssen wir zum Verständnis der Hypochondrie – genau wie bei dem Mechanismus des Ausagierens – eine Vielzahl von Teilprozessen in Betracht ziehen. Erstens: bei der Hypochondrie werden zwischenmenschliche Konflikte oder Gefühle auf einen Körperteil verschoben. Zweitens: durch hypochondrisches Verhalten werden andere in verdeckter Form angeklagt und gestraft. Drittens: es beruhigt das Gewissen des Hypochonders, daß der Vorwurf gegen den anderen sich in körperlichem Geschehen ausdrückt, er sich sozusagen vor Gram verzehrt. Viertens: im Unterschied zu den meisten anderen Abwehrmechanismen verstärkt Hypochondrie den Affekt. Als einzige Abwehrform wies sie eine negative Korrelation zur Verdrängung auf. Anders als Vizepräsident Fearings auf neurotischer Verschiebung beruhende Konversionssymptome wird Hypochondrie also von Affekten begleitet, die einer heiteren Gelassenheit genau entgegengesetzt sind.

Der Mechanismus der Hypochondrie vermag nicht allein die aus Ärger, unbefriedigten Abhängigkeitsbedürfnissen und Schuldgefühlen aufsteigende Unlust zu dämpfen, sondern er kann auch zur Bewältigung sexueller Konflikte eingesetzt werden. So hielt es zum Beispiel ein gewissenhafter Rechtsanwalt aus Boston als Fünfundzwanzigjähriger auf einmal für unbedingt nötig, seine Zahnstellung korrigieren zu lassen. Er war der festen Überzeugung, daß er sein Gebiß verlieren und wie sein ängstlicher Vater «Verdauungsstörungen» bekommen würde, falls er sich seine Zähne nicht geraderichten ließe. In den sieben Jahren der Beobachtung durch die Grantstudie war das das erste Mal, daß der betreffende Mann sich in irgendeiner Weise mit seinem Vater identifizierte oder sich um seine Zähne sorgte. Doch insgeheim ging es ihm um ganz andere Dinge. Der Proband hatte sich soeben mit einiger Verspätung für Frauen zu interessieren begonnen und befürchtete nun, trotz seiner fünfundzwanzig Jahre, er könne zu schnell erwachsen werden. Er gab seine ersten ernstgemeinten Versuche, eine Frau zu umwerben, sowie eine romantische Italienreise auf und konzentrierte sich statt dessen auf die Korrektur seiner schiefen Zähne. Später bekannte er der Studie gegenüber: «Von meinem Aussehen und Benehmen her wirkte ich bereits sehr jung, und jetzt wollte ich auch noch wie ein Zwölfjähriger daherkommen.» Zurückschauend sagte er mir, in gewisser Weise könne man seine Zahnkorrektur als Parallele zu seiner anschließend begonnenen Psychoanalyse betrachten. «Das war ein Versuch, mein verpfuschtes Selbst herzurichten, ein erster Schritt, mir selbst zu helfen . . . Außerdem war es auch eine Regression.» Er begann mit einer Psychotherapie und lernte, auf bewußterer Ebene mit seinen sexuellen Ängsten umzugehen. Nun konnte er die Angst, daß er die Verdauungsbeschwerden seines Vaters verinnerlichen würde, aufgeben und sich auch von seiner Zahnklammer trennen. Heute, nach fünfundzwanzig Jahren, ist nicht nur sein Gebiß intakt und er selbst frei von Verdauungsstörungen, sondern er ist auch verheiratet, hat drei Töchter und eine befriedigende sexuelle Beziehung zu seiner Frau.

Da sowohl Hypochondrie als auch Verschiebung es ermöglichen, abstrakte Gefühle symbolisch auszudrücken, sind die Unterschiede zwischen beiden Mechanismen in gewisser Hinsicht nur sprachlicher Natur.

Manchmal könnten wir vor Ärger fast platzen. Bei sexuellen Empfindungen wird uns heiß. Angst schnürt uns die Kehle zu. Wenn wir Kummer haben, sitzt uns ein Kloß im Hals, und das Herz tut uns weh. Wenn wir uns fürchten, fangen wir an zu zittern und zu frösteln. Bei der Verschiebung dient das Symptom jedoch als Übersetzung, als Mittel der Mitteilung, als *Konversion* des Affekts in sein somatisches Äquivalent. Furcht drosselt die Blutzufuhr zu unserer Haut, und Angst führt zu einem Gefühl der Atemlosigkeit. Dagegen haben sich die körperlichen Beschwerden bei der Hypochondrie verstärkt und verselbständigt. Der Hypochonder hat eine Beziehung zu seinem Symptom. Bei ihm sind die Symptome so gut wie nie von physiologischen Veränderungen begleitet.

In unserer Untersuchung fand sich das auffälligste Vorkommen symbolischer Schmerzen bei John Hart*, einem Mann, der vor seiner

---

* John Hart – Hart gleicht in der Aussprache dem Wort «heart» – (Herz).

Erstkläßlerfibel schon komplizierte Pläne lesen und sein Leben lang besser mit Zahlen und Symbolen als mit Worten umgehen konnte. Zwischen Mr. Harts hypochondrischer Beschäftigung mit dem Zustand seines Herzens und Mr. Fearings Konversionssymptomen besteht insofern ein qualitativer Unterschied, als Harts Schmerzen in mancher Hinsicht an die Stelle seines Vaters traten.

John Harts Vater war ein distanzierter, praktisch denkender, doch humorloser Mensch gewesen. Über seinen Sohn, der ihm stets fremd geblieben war, hatte er einmal der Studie gegenüber gesagt, er wisse eigentlich nie, was im Kopf des Jungen vorgehe. Doch bereitete es John Hart keine Schwierigkeiten, für sich selbst zu sorgen. Er wurde einer der brillantesten Mathematiker, die es an seiner Universität je gegeben hat. Während seiner Collegezeit erfreute er sich ausgezeichneter Gesundheit. Er hatte nie zu den Probanden gehört, die besondere Befürchtungen wegen ihres Herzens äußerten.

Im September 1944 starb John Harts Vater, der lange Jahre an Angina pectoris gelitten hatte, an einer Thrombose in den Herzkranzgefäßen. Im selben Jahr bemerkte Hart zum ersten Mal das Auftreten von Schmerzen in seiner Brust. Nachdem einer seiner Freunde zwei Jahre später einen Herzanfall erlitten hatte, wurden die Schmerzen heftiger. 1952 las er schließlich einen populärwissenschaftlichen Artikel über «eingebildete» Herzkrankheiten. Noch im selben Jahr schrieb er dem Internisten seines früheren College den folgenden Brief:

In den letzten Jahren habe ich ein Problem gehabt, das Sie vielleicht interessieren wird. *Sie erinnern sich vielleicht noch daran, daß mein Vater 1944 an einem Herzleiden gestorben ist.* [Hervorhebung von mir, G. E. V.] Im darauffolgenden Jahr hatte ich gelegentlich Schmerzen in der Brust und auch mehrmalige Schwindelanfälle, die immer häufiger wurden, bis ich schließlich – ich glaube 1947 – untersucht wurde und der Doktor mir versicherte, daß mit meinem Herzen alles in Ordnung sei. Er fragte mich, ob die Schmerzen sich so anfühlten, als ob mir jemand die Brust zusammenpresse, was ich verneinte. Ich hatte dann sechs Monate lang keine Anfälle mehr, doch dann begannen sie von neuem, dieses Mal von einem Gefühl des Zusammengepreßtwerdens begleitet, ähnlich einem Muskelkrampf in der Brust. Es half mir nichts, daß ich mir einzureden versuchte, das alles seien nur eingebildete Schmerzen; als sich mein Herzschlag schließlich nach einem besonders schweren Anfall so beschleunigte, daß ich ihn nicht mehr zählen konnte, bekam ich dann richtige Angst. Ich ging noch mal zu einem anderen Arzt und schilderte ihm meine Symptome. Er meinte, das Ganze habe sicher nichts mit dem Herzen zu tun, es handle sich dabei wahrscheinlich um einen Magenpförtnerkrampf, und ob ich denn auch Schmerzen in den Armen hätte, was nicht der Fall war. Außerdem wurde ein Elektrokardiogramm gemacht. Nach dieser Prozedur war ich ziemlich fest davon überzeugt, daß meine Beschwerden psychosomatischer Natur waren.

Darauf hatte ich etwa ein halbes bis ganzes Jahr keine Schmerzen mehr. Als ich dann zu Beginn des Frühjahrs 1950 beim Roten Kreuz Blut spenden wollte, erhöhte sich mein Puls – sogar bevor mir Blut abgenommen wurde – so stark, daß ich weggeschickt wurde. Ich war ein bißchen beschämt, andererseits jedoch voller Genugtuung darüber, daß es sich hier eindeutig um ein psychisch bedingtes Symptom handelte, das meinen früheren Anfällen stark ähnelte. Etwa einen Monat später traten die gleichen Anfälle, offenbar ohne Grund, erneut auf. Diesmal dauerten sie die ganze Nacht, und ich hatte *Schmerzen in Armen* und Beinen. [Hervorhebung von mir, G. E. V.] Ich ging wieder zum Arzt, wo ein neues EKG und Röntgenaufnahmen der Brust gemacht wurden, beides negativ. Was mich besonders verstörte, war die Tatsache, daß ich die Symptome nicht auf Dauer loswerden konnte, obwohl ich doch davon überzeugt war, daß sie psychisch bedingt waren.

Im Herbst 1950 sprach ich mit einem anderen Arzt über meine Symptome. Er bezeichnete sie als «Angstzustände» und gab mir Schlaftabletten, die ich noch besitze, jedoch nie eingenommen habe. In den letzten zwei Jahren habe ich es geschafft, meine Beschwerden in die Hand zu bekommen, und zwar so weit, daß ich jetzt überhaupt keine Schwindelanfälle mehr habe und nur noch gelegentlich, manchmal dumpfe, manchmal stechende Schmerzen in Brust und Armen.

Fünfzehn Jahre später berichtete Hart mir, 1951 habe ein Arzt ihm erklärt, Ödeme (Schwellungen an den Fußknöcheln) seien ein Anzeichen für das Vorliegen einer Herzkrankheit, worauf er kurze Zeit später zum ersten und einzigen Mal in seinem Leben ein Fußknöchelödem gehabt habe.

Hart schloß seinen Brief wie folgt: «Die Schmerzen machen mir nun weiter keine Sorgen mehr, außer daß es mich irritiert, daß ich sie geistig nicht unter Kontrolle bringen kann. Ich frage mich, ob daraus letzten Endes nicht doch noch ein wirkliches Herzleiden entstehen kann.»

Das war 1952. Von damals bis heute ist Hart ein treuer Teilnehmer der Studie gewesen. Er hat seit jener Zeit niemals mehr irgendwelche Symptome oder Herzschmerzen gehabt. Entgegen seinen früheren Befürchtungen wegen möglicher körperlicher Nachwirkungen seiner hypochondrischen Symptome nannte er als Siebenundvierzigjähriger «Schuppen und Furunkel» sein größtes Gesundheitsproblem. (Und unter Streß, so sagt er, verkrampften sich seine Magenmuskeln ein wenig.)

Als ich mich 1967 mit Hart unterhielt, fragte ich ihn nach seinen Herzbeschwerden. Er gab sich überrascht und *konnte sich nicht mehr an seinen langen bekenntnishaften Brief an den Internisten erinnern.* Noch erstaunlicher: dieser brillante Wissenschaftler *konnte sich weder an das Todesjahr seines Vaters noch an die Jahreszeit, in der er gestorben war, erinnern!* Doch wußte Hart noch, daß er sich beim Begräbnis seines Vaters gefragt hatte, «was eigentlich gefühlsmäßig von mir erwartet wurde», und dann bekannte er, er habe sich eigentlich ziemlich fehl am Platz gefühlt und habe «wenig Neigung gespürt, Kummer zu zeigen». Er erzählte mir, daß er so lange keine bewußte Verbindung zwischen dem Tod seines Vaters und seinen Herzschmerzen gezogen habe, bis er auf jenen Aufsatz über «eingebildete Herzkrankheiten» gestoßen sei.

Wir können nur darüber spekulieren, warum Harts Herzschmerzen schließlich verschwanden. Allerdings kam es 1952 im Leben dieses Mannes auch zu zwei Ereignissen, die es zuvor nicht gegeben hatte. Dieser brillante Logiker tat etwas, was keiner seiner Ärzte je getan hatte. Erstens *zog er bewußt eine Verbindung* zwischen dem Tod seines Vaters und dem ersten Auftreten seiner Symptome. Zweitens teilte er die ganze Geschichte sodann schriftlich und in aller Ausführlichkeit einem anderen Menschen mit, zu dem er Vertrauen hatte, ein Vertrauen, das auch gerechtfertigt war, denn der angesprochene Arzt hörte Hart zu und nahm seinen Kummer ernst. Der Internist der Studie antwortete, er sei überzeugt, daß die Herzschmerzen in solchen Fällen nicht eingebildet, sondern real vorhanden seien. Sehr stark vereinfachend können wir sagen, daß Hart erst dann aufhörte, unter der psychischen Wirklichkeit zu leiden, daß das kranke Herz seines Vaters in seiner Brust weiterschlug, als er einem mitfühlenden Arzt eingestehen konnte: «Mein Vater ist gestorben. Das tut mir weh.» Erst als er vor sich selbst zugeben konnte, daß sein Vater tot war, vermochte er ihn auch zu begraben.

Wie Hypochondrie wirkt auch passiv-aggressives Verhalten erstaunlich provokatorisch, denn wenn wir Aggressionen gegen das eigene Selbst kehren, schonen wir dadurch unsere Umwelt keineswegs. Das Martyrium der innerlich erzürnten Hausfrau macht auch ihre Familie unglücklich, da sie ihre Verärgerung nach außen hin verleugnet und es damit den anderen verwehrt, etwas gegen ihre Wut zu tun. Einfache Soldaten fallen ihrem Hauptmann mit geringfügigen Regelübertretungen, die ihnen selbst am meisten schaden, auf die Nerven, Selbstmord kann die grausamste Rache überhaupt sein. Der Psychoanalytiker nennt den Vorgang «Masochismus», der Militärpsychiater spricht von «passiv-aggressiver Persönlichkeit», doch betrachten beide dasselbe Phänomen aus unterschiedlichen Blickwinkeln. In der Tat hängt es immer von der jeweiligen sozialen Umwelt ab, wie nach innen gewendete Aggression bewertet wird. So können etwa die Übergänge von Heiligkeit zu Märtyrertum und von diesem zu Fehlverhalten außerordentlich fein sein. Gandhi wird als einer der Großen der Weltgeschichte weiterleben, und doch galt er im britischen Außenministerium jahrzehntelang als Unruhestifter und Krimineller. Er hat die Engländer wahrhaftig nicht unberührt gelassen.

Die Gefahren des Masochismus hängen jedoch nicht allein von der Einschätzung des jeweiligen Betrachters ab. Selbst in der Rückschau bleibt Gandhi ein schlechter Gatte und ein noch schlechterer Vater.[2] Woher kommt das? Es liegt wahrscheinlich daran, daß Sadismus und Masochismus eng miteinander verflochten sind. So ist es zum Beispiel denkbar, daß ein unglückliches Kind seine Eltern dadurch bestraft, daß es in unzureichender Bekleidung von zu Hause wegläuft. Die zurückgestoßene Liebende schneidet sich möglicherweise die Pulsadern auf, weil ihr Geliebter den Anblick von Blut nicht ertragen kann. Entsprechend zeigen in streng gesicherten Zuchthäusern inhaftierte Gewaltverbrecher umgekehrt eine breite Vielfalt selbstzerstörerischer, selbstverstümmelnder und masochistischer Verhaltensweisen.

Keine Abwehr ist mehr auf die Außenwelt bezogen und stellt die Gesellschaft vor größere Probleme als die Wendung von Aggression gegen das eigene Selbst. Wenn die Gesellschaft auch unrecht daran tut, Selbstmord als Verbrechen zu behandeln und Prostituierte einzusperren, so bedeutet das noch lange nicht, daß nicht beide «Verbrechen» ihre Opfer forderten. Schließlich liegt ein wesentlicher Zweck der Wendung von Aggression nach innen darin, wichtige Beziehungen zu schützen. So versuchen zum Beispiel die meisten Adoleszenten, sich zu autonomen Persönlichkeiten zu entwickeln, ohne daß sie jedoch schon bereit wären, den elterlichen Schutz zu verlassen. Sie sind Zauderer und Rebellen zugleich; sie fordern ihre Eltern heraus und kämpfen gegen sich selbst. Sie zeigen ganze Serien von Verhaltensweisen, in denen sie das Eltern-Kind-Verhältnis gleichzeitig aufs Spiel setzen und bewahren. Es ist sinnlos, seinen heranwachsenden Sohn dafür zu bestrafen, daß er sich weigert, seine Gummistiefel zu tragen: die Kränkung durch die Strafe reicht nie so tief, als daß sie die beruhigende Gewißheit aufheben könnte, daß seine Mutter sich immer noch um ihn kümmert. Martin Luther Kings passiver Widerstand, eine sorgfältig geplante und vollkommen bewußte Strategie, kann nicht als «Abwehrmechanismus» bezeichnet werden; dennoch tritt uns in seinem bewußten Verhalten die weniger deutlich sichtbare Wendigkeit des unbewußten Märtyrertums entgegen. Durch passive Aggression gelang es Martin Luther King, Freiheit für seine Anhänger zu erringen, ohne den sozialen Frieden der Nation zu gefährden.

Manche teilen die Menschheit in «Schuldbewußte» und «Paranoiker» ein, das heißt in solche, die sich selbst beschuldigen, und solche, die anderen die Schuld zuschieben. Gesunder Menschenverstand und Zynismus lassen uns vermuten, daß die «Schuldbewußten» dabei wohl den kürzeren ziehen. Dieser Verdacht erwies sich für die Grantstudie als unbegründet. Es war der Paranoiker, der alles verlor; der schuldbewußte Masochist – mochte er auch noch so unglücklich sein – behielt zumindest seine Freunde. Ich möchte damit sagen, daß passiv-aggressives Verhalten zwar eine negative Korrelation zu guter Gesamtanpassung aufwies, einer guten sozialen Anpassung jedoch nicht im Wege stand (vergleiche Kapitel 14).

Mit einsetzender Reife wird passive Aggression häufig durch Verschiebung, Reaktionsbildung und Altruismus ersetzt. Aber es ist auch möglich, daß der umgekehrte Fall eintritt. Es war nichts Ungewöhnliches, daß Altruisten, deren Reaktionsbildung in mittleren Jahren unter schweren Belastungen zusammenbrach, zu weniger reifen Mechanismen zurückkehrten. Wie bereits im 6. Kapitel erwähnt, gehörte auch Leutnant Keats zu dieser Gruppe. Als Einunddreißigjähriger hatte Keats im letzten Fragebogen, den er der Studie je zurückschickte, geschrieben: «Als wichtigster Zug meines psychischen Selbstbildes hat sich jetzt herauskristallisiert, daß ich meine feindseligen Gefühle deutlicher wahrnehme, während ich früher stolz darauf gewesen bin, überhaupt keine zu haben.» So kam es, daß Leutnant Keats, der als junger Mann ein Muster an Sublimierung und Altruismus gewesen war, in mittleren Jahren in ein Verhaltensmuster zurückfiel, das er zum ersten Mal in seiner frühen Adoleszenz gezeigt hatte. Mit dreizehn hatte Keats den Ruf des «Klassenkaspers» gehabt; nachdem er einunddreißig geworden war, hatten seine Berufskollegen wieder Schwierigkeiten damit, ihn ernst zu nehmen. Trotz wiederholter Versprechen, trotz seines vorgeblichen Eintretens für seine Mitmenschen sandte er nach 1952 keinen Fragebogen der Grantstudie mehr zurück. (Doch reichte er seinen Fragebogen einmal «großzügig» an einen interessierten Professor weiter.) Auf die Telefonanrufe und Briefe der Studie reagierte Keats nie mit offener Feindseligkeit oder mit der Weigerung, weiter an der Untersuchung teilzunehmen. Statt dessen schrieb er uns im November und bedankte sich für «Ihren schönen Brief vom letzten Mai». Doch nicht allein der Studie gegenüber versuchte er, die Dinge auf die lange Bank zu schieben. Zwischen seinem vierzigsten und siebenundvierzigsten Lebensjahr blieb Keats ein ewiger graduierter Student, der es nicht über sich brachte, seine Doktorarbeit abzuschließen und zu vollzeitlicher Sozialarbeit zurückzukehren. Obwohl er mehrere Jahre von seiner Frau getrennt lebte, vermochte Keats sich nie so weit zu seiner Unzufriedenheit zu bekennen, daß er von sich aus die Scheidung eingereicht hätte.

Ein Grund für die Verlagerung in Keats' Abwehrstil liegt darin, daß sich nicht nur die Menschen, sondern auch die Verhältnisse ändern. Sobald die besondere Situation des Zweiten Weltkrieges vorüber war, schien Keats nicht mehr dazu fähig zu sein, seine Aggressionen zu sublimieren. Die ganz andersartige Realität des Vietnamkrieges brachte ihn dazu, einen ganz anderen Abwehrstil anzuwenden – nämlich den des passiven Widerstands.

Doch die Gesellschaft reagiert mit Sanktionen auf den Gebrauch unreifer Abwehrmechanismen, selbst wenn sie zum Wohle der Menschheit angewandt werden. So wurde denn auch Leutnant Keats, der ehemals ein Held gewesen war, der Träger dreier «Air Medals», festgenommen, als er aktiv gegen den Vietnamkrieg Stellung bezog. Er hatte das «Verbrechen» begangen, ein Sit-in im örtlichen Einberufungsbüro anzuführen. Die unverhüllt aggressiven journalistischen Stellungnahmen, die Lion gegen den Vietnamkrieg verfaßte, brachten diesem dagegen beruflichen Aufstieg und nationale Anerkennung ein.

Passiv-aggressives Verhalten hängt eng mit dem Anpassungsvorgang zusammen, den Anna Freud *«Identifizierung mit dem Angreifer»* nennt[3]. Durch diesen Identifizierungsprozeß gelingt es dem Individuum, das sich bisher nur dann sicher fühlte, wenn es sich vor einem potentiellen Aggressor demütigte, diese Situation zu bewältigen, indem es gerade die zuvor gefürchteten Züge des Angreifers in sich aufnimmt beziehungsweise sich mit ihnen identifiziert.

Das Leben des Probanden Thomas Sawyer* zeigt uns die Wirkung der passiven Aggression und ihre Weiterentwicklung zu Verschiebung und Identifizierung mit dem Angreifer am deutlichsten. Einerseits war Sawyers masochistischer Anpassungsstil ihm selbst eine Quelle des Leids und seiner Umwelt ein Grund zur Verärgerung; andererseits mußte der Psychiater seines College einräumen: «In diesem Jungen steckt eine Kraft, die ihn befähigt, unerfreuliche Erinnerungen und Erfahrungen abzuschütteln und einigermaßen frei voranzukommen.» Am Ende triumphierte er.

Das hervorstechende Merkmal von Sawyers Kindheit war, daß er gezwungen wurde, bestimmte Dinge zu tun. Er wuchs mit der großen Lüge auf: «Mutter ist nicht dominierend»; doch bekannte er: «Ständiges Vertuschen gehörte zu den Grundzügen unseres Familienlebens.» Als er viereinhalb Jahre alt war, brachte seine Mutter ihm das Lesen bei. Wenn er sein Zimmer nicht in Ordnung hielt, wurde er so lange darin eingeschlossen, bis er es aufgeräumt hatte. Als Tom acht geworden war, dauerten die Kämpfe um das Aufräumen des Zimmers

---

* Thomas Sawyer – vgl. Mark Twains Roman ‹Die Abenteuer Tom Sawyers›.

immer noch an, obwohl der Junge seit Jahren immer wieder darin eingesperrt worden war. Eines Tages streikte er und weigerte sich, das Durcheinander überhaupt noch anzurühren. Seine Mutter sperrte ihn beharrlich weiter ein; Tom rächte sich verstohlen, indem er immer mehr Gerümpel unter seinem Bett versteckte. Schließlich wurde das Ringen um Disziplin so erbittert und das Einschließen so häufig, daß Tom – wie manch ein berühmter passiver Widerstandskämpfer vor ihm – den Sieg davontrug. Seine Mutter gab sich geschlagen. Sie zog sich vom Schlachtfeld zurück und überließ die Angelegenheit ihrem weniger streitbaren Gatten.

Seine ganze Jugend hindurch hatte Sawyer sich entweder durch passives Rebellieren oder durch masochistisches Verhalten mit der über ihn ausgeübten Tyrannei arrangiert, ohne sich ihr Vorhandensein je einzugestehen. Doch konnte Tom nie verstehen, warum die anderen Kinder der ruhigen Universitätsstadt ausgerechnet ihn zum Opfer ständiger Hänseleien und Schikanen ausgesucht hatten, «ganz egal, wie bereitwillig ich auch immer die andere Wange hinhalten mochte».

Als Tom älter wurde, erklärte seine Mutter der Studie gegenüber: «Ich neigte dazu, aus allem ein moralisches Problem zu machen», und Toms Vater, ein Professor für Moralphilosophie am Williams-and-Mary-College in Maryland, machte es nicht viel besser. Der Psychiater der Studie bemerkte: «Die Eltern beherrschen ihr Kind weniger durch körperliche oder sonstige Strafen, sondern vielmehr durch die Gefühle, die sie zeigten.» Tom bestätigte das: «Ich glaube, es stellt auch eine Form der Bestrafung dar, wenn die eigene Mutter verletzt reagiert, um einem Schuldgefühle einzuflößen . . . Wir haben nie gelogen oder gemogelt, weil wir wußten, wie tief das unsere Eltern verletzen würde.»

Als Tom das erste Mal zu der Studie kam, zeigte er eine solche Mischung aus Tugend und Naivität, daß er kaum alt genug schien, um ein College zu besuchen. Fünf verschiedene Beobachter stuften ihn als «unreif» ein. Andere bezeichneten ihn als «jugendlich, extrovertiert, liebenswürdig; idealistisch, unsystematisch, altruistisch und humanistisch». Er lächelte gern und «hätte alles am liebsten als heiteres Spielchen betrachtet». Der Psychiater hatte notiert, Tom habe «Angst vor seiner eigenen Aggressivität». Dennoch waren seine Fingernägel bis hinunter zum Fleisch abgebissen.

Im College hatte Mr. Sawyer versucht, sich selbst zu disziplinieren, und sich keinerlei äußeres Aufbegehren erlaubt. Obwohl sein Ergebnis im Intelligenztest unter dem der Mehrzahl der anderen jungen Männer seines Jahrgangs lag, schaffte er es, in die Phi Beta Kappa* aufgenommen zu werden. Zum Entzücken seiner Mutter wurde er Vorsitzender der angesehensten politischen Organisation der Universität. In der Armee diente er sich vom kleinen Soldaten zum Oberleutnant hoch *und* schrieb seinen Eltern mehrmals die Woche. Als Zwanzigjähriger äußerte er der Studie gegenüber: «Meine Mutter ist wie mein Vater, sie kommt der Idealmutter so nahe, wie man es sich nur wünschen kann». (Dem ist gegenüberzustellen, daß die normalerweise zu postitiven Beurteilungen neigende Familienarbeiterin Toms Mutter als «nachtragend» bezeichnet hatte und daß Tom als Fünfundvierzigjähriger selbst von seiner Mutter sagen sollte: «Sie war eine zornige Frau . . ., die die Hosen anhatte . . . Ich hatte das Gefühl, daß sie mir jeden kleinen Triumph, den ich je erlebt habe, wieder weggenommen hat.»)

Tom kämpfte auf seine Art gegen sie an. Bei ihm dauerte die Sauberkeitserziehung länger als bei fast allen anderen Teilnehmern der Studie. Trotz seines zur Schau getragenen Idealismus und Altruismus versäumte er im College mehr als die durchschnittliche Anzahl von Terminen mit der Grantstudie, und zu denen, die er einhielt, kam er jedesmal zu spät. Als dieses zukünftige Mitglied der Phi Beta Kappa infolge schlechter Noten sein Stipendium einbüßte, kommentierte der Dekan seines College: «Chaotisches Anfangsjahr . . . Folge des Entschlusses, nicht den von einer Akademikerfamilie vorgezeichneten Weg zu gehen». Noch als Tom bereits zum College ging, ermahnte seine Mutter ihn, sich auch ja hinter den Ohren zu waschen; dennoch hielt der Internist der Studie damals fest, Toms Hals und Ohren seien schmutzig, und der Arzt stellte fest, daß «seine Füße riechen». Die Anthropologin notierte, daß selbst der Dreißigjährige noch mit Schmutz im Gesicht und an den Händen daherkam.

In seiner Ehe geriet Tom vom Regen in die Traufe. Mit fünfundzwanzig sagte er über seine Frau: «Es wird nicht ihre Schuld sein, wenn es mit uns schiefgeht . . . Sie ist eine gute Frau und eine gute

---

* Phi Beta Kappa – Vereinigung der wissenschaftlich hervorragendsten Studenten eines College, von den Dozenten vorgeschlagen.

Mutter . . . Die Dinge könnten nicht besser sein, noch nicht einmal in der Vorstellung . . . Sie ist erstaunlich rücksichtsvoll – meistens jedenfalls.»

Auf einem Multiple-Choice-Fragebogen zum Thema «Ehe» machte Sawyer die klaglose Feststellung, daß er nicht nur voll berufstätig war, sondern auch die ganze Wäsche und sämtliches Geschirr wusch und die Kinder badete und zu Bett brachte. (Seine Frau ging nicht arbeiten.) Als die Fragebogen im nächsten Jahr die Ehe der Männer noch gründlicher erforschten, sandte Sawyer sein Formular nicht zurück. Anstatt sich über seine Ehe zu beklagen, empfand Sawyer so heftige Magenschmerzen, daß er einen Magen-Darm-Spezialisten aufsuchte. Nach drei Konsultationen schrieb der Internist, Sawyer litte unter «Gastritis und erhöhter Magensäure mit Anzeichen früher Geschwürbildung». Tom hatte sich nie gewehrt, wenn die anderen ihn als Kind an Bäume gebunden hatten. Auch jetzt vermochte der psychologisch orientierte Internist trotz speziellen Befragens keinen Hinweis auf Ehestreit aus ihm herauszulocken; statt dessen nagte Toms Ärger an seinen Eingeweiden. Zehn Jahre später gab Tom zu, daß er dem Internisten nicht die Wahrheit gesagt hatte. Er berichtete der Grantstudie von den zahllosen Fällen, in denen seine trinkende Frau ihn gedemütigt hatte und ihm untreu geworden war. «Eine der ärgerlichen Seiten war, daß ich sozial in die Rolle des Babysitters und überhaupt in weibliche Rollen gezwungen wurde. Meine Frau ist ein sehr destruktiver Mensch, ein sehr gequälter Mensch.» Ich fragte ihn, wie er jene Zeit verkraftet habe. Ohne zu zögern, antwortete Sawyer: «Indem ich die Wogen über mir zusammenschlagen ließ und Befriedigung daraus zog, es geschehen zu lassen. Es regte meine Frau fürchterlich auf, wenn ich nicht zurückschlug.»

Mit der Zeit wandelte sich Toms Abwehr, so daß es ihm gelang, der Herrschaft seiner Frau und seiner Mutter zu entfliehen. Seine passive Aggression entwickelte sich zu Reaktionsbildung und Verschiebung weiter. (Sobald das geschah, verschwanden auf einmal seine Magenschmerzen, um nie mehr zurückzukehren.) An der Weiterentwicklung seines Abwehrstils schienen zwei Faktoren beteiligt zu sein. Erstens schloß Saywyer sich 1965 Nelson Rockefellers Wahlkampfteam an. Als akzeptiertes Mitglied der Rockefeller-Mannschaft vermochte Sawyer sich mit der Aggressivität seines großen Vorbilds zu identifizieren und sie teilweise auch zu verinnerlichen. In seiner eigenen Familie waren sowohl seine Mutter als auch seine Frau aggressiv gewesen, doch stets verdeckt aggressiv. In den Vorwahlkämpfen von 1968 sah Sawyer, wie andere Menschen offen, fröhlich und schöpferisch mit ihren Aggressionen umgingen.

Mit sechsundvierzig ließ Sawyer sich von seiner Frau scheiden, mit achtundvierzig war er in der Lage, seine Mutter *bewußt* zu provozieren: «Zum Beispiel sage ich ihr in beiläufigem Tonfall: ‹Aber ja doch, ich versuche, mich zu bessern!›» Dann fügte er hinzu, wobei er sich mit seinem frühesten Gegner identifizierte: «Einen großen Teil der Aggressivität meiner Mutter habe ich an mir selbst beobachtet – ich kann sie dazu benutzen, die Aufgaben, vor die ich gestellt werde, zu bewältigen.» Damit hatte er recht. Sobald es Sawyer gelang, sich mit der Aggressivität seiner Mutter zu identifizieren anstatt sich zu ihrem passiven Opfer zu machen, änderte sich sein Leben.

Der zweite Faktor bestand darin, daß es ihm schließlich gelang, sich mit seiner eigenen passiven Aggressivität zu konfrontieren. Seine trinkende Frau demonstrierte ihre Unfähigkeit, für die Kinder und für ihn zu sorgen, so kraß, daß die außerordentliche Ergebenheit, mit der er ihre Demütigungen hinnahm, einfach zu augenfällig wurde. Anders gesagt: sobald Sawyer sein eigenes Gesicht im Spiegel nicht mehr leiden mochte, gewann er die Fähigkeit, sich zu ändern.

Sawyer lernte, sich des flexibleren Mechanismus der Verschiebung zu bedienen, um in seinen Beziehungen zu anderen gekonnt mit Aggression umzugehen. In seiner Familie war er nun nicht mehr das Opfer; statt dessen hatte er seine Freude an dem Gerangel in der Politik. Möglicherweise tritt verschobene Aggression am häufigsten in der Umsetzung in sprachliche Ausdrücke mit kotigen Untertönen auf. So konnte Mr. Sawyer etwa ganz unbefangen von seiner ersten Frau sagen: «Sie hat mich die ganze Zeit angeschissen, ich wäre nicht dynamisch genug. Ich hätte sie einfach auslachen sollen oder zu ihr sagen: ‹Mensch, du kannst mich mal . . .!›» Über seine Mutter meinte er: «Wenn das Weibsstück jetzt zänkisch wird, lache ich nur noch darüber.» In seiner glücklichen zweiten Ehe liebte er seine Frau aufrichtig, doch wenn er sich über sie ärgerte, zog er sich nicht mehr zurück. «Vielmehr werde ich wütend und denke: ‹Ach, so eine Scheiße!›»

Mit fünfzig war Sawyer schließlich ein respektgebietender Mann geworden. Zu dem Gespräch mit mir kam er modisch und untadelig gekleidet, Gesicht und Hände waren sauber. Er besaß eine von Herzen kommende Liebenswürdigkeit, war von Herzen darum bemüht, für das Wohl anderer zu sorgen, und gab nun keine Banalitäten mehr von sich, wie wichtig es wäre, «ein echter Christ» zu sein. Als Präsident eines kleinen konfessionellen College im Mittleren Westen war er bei der Arbeit offen aggressiv, doch ebenso wie Harry Hughes kämpfte er für Nächstenliebe und Gerechtigkeit. Er führte sowohl die Frömmigkeit seiner Mutter als auch das Gelehrtentum seines Vaters weiter. Anders als bei unserem fünf Jahre zurückliegenden Gespräch verspürte ich nun sogar ein wenig Ehrfurcht vor diesem Mann. Doch brachte Mr. Sawyer es immer noch fertig, «ganz zufällig» zu spät zu kommen. Zufällig hatte derselbe Mann, dessen «riechende Füße» vor dreißig Jahren aufgefallen waren, den untersten Knopf seines teuren Hemdes zuzumachen vergessen, so daß sein haariger Bauch hervorsah, als ob er sich im geheimen über den Befehl seiner Mutter: «Tommy, steck dein Hemd in die Hose!» lustig machen wollte. Das Ich ist rätselhaft, von großem Einfallsreichtum und unbewußt.

Der Zweck dieses Buches liegt in der Darstellung der Anpassung an die Lebensrealität. Zuzeiten kann Anpassung auch in einem Stocken der Reifungsvorgänge oder in Regression bestehen. Mit diesem Kapitel sollte unterstrichen werden, daß eine solche Unreife der Abwehrvorgänge sogar bei eigens ihrer Gesundheit wegen ausgesuchten, soziokulturell begünstigten Männern auftritt. Sowohl in diesem wie auch in den beiden folgenden Kapiteln wird auf den dynamischen und reversiblen Charakter dieser Regressionsprozesse hingewiesen.
  Dennoch habe ich mich beim Schreiben dieses Kapitels gefragt, ob ich die darin geschilderten Männer nicht verrate. Sie traten in die Untersuchung ein, um als Modellfälle gesunder Entwicklung zu dienen; doch in diesem Kapitel war nur von ihren Mängeln die Rede. Indem ich den Lauf eines einzelnen Fadens einer für die Anpassung ungeeigneten Abwehr über die Jahre hinweg verfolgte, habe ich dabei das viel buntere Gewebe ihres im ganzen erfolgreichen Lebens außer acht gelassen. Sollte ich dadurch jemanden verletzt haben, so bitte ich um Verzeihung, denn das war nicht meine Absicht. (Dennoch mag der Leser fragen: «Wie können Sie sicher sein: wer weiß denn, welche eigenen Konflikte Sie durch dieses Kapitel abwehren?» «Bravo!» antworte ich, ein wenig abwehrend, «Sie machen Fortschritte!») Auf jeden Fall können sich die Teilnehmer der Studie, die sich in diesem

Kapitel eventuell wiederzuerkennen meinen, damit trösten, daß es mir nicht leichtgefallen ist, diese Seiten zu schreiben.

Während der zwei Monate, in denen ich die Lebensgeschichte der einzelnen Männer niederschrieb, wurde mir beständig ein Spiegel vorgehalten, in dem ich meine eigenen störenden Verhaltensweisen erblickte. Da unreife Abwehrmechanismen allein durch offene Konfrontation durchbrochen werden können, riskiert der Topf, der den Kessel schwarz nennt, daß ihm sein eigener Ruß nicht länger verborgen bleibt.

III. Teil: Die Auswirkungen
der Realitätsanpassung auf die
Persönlichkeitsentwicklung

10. Kapitel Der Lebenszyklus des Erwachsenen

> Sein Leben lang spielt einer manche Rollen,
> Durch sieben Akte hin . . .
> . . . dann der Verliebte,
> Der wie ein Ofen seufzt, mit Jammerlied
> Auf seiner Liebsten Brau'n; dann der Soldat,
> . . .
> Bis in die Mündung der Kanone suchend
> Die Seifenblase Ruhm. Und dann der Richter,
> . . .
> Mit strengem Blick und regelrechtem Bart,
> Voll abgedroschner Beispiel',weiser Sprüche . . .
> WILLIAM SHAKESPEARE
> *Wie es euch gefällt.* II, 7

> Ich glaube, zwischen zwanzig und dreißig habe ich gelernt, mit meiner Frau auszukommen. Zwischen dreißig und vierzig habe ich gelernt, im Beruf erfolgreich zu sein. Und zwischen vierzig und fünfzig habe ich mich mehr um die Kinder gekümmert als um mich selbst.
> *Auszug aus einem Fragebogen der Grantstudie*

Raupen und Schmetterlinge

Über den Lebenszyklus des Erwachsenen ist als erstes zu sagen, daß sich durch die Umwandlungsprozesse des Älterwerdens genau wie in der Kindheit Überzeugungen, Triebausdruck, Erinnerungen und sogar die Gehirntätigkeit verändern. Das Vergehen der Zeit läßt sogar die Wahrheit relativ werden.

Angesichts der wachsenden Feindseligkeit Amerikas gegenüber Deutschland hatte einer der Teilnehmer der Grantstudie gesagt: «Ich fühle mich äußerst mutlos. Wir haben mit dem Krieg in Europa überhaupt nichts zu tun.» Das war im Oktober 1941. Im Winter 1966/67 stellte er sich jedoch voll hinter Lyndon B. Johnsons Militärpolitik und verurteilte seine Söhne, die öffentlich gegen das amerikanische Engagement in Vietnam protestierten. Er vermochte sich nur noch daran zu erinnern, daß er aktiv und voller Vaterlandsbegeisterung im Zweiten Weltkrieg gekämpft hatte. Ein anderer Mann, der daran dachte, sein Collegestudium abzubrechen, erklärte im Mai 1940, er würde lieber unter Hitler leben als in den Tod gehen. Er könne nicht für eine Sache kämpfen, derer er sich nicht ganz sicher sei. Dennoch fiel es ihm in mittleren Jahren sehr schwer, den Studienabbruch seiner Söhne oder überhaupt Anti-Kriegs-Demonstranten zu verstehen.

Ein weiterer Untersuchungsteilnehmer, Mr. Robert Jordan*, hatte den Mitarbeitern der Grantstudie als Neunzehnjähriger seine sichere Überzeugung bekundet, daß die Freudschen Theorien der Sexualität falsch seien. Mit fünfzig hatte er seine Meinung geändert. Woher kam das? Der Wechsel war kein kognitiver. Mr. Jordan hatte keinen Psychologiekurs besucht. Seine Meinungsänderung beruhte nicht auf einem zufälligen Ereignis; er war auch nicht mit einem einflußreichen Psychiater zusammengetroffen. Seine Gesinnungsänderung war vielmehr durch die Weiterentwicklung seiner Persönlichkeit ausgelöst worden.

In der ganzen Studie gab es keinen Adoleszenten, der Freuds Ideen über die Verdrängung der Sexualität besser verdeutlichte als eben dieser Robert Jordan. Als Neunzehnjähriger hatte er den Psychiatern der Studie stolz erzählt, er würde jeden Freund fallenlassen, der sich vor der Ehe sexuell betätigte. Dennoch hatte der Psychiater damals notiert, daß «Bob sexuelle Beziehungen zwar mißbilligt, von dem Gedanken daran jedoch stark fasziniert ist». Mr. Jordan erzählte dem Psychiater einen Traum, den er wohl vierzigmal geträumt hatte. In dem Traum kamen zwei Bäume vor, die zusammenwuchsen; ihre Stämme trafen sich an der Spitze und bildeten eine Kommode mit zwei nebeneinanderliegenden Schubladen. Das Erwachen aus diesem Traum war jedesmal von Ängsten begleitet. Die beiden frühesten Erinnerungen Jordans gingen bis ins Alter von vier oder fünf Jahren zurück. In der einen Erinnerungsszene zündete er in der Küche seiner Mutter Zeitungen an, in der anderen war er in der Küche und «schlug nacheinander ein Dutzend teurer Eier auf». Er erinnerte sich daran, daß er in beiden Situationen große Angst gehabt hatte, von seiner Mutter entdeckt zu werden. So sehr Mr. Jordan Freud in seiner Adoleszenz auch immer abgelehnt haben mochte, trat in seinen Träumen

---

* Robert Jordan – nach Auskunft des Autors ist mit diesem Namen keine besondere Bedeutung verknüpft.

wie in seinen Erinnerungen dennoch eine Symbolik zutage, die für einen Psychoanalytiker auf sexuelle Konflikte hindeutete, wie sie bei Fünfjährigen und Jugendlichen häufig sind.

Im College bestritt Mr. Jordan nicht nur die Richtigkeit der Lehre Freuds, sondern hegte zugleich massive Vorurteile gegen die «aalglatten Liberalen». Er zerriß die «Propaganda» der liberalen Studentenvereinigung und ging viermal die Woche zur Messe. Außerdem machte er der Studie das Geständnis: «Ich habe einen furchtbaren Trieb. Schon immer hat mein Ehrgeiz Ziele verfolgt, die weit über das Machbare hinausgingen.»

Mit dreißig Jahren war Mr. Jordan reifer geworden. Wie manch ein später Adoleszenter hatte er auf einmal entdeckt, daß viele seiner früheren intellektuellen Ziele von einem Elternteil übernommen waren: «Mein ganzes Leben lang habe ich mich gegen die Vorherrschaft meiner Mutter zur Wehr setzen müssen.» Und wie manch ein Mann in seinen späten Dreißigern fügte er dann hinzu: «Der tiefgreifende Wechsel in meiner Lebenseinstellung hat sich auch auf meine Ziele ausgewirkt. Sie bestehen nun nicht mehr darin, ein großer Naturwissenschaftler zu werden, sondern gut mit anderen zusammenzuarbeiten und die Frage ‹Hast du das Leben heute genossen?›, die ich mir jeden Tag stelle, mit ‹ja› zu beantworten . . . In der Tat ist es so, daß ich mich selbst und die anderen jetzt viel lieber mag.»

Als Mr. Jordan fünfzig geworden war, stimmte er Freuds Theorien aus ganzem Herzen zu. In dem Maße, in dem er selbst reifer geworden war und seine sexuell unternehmungslustigen Kinder sich dem Erwachsenenalter genähert hatten, hatte er seine inneren Verbote gegen voreheliche Geschlechtsverkehr allmählich aufgegeben. Nun mit fünfzig flößten ihm die «aalglatten Liberalen» nicht länger Unbehagen ein; statt dessen glaubte er, daß die Reichen der Welt für die Armen verantwortlich seien. Die Idee des «Law and Order» erschien ihm als «repressiv». Derselbe Mann, der einst viermal pro Woche zur Messe gegangen war, erklärte nun: «Gott ist tot, doch der Mensch ist überaus lebendig und sieht einer herrlichen Zukunft entgegen.»

Was war geschehen? Indem Mr. Jordan gelernt hatte, seine Sexualität zu akzeptieren, hatte er sich von den in seinen Träumen versteckten Ängsten befreit. In seinem Leben zeigte sich ein normaler Vorgang, von dem Freud allerdings noch nichts gewußt hatte. Mr. Jordan hatte als Erwachsener den Entwicklungsschritt nachvollzogen, der das Schulkind in die Stürme der Adoleszenz führt. Er hatte sich aus der elterlichen Herrschaft freigekämpft, weniger repressive Moralgrundsätze erworben, weniger repressive sexuelle Anschauungen erreicht; und, was das Wesentliche ist, während er sich so weit fortentwickelte, wuchs zugleich seine Bereitschaft, Verantwortung für andere zu übernehmen. Selbstverständlich spielten dabei auch – aber keineswegs ausschließlich – Veränderungen seiner kulturellen Umwelt eine Rolle.

An einer Stelle gab es jedoch ein Problem: Mr. Jordan vermochte sich nicht mehr genau daran zu erinnern, was er als Neunzehnjähriger erlebt hatte. In dem Gespräch mit mir behauptete er, schon bei seinem Eintritt ins College am Wahrheitsgehalt der Religion gezweifelt und den Kirchgang ganz aufgegeben zu haben. Er sagte, er könne sich nur an einen wiederkehrenden Traum aus seiner Kindheit erinnern, und der handele davon, daß er heimlich hinter der Garagentür urinierte. Ein vierzigfach geträumter Traum und wöchentlich viermal wiederholter Kirchenbesuch waren einfach vergessen. Wie können wir unter solchen Umständen die Wahrheit über den Lebenszyklus des Erwachsenen herausfinden? Zweifellos ist das nur möglich, indem wir ihn vorausschauend erforschen. Allzuhäufig verwandeln Raupen sich in Schmetterlinge und behaupten dann steif und fest, schon in ihrer Jugend kleine Schmetterlinge gewesen zu sein. Das Erreichen der Reife macht Lügner aus uns allen.

Lassen Sie mich als konkretes Beispiel die wechselnde Einschätzung der Männer hinsichtlich ihrer Sexualaufklärung anführen. In den Aufzeichnungen der psychiatrischen Gespräche, die einer der Männer im Alter von achtzehn Jahren geführt hatte, heißt es: «Zu Masturbation und nächtlichen Samenergüssen kam es erst, als er bereits fünfzehn Jahre alt war; Schuld- oder Schamgefühle kristallisierten sich jedoch offensichtlich um keinen der beiden Vorgänge . . . Gegenwärtig masturbiert der junge Mann nach wie vor, ohne daß Gefühle der Scham oder der Schuld damit verbunden wären.» Derselbe Mann flog als Fünfundzwanzigjähriger durch halb Amerika, um sich wegen seines Masturbierens bei einem New Yorker Psychiater Rat zu holen, von dem er allerdings nicht mehr erfuhr, als daß «Masturbation für ihn im Grunde kein Problem war». Mit sechsundvierzig schrieb uns der Proband: «Seit dem Alter von vierzehneinhalb Jahren habe ich masturbiert. Im College habe ich mir deswegen Sorgen gemacht, und ich glaube, ich habe damals auch mit dem Psychiater der

Grantstudie darüber gesprochen.» Auch mit sechsundvierzig erschien ihm das Masturbieren noch immer als Sünde und als eines seiner größten Probleme, und er mochte nicht glauben, daß er seine Befürchtungen deswegen je verborgen gehalten hatte.

Ein anderer Mann teilte dem Psychiater der Studie mit, daß er alles, was er über Sex wisse, von seinen Spielkameraden erfahren habe, während seine Eltern ihm außer «vagen Ermahnungen» keinerlei Hinweise gegeben hätten. Zur selben Zeit hatten seine Eltern jedoch der Studie mitgeteilt; «Als die Jungen noch klein waren, wurde frei und offen über sexuelle Fragen gesprochen und ehrlich auf alles eingegangen.» Die Mutter eines anderen Mannes hatte der Studie gegenüber beteuert: «Ich habe jede Frage über Sexualität, die mir gestellt wurde, absolut offen und klar beantwortet.» Der Proband selbst erinnerte sich mit neunundvierzig: «Was die Sexualaufklärung angeht, haben meine Eltern bei keinem ihrer Kinder irgend etwas unternommen.» Eine andere Mutter äußerte den Mitarbeitern der Studie gegenüber, sie hätte Masturbation als etwas «Widerwärtiges» empfunden. Da ihr Sohn «exzessiv» masturbierte, habe sie ihren Mann dazu überredet, ihrem Sohn zu sagen, das Masturbieren führe zu «nervöser Entkräftung». Derselbe Proband berichtete der Studie als Neunzehnjähriger, von Sexualität sei zwischen ihm und seinen Eltern nie die Rede gewesen, und die Masturbation sei eines der Gebiete, auf dem er am meisten Beratung wünsche.

Auch durch unbewußte Wunscherfüllung kann die Vergangenheit entstellt werden. Ein einfaches Beispiel liefert uns der Mann, der der Studie gegenüber ursprünglich angegeben hatte, er habe eine Militärschule als Drittbester von 150 Schülern abgeschlossen. Als er fünfzig geworden war, war er bereits der Zweitbeste von neunhundert. Einer der Teilnehmer der Grantstudie mißbilligte es, daß seine jugendlichen Kinder Marihuana rauchten, obwohl er selbst im Jahre 1940 die rauschgiftähnliche Wirkung des Alkohols gepriesen hatte. «Ich werde dadurch ruhiger, freundlicher, weniger sarkastisch, und das Tanzen macht mir viel mehr Spaß», so hatte er damals geschrieben. «Normalerweise habe ich dabei ein hellwaches Bewußtsein, fühle mich der Musik viel näher und Menschen gegenüber offener. Alkohol ist immer eine angenehme Erfahrung.» Bei den Sorgen, die er sich um seine heranwachsenden Kinder machte, vergaß er ganz, daß er in seiner Jugend ebenfalls als langhaariger Studienabbrecher durch Europa gezogen war.

Die Erwähnung dieser widersprüchlichen Erinnerungen soll zeigen, daß dieselbe Vergeßlichkeit und Wirklichkeitsentstellung, die bei Kindern zu beobachten ist, auch zwischen der Adoleszenz und dem mittleren Lebensabschnitt auftreten kann. Zwischen dem, was Eltern ihren Kindern in der Adoleszenz über affektiv bedeutungsvolle Themen gesagt zu haben meinen, und dem, woran diese Kinder sich nachfolgend erinnern, bestehen bemerkenswerte Unterschiede.

Zum Verständnis des Lebenszyklus des Erwachsenen ist es deshalb notwendig, uns genau wie in der neueren Physik von der Vorstellung der Relativität und Komplementarität leiten zu lassen; denn sobald in einer Gleichung der Zeitfaktor auftaucht, sind die alten Newtonschen Wahrheiten außer Kraft gesetzt. Schriftsteller, die sich in der menschlichen Psyche auskennen, waren sich schon immer darüber im klaren, daß die Welt sich dem Menschen in den einzelnen Altersstufen unterschiedlich darbietet. Die Künstler haben schon von jeher gewußt, daß es dem Menschen unmöglich ist, die ganze Wahrheit über sein Leben zu erkennen. Die Grantstudie läßt uns hoffen, daß es auch den Sozialwissenschaftlern gelingen wird, scheinbare Widersprüche zu verstehen.

Unser Lebenszyklus weist in der Tat bestimmte Gesetzmäßigkeiten und rhythmische Schwankungen auf. Diesen Rhythmen können wir jedoch nur dann auf die Spur kommen, wenn es uns gelingt, die verzerrende Wirkung, die die Zeit auf unsere Sichtweise ausübt, zu umgehen. Das ist nicht einfach. Wir können die durchgängige Eigenart einer Symphonie nur ergründen, indem wir sie uns ganz anhören, denn wir als die Zuhörer sind stets in der Zeit gefangen. Wenn ich versuche, beim Wiedersehenstreffen nach zwanzig Jahren bei meinen ehemaligen Studienkollegen Veränderungen festzustellen, dann wird mir das nicht gelingen; zu sehr habe ich selbst mich in der Zwischenzeit verändert.

Wir können uns das anhand der Bäume veranschaulichen: die Tatsache, daß unsere Vorstellung von dem, was ein Baum ist, sich mit dem Wechsel der Jahreszeiten konstant wandelt, kann uns keineswegs verwirren oder in Unklarheit stürzen. Ist ein Baum ein Riesenstrauß rosa Blüten, ein dunkelgrünes Blätterdach, eine in herbstlichem Orange lodernde Fackel oder feines schwarzes Spitzenwerk mit einem sanften Silberschimmer? Ein Baum ist all das zusammen, und die Veränderungen, die er im Laufe eines Jahres durchmacht, erscheinen uns nur deswegen vorhersagbar, weil unser eigener Lebenszyklus um ein Vielfaches länger währt. Wenn wir die regelmäßige, geordnete Wiederkehr der Jahreszeiten zwei oder drei Jahre beobachtet haben, kennen wir den Ablauf und sind doch selbst nur zwei oder drei Jahre älter geworden. Wir tragen die Erinnerung in uns und verstehen deshalb, was geschieht. Beim Betrachten der Schnittfläche eines gefällten Rotholzbaumes gewinnen wir in Minutenschnelle einen Überblick über ein Jahrtausend Waldgeschichte. Indem wir auf die eintausend konzentrischen Ringe blicken, stehen wir außerhalb der Zeit. Genau wie ein Fotograf uns mit dem Zeitraffer in zwei Minuten das Erblühen einer Blume vorführen kann, das in Wirklichkeit zwei Tage dauert, genauso entfalteten sich beim Lesen der Unterlagen der einzelnen Teilnehmer der Grantstudie in zwei Stunden Verhaltensabläufe vor meinen Augen, die sich in Wirklichkeit über drei Jahrzehnte hingezogen hatten. Es war eine ganz andere Situation als jene, die ich zwanzig Jahre nach meinem Collegeabschluß beim Wiedersehenstreffen erlebte: die Zeit war zwar für die Beobachteten, nicht jedoch für den Beobachter vergangen.

Ärzte und Eltern wissen erst seit etwa fünfzig Jahren, daß die Persönlichkeit des Kindes gesetzmäßigen Veränderungen unterworfen ist. Viele Ärzte betrachteten Kinder noch im neunzehnten Jahrhundert als Erwachsene en miniature. Der Spezialist für Kinderheilkunde ist eine Erfindung des zwanzigsten Jahrhunderts. Bekanntermaßen behalten Eltern selbst von den Marksteinen der kindlichen Entwicklung nur sehr verschwommene Erinnerungen zurück. Erst die Entwicklung der Photographie, das Babybuch, in das die Eltern Entwicklungsdaten und Begebenheiten aus den ersten Jahren des Kindes eintragen, die Kartei des Hausarztes und schließlich vorausschauende Untersuchungen von Wachstum und Entwicklung haben die Wissenschaft in die Lage versetzt, die Verzerrungen, die die Zeit mit sich bringt, auszuschalten. Inzwischen wissen wir, daß der fünfjährige romantisch Verliebte mit sieben voller Abscheu auf das andere Geschlecht blickt, um dann mit sechzehn von neuem ein romantisch Verliebter zu werden. Doch wurden die Entwicklungsphasen der Kindheit vor hundert Jahren, als es die Schriften eines Benjamin Spock noch nicht gab, als ziemlich unvorhersehbar betrachtet. Heute beobachten wir die kindliche Entwicklung genauso, wie unsere primitiven Vorfahren lernten, das regelmäßige Zunehmen und Abnehmen des Mondes zu beobachten. Während unsere Kinder sich von einer Phase in die nächste bewegen, beten wir, drücken die Daumen, machen uns Sorgen oder fühlen Dankbarkeit – nur völlig überrascht sind wir nicht.

Die Persönlichkeitsentwicklung des Erwachsenen ist jedoch immer noch weitgehend unerforscht. Weder sind Menschen mit fünf Jahren, wie Freud lehrte, oder mit sieben, wie Ignatius von Loyola meinte, im Zustand der Reife angekommen noch im Alter von achtzehn oder einundzwanzig, wie das Gesetz es festlegt. Die ultraliberalen politischen Ansichten, denen Ronald Reagan als Collegestudent anhing, müssen ihm heute ausgesprochen fremd erscheinen; denn ein Preis, den wir für das Erwachsenwerden bezahlen, ist der, daß wir die Verbindung zu unserer Vergangenheit verlieren. So hatte etwa einer der Männer der Grantstudie in seiner Jugend modern jazz sehr gemocht, doch als er fünfzig geworden war, hatte er die klassischen Komponisten schätzengelernt und für die Leidenschaft seiner Kinder für Rock'n'Roll nur Verachtung übrig. Er sah den Verfall des musikalischen Geschmacks als eine unumstößliche Tatsache an und war davon überzeugt, daß sein eigenes Kunstempfinden sich immer gleichgeblieben war.

Ein einjähriges Kind kann noch nicht laufen, ein Zweijähriger noch nicht radfahren, ein Sechsjähriger ist noch nicht fähig, sich einen Raum aus der Perspektive eines anderen vorzustellen, und selbst ein Zehnjähriger vermag noch keine abstrakten Begriffe zu bilden. Einem Achtzehnjährigen fällt all das nicht schwer – nicht, weil man es ihn gelehrt hätte, sondern weil er und sein Zentralnervensystem sich weiterentwickelt haben. Könnte es nicht möglich sein, Veränderungen in der eigenen politischen Überzeugung auf dieselbe Ursache zurückzuführen? Wenn Mr. Jordan, mittlerweile ein liberaler Schmetterling, an einer John-Birch-Raupe vorüberfliegt, dann mögen beide zwar Blicke austauschen, doch keiner von ihnen wird in der Lage sein, die zwischen ihnen bestehende Verwandtschaft zu erkennen. Die inneren Veränderungen, die aus einem jungen Kommunisten einen alten Reaktionär machen, sind zwar tiefgreifend, doch so wenig wahrnehmbar, daß er selbst meint, immer noch mit den alten Augen zu sehen und mit dem alten Herzen zu fühlen. Er ist der Überzeugung, allein die Zeiten hätten sich geändert. Wie Jung erklärt, bleibt vielleicht schon bis fünfunddreißig oder vierzig «vieles, allzuvieles –

Leben, das auch hätte gelebt werden können – ... in den Rumpelkammern verstaubter Erinnerung liegen, manchmal sind es auch glühende Kohlen unter grauer Asche»[1]. Das Erlebnis, solche Glut hell aufflammen zu sehen, hat die Arbeit an der Grantstudie für mich äußerst anregend gemacht.

Anders als die Jahreszeiten wird der individuelle Lebenszyklus von jedem Individuum nur ein einziges Mal durchlebt. 1950 wies Erik Erikson, der sich in Berkeley mit den ersten großen Längsschnittstudien der menschlichen Entwicklung die ersten Lorbeeren verdiente, überzeugend nach, daß nicht nur die Kinder, sondern auch die Erwachsenen sich weiterentwickeln und reifen.[2] Er war unter den ersten Sozialwissenschaftlern, die erkannten, daß der Erwachsene sich nicht einfach von einem Markstein des Lebenslaufes zum nächsten – vom Schulabschluß zur Heirat zum «leeren Nest», aus dem die Kinder ausgeflogen sind, zum Ruhestand – fortbewegt. Statt dessen zeigte er auf, daß der Erwachsene sich bei diesem Vorwärtsschreiten dynamisch verändert. Sicher, auch Shakespeare hat all das schon ausgesprochen; doch werden Veränderungen in der Persönlichkeit des Erwachsenen in den meisten entwicklungspsychologischen Lehrbüchern immer noch mit äußeren Ereignissen in Beziehung gesetzt.

Die Untersuchungsergebnisse der Grantstudie bestätigen die Lebensmuster des Erwachsenen, wie Erik Erikson sie in ‹Kindheit und Gesellschaft› umrissen hat. Erikson erklärte, daß in einer Reihe von Kulturen das Schulkind, nachdem es die Stadien des *Urvertrauens*, der *Autonomie* und der *Initiative* durchlaufen hat, *Werksinn* entwickelt, indem es seine abenteuerlustigen Antriebe unter Kontrolle bringt. Wenn sich die unterdrückten Triebe dann in der Adoleszenz wieder bemerkbar machen, kämpft das Kind um seine *Identität* – es versucht, sich mit seinen Überzeugungen von den Eltern abzugrenzen. Darauf sucht der junge Erwachsene nach echter *Intimität* mit Menschen seiner Altersgruppe, um schließlich, laut Erikson etwa um vierzig und sofern er gesund ist, das Stadium der *Generativität* zu erreichen, ein reiches und reifes Stadium der menschlichen Existenz, auf das bereits in früheren Kapiteln hingewiesen wurde.

Generativität ist mehr als ein Stadium, in dem man für das Wachsen der neuen Generation Sorge trägt. Die Welt ist voll von verantwortungslosen Müttern, die sich wunderbar auf das Kinderkriegen und auf Aufziehen kleiner Kinder bis zum Alter von zwei Jahren verstehen und es nicht fertigbringen, den Erziehungsprozeß auch nach diesem Zeitpunkt noch weiter voranzutreiben. «Generativität» als Bezeichnung für ein Stadium unseres Lebenszyklus impliziert Verantwortlichkeit für das Wachstum, die Anleitung und das Wohlbefinden der eigenen Mitmenschen und nicht einfach nur das Heranzüchten von Saat oder kleinen Kindern.

Erikson erforschte die Jahrzehnte der Zwanziger- und der Vierzigerjahre, unterließ es jedoch, auch die dazwischen liegende Entwicklungsperiode zu skizzieren. In ihren frühen Dreißigern scheinen Männer allzu beschäftigt, etwas zu werden, ihr Handwerk zu meistern; sie haben zuviel damit zu tun, vorgezeichnete Karrierestufen zu erklimmen, als daß sie sich noch über das Auf und Ab ihres Lebens Gedanken machen könnten. Genauso schwer fällt ins Gewicht, daß sie als Gruppe zu farblos, zu angepaßt sind, um die Aufmerksamkeit von Beobachtern aus anderen Altersgruppen auf sich zu ziehen. Mit fünfunddreißig warteten die Männer der Grantstudie begierig darauf, selbst ans Ruder zu kommen. Mit fünfzig kümmerten sie sich weit mehr um die Menschen, die für sie und mit ihnen arbeiteten. Kurz gesagt: zwischen den Eriksonschen Stadien der Intimität und der Generativität erschien die Zwischenstufe der beruflichen Konsolidierung, einer Zeit, in der die Männer genau wie Shakespeares Soldat «der Seifenblase Ruhm» hinterherjagten. Dieses Reifungsmuster, das von der Intimität zur beruflichen Konsolidierung und weiter zur Generativität voranschreitet, wurde durch die wesentlichen amerikanischen Untersuchungen der Persönlichkeitsentwicklung der Erwachsenen sowohl für Männer als auch für Frauen bestätigt.[3]

Allerdings kann sich der Lebenszyklus nur dann voll entfalten, wenn das Individuum nicht nur die Freiheit zur Weiterentwicklung genießt, sondern auch die Möglichkeiten vorfindet, die zur Reifung nötig sind. John Clausen, Soziologe am Institute of Human Development in Berkeley, nennt vier den individuellen Lebenszyklus beeinflussende Variablen, die es uns ermöglichen, die Grantstudie in größeren Zusammenhängen zu sehen. «Dazu gehören erstens die dem Individuum erreichbaren Möglichkeiten beziehungsweise die Hindernisse, auf die es trifft, soweit diese von seiner sozialen Schicht, ethnischen Zugehörigkeit, seinem Alter und Geschlecht mitbestimmt werden . . . ebenso wie Kriegsfolgen, Wirtschaftskrisen und einschneidende soziale Veränderungen»; zweitens «das Maß an Anstrengung, das das Individuum für sich selbst aufbringt»; drittens «die Quellen der Unterstützung und Führung, die ihm helfen, sich in seiner Welt zurechtzufinden und sie zu bewältigen», und viertens «das persönliche Potential, über das der einzelne verfügt»[4].

Dank des homogenen Auswahlmodus der Probanden der Grantstudie blieben die beiden ersten der von Clausen genannten Faktoren – soziale Möglichkeiten und Leistungsmotivation – stets konstant. Erstens fanden alle Männer der Grantstudie gleiche Lebenschancen vor: als weiße männliche Amerikaner mit guter Ausbildung hatten sie alle Zugang zu der Machtelite ihrer Gesellschaft. Alle erlebten sie denselben Abschnitt der Weltgeschichte. Freilich: wären sie in ihrer Kindheit unterernährt gewesen, wären sie ans Fließband gefesselt oder in eine verachtete Kaste hineingeboren, hätte ihre Erziehung die Entwicklung ihrer Talente verhindert oder hätte eine Widrigkeit der Geschichte 0der ihres Gesundheitszustandes ihnen die Chance, sich zu entwickeln, vorenthalten, dann könnten sie nun nicht als Musterfälle eines gesunden Lebenszyklus dienen.

Zweitens beruht die menschliche Persönlichkeitsentwicklung, wie Clausen zeigt, auf freier Wahl; nicht jeder heißt die Verantwortung willkommen, die mit Generativität verbunden ist. Die von der Grantstudie untersuchten Männer waren jedoch alle arbeitsam und leistungsorientiert und nach der jugendlichen Bereitschaft ausgewählt, für ihr persönliches Wachstum und ihre Entwicklung selbst etwas zu tun.

Der dritte und der vierte der von Clausen genannten Faktoren erwiesen sich als für die differenzierende Betrachtung der Lebensbahnen der einzelnen Probanden und für die Bestimmung der Position, die sie schließlich (im Alter von 50 Jahren) innerhalb ihres Lebenszyklus erreicht hatten, am bedeutsamsten. Ich werde die Auswirkung von Clausens drittem Faktor im dreizehnten Kapitel erörtern. Selbstverständlich machte es für die einzelnen Männer einen Unterschied, was sie an Unterstützung und Führung mit auf den Weg bekamen. Es ist sehr schwierig, sich ohne Liebe zu entfalten.

Interpretiert man Clausens vierten Faktor, «das persönliche Potential, über das der einzelne verfügt», als unterschiedliche Wahl von Abwehrstilen, dann fällt auch er sehr stark ins Gewicht. Nur vier der fünfundzwanzig Männer mit den unreifsten Abwehrmechanismen erreichten die Stufe der Generativität, während das bei fast allen (achtzig Prozent) derjenigen, die die reifsten Abwehrformen aufwiesen, der Fall war. Dieses Untersuchungsergebnis soll in fünfzehnten Kapitel ausführlich besprochen werden.

Bei der Darstellung der statistischen Untersuchungsergebnisse zum menschlichen Lebenszyklus, die die Grantstudie erbrachte, kann uns das Leben Dr. Adam Carsons* als Bezugsrahmen dienen. An Dr. Carsons Biographie läßt sich sein stockendes Vorwärtsschreiten von Identität zu Intimität, durch die Phase der beruflichen Konsolidierung bis hin zur Entwicklung der Fähigkeit, im vollsten Sinne *Fürsorge* für andere zu üben, deutlich beobachten. Zu der Zeit als er in die Untersuchung eingetreten war, hatten Adam Carsons Eltern ihn als ein wahres Musterkind beschrieben. «Vom Augenblick seiner Geburt an», so hatte seine Mutter stolz erzählt, «war er in seinem Verhalten und seinem Streben und allem absolut perfekt.» Sein Vater, ein Rechtsanwalt, hatte ihn als «nahezu vollkommenen kleinen Kerl» bezeichnet. Kurzum: es war Carson in der Adoleszenz nie so recht gelungen, seinen Eltern Autonomie abzutrotzen. Es stimmt zwar, daß sein Vater der Grantstudie gegenüber zugab, zwischen sechzehn und achtzehn habe sein Sohn «ein bißchen Rabatz gemacht». Ebenso trifft es zu, daß der junge Carson ohne Wissen seines Vaters ein Motorrad gekauft, eine Neigung zu sexuellen Eroberungen entwickelt und eine solche Liebe zum Gesellschaftstanz entfaltet hatte, daß er daran dachte, seine zukünftige Karriere als Mediziner aufzugeben und das Tanzen zu seinem Beruf zu machen. Doch mit zwanzig schob Dr. Carson alle diese Interessen zur Seite. Sein Vater war zu perfekt, zu aufgeschlossen; es gab nicht genug, wogegen man hätte rebellieren können; und so fiel Carsons kurzer adoleszenter Rückzug vom strengen Regiment seines Vaters zu zaghaft aus, als daß seine Entwicklung zum Erwachsenen reibungslos hätte vonstatten gehen können.

Das Leben des zwanzigjährigen Adam Carson entsprach in jeder Hinsicht dem stolzen Ausspruch seines Vaters, sein Sohn führe «ein planvolles Leben», wobei er hinzusetzte: «Adam hat seine Gefühle einwandfrei unter Kontrolle.» Der junge Carson besuchte die Harvard Medical School, leistete seine Medizinalassistentenzeit dann am

---

* Adam Carson – der Vorname soll, so der Autor, an «Adam, das Urbild des Mannes» erinnern.

Massachusetts General Hospital ab, absolvierte sein Postgraduierten-Studium am Rockefeller Institute und kehrte schließlich – angeblich weil er lieber in der Forschung als in einer freien Praxis arbeiten wollte – an die Harvard Medical School zurück. Hatte ihm sein Vater nicht erklärt, die Forschung sei der Weg, um ein wahrhaft großer Arzt zu werden? Doch forderte die Tatsache, daß Dr. Carson sich für eine Identität entschied, die nicht er selbst, sondern sein Vater für ihn ausgesucht hatte, ihren Preis. Über den neunzehnjährigen Carson hatte der Psychiater der Grantstudie bemerkt: «. . . erweckt den Eindruck erheblicher geistiger Energie . . . Im Affekt vital, reich, heiter und farbig.» Derselbe Beobachter nannte den achtundzwanzigjährigen Carson dagegen «meiner Meinung nach keine sehr breit angelegte Persönlichkeit . . .» Im Thematischen Apperzeptionstest zeigte Carson sich, wie ein Psychologe es ausdrückte, als «ein oberflächlicher Bursche mit einer passiven Abhängigkeit von den Umständen, der sich über sein eigenes Schicksal nicht im klaren ist und es passiv erwartet. Frauen und ihren sexuellen Reizen gegenüber besteht eine konstante Ablehnung . . . [Er] strebt nach dem sozial Akzeptablen, um persönlichen Gefühlen aus dem Weg zu gehen.» Nach der Durchsicht desselben Tests schrieb ein anderer Psychologe: «Aggression und Depression werden völlig vermieden: eine rigide, gehemmte, neurotische Reaktion mit völligem Verzicht auf Introspektion.» «Adam», bestätigte die Anthropologin der Studie, «ist schmächtig und linkisch, unerfahren und pubertär . . . von seiner Familie abhängig . . . unsicher und außerordentlich streng darauf bedacht, immer dem vorgegebenen Muster zu folgen.»

Die Anthropologin hatte recht. Als junger Erwachsener folgte Adam Carson den Geboten seiner sozialen Umwelt. So erlangte er nicht nur die Aufnahme in einen geachteten Berufsstand, sondern wurde auch Gatte und Vater. Als Sechsundzwanzigjähriger schrieb er: «Meine Ehe ist mir das Kostbarste auf der Welt; sie macht mich außerordentlich glücklich.» Doch als er mit siebenundvierzig auf diese Ehe zurückblickte, konnte er sagen: «Meine Frau erschien mir immer wie eine Klapperschlange, die noch einmal etwas Gemeines und Hinterhältiges tun würde.» Es war nicht so, daß er nicht auf jeder Altersstufe gewußt hätte, was er wollte. Ein Drittkläßler ist aufrichtig, wenn er uns erzählt, daß er Mädchen hasse und daß seine Mutter vollkommen sei. Der konventionelle Dr. Carson hatte eine asketische Frau geheiratet, die zu seinem Entwicklungsstand einer sechsundzwanzigjährigen unreifen Raupe paßte, eine Frau, die seine jugendlichen Leidenschaften dämpfte, noch bevor sie voll aufgeflammt waren. Anfangs hatte seine Frau ihm eine konventionelle, schwesterliche Intimität ermöglicht, doch während er reifer wurde, glitt Dr. Carsons unterkühlte Ehe zu einer Folge sich stets wiederholender wütender Konflikte ab.

Obgleich Dr. Carsons Produktivität als Forscher bescheiden war, schrieb er uns: «Das freie Praktizieren habe ich ganz aufgegeben ... Meine Arbeit besteht fast ausschließlich aus Forschungstätigkeit ... Sie schenkt mir ständig wachsende Befriedigung, was bei der privaten Praxis nie der Fall gewesen ist.» Nachdem er sich ein Jahrzehnt hindurch allmählich einige Verdienste erworben hatte, erlangte Dr. Carson eine feste akademische Position. Er wurde Privatdozent für Medizin an der Harvard Medical School. Doch sobald ihm sein Aushängeschild, das Zeichen akademischer Anerkennung, einmal zuerkannt war, gewährte es ihm nur wenig Befriedigung. Vielmehr stürzte sein Ehe- und Berufsleben ihn in solche Depressionen, daß er an Selbstmord zu denken begann. Bewußt erlebte er diese «Depression» nicht als Affekt, sondern als «ein Gefühl der Müdigkeit». Wie war es dazu gekommen? Er hatte doch der Studie gegenüber immer behauptet, er sei glücklich.

Ich lernte Adam Carson zehn Jahre später kennen. In der Zwischenzeit hatte er Scheidung, Wiederverheiratung und den Übergang von der Forschung zur freien Praxis hinter sich gebracht. Seine persönliche Metamorphose hatte sich weiter fortgesetzt. Der graue Forscher hatte sich zu einem liebenswürdigen Kliniker gemausert. Von Dr. Carsons eindrucksvoller Praxis blickte man auf den Charles River. In seinem langen weißen Mantel, aus dessen einer Tasche die Elfenbeinspitze des Stethoskops hervorsah, erschien er zuvorkommend, ausgeglichen, gütig und beherrschend. Seine Art, mir voller Eifer zu erzählen, welches Vergnügen ihm das freie Praktizieren bereite, riß den Zuhörer mit. Die pulsierende Energie, die seine Jugend gekennzeichnet hatte, war zurückgekehrt. Auf seine Grundstimmung eingehend, vertraute Dr. Carson mir an: «Ich bin chronisch depressiv, glaube ich.» Doch war seine Depression inzwischen ganz deutlich ein *Affekt*; er war alles andere als müde. Im nächsten Atemzug bekannte er: «Ich habe eine sehr starke Sexualität, und das ist manchmal ein kleines Problem.» Darauf lieferte er mir einen lebendigen Bericht nicht nur von seinen neuesten romantischen Verstrickungen, sondern auch von seiner väterlich-herzlichen Fürsorge für seine Patienten.

Ein Zehnjähriger nimmt sich zu Herzen, was seine Eltern sagen; ein Sechzehnjähriger achtet mehr auf das, was sie tun. Wie ein Adoleszenter sah Dr. Carson seinen Vater nun auf einmal in einem ganz anderen Licht. Mit achtundzwanzig hatte er noch über seinen Vater gesagt: «Ich bin ihm ähnlich, doch übertrifft er mich in jeder Hinsicht.» Zu jener Zeit hatte er hart in der Forschung gearbeitet, so wie sein Vater es ihm empfohlen hatte. Dieser Ratschlag war jedoch völlig über die Tatsache hinweggegangen, daß der Vater selbst mit großem Vergnügen in einer betriebsamen, glanzvollen Rechtsanwaltspraxis arbeitete, die ihn in engen Kontakt mit einzelnen Klienten brachte. Während er Dr. med. Adam Carson dazu drängte, den Wissensstand der Menschheit durch einen bleibenden Beitrag zu vermehren, genoß Dr. jur. Carson selbst in vollen Zügen die Gegenwart. Als Dr. Carson mit fünfundvierzig genau wie sein Vater in einer freien Praxis arbeitete, erfuhr er seinen Vater und dessen Ermahnungen nicht als hinderlich, sondern nahm ihn sich zum geschätzten Vorbild. Trotz verschiedener Fachrichtungen hatten sich die Bahnen ihrer beruflichen Entwicklung einander doch auf einmal angenähert.

Ich habe Dr. Carsons Lebenslauf deswegen ausgewählt, weil sich der Prozeß, den ein Proband der Grantstudie in dem diesem Kapitel vorangestellten Zitat in so einfachen Worten skizziert, in seinem Leben in überdeutlicher Schärfe ausprägt. («Ich glaube, zwischen zwanzig und dreißig habe ich gelernt, mit meiner Frau auszukommen. Zwischen dreißig und vierzig habe ich gelernt, im Beruf erfolgreich zu sein. Und zwischen vierzig und fünfzig habe ich mich mehr um die Kinder gekümmert als um mich selbst.») Ein anderer Teilnehmer schrieb mir, nachdem er Carsons Geschichte (in der hier vorliegenden verschlüsselten Form) gelesen hatte: «Ich meine mich in den meisten der von Ihnen erwähnten allgemeinen Punkte – wie etwa der ziemlich starken Selbstbezogenheit in den früheren Jahren, der Konzentration auf das berufliche Fortkommen usw. – wiederzuerkennen. Ihr häufiges Verweisen auf Erikson hat mich ermuntert, einmal etwas mehr von ihm zu lesen. Bisher habe ich ihn nur vom Namen her gekannt. Seine Auffassung vom Erreichen der Generativität ist faszinierend! Ich glaube, ich habe diese Stufe in den letzten Jahren doch weitgehend erreicht – fast, ohne es zu wissen. Seine halbwüchsigen Kinder durch die Adoleszenz zu geleiten und gleichzeitig eine glückliche und stabile Ehe aufrechtzuerhalten, bringt das wohl schon fast von allein mit sich!»

Die Adoleszenz: zum erstenmal auf eigenen Füßen

Eriksons Hypothese, daß die einzelnen Stadien des Lebenszyklus nacheinander zu durchlaufen seien, wurde durch die prospektiv untersuchten Lebensläufe der Männer der Grantstudie im wesentlichen bestätigt. Obwohl keine der Lebensphasen höher einzustufen ist als die anderen, zeigte sich fast durchgängig, daß eine bestimmte Entwicklungsstufe erst dann erreicht werden konnte, wenn die vorherige bewältigt war. Gewöhnlich traten die Männer erst dann in echte Verantwortlichkeit für andere Erwachsene ein, wenn sie sich im Beruf durchgesetzt und gelernt hatten, ihre Frauen zu lieben.

Die Adoleszenz ist das Tor, durch das wir in den Lebenszyklus des Erwachsenen eintreten. Laut Erikson und seiner Mentorin Anna Freud ist die Adoleszenz eine Zeit schmerzhafter Selbstdifferenzierung.[5] Familiäre Glaubenssätze werden verworfen; das Individuum sucht nach einer Identität, die nur seine eigene ist. Die adoleszente Identitätsbildung wird durch einen seltsamen Zug der menschlichen Natur gefördert: wenn wir einen geliebten Menschen verlieren oder uns von ihm lösen, nehmen wir ihn in unser Inneres auf. Daher kommt es, daß Adoleszente, die sich Kommunen anschließen oder in ein weit vom Elternhaus entferntes College gehen und sich auf all das konzentrieren, was sie an ihren Eltern schlecht finden, um dem Rückwärtssog zu entgehen, vor ihren Eltern fliehen und sie dennoch mit sich nehmen. Das ist aus zwei Gründen wichtig. Erstens deswegen, weil die Dr. Tarrytowns und die Casper Smythes, die nie Eltern gehabt hatten, die sie hätten internalisieren können, ihr Leben lang einsam blieben. Zweitens weil diejenigen der Männer, die – wie Horace Lamb und Dr. Adam Carson – weiterhin von äußeren Eltern beherrscht wurden, sehr viel länger brauchten, bis sie den Zustand der Reife erreicht hatten.

Die Adoleszenz ist – zumindest in unserer Kultur – nicht nur die Vorbedingung für den Eintritt in den normalen Lebenszyklus des Erwachsenen, sondern wir können sogar davon ausgehen, daß eine stürmische Adoleszenz an sich kein Hindernis für die normale Reifung des Erwachsenen darstellt. Tatsächlich erweist sie sich eher als ein gutes Vorzeichen. Die beiden Psychologen Harvey Peskin und Norman Livson vom Institute of Human Development in Berkeley heben hervor, daß die Aussichten eines Individuums auf spätere psychische Gesundheit höher sind, wenn es bereits während der voradoleszenten Phase die Kontrolle über sein Gefühlsleben erreicht hat und wenn diese bereits bestehende Kontrolle dann während der Adoleszenz geschwächt oder sogar ganz aufgegeben wird. Eventuell auftretende Verlagerungen von einem gelassenen zu einem gespannten, reizbaren Temperament, von seltenem zu häufigem Klagen, von strenger Impulskontrolle zu explosiven Ausbrüchen oder von Unabhängigkeit zu Abhängigkeit deuten sämtlich auf nachfolgende psychische Gesundheit im Alter von dreißig Jahren hin.[6] Peskin und Livson fassen ihre Ergebnisse in der Feststellung zusammen: «Der adoleszente Beitrag zum Charakter des Erwachsenen besteht häufiger in einer Umkehrung der Auswirkungen des voradoleszenten Verhaltens als in ihrer Fortführung.» Das erklärt auch, warum eine während der frühen Jugendjahre erworbene strenge emotionale Kontrolle beim Dreißig- oder Vierzigjährigen zu emotionaler Instabilität führen kann. Der vorzeitige Abbruch der Adoleszenz erhöht – wie der Fall Dr. Carsons zeigt – die Gefahr, einem ungewöhnlich bewegten mittleren Lebensabschnitt entgegenzugehen.

In der Grantstudie waren sieben Männer, die ihre Adoleszenz auch im Alter von siebenundvierzig Jahren noch nicht völlig abgeschlossen hatten. Statt dessen lebten sie ihr Erwachsenenleben wie Schulkinder – oder wie permanente Muttersöhnchen. Wie ernsthafte Pfadfinder arbeiteten sie hart in ihrem Beruf und nahmen kaum psychotherapeutische Hilfe in Anspruch, doch nie durchschritten sie die aufeinanderfolgenden Stadien des reifen Erwachsenenlebens: Intimität, berufliche Konsolidierung, Generativität. In mittleren Jahren blieben alle diese permanenten Muttersöhnchen außer einem, der Waise war, unentrinnbar an ihre Mütter gebunden. Nur zwei dieser sieben Männer waren auch nur während der Hälfte ihres Erwachsenendaseins verheiratet, und jeder dieser beiden nahm in einer eher distanzierten Ehe die weibliche Rolle ein. Kinder waren entweder nicht empfangen oder nicht ausgetragen worden. Freundschaften fehlten völlig. Als Fünfzigjährige lebten sie abseits der Gesellschaft, oftmals als soziale Absteiger und von Selbstzweifeln gequält.

Die Unfähigkeit der permanenten Muttersöhnchen, sich in ihrem Beruf wirklich einzusetzen, zeigte sich unmittelbar nach ihrem Collegebesuch. Im zweiten Weltkrieg nahm keiner von ihnen je an einem Gefecht teil; die meisten zogen nie eine Uniform an. Nach dem Krieg blieben sie Gesellen, wurden nie selbst Meister oder Mentoren der Jüngeren. Obwohl alle permanenten Muttersöhnchen ihrem Arbeitgeber gegenüber Verantwortung trugen, übernahm keiner von ihnen echte Verantwortung für die nächste Generation oder für die Menschen, die mit ihm zusammenarbeiteten. Entsprechend hatten sie innerhalb der ganzen Untersuchung den geringsten Berufserfolg zu verzeichnen.

Mit siebenundvierzig bezeichnete einer jener permanenten Muttersöhnchen die Zeit zwischen seinem ersten und dreizehnten Lebensjahr als die glücklichste seines Lebens und behauptete, er habe eine Kindheit von «idyllischer Unschuld und Heiterkeit» erlebt. Die Adoleszenz hatte ihn erschreckt, und in den Jahren von dreizehn bis zwanzig hatte er sich am unglücklichsten gefühlt. Obwohl weder von der Identifikation her homosexuell noch im physiologischen Sinne ein Eunuch, war er auch mit dreiunddreißig noch von vorpubertärer Molligkeit, lebte zu Hause und half seiner Mutter beim Arrangieren von Blumengestecken.

Die Anthropologin hatte ihn als Dreißigjährigen «auf unpersönlicher, geistiger Ebene interessant» genannt, und auch mit fünfzig interessierte ihn das Detail noch mehr als das Ganze. Schließlich gelang ihm eine stabile Ehe, doch weder er noch seine Frau wünschten sich jemals Kinder. Für das kleine College in Neuengland, an dem er arbeitete, brachte er nur wenig Interesse und keinerlei Verantwortungsgefühl auf. Anders als die schöpferisch begabtesten und produktivsten Hochschullehrer der Studie nahm er an seinen spärlichen Publikationen über die frühe Kolonialgeschichte weitaus mehr Anteil als an seinen Studenten. Wie manch ein anderer wohlangepaßter Sechstkläßler behielt auch er Intellektualisierung als Hauptanpassungsmodus bei.

Als ein anderer dieser Männer zu mir kam, fiel mir sogleich der merkwürdige Kontrast zwischen seinen abgearbeiteten Händen, seinen billigen Schuhen und kurzen Socken und dem gediegenen Brooks-Brothers-Tweedjackett mit dem Lederbesatz auf den Ellbogen ins Auge.

Obwohl seine Mutter aus besseren Kreisen kam, obwohl er eine private Boarding School besucht und einen College-Abschluß erworben hatte, arbeitete dieser Mann in einer Heizungs- und Installationsfirma, aß für sich allein in Arbeiterimbißstuben und mühte sich ab, seine Rechnungen zu bezahlen.

Bei der Studie hatte man diesen Mann als Neunzehnjährigen als psychisch stabil, wenn auch ein wenig zu sanft eingeschätzt, während seine Mutter, als er Collegestudent war, mit ironischem Unterton sagte, er benehme sich «schon seit dem Alter von zwei Jahren wie ein erwachsener Mann». Ohne die üblichen Probleme des Jugendalters zeigte er sich außergewöhnlich produktiv, baute Schiffsmodelle, Baumhäuser und ein Auto aus Schrotteilen. Er wollte Kraftfahrzeugingenieur werden. Doch die Anthropologin hatte angemerkt, er sei, obwohl schon neunundzwanzigjährig, «immer noch eng an seine Mutter gebunden und nicht willens, neue Bindungen einzugehen». Mit neunundvierzig war er immer noch unverheiratet und lebte in der Nähe der Straße, in der seine Eltern gewohnt hatten. Sein Leben kreiste um seine Tiere. «Es ist gar nicht so ohne», so versicherte er mir, «sechs Katzen zu versorgen.» Auf eine seltsame Weise unfähig oder auch unwillig, seine selbsterschaffene Welt durch wirksame Abwehrmechanismen zu verformen – eine Umformung, die ihm womöglich psychische Erkrankung, vielleicht aber auch Ruhm eingebracht hätte –, verharrte er in der sicheren Schonzeit des Kindes der Latenzperiode, das weniger leistet, als es zu leisten imstande ist. Trotz überdurchschnittlicher Intelligenz erreichte dieser Mann in seiner Heizungs- und Installationsfirma in vierundzwanzig Jahren nie eine Position, in der er mehr als zehntausend Dollar pro Jahr verdiente, und sein beruflicher Verantwortungsbereich veränderte sich nicht. Dennoch machte ihm seine Arbeit Freude, weil er – wie schon als Kind – etwas bauen konnte. Er unterhielt sich mit mir in allen Einzelheiten und mit großer Begeisterung über Heizanlagen. Verantwortung für andere trug er nicht. In den späten Dreißigern war er für knapp zwei Jahre mit einer Kindergärtnerin verheiratet gewesen, doch hatte er die meiste Zeit seines Lebens außer seinen Katzen niemanden gehabt, um den er sich hätte kümmern können.

Er hatte beständig das Gefühl, sein Leben nicht in der Hand zu haben. Als Neunundzwanzigjähriger hatte er geschrieben: «Die Kürze meiner Antworten läßt mich annehmen, daß mein Leben doch wohl um einiges unter der Norm gelegen hat. Vielleicht ist das immer noch so.» Und mit sechsundvierzig, als sozial weniger privilegierte Studienkameraden wie Goodhart sich bereits ihren festen Platz in der oberen Mittelschicht geschaffen hatten, schrieb er uns: «Ich fühle mich zutiefst untauglich ... Schon immer habe ich das Gefühl gehabt, daß ich unfähig bin, mich zu verkaufen.» Doch besaß er die Würde des Yankees und einen seltsamen Selbstrespekt, den ich nur bewundern konnte. Oft ist ein Individuum als Zehnjähriger fester integriert als in seiner Adoleszenz. Keine Lebensphase ist «besser» oder «gesünder» als die übrigen.

Es ist schwierig zu sagen, wodurch das Wachstum dieses Mannes zum Stillstand gebracht wurde. Meine Vermutung – und das ist nicht mehr als eine Vermutung – geht dahin, daß wir aufhören zu wachsen, wenn unsere menschlichen Verluste einmal nicht mehr ersetzt werden. Der betreffende Mann war in seiner Adoleszenz von seinen beiden Eltern im Stich gelassen worden; beide hatten sie im Abstand von fünf Jahren Nervenzusammenbrüche erlitten. Gefangen in Schuldgefühlen und ambivalenten Regungen, war es ihm nicht gelungen, sich von seinen Eltern zu lösen, doch fühlte er sich durch ihren Verlust immer noch geschwächt. Mit elf Jahren, in der Zeit, als sein Vater zum ersten Mal ins Krankenhaus gekommen war, hatte er aufgehört, an Gott zu glauben. Mit fünfundvierzig sagte er mir, jedesmal, wenn einer seiner Freunde stürbe, verlöre er einen Teil seiner selbst. (Ein anderer Teilnehmer der Grantstudie, dessen Fall gewisse Ähnlichkeiten zu dem eben beschriebenen aufwies, sprach von demselben Dilemma, als er mir sagte, in Lebenskrisen laute seine Maxime: «Frag nicht, wem die Stunde schlägt; sie schlägt für dich» – ein Credo, das einem Siebzigjährigen eher angemessen ist als einem Fünfundvierzigjährigen.) Der Samen der Liebe muß stets von neuem gesät werden.

Die übrigen achtundachtzig Teilnehmer der Studie brachten ihre Adoleszenz allesamt zu einem Abschluß und bauten eine Identität auf, die sich von der ihrer Eltern abhob. Die ursprünglichen Forscher der Grantstudie waren zu früh geboren, als daß sie die Werke von Anna Freud, Erik Erikson und George Goethals schon hätten kennen können. So hielten sie mehrere durchaus normale Züge der Adoleszenzentwicklung fälschlicherweise für drohende Anzeichen künftiger Instabilität. Dementsprechend erwiesen sich ihre Vorhersagen darüber, wie es im College mit der psychischen Gesundheit der Männer bestellt sein würde, des öfteren als falsch.

Im College hatte man einen jeden der Männer nach der Überprüfung von fünfundzwanzig bestimmten Persönlichkeitsmerkmalen eingestuft. Ein Psychiater der Studie untersuchte dann, welche dieser Merkmale mit der vom Forschungsteam aufgestellten Vorhersage zukünftiger psychischer Gesundheit beziehungsweise mangelnder psychischer Gesundheit verknüpft waren.[7] Es stellte sich heraus, daß die drei Züge vitaler Affekt, Freundlichkeit und humanitäre Gesinnung von den Mitarbeitern bevorzugt an eine günstige Voraussage erfolgreicher Erwachsenenanpassung gekoppelt wurden. Doch zeigte eine Nachuntersuchung, daß diese Merkmale nur schwach signifikante Korrelationen zu späteren Ergebnissen im mittleren Lebensalter aufwiesen. Bei vielen Männern schienen diese «Tugenden» mehr an eine vorübergehende Entwicklungsphase gebunden gewesen zu sein als an ihren bleibenden Charakter. Adoleszente sind von Natur aus spontan, gesellig und idealistisch.

Entsprechend ergab sich, daß die Merkmale Schüchternheit, Grübelei, Introspektion, Gehemmtheit und Fehlen von Zielen und Werten am häufigsten bei denjenigen Adoleszenten beobachtet wurden, bei denen die Mitarbeiter des Forschungsteams Zweifel an der späteren emotionalen Stabilität hegten. Auch bei diesen letztgenannten Merkmalen erbrachte die Folgeuntersuchung, daß sie weiter nichts als Symptome jenes sich selbst beschränkenden Zustands psychischen Unwohlseins – der Adoleszenz – darstellten, jedoch keine Vorausbestimmung der Männer mit den schlechtesten Endergebnissen erlaubten. Tatsächlich waren es drei für die späte Adoleszenz eher untypische Merkmale, die am häufigsten auf zukünftige psychische Gesundheit hinwiesen. Die Jugendlichen, die als «wohlintegriert» sowie als «praktisch begabt und in ihrer Persönlichkeit harmonisch organisiert» eingestuft worden waren, gehörten zugleich zur Gruppe jener, die als Fünfzigjährige die beste Realitätsanpassung zeigten, während bei den als «kontaktscheu» bezeichneten Adoleszenten zugleich die geringste Wahrscheinlichkeit bestand, daß sie später einmal zu den Männern mit dem besten Endergebnis zählten.

Lassen Sie mich die adaptive Funktion der adoleszenten «Desorganisation» mit Hilfe zweier Skizzen veranschaulichen. Einer der Männer etwa hatte sich als Kind in zwanghafter Weise überbesorgt um das Wohlergehen seiner jüngeren Geschwister gezeigt. In seinen frühen Jugendjahren ging er arbeiten, um zu ihrem Unterhalt beizutragen, doch dann im College rebellierte er. Er wurde nachlässig, faul und unachtsam und betrachtete sich selbst als «sehr selbstsüchtig». Er besaß keine genaue Vorstellung davon, wer er war. Einerseits vertiefte er sich in die Philosophie, las Dostojewski und befaßte sich mit universalen Theorien; andererseits ging sein Ehrgeiz dahin, ein durchsetzungskräftiger internationaler Bankier und Gesellschafter der Morgan-Bank* zu werden und mit einem Spitzbauch daherzukommen, «um imposanter zu wirken». Seine augenscheinliche Selbstsucht und innere Verwirrung versetzten die Forscher der Studie in Bestürzung.

Von den Realitäten des Zweiten Weltkrieges zur Besinnung gebracht, begann er mit dreiundzwanzig, seine Persönlichkeit neu zu organisieren. Den Gedanken, ein international bekannter Bankier zu werden, gab er auf und machte sich statt dessen daran, das Hungern im Nachkriegseuropa lindern zu helfen. Er wollte nun ein «hochherziger alter Idealist» werden und setzte diesen Plan in die Tat um, indem er dem Diplomatischen Dienst beitrat. Mit geringerer Rigorosität und angemessener Fürsorge konnte er sich nun ein weiteres Mal den wirtschaftlichen Problemen der «jüngeren Geschwister» Amerikas – jener Länder, die durch die Zerstörungen des Krieges auf die Hilfe anderer angewiesen waren – widmen. Reaktionsbildung wandelte sich zu Altruismus. Auch ohne eine massige Figur wußte er mit siebenundvierzig genau, wer er war: ein vertrauenswürdiger, uneigennütziger, gewissenhafter Karrierediplomat. Selbstverständlich war seine Adoleszenz ihm aus dem Gedächtnis geschwunden. Er tadelte seine Untergebenen wegen ihres saloppen Sprachgebrauchs und verurteilte seinen Sohn wegen seiner unbegreiflichen Selbstsucht.

Ein anderer Mann, der während seiner Kindheit psychisch stabil und wohlkontrolliert gewesen war, hatte seine Jugend als die unglücklichste Zeit seines Lebens in Erinnerung. In jenen Jahren hatte er einen beunruhigenden Rückgang seiner Selbstkontrolle erlebt, der sich in der Tat als der Vorbote jener inneren Dynamik erwies, die ihm in späterer Zeit noch gute Dienste leisten sollte. Wie er sich erinnerte, pflegte sein übermächtiger Vater ihn wegen seiner mangelnden

---

* Morgan-Bank – größte Bank der USA.

sexuellen Unternehmungslust zu necken; die Folge war eine Explosion der Gefühle. Unfähig, seinen jugendlichen Haß gegen den Vater zu ertragen, verteidigte er sich mit Projektionen und Ausagieren. Er beteiligte sich an vorsätzlicher Beschädigung von Schuleigentum, fuhr seinen Wagen wiederholt in Trümmer und flog aus seinem ersten College. Er zählte zu den wenigen Teilnehmern der Grantstudie, die je ins Gefängnis kamen. Schließlich graduierte er mit einem der niedrigsten Notendurchschnitte, die in der Studie überhaupt vorkamen. 1942 hatte er endlich gelernt, seine rebellischen Energien in den Lacrosse- und Ringermannschaften seines College abzuleiten.

1936 kam dieser Proband der Grantstudie vom Gedanken an die Verfolgung der Juden in einer von Hitler regierten Welt nicht los, obwohl er in Omaha (Nebraska), weitab von den Geschehnissen in Deutschland, lebte. Wie es bei adoleszentem Idealismus zumeist und bei Paranoia häufig der Fall ist, war auch sein Anliegen völlig legitim; doch hatte keiner der übrigen jüdischen Teilnehmer der Studie, selbst die, deren Familien bei den Nazis wirklich in Gefahr gewesen waren, Befürchtungen von solcher Stärke gehabt. Im Jahr 1940, als derartige Sorgen noch viel akuter waren, hatte seine Betroffenheit vom Schicksal der europäischen Juden sich gelegt. In der Zwischenzeit war es ihm gelungen, seine Antriebe unter Kontrolle zu bekommen und sich den Kampf gegen seinen Hitler ähnelnden Vater offen einzugestehen. Obwohl er auf das Soldatsein nicht besonders erpicht war, wurde er Reserveoffizier und trat im Mai 1943 in die Armee ein. Nachdem die Adoleszenz nun hinter ihm lag, setzte er seinen Stolz mehr darein, ins Bezirks-Footballteam aufgenommen zu werden als gegen die Deutschen zu kämpfen.

Als Erwachsener lernte er genauso elegant mit seiner Aggression umzugehen wie Lion. Er genoß seine Ehe und seine Kinder, und sein Geschäft gedieh. Als er schließlich über seinen Vater triumphierte, blieben die beiden Männer dennoch Freunde. Obgleich niemand diesen standhaften Republikaner einen Idealisten hätte nennen können, setzte er sich in mittleren Jahren mit aller Kraft für die Sanierung eines dreißig Quadratkilometer großen Gebietes in der Innenstadt von Omaha ein, um die Rassenintegration zu fördern. Dieser frühere Kriminelle und Strafgefangene setzte die Träume manch eines Adoleszenten in die Tat um.

So wie die jugendliche Instabilität nicht bösartig ist und keine nachteiligen Folgen hat, so wird ihrerseits die berühmte These von der allgegenwärtigen, unabänderlichen Identitätskrise in der Adoleszenz durch die neuere Forschung nicht unterstützt. Vielmehr bekräftigen die Daten der Grantstudie Befunde anderer Untersuchungen nicht speziell ausgelesener normaler adoleszenter Populationen[8]: dramatische Identitätskrisen sind relativ selten und nicht mit psychischer Gesundheit, sondern mit Anfälligkeit verbunden. Während sie sich in der Adoleszenz befanden, erschien den Männern der Grantstudie ihr Leben weitaus weniger bewegt, als wenn sie vom mittleren Lebensabschnitt aus darauf zurückblickten. Diese Veränderung der Sichtweise war zum Teil der Tatsache zuzuschreiben, daß die Männer als Fünfzigjährige Konflikte und Kämpfe mit den Eltern wesentlich leichter zugeben konnten als mit achtzehn, zum Teil dem Umstand, daß die Stadien des Lebenszyklus dem Betroffenen häufig erst nachträglich bewußt werden. Hinzu kommt, daß dem Betroffenen selbst – wie bei der Charakterstörung – der Aufruhr, der während der Adoleszenz in ihm tobt, aus rein defensiven Gründen großenteils verborgen bleibt.

Fünf der fünfundneunzig Männer der Grantstudie machten eine längere Phase der Unsicherheit über ihre eigene Identität durch; vier von ihnen sind sich auch in der Lebensmitte noch nicht darüber im klaren, wer sie sind und wohin sie gehen. Ihre verlängerte Identitätssuche macht diese Männer für junge Leute anziehend; durch ihr Suchen sind sie in starker Identifizierung mit ihrer Herkunftsfamilie verblieben und stehen neuen Ideen erfrischend aufgeschlossen gegenüber. Doch erscheint ihr Leben ihnen als schmerzhaft und ihre berufliche Entwicklung als unbefriedigend, und da sie immer noch an ihre Vergangenheit gebunden sind, geht es in ihren Ehen zeitweilig drunter und drüber.

Mit achtundvierzig drückte Harry Hughes, der Buchherausgeber, über den es im 9. Kapitel hieß, er sei über seine Projektionen hinausgewachsen, das Dilemma unverblümt aus. «Ich stecke mitten in einer Identitätskrise», sagte er zu mir. «Ich glaube nicht, daß ich das vertuschen sollte.» Dann bekannte er: «Es gibt wenig Leute, denen ich gern ehrlich sagen würde, wie sehr ich mich in meinem Job fehl am Platze fühle.» Wie unsicher er sich auch immer fühlen mochte – die Wahrheit war, daß er seine Arbeit ungewöhnlich gut ausführte.

In der Adoleszenz hatte Harry seine innere Verwirrung nach außen projiziert. Wie, so hatte er sich gefragt, sollte er in einer Welt, die auf Gewaltsamkeit und soziale Umwälzungen zusteuerte, der Künstler werden können, der er werden wollte? Tatsache war, daß er zwar Maler werden wollte, sich jedoch nicht entscheiden konnte, *was* er malen wollte. Wie viele Jugendliche «behielt er gegenüber der Integrität und dem Sozialverhalten anderer Menschen eine skeptische Haltung bei», doch spiegelte sich darin lediglich sein Selbstbild wider. Er schwankte zwischen dem Eintritt in idealistische religiöse Kommunen und dem «unehrlichen» Leben eines Werbemannes hin und her. Sein Kompromiß bestand darin, daß er Journalist und Herausgeber wurde. Erst als er fünfzig war, zeigte er sich dem, was er malen wollte, wirklich gewachsen. Heute hängen seine Gemälde in öffentlichen Galerien.

Im Gegensatz zu den meisten untersuchten Männern «jenseits der Dreißig» war Harry Hughes mit achtundvierzig immer noch überzeugt, Ideale und Glauben seien ihm wichtiger als Handeln. Er blickte noch immer wehmütig auf die Kommunen der sechziger Jahre zurück. Anders als die Mehrzahl seiner Kollegen in der Studie verdammte er die «Hippies» nicht. «Wenn ich ihre Ansichten übernehmen könnte», schrieb er sehnsüchtig, «hätte ich keine Sorgen mehr auf der Welt.» Was andere an ihm bewunderten und liebenswert fanden, war seine Fähigkeit, anderen Rat zu geben, seine Fähigkeit, «die tiefere Bedeutung des Leidens zu sehen». (Denken wir daran, daß Künstler oft nie über die Adoleszenz hinausgehen – ein hartes Los für den Künstler, jedoch ein Segen für die Menschheit.)

Die Psychologen und Schriftsteller, die den Sturm der Adoleszenz am besten beschrieben haben – Goethe, Hesse, Twain, Anna Freud, Thomas Wolfe, auch Salinger –, hatten jeder selbst eine ungewöhnlich unruhige Jugend erlebt. In der Tat besteht zwischen dem Leben des Harry Hughes und dem Erik Eriksons, der unsere Auffassung von der verlängerten Identitätskrise artikuliert hat[9], eine deutliche Parallele. Erikson hatte in seiner Jugend ein ganz anderer Mensch werden wollen als sein Stiefvater, der Kinderarzt war (und bei dem er seit seinem dritten Lebensjahr aufgewachsen war); er war durch Europa gezogen auf der Suche nach dem Künstler in sich. Ebenso hatte Hughes sich geschworen, daß er ein anderer würde als sein Vater, der Zeitungsmann war; Hughes hatte versucht, zu malen. Im frühen Erwachsenenalter fand Erikson dann Anna Freud, eine wohlgetarnte

Kinderärztin, als seine Mentorin, worauf er in mittleren Jahren wie sie Kindertherapeut wurde. Ganz ähnlich hatte Hughes in einem ehemaligen Zeitungsschreiber, der später Maler und religiöser Führer geworden war, seinen Mentor gefunden; als Herausgeber stellte er im mittleren Lebensabschnitt ein «getarntes» Ebenbild seines Vaters dar. Gelegentlich hat man Erik Erikson «den Mann, der sich selbst erfand», genannt. Als ich Harry Hughes fragte, wer seine Rollenvorbilder gewesen seien, behauptete er beharrlich: «Ich mag wohl abhängige Beziehungen gehabt haben, doch ich glaube nicht, daß ich je irgend jemandem nachgeeifert habe.»

Intimität und berufliche Konsolidierung

Nachdem er sich von seiner Vergangenheit gelöst hat, muß der frisch ausgeschlüpfte Schmetterling von neuem tragfähige Beziehungen zur Außenwelt anknüpfen. Entsprechend haben Psychiater, die ausschließlich mit jungen Erwachsenen, vornehmlich mit graduierten Studenten, arbeiten, herausgefunden, daß die Klagen ihrer Patienten – unabhängig von der jeweiligen Diagnose – sich in erster Linie auf Probleme mit der Intimität beziehen. Die emotionalen Störungen – Schizophrenie, Manie, Impulskriminalität und Selbstmordneigung –, die speziell junge Erwachsene befallen, spiegeln allesamt den durch das Scheitern mitmenschlicher Intimität hervorgerufenen Schmerz und Protest.

Zwischen zwanzig und dreißig erging es den Männern der Grantstudie nicht anders. Ehefrauen wurden zuerst umworben und dann gewonnen, Freundschaften, die weiter ins Erwachsenenleben hinein überdauern sollten, vertieften sich. Sobald es den Männern gelungen war, sich von ihren Eltern zu lösen und wirkliche Autonomie und das Gefühl für ihre eigene unabhängige Identität zu erreichen, strebten sie danach, wieder ein vertrautes Verhältnis zu anderen zu gewinnen. Viele Jugendfreundschaften vergingen, denn die Gruppenloyalität der Adoleszenz ist etwas anderes als die Erfordernisse der Intimität der Erwachsenen. Adoleszente suchen sich nicht selten Freunde, die ihnen selbst oder dem, was sie einmal werden wollen, ähnlich sind. Manchmal suchen sie sich Freunde, die ihnen allein durch ihre Anzahl die Unterstützung und Tröstung bieten, die sie zum Eintritt in die weitere Umwelt brauchen. Doch werden diese Beziehungen im frühen Erwachsenenalter durch solche ersetzt, die den individuellen Unterschieden Rechnung tragen. Zumindest in unserer Kultur verhindert die Gemeinschaft Einsamkeit bei den Menschen unter dreißig, während sie sie danach zum Dauerzustand macht.

Fehlschläge in den intimen Beziehungen führten zu Beeinträchtigungen in der Bewältigung der nächsten Stadien des Erwachsenenlebens. Von den Männern der Spitzengruppe, die mit siebenundvierzig auf der Skala der Gesamtanpassung der Erwachsenen die höchste Punktzahl erreichten, hatten alle außer zweien bereits vor dreißig eine stabile Ehe erreicht und waren bis fünfzig verheiratet geblieben. Von den dreißig Männern der Schlußgruppe mit den schlechtesten Ergebnissen hatten dreiundzwanzig entweder erst nach dem dreißigsten Lebensjahr geheiratet oder sich vor dem fünfzigsten Lebensjahr von ihrer Frau getrennt. Entsprechend waren fünfundneunzig Prozent der besten Ehen und nur halb so viele von den schlechtesten Ehen zwischen dem dreiundzwanzigsten und neunundzwanzigsten Lebensjahr geschlossen worden. Anders gesagt: zu früh zu heiraten, bevor die Fähigkeit zur Intimität sich entwickelt hatte, erwies sich als ebenso ungünstiges Vorzeichen für das Gelingen einer Ehe wie verspätete Entwicklung der Fähigkeit zur Intimität.

Intimität ist selbstverständlich nicht allein auf die Ehe beschränkt, doch bietet diese uns ein deutliches Erkennungszeichen für jenen unsichtbaren, ungreifbaren menschlichen Prozeß, den wir «Liebe» nennen. In anderen Kulturen und anderen Epochen würde man wohl entsprechend nach anderen Erkennungszeichen für Intimität suchen müssen. Im Bereich der Kirche, der Lehrberufe und vielleicht auch der Armee finden wir höchst generative Individuen, mit deutlicher beruflicher Konsolidierung, die nie geheiratet haben. Viele dieser Männer und Frauen haben in ihren Zwanzigern ernste Intimitätsprobleme gehabt, doch im Laufe der Jahre ist es ihnen gelungen, sich großzügig der Unterstützung und Anleitung der nächsten Generation hinzugeben und dabei noch zu wachsen. Ich halte es für keinen Zufall, daß derartige Menschen alle eine starke Gruppenloyalität entwickeln, als ob die Sicherheit der Gruppenzugehörigkeit ihnen die Sicherheit und Stärke verliehe, die die meisten Erwachsenen sonst in der Intimität mit einem anderen Menschen finden.

Sobald ihre sozialen Beziehungen außerhalb ihrer Herkunftsfamilie neu gefestigt waren, hatten die Männer der Grantstudie die Hände frei, sich dem nächsten Stadium zuzuwenden. Vom fünfundzwanzigsten bis zum fünfunddreißigsten Lebensjahr zeigten sie die Tendenz, hart zu arbeiten, ihre berufliche Position zu konsolidieren und sich der von ihnen gegründeten Familie zu widmen. In ihrer Abneigung, über sich selbst zu reflektieren, glichen sie ein wenig ihren Kindern im Schulalter; sie waren gewissenhaft im Lösen von Aufgaben, darauf bedacht, die Regeln einzuhalten, strebten nach Beförderung und waren bereit, das System in allen seinen Aspekten zu akzeptieren. (In seiner Untersuchung einer Gruppe von Kleinkindern, die bis zur Reifezeit beobachtet wurden, nennt Jerome Kagan eine Reihe von Persönlichkeitsmerkmalen des jungen Erwachsenen, die deutlichere Korrelationen zu der Person aufwiesen, die er als Sechs- bis Zehnjähriger gewesen war, als zu der Pubertäts- oder mittleren Jugendzeit.[10])

Sobald die ernsthafte Lehrzeit einmal begonnen hat, geht die erfrischende Offenheit eines Harry Hughes verloren; der jugendliche Idealismus wird der Entschlossenheit, «es um jeden Preis zu schaffen», geopfert – gleichgültig, ob es sich dabei um eine sichere akademische Position, die Partnerschaft in einem Unternehmen oder eine Vizepräsidentschaft handelt. Während die Männer der Grantstudie hart arbeiteten, um sich in ihrem Beruf zu profilieren, neigten sie dazu, das Spielen ganz aufzugeben. Anstatt sich zu fragen, ob sie die richtige Frau geheiratet hatten, anstatt von einer anderen Karriere zu träumen, wechselten sie ihren Babies die Windeln und verloren ihre Konkurrenten dennoch nie aus dem Auge. Selbsttäuschungen hinsichtlich der Frage, ob die Wahl ihres Ehepartners und die Entscheidung für ihren Beruf auch richtig gewesen seien, waren an der Tagesordnung. Die relative Stumpfheit, die die Männer der Grantstudie in ihren Dreißigern an den Tag legten, spiegelt sich in den Aufzeichnungen der Anthropologin über die in den Jahren 1950 bis 1952 durchgeführten Interviews. Die Faszination möglicher herausragender Qualitäten, die die untersuchte Gruppe in ihrer Collegezeit ausgestrahlt hatte, war der Konformität gewichen. Männer, die als Neunzehnjährige persönliche Anziehungskraft besessen hatten, erschienen nun als farblose, arbeitsbesessene, konventionell-höfliche «Männer im grauen Flanell».

Natürlich liegt ein wesentlicher Unterschied zwischen dem zehnjährigen Kind und seinem um den beruflichen Erfolg kämpfenden dreißigjährigen Pendant darin, daß letzterer versucht, sich von der Masse der Gleichaltrigen abzuheben. Einem Jungpfadfinder macht es Spaß, einer im Rudel zu sein, doch dem aufgeweckten Medizinstudenten flößt der Gedanke, weiter nichts als ein aufgeweckter Medizinstudent unter vielen zu sein, Entsetzen ein. Nachdem es ihm gelungen ist, eine intime Beziehung zu einigen Mitmenschen aufzubauen, strebt er danach, schneller und in eine etwas andere Richtung zu laufen als seine Studienkollegen. (Schon vor 1960 haben vergleichende Untersuchungen ergeben, daß die Verlagerung von der Intimitätssuche zum Streben nach beruflicher Konsolidierung für Frauen ebenso gilt wie für Männer.[11])

Doch der Erfolg bringt auch Probleme mit sich. In den Dreißigern ergibt sich ein mühsames Gleichgewicht zwischen der Notwendigkeit, sich auf einen Ort festzulegen, um dort seßhaft zu werden, und dem gleichzeitigen Streben nach dem «Platz an der Spitze», der sich zumeist anderswo auftut. Frauen kümmern sich einerseits nur um die Familie, ziehen sich von ihren weniger konventionellen unverheirateten Freundinnen zurück und stellen die Bedürfnisse ihrer Kinder und die Sicherung des Haushaltes voran. Andererseits setzen sie ihren Ehrgeiz darein, aufregende Parties zu geben, nehmen ihre unterbrochene Berufslaufbahn wieder auf und drängen ihre Ehemänner unabsichtlich gerade zu den Beförderungen hin, die sie aus ihren gewohnten Lebensformen herauszureißen drohen. Bei Männern und Frauen findet die Unzufriedenheit mit dem erzielten Einkommen wahrscheinlich zwischen dem fünfunddreißigsten und vierzigsten Lebensjahr ihren Höhepunkt[12], und das Erklimmen der Karriereleiter erfordert es, mehr als nur geographische Bindungen zu opfern.

So wie die häufigsten psychischen Beschwerden der Zwanzigerjahre mit der Sehnsucht nach intimen Beziehungen und dem Rückzug aus ihnen zusammenhängen, so entstehen die emotionalen Störungen der Dreißiger aus Konflikten um den persönlichen Erfolg. Der Alkoholismus, die sadomasochistischen Ehen, die Depressionen und psychosomatischen Beschwerden, die sowohl mit der beruflichen Leistungsbesessenheit als auch mit dem passiv-aggressiven Kampf gegen das eigene Selbst einhergehen, deuten auf die Probleme, die der junge Erwachsene dabei hat, Erfolg zu erringen und anzunehmen. Wird es mich meine Freunde kosten, wenn ich zum Feldwebel befördert werde? Was soll ich denn mein übriges Leben lang tun, wenn meine

Doktorarbeit fertig ist? Wie soll ich es zu Hause noch aushalten, nachdem ich in New York das Leben erst richtig kennengelernt habe? Ich habe mich so anstrengen müssen, um Arzt zu werden, will sich denn jetzt keiner um mich kümmern? Wenn ich mir Ibsens Nora zum Vorbild nehme und die Tür hinter mir zuschlage – kann ich es dann ertragen, als selbständige Frau zu leben? Dies sind die unbewußten Fragen, mit denen der junge Erwachsene sich in seinen Dreißigern herumschlägt und auf die es keine Antwort gibt.

Eine Folge der materialistischen Ausrichtung während der Phase der beruflichen Konsolidierung ist, daß die innere Entwicklung während dieses Jahrzehnts unerforscht geblieben ist. Erikson geht überhaupt nicht auf die dreißiger Jahre ein, und die vorliegenden prospektiven Studien über die Persönlichkeitsentwicklung zwischen fünfundzwanzig und vierzig befassen sich fast ausschließlich mit der Berufswahl und -entwicklung.[13] Die Chronik der dreißiger Jahre ist deshalb reichlich uninteressant, es sei denn, man läse sie mit den Augen des Berufsberaters. Der Mangel an dynamischer Veränderung hat Entwicklungspsychologen eine ganze Zeitlang zweifeln lassen, ob die bedeutenden Längsschnittstudien menschlicher Werdegänge, die in Yellow Springs, Ohio und Berkeley durchgeführt wurden, sie überhaupt etwas lehren könnten.

Doch tritt mit dem Erwerb, der Assimilierung und dem schließlichen Verwerfen nichtelterlicher Rollenvorbilder und Mentoren während der Phase der beruflichen Konsolidierung eine wichtige innere Veränderung ein. Daniel Levinson, Soziologe in Yale und aufmerksamer Erforscher der beruflichen Entwicklung, hat diesen Vorgang eingehend untersucht.[14] So wie die außerfamiliären Vorbilder zuvor die Ablösung des Jugendlichen von seinen Eltern und die Begründung einer eigenen Identität erleichterten, so sind die neuen Rollenvorbilder der späten Zwanziger- und frühen dreißiger Jahre mit dem Aufbau einer starken beruflichen Identifizierung verknüpft. Als die Männer der Grantstudie mit siebenundvierzig gebeten wurden, über ihr Leben zu berichten, da hatten sie die Rollenvorbilder oder «Ich-Ideale», die ihnen mit neunzehn als bedeutungsvoll erschienen waren, entweder vergessen, oder sie leugneten ihre Existenz ab. Den Platz des in der Jugend verehrten Helden hatte später der Mentor der frühen Erwachsenenjahre eingenommen, der «Meister», wenn man so will, den sie sich selbst zum Lehrer erwählt hatten. Obwohl sie zugaben, daß ihre Mentoren häufig «Vaterfiguren» darstellten, achteten die Männer sehr darauf, diese Mentoren des Erwachsenenalters von ihren wirklichen Vätern zu unterscheiden. In mehr als fünfundneunzig Prozent der Fälle wurden die Väter entweder als negative Beispiele oder als Menschen genannt, von denen *keine* Einflüsse ausgegangen waren. Nach dem vierzigsten Lebensjahr verloren die Mentoren dann immer mehr an Bedeutung. Einer der Männer beendete die Schilderung seines Mentors mit einem Epitaph: «Ich war der Hauptredner bei seiner Verabschiedung.» Andere Männer versicherten mir, daß die Vorbilder ihrer frühen Erwachsenenjahre inzwischen auf tönernen Füßen ständen. Noch charakteristischer für die Relativität, den nie endenden Wechsel des Reifeprozesses ist die Tatsache, daß viele dieser Männer zur Zeit meines Gesprächs mit ihnen jungen Leuten, die bei ihnen «in die Lehre gingen», als Mentoren zur Seite standen. Teilnehmer der Grantstudie, die in ihrem Beruf relativ wenig Erfolg gehabt hatten, hatten entweder vor ihren frühen Vierzigern keinen Mentor gefunden, oder aber sie hatten Mentoren gehabt, die ihnen nur in ihrer Jugend behilflich waren. Einer der Männer dieser Gruppe sprach wehmütig über diesen Mangel an Karrierevorbildern: «Ich habe sie nie, nicht in ausreichendem Maße, bei weitem nicht in ausreichendem Maße gehabt.» Verunsichert durch meine Frage, brummelte ein anderer Mann: «Ich habe entweder nie einen Mentor gehabt, oder ich habe seine Existenz verdrängt.» (Das Fehlen angemessener weiblicher Rollenvorbilder in vielen Berufen, die den Frauen heute offenstehen, mag eine der Ursachen für die Entwicklungskrise darstellen, in die manche dreißigjährige Frauen geraten und durch die sie in ihrer beruflichen Konsolidierung behindert werden.)

Die meisten Männer der Grantstudie ließen die Einseitigkeit und Enge der beruflichen Konsolidierungsphase schließlich hinter sich. Als Einunddreißigjähriger hatte ein humorloser Proband der Grantstudie uns geschrieben: «Ich bin an dem Punkt angekommen, wo ich materiellen Gewinn und eine Verbesserung meines sozialen Status wohl zu schätzen wüßte. Das ist das Ziel, auf das ich hinarbeite, das Ziel, weswegen meine Berufsarbeit mich fasziniert.» Nachdem er in Maßen erfolgreich gewesen war, vermochte er mit siebenundvierzig lachend zu erklären: «Eigentlich hätte ich ja Firmendirektor werden sollen – ich muß wohl vorher irgendwo aus dem Tritt gekommen sein!» In viel ernsterem Ton berichtete er dann, was ihm in jener Zeit in seinem Beruf die größte Befriedigung bereitete: «Man hat mit sehr vielen Menschen zu tun.» Es bereitete ihm nun am meisten Freude, zu sehen, wie *andere* auf ihrem Posten immer produktiver wurden; er strebte danach, die Leistung seiner Firma zu erhöhen und die Sympathie des Betriebsrates zu gewinnen. Er war in die Phase der Generativität eingetreten.

Vielleicht wird die neue Generation nicht so stark auf das Problem der beruflichen Konsolidierung fixiert und mit fünfunddreißig weniger materialistisch als ihre Eltern eingestellt sein – doch ich bezweifle das. Vermutlich hatte der umherwandernde mittelalterliche Goldschmied oder Stellmacher einiges mit dem Assistenzarzt für Chirurgie oder dem Jungmanager unserer Zeit gemein. Jede Entwicklungsphase hat ihren Platz im Ganzen des Lebenszyklus.

Generativität – die zweite Adoleszenz

Darauf nähert sich das fünfte Jahrzehnt, das erneut das Stürmen und Drängen der Jugend mit sich bringt. So wie man sich in der Adoleszenz die Mängel seiner Eltern und die Wahrheit über seine Kindheit eingesteht, so geht man in den Vierzigern daran, das eigene Bild von seiner Adoleszenz und frühen Erwachsenenzeit zu überprüfen und neu zu ordnen.

Im Alter von vierzig Jahren – wobei man ruhig ein Jahrzehnt abstreichen oder hinzuzählen kann – lassen die Männer die zwanghafte, unreflektierte Geschäftigkeit ihrer beruflichen Lehrzeit hinter sich und wenden sich erneut ihrer Innenwelt zu. Als Mittdreißiger brachen Frederick Lion und Adam Carson aus ihrer «Zwangsjacke aus grauem Flanell» aus und begannen, ihr Leben neu zu ordnen. Dr. Tarrytown zögerte länger; er war achtundvierzig, bevor er der Studie gegenüber aus der seit langem offensichtlichen Tatsache, daß er seinen Vater gehaßt hatte, kein Hehl mehr machte. Erst mit fünfzig erwähnte ein anderer Mann, daß seine Mutter Selbstmord begangen hatte, als er vierzehn war; bei der Studie hatte man das seit Jahren gewußt, doch der Proband selbst hatte die Tatsache verleugnet. Nachdem er sich endlich von ihr losgerissen hatte, konnte Dr. Hyde seine Mutter erst als Siebenundvierzigjähriger «jämmerlich, hypochondrisch, haßerfüllt und bedrohlich» nennen. Trotz erschöpfender psychologischer Testuntersuchungen hatten erfahrene Psychologen während seiner Adoleszenz nur eine «verehrungsvolle Bindung» an sie feststellen können.

Die schlüssigste Kennzeichnung dieses Lebensabschnitts stammt vielleicht von einem fünfundvierzig Jahre alten Teilnehmer der Grantstudie, der mir auf die Frage: «Was haben Sie durch ihre Psychoanalyse erreicht?» die Antwort gab: «Ich habe mit dem Nägelbeißen aufgehört ... Und ich bin jetzt wieder viel mehr so, wie ich mit vier war, als dann später mit sieben.» Das gleiche galt für zahlreiche Fünfundvierzigjährige, die keine Psychoanalyse durchgemacht hatten. Zwischen vier und fünf sind wir alle Romantiker, kleine Könige, zukünftige Ballerinen oder unerschrockene Astronauten, sind wir alle furchtlos, offen, zärtlich und schön. Wir haben noch nicht gelernt, «daß den Angeber keiner leiden mag». In den ernsthaften, praktischen, asexuellen Jahren der Grundschulzeit wird das helle Feuer unserer Triebe dann gedämpft, bis die Adoleszenz es von neuem entfacht. In ganz ähnlicher Weise wirkt sich der Sturm des mittleren Lebensabschnitts auf die Konformität der dreißiger Jahre aus.

Man sagt zwar, daß Ahorn- und Eichenbäume vor dem Absterben noch einmal vermehrt Samen produzieren, gleichsam wie einen letzten Seufzer, doch rührt die frische Lebenskraft des menschlichen mittleren Lebensalters nicht aus dem Herannahen des Todes her. Vielmehr bereitet uns das Leiden der Vierzigerjahre darauf vor, in ein neues Lebensstadium einzutreten. Das verstärkte Triebgeschehen der sogenannten «Midlife Crisis» ist jedoch nicht enger mit einer «männlichen Menopause» verknüpft als das gleiche Triebgeschehen beim Fünfzehnjährigen. Meiner Ansicht nach hat der in Sachen «Midlife Crisis» häufig zitierte Psychoanalytiker Eliott Jacques jedoch unrecht, wenn er schreibt, daß die Ängste der Vierziger aus der Furcht vor dem Tod erwachsen.[15] Jacques kommt der Wahrheit näher, wenn er uns auf die Worte Dante Alighieris verweist, der geschrieben hat: «Grad in der Mitte unserer Lebensreise / Befand ich mich in einem dunklen Walde, / Weil ich den rechten Weg verloren hatte. / Wie er gewesen, wäre schwer zu sagen, / Der wilde Wald, der harte und gedrängte, / Der in Gedanken noch die Angst erneuert, / Fast gleichet seine Bitternis dem Tode.» Es ist zwar richtig, daß wir

---

* Dante Alighieri: Die Göttliche Komödie. Hier zitiert nach der Übersetzung von Hermann Gmelin. Stuttgart 1949.

uns in mittleren Jahren mehr mit dem Tod beschäftigen, doch trifft das genauso auf die Adoleszenz zu. Wie wir wissen, steigt in dieser Zeit auch die Selbstmordquote an; doch deutet Selbstmord mehr auf Angst vor dem Leben als vor dem Tod. Genau wie der Begriff der «Oralität» ist auch die «Angst vor dem Tod» nur eine Metapher; «Tod» steht in diesem Zusammenhang ebensosehr für «Veränderung» wie für das konkrete Sterben.

Es stimmt auch, daß Begräbnisse für die Vierzigjährigen genauso starke Bedeutung als Sakrament gewinnen wie die Ehe früher in den Zwanzigern. «Mein Vater ist im September gestorben», so schrieb uns ein Mann, «nachdem er die letzten Monate über immer schwächer geworden ist. Ich hätte nicht erwartet, daß ich danach wochenlang trauern würde, denn normalerweise halte ich mich für einen einigermaßen kontrollierten Menschen. Wenn der erste der Eltern, und namentlich wenn der Vater stirbt, wird man wirklich aufgewühlt, so daß man viele Dinge in neuem Licht sieht. Man fühlt sich sehr viel verletzlicher.» Doch ist es laut Kinsey nicht minder wahr, daß außereheliche Liebesbeziehungen in den Vierzigern ihren Gipfel erreichen.

War die Hälfte der Untersuchten der Grantstudie, die in der Adoleszenz durch einen besonders vitalen Affektausdruck aufgefallen war, um die Dreißig herum gedämpft und farblos geworden, so zeigte sich andererseits die Hälfte der Männer, die im Jugendalter als ungewöhnlich gedämpft und farblos angesehen worden waren, um das fünfundvierzigste Lebensjahr als lebendige und interessante Persönlichkeiten. Die «Wiedergeburt», die Richter Spratt und Dr. Carson um die Vierzig herum erlebt hatten, war nichts Ungewöhnliches. Als Siebenundvierzigjähriger schrieb Mr. Robert Jordan triumphierend: «Für mich hat ein neues Leben, eine persönliche Renaissance begonnen, die mich fast ständig in ihrem Bann hält. Wenn es mir gelingt, das angemessen in familiäre Verantwortung umzusetzen, werde ich wirklich mitten im Leben stehen, wie man so sagt.»

Einer der Männer entdeckte in den frühen Vierzigern sein Interesse für Unterwasserarchäologie und Tiefseetauchen im Mittelmeer. Ein anderer baute sich ein exzentrisches, schamlos exhibitionistisches Haus. Ein dritter, dessen Projektionstests mit vierundzwanzig ergeben hatten, daß er ein Innenleben «wie ein brasilianischer Dschungel, der auf den Ebenen Nord-Dakotas wuchert», sein eigen nannte, war als Fünfzigjähriger endlich in der Lage, diesen brasilianischen

Dschungel in sein bewußtes Leben aufzunehmen; doch war er der letzte, dem man bei der Studie eine erregende Liebesaffäre zugetraut hätte. Ein vierter Mann, der einen der dürrsten und gehemmtesten Lebensverläufe der ganzen Studie hinter sich hatte, schrieb uns als Fünfundvierzigjähriger: «Heutzutage gehören Wissenschaftler zum Jet-set und nehmen an den schönsten Dingen des Lebens teil, während man in den dreißiger Jahren [mit anderen Worten: während seiner Jugend] Opfer bringen mußte, um Wissenschaftler zu werden.» Dabei sprach er nicht nur über die äußere Realität, sondern auch über seine eigene instinktive Erfahrung, sich von einem ängstlichen, von seiner Mutter beherrschten Jugendlichen in einen berühmten Wissenschaftler zu verwandeln, der in nationalen Komitees den Vorsitz führte und über hohes persönliches Prestige und Autonomie verfügte.

Wenn Menschen also im vierten Lebensjahrzehnt depressiv werden, dann nicht deshalb, weil sie Angst vor dem Tod hätten, sondern weil sie ein Neuerwachen ihrer Triebe erleben und weil sie sich ihr eigenes Leiden nun offener eingestehen können. Wenn sie auf einmal mit ihrem Beruf unzufrieden sind, dann liegt der Grund vielleicht darin, daß sie mehr für ihre Mitmenschen tun wollen. Wenn es manchmal in ihrer Ehe nicht mehr klappt und ihr verzweifeltes Suchen nach Liebe kindlich anmutet, dann vielleicht deswegen, weil sie nicht mehr so gehemmt sind wie in ihren Dreißigern. Um das zu verstehen, braucht der Leser nur an einen gereiften Künstler oder Politiker zu denken und ihn mit der Person zu vergleichen, die er mit dreißig gewesen war. Die dabei zu beobachtenden Veränderungen sind nicht allein durch den gesellschaftlichen Wandel im Amerika der sechziger Jahre zu erklären.

Anders gesagt: wenn der Jungpfadfinder die Pubertät überstanden hat, legt er seine Münzensammlung beiseite und vergißt seine Verachtung für das andere Geschlecht, um sich in die erregende, verzweiflungsvolle jugendliche Suche nach sich selbst zu stürzen. Ganz ähnlich wandten sich die Männer der Grantstudie als Vierziger von den vorgefaßten Meinungen und den konventionell engen Zielen ihrer Dreißigerjahre ab und traten erneut in eine Phase der Gruppenorientierung und Selbstunsicherheit ein. Doch stellen solche Übergangsperioden des Lebens stets ein Mittel dar, um neue Möglichkeiten zu ergreifen und seit langem vorhandene Bedürfnisse des Trieb- und Soziallebens neu zu befriedigen.

So wie man in der Populärpsychologie bei der Beschreibung der gar nicht so häufig auftretenden Dramen jugendlicher Verwirrung in den grellsten Farben geschwelgt hat, so wurde auch das Thema «Midlife Crisis» im Interesse hoher Verkaufsziffern von der Massenpresse breit ausgewalzt. Der Terminus «Midlife Crisis» läßt uns an eine neue Variante des abtrünnigen Pfarrers denken, der vier Kinder und eine ihn verehrende Gemeinde zurückläßt, um mit einer fünfundzwanzigjährigen Striptease-Tänzerin in einem feuerroten Porsche von dannen zu brausen. Aus dieser wie aus allen derartigen Sensationsgeschichten können wir sicher eine Menge lernen, doch ist in einer solchen Verirrung eine seltene, wenn auch nachdenklich stimmende Überzeichnung der alltäglichen Entwicklungsprobleme zu sehen. Wie die Stürme der Jugend, so treten auch die Krisen in der Lebensmitte in *Gemeinde*stichproben sehr viel seltener in Erscheinung als in *klinischen* Stichproben. Im Leben der Männer der Grantstudie waren solch hochdramatische Geschehnisse, wie sie Gail Sheehy in dem Bestseller ‹In der Mitte des Lebens› beschreibt, kaum zu beobachten.

Stellen wir dem ausgerissenen Pfarrer einen weniger farbigen Mann aus der Grantstudie gegenüber. Letzterer war in seiner Jugend ein sehr sorgsamer und übergenauer junger Mensch mit einer geheimen Sehnsucht nach Auslandsreisen gewesen. Mit fünfzig gestand er sich ein, daß seine Reisephantasien niemals Wirklichkeit werden würden. Doch war er als Vierzigjähriger Leitender Redakteur einer weitverbreiteten Reisezeitschrift geworden. Während der folgenden zehn Jahre verwendete er seine Energie darauf, sich selbst und seine Leser in eine Flut von Farbphotographien aufregender fremder Länder zu tauchen, die nur der unerschrockenste Reisende je selbst betritt. Ein anderer Mann hatte der Studie in seinen Dreißigern von seiner ständigen Unzufriedenheit mit seiner asexuellen Ehe berichtet. In dieser Zeit lebte er wie ein ernsthafter junger Pfadfinder praktisch zölibatär. In seinen Vierzigern knüpfte er dann eine Reihe unauffälliger, doch befriedigender Liebesbeziehungen an, während sich zugleich sein Eheleben leicht verbesserte. Sowohl er als auch seine Ehefrau schätzen ihre Ehe heute als Fünfundfünfzigjährige als stabil ein.

Es ist mit Sicherheit nichts Magisches an einem bestimmten Jahr; Elliot Jacques' Siebenunddreißig, Gail Sheehys «Mein Gott, dreißig!» oder Daniel Levinsons Festsetzung der «Midlife Crisis» auf vierzig bis zweiundvierzig sind nicht minder willkürlich als die Behauptung, die

Adoleszenzkrisen träten stets bei Sechzehnjährigen auf. Sicherlich waren in unserer Untersuchung zahlreiche Männer vertreten, die sich zwischen fünfunddreißig und fünfzig scheiden ließen, den Beruf wechselten und in Depressionen verfielen. Doch sind Scheidungen, berufliche Enttäuschungen und Depressionen in allen Stadien des Erwachsenenlebens etwa mit derselben Häufigkeit zu finden. Treten derartige Ereignisse allerdings während der gefährlichen, erregenden Reifungsjahre der Vierziger auf, dann können wir aufatmen und sagen: «Aha! Die ‹Midlife Crisis›, die verfluchten Vierziger, die Menopausen-Depression!» Doch gehen wir damit am Wesentlichen vorbei. Das Voranschreiten im Lebenszyklus erfordert Wachsen und Sichverändern; Krisen sind die Ausnahme und nicht die Regel.

Von Bernice Neugarten, Soziologin an der Universität von Chicago, stammt die beste empirische Untersuchung der zweiten Hälfte des mittleren Lebensabschnitts.[16] Wie sie hervorhebt, können wir Stationen des Lebenszyklus, die zu ihrer Zeit eintreten, kaum als «Krisen» betrachten. «Die Ereignisse werden antizipiert und geprobt», so schreibt Bernice Neugarten, «die Trauerarbeit wird abgeschlossen, die Versöhnung vollzogen, ohne daß das Gefühl der Kontinuität des Lebenszyklus verlorenginge.»[17] Die Lebensereignisse, die zu plötzlich, zu spät oder zu früh eintreten, wirken am traumatischsten. Neuere Forschungen haben gezeigt, daß die Menopause selbst sich keineswegs traumatischer auswirkt als die sie vorwegnehmende Erwartung[18], daß das Auftreten psychotischer Depressionen während der Menopause keineswegs ansteigt[19] und daß die auf die Pensionierung folgenden zwei Jahre statistisch gesehen glücklicher sind als die beiden vorangegangenen[20].

Ich möchte freilich nicht den Eindruck erwecken, das vierte Lebensjahrzehnt sei ganz ohne Probleme. Bei unvermittelt eintretenden persönlichen Erneuerungsprozessen wirft man alte Wertmuster über Bord; Identitäten, die der eigenen Person nicht mehr gemäß sind, müssen abgestreift werden. Aus diesem Grund machen Männer in ihren mittleren Jahren tatsächlich wie Adoleszente häufig alles durchdringende Depressionen durch.

Einer der Männer hatte sich in seinem vierzigsten Lebensjahr noch gebrüstet: «Ich glaube, in der Zeit vor dem letzten Fragebogen habe ich noch das Gefühl gehabt, als Sohn des Direktors in meiner Sohnespflicht gefangen und ein Opfer des Systems zu sein» (die typische Klage des Mannes von siebenunddreißig). Dann fuhr er fort: «In den letzten drei Jahren hat sich meine Einstellung jedoch sehr stark verändert. Durch die Vergrößerung unserer kleinen Firma [die er nach dem Tod seines Vaters geerbt hatte] von zwölf auf achtzig Beschäftigte habe ich Selbstvertrauen und ein Gefühl der Entscheidungsfreiheit gewonnen, für das ich dankbar bin.» Doch war das zweite Erwachsenwerden dieses Mannes als Firmendirektor keineswegs reibungslos vor sich gegangen. Vor die Aufgabe gestellt, den Platz seines Vaters einzunehmen, wurde er depressiv, seine Ehe war gefährdet, und er wurde immer stärker alkoholabhängig. Von seiner persönlichen Entwicklung her betrachtet hatte er jetzt endlich mit seinem Vater *abgerechnet*, doch weckt die Ambivalenz dieses «Quittseins», sei es in den Eifersuchtsphantasien des Kindes der ödipalen Phase oder in der unschuldigen Wirklichkeit der Männer und Frauen in der Blütezeit ihres Lebens, Gefühle der Schuld und Ehrfurcht von erstaunlicher Intensität. Erst acht Jahre später konnte derselbe Mann gelassen auf ein Jahr der Alkoholenthaltsamkeit, seine neu gekittete Ehe und eine Firma verweisen, «auf die Papa wohl auch stolz gewesen wäre». Innerhalb der Studie wiederholte sich diese Lektion wieder und wieder. Die Abhängigkeit endet nicht einfach mit dem Erreichen des einundzwanzigsten Lebensjahres. Der Kampf darum, sich von seinen Eltern loszureißen und es ihnen gleichzutun, setzt sich bis in die mittleren Jahre hinein fort.

Ein weiterer, bittersüßer Anstoß zur persönlichen Fortentwicklung geht in der Lebensmitte von den eigenen heranwachsenden Kindern aus. Normalerweise harmonieren die Adoleszenz der Kinder und die zweite Adoleszenz der Eltern nicht besonders gut miteinander. Dreißigjährige Männer haben Spaß daran, ihre ins Grundschulalter gekommenen Kinder zu erziehen; Kinder in der Latenzzeit – egal, welchen Alters sie sind – erkennen einander und haben einander gern. Doch verhielten Väter sich mit vierzig Jahren häufig so, als ob sie überhaupt nicht mit ihren halbwüchsigen Kindern verwandt wären, oder sie führten die Unterschiede zwischen sich und ihren Söhnen darauf zurück, «daß die Zeiten sich eben ändern». Es war ihnen nicht bewußt, daß die verstärkte sexuelle Anziehungskraft, die sie bei ihren Töchtern so erschreckte, nicht selten aus der Projektion ihrer eigenen verbotenen Wünsche auf ihre plötzlich attraktiv gewordenen Kinder herrührte. Wie ein Mann bei der Erinnerung an seine Beziehung zu

seinen beiden Teenager-Töchtern bekannte: «Zurückschauend kann ich nur sagen, daß keiner von uns dabei sehr glücklich war.»
Andererseits kann gar nicht genug betont werden, wie wichtig die Interaktion zwischen Adoleszenten im Teenager- und solchen im mittleren Alter ist. Ein Kollege von mir hat darauf hingewiesen, daß die meisten Männer erst dann in leitenden Positionen wirkliche Tüchtigkeit entfalten können, wenn sie mit ihren eigenen adoleszenten Kindern zurechtgekommen sind. Das erklärt vielleicht auch, warum manche unverheirateten Lehrerinnen, die es meisterhaft gelernt haben, mit Adoleszenten umzugehen, bereits in den frühen Dreißigern und damit vorzeitig die Phase der Generativität erreichen. Wenn der Erwachsene seine adoleszenten Kinder genauer kennenlernt, entdeckt er dabei zugleich in der Erinnerung Teile von sich selbst, die er dann abwehrend verändert. Wie Patienten mit Charakterstörungen und Kleinkinder besitzen auch Adoleszente die Fähigkeit, uns zu provozieren, alte Glut neu zu entfachen und ihre Eltern in Bereichen ihres innersten Selbst anzurühren, deren Existenz diese bereits vergessen hatten. Derartige neue Identifizierungen wirken als Katalysator für Veränderungen innerhalb der Erwachsenenpersönlichkeit und ermöglichen ihre weitere Entfaltung.

Wir hatten die Möglichkeit, die zwölf Teilnehmer der Studie, die zwischen sich und ihren Kindern die tiefste «Generationskluft» erlebt hatten, den siebzehn Männern gegenüberzustellen, deren Kinder sich während der ganzen Adoleszenz nie wirklich von ihren Eltern entfernt hatten. Erstaunlicherweise entstand die Kluft zwischen den Generationen nicht dadurch, daß die Eltern das Marihuana-Rauchen, lange Haare, Flirts mit Mädchen anderer Rassen und Proteste gegen den Vietnamkrieg nachdrücklich verurteilten, genauso wenig wie die Billigung derartigen Verhaltens die Väter ihren Kindern näherbrachte.

Nicht der Konservatismus der Eltern erwies sich als entscheidender Faktor bei der Herausbildung einer Kluft zwischen den Generationen, sondern die Unaufrichtigkeit der Eltern. Die Väter, die ihren Kindern am meisten entfremdet waren, waren Meister der Reaktionsbildung; sie taten das Gegenteil dessen, was sie eigentlich tun wollten. Solche Väter waren mit dreimal größerer Häufigkeit Gefangene ihres Gewissens, rigide und emotional verkrampfte Charaktere. Sie neigten eher dazu, die Rebellion ihrer Kinder nicht als Teil des natürlichen menschlichen Entwicklungsprozesses zu betrachten, sondern als einen gegen ihre Person gerichteten Affront. Im Extremfall waren diese Väter Lügner, die ihre eigenen jugendlichen Fehltritte vor ihren Söhnen verheimlichten und zugleich die Regierung um Steuergelder betrogen und «die Aussage verweigerten», wenn sie von der Studie nach ihren ungesetzlichen Handlungen gefragt wurden. Paradoxerweise war die Kluft zwischen den Generationen häufig bei den Vätern am unüberwindlichsten die eine ausgezeichnete Ehe führten, freilich eine Ehe von jener Art, bei der die Kinder ausgeschlossen werden.

Ich begann meine Interviews mit den Männern der Grantstudie beim Wiedersehenstreffen fünfundzwanzig Jahre nach Collegeabschluß. Ich war dreiunddreißig, sie waren sechsundvierzig Jahre alt. Es war ein kurzes Treffen, und ich zwängte mehrere intensive zweistündige Gespräche in den Zeitraum von drei Tagen. Danach war ich zutiefst beunruhigt durch das, was ich über das nächste Lebensjahrzehnt erfahren hatte, und ich beeilte mich, das Erlebte mit meinem vierundfünfzigjährigen Fachbereichsleiter durchzusprechen. Wie ein kleiner Junge, der eben zum ersten Mal mit dem Weltschmerz eines Geschwisters im Teenager-Alter in Berührung gekommen ist, sagte ich zu meinem Chef: «Ich möchte nicht erwachsen werden ... Diese Männer sind alle so – so deprimiert.» Als ich ein paar Monate später mit meinen Referaten über die Persönlichkeitsentwicklung dieser Männer im Erwachsenenalter begann, bemerkte ein fünfundvierzig Jahre alter Psychoanalytiker, nachdem er mich sprechen gehört hatte: «Alle die Männer, von denen Sie reden, bringen ihr Leben offenbar in stiller Verzweiflung hin.»

Wie ich noch erfahren sollte, standen die Männer keineswegs am Rande der Verzweiflung. Doch wie jedes Kind, das der Wahrheit des Lebens zum ersten Mal ins Auge sieht, hatte ich das Gesehene etwas entstellt. Die Männer der Grantstudie waren zum Teil erwachsen genug, um den wirklich vorhandenen Schmerz, den die Raupe in mir noch ableugnete, anzuerkennen. Das Grundschulkind betrachtet die Sexualität als etwas Ekelhaftes, doch für den Jugendlichen ist sie die Quelle alles Poetischen und Schönen auf der Welt. Schmerz und Gefahr sind zwar nach wie vor vorhanden, doch schaffen die Triebe, sobald ihre Macht einmal bezähmt ist, kein Chaos mehr. Die Männer der Spitzengruppe der Untersuchung betrachteten die Jahre zwischen fünfunddreißig und neunundvierzig trotz ihres Wirrwarrs als die glücklichste Zeit ihres Lebens und die äußerlich ruhigere Periode zwischen einundzwanzig und fünfunddreißig als die unglücklichste. Die Männer, die in mittleren Jahren die am wenigsten gelungene Anpassung aufwiesen, sehnten sich nach der relativen Ruhe ihrer frühen Erwachsenenzeit zurück und empfanden die Stürme der späteren Jahre als angstauslösende Bedrohung.

Als ich fortfuhr, mit den Männern der Grantstudie zu sprechen, nahmen meine Desillusionierung und mein Erschrecken über Dr. Carsons freies und offenes Eingeständnis seiner Depression ab. Ich lernte einzusehen, daß der vorzügliche Most, den die Forscher der Grantstudie vor dreißig Jahren gekeltert hatten, inzwischen ausgegoren und gereift war.

An der beruflichen Entwicklung der vierundvierzig Männer der Grantstudie, die Geschäftsleute geworden sind, läßt sich dieses Reifen der menschlichen Persönlichkeit verfolgen. Doch warum wähle ich zur Erläuterung des Begriffs «Generativität» ausgerechnet Geschäftsleute und nicht altruistische Ärzte oder Lehrer? Vielleicht deswegen, weil ein Chirurg Leben retten kann, indem er mit Skalpell und Nadel an einem unbeweglichen, betäubten menschlichen Organismus arbeitet, oder ein Professor wie Newton Erfolg erringen kann, indem er ganz für sich allein seine Beobachtungen an Neutrinos festhält, während ein Geschäftsmann, der am Monatsende die bei ihm Beschäftigten nicht bezahlen kann oder nichts für die Weiterentwicklung seiner Untergebenen tut, schwerlich überlebt. (Ich spreche hier nicht von exzentrischen Industriemagnaten oder angepaßten Spießbürgern, sondern von ganz normalen Chefs, die ganz normale Menschen anleiten, einen ganz normalen Erfolg auf dem Markt zu erringen.)

Sieben der vierundvierzig in der Studie erfaßten Geschäftsleute erreichten nie das Mittlere Management. Keiner von ihnen erreichte die Stufe der Intimität im Sinne der Indizes «stabile Ehe» und «länger dauernde Freundschaften». Siebzehn der vierundvierzig Männer waren auch in ihren Fünfzigern noch «Statthalter» und stellvertretende Direktoren. Neun dieser siebzehn Männer waren entweder außergewöhnlich unscheinbar und farblos, oder sie zeigten sich als Fünfzigjährige noch ebenso statusbewußt und ihrer Wirkung unsicher wie der dreißigjährige Dr. Carson: sie mühten sich immer noch um ihre berufliche Konsolidierung. Die übrigen acht fünfzigjährigen «Statthalter» zimmerten sich innerhalb ihrer Firma eine besondere Nische, in der sie schöpferisch und selbstverantwortlich tätig sein konnten.

Im Alter von fünfzig waren jedoch neunzehn der vierundvierzig Männer, die ins Geschäftsleben eingetreten waren, ihr eigener Chef geworden. Fast immer brachte die Übernahme der vollen Verantwortung eine Verlagerung ihres Karriereschwerpunktes mit sich. Anstatt sich zunehmend stärker auf ihre spezielle Tätigkeit zu konzentrieren und darin zunehmend höhere Kompetenz zu erwerben, verzweigten und erweiterten sich plötzlich die Karrieremuster dieser Männer im mittleren Lebensabschnitt, und sie übernahmen Aufgaben, für die sie nicht ausgebildet worden waren. Echte Verantwortlichkeit für andere ist keine Aufgabe für Spezialisten. Doch entgegen dem landläufigen Klischee waren es gerade die Männer, die sich der besten Ehen und lebendigsten Freundschaften erfreuten, die Firmendirektor wurden. (Allerdings wußten diese Männer gut genug über sich selbst und ihre eigenen Wünsche Bescheid, daß sie lieber ihre eigene kleine Werft leiteten anstatt als stellvertretender Direktor einer fremden großen Werft reich zu werden.)

Selbstverständlich blieb diese Bewegung in Richtung Generativität nicht auf den Geschäftsmann beschränkt. In ihrem Artikel über die Veränderungen in der Einschätzung ihrer Tätigkeit, die sich in mittleren Jahren bei Wissenschaftlern ergeben, zitiert Ann Roe den folgenden aufschlußreichen persönlichen Bericht: «Wenn man in die Verwaltung geht, muß man von vornherein überzeugt sein, daß das eine kreative Tätigkeit ist und daß man einen höheren Zweck verfolgt, als nur die Akten wieder vom Schreibtisch runter zu kriegen. Man ist Vermittler und Schiedsrichter, man versucht, einer Menge Leuten gerecht zu werden. Andererseits muß man auch Ideen haben und andere von der Bedeutung seiner Ideen überzeugen und sie in die Wirklichkeit umsetzen können . . . Darin liegt ein Teil der Faszination bei der Sache. Sowohl in der Forschung als auch in der Verwaltung liegt das Faszinierende und Erhebende in den schöpferischen Möglichkeiten, im Durchsetzen der Dinge, die man für richtig hält. Inzwischen finde ich [die Verwaltung] anregender als die Forschung.»[21]

Wie Erikson ausführt, liegen die Hauptgründe für das Unvermögen, die Phase der Generativität zu erreichen, «in fehlerhaften Identifizierungen mit den eigenen Eltern, in übermäßiger Selbstliebe, die auf einer zu angestrengt selbsterrichteten Persönlichkeit beruht, und schließlich im Fehlen irgendeiner zuversichtlichen Überzeugung, eines ‹Glaubens an die eigene Spezies›, der ein Kind zu einem willkommenen Unterpfand machen würde».[22] So kümmerten sich auch manche Teilnehmer der Studie, in der Mehrzahl Juristen und stellvertretende Direktoren von Geschäftsunternehmen, überhaupt nicht um die drängende Lebenskraft der Vierziger und gelangten nie über die berufliche Konsolidierung hinaus. Diese Männer fungierten häufig als Hüter des Bestehenden und erzielten hohe Einkommen, doch strebten sie immer noch nach der Spitze und kamen deshalb nie an den Punkt, an dem man sich «weniger um sich selbst als um seine Kinder» sorgt. Ihr späteres Leben entsprach Eriksons Schema. An der Generativität scheitern heißt, drohender *Stagnation* entgegenzugehen.

«Mein größtes Dilemma liegt in meiner Einstellung zu Beruf und Karriere», so schrieb uns ein stellvertretender Direktor mit fünfundvierzig. «Ein Teil von mir will Macht, Prestige, Anerkennung, Erfolg; der andere sieht all das als Unsinn und ‹leeren Wahn› an. Mir liegt etwas an meinem Privatleben und an meinem persönlichen Lebensstil, ich will, daß meine Freizeit wirklich Freizeit und nicht auch noch mit Firmenverpflichtungen ausgefüllt ist. Und doch, wenn ich mir die Gleichaltrigen ansehe, die inzwischen Vorstandsvorsitzende und Direktoren großer Firmen sind, dann ertappe ich mich (manchmal) doch dabei, daß ich sie beneide, und dann habe ich allerdings auch wieder das Gefühl, daß ich so ein Leben gar nicht wollte. Das Ganze macht mir ziemlich zu schaffen . . . Irgendwelche Pläne für eine zweite Karriere haben sich nicht herauskristallisiert, vor allem deswegen nicht, weil ich meine, ich brauche ein ordentliches Einkommen, um die anscheinend nie endende Ausbildung meiner Kinder zu finanzieren. Ich habe zwar daran gedacht, zu unterrichten oder bei der Leitung einer kleineren Schule mitzuhelfen, doch im Augenblick kann ich mir das einfach nicht leisten.»

Verglichen mit ihren ehemaligen Studienkameraden erschienen diese Männer vorzeitig gealtert, doch hatten einige von ihnen in den Zwanzigern paradoxerweise zu den Abenteuerlustigsten gehört. Ein Jurist aus New Orleans hatte als Dreißigjähriger eine der dramatischsten Liebesaffären der Studie erlebt. Er war in diesem Alter aggressiv, exhibitionistisch und extrovertiert gewesen und hatte für den Gouverneursposten von Louisiana kandidiert. Es war ihm jedoch nicht gelungen, den ganzen Staat hinter sich zu bringen; außerdem war aus gelegentlichem Trinken beim Essen Alkoholismus geworden. Kurz entschlossen kehrte er dem Alkohol und der Politik für immer den Rücken. Sein viertes Jahrzehnt begann er als ein Mann, für den es nur Arbeit, aber kein Spiel gab. Als zuverlässigster Treuhandverwalter der Stadt ist dieser mustergültig enthaltsame Mann heute der Patriarch einer festgefügten Familie und zugleich Leiter zweier bedeutsamer Ausschüsse in seiner Gemeinde. Er trägt jedoch nur für Sachen und nicht für Menschen Verantwortung und fragt sich, was geschehen soll, «wenn ich diese übermenschliche Arbeitslast einmal nicht mehr tragen kann . . . Der Gedanke, alt und hilflos zu sein, erschreckt mich zutiefst.»

Allein die Zukunft kann zeigen, ob es diesen Männern gelingt die Fünfziger- und Sechzigerjahre zu überstehen, ohne zuvor in ihren Vierzigern neue Entfaltungsmöglichkeiten entwickelt zu haben. Oliver Kane* gelang es nicht. Mit fünfzig Jahren schrieb uns der kinderlose, unablässig vorwärtsstrebende Oliver Kane, kurz bevor er sich selbst den Tod gab: «Ich fühle mich weniger sicher, weniger hoffnungsvoll, ich glaube, auch engstirniger in meinen Ansichten als je zuvor in meinem Leben. Je mehr äußeren Erfolg und damit einhergehend scheinbares Selbstvertrauen und Ansehen ich gewonnen habe, desto stärker zweifle ich paradoxerweise daran, ob die von mir gewählte Lebensform wirklich sinnvoll ist – und desto weniger bezweifle ich, daß ich zwar ein sehr betriebsames und bewegtes Leben geführt, aber nichts geleistet habe, das bestehenbleibt.» Obwohl er als Firmenberater glänzende Leistungen vollbrachte, hatte Oliver Kane nie wirklich fürsorgende Verantwortung für eine Familie oder für die administrativen und personellen Belange seiner Firma übernommen. Freilich führte die Stagnation der mittleren Jahre bei den meisten Männern dieser Art nicht zum Tode, sondern erzeugte lediglich ein Gefühl dumpfer Unzufriedenheit.

Was wir brauchen, ist eine Untersuchung, die weit mehr auf die Probleme dieses Lebensabschnitts und die Bestimmungsfaktoren der Generativität zugeschnitten ist. Was sollte man als aufmerksamer De-

---

* Oliver Kane – erinnert an den Waisen Oliver Twist aus dem Roman von Charles Dickens und an den Filmhelden Citizen Kane, der trotz seiner Kindheit zu einem erfolgreichen Geschäftsmann wird.

kan, Personalchef oder Firmendirektor für den Angestellten tun, dessen persönliche Entwicklung bereits in seinen Dreißigern zum Stillstand kommt? Ein Fünfundfünfzigjähriger erreicht nur noch sechzig Prozent der körperlichen Leistungskraft, über die er mit vierzig verfügte, und auch seine intellektuellen Fähigkeiten nehmen unaufhaltsam ab. Doch welcher Fünfundfünfzigjährige ist willens, sich mit sechzig Prozent seines Lohns zu begnügen? Nicht nur in der Pflanzenwelt, sondern auch in Verwaltung und Geschäftsleben wird das neue Wachstum durch alte abgestorbene Triebe behindert; es wird stets zu wenige Spitzenpositionen geben. Der militärische Brauch, schon Zwanzigjährige in Pension zu schicken, ist brutal und verschwenderisch. Vielleicht hatte Bismarck recht, als er Soldaten, die sich nicht weiterentwickelten, statt einer Pension lieber einen ruhigen Posten in der Bürokratie gab. In dem weitläufigen Betrieb eines Bundesministeriums verwandelt sich ein Entwicklungsstillstand aus einem Nachteil in ein Positivum.

Die «Bewahrer des Sinns»

Wohin steuern die Männer der Grantstudie? Welches ist das nächste Stadium im Lebenszyklus? Im Augenblick liegen mir keine Statistiken vor, die über das Auf und Ab der Jahre zwischen fünfzig und sechzig Aufschluß gäben. Doch haben sich die Männer der Studie nach ihrem fünfzigsten Lebensjahr so mitteilsam gezeigt, daß wir sie selbst sprechen lassen können. Sie beschreiben einen Lebensabschnitt, der offenbar jenseits der Phase des Schwankens zwischen Generativität und Stagnation und vor der laut Erikson von den Gegensätzen Integrität und Verzweiflung beherrschten Endphase liegt. Diese Zwischenstufe läßt sich als Spannung zwischen dem *«Bewahren des Sinns»* und der *Rigidität* des Alters fassen.

Nach ihrem fünfzigsten Lebensjahr setzten sich die am besten angepaßten Teilnehmer der Grantstudie dafür ein, daß das Bestehende in Kultur und Gesellschaft nicht aufgegeben, sondern weitergeführt wird. Nun, da sie das Erwachsenwerden ihrer Kinder und ihr eigenes zweites Erwachsenwerden glücklich überstanden haben, sind sie wieder mehr zur Ruhe gekommen, zu einer Ruhe allerdings, in die sich mitunter leises Bedauern mischt.

Einhellig nennen die Männer die Jahre zwischen fünfzig und sechzig eine ruhigere Zeit als die Vierziger. Jetzt strahlen die Kerzen weniger hell; der Klang der Kriegstrommeln ist gedämpft; Schmerzen werden nicht mehr als überwältigend empfunden. Ein Mann faßte sein sechstes Lebensjahrzehnt in die Worte zusammen: «Bevor man in die Fünfziger kommt, strampelt man sich ab, dieses Alter zu erreichen; jetzt, wo es soweit ist, hoffe ich, daß ich wieder etwas entspannter sein kann.» Ein Fünfundfünfzigjähriger schreibt: «Meine Frau und ich haben einen Modus vivendi gefunden . . . Bei meiner Arbeit hat sich in den letzten zwölf Jahren wenig geändert; sie ist nach wie vor befriedigend. Sei es nun gut oder schlecht: ich habe wenig Hoffnungen und wenig Pläne für die Zukunft – doch bin ich insgesamt eher zufrieden als verzweifelt.» Nur zehn Jahre vorher lebte dieser Mann in Aufregung wegen der Straftaten, die seine heranwachsenden Kinder begangen hatten und klagte voller Bitterkeit, seine Frau und er hätten es nicht geschafft, befriedigend miteinander zu leben. Auch war er mit fünfundvierzig in seinem Beruf an der Spitze angekommen und hatte danach gestrebt, noch höhere Ziele zu verwirklichen; doch nun mit fünfundfünfzig war er zufrieden mit dem, was er erreicht hatte. Ein dritter Mann faßt das Geheimnis der Würde in der späten Lebensmitte bündig in die Worte: «Man entdeckt, daß die Erfahrungen und das bißchen Vernunft, das man im Laufe seines Lebens erworben hat, gebraucht werden.»

Während die Männer auf ihre fünfziger Jahre zugehen, kommt eine neue Generation ans Ruder. Solange der Ablöseprozeß andauert, wird die generative Phase der Männer durch Rigidität gestört. Ein zuvor deutlich generativer Mann schildert seine zunehmende Entfremdung von der Welt und das Nachlassen seiner Selbstbeherrschung folgendermaßen: «Vieles von dem, was ich sehe und lese, entmutigt mich. Moral, Geschmack und Selbstzucht des einzelnen haben abgenommen. Das Ausmaß an Diebereien in Schulen und Hochschulen erschreckt mich. Das Ausmaß an Schmutz und unwürdigen Verhaltensweisen in Filmen widert mich an – und ich bin nicht prüde . . . Ich glaube, das Leben ist ganz allgemein viel beengter und unmanierlicher geworden als noch in der vorigen Generation. Ich glaube, es ist ein Fehler, den Achtzehnjährigen das Stimmrecht zu geben – das bringt ein Element des unangemessen Idealistischen, der Unbeständigkeit und Überheblichkeit in die Wählerschaft.» Ein anderer erklärt: «Ich mache mir Sorgen wegen der Schwächung unserer fast idealen Form der Demokratie durch die Liberalen, wegen des Verlustes der Autorität, des Verschwindens der Religion, der Aushöhlung der Familie, der Unmoral und Mißachtung der Würde des Alters.» Natürlich haben beide Männer teilweise recht, doch hätten sie in Shakespeares Tagen oder im Zeitalter des Perikles nicht minder recht gehabt. Überdies haben sie sich selbst genausosehr verändert, wie die Zeit sich verändert hat. Zu ihrem Unglück haben beide vergessen, daß der Mensch durch die Adoleszenz hindurchgehen muß, wenn er zur Reife gelangen will.

Ein positiver Aspekt dieser Starrheit liegt darin, daß die Männer eine feste, endgültige Identität gefunden haben – oder gefunden zu haben meinen. So schreibt etwa einer der Untersuchten: «Ich beziehe jetzt leichter eindeutig Stellung zu einer Frage.» Ein anderer sagt: «Der Übergang zu meinem neuen Leben war anstrengend, langwierig und die größte Aufgabe, die ich überhaupt je hinter mich gebracht habe.» Ein dritter bekennt: «Ich werde immer mehr zum Einzelgänger, freimütiger und eingefahrener in meinen Gewohnheiten.» Und ein vierter trompetet einfach heraus: «Es ist immer noch das alte Spiel – und ich gebe die Regeln an.» In den Fünfzigern verwandelt sich das «Establishment», das dem Jugendlichen und dem Enddreißiger als Gefängnis erschienen war, in eine sichere Zuflucht. Die Kirche, der «Country Club», die alte Nachbarschaft und die «Grand Old Party» werden nun nicht länger als geisttötend empfunden, finden sich doch viele langjährige und unersetzliche Freunde in ihren Reihen.

Anscheinend sind die Männer, die eine verlängerte jugendliche Identitätskrise durchmachen, die Männer, die während ihres Erwachsenenlebens nie eine besondere Nische für sich gefunden haben, zugleich diejenigen, denen es am besten gelingt, nicht den Kontakt mit den modernen Sitten zu verlieren und sich über den Lauf der Welt zu beunruhigen. Einer dieser Männer verrät: «Ich bin erneut zu den größeren Fragen zurückgekehrt, über die ich schon in den Jahren zwischen einundzwanzig und sechsundzwanzig nachgedacht habe: Sinn des Lebens, Tod, Leiden. Wie ich anderen dienen und mein Teil beitragen kann.»

Andererseits bringt die Rigidität des Alters dem Individuum auch Vorteile. Jung bemerkt dazu: «Bei primitiven Stämmen sehen wir ..., daß fast stets die Alten die Hüter der Mysterien und Gesetze sind»[23]. Sicherlich: die erhöhte Rigidität führt dazu, daß sich derselbe Mensch, der sich als ein zum Staunen bereiter Jugendlicher an der

Andersartigkeit Europas erfreuen konnte, nun mit sauertöpfischer Unduldsamkeit über die Unberechenbarkeit seines Fahrers und den lauwarmen Martini aufregt. Doch ermöglichte ein hellerer Aspekt der Altersrigidität den Männern der Grantstudie, uns nach ihrem fünfzigsten Lebensjahr mitzuteilen, sie sähen es nun als ihre Aufgabe an, «‹die Fackel weiterzureichen› und die Richtung zu weisen». Keiner der Männer der Grantstudie hätte in den Fünfzigern ohne weiteres den Beruf wechseln können, so daß die einzige neue Aufgabe, die sich ihnen bot, im Weitergeben dessen bestand, was sie selbst im Laufe ihres Lebens gelernt hatten, – in der Möglichkeit, ihre Fürsorge für andere zu institutionalisieren. Ein Mann etwa schreibt: «Ich habe mir zwar nicht vorgenommen, unauslöschliche Spuren zu hinterlassen, doch unternehme ich jetzt immer beharrlichere Versuche, die Stadt zum Bau eines neuen Krankenhauses, zur Förderung der Schulen und zur Einrichtung von Singstunden für die Kinder zu bewegen.»

Nach seinem wichtigsten Anliegen befragt, antwortet ein Teilnehmer der Studie mit fünfundfünfzig: «‹Die Fackel weiterzureichen› und den Kindern die Werte der Bildung und des Anstands mitzugeben, habe ich schon immer als wichtige Aufgabe empfunden, doch ist mir das mit jedem Jahr wichtiger geworden.» Ein Dritter, der im Außenministerium eine glänzende Karriere gemacht hat, antwortet auf dieselbe Frage: «Die Belange, die ich heute verfolge, sind viel weniger selbstbezogen. Zwischen dreißig und vierzig drehte es sich darum, daß ich nicht genug Geld hatte, um alle Ansprüche zu befriedigen; ich sorgte mich darum, ob ich auch in meinem Beruf vorankommen würde, ob ich wirklich das Beste für meine Familie und für die Erziehung der Kinder tat, und so weiter. Seit ich fünfundvierzig bin, kümmere ich mich mehr um philosophische, langfristige, weniger persönliche Dinge, und ich habe viel weniger das Gefühl, daß alles unbedingt auf einmal und in meiner Zeit noch gelöst werden muß. Was mir wirklich am Herzen liegt, sind die Beziehungen der Menschen untereinander, insbesondere in unserer Gesellschaft. Mir liegt daran, anderen so viel wie möglich zu vermitteln von dem, was ich selbst gelernt habe.»

Ein vierter, nicht minder erfolgreicher Mann – und vielleicht ist es kein Zufall, daß diese vier Männer alle zur Spitzengruppe mit den besten Ergebnissen gehören – schreibt: «Ich mache in meinem Leben gerade eine Zeit des Überprüfens durch: was tun, um aus der immer schneller sich verringernden Zahl der mir verbleibenden Jahre das

Beste zu machen? Meine Arbeit als Leiter unserer Firma ist inzwischen Routine geworden und fordert mich nicht mehr. Deshalb habe ich begonnen, über meinen Beruf zu schreiben, Kurse zu entwickeln, Vorträge und Seminare abzuhalten. Ich versuche..., das, was ich im Bereich des Managements kleinerer Firmen an Kenntnissen und Fertigkeiten erworben habe, zu verwerten. Das ist keine Spinnerei, denn diese Vorträge, Seminare und mein Buch geben mir die Möglichkeit, meine Interessen und Energien in neue Bahnen zu lenken. Ich habe mich mittlerweile daran gewöhnt, mir meine Zeit viel rücksichtsloser einzuteilen.»

Hören wir als letztes Beispiel für dieses Bemühen, sich die Fähigkeit zur Fürsorge für andere zu erhalten, noch den Bericht eines weiteren Mannes: «Ich gehe – hoffentlich – einer etwas ruhigeren Zeit entgegen, in der ich vielleicht eher dazu komme, Bücher zu lesen, ins Theater und in Museen zu gehen, zu meinem Vergnügen zu reisen. Ich glaube, meine Frau und ich sind wirklich gern zusammen, ohne daß wir uns gegenseitig in unserer Eigenständigkeit beschränken... Meine Frau meint, in den Fünfzigern erreiche der Mann die Spitze seiner Karriere, und beruflich sind das auch die farbigsten und interessantesten Jahre, die ich bisher erlebt habe. Ich bin Berater für einige der Spitzenfirmen der Vereinigten Staaten, sitze in nationalen Beratungsausschüssen und genieße insgeheim jene Form der Unsterblichkeit, auf die Sinclair Lewis, glaube ich, hingewiesen hat: seinen Namen in Fußnoten und Registern, an dieser und jener Stelle zitiert wiederzufinden – meinen eigenen Namen.»

Wie wir von der Säuglingszeit zur Kindheit und dann zur Jugend weiterschreiten und dabei nach und nach unseren Körper, unsere Realität und unsere Gefühle beherrschen lernen, so führt uns das Fortschreiten von den Vierzigern zum Greisenalter denselben Weg in umgekehrter Richtung wieder zurück. Deshalb ringt der Vierzigjährige mit seinen Gefühlen, während der Fünfundfünfzigjährige sich erneut mit der Realität auseinandersetzt. Wenn es nicht zu Verbitterung kommen soll, müssen die Verheißungen und Träume der Dreißiger in der Sehnsucht nach dem Vergangenen noch einmal wach werden. An die Stelle der Ideale muß die Wirklichkeit treten; wir müssen anerkennen, daß das Blatt unseres Lebens sich gewendet hat, daß es für uns nun mehr «Gestern» gibt als «Morgen».

Einer der Männer schreibt: «Man konzentriert sich jetzt auf den Spatz in der Hand und verliert, im Gegensatz zu früher, das Interesse an der Taube auf dem Dach.» Ein Akademiker beschreibt dieselbe Erkenntnis etwas ausführlicher: «In den Fünfzigern verändern sich das Tempo und die Freuden des Lebens. Einige tun so, als blieben sie immer dreißig, andere fangen noch einmal etwas Neues an, oder zumindest sieht es so aus, und dann gibt es noch die, die bis dahin schon ausgebrannt sind ... Meine Berufstätigkeit bedeutet mir immer noch sehr viel, sie ist jedoch nicht mehr so beherrschend wie früher. Unsere Farm, das Leben unserer Kinder und die Beschäftigung mit geistigen Dingen nehmen mich jetzt innerlich viel stärker gefangen als die Routine der Medizin. Die Mitarbeit beim Zulassungsverfahren der Medical School schenkt mir besondere Befriedigung. Ich bin nicht alt und müde, sondern nur viel wählerischer.»

Wie das Kleinkind, so kämpft auch der alte Mensch mit seinem Körper. In der Zeit nach ihrem fünfundfünfzigsten Lebensjahr traten manche Männer allmählich in das letzte Stadium des Lebenszyklus ein, das uns die Aufgabe stellt, die Unwürdigkeit des physischen Verfalls durch das Gefühl unseres unzerstörbaren Selbstwertes auszugleichen. Die Angst vor dem eigenen Tod ist jetzt noch ziemlich gering, während sich Beunruhigung über den möglicherweise nahen Tod des Ehepartners bei einigen Männern als Hauptsorge herausgestellt hat. (Diese Beobachtung wird von Neugarten bestätigt.[24])

Die Männer nannten als die wichtigsten Lebensfragen der Fünfziger: «Nachlassen der Sexualität und knarrende Gelenke.» «Werde ich zu schwerhörig, um meinen Beruf noch bis zum Erreichen des Pensionsalters ausüben zu können?» «Vielleicht wird es mir nicht gelingen, noch in die Pensionskasse aufgenommen zu werden.» «Ich bekomme keine Erektion mehr.» «Ich fühle mich von ehrgeizigen jungen Leuten angegriffen.» «Ich habe in eine Versetzung eingewilligt, die für mich eine Verschlechterung meiner beruflichen Position darstellt und mit niedrigerem Gehalt verbunden ist. Das war ein besonders schwerwiegendes Lebensproblem.» Das gefürchtete Gespenst ist nicht der Tod, sondern der allmähliche Abstieg.

Nebenbei bemerkt: mit zunehmendem Alter geht die Geschlechterdifferenzierung zurück. Beim Älterwerden zeigt sich auch bei den Frauen Haarwuchs im Gesicht, während den Männern der Bart spärlicher wächst. Die Frauen werden flachbrüstig, ihre Stimme wird tiefer, ihre Gesichtszüge treten markanter hervor, und die Produktion der Östrogene, die möglicherweise die Dominanz hemmen, nimmt ab. Den alten Männern wachsen Brüste, ihre Gesichtszüge werden weicher, und die Produktion der die Dominanz fördernden Androgene nimmt ab.[25] Vielleicht wirken ältere Frauen gerade deswegen oft einschüchternd auf jüngere Männer, weil sie gelernt haben, unbefangener mit ihren Durchsetzungsimpulsen umzugehen. Vielleicht wirken ältere Männer gerade deswegen so anziehend auf jüngere Frauen, weil sie sich nicht mehr dagegen wehren, auch sanft und fürsorglich zu sein. Auf jeden Fall werden wir im Alter alle mehr wie Tiresias*, und es sind, wie C. G. Jung sagt, die fünfziger Jahre, in denen diese allmählichen Umwandlungen zum erstenmal offen zutage treten. Und mag das Obige den jugendlichen Leser auch erschrecken, so werden erfahrene Greise mit dem Kopf nicken und daran erinnern, daß unser ganzes Leben eine einzige große Reise ist.

Bernice Neugarten weist darauf hin – und die Ergebnisse der Grantstudie geben ihr recht –, daß ein sogenanntes «Körper-Warn-System» (body monitoring) als eine Art Schutzstrategie dafür sorgt, daß die Leistungsfähigkeit erhalten bleibt und das neu entstandene Gefühl physischer Anfälligkeit nicht überhandnimmt.[26] «Ich habe mir neuerdings ein Taschennotizbuch angelegt», schreibt uns einer der Männer. «Es fällt viel schwerer, neue Ideen aufzunehmen», so fährt er fort. «Früher war ich Facharzt für Innere Medizin – der flotteste der ganzen Stadt –, doch jetzt habe ich wieder eine Allgemeinpraxis.» «Es quält mich», bekennt ein anderer, «daß ich nun sexuell nicht mehr über die Kräfte verfüge, die mir früher selbstverständlich gewesen sind. Ich versuche, mir einzureden, daß das in meinem Alter ganz normal ist, aber es ist sehr schwierig.» Ein anderer Mann zieht die Bilanz seiner Fünfzigerjahre und schreibt dann ganz schlicht: «Wir werden alle langsamer, aber das war ja auch nicht anders zu erwarten.»

Am Leben des folgenden Mannes läßt sich dieser anpassungsfördernde Gebrauch der Antizipation anschaulich aufzeigen. Als Achtzehnjähriger interessierte er sich vor allem für das Verhalten junger Leute und für «Arbeit mit Jungen – Betreuung im Zeltlager». Nach

---

* Tiresias – Gestalt aus der griechischen Mythologie: weiser Greis, Seher.

seiner Graduierung am College schrieb er uns mit zweiundzwanzig, er versuche, das Niveau seiner Schule, an der er jetzt mit Jugendlichen arbeitete, anzuheben, was ihm viel Vergnügen bereitete: «Die Lehrer hier sind ausgezeichnet, doch nach einer funktionierenden Verwaltung und Organisation sucht man unter dem diktatorischen Regiment eines weltfremden Fünfundsiebzigjährigen vergeblich.»

Als er vierundfünfzig war, hatte sein Leben eine ganz andere Wendung genommen. Nun schreibt er: «Ich sitze an einer Graduiertenarbeit über das Altern, über glückliches und unglückliches Altern, und auf einmal merke ich, daß ich nicht nur selbst älter werde, sondern mir alle Mühe gebe, zu verstehen, was dabei eigentlich vor sich geht. Ich habe allmählich immer stärker die Notwendigkeit gesehen, mit den älteren Menschen zu arbeiten und auch andere darin anzuleiten ... Wir bieten einen Abendkurs über die Psychodynamik des Alterns an. Ich habe schon Kurse über die Vorbereitung auf den Ruhestand gegeben, die ich wieder halten werde. All das macht mir sehr viel Freude, und ich denke daran, ein Forschungsstipendium im Bereich der Erwachsenenbildung für Ältere zu beantragen ... Ich möchte sichergehen, daß es für die alten Menschen ein paar ordentliche Projekte gibt, wenn ich selbst einmal soweit bin!»

Bernice Neugarten führt aus, daß Vierzigjährige «davon ausgehen, daß ihre Umwelt Kühnheit und die Bereitschaft zum Risiko belohnt und daß sie selbst ein Maß an Energie und Tatkraft besitzen, das den Möglichkeiten, die die Außenwelt ihnen bietet, entspricht. Sechzigjährigen erscheint ihre Umwelt offenbar vielschichtig und bedrohlich und nicht mehr nach ihren Wünschen veränderbar, und sie betrachten ihr eigenes Selbst als angepaßt und bereit, sich auf die Forderungen der Außenwelt einzustellen.»[27]

Die Daten der Grantstudie stützen diese Beobachtung. Als Einundvierzigjährige waren die Teilnehmer der Studie gebeten worden, eine Reihe sehr unterschiedlicher Werte als sehr hoch oder sehr niedrig einzustufen. An die Spitze setzten die Männer «körperlich aktiv und fit sein» und «fähig sein, gute Beziehungen zur sozialen Umwelt, seine persönliche Weltanschauung und den beruflichen Sittenkodex beizubehalten». Mit Ausnahme zweier Punkte hatten sich die Antworten auf dieselben Fragen bei den Fünfundfünfzigjährigen nicht verändert: Sie waren jetzt viel weniger darauf bedacht, gute Beziehungen zur sozialen Umwelt aufrechtzuerhalten und zahlreiche Bekannte zu haben, und sie achteten viel weniger darauf, neue Kontakte anzuknüpfen und sich in ihrem Beruf weiterzubilden.

Bei der Betrachtung der Lebensläufe der Männer war meine Sichtweise bei diesem Lebensabschnitt stärkeren Verzerrungen unterworfen als bei den Jahren unter fünfundvierzig. Konnte ich die Männer beim Lesen der Fallberichte in ein paar Stunden von Achtzehn- zu Fünfundvierzigjährigen werden sehen, so habe ich während eines ganzen Jahrzehnts selbst miterlebt, wie aus Fünfundvierzigjährigen Fünfundfünfzigjährige wurden. Aber auch ich habe mich verändert. Wenn ich heute versuche, die Männer mit der Person, die sie als Fünfundvierzigjährige gewesen sind, zu vergleichen, entdecke ich dabei zugleich die Veränderungen bei mir selbst, Veränderungen, deren Natur ich nicht begreife. Auf einmal sehe ich den Lebenszyklus aus einer neuen Perspektive, seine Bahn wandelt sich – doch ist dieses ganze Kapitel andererseits ja auch nur ein zögernder Beginn und alles andere als das letzte Wort zu diesem Thema. Die Auswertung der bedeutendsten Längsschnittstudien zur menschlichen Persönlichkeitsentwicklung hat eben erst begonnen.

Inwieweit können die in diesem Kapitel aufgeführten Forschungsergebnisse überhaupt Allgemeingültigkeit für sich beanspruchen? Sind die Männer der Grantstudie nicht ebenso fremdartig und für den Durchschnittsleser ohne Bedeutung wie Samoaner, Zuni-Indianer oder sonstige Hauptfiguren gelehrter anthropologischer Abhandlungen? Gewiß, der jahreszeitliche Zyklus eines ausgewachsenen Baumes wiederholt sich alljährlich, doch variiert dieser Zyklus von Art zu Art und von Klima zu Klima. Trockene Böden bieten andere Wachstumsbedingungen als feuchte. Blüte, Fruchtreife und Laubfall treten auf windigen Berghängen zu anderer Zeit ein als in geschützten halbtropischen Tälern.

In ähnlicher Weise werden die Schlußfolgerungen dieses Kapitels durch die soziokulturelle Beschränktheit der untersuchten Stichprobe der Grantstudie erheblich eingeengt. Ich bin mir nicht sicher, ob der Lebenszyklus, so wie ich ihn hier beschrieben habe, bei den mittelalterlichen Vorfahren der Männer in derselben Form zu beobachten gewesen wäre, ja ob er auch nur bei ihren Enkelinnen genauso wiederkehren wird. Möglicherweise ist der Prozeß, den wir «Adoleszenz» nennen, nichts als ein künstliches Produkt, entstanden aus der Verlängerung der Kindheit, zu der die industrielle Revolution geführt hat. Vielleicht werden die Reifungsvorgänge der Männer durch die spezifischen Anforderungen unserer modernen Technokratie noch weiter in die Länge gezogen.

Wir können davon ausgehen, daß die Altersstufen, auf denen die einzelnen Stadien des Lebenszyklus einsetzen, nicht nur für jedes Individuum, sondern auch für jede Gesellschaft andere sind. Ich würde der Behauptung zustimmen, daß Kleopatra, Thomas Jefferson, John Keats, Alexander der Große, Johanna von Orleans und Jesus von Nazareth den Gipfel ihrer Fähigkeiten weit eher erreichten als die in diesem Kapitel angeführten Männer. Dennoch vermute ich, daß die Befunde dieses Kapitels nicht sämtlich kulturgebunden sind. Die meisten großen Männer der Geschichte waren als Dreißigjährige noch nicht gereift, und die verlängerte biologische Reifung des menschlichen Nervensystems, ein Reifungsprozeß, der sich bis in das Erwachsenenalter hinein fortsetzt, ist schon seit Jahrtausenden eine der Erfahrung jedes Menschen zugängliche Tatsache.

Für die Zukunft sind wir verpflichtet, die Entwicklungsprozesse des Erwachsenen mit derselben Aufmerksamkeit zu erforschen, wie wir es bei der Kindheit bereits getan haben. «Wir sehen jetzt durch einen Spiegel in einem dunkeln Wort; dann aber von Angesicht zu Angesicht. Jetzt erkenne ich stückweise; dann aber werde ich erkennen, gleichwie ich erkannt bin.»

11. Kapitel Wege zur Gesundheit

> Und als er aus dem Schiff trat, lief ihm alsbald von den Gräbern entgegen ein Mensch mit einem unsaubern Geist . . . Und er war allezeit, Tag und Nacht, in den Grabhöhlen und auf den Bergen, schrie und schlug sich mit Steinen. Da er aber Jesus sah von ferne, lief er hinzu und fiel vor ihm nieder . . . Da fuhren die unsauberen Geister aus und fuhren in die Säue, und die Herde stürzte sich den Abhang hinunter ins Meer . . . Und sie gingen hinaus, zu sehen, was da geschehen war, und kamen zu Jesus und sahen den, der von den unsauberen Geistern besessen gewesen war, wie er dasaß und war bekleidet und vernünftig, und fürchteten sich.
> *Markus 5, Vers 2, 5–6, 13–15*

Die spontane Genesung eines Kindes von den Masern nehmen wir unbefangen als eine Selbstverständlichkeit hin; die Genesung eines Erwachsenen von einer psychischen Erkrankung sehen wir dagegen in einem ganz anderen Licht. Vielfach gelten psychische Krankheiten als ein Zeichen moralischer Schwäche, dann wieder werden sie zu heimtückischen Leiden erklärt, die nur durch eine entsprechende Behandlung zu heilen sind. Fordern wir im ersten Fall entweder eine Bestrafung oder aber bewußte willentliche Beherrschung, so raten wir im zweiten eher zu einem Gang zum Psychiater oder Schamanen oder zu Tranquilizern. Erweisen sich diese beiden Wege nicht als gangbar, betrachten wir psychische Erkrankungen einfach als Zeichen eines nicht zu behebenden charakterlichen Defektes, bei dem Besserung genauso wenig zu erwarten ist wie eine spontane Genesung bei einem Krebskranken.

In neuerer Zeit ist ein dritter Ausweg in Mode gekommen – ein Ausweg, der in der Annahme besteht, so etwas wie psychische Krankheit gäbe es gar nicht. Wenn man seine Definitionen mit einiger Sorgfalt wählt, läßt sich diese Position in Vorlesungen und auf Cocktailparties ganz gut verteidigen. Doch muß man, wie mir scheint, von einer falschen Voraussetzung ausgehen, wenn man psychische Krankheit einfach ignorieren will. Oder wie würden Thomas

Szasz, Erving Goffman oder Ronald D. Laing reagieren, wenn einer ihrer Freunde auf einmal anfinge, «zu schreien und sich mit Steinen zu schlagen», oder wenn der Pilot ihres Flugzeuges den Wahn entwickelte, der Kontrollturm gäbe ihm falsche Informationen?

Dieses Buch vertritt eine vierte Lösung. Bei den Masern deuten die Symptome des Kindes nicht auf eine Fehlfunktion, sondern auf einen Anpassungsvorgang hin; der Körper reagiert auf das Eindringen des Virus mit einem Ausschlag, mit Fieber und Husten, um ihn unter Kontrolle zu bekommen. Praktisch in jedem Fall von Masern erholt der Körper sich wieder, und zwar ohne Antibiotika, moralische Entschlüsse oder die Vorspiegelung, die Masern existierten nicht. Lassen Sie uns die Möglichkeit ins Auge fassen, daß psychische Krankheit, nicht anders als die Symptome der Masern, unsere Anstrengungen zum Ausdruck bringt, uns an einen krankmachenden Konflikt – sei er nun durch Viren hervorgerufen, dämonischer Natur oder emotionaler Herkunft – anzupassen. Lassen Sie uns annehmen, daß psychische Krankheit ebenso wie die Masern nicht als Mangelzustand, als moralisch verwerflich oder imaginär zu betrachten ist, sondern daß die Symptome einer psychischen Erkrankung Widerspiegelungen eines unbewußten Versuchs darstellen, die Situation mit Hilfe eines Bündels von Abwehrmechanismen zu bewältigen. Dagegen läßt sich zwar einwenden, daß der Körper die Masern in einigen Tagen überwindet, eine psychische Erkrankung sich jedoch wie eine Wagneroper immer weiter in die Länge zieht. Doch wie wir noch sehen werden, dauert auch eine psychische Krankheit nicht in jedem Falle unabsehbar an.

1883 machte Sigmund Freuds Wiener Kollege Josef Breuer mit seinem nur teilweise geglückten Versuch, die mannigfachen neurotischen Symptome seiner Patientin Anna O. zu heilen, Psychiatriegeschichte. Seitdem ihr Vater gestorben war, litt Anna O. unter Phobien, Paralyse und hypochondrischen Beschwerden. Dr. Breuer behandelte sie nach der «kathartischen Methode» mit Hilfe freier Assoziation. Anna O. nannte die Methode, die später in «Psychoanalyse» umgetauft wurde, «Kaminkehren»[1]. Die langfristige Folgeuntersuchung dieses berühmt gewordenen Versuches, eine psychische Erkrankung zu *behandeln*, führte jedoch zu einer faszinierenden Studie.[2] Gegen Ende ihrer Psychotherapie hegte Anna O. die Vorstellung, von Breuer geschwängert worden zu sein. Da jedoch noch niemand den Mechanismus der Dissoziation entdeckt hatte, durch den Gefühle auf rätselhafte Weise vom Bewußtsein auf den Körper überspringen können und der Konversionssymptome und Übertragung erst verständlich macht, floh der bestürzte und ehrenwerte Doktor aus dem Bereich ihrer überhitzten Vorstellungskraft und überließ Anna O. damit ihren nicht geheilten Neurosen.

Seine Patientin (die in Wirklichkeit Bertha Pappenheim hieß) fiel in ihre frühere Invalidität zurück und wurde bald darauf wegen Morphium-Abhängigkeit in eine Anstalt eingewiesen. Dort begann ihre «spontane» Genesung. Sie ließ ihre Phantasien, ihre Sucht und die hilflose Gebrechlichkeit, in die der Tod ihres Vaters sie gestürzt hatte, zurück und begann, Märchen zu schreiben – nicht, wie in ihrer Kindheit, zu ihrem eigenen Trost, sondern für andere, jüngere, Waisen. In den folgenden beiden Jahrzehnten übernahm sie Schritt für Schritt die Leitung des Waisenhauses. Danach gründete sie ein Heim für unverheiratete Mütter. Sie machte die Errettung der Mädchen vom «moralischen Schwachsinn» zu ihrer Lebensaufgabe und wurde schließlich zu einer in der ganzen Welt bekannten Autorität in der Frage der weißen Sklaverei. Mochte sie auch die Psychoanalyse, an deren Entdeckung sie vor dreißig Jahren selbst beteiligt gewesen war, öffentlich verurteilen, so hatte die Analyse aufgrund (oder: trotz) ihrer katalytischen Wirkung aller Wahrscheinlichkeit nach doch dazu geführt, daß Bertha Pappenheim sich selbst heilte. Keiner Behandlung zugängliche Hypochondrie machte Altruismus und relativer Gesundheit Platz. Als sie im Alter wirklich unter körperlichen Krankheiten litt, war sie eine geduldige Patientin. Nach ihrem Tod wurde Bertha Pappenheim weithin betrauert. Martin Buber schrieb: «Ich habe sie geliebt, und ich werde sie lieben, solange ich lebe.» 1954 gab die deutsche Regierung ihr zu Ehren eine Gedenkmarke heraus.

Wenn wir die Genesung einiger Teilnehmer der Grantstudie von scheinbar unbeeinflußbaren Charakterstörungen verfolgen, werden wir erkennen, daß die Genesung von psychischen Krankheiten analog dem Übergang von der Adoleszenz zum Erwachsenenalter verläuft. Die Person ist nach wie vor dieselbe; es sind keine «Lehren» gezogen worden; es wurde kein Tumor herausoperiert – doch verschiedene Abwehrmechanismen sind auf den Plan getreten. Oft ist «des Vergessens süßes Gegengift» nicht zur Hand, um uns «jene gift'ge Last» abzunehmen, «die schwer das Herz bedrückt», so daß wir nur wie der Arzt der Lady Macbeth resignierend feststellen können: «Hier muß der Kranke selbst das Mittel finden». Kurz gesagt: Veränderungen seiner Anpassungsmechanismen ermöglichen es dem Kranken, sich selbst zu heilen.

Durch die Fortentwicklung seiner Abwehrmittel kann uns der Proband Robert Brooke* ein anschauliches Beispiel für den Ausbruch und die Überwindung einer Angstneurose bieten, einer emotionalen Störung, die häufig aus der für eine Anpassung ungeeigneten Verdrängung entsteht. Robert Brooke wurde von einer überaus besorgten Mutter aufgezogen. Selbst sehr furchtsam, versuchte sie, ihn von allen aggressiven Handlungen abzuhalten. Ihr Sohn paßte sich an, indem er verdrängte. Heftige Gefühle drängten in sein Bewußtsein, ohne daß er gewußt hätte, auf welche Menschen oder Situationen sie sich bezogen. Seine ungeklärten Gefühle führten zu Unbehagen und Angst. Vor dem Krieg hatte man bei der Grantstudie den Eindruck, daß Robert Brooke sich am Rand einer akuten Neurose befand. Während des Krieges erfüllte ihn die Zerstörung, die er als Pilot eines B-17-Bombers im Pazifik anrichtete, mit Entsetzen. Da ihm die politische Realität des Zweiten Weltkrieges nicht erlaubte, dem Diktat seines Gewissens zu folgen, wurde das Abwehren unerläßlich. Zunächst versuchte er, sich innerlich vom Geschehen des Krieges abzulösen (Dissoziation); er wurde äußerst religiös. Er beschäftigte sich nicht mit seinen Bombenflügen, sondern mit einem gigantischen Symbol des Christentums – einem Kreuz, das die ganze Welt überspannte. «Das Kreuzzeichen», so schrieb uns Brooke, «erschien mir so gewaltig, so vollkommen.» Fünfundzwanzig Jahre später fragte ich ihn, wie ein Norden-Bombenzielgerät aussehe, und er gab zur Antwort, es funktioniere so, daß man «sein Flugzeug entsprechend dem Zielgerät steuert, bis das Fadenkreuz des Zielfernrohrs genau über dem Ziel liegt». In der Plexiglaskanzel seines Bombers für alle Welt sichtbar, hatte der sanfte Robert Brooke damals Tausende von Pfunden TNT größtenteils auf Zivilbevölkerung abgeworfen.

Als der Krieg weiter voranschritt, wechselte Robert Brooke auf einen noch gewaltigeren Bomber, die B-29 «Superfortress», über. Erst jetzt versagten bei ihm Verdrängung und Dissoziation – jene Mecha-

---

* Robert Brooke – erinnert an den englischer Lyriker gleichen Namens.

nismen, die es seinen Landsleuten erlaubten, über das, was in Dresden, Hamburg und Tokio geschehen war, hinwegzusehen. Er wurde von ständigen Ängsten, Unruhe und vagen physischen Symptomen überwältigt. Er selbst ahnte nicht, was ihm fehlte; er wurde jedoch als psychiatrischer Fall in die Vereinigten Staaten zurückgeschickt. Brooke erhielt zwar so gut wie keine angemessene Psychotherapie, doch er nutzte seine unerwartete Freizeit schöpferisch, indem er Gedichte über den Krieg und über die Schrecknisse der Bombardierung ziviler Ziele schrieb. Als ich ihn als Fünfundvierzigjährigen nach seinem psychischen Zusammenbruch fragte, hatte er ihn völlig vergessen. Statt dessen erzählte er mir von einem Gedicht aus jener Zeit, das ihm im Gedächtnis geblieben war. Es hieß «Remember, We Must»*. Er fügte hinzu: «Ich habe immer noch sehr starke Schuldgefühle wegen unserer Bombenangriffe. Das zeigt sich an meinen Kriegsgedichten.»

Hin und wieder sprach Brooke von der Rolle, die Gedichte in seinem Leben spielten. «Manchmal scheinen die Gedichte schon als Ganzes aus meinem Unterbewußtsein aufzusteigen.» Dann sagte er: «Gedichte schreibt man nur, wenn man in Not ist ... Meine Gedichte lügen nicht – sie sagen mehr, als ich selbst sagen kann ... Nur, wenn ich sie zusammen mit einem Psychiater noch einmal durchleben würde, kämen diese Dinge ans Tageslicht.» Doch er kam auch so zurecht, und auch Tranquilizer brauchte er nicht. Indem er Dissoziation und Verdrängung in Sublimierung umwandelte, sorgte er «für ein krank Gemüt» und erreichte es, «die Qualen zu löschen, die ins Hirn geschrieben»: der Arzt der Lady Macbeth hätte es voller Staunen mitangesehen.

Psychische Krankheit manifestiert sich gewöhnlich in einer Regression der Abwehrmechanismen – anpassungsfähige Mechanismen der einen Stufe treten zugunsten von Mechanismen einer weniger reifen Stufe zurück. Viele Psychiater betrachten die Regression an sich als Abwehrmechanismus. Doch kehrt das regredierende Subjekt auf eine andere Stufe – und damit zugleich zu einem anderen Anpassungsmodus – zurück. Regression wurde im neunten Kapitel als der Prozeß dargestellt, durch den unreife Anpassungsmechanismen (z. B. Pro-

---

* Etwa: «Bedenkt: es ist unsre Pflicht.»

jektion, schizoide Phantasie und Hypochondrie) im Erwachsenenalter wieder auftauchen und zu «psychischer Erkrankung» führen. Da die Männer der Grantstudie jedoch fünfunddreißig Jahre lang beobachtet wurden, war es möglich, auch ihre Genesung von «psychischer Krankheit» mitzuerleben und die *Reifungsvorgänge* zu untersuchen, durch die für die Anpassung untaugliche Abwehrhaltungen sich zu geglückteren Anpassungsformen entwickelten.

Die Lebensläufe von vier Männern waren besonders aufschlußreich. Die erste Fallgeschichte veranschaulicht, wie Dr. James O'Neill, sobald sein Gehirn nicht mehr ständig berauscht war, «Psychopathie» und «Schizophrenie» durch Altruismus und Sublimierung ersetzte. Die Geschichte des Francis DeMille zeigt Verhaltensabläufe, durch die es einem jungen Mann gelang, sich während seiner biologischen Reifung von der neurotischen Angst vor Frauen und von homosexueller Orientierung zu befreien und sich zu einem gereiften Vater und Ehegatten weiterzuentwickeln. Das Leben des Dr. Herman Crabbe liefert uns ein Beispiel dafür, wie ein Mann sich aus der gefährlichen Umklammerung durch eine bedürftige Mutter in die wohltuende Umarmung einer mütterlichen Frau rettete. (Als sein Leben sicherer wurde, gab Crabbe seine schizoide Exzentrizität auf.) Dr. Godfrey Minot Camille schließlich entwickelte sich dank ausgedehnter ärztlicher Fürsorge von einem emotional verkrüppelten Hypochonder zu einem tüchtigen Internisten.

In seiner Genesung vom Alkoholismus illustriert James O'Neill*, ein Wirtschaftswissenschaftler aus der Grantstudie, die entwicklungsmäßigen Verknüpfungen zwischen den drei Ich-Mechanismen Ausagieren, Reaktionsbildung und Altruismus.

James O'Neill war von warmherzigen, doch auf Enthaltsamkeit bedachten Eltern streng erzogen worden. Obwohl O'Neill selbst so weit ging, seine Erziehung «preußisch» zu nennen, bezeichnete ein Kinderpsychiater, der über die spätere Entwicklung des Achtzehnjährigen im unklaren gehalten wurde, 1972 seine Kindheitsumgebung und seinen psychischen Gesundheitszustand während der Collegezeit als überdurchschnittlich. (Tatsächlich hat das prospektiv erfaßte Material der Grantstudie gezeigt, daß eine heitere Kindheit und eine ge-

---

* James O'Neill – erinnert an den Dramatiker Eugene O'Neill.

glückte Anpassung im College noch keine Gewähr dafür bieten, daß sich nicht später Alkoholismus entwickelt.[4]) Ein Jahrzehnt nach seiner Graduierung am College faßte der Direktor des Gesundheitsdienstes dieses College alle die Daten, die innerhalb der Grantstudie bis dahin über ihn gesammelt worden waren, wie folgt zusammen: «Ein recht aufrichtiger, anständiger, ehrlicher Bursche ... Dürfte in jedem Gemeinwesen ein erfolgversprechender Mitbürger sein.» Vor jener Zeit hatte man O'Neills Anpassungsstil am durchgängigsten mit den neurotischen, also normalen Mechanismen Reaktionsbildung und Intellektualisierung identifizieren können. «Ich habe mit Ideen zu tun», sagte er. «Ich liebe Ideen.» O'Neill war an der Konzipierung der statistischen und versicherungsmathematischen Verfahren beteiligt, die heute im Finanzmanagement der großen Industriefirmen angewandt werden.

Als James O'Neill die Dreißig erreicht hatte, war er nicht mehr fähig, seinen Alkoholkonsum auf gesellige Gelegenheiten zu beschränken; doch gelang es ihm aufgrund seiner herausragenden Intelligenz, eine beachtliche Doktorarbeit zu schreiben, eine einträgliche Anstellung in der Industrie zu finden und nicht als Alkoholiker erkannt zu werden. Dennoch bestand sein Tageslauf vom Morgen bis zum Abend zu einem großen Teil darin, heimlich in Kneipen zu trinken. Sein ständiges Berauschtsein führte zu anpassungswidriger Regression; an die Stelle von Intellektualisierung und Reaktionsbildung traten nun Ausagieren und gegen das eigene Selbst gewendete Wut. Dieser ehemals puritanische Mann betrog jetzt seine Frau immer wieder und auf unsinnige Weise. Dieser klardenkende Mathematiker borgte sich zwanghaft Geld zusammen, um es in Wettbüros und den Wechselkassen der Spielsäle quer durchs Land wieder auszugeben. Dieser aufrichtige und gewissenhafte Mensch wurde dabei erwischt, wie er aus den Bell Telephone Laboratories Geräte stahl, um sich Geld zum Trinken zu beschaffen. O'Neill war nicht nur überall der Verlierer, sondern er machte sich auch nicht die Mühe, bei seinen Abenteuern im Hotel oder den Exzessen seiner Spielleidenschaft seine Identität zu verschleiern.

1958 wurde er in eine Klinik eingewiesen. Der Arzt nannte ihn «einen untauglichen Charakter», er selbst bezeichnete sich als «Psychopath». Obwohl er Hunderte von Therapiestunden durchgemacht hatte, mußte O'Neill acht Jahre später erneut stationär behandelt werden. Dieses Mal waren seine Gehirnfunktionen durch akuten Alkoholentzug noch weiter beeinträchtigt worden. Durch die daraus folgende psychische Desorganisierung, die von lebhaften Halluzinationen begleitet war, verfiel er in primitivste Abwehrmechanismen – Entstellung und wahnhafte Projektion – und wurde bei seiner Entlassung erneut als alkoholkrank und schizophren diagnostiziert. (Delirium tremens wäre ein angemessenerer Ausdruck gewesen.) Er wurde nicht psychiatrisch weiterbehandelt, doch ein Arzt führte ihn bei den Anonymen Alkoholikern ein.

Als ich Dr. O'Neill traf, hatte er schon drei Jahre lang keinen Alkohol angerührt. Nun war Intellektualisierung wieder seine vorherrschende Abwehr. Seine frühere Reaktionsbildung erleichterte es ihm, nun geradezu leidenschaftlich nach Enthaltsamkeit zu streben. Bezeichnenderweise gab es nur einen einzigen Punkt, in dem er mit den Anonymen Alkoholikern nicht übereinstimmte: Diese Organisation und zahlreiche erfahrene Ärzte betrachten Alkoholismus als eine Krankheit, während O'Neill, inzwischen das genaue Gegenstück eines gewissenlosen Psychopathen, immer noch davon überzeugt war, seine unkontrollierte Alkoholabhängigkeit wäre eine Frage der Moral gewesen.

In den drei Jahren der Nüchternheit, einer Nüchternheit, die er in der stützenden Gemeinschaft der Anonymen Alkoholiker durchlebte, hatte O'Neill zwei neue Anpassungsstile entwickelt: Sublimierung und Altruismus. Mit diesen Mechanismen kam Freude in das Leben dieses ehemaligen Diebs, Schwerenöters und offiziell als «untauglich» bezeichneten Menschen. Seine alte Spielleidenschaft war nun in einer sehr viel vorteilhafteren Aufgabe sublimiert: er war Mitglied im Beraterstab der Massachusetts State Lottery Commission. Er war stolz darauf, daß er seine analytischen Talente in seinem gegenwärtigen Beruf nicht mehr den Bell Laboratories und dem militärischen Establishment zur Planung eines globalen Krieges zur Verfügung stellte; vielmehr war es eine große, mit Fragen der Geburtenkontrolle befaßte Stiftung, für die er jetzt statistische Analysen durchführte. Hatte er während seiner Jugend nur ein geringes Interesse für Glaubensfragen gehabt und während der zwei Jahrzehnte seines Alkoholismus ein durch und durch areligiöses Leben geführt, so engagierte er sich nun aktiv in seiner Kirche. Bei den Anonymen Alkoholikern war er mit allen seinen Kräften darum bemüht, anderen zu helfen.

Mit dem letzten Glas war es auch mit seinen nichtigen Affären zu Ende, und er machte sich an die mühselige Aufgabe, seine strapazierte Ehe wieder zu kitten. «Meine Frau und ich», versicherte mir O'Neill, «haben unsere Ehe wieder so weit in Ordnung gebracht, daß wir es jetzt schöner haben als in den ersten fünf Jahren.» Mochte diese Erklärung auch zu optimistisch ausgefallen sein, so war seine Ehe doch in einem besseren Zustand als je in den zwanzig Jahren davor.

Mit seiner Liebenswürdigkeit hatte Francis DeMille* die Mitarbeiter der Grantstudie 1940 sofort für sich eingenommen. Mit seiner frischen Gesichtsfarbe wirkte er kaum alt genug, um schon zu studieren, und trotz seiner aufrechten Haltung kam er mehreren Beobachtern eher unmännlich vor. In seinem Benehmen war er offen, gewinnend und direkt. Mit kultivierter Lebhaftigkeit sprach er über sein Interesse am Theater.

Als Collegestudent «vergaß» Francis DeMille in schwer nachvollziehbarer Weise, sich über seine sexuellen Phantasien, aggressiven Impulse und die Loslösung von seiner Mutter Gedanken zu machen. Der Psychiater bemerkte verwundert über den Neunzehnjährigen: «DeMille denkt noch nicht an sexuelle Erlebnisse.» Weiter notierten die Forscher damals, daß er sich nicht gut an seine Träume erinnern konnte und berichtet hatte: «Bedrückende Gefühle verblassen rasch.» Während seiner ganzen Collegezeit ging er nie mit Mädchen aus, leugnete seine sexuelle Spannung vollkommen ab und bemerkte schlicht: «Ich bin alles andere als aggressiv.»

Obwohl es rückschauend kaum verständlich ist, warum DeMille in eine Untersuchung der normalen Entwicklung einbezogen wurde, war es in der Tat so, daß ihm seine ausgezeichneten schauspielerischen Fähigkeiten weiterhalfen. Die Wissenschaftler wunderten sich zwar über den Grad seiner Verdrängung, nahmen ihn aber dennoch als «farbig, dynamisch, liebenswürdig und angepaßt» wahr. Es war Francis nicht bewußt, daß seine Mutter ihn zum Theater drängte, und er nahm im College aktiv und mit Vergnügen am Theaterspielen teil. Wie viele Menschen, die Verdrängung als Hauptabwehrform gebrauchen, beteuerte Francis, er zöge «gefühlsbetontes Denken strenger

---

* Francis DeMille – erinnert an den Regisseur Cecil B. DeMille.

Rationalität» vor, und bei einer Gelegenheit berichtete er der Studie: «Ich habe einen regelrechten Hysterieanfall produziert!»

Wie viele Hysteriker und Schauspieler war DeMille ein Meister im Dissoziieren. So fand er es beispielsweise «sehr erfrischend, mich von meinen Hemmungen zu befreien, indem ich meine Gefühle in einem Stück an jemand anderem auslasse.» Die Lehre der Christian Scientists sprach ihn sehr an, und obwohl die Mitarbeiter der Studie sich darum sorgten, wieweit er sich innerlich tatsächlich wohlfühlte, schien er während der psychiatrischen Interviews «beständig von Heiterkeit durchdrungen».

Francis DeMille war am Stadtrand von Hartford (Connecticut) aufgewachsen. Seinen Vater, einen Geschäftsmann, der kurz vor Francis' Geburt von zu Hause wegging und bald darauf starb, hatte er nie kennengelernt. Die Verwandten seines Vaters beteiligten sich nicht an seiner Erziehung, und der Haushalt der DeMilles bestand aus seiner Mutter und zwei unverheirateten Tanten. Vom ersten bis zum zehnten Lebensjahr wuchs Francis in ausgesprochen weiblicher Umgebung auf. Man ermunterte ihn, in seinem gut ausgestatteten Spielzimmer für sich allein zu spielen, und seine Mutter berichtete der Studie stolz, daß er «nie mit anderen Jungen zusammen» spiele. Als Jugendlicher, so schwärmte sie, habe Francis sie «wie ein Mann seine Frau in einen Nachtklub ausgeführt», und selbst während des Zweiten Weltkrieges brachte der Leutnant Francis DeMille es fertig, gefühlsmäßig und geographisch in der Nähe seiner Mutter zu bleiben. Die Marine holte ihn nie weiter von Hartford weg als bis Grotonin Connecticut, und der Internist der Studie befürchtete schon, daß er sein Leben lang ein mutterfixierter Neurotiker bleiben würde.

Bei der Marine geschah es dann freilich auch, daß DeMilles Verdrängung infolge seiner fortschreitenden Reifung zu versagen begann. Sein fehlendes sexuelles Interesse wurde ihm bewußt, worauf er sich sorgte, er könne womöglich homosexuell sein. Als er dieses Problem mit der Studie erörterte, unterlief ihm, wie vielen Menschen, die verdrängen, ein aufschlußreicher Schreibfehler: «Ich weiß nicht, ob Homosexualität psychiologisch [sic!] oder psychologisch verursacht ist.» Wie sich herausstellte, hatte DeMilles Unbewußtes recht; in *physiologischer* Hinsicht war nichts an seiner Männlichkeit auszusetzen.

Doch ist Angst in bewältigbaren Dosierungen der Reifung förderlich, und so begann Francis bei der Marine, Sublimierung an die Stelle seines Dissoziierens zu setzen. Wie er der Studie schrieb, «rebellierte» er beständig gegen die Ordnung der Marine und pochte auf seine individuellen Rechte und die seiner Männer. Hätten wir nicht Einblick nehmen können in seine militärischen Tauglichkeitsberichte, so wäre sein Verhalten seinen eigenen Worten nach wohl als «passiv-aggressiv» eingestuft worden. Eine objektive Bewertung seines Verhaltens ergab jedoch, daß er die höchste Tauglichkeitsstufe als Offizier in «moralischem Mut» und «Fähigkeit zur Zusammenarbeit» erhalten hatte. Kurz gesagt: er hatte seinem Aufbegehren gegen das Militär eine akzeptable Form verliehen, was wahrhaftig ein Kunststück ist.

Als DeMille siebenundzwanzig war, wurden seine sorgenvollen Briefe wegen seiner etwaigen Homosexualität durch die freudige Erklärung abgelöst: «Es macht mir Spaß, mit jungen Mädchen zusammenzuarbeiten!» Er hatte eine Stelle als Schauspiellehrer im Vassar-College bekommen. Indem er es endlich über sich brachte, von Hartford weg und nach Poughkeepsie zu ziehen, hatte er auch seinem schon zuvor empfundenen Gefühl, «es sei sehr notwendig, von zu Hause wegzugehen», Genüge getan. Drei Jahre später untergrub er die Dominanz seiner Mutter noch weiter, indem er eine Schauspielerin heiratete, die zuvor unter *seiner* Regie gearbeitet hatte. Heute ist seine Ehe zwar nicht die beste innerhalb der Studie, doch sie ist stabil und hat bereits ein Vierteljahrhundert überdauert.

Nach seiner Heirat wandelte sich DeMilles Verdrängung noch weiter um. Bei der Beantwortung eines Fragebogens, in dem er nach seiner ehelichen Anpassung befragt wurde, schrieb er uns: «Dieser Fragebogen muß bei mir eine psychische Blockierung ausgelöst haben. Mein Widerwille dagegen, ihn auszufüllen, geht weit über das übliche Zögern hinaus.» Er befand sich bezüglich seiner sexuellen Einstellung in einem Konflikt, und er wußte das auch. Mit der Einsicht erhebt sich jedoch zugleich der Widerstand, und so kam es, daß man bei der Studie sieben Jahre lang nichts mehr von DeMille hörte. Er nahm in dieser Zeit nie Kontakt zu einem Psychiater auf. Doch gemäß seiner neu erworbenen Sublimierungsfähigkeit schrieb er eine erfolgreiche Komödie mit dem Titel «Help Me, Carl Jung, I Am Drowning».*

* «Helfen Sie mir, Carl Jung, ich ertrinke».

Doch DeMille kehrte zu der Studie zurück, und in mittleren Jahren verriet er mir, auf welch geschickte Weise sein Ich seine gewaltige Abneigung dagegen, sich als aggressiv-männlicher Geschäftsmann zu präsentieren, sublimiert hatte. In demselben Fragebogen, in dem er von seinem Zögern bei der Erörterung seiner ehelichen Übereinstimmung gesprochen hatte, hatte Francis schon fünfzehn Jahre zuvor geschrieben: «Ich habe mich nie direkt mit der Frage meiner Karriere beschäftigt, während ich im Unterbewußtsein schon die ganze Zeit beschlossen hatte, des Geldes wegen zu arbeiten – ich hatte immer gedacht, ich täte das nicht.»

In der Tat steckte in DeMille mehr von einem Söldner, als ihm selbst klar wurde; doch seine Lösung war gekonnt. Obwohl er sich geschworen hatte, sich nie mit «dem Gespenst des amerikanischen Business» einzulassen, steuerte er in seiner Firma einen Erfolgskurs ganz eigener Art. Trotz seiner Vorliebe für das Theater war er in der Versicherungsstadt Hartford als leitender Angestellter erfolgreich. In seiner Branche, die nicht gerade dafür bekannt ist, daß sie besondere individuelle Ausdrucksmöglichkeiten bietet, entdeckte er in der Werbeabteilung eine Nische, die ihm die Freiheit zu selbständigen Entscheidungen einräumte, den herkömmlichen beruflichen Status sicherte und überdies die Chance bot, seine künstlerische Ader zur Geltung zu bringen. Er legte jedoch Wert darauf, mir zu versichern, daß sein Erfolg auf dem Markt niemand anderen bedrohe und daß er nicht «übermäßig aggressiv» sei. Wie er sagte: «Um in einem großen Betrieb überleben zu können, brauche ich alles, was ich an Gerissenheit in mir habe.» Nur in seiner kleinen Theatergruppe konnte er es ohne Bedenken genießen, aggressive Rollen zu spielen.

Auch ohne Psychotherapie hatte die frühere Verdrängung der wichtigen männlichen Figuren in seinem Leben bei dem sechsundvierzigjährigen DeMille der lebhaften Erinnerung an einen hypermaskulinen Onkel Platz gemacht, der während seiner Adoleszenz eine wichtige Rolle gespielt hatte, obwohl er nie erwähnt worden war. Fünf Jahre nach meinem Gespräch mit ihm sagte DeMille noch mehr über diesen Onkel: «Der einzige stetige männliche Einfluß – stark dominierend – eine männliche Figur, die ich früher abgelehnt habe.» Dies traf jedoch nicht völlig zu, denn mit seiner Pfeife, dem Tweedjackett und den Ledermöbeln seines Arbeitszimmers hatte DeMille sich in mittleren Jahren diesem Onkel weitgehend angeglichen. Die charmanten Gefühlsergüsse seiner Jugendjahre waren verschwunden; er verbarg seine Gefühle nun hinter Tabellen, Ordentlichkeit und dem barschen, bärbeißigen Gehabe des über Vierzigjährigen. «Im College», so sagte er sinnend, «habe ich mich eine Zeitlang am Rand der Bohème bewegt, doch dann, seit fünfundzwanzig Jahren, habe ich mich verändert. Es ist, als ob ein Uhrwerk in mir getickt hätte, das mich dazu gebracht hat, diesen Weg einzuschlagen.» Vielleicht hängt es auch damit zusammen, daß er ein paar Jahre zuvor die Religion seiner Mutter aufgegeben hatte, weil ihn die baptistische Lehre seines Vaters «auf einmal so tief beeindruckt» hatte. Selbstverständlich hoffte er, seine Söhne würden nicht entdecken, daß ihr Vater seine Haare einmal lang getragen hatte, denn im Jahre 1970 zeigte DeMille eine starke Mißbilligung gegenüber ungehindert sprießenden Locken.

Ein letztes Beispiel dafür, wie DeMille die «Krankheit», ein schwächliches Muttersöhnchen zu sein, in relative psychische Gesundheit umwandelte, bietet seine gelungene Lösung aus der Abhängigkeit von seiner Mutter. Obwohl er in Hartford nur vier Straßen von dem Haus, in dem er aufgewachsen war, entfernt wohnte, war seine Mutter nun real abhängig von ihm. Er lebte sein Leben unabhängig von ihr und behandelte sie wie eines seiner Kinder. Die Abhängigkeitswünsche, die er immer noch zeigte, waren seinem Alter gemäß. Da er sich bei seiner patriarchalisch geführten Versicherungsgesellschaft so viele zusätzliche Vergünstigungen erworben hatte, fühlte er sich nun außerstande, seine Stellung zu wechseln.

Das Leben des Dr. Herman Crabbe bietet ein Beispiel dafür, daß verminderte Gefährdung und stützende Beziehungen ebenfalls zu anpassungsfördernder Reifung beitragen. Ursprünglich schien das Leben des Herman Crabbe auf eine Katastrophe hin angelegt zu sein. Als Neunzehnjähriger wirkte Herman fast kauzig. Die Mitarbeiter der Studie nannten ihn «einen Einzelgänger und Stammler, ungepflegt und unerzogen». «Er sah niemandem in die Augen und war hochgradig reizbar», so heißt es in den Unterlagen der Studie, und weiter: «Im Umgang mit anderen Menschen wirkt er eher unbeteiligt.»

Herman war in einer kleinen Bergwerksstadt in West Virginia aufgewachsen, in einer Familie, deren jährliches Einkommen tausend Dollar kaum je überstieg. In der High School hatte seine herausragende Leistung in einer staunenswerten Mottensammlung bestanden, einer Sammlung, die ihm wenn schon keine Freunde, so doch Anerkennung im ganzen Staat und ein volles College-Stipendium einbrachte. Unter seinen Studienkollegen mochten manche von Natur aus begabter sein, doch infolge seiner ungeteilten Begeisterung für die Biologie und der Tatsache, daß gute Noten ihm Freude, Menschen aber Unbehagen bereiteten, graduierte er summa cum laude.

Herman Crabbe* hatte die wohl pathologischste Mutter der ganzen Studie zu ertragen. Mrs. Crabbe war eine paranoide Frau, die einerseits ihrem Mann vorwarf, mit anderen Frauen auszugehen, und ihn vor Herman schlechtmachte, andererseits jedoch die alte Rückenverletzung ihres Mannes als Vorwand benutzte, um dafür zu sorgen, daß er als arbeitsloser Invalide dahinlebte. Als Herman noch ein Kind war, war sie von einem Arzt zum anderen gelaufen, bis sie jemanden gefunden hatte, der die «feinen Geräusche» im Herzen ihres Sohnes hören konnte und es ihr ermöglichte, ihn von jeglicher sportlichen und unabhängigen sozialen Aktivität auszuschließen. (Der Arzt seines College stellte fest, daß Herman sich einer ausgezeichneten Gesundheit erfreute.) Mrs. Crabbe fürchtete sich vor den Folgen, die der Collegebesuch ihres Sohnes haben könnte: er würde ihr weggenommen werden oder sich zum «geilen Bock» entwickeln. Als sie später erkennen mußte, daß Herman ihr in der Tat entkommen war, vertraute sie der Sozialforscherin an: «Ich werde mich an Sammy [Hermans jüngeren Bruder] klammern müssen, wenn ich Herman jetzt verliere.» Eine der wenigen aufrichtigen Äußerungen, die Herman in jenen frühen Jahren der Studie gegenüber machte, lautete, seine Mutter sei «unfroh ... Sie nörgelt an mir herum und versucht, mich an sich zu binden.» Nach ihrem Besuch bei Hermans Mutter stimmte die Sozialinterviewerin dem zu und notierte: «Das war das kläglichste Gespräch, das ich bisher geführt habe.»

Bis zum Alter von dreißig Jahren gebrauchte Herman Isolierung, Phantasie und Projektion als dominierende Überlebensformen. Als Kind hatte Herman sich der Intellektualisierung und Phantasie ebenso geschickt bedient wie DeMille der Dissoziation. Anders als DeMille *wußte* Crabbe wohl, daß seine Mutter sich an ihn klammerte, doch war er unfähig, das entsprechende Gefühl aufzubringen. Statt dessen zog er sich in die Sicherheit seiner eigenen Gedanken zurück

---

* Herman Crabbe – erinnert an «hermit crab» (Einsiedlerkrebs).

und verbrachte seine Zeit statt mit Menschen mit dem Studium von Motten. Sowohl der Psychologe als auch die Anthropologin diagnostizierten ihn als schizoid. Im College faßte er seine Lebenseinstellung in die Worte: «Jeder ist darauf aus, so viel zu kriegen, wie er kann . . . Es zahlt sich nicht aus, sich viel um andere zu kümmern.» Er belog seine Eltern, hatte keine Freunde und gehörte zu den wenigen Probanden, die nie eine militärische Uniform trugen.

In der High School hatte Herman sich mit seiner paranoiden Mutter identifiziert und geglaubt, daß die anderen Kinder hinter ihm her seien. Als er es nach dem College gewagt hatte, die einzige enge Freundin aus seiner High-School-Zeit zu heiraten, fürchtete er, die Mutter seiner Frau und nicht seine eigene Mutter hätte etwas gegen seine Heirat. Crabbe dachte auch, er würde an seiner Universität Schwierigkeiten bekommen, weil er mit dreiundzwanzig geheiratet hatte, ohne Mitteilung davon zu machen. Seine Racheängste beruhten auf einer Projektion seiner realen Schuldgefühle, die die Flucht aus der Umarmung seiner Mutter ihm eingeflößt hatte.

Als Dreißigjähriger hatte Herman Crabbe immer noch etwas von einem dörflichen Sonderling oder einem kleinen Kind an sich. Er bat zwei Teilnehmer der Grantstudie, ihn für den Eislaufklub seines Wohnortes vorzuschlagen und trat ihm dann nicht bei. Er ging anderen Menschen aus dem Weg und arbeitete bis abends um neun in seinem Labor. Die Sozialanthropologin bemerkte, Herman sei besessen vom Gefühl seiner eigenen Minderwertigkeit. «Ihm fehlt offenbar die ganz elementare Bereitschaft zum Entgegenkommen, er betrachtet andere Menschen nicht in ihrer psychischen Erscheinung, sondern unter dem Gesichtspunkt, ob sie Unterstützung bieten oder nicht, ob sie Forderungen an einen stellen oder einen in Ruhe lassen.»

Schließlich starb Hermans Mutter, worauf er und sein Vater nicht gebrochen waren, sondern einen jähen Aufschwung zur Gesundheit erlebten. Sein Vater erhob sich von seinem Krankenbett, um zum ersten Mal seit zwanzig Jahren eine Arbeit anzutreten und sich wieder seinen alten Freunden in der American Legion* zuzugesellen. Herman erneuerte die Beziehung zu seinem verjüngten Vater, drosselte seine zwanghafte Forschertätigkeit und begann zum ersten Mal, auf andere Menschen zuzugehen. Der Internist der Studie bemerkte,

---

* American Legion – Veteranenvereinigung.

Crabbe «erscheint selbstsicherer und fröhlicher, als ich ihn je gesehen habe». Herman kaufte sich einen Boxerhund und schrieb an die Studie: «Der Umgang mit anderen macht mir mehr Spaß, als ich je erwartet hätte.» Seine Ehe gedieh.

Als Herman ein Jahr nach dem Tod seiner Mutter im Rahmen der Untersuchung psychologisch getestet wurde, wirkte er nicht länger schizoid. Ein klinischer Psychologe, der außer zehn Geschichten, die Crabbe zu Bildvorlagen des Thematischen Apperzeptionstests erzählt hatte, keinerlei Informationen besaß, erklärte: «Seine Mutter erscheint als eine Gestalt, die ihren Sohn infolge ihrer ehelichen Frustration parasitär für sich selbst haben will . . . In seinen Phantasien prallen nachts Armeen blind aufeinander . . . Infolge gelegentlicher Phantasieeinbrüche in seine perfekt ausgestaltete zwanghafte Oberfläche treten wohl auch ein paar exzentrische Züge auf, doch ist es unwahrscheinlich, daß sie schizoide Ausmaße erreichen.» Der Psychologe faßte seine Deutung von Crabbes Test in die Worte zusammen: «Ein klein wenig wunderlich, doch nach außen hinreichend normal.»

Mit fünfzig war Crabbes Verwandlung noch weiter fortgeschritten. Harvey Newton und William Mitty, die beiden Männer, die als Beispiele für Phantasietätigkeit angeführt worden sind, gaben als Fünfzigjährige in ihren Fragebogen Antworten, die deutlich ihre anhaltende Angst vor Intimität erkennen ließen. Umgekehrt zeigten Crabbes Antworten in demselben Test auf, daß er ein wenig zu extravertiertem Verhalten neigte. Augenscheinlich war er nun im Einklang mit seinen Gefühlen. Er suchte nun weder Trost in Tagträumen, noch «mied er Nähe und Vertrautheit mit anderen Menschen», sondern schrieb uns: «Ich reagiere nun ziemlich gefühlsmäßig auf das, was geschieht.»

Mochten seine Späße immer noch ein wenig pubertär anmuten, so behielt Crabbe während seines Gesprächs mit mir doch die ganze Zeit über Augenkontakt bei. Als wir einige Zeit zusammen waren, taute er zunehmend auf. Er war inzwischen Leiter eines Forscherteams von zwölf Doktoren bei General Foods, wo man ihn schon des öfteren wegen hervorragender Leistungen lobend erwähnt hatte. Wie DeMille war auch er ein Individualist, der es fertigbrachte, im amerikanischen Konzerndschungel zu überleben. Hatte er als Neunzehnjähriger auch lakonisch erklärt, er gebe Sachen den Vorrang vor Menschen, so sagte mir der Fünfzigjährige jetzt: «Ich glaube nicht, daß ich gut zu sachlicher Arbeit tauge. Statt dessen würde ich lieber andere

Menschen anleiten.» Er arbeitete zwar immer noch sechzig Stunden die Woche, doch nicht mehr um seiner selbst willen. Der Studie hatte er geschrieben: «Ich bin kein großer Wissenschaftler, aber ich kann andere führen.»

Welches waren die Stufen, über die Crabbes Veränderung verlaufen war? Was ermöglichte es ihm, über Phantasie und Projektion hinauszuwachsen?

Ein Grund liegt darin, daß eine Gefahr vorbeigegangen war: er war jetzt endlich frei von seiner psychisch kranken Mutter. Ein zweiter Grund ist, daß Herman als Fünfunddreißigjähriger mehrere Stunden Psychotherapie durchmachte; ein dritter, daß er sich in den frühen Dreißigern seinem Vater näherte und damit zum ersten Mal auch eine Beziehung zu seinem zweiten Elternteil aufbaute. Das Wichtigste ist jedoch, daß er das Glück hatte, eine der befriedigendsten Ehen der ganzen Studie zu führen. Er hatte früh geheiratet, und es steht außer Frage, daß er mit seiner Heirat auch die fähige Mutter hatte bekommen wollen, die er als Kind nie gehabt hatte. Und es gelang: seine Frau half ihm weit mehr, sich von seiner Familie zu befreien, als der Besuch des College es tat. Nach fünfundzwanzigjähriger Ehe konnte er an die Studie schreiben: «Ich bin immer noch mit derselben Frau verheiratet – und sie wird mir immer lieber!»

Es könnte sein, daß diese Ereignisse als Katalysatoren wirkten und schließlich dazu führten, daß der ehemals einsame Biologe in mittleren Jahren einem Einsiedlerkrebs glich, der endlich seine Zuflucht in einer sicheren Welt gefunden hat. Phantasie konnte der Intellektualisierung, ihrem logischen Nachfolger, Platz machen. Crabbe lebte sein Leben streng nach Plan. Der Tagesablauf war vollständig ritualisiert; die sozialen Beziehungen, die er hatte, gruppierten sich entweder um seine Arbeit oder um seine Ehefrau. Obgleich er reserviert war, beeindruckte mich die außerordentliche Freimütigkeit, mit der er über seine psychologischen Vorgänge sprach. Sexuelle Probleme erörterte er anschaulich, doch ohne Gefühlsbeteiligung. Vielleicht war es ein Vermächtnis der langen Jahre, in denen er sehr nach innen gelebt hatte, daß er nun verstand, was er fühlte. Intellektualisierung bringt Vorteile wie Nachteile.

Crabbes Projektionsmechanismus wurde durch Dissoziation, einem nahen Verwandten des ersten, abgelöst. Als seine Mutter an Brustkrebs starb, bemerkte er auf einmal Schmerzen in der Brust und fragte sich, ob sie auf das Herzleiden hindeuteten, das seine Mutter stets befürchtet hatte. Als er später zunehmend Aufgaben übernahm, die es ihm ermöglichten, mehr mit Menschen als im Labor zu arbeiten, schwächte sich sein paranoides Minderwertigkeitsgefühl ab; doch fand der zuvor unermüdliche Wissenschaftler diese andere Form der Arbeit «aufreibend». Er nahm Urlaub, seiner «Gesundheit» zuliebe, doch ging er danach beileibe nicht wegen «Erschöpfung» zum Arzt, sondern wandte sich wegen seiner «Depressionen» (d. h. wegen des Konflikts, in der der Wechsel vom Labor zur Menschenführung ihn gestürzt hatte) an einen Psychiater. In einer kurzen Psychotherapie lernte Crabbe zum ersten Mal, mit seiner Abhängigkeit – dem Fluch im Leben des Projizierenden wie des Phantasierenden – umzugehen. Er entdeckte: «Ich war sehr geschickt darin, meine Frau so zu manipulieren, daß sie mich in Abhängigkeit hielt. Nun ist mir klargeworden, wie abhängig ich bin. Ich hatte die Schuld bisher immer anderen zugeschoben.»

Anstatt zu projizieren, verschob er seinen Widerwillen dagegen, an dem geselligen College-Wiedersehenstreffen teilzunehmen, auf die Anstrengung, die es ihn kosten würde, mehr als sechshundert Kilometer zu fahren und dabei womöglich noch in eine Grippeepidemie zu geraten. Doch er kam! In beiden Fällen ging sein Ich zwar der vollen Verantwortung für seine Ängste aus dem Weg, doch während sein früherer Stil ihn in den Augen der Mitarbeiter der Studie psychisch krank hatte erscheinen lassen, war der zweiundfünfzigjährige Herman Crabbe nach sämtlichen Kriterien, die der Einstufung der Teilnehmer zugrunde gelegt wurden, gesund. Er selbst drückte das so aus: «Es ist schon etwas Ungeheuerliches, als Zweiundzwanzigjähriger summa cum laude zu graduieren und dann erwachsen zu werden und erst als über Fünfzigjähriger Selbstsicherheit und Zutrauen zu seinen eigenen Fähigkeiten zu entwickeln ... Heute, mit zweiundfünfzig, bin ich ehrgeiziger, zuversichtlicher und bei der Arbeit ideenreicher als je zuvor ...»

Wenden wir uns nun dem Fall des Dr. Godfrey Minot Camille*, eines Internisten in Baltimore, als letztem Beispiel für die Fähigkeit des Ichs zu, die Dämonen der Geisteskrankheit in «die Säue fahren» zu lassen.

---

* Godfrey Camille – ‹Godfrey› und ‹Minot› sind Namen alteingesessener Bostoner Familien; ‹Camille› erinnert an die vornehme Kameliendame (lady of camillias) aus dem gleichnamigen Roman von Alexandre Dumas d. J.

Offenbar wurden die Reifeprozesse seines Ichs durch länger dauernde Beziehungen mit liebenden Menschen gefördert. Camille hatte sich der Studie 1938 als begeisterungsfähig und im Umgang gewandt präsentiert. Er war ein großer, rothaariger junger Mann mit rosa Wangen und einer liebenswürdigen Art und gab an, er wolle Geistlicher oder Arzt werden. Erst nach und nach kamen Befangenheit und niedrige Selbstachtung hinter seinen angenehmen Umgangsformen zum Vorschein. Im College wurde er hoffnungslos hypochondrisch, so daß er schließlich hinsichtlich der Stabilität seiner Persönlichkeit von den Forschern der Studie übereinstimmend mit dem Prädikat «E» eingestuft und von einem gefühllos urteilenden Beobachter «als für den Arztberuf nicht geeignet» erklärt wurde. Doch trat Godfrey Camilles psychogene Invalidität im Lauf der Jahrzehnte zunächst hinter Verschiebung und dann, als er ein tüchtiger Arzt geworden war, hinter Altruismus zurück.

Allein Dr. Earl Bond, eine der überragenden Persönlichkeiten der amerikanischen Psychiatrie und die inspirierende Kraft hinter der Grantstudie, hatte Camilles zukünftige Entwicklung intuitiv vorausgeahnt. Nach seinem Gespräch mit dem achtzehnjährigen Godfrey hatte er notiert: «Anziehend, sauber, durchsetzungsfähig, bescheiden, Sinn für Humor, direkt, ungezwungen, offen – ‹A›.» Der andere Psychiater bezeichnete ihn dagegen als «distanziert, mißtrauisch, ungeschickt, eigensinnig» und stufte ihn unter «C» ein.

Godfrey Minot Camille war als Kind stark gestörter, wenngleich ehrbarer Bostoner Eltern in Brookline, Massachusetts, großgeworden. Beide Eltern waren sozial isoliert und krankhaft mißtrauisch. Obwohl überfürsorglich, waren sie offenbar außerstande, ihren Kindern Wärme zu geben oder ihnen auch nur die mindeste aggressive Regung zu erlauben. Als Neunzehnjähriger kleidete Camille das Problem kurz und bündig in die Worte: «Mutter hat es nicht gut fertiggebracht, Vaters Schwächen auszugleichen.» Traurig bestätigte er als Sechsundvierzigjähriger seine frühere Bemerkung: «Ich habe meine Eltern weder gemocht noch respektiert.»

Mochte Godfrey infolge seines hypochondrischen Lebensstils die Mängel seiner Eltern auch überzeichnet haben, so wurde sein Eindruck von anderen Beobachtern insgesamt doch bestätigt. Die Sozialarbeiterin nannte seine Mutter «anfällig, nervös, einsam, elend, eine Meisterin der Selbsttäuschung ... einer der nervösesten Menschen, die ich je gesehen habe». Durch ihre Überzeugung, die Ärzte der

Grantstudie würden ihrem Sohn gefährliche experimentelle Injektionen geben, hatten Godfreys Eltern seine Teilnahme an der Untersuchung beinahe verhindert. Seine Eltern schrieben wiederholt an den Forschungsstab der Studie, man möge Camille doch von seiner geplanten Sommerreise nach Neuschottland abraten. Einmal sagten sie, sie hätten Angst, er könne Grizzly-Bären zum Opfer fallen, ein andermal verweigerten sie ihre Zustimmung, weil die Deutschen vielleicht einen U-Boot-Angriff auf Neuschottland durchführen könnten. Godfrey erklärte gegenüber der Studie: «Eine Freundin von mir war einfach erschüttert über das Benehmen meiner Eltern, als sie sie kennenlernte.»

Godfrey war genau auf die falsche Art umhegt worden. Seine ganze Kindheit über hatte ihn ein Dienstmädchen zur Schule gebracht. Häufig wurde ihm verboten, mit den Nachbarskindern zu spielen. Godfrey war sich der dringenden Notwendigkeit, aus dem elterlichen Würgegriff zu entfliehen, bewußt, seitdem er dreizehn war, doch war Unabhängigkeit für ihn etwas so Ungewohntes, daß er sich damit sehr schwertat. Schließlich gelang es ihm, seine Eltern zu überreden, ihn ins Internat zu schicken, «wo ich in meinem Vorwärtskommen ganz auf mich gestellt war und mich auf mich selbst verlassen mußte». Als er der Sozialarbeiterin der Studie während seiner Collegezeit einmal anvertraut hatte, er sei depressiv, hatte sie ihm geraten: «Wenn du mal ans Ende deiner Kräfte kommst, dann beiß' die Zähne zusammen und sag dir: durchhalten!» Er antwortete verzagt: «Aber das geht ja schon ganz lange so, daß ich die Zähne zusammenbeiße und versuche durchzuhalten.» In dem im Rahmen der Grantstudie durchgeführten Rorschachtest drückte Camille sein Abhängigkeitsproblem als Reaktion auf ein mehrdeutiges Klecksbild wie folgt aus: Er stellte sich einen Schmetterling vor, der sich abmühte, um sich aus seinem Kokon zu befreien, jedoch umkam, weil nicht er selbst, sondern ein Junge den Kokon aufgemacht hatte. Godfrey erklärte, der Schmetterling sei auf die Anstrengung des Sichbefreiens angewiesen gewesen, so daß die vorzeitige Befreiung ihm zum Verhängnis geworden sei.

Immer noch ungeliebt und abhängig, bestand Camilles unbewußte Überlebensstrategie darin, Schul- wie Collegekrankenzimmer häufig aufzusuchen. Nachdem ihm bei der Studie aus einem Finger eine Blutprobe genommen worden war, verlangte er einen Verband und ein Glas Zuckerwasser, «um nicht bewußtlos zu werden». Während seiner Collegejahre lag Godfrey fünfmal im Krankenhaus; mehr als zwanzigmal kam er in die Ambulanz. In praktisch jedem dieser Fälle handelte es sich nicht um eine konkrete Krankheit. In Camilles erstem Collegejahr war es schließlich soweit, daß ein normalerweise mitfühlender Collegearzt ans Ende *seiner* Kräfte gelangte und Godfreys «eingebildete» Krankheit mit der angewiderten Bemerkung abtat: «Aus diesem Jungen wird allmählich ein richtiger Psychoneurotiker!»

Camilles Verhalten stand im Gegensatz zu seinen bewußten Empfindungen, denn Hypochonder bringen ihr Unbehagen selten mit ihren Gefühlen in Zusammenhang. Auf bewußter Ebene betrachtete Godfrey seinen Gesundheitszustand als «ausgezeichnet». Eine leichte Schlaflosigkeit war die einzige körperliche Folgeerscheinung emotionaler Streßsituationen, die er sich eingestand.

Während Godfreys Studium an der Medical School setzte eine Veränderung seines Abwehrverhaltens ein. Genau wie im Falle DeMilles verschmolzen zwei Anpassungsstile miteinander. Mit beginnender Einsicht verlagerte sich seine Hypochondrie. Seine körperlichen Beschwerden nahmen ab, und zugleich begann er, sich vor jeder psychischen Erkrankung, die er in seinem Lehrbuch fand, zu fürchten. Zuerst hielt er sich für schizophren, dann für homosexuell. An die Studie schrieb er: «Ich sorge mich um meine Gesundheit, obwohl damit offenbar alles in Ordnung ist.» Schließlich unternahm er unmittelbar nach der Graduierung an der Medical School einen Selbstmordversuch. Darauf wurde er in eine Klinik eingewiesen; die Diagnose lautete auf «Depression und hypochondrische Neigungen». Als wichtige Konsequenz ergab sich, daß er nun seine Zeit als Assistenzarzt, vor der er Angst hatte, auf später verschieben konnte. Obwohl der Dekan der Medizinischen Fakultät ihm bescheinigte, er sei im Umgang mit Patienten «außergewöhnlich geschickt», war dieser ängstliche Mann noch nicht so weit, daß er selbst für die Bedürfnisse anderer hätte sorgen können. Wie der Schmetterling, von dem er gesprochen hatte, brauchte auch er noch immer einen Kokon um sich.

Doch dann tat Dr. Camille zum ersten Mal offen etwas für sich selbst. Anstatt Ärzten mit Beschwerden auf die Nerven zu fallen, die sie nicht heilen konnten, anstatt daranzugehen, das Leiden anderer zu heilen, bevor sein eigenes Haus in Ordnung gebracht war, ging er nun mehrmals zum Psychiater. Nach einigen Sitzungen schrieb er an die Studie: «Meine Hypochondrie ist nun im großen und ganzen überwunden. Sie war eine Entschuldigung, eine selbstauferlegte Strafe für meine aggressiven Impulse . . . Der Preis für ein bißchen normale Aggressivität war eine Woche Depression.» (Wenn in der Erziehung dem Kind Urvertrauen und Autonomie verweigert wird, dann erscheint ihm sein eigenes gesundes Unabhängigkeitsstreben häufig unverzeihlich niedrig.)

In seinem Thematischen Apperzeptionstest legte Camille noch weitere Elemente der seiner Hypochondrie zugrunde liegenden Dynamik frei. So schrieb ein Psychologe, der keinerlei Information über Camilles Leben besaß außer den Aufzeichnungen seiner Reaktion auf die mehrdeutigen Bilder: «Seine Mutter erscheint als eine um sich selbst kreisende Frau, die mit Gewalt nicht sehen will, wie leidend und elend ihr Sohn ist, ganz egal, wie verzweifelt er auch immer versuchen mag, ihre Aufmerksamkeit auf sich zu lenken . . . Je mehr die Mutter sich dazu zwingt, sein Leiden nicht zu sehen, desto erbärmlicher leidet er.»

Sowie Herman Crabbe sich seine Projektionen und Dr. Camille sich seine Hypochondrie eingestand, konnte ihre jeweilige Abwehr aufgegeben werden. Anstelle von Hypochondrie gebrauchte Dr. Camille nur die eng damit verwandte Verschiebung. Er verschob seine Aufmerksamkeit von emotional besetzten auf neutrale Gegenstände. Er bekam eine phobische Aversion gegen alle Wörter, die etwas mit «Schizophrenie» zu tun hatten. Als seine Schwester starb, sandte Dr. Camille den medizinischen Bericht an die Studie, doch erwähnte er weder seine eigenen Gefühle noch die bloße Tatsache ihres Todes. Er schrieb einfach: «Beiliegend eine Kopie des Autopsieberichts, der, wie ich annehme, einen gewissen Informationswert besitzt. Was mich betrifft, so geht es mir ausgezeichnet.» Erst nach mehrmonatiger Verzögerung war er imstande, der Studie gegenüber von seinem tiefempfundenen persönlichen Verlust zu sprechen. Genausowenig brachte er es über sich, die Studie vom Tod seiner Mutter zu unterrichten; um jedes gefühlshafte Moment zu vermeiden, teilte er nur verschlüsselt mit: «Meine Mutter hat mir etwas vererbt.»

Außerdem zeigte Camille Konversionsreaktionen; mit anderen Worten: seine Gefühle verschoben sich, wandelten sich in körperliche Symptome um. Wenn wir einen geliebten Menschen verlieren, bricht uns nur das Herz, nicht der Verstand, und Gefühle wiederum können auf rätselhafte Weise aus unserem Geist auf den Körper überspringen. Deshalb trauerte Dr. Camille nicht, als einer seiner Verwandten an Lungenkrebs starb, sondern ließ sich seine Brust röntgen. Als er als Siebenundzwanzigjähriger mit seiner Verlobten gebrochen hatte, hatte er danach nicht etwa geweint, sondern sich von jähen Ängsten, er könne womöglich zu einem hysterischen Krüppel werden, übermannen lassen: «Ich brachte eine Stunde in einem halbstarren Zustand zu, wobei mir eine Parästhesie [ein Prickeln] durch die Arme lief.» Kurz darauf erfolgte die Einsicht in die Ätiologie der Symptome, worauf eine sofortige «Besserung» eintrat, denn im Gegensatz zur Hypochondrie verschwinden Konversionssymptome bei verstehender Deutung. Dr. Camille griff nicht mehr auf physische Beschwerden zurück, wenn er Empörung ausdrücken oder einem anderen Verantwortung übertragen wollte; doch lieferten ihm seine körperlichen Symptome, nachdem er sich in psychotherapeutische Behandlung begeben hatte, wertvolle Hinweise auf sein Gefühlsleben.

Während dieses Lebensabschnitts gebrauchte Camille Reaktionsbildung und Verschiebung nebeneinander. So sagte er etwa den Mitarbeitern des Forschungsteams, er habe mehrere Auswege gefunden, um nicht männlich-aggressiv sein zu müssen. Beispielsweise wende er sich nicht den Schwestern, sondern den Müttern seiner Freunde zwanghaft zu, um mit ihnen Freundschaft zu schließen. «Irgend etwas in meinem Unbewußten sagte mir, daß eine reifere Anpassung furchtbar gefährlich wäre.» Mit zweiunddreißig machte Dr. Camille einen erfolglosen Heiratsversuch, über den er später sagte: «Ich sehe auf diese Beinahe-Heirat als auf einen Versuch zurück, jemandem zu helfen, in den ich mich verliebt hatte.» Immer noch zu ängstlich, um sich ganz zu seiner eigenen Abhängigkeit zu bekennen, verwandte er ein gut Teil seiner Umwerbungen auf den Versuch, seiner Verlobten das an Einsichten und Trost zu geben, was er selbst sich gewünscht hätte.

Mit fünfunddreißig verschaffte eine wirkliche Krankheit Dr. Camille dann die emotionale Sicherheit, die er durch hypochondrische Symptome und sehnsüchtige Reaktionsbildung nicht erlangt hatte. Nach einem Skiunfall bekam er Osteomyelitis, eine chronische Knochenmarkentzündung. Er lag vierzehn Monate im Krankenhaus, zunächst mit der Einstellung: «Das trifft sich gut, ich kann mich ein Jahr lang ins Bett legen, tun, was ich will, und keiner kann etwas dagegen sagen.» Später bekannte er: «Ich war ganz froh, krank zu sein.» Er erkannte, daß seine Krankheit für ihn gleichbedeutend war mit einer religiösen Wiedergeburt. «Irgend so ein höheres Wesen hat sich um mich gekümmert», so schrieb er uns. «Ich hatte zwar eine Zeitlang das Gefühl, ich sei übergeschnappt, doch in der katholischen Kirche spricht man von ‹Gnade›. Seit diesem einen Jahr im Kasten war nichts mehr wirklich schlimm.»

Als sich seine Knochenmarkentzündung besserte, begab er sich in eine Psychoanalyse. Zu einem Teil rationalisierte er die Therapie als ein Mittel, sich selbst aus der Abhängigkeit als Krankenhauspatient zu befreien, zum anderen wurde durch die intensive Psychotherapie auch die echte Fürsorge fortgesetzt, die er so lange entbehrt hatte. Während er körperlich krank war, hatte Camille sich zunächst ohne Scheu umsorgen lassen. Mit Hilfe der Psychoanalyse entdeckte er dann eine innere Kraft, die ihm bis dahin gefehlt hatte. So wie sich seine Hypochondrie zuvor zu Reaktionsbildung, Verschiebung und der Fähigkeit, wirkliche Pflege während seiner wirklichen Krankheit anzunehmen, weiterentwickelt hatte, so traten Altruismus und die Fähigkeit, selbst als gebender Erwachsener aufzutreten, an die Stelle dieser neurotischen Abwehrmechanismen. Wenn ihn heute der Andrang seiner Patienten zu überlasten droht, nimmt Dr. Camille eine Handvoll Vitamintabletten – ein der Kommunion vergleichbarer Akt des Eingeständnisses, daß er selbst die Kraft zur Konfliktbewältigung besitzt, während er sie früher außerhalb seiner selbst suchte.

Als Jugendlicher hatte Godfrey Camille altruistische Phantasien gehegt, in denen er Pfarrer oder Arzt werden wollte; doch im wirklichen Leben war es ihm sehr schwergefallen, diese Phantasien in die Praxis umzusetzen. Während seiner frühen Erwachsenenjahre war Dr. Camille außerstande gewesen, sich aggressiv oder sexuell zu behaupten. Er hatte mehrere Jahre gebraucht, um seine klinische Ausbildung zu beenden, und in den ersten Jahren, in denen er selbst praktizierte, arbeitete er ausschließlich in der schützenden Umgebung privater Sanatorien und in der militärischen Ambulanz von Camp Meade in Maryland. Schließlich, als er vierzig Jahre alt war, fielen Wunsch und tatsächliches Verhalten zusammen. Als Internist hatte Dr. Camille eine zusätzliche psychiatrische Ausbildung erhalten, und nun spezialisierte er sich auf psychosomatische Allergien. Er begründete und leitete eine große Klinik für allergische Störungen in Baltimore – zum ersten Mal in seinem Leben war er selbst für irgend etwas verantwortlich. Er schrieb Artikel über die psychischen Bedürfnisse von Asthma-Patienten mit deprivierter Kindheit, Artikel, die sowohl für ihn selbst wie für andere nützlich waren. Hatte er sich früher den Abhängigkeitsbedürfnissen der Soldatenfrauen, die er behandelte, nicht gewachsen gefühlt, so übernahm er nun dankbar die Verantwortung für seine Privatpraxis. Er spricht offen darüber, was ihm an seiner Arbeit am besten gefällt: «Ich habe mich früher mit meinen Problemen an andere gewandt; nun macht es mir Freude, wenn andere zu mir kommen.»

Häufig setzt er Psychotherapie zur Behandlung von Allergien ein. «In der Psychotherapie», so erklärt er, «entsteht eine Art distanzierte Nähe, die mir sehr lieb ist. Sie bedeutet mir sehr viel – und in der Psychotherapie wird man sogar noch dafür bezahlt.» Darin liegt der Unterschied zwischen Altruismus und Reaktionsbildung. Im Alter von vierzig Jahren brachte Camille zu guter Letzt auch eine glückliche Ehe zustande – eine Ehe, in der er seiner Frau «als so etwas wie Analytiker und Mutter in einer Person» diente, woran jedoch beide auf jeden Fall ihren Spaß hatten.

Sein reifer Abwehrstil ermöglichte es Dr. Camille, zu spielen. Er spielte nun viel öfter Squash und Tennis als in früheren Tagen, und anstatt mit den Müttern seiner Freunde flirtete er mit ihren Ehefrauen. Doch irgendwo hatte er immer noch Angst davor, schöpferisch zu sein; unbewußt setzte er Kreativität mit gefährlicher Aggression gleich. Nach dem Bau seines neuen Hauses überlegte er: «Das Selbstbild ändert sich, wenn man in einem neuen Haus wohnt; die Vorstellung von meinem eigenen Ich hat sich erweitert.» Um seine Ängste ertragen zu können, nahm er Antidepressiva, obwohl ich vermute, daß er sich der pharmakologischen Tatsache bewußt war, daß sie unter den gegebenen Umständen allenfalls als Placebos wirken konnten. Vielleicht enthüllte sich der Grund seiner Ängste durch folgende unbewußte Redewendung. Er sagte mir: «Ich habe mein Haus von der Nullbasis aus aufgebaut» – eine Metapher, die eher an die Atomtestgebiete Alamogordo und Bikini denken läßt als an einen Hausbau.

1957 hatte Dr. Camille dem Forscherteam geschrieben: «Von den Teilnehmern der Grantstudie bin ich wohl der kaputteste.» Doch als er den Zeitpunkt erreicht hatte, an dem er fähig war, eine solche Selbstcharakterisierung zu schreiben, traf sie natürlich gar nicht mehr auf ihn zu. In jüngerer Zeit hat Dr. Camille sich selbst so beschrieben: «Ich bin langweilig und muffig, aber ich kann auch lustig sein; ich kann Wärme und manchmal auch wirkliche Hilfe geben.»

Beim Abschließen dieses Kapitels merke ich, daß ich für mich selbst schon mögliche Reaktionen kritischer Leser vorwegnehme, etwa: «In diesem Buch geht es gar nicht um Gesundheit. Die Grantstudie hat einen Haufen Verrückte erforscht.» Oder auch: «Bei den Familien, die ihre Söhne bis an die Spitzenuniversitäten bringen, muß etwas ganz Entscheidendes nicht in Ordnung sein!» Ich möchte den Leser jedoch daran erinnern, daß es hier um Abwehrmechanismen geht, also um das, was man die «weißen Blutkörperchen der Psyche» nennen könnte – die Abwehrkräfte, die mögliche Schmerz- und Krankheitserreger bereits im Keim besiegen. Auch bei Astronauten und Heiligen gibt es Eiterbeulen. Wenn wir die Überwindung seelischen Leidens erforschen wollen, bekommen wir es mit Phänomenen zu tun, die gewöhnlich als «krank» betrachtet werden. Träfe der Leser jedoch Newton oder Smythe, Camille oder DeMille im Alltagsleben, dann würde er sie als durchaus normal empfinden. Noch wichtiger ist: das Kindheitsmilieu dieser Männer war wahrscheinlich nicht schädlicher oder deformierender als das der meisten Menschen. Seit Anbeginn der Zeit wurden die Menschen von Streit und Hader, Dürren und Dämonen und von den Schrecken der Pest heimgesucht; ich habe nichts anderes getan als die Aufmerksamkeit auf einige der dadurch hervorgerufenen Verwüstungen zu lenken, um zu zeigen, wie der menschliche Organismus sich zur Wehr gesetzt hat.

12. Kapitel Erfolgreiche Anpassung

> Gelegentlich fing ich an, darüber nachzudenken, wie derartig langweilige Leute eigentlich ihr Geld verdienen. Ich hätte allerdings wissen müssen, daß Geldverdienen weniger mit Intelligenz als mit emotionaler Stabilität zu tun hat.
>
> J. P. MARQUAND
> *Women and Thomas Harrow*

Ich erinnere mich noch daran, daß ich als Sechzehnjähriger bei dem Film ‹Endstation Sehnsucht› nach dem Stück von Tennessee Williams beinahe aus dem Saal gegangen wäre. Marlon Brando und Vivien Leigh spielten die Hauptrollen. Ich war entsetzt über den von Brando gespielten Stanley Kowalski, dessen Gefühllosigkeit, tierische Roheit und unbewußte Brutalität mir unerträglich vorkamen. Blanche Du Bois, verkörpert von Vivien Leigh, sah ich dagegen als zerbrechliche, verwundbare Heldin, als empfindsames Opfer von Stanleys Impulsen. Jahrzehnte später las ich das Stück noch einmal für einen Psychopathologie-Kurs, den ich selbst hielt. Diesmal achtete ich auf den Text und nicht so sehr auf meine emotionale Reaktion. Erstaunt stellte ich fest, daß Stanley Kowalski nach eben denselben Kriterien, die ich im Rahmen der Grantstudie zur Messung erfolgreicher Erwachsenenanpassung verwandt hatte, als ein Muster an psychischer Gesundheit zu betrachten war.

Wie kommt das? Oberflächlich gesehen steht Stanley für alles Grobe, Gemeine, die Schönheit Zerstörende; seine Energie scheint von der Art jener «Aggressivität», von der Sigmund Freud gesagt hat, sie sei gleichbedeutend mit dem Todestrieb Thanatos. Nichts als Eigenliebe, Chauvinismus und Grausamkeit scheint aus Stanley zu sprechen, als er Blanche anfährt: «Ich denke, wir haben beide das Recht zu feiern heute nacht, es ist ein festlicher Anlaß für uns beide! Sie haben einen Petroleummillionär, und ich habe ein Baby!»[*]

Der grundlegende Unterschied zwischen Blanche und Stanley be-

---

[*] Dieses sowie die folgenden Zitate sind der Ausgabe: Tennessee Williams: «Meisterdramen», Frankfurt am Main 1978, S. 91–206, entnommen.

steht jedoch darin, daß ihr Millionär nur in ihrer Vorstellung existiert, während Stanleys Baby durchaus real ist. Die Menschheit ist zu ihrem Überleben mehr auf wirkliche Babys als auf imaginäre Ölmillionäre angewiesen. Stanley ist fest angestellt und liebt seine Frau zärtlich. Freudig sieht er der neuen Verantwortung für das Kind entgegen, und zumindest am nächsten Tag zeigt er sich willens, die volle Verantwortung für seine vergangenen Wutausbrüche zu übernehmen. In seinem Leben gibt es langjährige Freundschaftsbeziehungen zu Männern, mit denen er Karten spielt und in Maßen trinkt. Mag er auch chauvinistisch sein, so fehlt es ihm nicht an Stolz auf sich selbst. «In allen seinen Bewegungen und Stellungen verrät sich seine animalische Lebensfreude und . . . die überlegene Kraft und der Stolz eines Prachtexemplars von einem Hahn unter seinen Hennen.»

Als Jugendlicher war ich bereit, zuzustimmen, als Blanche Stanley in dem Stück einen «Irrsinnigen» nennt; in Wirklichkeit ist jedoch die zarte und empfindsame Blanche die Verrückte. Blanche, das unglückliche Opfer, ist ohne Arbeit, ohne Kind, ohne Liebe; ihre Freundschaften richten sich auf «Fremde», sind ambivalent und nur von kurzer Dauer. Stanley hat sich einer Vergewaltigung (Verführung?) schuldig gemacht. Doch welche Feindseligkeit verbirgt sich hinter Blanches wiederholter Verführung (Vergewaltigung?) junger Männer? «Ich muß . . . Kinder in Ruhe lassen», sagt sie sich. Hat Blanche nicht zum Selbstmord ihres Mannes beigetragen, während Stanley seiner Frau stets nur Freude bereitete? Stanley geht mit seiner Sexualität wie mit seinem Hunger offen um; auf Blanches spöttische Frage, er könne es doch wohl noch aushalten, antwortet er beim Warten vor der Badezimmertür unverblümt: «*Ich* schon, aber ob es auch meine Nieren aushalten!» Blanche Dubois freilich achtet penibel darauf, daß die Trauben, abgewaschen sind, zieht die Sexualität in den Schmutz und macht die Toilettenbenutzung für alle zu einem Problem. Blanche kann sich weder auf Kritik an den Fehlern der Vergangenheit noch auf die Verantwortung dafür einlassen; sie ist völlig außerstande, das, was sie zerbrochen hat, wiedergutzumachen. Blanche, nicht Stanley, treibt Alkoholmißbrauch, und schließlich ist sie es, die sich unter ihrem äußeren Firnis selbst haßt und am Ende in die Irrenanstalt gebracht werden muß.

Mit diesen Ausführungen über Stanley Kowalskis psychische Gesundheit möchte ich keineswegs die Geister von Nietzsches «Übermenschen» oder von G. B. Shaws «Superman»» zum Leben erwecken. Ich möchte den Leser jedoch bitten, mir auf den unsicheren Grund der vergleichenden Erforschung der «psychischen Gesundheit» zu folgen – und unsicher ist dieser Grund ganz gewiß. Einer meiner Freunde hörte, wie ich die Männer, die in der Grantstudie am besten und am schlechtesten abgeschnitten hatten, miteinander verglich. Er hörte mich darauf hinweisen, daß – statistisch gesehen – eine finanziell einträgliche Karriere auf seelische Gesundheit hindeutet, und nicht bloß auf hemmungslose Jagd nach dem Götzen Erfolg. Mein Freund blickte erstaunt auf und sagte dann leise zu mir: «Was bist du eigentlicht George – ein Faschist?» Als Antwort auf seine durchaus legitime Frage möchte ich drei Punkte anführen: Erstens bringt die Erforschung der psychischen Gesundheit, sofern sie ernsthaft betrieben wird, nicht minder günstige Ergebnisse als die Erforschung physischer Gesundheit in einer Klinik voller gesunder Babies; zweitens besteht ein Unterschied zwischen kreativer Aggressivität und brutaler körperlicher Gewalt; und drittens ist psychische Gesundheit nicht gleichbedeutend mit Dummheit und Unempfindlichkeit.

Um die Erforschung geglückter Anpassung von Platitüden sowie von Werturteilen freihalten zu können, wandte ich mehrere Vorsichtsmaßnahmen an. So baute ich etwa meine Erwachsenen-Anpassungs-Skala aus Längsschnittsitems auf, da über einen bestimmten Zeitraum hinweg beobachtetes Verhalten klarer auf das Vorhandensein psychischer Gesundheit hindeutet als papierene Tests oder Beurteilungen, die nur auf einem einzigen Interview basieren.

Eine weitere Vorsichtsmaßnahme bestand darin, die Beurteiler, die die Einstufung der zweiunddreißig Items der Erwachsenen-Anpassungs-Skala vornahmen, nicht über den jeweiligen Abwehrstil, die Kindheitserfahrungen und den objektiven körperlichen Gesundheitszustand der Männer zu informieren. Auf diese Weise sollte sichergestellt werden, daß keiner der Beurteilungsbereiche durch einen «Halo-Effekt» auf die anderen Bereiche einwirkte.

Eine letzte Vorsichtsmaßnahme beruhte darauf, Idealdefinitionen der psychischen Gesundheit zu vermeiden und statt dessen mit einem Satz von zweiunddreißig nicht ganz so hochstehenden, doch einfacher zu objektivierenden Verhaltensweisen zu arbeiten. Danach konnte überprüft werden, ob diese zweiunddreißig bestimmten Verhaltensweisen tatsächlich etwas mit dem Vorhandensein psychischer Gesundheit zu tun hatten, indem den folgenden beiden Fragen nachgegangen wurde: Bestehen Korrelationen zwischen dem Item A und anderen Items der Erwachsenen-Anpassungs-Skala? und: Weist das Item Korrelationen zu unabhängigen Meßwerten für psychische Gesundheit auf? Auf diese Weise konnte die Validität objektiver, doch stark wertbefrachteter Items wie «Scheidung» und «Einkommen» überprüft werden.

Die zweiunddreißig zur Umschreibung des Begriffes «Gesundheit» benutzten Items werden in Anhang C näher erläutert. Durch den Vergleich zwischen Mr. Goodhart und Dr. Tarrytown haben wir hier bereits einen Überblick über das gesamte System gewonnen. Es sei hier nur kurz zusammengefaßt: mit Hilfe einzelner, aus jeweils acht Items bestehender Skalen wurde die Anpassung in jedem der vier Bereiche Arbeit, Sozialbeziehungen, psychologische und physiologische Anpassung eingestuft. Der Bereich «Arbeit» wurde durch Items wie «Einkommen», «Berufserfolg verglichen mit dem des Vaters» und «Stetigkeit des Vorwärtskommens» überprüft. Den Bereich «Soziale Anpassung» deckten operational definierte Items wie «Stabilität der Ehe», «Freundschaftsbeziehungen», «Beziehungen zu Eltern und Geschwistern» ab. Die «Psychologische Anpassung» wurde gemessen an der «Länge des Urlaubs», «Zufriedenheit mit der Arbeit», «Konsultationen beim Psychiater» und etwaigem «Gebrauch stimmungsändernder Drogen». Zu den Items, die sich auf die «Physiologische Anpassung» bezogen, gehörten «Zahl der Krankheitstage», «Zahl der Krankenhausaufenthalte» und die «subjektive Beurteilung des eigenen Gesundheitszustandes». (Sollte die Skala auch für weniger privilegierte Versuchsgruppen gültig sein, dann wären selbstverständlich die Parameter, die sich auf überindividuelle Merkmale – zum Beispiel das Einkommen – beziehen, entsprechend anders zu wählen.)

Die einzelnen Items der Skala sind äußerst unterschiedlich, doch müssen wir uns bei der Messung des Anpassungsgrades darüber im klaren sein, daß psychische Gesundheit etwas Vielschichtiges ist. Der Begriff der menschlichen Intelligenz besitzt einen ähnlichen Abstraktionsgrad. Kein Einzelkriterium vermag Intelligenz verläßlich anzuzeigen; doch fanden Alfred Binet und Israel Wechsler bei der Entwicklung der inzwischen vielfach angewandten, ihren Namen tragenden Tests, daß eine Test*reihe* eine einigermaßen verläßliche Bestimmung der Intelligenz erlaubt – vorausgesetzt natürlich, die wichtigsten kulturelllen Variablen bleiben konstant. Was jedoch bedeutet Verläßlichkeit (Reliabilität) eines Tests? Ein Intelligenztest gilt in dem Maße als verläßlich, in dem eine positive Korrelation zwischen ihm und allen anderen Meßwerten für Intelligenz besteht. Nach dieser Modellvorstellung erwiesen sich die meisten Items der Erwachsenen-Anpassungs-Skala als wertvoll. Beispielsweise zeigte sich bei den Männern, die einen vergnüglichen Urlaub genossen, auch eine höhere Wahrscheinlichkeit, daß sie mit ihrer Arbeit zufrieden und zum Engagement für Gemeinschaftsangelegenheiten ihres Wohnortes bereit waren. Bei den Männern, die mit ihrer Herkunftsfamilie auf gutem Fuße standen, war statistisch gesehen die Wahrscheinlichkeit weitaus geringer, daß sie Psychiater aufsuchten; dagegen bestand bei ihnen eine höhere Wahrscheinlichkeit, daß sie bei ihrer Ehefrau blieben. Kurz gesagt: fast jedes Item der Erwachsenen-Anpassungs-Skala stand in positivem Zusammenhang mit jedem anderen Item.

Die Untersuchung umfaßt dreißig Männer, die mit Ausnahme von zwei bis sechs Items in allen Punkten erfolgreich waren; wir haben sie «die Männer mit dem besten Ergebnis» genannt. Wie Goodhart, Lion und Byron zeigten sie eine gute berufliche, soziale und psychologische Anpassung. Anders gesagt: bei mindestens dreißig Teilnehmern der Grantstudie wurde der überragende Berufserfolg nicht um den Preis einer verkümmerten Ehe oder vernachlässigter Kinder errungen noch die Freiheit von psychischen Leiden durch die Verlagerung auf körperliche Beschwerden erkauft. Dreißig Männer versagten in zwölf bis achtundzwanzig der zweiunddreißig Items; sie wurden die «Männer mit dem schlechtesten Ergebnis» genannt. Unter diesen dreißig Männern waren nur zwei, die mit ihrer sozialen oder beruflichen oder psychologischen Anpassung das oberste Fünftel erreichten.

Wenn wir jedoch Teilnehmer der Grantstudie als psychisch «nicht gesund» bezeichneten, konnte es sich dabei immer nur um eine relative Beurteilung handeln. Nach den Kriterien wie den von Leo Srole und seinen Mitarbeitern[1] in ihrer epidemiologischen Studie über Bewohner Manhattans angewandten wären ungefähr fünfundneunzig Prozent der von der Grantstudie Untersuchten zu den gesündesten zwanzig Prozent zu rechnen. Nach den Maßstäben von Lester Luborskys 100-Punkte-Gesundheits/Krankheits-Einstufungsskala käme der durchschnittliche Teilnehmer der Grantstudie etwa auf neunzig; abgesehen von zeitweiligen Entgleisungen fielen nur zwei unter die Grenze von fünfundsechzig

Punkten und somit in den Bereich, den Luborsky psychischer Krankheit zuordnet.[2] Immerhin hatte der durchschnittliche «Mann mit dem schlechtesten Ergebnis» am College graduiert (häufig sogar mit Auszeichnung), ein Offizierspatent erworben und von der Armee ein gutes Tauglichkeitszeugnis über seinen Dienst als Offizier ausgestellt bekommen, hatte geheiratet und Kinder großgezogen, die ebenfalls ihr Collegestudium abgeschlossen hatten, war als Akademiker oder höherrangiger Geschäftsmann kontinuierlich beschäftigt, erzielte ein Durchschnittseinkommen von (1967) mehr als 25 000 Dollar, übertraf den beruflichen Erfolg seines Vaters und war auch als Fünfundvierzigjähriger noch bei guter Gesundheit.

Die Unterschiede, die durch die Erwachsenen-Anpassungs-Skala zutage traten, sollen nun anhand zweier Lebensgeschichten verdeutlicht werden. Der Mann, den ich Steven Kowalski nennen möchte, versagte nur in vier Items der Skala; er ist klar zu den Männern mit dem besten Ergebnis zu zählen. Leslie Angst war in vierzehn Items erfolglos und fällt damit unter die Gruppe derjenigen, die am schlechtesten abschnitten. Die tatsächlichen Unterschiede in der Lebensanpassung der beiden Männer reichen jedoch viel tiefer.

Ich lernte Leslie Angst* auf dem fünfundzwanzigjährigen Jubiläum der Studenten seines Collegejahrgangs kennen. Er war ein sorgenvoller, ängstlicher Mann. Unter seinen ungewaschenen, lockigen Haaren ragten seine Ohren hervor. Seine niemals lächelnden Augen erschienen hinter dicken, metallgeränderten Brillengläsern viel zu groß; sie versuchten ständig, meinem Blick auszuweichen. Sehr auffällig war sein unentwegtes Händeringen. Er erinnerte viel mehr an einen gehetzten Kleinstadtbuchhalter als an das etablierte Mitglied der oberen Mittelschicht, das selbstzufrieden und seiner privilegierten Stellung gewiß zum Wiedersehenstreffen der College-Absolventen reist.

Angsts ganze Teilnahme an dem Interview war von einer eigenartigen Form psychischer Desorganisation durchdrungen. Als ich das Gespräch eröffnete, indem ich ihn bat, seine Arbeit zu schildern, antwortete er hilflos: «Ich weiß gar nicht, was ich tue.» Als er nach dem Mittagessen erneut in mein Büro kam, sagte er, er habe den Weg zurück nur mit Mühe finden können. Als ich ihn bat, seine vorherr-

---

* Leslie Angst – erinnert an das deutsche Wort «Angst».

schende Stimmung zu beschreiben, antwortete er: «Ich weiß nicht, wie man Stimmungen beschreibt . . . Ich glaube, ich bin die meiste Zeit optimistisch . . . Aber richtig froh war ich auch nicht. Ich hatte . . . äh . . . sehr viel Angst.» Keiner der Männer, mit denen ich sprach, war weniger im Einklang mit seinen Gefühlen.

Dostojewski schrieb mitreißendere Romane als John Marquand; die Charaktere der großen Dramen stehen oft an der Grenze zum Irrsinn; und ich bin sicher, daß das 9. Kapitel über die unreifen Abwehrmechanismen interessanter zu lesen ist als das 7. Kapitel über Unterdrückung und Altruismus. Dennoch sollte jeder, der befürchtet, im wirklichen Leben sei Normalität langweilig und der meint, leicht Gestörte seien doch eigentlich viel interessanter als Stabile, einmal mit Leslie Angst zusammentreffen. 1940, bei seiner Aufnahme in die Studie, und bei meinem Interview mit ihm dreißig Jahre später war Angst einer der emotional verquältesten Männer der ganzen Untersuchung – und einer der langweiligsten. Sogar die gewöhnlich tolerante Sozialforscherin hatte dreißig Jahre zuvor geschimpft: «Leslie ist einer der am wenigsten anziehenden, unzugänglichsten und seltsamsten jungen Männer, die ich in der ganzen Untersuchung angetroffen habe», worauf sie die unfreundlichste Bemerkung folgen ließ: «Fade!» Ich empfand genauso.

Der Mangel an sozialem Schliff bei dem siebenundvierzigjährigen Leslie Angst war nicht das Ergebnis sozialer Benachteiligung. Er stammte von englisch-deutschen Vorfahren ab. Seit Generationen hatte in der Familie Angst jeder ein College besucht. Leslies Vater war in Larchmont, New York, Bankdirektor gewesen, sein Großvater mütterlicherseits war ebenfalls Bankdirektor gewesen, und seine Mutter war in sozial begünstigten Verhältnissen aufgewachsen und hatte am Smith-College graduiert.

Als kleiner Junge war Leslie sehr brav gewesen, fast wie Wachs in den Händen seiner Mutter. «Er hat immer bereitwillig alles getan, was ich von ihm wollte», sagte sie der Studie gegenüber. So hatte sie ihm einmal eine Violine geschenkt und ihn zehn Jahre lang darauf spielen lassen – bis er ihr als Siebzehnjähriger endlich gestand, daß er damals mit sieben statt der Violine unendlich viel lieber ein Fahrrad gehabt hätte. Aber er hatte ihr das nie gesagt, denn – wie sie der Studie gegenüber versicherte – «Leslie hat nie zu den Menschen gehört, die überall anecken.» Der Vater stellte das Problem von Leslies Passivität ein wenig anders dar: «Ich war so sehr darauf erpicht, ihn den richtigen Umgang mit Werkzeug zu lehren, daß er, gefügig wie er war, jede eigene Initiative verlor.» Und Leslie selbst bot dem Forscherteam noch eine dritte Sichtweise an: «Ich habe von Anfang an immer Angst gehabt, ich weiß nicht warum.»

Mit Ausnahme eines Großonkels, der Alkoholiker gewesen war, hatte es in der Familie Angst bisher keine psychischen Krankheiten gegeben. Leslie hatte die Scarsdale High School besucht und war dann, ausgestattet mit einer finanziellen Unterstützung, mit der es sich leben ließ, ins College eingetreten. Doch freundete er sich dort mit niemandem an, trat weder einem Klub bei noch verabredete er sich mit Mädchen. Er ging nicht auf Parties und Tanzfeste, und seine Geldmittel benutzte er nur dazu, seine beiden Hobbys «Zeit vertun und ziellos mit einem Wagen herumfahren» zu finanzieren. Anders als Herman Crabbe befürchtete Leslie Angst, er könne sich zu sehr für die Naturwissenschaft interessieren. Er meinte, wenn er das täte, würde er verlernen, sich mit Worten zu verständigen. «In einem Laboratorium», so teilte er der Studie mit, «kann man sich vergraben.» Leider blieb ihm außer den Naturwissenschaften keine andere Wahl, denn «Romane», erklärte er, «haben mit dem Leben wenig zu tun.» Nach dem College brachte ihm die Arbeit in einem Munitionslabor den Vorteil, nicht eingezogen zu werden, doch er fühlte sich immer noch gefangen. In seinen Dreißigern verließ er Dupont und kehrte in die Bank der Eltern in Larchmont zurück.

Stets überaus geschäftig, doch nie erfolgreich, hatte er weiterhin das Gefühl, in eine Falle geraten zu sein. Er war ein guter Angestellter, doch das machte ihn nur noch langweiliger. Eben Frost war als Firmenanwalt überaus erfolgreich und kam mit einer Vierzig-Stunden-Woche über die Runden. Andere Männer hatten *Spaß* daran, länger zu arbeiten – doch Angst war bloß geschäftig. Zufrieden und erfolgreich war er nicht.

Wie schnitt Leslie Angst auf der Erwachsenen-Anpassungs-Skala ab, auf der die psychische Gesundheit der Männer gemessen wurde? Auf der acht Punkte umfassenden Berufserfolgs-Skala konnte er insofern einen Pluspunkt verbuchen, als er in seinem Familienunternehmen allmählich höher stieg. Er war in zwei weiteren Items erfolgreich, weil er 20 000 Dollar pro Jahr verdiente und der Larchmont Congregational Church und den Pfadfindern als Kassenwart diente.

«Wenn ich von den Leuten hier lebe», so war Angsts Einstellung, «dann muß ich ihnen auch wieder etwas zurückgeben.»

Doch andererseits verfehlte er fünf Items. Er übertraf in seinem Beruf den Erfolg seines Vaters nicht, sondern war sogar entschieden weniger erfolgreich, denn in seinem Alter war sein Vater bereits Bankdirektor gewesen. Mit einem Verdienst von 28000 Dollar pro Jahr hätte man ihn schwerlich als Versager bezeichnen können, doch verdiente die Mehrzahl der Männer, die in den kaufmännischen Bereich gegangen waren, zur Zeit des fünfundzwanzigjährigen Jahrestages des Collegeabschlusses mehr. Er stand nicht in ‹Who's Who in America›, und schließlich hielt er sich selbst für einen Versager in seinem Beruf. Die von ihm geleitete Hypothekenabteilung der Bank hatte in den vergangenen sechs Jahren Verluste erzielt. Mitunter stieg die Überzeugung in ihm auf, seine Hauptprobleme entstünden durch die Inkompetenz seiner Angestellten, «die immer so ihre Grüppchen bilden»; und deshalb entließ er seine Mitarbeiter, kaum daß er sie eingestellt hatte. Doch hielten die Verluste in seiner Abteilung an, und er selbst erlitt einen immer höheren Verlust an Selbstachtung.

Leslie Angst war in vier Items der Skala erfolgreich, auf der die soziale Anpassung gemessen wurde: Er war verheiratet, er wurde faktisch nie geschieden, er war der Vater zweier Kinder, und er hatte im Erwachsenenalter ein gutes Verhältnis zu seinen Eltern. Obwohl er also im Bereich der «ehelichen Anpassung» Punkte sammeln konnte, war seine Ehe nicht glücklich. Sein Sexualleben war «nicht so gut wie gewünscht»; seine Frau war ein Mensch, mit dem schwer auszukommen war. «Sie behält sich das Recht vor, mich zu kritisieren», so klagte er, «aber wenn ich sie kritisiere, regt sie sich auf.» Dann schwächte er seine Bemerkung gleich wieder ab: «Aber trotzdem, ich liebe sie. Ich würde sie nicht aufgeben.» Seine Frau ihrerseits schrieb, sie verzweifle über ihn.

In weiteren vier Items der Skala, die sich auf die Sozialanpassung bezog, versagte Leslie Angst. So gehörte er trotz privilegierter Stellung und alter Familienverbindungen nie einem Club an. Wie er mir sagte: «Ich hatte nie das Gefühl, einen richtigen Freund zu haben; ich hatte immer nur Bekannte.» Es fand sich kein objektiver Beweis, der seine subjektive Ansicht widerlegt hätte. Und schließlich waren auch seine Kinder unglücklich. Obwohl sie bereits die späten Teenager-

Jahre erreicht hatten, hatten sie keine engen Freunde und waren noch nie zu einem Rendezvous verabredet gewesen.

Angst erfüllte nur drei der acht Items der psychologischen Skala. Er hatte sich nie wegen einer psychischen Erkrankung in eine Klinik begeben müssen; niemand hätte ihm übergroße Gelassenheit und Teilnahmslosigkeit zum Vorwurf machen können; und der «Blindbewerter» vermochte keine drei Gelegenheiten aufzuspüren, bei denen dieser schweigsame Mann ausdrücklich Mißfallen an seiner Arbeit geäußert hätte. Doch gab es eine ganze Reihe anderer Aspekte, in denen sein Anpassungsgrad objektiv niedrig war. So hatte er erstens niemals Freude an seiner Arbeit geäußert. Zweitens nahm er nie mehr als zwei Wochen Urlaub im Jahr, obwohl er in einem Familienunternehmen arbeitete, und den Urlaub, den er sich gönnte, verbrachte er mit unerquicklichen Besuchen bei seinem hypochondrischen, dominierenden Schwiegervater. Drittens trank er allabendlich eine halbe Flasche Whisky, was er folgendermaßen kommentierte: «Ich komme immer schrecklich angespannt zu Hause an, das lockert mich.» Außerdem nahm er regelmäßig Tranquilizer. Viertens war er fünfzehnmal beim Psychiater gewesen. Und schließlich hatte Angst sich im Laufe seines Lebens wiederholt als depressiv bezeichnet. Nach meinem Gespräch mit ihm sah ich keinen Grund, an der Richtigkeit dieser Selbsteinschätzung zu zweifeln.

Allein auf der Ebene subjektiver körperlicher Gesundheit zeigte Angst sich vorzüglich angepaßt. Als Siebenundvierzigjähriger versicherte er uns, er habe seit seinen Collegetagen nie im Krankenhaus gelegen und nie mehr als zwei Arbeitstage pro Jahr durch Krankheit versäumt. In der Tat hatte er seinen körperlichen Gesundheitszustand die ganzen Jahre hindurch als ausgezeichnet wahrgenommen; auch behauptete er, nicht an chronischen Krankheiten zu leiden. Er versagte nur in einem einzigen der medizinischen Gesundheitskriterien: er nahm regelmäßig rezeptpflichtige Medikamente.

Unglücklicherweise war Angst von seinem Körper ebenso abgetrennt wie von seinem Gefühl. Nach der objektiveren Einschätzung seines Arztes litt er an zu hohem Blutdruck und Emphysemen. Binnen vier Jahren nach unserem Gespräch starb Leslie Angst an Komplikationen dieser Störungen. Drei Schachtel Zigaretten sowie starkes Trinken hatten zweifellos nicht gerade zur Besserung seines Zustandes beigetragen.

Leslie Angst wandte zwar Phantasie und Projektion an, doch war er andererseits ein Mensch, der auch von den dramatischeren Formen der Verschiebung Gebrauch machte. Er begegnete seiner Umwelt mit Phobien, defensivem Witz, Zwangsvorstellungen und Konversionssymptomen.

Am hervorstechendsten waren seine Zwangsvorstellungen. Er verstand es meisterhaft, seine Gefühle von bedrückenden Vorstellungen abzuspalten und an triviale Gegenstände zu heften. So waren in seinen kindlichen Alpträumen nicht die üblichen Löwen und Tiger vorgekommen, die bei den meisten Kindern bereits Verschiebungen darstellen. Leslie Angst träumte statt dessen von furchterregenden geometrischen Figuren und Punkten. Angst vermochte seine geschäftlichen Sorgen nicht in äußerlich wahrnehmbaren Gefühlen auszudrücken. «Wenn man mit geschäftlichen Problemen fertigwerden will», so sagte er mir, «muß man seine Gefühle zu Hause lassen.» Doch wenn er nicht genügend getrunken hatte, wachte er nachts auf und war nicht imstande, die *Vorstellungen* von beruflichen Problemen, die durch sein Hirn liefen, anzuhalten.

Jahrelang vermied es Angst, seinem größten beruflichen Problem ins Auge zu blicken – daß er in derselben Bank arbeitete wie sein alternder Vater. Jahre zuvor, als er noch bei Dupont arbeitete, hatte Angst gezögert, zur Bank seines Vaters überzuwechseln, weil er «zu oft gesehen hatte, wie Leute von ihren Vätern erdrückt werden». Später, in den letzten vier Jahren vor unserem Gespräch, war sein Vater zunehmend senil geworden. Im Zusammenhang mit seinen üblichen beruflichen Schwierigkeiten vertraute Angst mir an: «Ich glaube, der Alte macht mir am meisten zu schaffen.» Obwohl Angst sich mit allen anderen in der Bank anlegte, blieb die Beziehung zu seinem Vater dennoch harmonisch. «Er ist nicht nur ein Vater, sondern auch ein guter Freund», beharrte Angst. Später als Achtundvierzigjähriger entwickelte Leslie eine hektische Geschäftigkeit in konkreten Angelegenheiten, um den Tod seines Vaters zu bewältigen. «Auf diese Weise bleibt keine Zeit, sich immerfort mit seinen Gefühlen zu beschäftigen», erklärte er.

Unter Streß verschob Angst seine Ängste häufig auf eine Vielzahl störender körperlicher Symptome. Als seine Frau ihn durch Drohungen dazu gebracht hatte, zum Psychiater zu gehen, sprach er dort über seinen Ärger mit ihr. «Ich habe bei dem Psychiater nichts anderes gemacht, als Witze zu erzählen . . . Ich habe mit ihm über Geschäftsprobleme gesprochen.» An Angst wird auch deutlich, daß Isolierung und Verschiebung nicht nur zu Zwangsvorstellungen, sondern auch zu Phobien führen können. Als Sechundzwanzigjähriger intellektualisierte er: «Ich versuche immer noch, herauszufinden, warum ich keine Sexualbeziehungen aufgenommen habe, wo ich doch keine Vorbehalte dagegen habe.» Als Verschiebung seiner Sexualität begann Leslie mit einer Pilotenausbildung, doch mußte er auch das Fliegen aufgeben, weil er Höhenangst bekam.

Da Angst abgesehen von seinem «witzigen» Zusammentreffen nie zu einem Psychiater ging, kann allein die Langzeituntersuchung zeigen, daß seine Ängste Phobien waren. (Im häufigeren Fall wird die Wurzel einer Phobie während der Psychotherapie entdeckt.) Als Leslie Angst achtzehn war, starb sein geliebter Großvater («Wenn es je einen Menschen gab, den ich mir für mein Leben zum Vorbild nahm, dann ihn») unerwartet. Angst empfand kein Gefühl des Kummers, nahm jedoch durch Anorexie und Brechanfälle zwanzig Pfund ab. Er hielt seine Übelkeit und Appetitlosigkeit damals für Lampenfieber, da er sich zur selben Zeit während einer Schüleraufführung einmal erbrochen hatte, was ihm sehr peinlich gewesen war. Als ich Angst dreißig Jahre später fragte, warum er im letzten Jahr der High School soviel Gewicht verloren hätte, rationalisierte er, er hätte einen Grippeanfall gehabt. Dann fragte ich ihn unumwunden, ob er meine, daß seine Symptome etwas mit dem Tod seines Großvaters zu tun gehabt hätten. Der Gedanke faszinierte ihn sichtlich; auf einmal wurde sein Gesicht von ungewohnt heftigen Gefühlen belebt. «Großer Gott», rief er aus, «ich wünschte, das hätte mir schon früher einer erzählt!»

Sigmund Freud hat 1916 geschrieben: «Der Unterschied zwischen nervöser Gesundheit und Neurose schränkt sich . . . aufs Praktische ein und bestimmt sich nach dem Erfolg, ob der Person ein genügendes Maß von Genuß- und Leistungsfähigkeit verblieben ist. Er führt sich wahrscheinlich auf das relative Verhältnis zwischen den freigebliebenen und den durch Verdrängung gebundenen Energiebeträgen zurück und ist von quantitativer, nicht von qualitativer Art.»[3] Was Steve Kowalski besaß und was Leslie Angst fehlte, war ungebundene Energie. So hieß es über Steven, er sei schon als Kleinkind «äußerst aktiv und hellwach» gewesen. Der Psychiater notierte nach seinem ersten Besuch bei der Grantstudie im Jahr 1940: «Steve erschien mir als ein energischer, aktiver junger Mann, der voller Schwung in mein Büro gestürmt kam.» Über den Fünfundvierzigjährigen bemerkte die Sozialarbeiterin, er sei «immer noch quicklebendig».

Bei meiner ersten Begegnung mit Kowalski* traf ich auf einen viel größeren Mann, als ich erwartet hatte. Das erste, was mir auffiel, waren seine Lebhaftigkeit, sein gutes Aussehen und gewinnendes Lächeln. Dann hefteten sich seine hellen Augen unter dem grauen Bürstenhaarschnitt auf mich, und obwohl unser Gespräch häufig durch das Telefon unterbrochen wurde, hatte ich nach wie vor das Gefühl, seine volle Aufmerksamkeit zu besitzen. Kowalski achtete darauf, daß er nicht nur einfach *über sich*, sondern in erster Linie *zu* mir sprach. Er hatte eine Art, sich für die Unterbrechungen zu entschuldigen, die ihn nicht herabsetzte, sondern mir zu verstehen gab, daß er sich in meine Lage versetzte. Er unterhielt sich nicht mit mir wie ein Star mit einem Zeitungsreporter, sondern wie ein guter Lehrer mit seinem Schüler. Ich war beeindruckt von seiner Anziehungskraft, von der ich – zu Recht oder zu Unrecht – annahm, daß sie nicht auf bloßem Charme, sondern auf Wärme und Interesse beruhte. Er liebte das Risiko, nicht aus Spielleidenschaft, sondern weil es ihm Gelegenheit bot, schöpferisch zu werden. Er beendete das Zwiegespräch mit mir mit den Worten: «Ich bin zufrieden. Ich habe im Leben sehr viel Glück gehabt. Ich könnte nicht sagen, daß es beschwerlich gewesen sei.» Dankbarkeit war für Kowalski eine gewohnheitsmäßige Haltung. «Die Grantstudie», so schwärmte er, «war eine außerordenlich gute Sache. Alle, die daran teilgenommen haben, haben sehr viel davon gehabt. Die Wissenschaftler der Studie waren wunderbare Menschen . . . Sie gaben sich immer Mühe, niemandem zu nahe zu treten, und sie achteten darauf, daß niemand sich bloßstellte.»

Kowalskis Umgänglichkeit wurde jedoch stets durch seine Selbstkontrolle aufgewogen. Der Notiz des Physiologen, Kowalski «erröte rasch», stand folgende Bemerkung des Psychiaters gegenüber: «Steve wirkt nach außen stets angenehm gelassen.» Als Siebenundvierzigjähriger sagte Kowalski: «Bevor ich meinen Job bei Harris Upham antrat, wußte ich gar nicht, wie gern ich arbeite. Durch die Arbeit wird meine Energie in bestimmte, nützliche Bahnen gelenkt.»

* Steven Kowalski – erinnert an den vitalen Stanley Kowalski aus dem Bühnenstück ‹*Endstation Sehnsucht*› von Tennessee Williams.

Kowalskis Kindheitsmillieu wurde als eines der glücklichsten aller Teilnehmer der Studie eingestuft; die Sozialarbeiterin merkte dazu an: «Die Familienmitglieder sind eng miteinander verbunden, sie hängen sehr aneinander.» Kowalskis Mutter hatte seine Aggressivität geduldet und dadurch unzweifelhaft die ungeborchene Initiative ihres Sohnes begünstigt. Wenn Mrs. Kowalski ihren Sohn als «äußerst befriedigendes, leicht zu behandelndes Kind» bezeichnet hatte, so hatte sie doch zugleich bemerkt, er habe «seine Ungeduld nie gezügelt». Doch sie zwang ihn nie dazu, genausowenig wie sie ihn nicht zehn Jahre lang Violine üben ließ. Statt dessen erlaubte sie ihren Kindern, ihr zu widersprechen und manche Dinge auch einmal besser zu wissen, doch erhielt sie sich stets den Respekt ihrer Kinder. Mrs. Kowalski erzählte der Forschungsgruppe eine ihrer Lieblingsgeschichten. Als sie ihren zweieinhalbjährigen Sohn gefragt hatte, ob er ein Spielzeug auf den Boden fallen gelassen habe, antwortete der kleine Steve: «Denkst du, es ist an die Decke gefallen?»

Umgekehrt meinte ihr Sohn anerkennend, seine Mutter besäße «Sinn für Humor» und sei «praktisch in allem, was sie anfaßt, eine Könnerin». Unfähig, seinen jugendlichen Widerspruchsgeist zu zügeln, hatte er jedoch sogleich hinzugefügt: «Genau wie mein Vater besitzt sie einen starken Wissensdrang – nur daß sie manchmal vergißt, was sie eigentlich wissen wollte!» Die Tatsache, daß Kowalskis rebellischer Geist entgegen den Erwartungen der orthodoxen Psychoanalyse durch eine an dem Sechsjährigen vorgenommene Operation der Hoden nicht gebrochen wurde, bestätigt eines der Hauptergebnisse der Grantstudie: nicht traumatische Erlebnisse formen den Charakter, sondern anhaltende Beziehungen zu anderen Menschen.

Mit zweiunddreißig Jahren bereits ordentlicher Professor, war Kowalskis Vater eine anerkannte Autorität auf dem Gebiet des internationalen Bankwesens, nachdem er zuvor als Beamter eine glänzende Karriere gemacht hatte. Doch er nahm auch aktiv an den gemeinsamen Familienunternehmungen – Kanufahren und Segeln – teil. Seine Frau nannte ihn einen «sehr sanften und verständnisvollen Menschen mit einem köstlichen Humor». Kowalski sagte, sein Vater sei «ein herausragender Mensch und sehr bescheiden».

Wie bei Angst, so läßt sich auch bei Kowalski der Grad der psychischen Gesundheit in Zahlen ausdrücken. Daß er zwei der vier der Items Erwachsenen-Anpassungs-Skala verfehlte, kam daher, daß er die glänzende Laufbahn seines Vaters nicht übertraf und im Unterschied zu ihm im Alter von fünfundvierzig Jahren nicht in ‹Who's Who in America› verzeichnet stand. In den meisten Punkten zeigte sich Kowalski der glänzenden Karriere seines Vaters jedoch ebenbürtig, und er fühlte sich gewiß wohl in seiner Haut. «Die Karriere», so sagte Kowalski, «ist doch immer die wichtigste Antriebskraft.» In seinem eigenen, mittlerweile blühenden Geschäft hatte er ganz von vorn angefangen. Doch dann, drei Jahre vor unserem Gespräch, hatte sich die Lage verändert; er hatte die Veränderungen kommen sehen und war in einen ganz anderen Geschäftsbereich übergewechselt. Dieser Wechsel mehrte sogar noch seinen Erfolg. Ich fragte ihn, ob ihm nicht bange gewesen sei. «Nein», sagte er, «das habe ich sogar am liebsten. Es macht mir Spaß, zu organisieren und der Konkurrenz zuvorzukommen.» In der berauschenden Atmosphäre der Produktivität schien sich für Kowalski jede Gefahr in Luft aufzulösen.

Die rußgeschwärzten Türme der Wall Street, in denen dem Götzen Mammon gehuldigt wird, waren dem Tatmenschen Steven Kowalski lieber als seines Vaters akademischer Elfenbeinturm. Er dirigierte Hunderte Millionen Dollars von seinem nüchternen Büro in der Wall Street aus, in dem es keinen einzigen Schnörkel gab; instinktiv sparte er sich seine Energie und sein Gefühl für das Dramatische für Menschen auf, anstatt es auf Dinge zu verschwenden. Wie Angst betreute er anderer Leute Gelder, doch tat er das zum Nutzen anderer. Indem er neuartige Anlagemöglichkeiten für das Stiftungskapital kleiner Universitäten erschloß, verdiente er dreimal soviel wie Angst. Kowalski erklärte, er habe entgegen anderslautenden Wünschen «ein Programm zur Bereitstellung von Hypothekenfonds für Kleinstädte und soziale Randgruppen aggressiv durchgesetzt».

Er liebte seine Arbeit und wußte, daß er erfolgreich war; dennoch erlitt er einen Fehlschlag in einem Item der beruflichen Anpassung, das Angst für sich hatte buchen können. Kowalski fuhr an den Wochenenden lieber mit seiner Frau und seiner Tochter nach Stratton (Vermont) zum Skilaufen, anstatt sich im politischen oder sozialen Bereich zu engagieren.

Ohne Schwierigkeiten bekam Kowalski alle sechzehn Items zur Überprüfung der manifesten sozialen und psychologischen Gesundheit zu seinen Gunsten angerechnet. Seit fünfundzwanzig Jahren glücklich verheiratet, bemerkte er mir gegenüber: «Unser Zusammenleben wird immer noch besser.» Obwohl er ganz klar unter die Stoiker fiel, besprachen seine Frau und er ihre Probleme, «so wie sie sind», miteinander. Seine Tochter bereitete Kowalski sehr viel Freude und wenig Sorgen. «Sie ist anregend», sagte er, «wirklich liebenswürdig und viel weniger aggressiv als ich.» Kowalski kam gut mit seinen Eltern aus, besuchte sie fünfmal im Jahr und sprach gern mit seinem Vater über geschäftliche Dinge, die beide interessierten. Er hatte Freude daran, sowohl mit seiner Frau als auch mit seinen Freunden Ski zu laufen und Tennis zu spielen; es gab objektive wie subjektive Beweise dafür, daß er Freunde hatte. (Im College hatten die normalerweise antisemitisch eingestellten Studentenverbindungen ihr Vorurteil so weit überwunden, daß sie Kowalski als Mitglied willkommen geheißen hatten, während Leslie Angst als WASP übergangen wurde.)

Hinsichtlich der Struktur ihrer Freundschaftsbeziehungen stellte ich allen Männern die Standardfrage, wem gegenüber sie am wenigsten Bedenken hätten, ihm zur Last zu fallen. Für Kowalski war das erst einmal ein rotes Tuch. «Mann!» rief er aus, «ich werde mich hüten, das zu tun! Ich habe das starke Gefühl, ich brauche keine Hilfe von anderen . . . Probleme nehme ich überhaupt nicht wahr.» Dennoch sagte er mir, im Augenblick seien diejenigen, mit denen er Skilaufen ginge, seine engsten Freunde, denn dieser Sport «läßt einem genug Zeit, miteinander zu reden». Die Gespräche, die auf der langen Fahrt von Long Island nach Vermont geführt wurden, bedeuteten ihm sehr viel. Er genoß seinen Urlaub in vollen Zügen und verbrachte jährlich zwanzig Tage mit Freunden und mit seiner Familie in Aspen oder Stratton. Er war keineswegs zu ruhig, und mit Ausnahme eines einzigen unzufriedenen Jahres, nach dem er prompt seine Arbeitsstelle gewechselt hatte, äußerte Kowalski immer wieder nichts als Befriedigung über seinen Beruf. Vor dem Abendbrot trank er zwei Cocktails, doch hatte er 1963 erfolgreich seine Gewohnheit abgelegt, eineinhalb Schachteln Zigaretten pro Tag zu rauchen. Mit anpassungsfördernder Reaktionsbildung erklärte er: «Noch nie war ich zufriedener mit einem Entschluß! . . . Das Rauchen ist eine ekelhafte Sache!»

Zwei Aspekte machen deutlich, wie weit Kowalski von psychiatrischer Diagnose, Klinikaufenthalt oder Therapie entfernt war. So hatte der Psychiater über den damals Neunzehnjährigen geschrieben: «Am hervorstechendsten sind vielleicht Stevens Energie, Aktivität, gesunder Menschenverstand und Intelligenz.» Als ich den Siebenundvierzigjährigen fragte, was im letzten halben Jahr seine vorherrschende Stimmung gewesen sei, antwortete er: «Übersprudelnder Enthusiasmus!» Ich glaubte ihm das aufs Wort.

Was seinen Gesundheitszustand im medizinischem Sinne angeht, so büßte Kowalski einen Punkt ein, weil er seit dem Collegebesuch zweimal im Krankenhaus gewesen war – einmal bei der Marine wegen Grippe und einmal, als er sich beim Skilaufen den Knöchel gebrochen hatte. Nach seiner eigenen Ansicht über seinen Gesundheitszustand befragt, antwortete Kowalski: «Einfach ausgezeichnet.» Er ging kaum je zum Arzt, und wenn es einmal vorkam, dann vergaß er es rasch wieder. Auf meine Frage, wie er sich bei Erkältungen verhielte, antwortete er: «Ich tue so, als hätte ich nie welche.» In dreizehn Jahren war er nur drei Tage nicht zur Arbeit erschienen, doch gab er zu: «Manchmal gehe ich zur Arbeit, obwohl ich mich ganz schön mies fühle.» Als Reaktion auf Streß zeigte er keine physischen Symptome, sondern: «Ich arrangiere mich ganz gut damit ... Unter Streß neige ich dazu, eine viel gelassenere Außenseite zur Schau zu tragen; ich mache alles etwas langsamer und fange an, neue Unternehmungen zu planen und nach Alternativen zu suchen.»

Steven Kowalski empfand keinerlei Scheu, sich durchzusetzen. In seiner Gruppe war er einer der ersten gewesen, die schon in der achten Klasse mit Mädchen gingen. Als Fünfzehnjähriger unternahm er wie der primitivste Wilde Touren in die umliegenden Orte, um nach neuen Mädchen zu suchen, mit denen er auf den Schulbällen seine Freunde beeindrucken konnte. In der High School hatte er eine politische Gruppe gegründet, die bald die ganze Schülerschaft «voll in der Hand hatte». Andererseits hielt er jedoch auch als Achtzehnjähriger noch an den Freundschaften fest, die er im Kindergarten geschlossen hatte.

Im College begann Kowalski, Reaktionsbildung anzuwenden (und sich Sorgen zu machen, ob er nicht vielleicht «unausstehlich aggressiv» würde). Obwohl er Wildgerichte über alles liebte, weigerte er sich, sie zu essen, weil er sich die Tiere vorstellte, die dafür getötet werden mußten. In seinem Fallbericht von 1940 findet sich eine Notiz: «Der Junge erklärt, daß er ziemlich empfindlich darauf reagiere, wenn jemand einen anderen im Streit verletzt oder kritisiert, und daß er dann regelmäßig so wütend werde, daß er sich auf denjenigen stürzt, der den anderen gequält hat.»

Im College verschob Kowalski die Aggressionen seiner High-School-Zeit auf American-Football und Lacrosse. Er schrieb für die humoristische Zeitschrift seines College und beteiligte sich am Aufbau der American Defense League, einer Organisation ähnlich dem ROTC (Reserve Officer Training Corps), die der Anti-Kriegs-Stimmung in Amerika entgegentrat. Um in die Navy aufgenommen zu werden, mogelte er bei der Augenuntersuchung und diente dann bei mehreren Invasionen im Pazifikraum auf den kleinen Schiffen des Vorgeschwaders. (Doch 1967 befürwortete er den Rückzug der Amerikaner aus Vietnam.)

In mittleren Jahren hatte Kowalski den akademischen Bereich seines Vaters mit dem hektischen Gerangel der Wall Street vertauscht. In realistischer Einschätzung der eigenen Position sagte er von sich, er sei auf einem Gebiet tätig, in dem es von «Konzernpiraten» wimmele, die nach der Maxime «Kämpfen, stellen, angreifen, plündern!» vorgingen. Doch Kowalski hatten Konkurrenzkämpfe noch nie etwas ausgemacht. Gefragt, wie er und seine Frau ihre Auseinandersetzungen beilegten, erzählte er mir: «Ich bin der Aggressor. . . aber auch sie regt sich auf und wütet; wir haben beide ein hitziges Temperament.» Dann beschrieb er, wie der Ärger häufig zu Tränen führe. «Das macht mich so zerknirscht, daß ich mich als erster entschuldige.» An Scheidung hatte keiner von beiden jemals gedacht; und ich bewertete ihre Ehe als eine der glücklichsten in der ganzen Studie.

Leslie Angst dagegen hatte auf viele Beobachter einen passiven Eindruck gemacht. Als Zwanzigjähriger hatte er der Studie mitgeteilt, er habe unbestimmte Tagträume gehabt von Menschen, die ihn bedauerten. Im Zweiten Weltkrieg blieb er Zivilist. Als junger Mann hatte er außer Bowling «gelegentlich Squash» gespielt und nichts dagegen getan, daß er danach den ganzen Tag müde war. Als er älter wurde, gab er den Sport ganz auf. Mit achtundzwanzig schrieb er: «Ich habe es satt, immer dieselbe Arbeit zu tun. Ich hoffe nur, dies ist nicht mein dauernder Beruf.» Doch die nächsten drei Jahre über unternahm er nichts und kehrte dann in die Bank seines Vaters zurück. Der Siebenundvierzigjährige bezeichnete das Fernsehen als sein Hobby. Niemand hätte ihn der Aggressivität beschuldigen können, doch beichtete er, er habe hin und wieder «Wutanfälle», und in der Zeit vor seinem Tod dachte seine Frau ernsthaft an Scheidung.

Vielleicht waren die Unterschiede zwischen Angst und Kowalski nur scheinbar und erklärten sich aus Kowalskis Neigung zum Verdrängen. Kowalski selbst bekannte: «Ich bin ganz unbegabt zur Selbstanalyse, woraus vielleicht zu einem Teil mein Wohlbefinden herrührt . . . Die Menschen, die sich über sich selbst nicht allzu viele Gedanken machen, scheinen am besten zurechtzukommen.» Als ich Kowalski fragte, wie er über «schwierige Lagen» hinwegkäme, sagte er mir: «Mein persönliches Leben war immer so erfreulich, daß ich mir tatsächlich nie Sorgen zu machen brauchte.» Dennoch hatte Kowalski dreimal echte Lebenskrisen durchgemacht; er war dabei jedesmal direkt auf das Problem losgegangen und hatte es gelöst. Bezeichnend für seine der Anpassung förderliche Art, nicht wahllos zu verdrängen, war seine Mitteilung, er nehme keine Medikamente. Ich fragte ihn nach dem Mittel gegen Magenkrämpfe, das er in einem früheren Fragebogen erwähnt hatte. «Oh», sagte er, «das hatte ich ganz vergessen.» Doch tatsächlich nahm er seine Medizin jeden Abend, ohne sich viel dabei zu denken, und er hatte auch wirklich nie mehr mit dem Magen zu tun gehabt. 1975 berichtete sein Arzt, Kowalskis Gesundheit sei nach wie vor ausgezeichnet, während Leslie Angst schon seit drei Jahren tot war. Wieder einmal fühle ich mich zu der Annahme genötigt, psychische Gesundheit sei mehr als bloß ein Werturteil.

Doch: können individuelle Fallgeschichten nicht so ausgewählt werden, daß sie jeden gewünschten Vergleich untermauern? Wie kann ich jemanden davon überzeugen, daß die Erwachsenen-Anpassungs-Skala wirklich die psychische Gesundheit der Untersuchten erfaßt? Versuche ich, «Intelligenz» zu definieren, indem ich auf einen Menschen zeige, der mir aufgeweckt erscheint, dann mögen andere widersprechen. Versuche ich, «Schönheit» zu definieren, indem ich einen Menschen auswähle, der mir anziehend erscheint, dann mag diese Schönheit allein in meinen Augen vorhanden sein. Doch wenn sich platonische Begriffe, auf Individuen angewendet, als relativ erweisen, so gilt das nicht für operationale Konzepte in der Anwendung auf Gruppen. Nach allgemein akzeptierten Maßstäben sind die Studenten des California Institute of Technology intelligenter als die Schüler an einer beliebigen Berufsschule, und die Bewerberinnen um den Titel der «Miss America» sehen besser aus als wahllos herausgegriffene High-School-Mauerblümchen. Die Tatsache, daß manche Mauerblümchen und manche Berufsschüler vielleicht gar nicht in ihre jeweilige Kategorie gehören, tut dem keinen Abbruch. Entsprechend dem Prinzip des Gruppenvergleichs ist es aufschlußreich, die dreißig Männer, die auf der Erwachsenen-Anpassungs-Skala am besten abschnitten, mit den dreißig Männern, die das schlechteste Endergebnis erzielten, zu vergleichen.

Die Gegenüberstellung der Männer mit dem besten und der Männer mit dem schlechtesten Endergebnis deutet darauf hin, daß es zwischen beiden Gruppen tatsächlich beträchtliche Unterschiede gibt. Anders als Steven Kowalski beteiligten sich zum Beispiel zwei Drittel der «Besten» an gemeinschaftlichen Verpflichtungen außerhalb ihrer Berufstätigkeit, während – anders als Leslie Angst – drei Viertel der «Schlechtesten» das unterließen. 1967 verdiente die Hälfte der Schlußgruppe, jedoch nur jeder Dreißigste der Spitzengruppe weniger als 20000 Dollar jährlich; im Vergleich mit ihren Vätern zeigten fast alle Männer der Spitzengruppe aufwärtsgerichtete soziale Mobilität, während das nur bei der Hälfte der Männer der Schlußgruppe zutraf. Tabelle 4 enthält noch weitere Unterschiede im beruflichen Bereich.

Erklären sich derartige Unterschiede normalerweise auch durch äußere Faktoren, so scheint das Auftreten sozialer Mobilität bei den Teilnehmern der Grantstudie eher durch *innere* Anpassungsstile des Ichs als durch *äußere* Ereignisse beeinflußt zu sein. Da alle Probanden der Grantstudie um den Abschluß an einem «Establishment»-College miteinander wetteiferten, den sie nachfolgend alle erreichten, sind wichtige Variablen wie die Auswirkungen sozialer Vorurteile, des Drängens der Eltern und der Höhe der Qualifizierung, fast ganz ausgeschaltet. In der Grantstudie übte die soziale Klassenzugehörigkeit der Collegestudenten in der Tat keinerlei Einfluß auf das Ergebnis der mittleren Jahre aus. (In einer wichtigen Monographie gibt Glen Elder einen Überblick über die *äußeren* Faktoren, die den Berufserfolg langfristig beeinflussen.[4])

Fast alle Männer der Spitzengruppe, doch nur ein Drittel der Schlußgruppe erfreuten sich über einen Zeitraum von mindestens zehn Jahren eines stabilen, ihren eigenen Worten nach befriedigenden ehelichen Zusammenlebens. Alle Kinderlosen, fast alle Geschiedenen und alle die, die keine Freunde hatten, fielen in die Schlußgruppe.

Die Schwierigkeit, zum Nachweis psychischer Gesundheit Freuds

Tabelle 4
Auffallende Unterschiede zwischen der Spitzen- und der Endgruppe

	Spitzengruppe (30 Männer)	Endgruppe (30 Männer)
Items aus der Erwachsenen-Anpassungs-Skala:		
Kein stetiges berufliches Vorwärtskommen	10 %	57 %
Realeinkommen unter dem des Vaters im selben Alter	13 %	53 %
Weniger als 20 Jahre glücklicher Ehe	23 %	77 %
Kein realer Hinweis auf Freunde	0 %	30 %
Macht keinen Urlaub	17 %	63 %
Hoher Verbrauch von Alkoholika und/oder Tranquilizern	17 %	52 %
Sonstige Items:		
3 Monate arbeitslos	3 %	47 %
Mindestens 10 Episoden von Passivität, Abhängigkeit, Pessimismus, Selbstzweifel, Angst vor der Sexualität	3 %	50 %
Unzufrieden mit dem Leben*	0 %	40 %
Häufiger Gebrauch unreifer Abwehrmechanismen	0 %	60 %
Klinisch nachgewiesene psychopathologische Symptome	3 %	67 %
Kinder haben soziale und emotionale Probleme (1975)	23 %	67 %
Körperliche Gesundheit schlecht, oder tot (1975)	3 %	50 %

* Mindestens vier der folgenden Punkte treffen zu: Nach eigener Einschätzung fühlt sich der Proband in seiner Ehe unglücklich, ist mit seiner Arbeit nicht zufrieden, ist mit seinem beruflichen Vorwärtskommen nicht zufrieden, mit seinem Gesundheitszustand nicht zufrieden, empfindet die Gegenwart nicht als die glücklichste Zeit seines Lebens, empfindet die Gegenwart als die unglücklichste Zeit seines Lebens.

Kriterien «Lieben und Arbeiten» objektiv zu belegen, liegt jedoch, wie Kritiker einwenden, in der Tatsache, daß derartige Items weiter nichts als die Moral der Mittelschicht widerspiegeln. Um nachzuweisen, daß die Erwachsenen-Anpassungs-Skala tatsächliche Validität besitzt, müssen wir zeigen, daß dieselben Items, die sich auf das Arbeiten und Lieben beziehen, Korrelationen zu alternativen Definitionen psychischer Gesundheit aufweisen. Beispielsweise *kann* Scheidung bei den Allergesündesten vorkommen, doch besteht statistisch gesehen eine auffallende Verknüpfung zwischen Scheidung und psychischer Erkrankung jeder Art.[5] Entsprechend hat sich die Arbeitsfähigkeit als ein wichtiger Faktor bei Prognosen über Heilung und Wiedereingliederung Schizophrener[6], Drogensüchtiger[7] und straffällig Gewordener[8] erwiesen.

Lassen Sie mich deshalb den Nachweis, welch hohe Bedeutung das Arbeiten und Lieben in der Grantstudie gewonnen hat, auf andersartige Belege stützen. Die Männer mit dem schlechtesten Endergebnis konsultierten im Durchschnitt hundertfünfzigmal einen Psychiater, während die Männer mit dem besten Ergebnis im Durchschnitt auf drei Besuche kamen. In bezug auf klinisch evident gewordene psychopathologische Symptome bestand ein ähnlich klarer Unterschied zwischen den beiden Gruppen. Das heißt, daß mindestens zwei der folgenden Punkte bei zwanzig Männern der Schlußgruppe gegenüber nur einem Mann der Spitzengruppe zutrafen: lebenslange Probleme mit der Angst, durch einen der Forschungsmitarbeiter oder durch mich gestellte klinische psychiatrische Diagnose, Einweisung in die Klinik wegen psychischer Defekte. Die Männer mit dem schlechtesten Endergebnis hatten weder an ihrer Arbeit noch in ihrem Urlaub Vergnügen, neigten jedoch mit dreimal höherer Wahrscheinlichkeit zum Alkoholmißbrauch, zur Benutzung von Tranquilizern und zur regelmäßigen Einnahme von Schlaftabletten. Mehr noch: die Hälfte der Männer der Schlußgruppe, jedoch kein einziger der Männer der Spitzengruppe, fühlte sich unglücklich. Dabei machte es keinen Unterschied, ob die Männer unglücklich genannt wurden, weil ich ein übermäßig häufiges Auftreten von Pessimismus, Selbstzweifeln und Abhängigkeit bei ihnen beobachtet hatte oder weil sie selbst Unzufriedenheit geäußert hatten.

Noch zwingender waren die Daten über die körperliche Gesundheit. Kowalski und Angst waren keine Einzelfälle. So verbrachten die

Männer der Schlußgruppen in den letzten fünfundzwanzig Jahren dreizehn Wochen im Krankenhaus, die Männer der Spitzengruppe dagegen durchschnittlich zwei Wochen. Im Alter von vierzig Jahren waren die sechzig Männer aus Tabelle 4 mit einer Ausnahme noch alle bei guter Gesundheit. Fünfzehn Jahre später waren vier der Männer mit dem schlechtesten Ergebnis tot, sechs litten unter so schweren chronischen Krankheiten, daß sie dadurch bleibende Schäden erlitten und fünf weitere hatten leichtere chronische Leiden. Von den dreißig «Spitzenreitern» war nur ein einziger chronisch krank, ohne daß es dabei zu einer funktionalen Schädigung gekommen wäre.

Abbildung 1 veranschaulicht die Beziehung zwischen dem «empirischen» Nachweis des Anpassungsgrades der Erwachsenen und der relativen Ich-Reife der Männer mit den besten und dem schlechtesten Endergebnis. Sicher, die Hälfte der 514 Abwehrsegmente der Spitzengruppe wurde nicht anders als die Hälfte der 613 Segmente der Schlußgruppe als «neurotisch» eingestuft, doch kamen Abwehrmechanismen, die innere Regungen und Affekte nicht blockieren, sondern in bestimmte Bahnen lenken – also Unterdrückung, Antizipation, Altruismus und Verschiebung – bei den Männern der Spitzengruppe weitaus häufiger vor (vgl. Abb. 1). Abwehrmechanismen, die innere Regungen zunichte machen, verneinen oder eindämmen – also Reaktionsbildung, Dissoziation, sowie die unreifen Abwehrmechanismen – kamen in erster Linie bei den Männern der Schlußgruppe vor.

Offenbar gab es unter den Männern der Grantstudie keinen Doppelstandard für die psychische Gesundheit, einen für den inneren Menschen und einen anderen für die Gesellschaft. Innere und äußere Anpassung verliefen parallel zueinander. Nach den im 5. Kapitel referierten Befunden kann es nun nicht mehr überraschen, daß achtzehn Männer der Schlußgruppe, jedoch kein einziger der Spitzengruppe vornehmlich unreife Abwehrmechanismen anwandten. In diesem Sinne erfüllen die Befunde dieses Kapitels die Forderung, die Heinz Hartmann schon 1937 erhoben hat: «Wenn wir die Begabungs-, Charakter-, Willens- usw. -elemente objektiv bestimmen können, welche mit dem – empirisch, nicht theoretisch – ‹starken› oder ‹schwachen› Ich korreliert sind, kommen wir auch aus der Relativität jener üblichen Definitionen heraus, die den Begriff Ich-Stärke nur aus ihrer Beziehung zum individuellen Es oder Über-Ich be-

Abbildung 1
Proportionale Verteilung des Abwehrverhaltens bei den Männern mit dem besten und dem schlechtesten Endergebnis

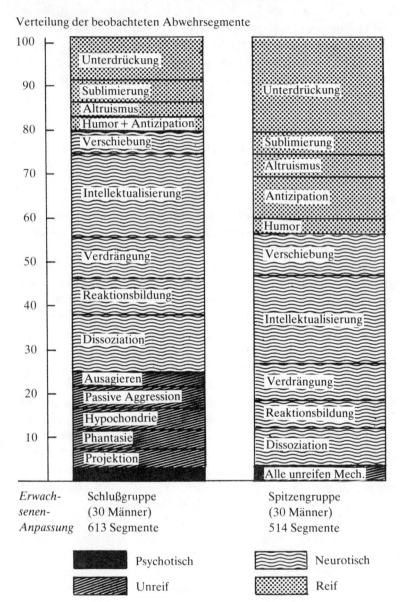

356

stimmt haben: die Ich-Stärke verschiedener Individuen wird vergleichbar . . .»[9]

In ihrer Fähigkeit zur Selbstbehauptung (assertiveness) ähnelten die Männer mit dem besten Endergebnis Kowalski. Es erscheint sehr verkürzt, doch sind Großzügigkeit und Selbstbehauptung, wie die Beispiele Angst und Kowalski zeigen, eng miteinander verwoben. Beispielsweise spendeten die Männer mit dem besten Ergebnis sechsmal mehr für die Wohlfahrt als die mit dem schlechtesten Ergebnis; auf jeder beliebigen Einkommensstufe gaben sie doppelt soviel. Und doch zeigten sie als ganze Gruppe sechsmal so viele Segmente aggressiven Verhaltens wie die Männer mit dem schlechtesten Endergebnis. Als die Männer der Spitzengruppe älter wurden, beteiligten sie sich vergleichsweise aktiver an Wettkampfsportarten als in ihren Collegejahren, während die Männer der Schlußgruppe, die im College fast so aktiv gewesen waren wie die Spitzenreiter, im Erwachsenenalter praktisch mit einer einzigen Ausnahme sportlicher Konkurrenz ganz aus dem Wege gingen.

Daß Aggressivität bei den Männern der Grantstudie so gesund wirkte, erklärt sich auch daraus, daß dieser Befund eine künstliche Folge unseres spezifischen Auswahlverfahrens darstellt. Legte man viktorianische Maßstäbe an, so könnte man sagen, die Männer seien ganz außerordentlich wohlerzogen. Häufig mit zwölf Monaten schon zur Sauberkeit erzogen, mit sechzehn Jahren Redner bei Schulabschluß, arbeiteten sie hart, um ein anspruchsvolles College mit Auszeichnung zu absolvieren und vervollkommneten sich dann noch weiter in der Graduate School. Vielleicht würden die «Rechtschaffenen» in einer sozial benachteiligten Gruppe, wo die Aggression wahrscheinlich in bedrohlicherer und stärker desorganisierender Form auftritt, gesünder wirken als die Kowalskis. Bei übermäßig dressierten, gebildeten und kooperativen Männern ist Aggressivität jedoch vielleicht eher eine erlösende Gnade. Ungebändigte Fluten führen zu Naturkatastrophen, doch kanalisierte Wassermassen werden zum Diener des Menschen.

Das mag so sein. Doch lassen Sie mich eine andere und, wie ich hoffe, nützlichere Erklärung vorbringen. Allzu leicht denken wir bei Erfolg und Aggressivität an Feindseligkeit und Gewalt. Bei Kindern, die von der Geburt bis zur Reife beobachtet wurden, konnte Kagan zeigen, daß zwischen der *Aggressivität* beim jungen Kind und der *Tüchtigkeit* (effectiveness) und *Kompetenz* beim Erwachsenen eine Korrelation besteht.[10] Dieser Befund steht im Gegensatz zu der Tatsache, daß *gewalttätige* Erwachsene als Kind selbst häufig *geschlagen* worden sind. Gewalttätigkeit und Aggression sind nicht dasselbe. Der gewalttätige Kriminelle ist in einer Umgebung aufgewachsen, die ihm feindselig begegnete; der erfolgreiche Erwachsene ist in einer Umgebung großgeworden, die seine bzw. ihre Aggression (Fähigkeit zur Selbstbehauptung) geduldet hat.

In der Geschlechtsidentität zeigt sich ein weiterer interessanter Unterschied zwischen der Spitzen- und der Schlußgruppe. Bei fünfzehn Männern mit dem schlechtesten Endergebnis, jedoch bei keinem der Männer der Spitzengruppe fehlte die volle männliche Identifikation. Einige der Männer der Schlußgruppe hatten berufliche Interessen, die als weiblich abgestempelt sind, hatten eine Frau als Ich-Ideal, gingen Tätigkeiten nach, die normalerweise als Frauenberufe gelten oder waren wie DeMille in reinen Frauenhaushalten aufgewachsen. Einer der Männer mit dem schlechtesten Endergebnis hatte als Kind gefragt: «Muß man erst eine Frau sein, bevor man ein Mann wird?» Ein anderer sagte in der Adoleszenz: «Wenn ich groß bin, will ich eine dicke fette Mammi sein.» (In einer Zeit, in der man versucht, mit den falschen Geschlechterunterschieden Schluß zu machen, sollte die Bedeutung eines derartigen Ausspruches klargestellt werden. Ich gehe davon aus, daß es zwischen der Identifikation mit dem eigenen Geschlecht und der Diskriminierung einer anderen Person wegen ihrer Geschlechtszugehörigkeit einen Unterschied gibt. Unsere Kultur hat mit ihrem Edikt, daß kleine Mädchen nicht so aggressiv sein *dürfen* wie kleine Jungen, die Kreativität vieler Frauen im Keim erstickt.)

Wahrscheinlich hängt es mit dem oben Gesagten zusammen, daß bei den Siebenundvierzigjährigen von den Männern mit dem besten Ergebnis zweimal so viele ein enges Verhältnis mit *beiden* Eltern hatten, während eine dreimal höhere Anzahl der Männer mit dem schlechtesten Ergebnis *beide* Eltern als untauglich oder sogar als böswillig ansah. Im Laufe der Zeit waren die Männer der Spitzengruppe ihren Müttern, und mehr noch ihren Vätern, persönlich nähergekommen und hatten ihre Einstellung zu ihnen positiv verändert. (In ihrer über vierzehn Jahre laufenden Untersuchung gesunder Männer haben Grinker und Werble diese allmähliche Verlagerung hin zu einer positiveren Einschätzung des Vaters ebenfalls beobachtet.[11]) Im Gegensatz dazu entfremdeten sich die Männer mit dem schlechtesten Endergebnis im Laufe der Zeit noch mehr von ihren Müttern und Vätern (z. B. Dr. Tarrytown).

Eines der Hauptziele der Begründer der Grantstudie war es gewesen, bei Collegestudenten die Anzeichen zu bestimmen, die die Voraussage zukünftiger psychischer Gesundheit erlauben. Doch wird in diesem Buch nicht nur immer wieder betont, daß es sich bei der Anpassung um unbewußte und dynamische Vorgänge handelt, sondern auch die Ansicht vertreten, daß «psychische Gesundheit» kein statisches, sondern ein evolutionäres Konzept ist. Vielleicht sollte es uns beruhigen, daß an den Neunzehnjährigen wenig Anzeichen dafür zu beobachten waren, ob sie als Fünfzigjährige psychisch gesund sein würden oder nicht. So waren zwar siebzehn Männer der Spitzengruppe als Collegestudenten im Hinblick auf ihren psychischen Gesundheitszustand mit dem Prädikat «A» bewertet worden, doch galt das auch für sechs Männer aus der Gruppe mit den schlechtesten Ergebnissen. Zwar waren unter den Männern mit den schlechtesten Ergebnissen zehn mit dem Prädikat «C» bedacht worden, doch galt das auch für zwei Männer aus der Spitzengruppe.

Doch wenn die Studienjahre nicht der richtige Zeitpunkt zur Beurteilung der emotionalen Stabilität waren, so war es das dreißigste Lebensjahr. 1947 wurden nach achtjähriger Beobachtung die College-Laufbahn, die Tauglichkeitsberichte der Männer aus dem Zweiten Weltkrieg und ihre Realitätsanpassung nach dem Krieg überprüft. Sechzehn der dreißig Männer, die zwanzig Jahre später zu der Gruppe mit den besten Endergebnissen und siebzehn der dreißig Männer, die zu der Gruppe mit den schlechtesten Endergebnissen gerechnet wurden, erkannte ein «blind rater» das Prädikat «stabile Persönlichkeit» zu. Mit einer Ausnahme waren alle sechzehn Männer, die 1967 zur Spitzengruppe zählten, auch 1947 schon mit «A» oder «B» bewertet worden; mit Ausnahme von drei Männern waren alle siebzehn Mitglieder der Schlußgruppe mit «C», «D» oder «E» eingestuft worden. Doch selbst in diesem Punkt deutet das Leben von Crabbe, Camille und DeMille noch auf die Tatsache hin, daß unsere Anpassungsfähigkeit sich noch weit bis in den mittleren Lebensabschnitt hinein weiterentwickelt.

Bestand einerseits zwischen zahlreichen Lebensaspekten und dem psychischen Gesundheitszustand ein so signifikanter Zusammenhang, erwiesen sich andererseits viele Aspekte ganz entgegen unseren Erwartungen als unverbunden. So fanden sich zum Beispiel im Hinblick auf das Auftreten psychischer Erkrankungen in ihrer Familie, den Körperbau, die Intelligenz, die Sehschärfe, ja selbst hinsichtlich der Frage, ob sie ihre Fingernägel abbissen oder nicht, keine Unterschiede zwischen den Männern der Spitzen- und der Schlußgruppe. Theoretische Meßwerte der psychischen Gesundheit und die Anpassung im Erwachsenenalter korrelierten nicht allzu deutlich. Beispielsweise erlaubte die Auswertung des Thematischen Apperzeptionstests, den die Männer mit dreißig abgelegt hatten, keine Vorhersage darüber, wieweit sie als Fünfzigjährige psychisch gesund sein würden. Zwischen der Anzahl körperlicher Symptome und individueller Empfindungen unter Streß (etwa Schweißausbrüche, Kopfschmerzen, Sodbrennen usw.) und einer schwachen Anpassung im Erwachsenenalter zeigte sich keine signifikante Beziehung.

Wie bereits erwähnt, übte die soziale Schicht, aus der die Männer stammten, keinen Einfluß auf ihr Endergebnis aus. Beim Eintritt in die Untersuchung kam ein Drittel aus Familien, die eindeutig der Ober- bzw. der oberen Mittelschicht zuzurechnen waren, und ebenfalls ein Drittel der Männer stammte aus Familien, die man als Angehörige der unteren Mittelschicht bzw. als Arbeiter bezeichnen konnte. Fünfundzwanzig Jahre später zeigte sich das Endergebnis dieser Männer ebenso wie sämtliche Variablen, auf denen die Einstufung des Endergebnisses basierte, unbeeinflußt von der sozialen Stellung ihrer Familie, dem Einkommen des Vaters und etwaigem Besuch privater anstatt öffentlicher Schulen. Das Einkommen dieser Männer erwies sich ebenso wie ihr Freundschaftsverhalten, ihre psychischen Abwehrstrukturen und ihre emotionale Gesundheit als von ihrer sozialen Schichtzugehörigkeit unabhängig. (Eine kürzlich erschienene Auswertung der Literatur bestätigt, daß die soziale Schicht im allgemeinen bei der Vorhersage späterer gesunder Persönlichkeitsfunktionen und Ich-Stärke keine besondere Rolle spielt.[12])

Unter den Teilnehmern der Studie waren mindestens sieben, die als Fünfzigjährige klar zur Oberschicht bzw. zur oberen Mittelschicht zählten (so zum Beispiel ein Collegepräsident, zwei Seniorpartner alteingesessener juristischer Kanzleien an der Wall Street, ein Modechirurg und ein Stiftungspräsident), die aus ebenso bescheidenen Verhältnissen kamen wie Goodhart. Allen war ihr Studium durch ein Stipendium ermöglicht worden; bei keinem von ihnen hatten die Eltern das College abgeschlossen; das durchschnittliche Familieneinkommen hatte 1940 bei 2000 Dollar jährlich gelegen. Und doch wandten fünf dieser sieben Männer, als sie die mittleren Jahre erreicht hatten, vorwiegend reife Anpassungsmechanismen an, und fünf von ihnen zeigten so gut wie nie Selbstzweifel, Pessimismus oder abhängiges Verhalten. Bis auf einen kamen sie alle in die Spitzengruppe der Männer mit dem besten Endergebnis.

So wie die soziale Schichtzugehörigkeit sich nicht auf die psychische Gesundheit auswirkte, so übte psychische Gesundheit ihrerseits wenig selektiven Einfluß auf die politische oder religiöse Überzeugung der Männer aus. Zwischen Gottesdienstbesuch und psychischer Gesundheit ließ sich praktisch kein Zusammenhang herstellen. Die Männer mit dem besten Endergebnis hatten nur mit geringfügig höherer Wahrscheinlichkeit 1954 zu den Gegnern Senator McCarthys gehört, 1964 die Bürgerrechtsgesetzgebung und 1967 den Rückzug aus Vietnam befürwortet. Republikaner und Demokraten, Liberale und Konservative waren gleichmäßig vertreten. Doch warum sollte politische Voreingenommenheit eigentlich etwas mit psychischer Gesundheit zu tun haben?

Die Männer waren als Dreißigjährige und dann noch einmal als Fünfundvierzigjährige gefragt worden, welche Person des öffentlichen Lebens sie am meisten bewunderten. Sowohl die Spitzen- als auch die Schlußgruppe favorisierte Lincoln, Churchill, Jefferson und Franklin Roosevelt. (Rasputin und Mussolini bekamen jeweils eine Stimme.) Bei den Präsidentschafts-Vorwahlen zeigten die beiden Gruppen keine unterschiedliche Vorliebe; die einzige Ausnahme bestand darin, daß die Männer mit dem besten Endergebnis Tatmenschen wie Nelson Rockefeller oder John und Robert Kennedy bevorzugten, während die Männer mit dem schlechtesten Endergebnis den stärker zur Reflexion neigenden Adlai Stevenson und Barry Goldwater den Vorzug gaben.

Zusammenfassend können wir feststellen: Die auffallenden Unterschiede zwischen Goodhart und Tarrytown, zwischen Kowalski und Angst sind statistisch erwiesen. Wenn wir die Männer als ganze Gruppe betrachten, erscheint psychisches Gesundsein als erkennbare Dimension der menschlichen Existenz. Der innere Mensch (Abwehrvorgänge, subjektives Wohlbefinden und körperliche Gesundheit) stimmt mit dem äußeren Menschen (objektive Arbeits- Liebes- und Spielfähigkeit) überein. Wie die Tafeln in diesem und dem 5. Kapitel zeigen, besteht ferner Übereinstimmung zwischen dem inneren und äußeren Menschen einerseits und seiner psychiatrischen Beurteilung (eventuelle Notwendigkeit einer Psychotherapie, Berechtigung für eine psychiatrische Diagnostizierung und Anwendung stimmungsverändernder Drogen) andererseits.

Vorangegangene Untersuchungen bei «Normalen», durchgeführt von Roy Grinker und Jules Golden, stützen das weitverbreitete Vorurteil, wonach psychische Gesundheit nur «unter Preisgabe eines mehr schöpferischen und spontanen Typus der Persönlichkeitsorganisation»[13] zu erreichen sei. Die vorliegenden Ergebnisse weisen jedoch in entgegengesetzte Richtung und bestätigen nachdrücklich den aus der Untersuchung gesunder graduierter Studenten in Kalifornien[14] und von Jetpiloten[15] gewonnenen Befund: Psychische Gesundheit ist alles andere als fade und langweilig. Gleichgültig, ob man nun einen genußreichen Urlaub und ein erfreuliches Sexualleben, Kreativität im akademischen oder geschäftlichen Bereich oder Liebenswürdigkeit und Lebhaftigkeit während des psychiatrischen Interviews als Kriterien zugrunde legt – die relativ gesunden Männer genossen ihr Leben mehr und wurden von anderen mehr geschätzt. Selbstverständlich traten auch deutliche Ausnahmen auf; doch so glanzlos Unterdrückung auch erscheinen mag, ermöglicht sie doch ein höheres Maß an «Kreativität und Spontaneität» als Projektion, Masochismus und Hypochondrie.

Obwohl noch viele Studien dieser Art an unterschiedlichen Gruppen durchgeführt werden müssen, bevor unsere Schlußfolgerungen als verläßlich betrachtet werden können, bietet der dabei angewandte Forschungsansatz doch die Möglichkeit, den Begriff «psychische Gesundheit» aus dem philosophischen Morast herauszuziehen, in dem er zur Zeit immer noch steckt. Dabei bilden konkrete, äußerlich beobachtbare Items (Stabilität der Ehe, Scheidung, relativer Verdienst, Arztbesuche, Länge des Urlaubs, Gebrauch von Tranquilizern und objektives Vorhandensein von Freunden) objektive Korrelate der weniger greifbaren Komponenten der psychischen Gesundheit.

Wenn unsere viktorianischen Vorväter auch vielleicht gesagt hätten: «Das haben wir schon von vornherein gewußt», sind Annahmen dieser Art auch heute noch keineswegs selbstverständlich. Beispielsweise stand es zu Beginn unserer Untersuchung noch außerordentlich stark in Zweifel, ob zwischen solch wertebefrachteten Items wie «Scheidung» und «Berufserfolg» und der psychischen Gesundheit auch nur in geringem Maße Korrelationen bestehen.

Bis hierher ging es mir darum, den Begriff der «psychischen Gesundheit» zu definieren und die unbewußten Anpassungsmechanismen hierarchisch zu ordnen. Nun möchte ich zu einer eingehenderen Analyse der Ursachen weiterschreiten. Wie wirkt sich die Kindheitsumgebung auf die Anpassung aus? Welche Rolle spielen die sozialen Beziehungen für die Gesundheit? Und schließlich: wie hängt unsere Position im Zyklus unseres Erwachsenenlebens mit unserer jeweiligen Anpassungsweise zusammen? Die in den nächsten drei Kapiteln vorgetragenen vorläufigen Antworten werden allein durch den Längsschnittcharakter der Grantstudie ermöglicht. Der Leser kann sich durchaus die Freiheit nehmen, alle noch folgenden Schlüsse mit dem Einwand: «Möglicherweise gilt das alles nur für einen ganz schmalen Ausschnitt der Menschheit» beiseite zu schieben. Mag das nun zutreffen oder nicht, ich bin in jedem Fall überzeugt, daß im Längsschnitt erforschte Werdegänge uns alle sehr viel lehren können.

13. Kapitel: Im Kinde zeigt sich schon der ganze Mensch

«Wehe dem Mann, dessen Herz nicht in der Jugend gelernt hat, zu hoffen, zu lieben – und dem Leben zu vertrauen.»
JOSEPH CONRAD:
Sieg*

Aus der Rückschau wird das, was der Erwachsene geworden ist, verständlich. Die verrückte Tante, die abweisende Mutter, der Klumpfuß, die schlechte Wohngegend – die nachträgliche Einsicht der psychologischen Lebensbeschreibung macht es möglich, daß sich alle Mosaiksteinchen zu einem einheitlichen Bild zusammenfügen. Doch ist es Klinikern häufig selbst nicht bewußt, zu welchen Prokrustesmanövern sie greifen, um vergangene Lebensgeschichte in psychiatrische Schemata zu pressen. Obwohl ein jeder von uns «weiß», daß die Kindheit sich auf das Wohlbefinden im Erwachsenenalter auswirkt, haben neue wisschenschaftliche Nachprüfungen ergeben, daß bei prospektivem Vorgehen wenig Anhaltspunkte zu finden sind, auf die sich eine solche Annahme stützen ließe.[1]

Erst in jüngster Zeit haben Untersuchungen normaler menschlicher Entwicklungsverläufe jene drei bis vier Jahrzehnte überdauert, die nötig sind, um das gründliche Studium der Kindheit bis zum Eintritt der Reife weiterzuführen. Prospektive Studien dieser Art haben mit zahlreichen zur Gewohnheit gewordenen Annahmen aufgeräumt. So gab es beispielsweise beim Vergleich der Teilnehmer der Grantstudie mit dem besten und dem schlechtesten Endergebnis eine Reihe von Überraschungen. Auch wenn Faktoren wie Nägelbeißen, frühe Sauberkeitserziehung, «Makel» im Familienstammbaum, ja sogar die immer wieder erwähnte kalte, abweisende Mutter im voraus erkannt wurden, ließen sich daraus keine Voraussagen über emotionale Störungen beim Erwachsenen ableiten. Wenn die Männer das fünfzigste Lebensjahr erreicht hatten, erwiesen sich ihre Stellung innerhalb der

---

* Hier zitiert nach der Ausgabe des S. Fischer Verlags. Frankfurt am Main 1962. S. 435.

Geschwisterreihe, ihr körperlicher Gesundheitszustand während der Kindheit, der Altersunterschied zum nächstgeborenen Kind und selbst der Tod eines Elternteils als relativ unbedeutend. Praktisch bei allen Männern, die später als psychisch krank bezeichnet wurden, erinnerten sich die Eltern an Probleme, die während der Kleinkinder- und Kinderzeit aufgetreten waren (wie etwa Phobien und ausgeprägte Schüchternheit). Doch wußten auch sechzig Prozent der Eltern der weiterhin gesund gebliebenen Männer von derartigen Störungen zu berichten.

Dennoch zeigte sich beim Vergleich der dreiundzwanzig Männer, die die düsterste Kindheit durchgemacht hatten (die «Ungeliebten»), mit den dreiundzwanzig Männern, die die sonnigste Kindheit erlebt hatten (den «Glücklichen»), daß vier Voraussagen hinsichtlich der Auswirkung der Kindheit auf die Anpassung der mittleren Lebensjahre getroffen werden konnten. Erstens: die Männer mit unglücklicher Kindheit würden später nicht fähig sein zu spielen. Zweitens: sie würden abhängig und ohne Vertrauen zur Welt sein. Drittens: sie würden mit größerer Wahrscheinlichkeit als «psychisch krank» eingestuft werden. Viertens: sie würden keine Freunde haben.

Um bei den beiden Mitarbeitern der Grantstudie, die für die Bewertung der Kindheitsumgebung sämtlicher Teilnehmer verantwortlich waren, jede durch nachträgliche Einsicht entstandene Voreingenommenheit auszuschalten, wurden sie über das weitere Schicksal der Männer nach ihrem ersten Collegejahr im unklaren gehalten. Doch da sie die Bewertungen in den Jahren 1970 bis 1974 vornahmen, waren sie natürlich mit den wesentlichen theoretischen Fortschritten der Entwicklungspsychologie – und namentlich mit dem Werk Erik Eriksons –, die seit dem Beginn der Grantstudie erzielt worden waren, vertraut.

Die Information, die den beiden Kollegen vorlag, umfaßte a) die Aufzeichnungen, die sowohl der Psychiater als auch die Sozialarbeiterin von dem Bericht jedes Jungen über sein Familienleben gemacht hatten, b) das Gespräch der Sozialarbeiterin mit den Eltern, c) die Entwicklungsgeschichte jedes Jungen, die die Sozialarbeiterin von den Eltern erfragt hatte. Nach Durchsicht all dieser Unterlagen wurden acht Faktoren der Kindheitsentwicklung anhand eines nicht mit absoluten, sondern mit Vergleichswerten operierenden Meßverfahrens als *überragend, durchschnittlich* oder *schwach* eingestuft. (Vergleiche auch die ausführlichere Darstellung in Anhang C.)

1. Psychologische Kindheitsprobleme (z. B. Phobien, Rückzugsverhalten, ausgeprägte Eßschwierigkeiten)
2. Körperlicher Gesundheitszustand in der Kindheit
3. Sicherheit und Stabilität der häuslichen Umgebung
4. Mutter-Kind
5. Vater-Kind

(Inwieweit waren diese Beziehungen herzlich, ermutigend und der Herausbildung von Autonomie, Initiative und Selbstachtung förderlich?)

6. Geschwisterbeziehungen
7. Die Leistungen in der High-School-Zeit (in schulischer, sozialer und sportlicher Hinsicht)
8. Gesamtbewertung (Hätte der unabhängige Beurteiler selbst in dieser Familie aufwachsen wollen?)

Gemäß diesen acht Faktoren wurde die Kindheit jedes der Männer einer der drei Gruppen «glücklich», «durchschnittlich» oder «ungeliebt» zugeordnet. Trotz des individueller Beurteilung stets innewohnenden Unsicherheitsmomentes wurde zwischen den Gesamtpunktzahlen der Bewerter eine deutliche Übereinstimmung erreicht.

Mit Hilfe der Gegenüberstellung zweier dem Leser bereits bekannter Männer läßt sich die statistisch bedeutsame Korrelation zwischen Kindheitsumgebung und psychischer Gesundheit in der Lebensmitte erhellen. Die Kindheit von Samuel Lovelace wurde als eine der rundherum düstersten der ganzen Studie bewertet, während die Richard Luckys den Neid all derer erweckte, die darüber informiert wurden. (Beide Männer sind im 8. Kapitel zum ersten Mal eingeführt worden.)

Als Samuel Lovalece 1940 zum ersten Mal zu den Forschern der Grantstudie kam, hinterließ er den Eindruck von Ängstlichkeit. Bei der körperlichen Untersuchung zählte sein Puls selbst im ruhigen Zustand noch 107 Schläge pro Minute, und der Arzt schrieb: «Sams Ängste sind weit stärker als die des durchschnittlichen Teilnehmers der Grantstudie.» Die Mitarbeiter der Studie sahen ihn als einen unreifen Jungen, der «ziemlich rasch ermüdet», und waren bestürzt über seinen Mangel an Selbstvertrauen und über seine «Unfähigkeit, Freundschaften zu schließen». Ein Mitglied des Forscherteams nannte Lovelace nach sechs Jahren zusammenfassend «einen der wenigen

Menschen, denen ich das Prädikat ‹selbstsüchtig› zuerkennen würde. Es scheint, als ob er ständig durch einen ganz engen Gewehrlauf sähe.» Doch vielleicht achteten die Forscher der Grantstudie im College nicht genügend auf Lovelaces Kindheit, oder vielleicht unterschätzten sie auch ihre Auswirkungen. Wenn die Grantstudie mich eines gelehrt hat, dann ist es die Erkenntnis, daß «Selbstsucht» nicht bei denjenigen auftritt, die als Kinder zuviel, sondern bei denen, die zuwenig bekommen haben. Ich bezweifle, daß ein Beobachter, der Lovelaces ganzes Leben vor sich sähe, ihn immer noch als «selbstsüchtig» betrachten könne. Freilich gab es auch in den Collegejahren viele Mitarbeiter der Grantstudie, die von Lovelace angerührt waren. Sie nannten ihn «einen netten Jungen . . . einen intelligenten, warmherzigen, offenen Burschen . . . mit einem Potential an Fähigkeiten, für die er bisher noch kein Betätigungsfeld gefunden hat.» Bei seiner Graduierung betrachtete das Forschungsteam Lovelace als nicht mehr und nicht weniger gesund als den durchschnittlichen Teilnehmer der Studie.

Als ich Mr. Lovelace als Fünfzigjährigen kennenlernte, war er ein distinguierter, adrett in Anzug mit Fliege gekleideter Mann. Seine Haare waren grau, und wie zuvor im College sah er auch jetzt älter aus, als er war. Während unseres Gesprächs rauchte er unablässig und blickte zum Fenster hinaus. Da er mich niemals direkt ansah oder anlachte, fühlte ich mich ausgeschlossen, doch war Lovelace jetzt weniger ängstlich als unglücklich. Es ist nicht schwer zu verstehen, wieso.

Sam Lovelace hatte sein Leben einer ungewollten Schwangerschaft zu verdanken. Seine Eltern kümmerten sich nie in dem Maße um ihn, wie er es gebraucht hätte. Auf die Frage der Sozialarbeiterin, was sie heute bei der Erziehung von Sam und seinem Bruder anders machen würden, antwortete Sams Mutter: «Ich würde versuchen, ihnen im Kleinkindalter bessere Pflege und Ernährung . . . und mehr Zuwendung zu geben. Ich habe zuviel gepredigt, dauernd genörgelt, daß sie in die Kirche gehen sollten . . . und immer erwartet, daß sie sich wie Erwachsene benehmen.» (Gefragt, welche Dinge, die in seiner eigenen Kindheit gefehlt hatten, er seinen Kindern wünsche, erwiderte Sam als Dreißigjähriger: «Eine Umgebung, die mehr Anreize bietet.»)

Sam wuchs mit dem Gefühl auf, daß er seine «Eltern alle beide kaum kannte», und er vermochte sich bei keinem von ihnen «an besondere Zuneigungsbeweise» zu erinnern. Umgekehrt war Sam den Eltern «zu unabhängig». Seine Mutter glaubte, «andere Menschen mögen ihn mehr als er sie». Es stimmt, daß Sam in seiner Kindheit die meiste Zeit mit seinem Hund zubrachte und sich mit seinem einzigen Bruder «immer mehr auseinanderlebte».

Im College sah Sam seine Mutter als «sehr launisch, unberechenbar und immer besorgt . . . Ich fühle mich ihr nicht sehr verbunden.» Auch seinem Vater brachte er nur wenig Achtung entgegen. Mit siebenundvierzig erschien ihm seine Mutter noch immer «ziemlich angespannt und reizbar», und in seinem Vater sah er nichts als einen «distanzierten», ängstlichen, müden Mann, der auf vegetarische Kost schwor.

Sein ganzes Leben hindurch stand Sam Lovelace jeder Form des Spiels fremd gegenüber. Er bekam zwar in der High School lauter Einsen und war überdies Herausgeber der Schülerzeitung, doch für seine Eltern war er bloß «schlecht im Sport, und was er an Sport betreibt, macht ihm keinen Spaß». (Den Mitarbeitern der Grantstudie erschien Sam allerdings «gewandt und in seinen Bewegungen wohlkoordiniert».) Als Erwachsener betrieb Lovelace weder Sport noch interessierte er sich für Spiele. Er machte weniger als zwei Wochen Urlaub pro Jahr, und wie Leslie Angst benutzte er diese Zeit für pflichtbewußte Verwandtenbesuche. Er fuhr oft zu seinen Eltern, nicht so sehr, weil er sie liebte, sondern aus Angst, daß sie bald sterben könnten. Seine Besuche bei ihnen endeten häufig in erhitzten Debatten über Politik, die seine konservativen Eltern in traurige Verzweiflung versetzten und bei dem liberaleren Sam das Gefühl noch verstärkten, daß er ganz allein dastand.

Wie in der Kindheit, so fand Sam Lovelace auch als Erwachsener das Lieben nicht minder schwierig als das Spielen. Mit neunzehn hatte er gesagt: «Ich finde es nicht besonders leicht, Freundschaften zu schließen», und später mit dreißig bekannte er, es sei «sehr schwierig, neue Leute kennenzulernen». Als er die Fünfzig erreicht hatte, hatte sich daran nichts geändert. Er sagte mir, daß er nicht häufig mit Leuten zusammenkäme und bezeichnete sich selbst als «ziemlich schüchtern». Bei der Arbeit fühlte er sich durch seinen Chef eingeschüchtert und manipuliert, und als ich Mr. Lovelace nach seinem ältesten Freund fragte, erzählte er mir statt dessen von einem Mann, den er außerordentlich stark beneidete. Gefragt, welchen seiner Freunde er am ehesten mit seinen Problemen behelligen würde, gab er zur Antwort, er behellige seine Umwelt höchst ungern. Widerstrebend nannte er sodann einen Freund, um ihn dann sofort und ganz pauschal als «ziemlich kaputt» abzuwerten. In den zwölf Monaten, die unserem Gespräch vorausgegangen waren, hatten er und seine Frau keine Gäste gehabt.

Doch bestanden bei Lovelace nicht nur innere Probleme. Wie in Kapitel 8 bereits aufgezeigt, war das Fehlen von sozialen Stützen eines der ständigen Probleme seines Erwachsenendaseins. Durch das Nörgeln seiner Mutter war er bis zum Beginn seines Collegestudiums regelmäßig zur Kirche gegangen und danach nie wieder. Seine Schwierigkeiten, sich mit anderen anzufreunden, und seine Abneigung gegen Spiele hielten ihn aus geselligen Gruppen fern, und seine Ehe mit einer chronisch kranken Frau war unglücklich. Begeistert befürwortete er die Hippie-Bewegung und bemerkte: «Ich bin überhaupt für alles, was die Welt der Erwachsenen erschüttert.» Das einzige, was Lovelace den bestehenden Verhältnissen abgewinnen konnte, war die Hoffnung auf baldige Veränderung. Bei einem Achtzehnjährigen ist eine solche Einstellung gesund; beim Fünfzigjährigen geht sie jedoch mit sozialer Isolierung einher und läßt eine Psychotherapie dringend geraten erscheinen.[2] Da er keine anderen Menschen hatte, war sein Psychiater Lovelaces hauptsächliche Trostquelle. Er konsultierte ihn seit fünfzehn Jahren.

Die Psychiatrie lehrt uns, daß eine unglückliche Kindheit im späteren Leben zu «Oralität» führe. Doch meint der Begriff «Oralität» nichts anderes als «Herzen, die in ihrer Jugend nicht zu hoffen und zu lieben gelernt haben». Erikson übersetzt «Oralität» denn auch treffend mit dem Ausdruck «Mangel an Urvertrauen». Offensichtlich gaben Sam Lovelaces Eltern ihrem Sohn auch nicht so sehr Lebenshunger als vielmehr ein tiefes Mißtrauen dem Leben gegenüber mit. Doch ist es vollkommen richtig zu sagen, daß Lovelace zahlreiche «orale» Gewohnheiten hatte. Oft nahm er drei Schlaftabletten zum Einschlafen, schluckte Schlankheitspillen, um den Tag zu beginnen, rauchte drei Schachteln Zigaretten, um ihn durchzustehen, und trank acht Bourbon, um sich den Abend zu versüßen. Es stimmt, daß er als Kind eine Zeitlang ein Nägelkauer gewesen war, und auch jetzt, während unseres Gesprächs, legte er ab und zu den Daumen an den Mund. Doch das ist nicht der springende Punkt, denn eines der

Hauptergebnisse der Grantstudie besagt ja gerade, daß sich keine Beziehung herstellen läßt zwischen Eßstörungen während der Kindheit, Nägelkauen und unterbliebenem Stillen einerseits und psychischer Erkrankung andererseits. Ebensowenig zeigte sich eine Beziehung zwischen unglücklicher Kindheit und Alkoholismus beim Erwachsenen. Lovelaces «orale» Symptome zeugten lediglich von seinen Selbstzweifeln, von seiner Abhängigkeit und Angst vor der Sexualität. Diese Züge hielten sein ganzes Leben über an, genauso wie sie Carlton Tarrytown und Leslie Angst lebenslang begleiteten.

Als junger Mann verhielt sich Lovelace fast einzigartig, indem er bei der Musterung darauf drängte, als «4 F» (untauglich) eingestuft zu werden. Er bekannte: «Ich bin selbstsüchtig genug, nicht an einer gefährlichen Stelle eingesetzt werden zu wollen.» Der Grund dafür war jedoch, daß er sich selbst als «altweiberhaft . . . übermäßig zaghaft und ohne Selbstvertrauen» sah. Als Fünfundvierzigjähriger betrachtete er sich als jemand, der «nicht besonders erfolgreich» war, «ein ungeordnetes Leben» führte und dessen Gesundheitszustand «zu wünschen übrigließ». Er machte sich Sorgen um «Alter, Beruf, Gesundheit und Geld», und sein einziger Trost in schwierigen Lebenslagen war die Einstellung: «Es muß sich etwas ändern, und mit etwas Glück und Einsatz ändert es sich vielleicht zum Besseren.» Doch nach wie vor machten ihm Selbstzweifel zu schaffen.

Mit neununddreißig hatte Lovelace uns geschrieben: «Ich fühle mich einsam, wurzellos und irgendwie desorientiert.» Über seine schmerzhafte Ehe schrieb er: «Gleichgültig, wie hohl meine Ehe immer sein mag, sie gibt mir doch ein Heim und einen Platz in der Gesellschaft. Die Hauptsache bei der Ehe ist, daß sie mir einen Platz gibt . . . Obwohl wir uns manchmal sogar hassen, ist es immer noch leichter, mit Janie zu leiden als ohne sie.» Wie er bekannte, hatte er «Angst, die Ehe aufzugeben und selbständig zu sein». Ein Grund für seine Angst war, daß seine unverheiratete Tante ihn enterben könnte, falls er sich scheiden ließe. Auf diese Weise heizte seine Ehe sein Bedürfnis nach Abhängigkeit immer nur an, ohne es je zu befriedigen.

Als junger Mann hatte Lovelace einen Psychiater um Rat gebeten, weil er Angst vor sexuellen Beziehungen hatte. Später nach seiner Heirat hatte er nur dreimal im Jahr Verkehr. Sein Problem war nicht Impotenz, sondern Angst. So hatte er, obwohl seine Potenz durchaus zufriedenstellend war, als Fünfzigjähriger bemerkt, es hätte ihm überhaupt nichts ausgemacht, wenn er nie sexuelle Beziehungen gehabt hätte. Sie erschienen ihm manchmal unästhetisch und widerwärtig.

Als Folie zu Samuel Lovelace soll uns nun Richard Lucky dienen. Auf seine Bitte hin war Samuel Lovelace zum Interview in mein Büro gekommen. Einige Wochen später lud Richard Lucky mich zu sich nach Concord ein. Er wohnte in einem ansehnlichen aus Holz erbauten Farmhaus aus der Zeit des Unabhängigkeitskriegs, das, zum Teil durch Luckys eigener Hände Arbeit, gründlich restauriert worden war. Im Kamin prasselte ein Feuer. Beethovens Dritte Sinfonie schallte durchs ganze Haus. Mr. Lucky saß am Feuer, die Füße auf dem Tisch, und mit seinem weißen Rollkragenpullover sah er zehn Jahre jünger aus, als er war. (Die Männer, die eine düstere Kindheit erlebt hatten, alterten rascher als die Männer mit glücklicher Kindheit.) Ab und zu stand Lucky auf, um das Feuer zu schüren oder die Musik neu einzustellen. Im Hintergrund hörte ich das anheimelnde Brummen eines Staubsaugers.

Im College hatte Lovelace auch im ruhigen Zustand noch einen hektischen Puls von 107 gehabt, während Luckys Puls bei 65 lag. Lovelace wurde als schüchtern, befangen und ziellos wahrgenommen, Lucky dagegen als geselliger, praktisch veranlagter Bursche, der wußte, was er wollte. Obwohl der Internist anmerkte, es fehle Lucky «etwas an Tiefe», war er in den Augen der Forscher ein «sehr angenehmer und anziehender Junge mit einem freundlichen Lächeln». Nannte der Psychologe Lucky ein wenig zu aggressiv, so bezeichnete ihn der Psychiater als «sehr anziehend, recht warmherzig und vital». Hinsichtlich seiner psychischen Gesundheit wurde Lucky genau wie Lovelace mit «B» eingestuft, doch war man sich allgemein darüber einig, daß er «normal» sei und spielen könne. Das war gewiß: spielen konnte er. Während seiner High-School-Zeit war Lucky ebenso wie Lovelace Redakteur der Schülerzeitung, doch anders als Lovelace beteiligte er sich stets an Spielen. Selbst in der Law School war er der Beschreibung seines Dekans zufolge «stärker für Sport und Aktivitäten im Freien begeistert als für das Studieren».

Bevor ihm wegen schlechter Leistungen im Studium der Ausschluß vom College drohte, hatte Lucky keine Kindheitsprobleme gehabt –

zumindest keine, an die er sich noch erinnern konnte. Die Sozialarbeiterin hatte Luckys Familie ebenfalls als «außergewöhnlich problemlos» bezeichnet. Die Familienmitglieder, notierte sie, «unternehmen gern etwas zusammen», und ein jeder von ihnen wirke «erstaunlich gesund und vital». Lucky hatte als Kind ein enges Verhältnis zu seinem Bruder und seiner Schwester gehabt. Im Unterschied zu Mrs. Lovelace bemerkte Mrs. Lucky, sie würde alles noch einmal genauso machen, wenn sie ihre Kinder noch einmal zu erziehen hätte. Ihre Maxime lautete: «Zweifel zerstreuen, den Gang der Handlung erklären und dann das Kind entscheiden lassen.» Seinen Vater beschrieb Lucky als einen Mann, der «die Menschen mag . . . Er ist weder streng noch dogmatisch.» Mrs. Lucky sagte der Sozialarbeiterin: «Dick liebt seinen Vater abgöttisch.»

Luckys Bild von der Welt seiner Kindheit blieb im Erwachsenenalter unverändert. Als Siebenundzwanzigjähriger schilderte er seinen Vater als den Menschen, den er am meisten bewunderte, und als «sehr harmonische Persönlichkeit». Auch für den Achtundvierzigjährigen blieb sein Vater noch «ein außergewöhnlicher, sehr großzügiger Mensch». Er erinnerte sich daran, daß sein Vater für ein geregeltes und glückliches Familienleben gesorgt und selten in kritischem Ton gesprochen hatte. Mit fünfundvierzig lebte Luckys Mutter in seiner Erinnerung als eine Frau, die «nüchtern, praktisch und überhaupt nicht daran interessiert war, mit den Nachbarn zu konkurrieren».

Luckys heitere Kindheitserfahrungen setzten sich später in Fürsorge für andere um. Im Zweiten Weltkrieg nannte ihn sein befehlshabender Offizier eine «erfreuliche Persönlichkeit. Er weiß, wie er das meiste aus seinen Leuten herausholen kann.» Danach führte Lucky die beiden Firmen, bei denen er Direktor wurde, zu anhaltendem Wachstum. Auch von seinen ebenso erfolgreichen heranwachsenden Kindern wurde er sehr bewundert. Während unseres Gesprächs merkte ich, daß er ihr Scherzen wohlwollend und entspannt aufnahm, selbst wenn ihre Einwürfe gelegentlich etwas rüde waren. Er erzählte mir, er habe seinem ältesten Sohn zu Weihnachten einen Skiaufenthalt in Sugarbush geschenkt. «Ich bin selbst auch mitgefahren», fügte er hinzu, «als Teil des Geschenks.» Schließlich war Lucky der einzige Vater heranwachsender Kinder, mit dem ich gesprochen habe, der voller Stolz erklären konnte: «Unsere Kinder sind alle reifer als andere.»

Anders als Mr. Lovelace betrieb Mr. Lucky zahlreiche Hobbys. Er schrieb, malte und sang in Quartetten mit. Er war ein eifriger Skiläufer und Golfspieler und spielte immer noch Tennis, um sich mit anderen zu messen. Obwohl sein verfügbares Jahreseinkommen das von Lovelace nicht überstieg, machte er fünf bis sechs Wochen Urlaub pro Jahr und besuchte interessante Orte. Er hatte ein enges Verhältnis zu seinen Eltern und Geschwistern doch waren Familienbesuche für ihn nicht dasselbe wie Urlaub. Vielmehr lud er seine Familie zu sich ein. Seine Kinder, seine Ehe, seine Geschäftskollegen, seine Eltern alle brachten sie ihm Vergnügen. Er liebte und bewunderte sie alle.

Da seine Beziehungen zu seiner eigenen Familie und seinen Kindern so eng waren, spürte Lucky kein starkes Bedürfnis nach Freunden. Doch machte es ihm keine Schwierigkeiten, seinen ältesten Freund zu benennen. Es war derselbe Mann, den er auch am ehesten um Hilfe bitten würde. Obwohl Lucky sich selbst als einen Menschen sah, der weniger Freunde hat als andere, ließen seine Schilderungen auf ein aktives geselliges Verhalten schließen: die Kirchengemeindegruppe lud er zum Abendessen ein, das Basketballteam seines Sohnes zu einem einwöchigen Skiurlaub, das Lehrertreffen fand in seinem Haus statt, und so weiter.

Anders als Lovelace fand Lucky seine Abhängigkeitsbedürfnisse überall in seiner Umwelt befriedigt und konnte deshalb unabhängig sein. Seine Frau bestätigte diese Sichtweise. Hatte Lovelace mir gestanden, welche Mühe es ihm machte, sich um seine chronisch depressive Frau mit ihren unzähligen körperlichen Gebrechen zu kümmern, so aalte Lucky sich geradezu in der Fürsorge seiner Frau (deren Wahlspruch lautete: «Gebt, so wird euch gegeben»). Ich stellte meine Standardfrage, mit der ich in Erfahrung bringen wollte, wie Lucky sich bei Erkältungen verhielt, worauf sein Sohn einwarf: «Er wartet darauf, daß Mom ihn ins Bett schickt.» Im Laufe der Jahre erschienen die folgenden Zitate in Luckys Fallbericht: «Ich bin überglücklich, seitdem ich geheiratet und eine Familie gegründet habe.» «Es ist eine wunderbar glückliche Ehe.» «Unsere Ehe ist vollkommen glücklich und sehr liebevoll.» Zu allem Überfluß hatte er eine Erbin geheiratet, der das Staubsaugen nichts ausmachte!

Es bereitete Lucky keine Schwierigkeiten, andere soziale Stützen zu finden. Als junger Mann hatte er die «grundlegende Gewißheit, daß es nur den Gott der Realität gibt», geäußert, doch später engagierte er sich, wie er sagte, «immer stärker in unserer Kirche». Vielleicht hing das damit zusammen, daß Lucky nach dem Tod seines Vaters kurzzeitig eine Depression durchmachte und sich des Todes stärker bewußt wurde. Je älter er wurde, desto inniger wurde sein Verhältnis zu seiner Kirche. Der Studie schrieb er: «Der Glaube an Gott ist der Rahmen, durch den alles seinen Sinn erhält.» Er gehörte außerdem einer Reihe geselliger Klubs an und beteiligte sich ständig in Gemeinschaft mit anderen an Spielen und Sportveranstaltungen. In politischer Hinsicht war Lucky nur zu gern ein Teil der konservativen bestehenden Ordnung; wenn Hippies Lovelace als Hoffnungsschimmer erschienen, so wirkten sie auf Lucky als rotes Tuch.

Mit Luckys sozialen Stützen war das Fehlen «oraler» Züge verbunden. Er fühlte sich stets bei ausgezeichneter Gesundheit und beschrieb sich selbst als «tüchtigen Geschäftsmann, beliebt und ein guter Sportler». Doch genau wie Samuel Lovelace über eine bessere Körperbeherrschung verfügte als es seinem Selbstbild entsprach, war Lucky sportlich nicht halb so gut wie er annahm. In seiner Jugend hatte Lucky mit seinen Trieben zu kämpfen gehabt, doch da er nicht an Lovelaces sozialer Angst litt, hatte er sie elegant und ohne Furcht unter Kontrolle gebracht. Mit vierundzwanzig hatte Lucky uns geschrieben: «Das Sexuelle macht mir ständig zu schaffen. Ich nehme mir, was ich kriegen kann und bin ansonsten zufrieden. Ich bin zwar kein Anhänger der freien Liebe, doch werde ich eifrigen Liebhaberinnen so leicht nichts abschlagen.» Drei Jahre später schrieb er: «Sex ist jetzt kein ständiges Problem mehr; der Sturm hat sich ziemlich gelegt und meine Willenskraft hat zugenommen.» Kurz darauf heiratete Lucky, und sowohl er als auch seine Frau nannten ihre sexuelle Übereinstimmung in den folgenden fünfundzwanzig Jahren stets «sehr befriedigend». (Die Lovelaces dagegen bezeichneten ihre Übereinstimmung nie anders als «dürftig».)

Luckys Vertrauen in das Universum und sein Erwerb sozialer Stützen gingen mit einer ungeheuren Vitalität einher. Er bekannte: «Manchmal beneide ich meine Freunde, die Hochschullehrer geworden sind, um ihre abgeschlossene Existenz.» Lucky gönnte sich zwar einen langen Urlaub und ließ sich von seiner Frau verwöhnen, wenn er krank war, doch arbeitete er auch sechs Tage und sechzig Stunden die Woche, und am Sonntag, seinem einzigen freien Tag, benahm er sich wie ein Wirbelwind. Gewiß, ich hatte ihn an einem Sonntagnachmittag am Feuer ausgestreckt und in die Musik Beethovens vertieft angetroffen, doch war er wenige Stunden zuvor zehn Kilometer gelaufen.

Als ich mein Gespräch mit Richard Lucky als Ganzes überschaute, wurde mir etwas unbehaglich zumute. Ein Streitgespräch entspann sich in meinem Innern: Lovelace war ein mitfühlender Mensch, während Luckys aggressive, überschäumende Energie sehr wohl verletzen konnte. Ich verließ sein Haus mit dem Gefühl, den ersten völlig gesunden, glücklichen Teilnehmer der Grantstudie gefunden zu haben, doch schien mir, er habe dieses Kunststück nur deswegen vollbracht, weil er einfach vergaß, woran er sich nicht erinnern wollten und sich ohne Scheu oder Schuldgefühle durchsetzte. Äußerlich erinnerte Lucky mich ein ganz klein wenig an James Bonds Gegner ‹Goldfinger›, und er war so sehr im Einklang mit den bestehenden Verhältnissen, daß sein soziales Gewissen nur schwach entwickelt war. Ganz offensichtlich widerstrebte es ihm, sich in Ungelegenheiten zu bringen. In der Tat hatte ich während meines Gesprächs mit Lucky eher das Gefühl, einen Berufssportler für die Sportseite zu interviewen als mit einem akademisch gebildeten Mann zu reden, der dreißig Jahre an einer psychologischen Studie teilgenommen hatte. Die Möglichkeit zur Introspektion, die ihm das Interview für die Grantstudie eröffnete, nahm er überhaupt nicht wahr, sondern lenkte meine Aufmerksamkeit immer wieder auf seine sichtbaren Besitztümer und seine Kinder. Anstatt über sich selbst zu sprechen, versuchte er ständig, die Situation in einen friedlichen Sonntagnachmittag im Kreise der Familie zurückzuverwandeln. Immer wieder mußte ich mich ihm als wissenschaftlicher Befrager ins Gedächtnis rufen, um ihn zum Thema zurückzuführen. Lovelace hatte gewußt, wie man sich bei einer psychiatrischen Befragung verhält; Lucky jedoch zeigte sich als sehr ungebärdiger «Patient».

Obwohl er nicht projizierte, schien Lucky wenig geneigt, sich in die Situation anderer hineinzuversetzen. Ich war bestürzt darüber, daß er 1954 Senator McCarthy zugestimmt und Adlai Stevenson 1960 als weltfremden Intellektuellen abqualifiziert hatte. Ich mißbilligte sein Votum für Goldwater im Jahre 1964 und war entsetzt darüber, daß er auch 1970 noch für eine Blockade Kubas und die Bombardierung Nordvietnams eintrat. Er hatte seine Spirituosenimportfirma zwar aus den roten Zahlen herausgehalten, doch zählten Mitglieder der rechtsgerichteten Machtelite Griechenlands und Spaniens zu seinen wichtigsten Handelspartnern. In meiner Mißbilligung ignorierte ich die Schlußfolgerung des 12. Kapitels, daß psychische Gesundheit nicht mit einer spezifischen politischen Überzeugung, sondern mit geglücktem Arbeiten und Lieben verknüpft ist.

Ganz anders als Lucky beeindruckte Lovelace mich genauso, wie er auch die ursprünglichen Forscher der Grantstudie schon gerührt hatte. Ich bin sicher, daß Lovelace bei der Arbeit Respekt dafür entgegengebracht wurde, daß er nie mit anderen konkurrierte. Er selbst sagte mir, daß die Menschen sich zu ihm hingezogen fühlten, weil er «sanft und freundlich» und seiner Frau treu sei. Die Tatsache, daß Lovelace treu für eine psychisch kranke und ständig ärgerliche Frau sorgte, brachte ihm auf der Erwachsenen-Anpassungs-Skala, so wie sie nun einmal konzipiert war, keinerlei Punkte ein. Sicherlich war es richtig, was er mir, sich selbst herabwürdigend, sagte: «Eigentlich habe ich nichts anderes getan, als meine Feigheit zu rationalisieren und mich mit ihr einzurichten»; doch machte sein Opfer mir dennoch Eindruck. Ich bin davon überzeugt, daß Lovelaces Treue seiner gepeinigten Frau wiederholt das Leben rettete.

Lovelace sagte mir zwar: «Ich wäre gern anders», doch als Mitbürger war ich froh, daß er nicht anders war. Der an sich selbst zweifelnde, pessimistische Lovelace war ein Gegner von Joseph McCarthys Hexenjagd gewesen, hatte den gemäßigteren Adlai Stevenson unterstützt und sich 1968 Robert Kennedy als Präsidenten gewünscht. Lovelace sah im amerikanischen Militärengagement keine Lösung für Vietnam, und während Lucky die Rassenintegration gern verlangsamt hätte, hätte Lovelace sie lieber beschleunigt. Die Ungeliebten besitzen häufig eine besondere Fähigkeit, sich einfühlend mit dem Schmerz und dem Leiden in der Welt zu identifizieren.

Nun verlagerte sich meine innerliche Debatte mehr zur anderen Seite hin. Waren Männer wie Kowalski und Lucky wirklich so unmoralisch? Konnte meine Erleichterung über Lovelaces politische Überzeugung seinen lebenslangen Schmerz aufwiegen? Hatte Dr. Tarrytowns unglückliche Kindheit ihn nicht zu politischen Ansichten geführt, die ebenso konservativ und weitaus gefährlicher waren als die Luckys? Und ermöglichte Lions Selbstvertrauen es ihm etwa nicht, an der Spitze der liberalen Presse zu marschieren?

Überdies ist es für die chronisch Depressiven schwierig, ihre Großzügigkeit unter Beweis zu stellen. Luckys Bruttoeinkommen war zwar fünfmal höher als das von Lovelace, doch dafür unterstützte er davon auch fünfmal so viele Menschen, und seine Spenden für die Wohlfahrt betrugen das Hundertfache. Luckys politische Überzeugung stimmte zwar nicht mit der meinen überein, doch fühlte er sich so weit verantwortlich, daß er sich *seinem* Gourverneurskandidaten als Wahlkampfmanager zur Verfügung stellte. Lovelace dagegen bekannte: «Obwohl ich auf Cocktailparties immer eine liberale Haltung einnehme, bringe ich es nicht fertig, sie auch draußen auf der Straße zu vertreten.» Manchmal ging er noch nicht einmal zur Wahl. Mr. Lovelace hatte einen Plan für die Neuordnung der Slumgebiete in der Innenstadt entworfen, den das Office for Economic Opportunity* dann jedoch nicht finanzierte. Lucky wiederum hatte sich für die Errichtung von Tennisplätzen in einem Sommerlager für Bostons schwarze Slumbewohner eingesetzt und dieses Projekt (mit den Spaniern und Griechen abgepreßten Profiten?) persönlich gefördert. Luckys Lösung für die Probleme der Slums stand der von Lovelace an Erfindungsgeist sicherlich nach, doch seine Tennisplätze waren mehr als Traumgespinste.

Die Debatte endet unentschieden. Die Welt braucht Menschen dieser und jener Art; dieses Buch handelt nicht von Moral, sondern von Psychobiologie. Im übrigen leisten die emotional Gestörten Beiträge zur Gemeinschaft, die überaus wertvoll sind. Ein derartiger Vergleich zwischen Lucky und Lovelace mag vielleicht zu platt anmuten, doch geht meine Absicht dahin, die aus der Studie hervorgegangenen statistischen Befunde anhand wirklicher Lebensläufe zu veranschaulichen. Es kommt mir darauf an, zu zeigen, daß menschliches Glück nicht durch das Stillen, durch gemächliche Sauberkeitserziehung oder das Fehlen von Operationen während der Kindheit determiniert ist. Wie Erikson schreibt, müssen Kinder geduldig Urvertrauen, Autonomie und Initiative gelehrt bekommen, damit Erwachsenenspiele, Freunde, Genuß des Urlaubs und soziale Stützen später folgen können.

---

* Office for Economic Opportunity – unter Präsident Johnson im Zuge des «Feldzugs gegen die Armut» gegründetes Amt zur Herstellung wirtschaftlicher Chancengleichheit.

Nun sollen die vier Bereiche, in denen sich der besondere Charakter der Kindheitserfahrungen der Teilnehmer der Grantstudie deutlich auf ihr Erwachsenenleben auswirkte, genauer untersucht werden. Erstens: in seiner Kindheit nicht geliebt worden zu sein, heißt, in mittleren Lebensjahren nicht spielen zu können. Verglichen mit den dreiundzwanzig als «glücklich» kategorisierten Männern war die Wahrscheinlichkeit bei den dreiundzwanzig «Ungeliebten» fünfmal höher, daß sie keine Sportarten betrieben, bei denen sie in Konkurrenz zu anderen treten mußten. Mit fünfmal höherer Wahrscheinlichkeit spielten sie nicht mit ihren Freunden und machten weder vollen noch vergnüglichen Urlaub.

Zweitens: die «Ungeliebten» zeigten im Erwachsenenalter tatsächlich Mißtrauen und Abhängigkeit. Obwohl die Grantstudie wenig für die Männer mit der besten Kindheit tat, erschien sie ihnen beständig als hilfreich. So brachte ein Proband mit einer ebenso glücklichen Kindheit wie Lucky den Mitarbeitern der Grantstudie Dankbarkeit entgegen, obwohl diese nichts getan hatten, um ihm in irgendeiner Weise behilflich zu sein. Die Frau dieses Mannes schenkte mir einen Zitronenkuchen als Mitbringsel für meine Frau, die mit Grippe zu Hause im Bett lag, und er selbst sagte mir: «Offenbar bin ich mit der unkaufmännischen Haltung, die ich in zwischenmenschlichen Beziehungen einnehme, bisher immer sehr gut gefahren – das heißt, ich versuche, immer erst selbst zu geben und darauf zu vertrauen, daß der andere darauf eingeht. Ich wickle eine Beziehung selten zu meinen eigenen Bedingungen ab.» Er betrieb seine Geschäfte mit Warmherzigkeit und Erfolg. Umgekehrt hatte man bei der Grantstudie echte Anstrengungen unternommen, um einigen Männern mit karger Kindheit zu helfen. Diese Versuche wurden jedoch nicht selten als ungeeignet und die Anforderungen der Studie als erdrückend schwierig empfunden. Diesen Männern gelang es nie, ihre «oralen» Bedürfnisse zu befriedigen. Kurz gesagt: die Merkmale Pessimismus, Selbstzweifel und Abhängigkeit wurden weit häufiger bei den «Ungeliebten» beobachtet.

Häufig wird die Ansicht vertreten, Alkoholismus beruhe einerseits auf einer Beeinträchtigung der Fähigkeit, warme menschliche Beziehungen aufrechtzuerhalten und andererseits auf der «oralen» Abhängigkeit, die sich als Nachwirkung einer unglücklichen Kindheit ausbildet. In den meisten Fällen stützt sich diese Annahme jedoch auf retrospektive Beweise. Im nachhinein wurde die Kindheit des Alkoholikers O'Neill als entsetzlich dargestellt, während sich in den prospektiv zusammengestellten Daten nichts finden ließ, was solche nachträglichen Begründungen gerechtfertigt hätte. Bei den Männern der Grantstudie waren unter den dreiundzwanzig «Glücklichen» ebenso viele Alkoholiker wie unter den «Ungeliebten», und die Heilung des Alkoholismus zog oft die Heilung des ganzen Menschen nach sich.

Im Unterschied dazu erwies sich mehrfacher Drogenmißbrauch gewöhnlich als ein *Symptom* emotionalen Unbehagens. Demzufolge mußte erst dem Menschen geholfen werden, bevor solch symptomatischer Drogenmißbrauch verschwand. Auf eine «Schönwetter-Kindheit» folgte häufig starkes Rauchen *oder* Alkoholmißbrauch *oder* die Einnahme von Tranquilizern, auf eine unglückliche Kindheit nicht selten alles zusammen. Carlton Tarrytown vermochte nicht mit einem Schmerzmittel aufzuhören, ohne zugleich zu einem anderen überzugehen, und auch Lovelace machte starken Gebrauch von zahlreichen stimmungsverändernden Mitteln. Verglichen mit denen, die als Fünfzigjährige zu den «Glücklichen» gezählt wurden, nahmen die Männer mit der düstersten Kindheit tatsächlich *zehnmal* mehr verschreibungspflichtige Medikamente aller Art zu sich.

Die dritte Schlußfolgerung, daß die Kindheitsumgebung insgesamt Voraussagen über spätere psychische Erkrankung erlaubt, kann niemanden überraschen. Zu den dreißig Teilnehmern mit der besten Anpassung im Erwachsenenalter zählt die Hälfte der Männer mit der besten Kindheit, jedoch nur ein Zehntel der Männer mit der schlechtesten. Nur ein Zehntel der «Glücklichen», doch die Hälfte der «Ungeliebten» wurde zu irgendeinem Zeitpunkt als psychisch krank diagnostiziert. Die «Ungeliebten» wurden mit fünfmal höherer Wahrscheinlichkeit als ungewöhnlich ängstlich eingestuft, mit einer psychiatrischen Diagnose versehen und wegen emotionaler Störungen in eine Klinik eingewiesen. Genauso wie sie mehr verschreibungspflichtige Drogen aller Art einnahmen, neigten die «Ungeliebten» auch zweimal so häufig dazu, wegen geringfügiger physischer Beschwerden zum Arzt zu gehen. Sie verbrachten *fünfmal* soviel Zeit im Sprechzimmer des Psychiaters.

Ihr schlechter Gesundheitszustand war jedoch nicht allein emotional bedingt oder gar eingebildet: die Kindheitsumgebung wirkte prägend auf die körperliche Gesundheit der Männer. Im Alter von dreiundfünfzig Jahren litt mehr als ein Drittel der dreiundzwanzig «Ungeliebten» chronisch unter Krankheiten wie überhöhtem Blutdruck, Diabetes und Herzbeschwerden; vier von ihnen waren bereits gestorben. Bei den dreiundzwanzig Männern mit der glücklichsten Kindheit waren alle am Leben, und nur zwei waren chronisch krank. Mit dreiundfünfzig erfreuten sich bei den «Glücklichen» doppelt so viele Männer ausgezeichneter körperlicher Gesundheit als bei den «Ungeliebten.»

Psychische Erkrankung im Erwachsenenalter war kaum je durch eine einzelne Person oder ein einziges Ereignis verschuldet; denn nicht die unvermittelte Verletzung ist es, die dem menschlichen Geist in der Entwicklung den nachhaltigsten Schaden zufügt, sondern die anhaltende emotionale Traumatisierung. Das beim Fünfzigjährigen vorhandene oder nicht vorhandene Wohlbefinden ließ sich nicht durch einen einzigen Faktor der Kindheitsumgebung erklären. Als Psychoanalytiker war ich zum Beispiel versucht, Lovelaces Angst vor sexuellen Beziehungen retrospektiv zu erklären und sie auf eine Unterleibsoperation zurückzuführen, die bei dem Zehnjährigen vorgenommen worden war. Doch zufällig hatte auch Lucky im selben Alter eine Operation an den Genitalien durchgemacht und im Unterschied zu Lovelace stets «erhebliche Neugier in Sachen Sex» an den Tag gelegt.

In ihrer epidemiologischen Untersuchung zum Thema «Psychische Gesundheit» in Manhattan führen Langner und Michael aus: «Es hat sich herausgestellt, daß die wirksamste Methode zur Vorhersage psychischer Gesundheit auf der rein numerischen Anzahl berichteter Faktoren beruht.»[3] Auch in der Grantstudie war es weniger die Struktur negativer (Kindheits-)Faktoren, nach der sich Gefährdungen des psychischen Gesundheitszustandes vorhersagen ließen, als vielmehr die Anzahl derartiger Faktoren. Sowohl Goodhart als auch Lion ist es gelungen, schmerzvolle Beziehungen zu ihren Vätern zu überwinden; da sie nicht nur Schwächen, sondern auch Stärken besaßen, triumphierten sie am Ende dennoch.

Wenn sich isolierte Traumen auch nicht auf das Erwachsenenleben auswirkten, so blieben andererseits Kindheiten mit chronisch schwachem Realitätsbezug doch nicht ohne Einfluß auf das Endergebnis der Erwachsenen. So ließ sich beispielsweise keine Beziehung herstellen zwischen dem psychischen Gesundheitszustand der *Verwandten* und nachfolgender psychischer Erkrankung bei den Teilnehmern der Studie; wohl aber bestand zwischen letzterer und dem psychischen Gesundheitszustand der *Eltern* eine solche Korrelation. Bei den Männern mit dem schlechtesten Endergebnis zeigte sich eine doppelt so hohe Wahrscheinlichkeit, daß ein Elternteil psychisch krank war, als bei den Männern mit dem besten Endergebnis. Diese Auswirkung also schien eine über die Umwelt vermittelte zu sein.

Beim Sichten der Daten der Grantstudie versuchte ich, den Einfluß der Vererbung abzuschätzen. Ursprünglich hatte sich die Sozialarbeiterin nach speziellen Fällen psychischer Erkrankung in der Verwandtschaft bis zurück zu Großonkeln und -tanten erkundigt. Während der dreißigjährigen Beobachtungszeit war dann manch ein weiterer dunkler Punkt in der Familiengeschichte zum Vorschein gekommen. Doch zeigte sich nach Zusammenstellung aller Daten, daß den Erkenntnissen über die Erbanlagen der Männer der Grantstudie nur geringe Voraussagekraft zuzukommen schien. So waren etwa bei der Überprüfung der Familienstammbäume eines Teils der Männer keinerlei Anzeichen von Geisteskrankheit, Alkoholismus, Depressionen, Selbstmord, Exzentrizität oder schwerer Neurose festzustellen, während andere Männer vier oder fünf psychisch kranke Verwandte hatten – und doch verlief das Erwachsenenleben beider Gruppen nicht unterschiedlich. (Zugegeben: wenn man die Umwelt daraufhin überprüft, wird man ausreichendes Beweismaterial dafür finden, daß *bestimmte* Untergruppen psychischer Erkrankungen tendenziell in den Familien weitergegeben werden; doch wurde die Gesamtbeurteilung der psychischen Gesundheit bei den Männern der Grantstudie durch die *global* erfaßten psychischen Erkrankungen ihrer Verwandten nicht beeinflußt.)

Als vierte und grausamste Begleiterscheinung einer düsteren Kindheit fanden wir den Mangel an Freunden im mittleren Lebensabschnitt. Bei den dreiundzwanzig Männern mit der besten Kindheit wurde in mittleren Jahren ausnahmslos das Bestehen enger Freundschaften beobachtet, bei den dreiundzwanzig Männern mit der schlechtesten Kindheit dagegen nur bei vierzehn. Bei den Männern, die mit beiden Elternteilen eine herzliche Beziehung unterhalten hatten, bestand die Wahrscheinlichkeit, daß sie dreißig Jahre später sympathisch, extravertiert und energiegeladen erscheinen würden. Einer der Männer, der in einer ebenso liebevollen Familienumgebung aufgewachsen war wie Steven Kowalski, verkündete bei dem fünfundzwanzig Jahre nach Collegeabschluß durchgeführten Wiedersehenstreffen: «Mein Vater hat mich nach seinem eigenen Vorbild geformt, ja genau das hat er getan, der alte Bursche! Und deswegen weiß ich auch, daß er mich geliebt haben muß.»

Die Männer, die zu beiden Eltern kümmerliche Beziehungen gehabt hatten, schienen früher zu altern, wirkten persönlich wenig anziehend und verhielten sich während des Interviews eher unbeteiligt. Das Elternhaus eines Mannes war zum Beispiel so wenig gastfreundlich, daß sogar die charmante Sozialarbeiterin angab, sich beim Besuch dieses Hauses ganz und gar unerwünscht vorgekommen zu sein. Als Siebenundvierzigjähriger bekannte der Teilnehmer der Grantstudie, der die ersten zwanzig Jahre seines Lebens in eben dieser ungastlichen Umgebung zugebracht hatte: «Ich weiß nicht, was das Wort ‹Freund› bedeutet.»

Die Männer, die als Collegestudenten in ihrem Vater den dominierenden Elternteil gesehen hatten, führten mit hoher Wahrscheinlichkeit als Fünfzigjährige eine der besten Ehen, während diejenigen, die auch nach den Collegejahren noch von ihrer Mutter beherrscht wurden, in Ehen lebten, die fast ohne Ausnahme in Scheidung endeten. Die Männer, die sich scheiden ließen oder sehr unglückliche Ehen führten, hatten zweimal so häufig psychisch kranke Mütter; bei ihren Vätern traten seelische Störungen gar dreimal so häufig auf.

Väter und Mütter stellten jedoch nicht per se den alles bestimmenden Faktor bei der Entwicklung der Männer dar. So bestand denn auch eines der beeindruckendsten Ergebnisse der Studie darin, daß die Figur der dominanten Mutter mehr auf Unreife bei dem jungen Mann oder schwache psychische Gesundheit bei der Mutter schließen läßt als auf ihre tatsächliche Stärke oder Dominanz. Die Männer mit psychisch kranken Müttern blieben diesen auch als Erwachsene noch hörig, während die Männer, die die herzlichsten Beziehungen zu ihren Müttern – oder ihren Vätern – unterhalten hatten, eher ihre Väter als den beherrschenden Elternteil ansahen. Anders ausgedrückt: dominante Mütter waren kaum je auch starke Persönlichkeiten; ihre Dominanz erwuchs weniger aus ihrer allzu liebevollen oder übermächtigen Wesensart als vielmehr aus ihrer oder ihrer Söhne Auffassung von der Realität.

Als die Männer ins Erwachsenenalter kamen, schilderten sie auf einmal ihre Mütter als die schwächeren und ihre Väter als immer dominantere Kindheitsfiguren. Aber es erwies sich immer noch als ungeheurer Vorteil für die Zukunft eines Mannes, wenn eine Mutter dem Streben ihres Sohnes nach Selbstbehauptung und Dominanz freundlich gesonnen war. Byron war von seiner Mutter als «kleiner Tartar» und tüchtiger Kämpfer bewundert worden. Andere Mütter erfolgreicher Söhne hatten geschwärmt: «John ist furchtlos bis zur Tollkühnheit»; «William konnte es mit jedem Jungen unserer Straße aufnehmen ... er hatte überhaupt keine Angst»; und «Bob ist ein wundervoller kleiner Tyrann.»

Doch führte diese Erlaubnis, aggressiv sein zu dürfen, zu einem Paradoxon: je erfolgreicher ein Mann war, desto mehr fürchtete er die Frauen, und zwar nicht als Individuen, sondern als mythische Wesen. Viele der unabhängigsten Männer der Studie – Firmendirektoren, erfolgreiche Politiker –, Männer, die nicht im entferntesten mehr unter dem Einfluß ihrer Mütter standen, Männer mit überdurchschnittlich guten Ehen, fürchteten dennoch die Allmacht der Frauen. Während sie äußerlich Generativität und «männlichen» Erfolg erlangten, betrachteten diese Männer Frauen in ihren innersten Phantasien genauso, wie der Heilige Georg seinen Drachen betrachtet haben muß: als ihren gewaltigsten Gegner. Oft waren dies die Männer, die wirklich starke Mütter gehabt hatten; in ihrem offenen Kampf mit dem Leben spiegelten sich sowohl frühere Konflikte als auch geglückte Identifizierungen.

Dieses Paradoxon wird von Robert Stoller, einem Psychiater in Los Angeles, erhellt, der es sich zur Lebensaufgabe gemacht hat, die Entwicklung der Geschlechtsidentität zu erforschen. Er führt aus: «Männlichkeit, wie wir sie bei Jungen und Männern beobachten, existiert nicht ohne fortgesetztes Hinwegdrängen von der Mutter, und zwar in den ersten Lebensjahren in ganz wörtlicher Bedeutung und danach, im Laufe der Entwicklung einer Charakterstruktur, die die innere Mutter aus dem Bewußtsein verdrängt, auch im psychologischen Sinne.»[4] Als Erwachsene blieben bei den Männern mit dem schlechtesten Endergebnis zwölf, bei denen mit dem besten Endergebnis jedoch *keiner* entweder tatsächlich oder seinem Selbstbild nach an seine Mutter gebunden.

Die größte ungelöste Frage der Grantstudie ist die nach den Faktoren, von denen es abhängt, ob ein Mensch einen reifen Abwehrstil entwickelt oder nicht. Jean McFarlane zieht die Summe ihrer lebenslangen Studien zur Persönlichkeitsentwicklung, wenn sie schreibt: «Unter den herausragendsten reifen Erwachsenen aus unserer ganzen Gruppe, unter den Wohlintegrierten, über hohen Sachverstand und/oder Kreativität Verfügenden ... kommen viele aus den Reihen derer, die sich mit überaus schwierigen Lebenssituationen konfrontiert sahen und deren charakteristische Reaktionen während ihrer Kindheit und Jugend uns als ihr eigentliches Problem erschienen.»[5]

Wenn die Forschungsergebnisse der Grantstudie auch tatsächlich in die Richtung des von Joseph Conrads Romanfigur Axel Heyst geäußerten Fatalismus weisen, so widersprechen sie doch ganz deutlich der Hoffnungslosigkeit, so wie Sophokles sie im Warnruf des Chors aus ‹Antigone› zum Ausdruck bringt: «Wenn ein Gott erschüttert ein Haus, unaufhörlich wirkt der Fluch, von Geschlecht zu Geschlecht fortschleichend ...» Berufserfolg und befriedigende Ehen traten innerhalb der Grantstudie relativ unabhängig von einer unglücklichen Kindheit auf. Ungewöhnlich enge Ehebeziehungen wie die Crabbes oder blendende geschäftliche Erfolge erschienen oft als ein Mittel zur Kompensation einer relativ zuwendungsarmen Kindheitsumgebung. Was noch wichtiger ist: häufig trösteten einfallsreiche Anpassungsmechanismen über mangelnde elterliche Fürsorge hinweg und wehrten die «Höllengötter» des Sophokles ab.

Wie Goodhart, Camille und Crabbe uns zeigen, vermögen erfindungsreiche Abwehrmechanismen persönliches Leid zu lindern. Genau wie die Hoffnung können sie die drückende Last aus der Büchse der Pandora etwas leichter machen. Lovelaces Anpassungstaktiken waren nur um ein geringes weniger reif als Luckys. Goodhart, der eine Kindheit ohne liebevolle Zuwendung durchlebt hatte, zeigte reifere Abwehrformen als Lucky – und sein beruflicher Aufstieg war wesentlich anspruchsvoller.

Das Leben des Oliver Kane machte deutlich, was ein starkes Ich für die Männer mit düsterer Kindheit zu leisten vermochte und was nicht. Oliver verlor beide Eltern vor seinem sechzehnten Geburtstag und erreichte dennoch eine finanziell einträgliche Karriere und eine zwar kühle, doch stabile Ehe. (Nach fünfundzwanzig Jahren schrieb Kane der Studie über seine Frau: «Ich finde, daß sie immer ein sehr feiner

Kerl gewesen ist.») Einerseits wurden Kanes Anpassung im Erwachsenenalter und seine psychische Gesundheit als überdurchschnittlich bewertet; andererseits lebte er sein Leben ohne Freunde, Spiele und soziale Stützen.

Als Olivers Vater starb, war er ein Jahr alt, als seine Mutter starb, fünfzehn. Er hatte nie ein wirkliches Zuhause. Nach ihrer Heirat lebten seine Frau und er in Hotels, und der Studie gegenüber gab er die Adresse seines New Yorker Men's Club an. Zu einem Kind brachte er es nur in seiner Phantasie. Wie George und Martha in Albees Stück ‹Wer hat Angst vor Virginia Wolf?› führten Kane und seine Frau hitzige Auseinandersetzungen darüber, wie sie mit einem nur in ihrer Phantasie existierenden heranwachsenden Kind umgehen würden; doch rationalisierte er die Tatsache, daß er keine Kinder hatte, mir gegenüber voller Bitterkeit: «Wenn es etwas gibt, wozu Oliver Kane auf dieser Welt nicht gebraucht wird, dann ist es das Zeugen von noch mehr Kindern.» (Die dreiundzwanzig Glücklichen zeugten siebenundachtzig Kinder, die dreiundzwanzig Ungeliebten einundsechzig.)

Das Außergewöhnliche an Kane war sein ausgezeichneter, kalter Intellekt und ein ruhiges, gelassenes Ich, das ihm seinen Berufserfolg erleichterte und sich auch auf seine Ehe günstig auswirkte. Als ich ihm die genormte Interview-Frage stellte: «Wofür werden Sie von anderen bewundert, und was finden andere am liebenswertesten an Ihnen?», antwortete er: «Bewundert werde ich wegen meines Verstands, meiner Intelligenz, meines hohen Niveaus ... Ich glaube jedoch kaum, daß irgend jemand mich liebenswert findet.»

Mr. Kanes Denken funktionierte wie eine gutgeölte Maschine. Er war Management-Berater; sein Job bestand darin, sich mit vielversprechenden Führungskräften anzufreunden, den richtigen Mann auf den richtigen Stuhl zu bringen und dann zum nächsten Problem überzugehen. Er war dabei überragend erfolgreich, erwarb sich jedoch keine dauernden Freunde. Natürlich ließ sich sein Einkommen von 70000 Dollar pro Jahr nicht in Lebensfreude umsetzen. Er zeigte wenig Interesse am Sport, machte nie Urlaub, und sein einziges Hobby bestand darin, sich elegant zu kleiden.

Und doch wußte Kane genauestens über sich Bescheid. Er vermochte sein ganzes Leben in die traurige Erkenntnis zu fassen: «Ich habe mich nicht genügend darum bemüht, enge persönliche Beziehungen aufzubauen.» Er schob die Schuld nicht auf andere, er leugnete sie nicht. Sein überragendes Ich erlaubte ihm, die Tragödie seines Lebens klar vorauszusehen. Es brachte ihm einfach keine Freude. Ihm fehlte der Farbensinn, wie einem Hund.

Kane war vielleicht der intelligenteste Mann aus der ganzen Untersuchung. Mit Ausnahme von Phantasie gebrauchte er nur neurotische und reife Abwehrmechanismen. Er war ein Meister der Unterdrückung. Auf die Frage, ob es ihm schwerfiele, um Hilfe zu bitten, antwortete er: «Ja, ich habe Schwierigkeiten damit. Das trifft auf mich zu.» Als ich ihn bei einer anderen Gelegenheit nach seiner Einstellung zu Lebenskrisen fragte, schrieb er zurück: «In diesem Bereich betrachte ich mich nicht als sonderlich gut gerüstet. Ich persönlich bemühe mich, das, was gelöst werden kann, zu lösen und das übrige mit ruhiger Würde zu akzeptieren.» Wie viele Männer mit freudloser Kindheit benutzte auch Kane seinen Witz zur Abschirmung. Zu Beginn unseres Gesprächs lachte ich häufig über Kanes treffenden Witz; er selbst jedoch lachte nie. Als ob unser Gespräch in der Halle des Kennedy-Flughafens nicht frostig genug gewesen wäre, überreichte mir Kane zum Abschluß des Interviews seine Geschäftskarte. Es machte mich wütend, daß er so kalt darauf bestehen konnte, daß nichts Persönliches zwischen uns vorgegangen war.

Kanes Leben endete genauso, wie es begonnen hatte: mit einer Katastrophe. Während einer finanziellen Krisensituation flog er sein leichtes Flugzeug gegen einen Berg. Es hätte ein Unfall sein können, wenn Kane nicht stets ein genauer und gewissenhafter Pilot gewesen wäre und wenn er nicht die vorangegangene Woche damit zugebracht hätte, sein Testament zu überprüfen und alle seine Angelegenheiten in Ordnung zu bringen. Ein Jahr vor seinem Tod hatte er seine letzten Worte an die Studie geschrieben: «Ironischerweise wachsen gerade jetzt, wo ich immer mehr äußeren ‹Erfolg› errungen habe, meine Zweifel, ob ich wirklich eine sinnvolle Lebensform gewählt habe.»

Wie Joseph Conrad gesagt hat, müssen wir als Kinder lernen, zu hoffen, zu lieben und dem Leben zu vertrauen.

14. Kapitel   Freunde, Ehefrauen und Kinder

> Die Liebe ist langmütig und freundlich, die Liebe eifert nicht, die Liebe treibt nicht Mutwillen, sie blähet sich nicht,
> sie stellet sich nicht ungebärdig, sie suchet nicht das Ihre, sie läßt sich nicht erbittern, sie rechnet das Böse nicht zu,
> sie freuet sich nicht der Ungerechtigkeit, sie freuet sich aber der Wahrheit;
> sie verträgt alles, sie glaubet alles, sie hoffet alles, sie duldet alles.
> 1. KORINTHER 13,4–7

Psychische Gesundheit und Liebesfähigkeit sind eng aneinandergekoppelt. *Wie* beides miteinander zusammenhängt, ist schwer zu sagen, können wir doch das Lieben eines Menschen weder konkret fassen noch messen oder mit der Lupe untersuchen. Den Dichtern mit ihrer besonderen Sprache fällt es nicht schwer, von der Liebe zu sprechen, doch für die meisten von uns reichen die Wörter kaum aus. Der Versuch, die Liebe zu beschreiben, läßt Wissenschaftler verzweifeln – seien wir froh darüber! Gott sei Dank gibt es noch viele unter uns, die sich der Liebe wortlos hingeben können, wenn sie ihnen begegnet.

Dennoch habe ich mir in diesem Kapitel vorgenommen, den Zusammenhängen zwischen Lieben und psychischer Gesundheit nachzugehen. Auch hier werden wir wieder mit «blind raters» und Langzeituntersuchungen arbeiten, um das Unsichtbare sichtbar und das Ungreifbare greifbar zu machen. Ungehörige Fragen sollen gestellt werden: Wenn es stimmt, daß die Mutter so über die Maßen wichtig ist, wie wirkt sich dann die Liebe des Vaters auf seine Kinder aus? Was ist eigentlich eine glückliche Ehe? Ist Scheidung wirklich ein Zeichen von mangelnder seelischer Gesundheit? Kann man vor der Sexualität Angst haben und dennoch andere Menschen lieben? Welche Anpassungsstile wirken sich begünstigend, welche am stärksten hindernd auf die Liebesbeziehungen des Individuums aus? Muß man als Mensch Freunde haben?

Zunächst einmal besteht keineswegs allgemeine Übereinstimmung darüber, daß die psychische Gesundheit eines Menschen in erster Linie von seinen Liebesbeziehungen abhängt. Kipling etwa sagt: «Wer allein reist, reist am schnellsten.» Robert Frost meint: «Gute Zäune, gute Nachbarn.» In Europa hat man häufig kritisch von der übertriebenen Geselligkeit der ewig adoleszenten Amerikaner gesprochen. Psychiatern und Sozialarbeitern wird häufig vorgeworfen, sie mäßen den «Objektbeziehungen» zu starke Bedeutung bei. Kulturanthropologen haben auf die Gefahren hingewiesen, die die Intensität der zwischenmenschlichen Beziehungen in den Industriegesellschaften mit sich bringt.[1] Der Soziologe William Kephart erklärte unumwunden: «Ja, ich fürchte, daß die Sexualität überbewertet wird. Doch das gilt genauso für die Liebe, und für die Ehe, und (sogar am allermeisten) für die Kinder. Letzten Endes liegt es wohl daran, daß wir in einer Epoche leben, in der emotionale Bindungen *an sich* überbewertet werden.»[2]

Nachdem ich fünfundneunzig verschiedene Lebensläufe vor mir ausgebreitet gesehen hatte, fühlte ich Zuversicht, den oben angeführten skeptischen Stimmen antworten zu können. So konnte ich die Männer, denen es am leichtesten fiel, andere zu lieben, mit denjenigen vergleichen, die sich dieser Aufgabe am wenigsten gewachsen zeigten. Nach meinen Gesprächen mit den einzelnen Männern und der Lektüre von jeweils dreihundert Fragebogenseiten pro Teilnehmer hatte ich nun keine Schwierigkeiten mehr, die Männer in Gruppen einzuteilen. Den einen Pol bildeten diejenigen, die mich bei meinem Besuch mit Wärme empfangen und die mir, offen und fest in meine Augen blickend, ihre Welt geöffnet hatten. Diese Männer teilten sich ohne Scheu mit und vertrauten darauf, daß ich, ein völlig Fremder, ihr Geschenk nicht mißbrauchen würde. Seltsamerweise fühlte ich mich durch das, was sie mir gaben, nicht belastet, sondern gestärkt. Sie erzählten mir von Freundschaft, von fröhlichen Erlebnissen mit anderen. Die Menschen, die ihnen am nächsten standen, brauchten sie nicht ausdrücklich als solche zu benennen, da sie doch jedesmal, wenn sie ihre Eltern, Frauen und Kinder erwähnten, Dankbarkeit, Vertrauen und Bewunderung zeigten. Diese Gespräche verließ ich mit einem Gefühl der Selbstbestätigung und der Sympathie sowohl für diese Männer als auch für mich selbst.

Andere Männer ließen mich fühlen, daß ich ein Eindringling in ihrem Leben war. Sie blickten mich schon beim Hereinkommen starr und befangen an und achteten danach immer darauf, daß unsere Blicke sich nie mehr wirklich trafen, so als ob zwischenmenschliche Intimität ihnen unerwünscht sei oder sie sogar erschreckte. Sie berichteten mir von unnötigem Leid, so als ob ich für das, was sie zu ertragen hatten, verantwortlich sei, erachteten mich jedoch darüber hinaus keines aufrichtigen Gefühls für würdig. Sie erklärten mir, sie besäßen keine Freunde, und stellten ihre Liebesbeziehungen so eingeschränkt und ambivalent dar, daß ich mich fragte, wie sie sie überhaupt ertragen konnten. Häufig belasteten ihre Eltern, Ehefrauen und Kinder sie mehr als daß sie sie erfreuten, und ihre wirkliche Befriedigung schienen sie vor allem aus leblosen Dingen zu gewinnen. Nach solchen Interviews fühlte ich mich allein und unfähig, und ich empfand ein wenig Verachtung für sie und für mich.

Was konnte ein besserer Prüfstein für die Liebesfähigkeit sein als das tatsächliche Erleben? Mit arroganter Selbstverständlichkeit reihte ich die Männer unter 1. «warmherzig», 2. «durchschnittlich» und 3. «relativ lieblos» ein. Anstandslos warf der Computer darauf elegante, statistisch signifikante Korrelationen aus. Ich gewann den Eindruck, daß die Liebesfähigkeit in der Tat von allergrößter Bedeutung sei, und es schien noch nicht einmal besonders schwer, sie zu beurteilen.

Aber würde man mir auch Glauben schenken? Was wir Liebe nennen, ist etwas ungeheuer Persönliches. Als erfahrener Kliniker hat man gelernt, aufgrund seiner eigenen Reaktionen bei anderen eine Vielzahl von Gefühlen – Trauer, Zorn, Angst, Freude – zu erkennen. Doch bei der Fähigkeit, anderen liebevoll zu begegnen, ist das kaum möglich. Um sie festzustellen, muß man immer beide Partner vor sich haben. Was geschieht, wenn der Proband den Kliniker nicht liebenswert findet? Meine Privatmeinung darüber, wer liebenswert sei und wer nicht, beruhte wohl doch mehr auf Projektion als auf wissenschaftlicher Erkenntnis.

Ich ging also daran, eine andere Methode zur Messung der Liebesfähigkeit zu entwickeln – eine viel unbefriedigendere Methode, bei der ich als Kliniker jedoch beiseite treten konnte. Diese Methode entfernte sich viel weiter von der Realität, besaß dafür jedoch höhere Glaubwürdigkeit – eine Schwäche, die in der modernen Wissenschaft häufig anzutreffen ist. Den ganzen Untersuchungszeitraum über hatten die Männer alle zwei Jahre über ihre Ehe und ihr Freizeitverhalten Auskunft gegeben. Während des Interviews wurden sie aufgefordert, besonders auf ihre ältesten Freunde, die Freunde, die sie um Hilfe bitten könnten, sowie ihre Gewohnheiten als Gastgeber einzugehen. Anhand dieser Informationen wurden sechs objektive Anforderungen bezüglich ihrer Liebes- und Freundschaftsbeziehungen aufgestellt, worauf ein Blindbewerter («blind rater») die Daten überprüfte, um herauszufinden, wie viele dieser «Aufgaben» die einzelnen Männer erfüllt hatten. Die Anforderungen umfaßten 1. Heirat ohne spätere Scheidung; 2. Ehe von mindestens zehn Jahren Dauer, wobei die Beziehung von keinem der beiden Partner als ausgesprochen schmerzhaft empfunden werden durfte; 3. eigene Vaterschaft oder Adoption eines Kindes; 4. die eigene Überzeugung, mindestens einen guten Freund zu haben; 5. die bei anderen vorhandene Überzeugung, daß der Betreffende mindestens einen guten Freund besitze; 6. regelmäßige Freizeitentspannung mit Menschen, die nicht der eigenen Familie angehören. (Die Einstufungen wurden von Beobachtern vorgenommen, die die übrigen Daten großenteils nicht kannten. Sie sind zugegebenermaßen subjektiv, doch stimmen die Ergebnisse der einzelnen Beurteiler immerhin in achtundachtzig Prozent der Fälle überein.)

Freunde

Siebenundzwanzig Männer – ich will sie die «Freundlichen» nennen – haben alle sechs Anforderungen erfüllt. Dreizehn – die «Einsamen» – bewältigten nicht mehr als zwei der «Aufgaben», manche sogar keine einzige. Wenn ich die Blindeinstufungen («blind ratings») mit meinen eigenen vergleiche, würde ich in einigen Fällen sehr gern Änderungen vornehmen, doch wie sollte ich sie glaubhaft begründen? Mit vier Ausnahmen stimmte ich jedoch in allen vierzig Fällen mit der Einstufung der weniger voreingenommenen objektiven Beobachterin überein. Deshalb soll auch ihr Urteil gelten.

Unter allen Gesichtspunkten, nach denen ich die fünfundneunzig gesunden Männer der Grantstudie jeweils unterteilte, erwies sich die Dichotomie der siebenundzwanzig «Freundlichen» und der dreizehn «Einsamen» als die einschneidendste. Diese Beobachtung mag zunächst selbstverständlich erscheinen; doch wenn sie es wäre, wären

Lebenslaufstudien überflüssig. Wie wir wissen, ist jeder von uns zuzeiten einsam, und zu anderer Zeit liebt er und wird geliebt. Wir gehen von dem einen Zustand in den anderen über. Wer vermöchte zu beurteilen, ob wir mehr Freunde besitzen als unser Nachbar oder ob wir mehr lieben als unser Bruder? Urteile über die Liebesfähigkeit eines Menschen sind so lange sinnlos, wie wir von der Querschnittbetrachtung ausgehen. Wie wir noch sehen werden, ergeben sich bei der Längsschnittanalyse jedoch zwischen den Lebensläufen der «Einsamen» und der «Freundlichen» beträchtliche Unterschiede.

Die Klassifizierung eines Mannes als «freundlich» oder «einsam» wurde im wesentlichen danach vorgenommen, ob es ihm gelungen war, während des Erwachsenenalters eine relativ stabile Ehe zu führen und einige länger dauernde Freundschaften zu schließen. Normalerweise reichten diese Daten sogar schon aus, um Vorhersagen über den Zustand seiner übrigen Beziehungen zu anderen Zeitpunkten seines Lebens abzugeben (siehe Tabelle 5).

Ich bin der Ansicht, daß wir uns die Liebesfähigkeit der Person als Kontinuum vorzustellen haben, als eine Fertigkeit, bei der es fließende Übergänge gibt. Ich möchte diesen Punkt mit Hilfe einer Analogie verdeutlichen. Ein jeder von uns mag vielleicht manche Speisen besonders gern und spürt gegen andere eine Abneigung, und doch besitzen wir alle etwa die gleiche Fähigkeit, unsere Nahrung zu genießen. Mit der Liebe ist es nicht so. Die Liebesfähigkeit entspricht eher der musikalischen Begabung oder der Intelligenz. Selbst in einer nach Gesundheit ausgelesenen Probandengruppe war die Liebesfähigkeit – das, was die Sozialwissenschaftler die Fähigkeit zum Aufbau von «Objektbeziehungen» nennen – sehr ungleich verteilt, obgleich sie beim einzelnen Menschen über einen gewissen Zeitraum erhebliche Stabilität aufwies. Gewiß besitzen wir alle ein fundamentales Bedürfnis danach, zu lieben und geliebt zu werden, doch wenn es mit dem Lieben nicht anders wäre als mit dem Essen, könnten wir davon ausgehen, daß Männer ohne enge Beziehung zu ihrer Ehefrau oder zu Freunden in der Lage wären, diesen Mangel durch ihr Verhältnis zu ihren Geschwistern oder ihren eigenen Kindern auszugleichen. Wie wir feststellen konnten, war das nicht der Fall. Dieses Ergebnis stand auch im Einklang mit unserer Hypothese, daß die Liebesfähigkeit als Kontinuum zu betrachten ist.

Tabelle 5
Die Anpassung der «einsamen» und der «freundlichen» Männer

	27 »freundliche« Männer	13 «einsame» Männer
Sozialanpassung in der Adoleszenz schwach	4 %	62 %
Ohne engen Kontakt zur Herkunftsfamilie	15 %	39 %
Ohne engen Kontakt zu den eigenen Kindern	13 %	50 %*
Ungünstiges Kindheitsmilieu	7 %	46 %
Mutter im Erwachsenenalter dominant	0 %	54 %
Beziehung zur Mutter in der Kindheit karg	30 %	31 %
Auftreten chronischer körperlicher Krankheit vor dem 52. Lebensjahr	4 %	46 %
Jemals als psychisch krank bezeichnet	11 %	54 %
Unreifer Abwehrstil	11 %	85 %
Nimmt nie Urlaub	22 %	85 %
Mindestens 10 für oral-abhängige Charaktere typische Verhaltenssegmente	4 %	62 %
Unmäßiger Drogen- oder Alkoholgebrauch	11 %	39 %

* Gilt für die acht Männer, die überhaupt Kinder hatten; fünf weitere hatten keine Kinder.

Zwanzig der fünfundneunzig Männer der Studie war es nicht gelungen, im mittleren Lebensabschnitt befriedigende Beziehungen zu ihren Eltern und Geschwistern aufrechtzuerhalten. Solche Männer waren mit dreimal höherer Wahrscheinlichkeit zu den «Einsamen» als zu den «Freundlichen» zu zählen. Sie waren jedoch auch nicht in der Lage, ihr Defizit durch eine enge Beziehung zu ihren Kindern wettzumachen. Mit drei Ausnahmen wurde die Beziehung der siebenundzwanzig von einem «blind rater» als «freundlich» eingestuften Männer zu ihren Kindern durch einen anderen Bewerter als eng bezeichnet. Ganz anders bei den dreizehn «Einsamen»: unter ihnen hatten nur acht Männer überhaupt eigene Kinder, und vier davon hatten keinen engeren Kontakt zu ihren Kindern. Bei mehr als der Hälfte der Männer, die als Fünfzigjährige zu den «Freundlichen» gerechnet wurden, lag die Sozialanpassung während der High-School-Zeit im obersten Drittel aller Untersuchten, während bei den «Einsamen» kein einziger so gut abgeschnitten hatte. Bei mehr als der Hälfte der dreizehn «Einsamen» fiel die Sozialanpassung während der High-School-Jahre (die von «blind raters» beurteilt wurde, die über den nachfolgenden Lebensgang der Männer im unklaren gehalten wurden) ins unterste Drittel – nur bei einem einzigen der «Freundlichen» war das Ergebnis so schwach ausgefallen. Diese Verknüpfung ergab sich trotz der Tatsache, daß beide objektive Einstufungen auf Beobachtungsmaterial beruhten, das aus dreißig Jahre auseinanderliegenden Zeiträumen stammte und in sich sehr unterschiedlich war.

Wie bereits im vorigen Kapitel angedeutet, wurde die spätere Liebesfähigkeit der Männer stark durch ihre Kindheitserfahrungen beeinflußt. Von den dreizehn «Einsamen» hatte keiner eine Kindheitsumgebung erlebt, die unter die allerbesten der Studie gerechnet wurde; bei den siebenundzwanzig «Freundlichen» dagegen war es die Hälfte. Bei nur zwei der «Freundlichen», jedoch bei der Hälfte der «Einsamen» fiel die Kindheit ins unterste Viertel. Keiner der «Freundlichen», doch die Hälfte der «Einsamen» hatte eine Mutter, die ihr Leben bis ins Erwachsenenalter hinein beherrschte und als Identifikationsmodell diente. Doch wurde die Einsamkeit der Männer wohl nicht durch derartige fortgesetzte Dominanz der Mutter verursacht, sondern eher durch die grundsätzliche Schwierigkeit, die es ihnen bereitete, ihre Beziehung zur Mutter durch angemessenere und länger dauernde intime Beziehungen zu anderen Menschen zu ersetzen. Die Beziehungen, die diese Männer als Kind zu ihrer Mutter gehabt hatten, waren nicht minder warm als die der «Freundlichen».

Zwischen der Liebesfähigkeit und der späteren physischen und psychischen Gesundheit zeigte sich ebenfalls ein Zusammenhang. Bei der Hälfte der «Einsamen» bestand im Alter von zweiundfünfzig Jahren eine chronische körperliche Krankheit, bei den «Freundlichen» dagegen nur bei einem einzigen Mann. Die Hälfte der «Einsamen», doch nur zwei «Freundliche» hatten Zeiten durchlebt, in denen man sie als psychisch krank hätte bezeichnen können. Es kann daher nicht überraschen, daß die «Einsamen» mit viermal höherer Wahrscheinlichkeit um psychiatrischen Beistand nachsuchten und allgemein viel mehr dazu neigten, Ärzte zu konsultieren. Es besteht bei den Ärzten ein starker Widerstand gegen das Eingeständnis, daß sie ihren Patienten gegenüber häufig die Funktion eines «Leih-Freundes» erfüllen. Anstatt sich dieser Rolle zu entziehen, täten sie vielleicht besser daran, sich zu bemühen, sie gut auszufüllen.

Der größte Unterschied zwischen den «freundlichen» und den «einsamen» Männern bestand wohl darin, daß die «Einsamen» viel ängstlicher waren. In der Regieanweisung von Tennessee Williams' Stück ‹Die Glasmenagerie› wird der Affekt, mit dem Laura sich aus ihrer Traumwelt heraus den Menschen zuwendet, als «panische Angst» gekennzeichnet, und auch in den psychiatrischen Kliniken zeigen sich die schizoiden Patienten stets als die Furchtsamsten. Warum das so ist? Daß wir Menschen Schaden und Gefahren fürchten – gleichgültig, ob sie nun aus realen Tigern oder der Zange des Zahnarztes bestehen oder aus den weniger greifbaren Zuständen von Armut, Trauer und Sünde –, wissen wir schon von jeher. Doch erst in jüngster Zeit haben wir erkannt, daß auch Freude, die Wärme der sexuellen Begegnung und das erhebende Gefühl des Sieges angstauslösend wirken können. Kinderpsychiater – so etwa Erikson mit seinem Konzept des Urvertrauens, John Bowlby mit seiner Untersuchung über die Mutterbindung und verschiedene andere, die das «Fremdeln» bei Kleinkindern erforscht haben[3] – haben uns gelehrt, daß die Angst des Menschen sich nicht allein auf das Leblose und Unbekannte richtet, sondern auch auf die vorgestellten Gefahren zwischenmenschlicher Intimität.

Bei den Männern der Grantstudie verlief das weite Spektrum der verschiedenen Ängste parallel zu der Unfähigkeit zu lieben. Im zweiten Jahr ihres Collegestudiums hatten die «Einsamen» bei der persönlichen Begegnung mit dem Arzt während der medizinischen Untersuchung die Tendenz zu einer Beschleunigung des Pulsschlags gezeigt. Außerdem gaben die «Einsamen» mit höherer Wahrscheinlichkeit an, sie fühlten sich unter Streß «nervös». Zehn der dreizehn «Einsamen» äußerten Angst vor der Sexualität, während das Entsprechende nur auf zwei der siebenundzwanzig «freundlichen» Männer zutraf.

Doch die unterschiedliche Fähigkeit, Vertrauen aufzubringen, reichte in zahlreiche, weniger leicht zu messende Bereiche hinein.

Beispielsweise zeigten neun der dreizehn «Einsamen» zehn oder mehr Verhaltenssegmente, die auf das Vorhandensein «oraler» Züge wie Abhängigkeit, Passivität, Selbstzweifel und Pessimismus (denken wir an die Fallgeschichte des Samuel Lovelace) hindeuten; bei der Gruppe der «Freundlichen» wurden jedoch nur im Leben eines einzigen Mannes zehn oder mehr derartiger Verhaltenselemente entdeckt.

Lassen Sie mich anschaulichere Beispiele anführen. Es ist schwierig, die Fähigkeit zu vertrauen von der Fähigkeit zu spielen zu trennen, denn das Spiel birgt so lange Gefahren, wie es uns und unseren Gegnern nicht gelingt, unseren Zorn zu bezähmen. Beim Spiel müssen unser Vertrauen und unsere Liebe so groß sein, daß wir riskieren können, besiegt zu werden, ohne darüber zu verzweifeln, und daß wir es ertragen, ohne Schuldgefühle zu gewinnen und ohne Spott über Fehler zu lachen. Bis auf zwei Männer betrieben alle «Freundlichen» gern Wettkampfsportarten, während die «Einsamen» mit einer Ausnahme allen derartigen Aktivitäten aus dem Wege gingen. Am Beispiel Horace Lambs haben wir gesehen, daß die Angst vor der Aggression zum Verlust der zwischenmenschlichen Intimität führt, während das Leben Frederick Lions deutlich macht, wie durch Spielfreude gemilderte Aggressivität scheinbar ganz von selbst Brücken zu den Mitmenschen schlägt.

Es ist eine seltsame Erscheinung, daß die Fähigkeit, die verlassene Ferieninsel, die man sich erträumt hat, auch tatsächlich im realen Leben zu genießen, ein nur den «Freundlichen» vergönntes Vorrecht sein sollte. Aus der Gruppe der «Freundlichen» nahmen drei Viertel vollen Urlaub, während das bei den dreizehn «Einsamen» nur auf zwei der Männer zutraf. Da es den «Einsamen» nicht gelingen wollte, im realen Leben Urlaub zu machen, waren sie stets auf der Suche nach Urlaub vom eigenen Ich und griffen deshalb mit dreimal so großer Häufigkeit zu Alkohol und Tranquilizern.

Hinzu kommt, daß die Welt, in der die «Einsamen» lebten, durch ihre Anpassungsmechanismen wesentlich stärker verzerrt wurde. Wir beobachteten in der Tat eine enge Beziehung zwischen der Liebesfähigkeit der Männer und dem Reifegrad ihrer Abwehr. Zwischen einer guten Ehe, der allgemeinen Sozialanpassung, der Beziehung zu den Kindern und dem subjektiven Urteil (meinem und dem anderer Beobachter) über die Fähigkeit der Männer, menschliche Beziehungen einzugehen, einerseits und dem jeweiligen Abwehrreifegrad andererseits bestanden deutliche Korrelationen. Vereinfacht ausgedrückt: zwölf der siebenundzwanzig «Freundlichen» zeigten vor allem reife Abwehrmechanismen (Altruismus, Unterdrückung, Humor, Antizipation und Sublimierung), während das auf *keinen einzigen* «Einsamen» zutraf. Nirgends trat die einfache Tatsache, daß Lieben und Tugendhaftigkeit im Grunde dasselbe ist, deutlicher zutage. Umgekehrt gehen Charakterfehler und Unbeliebtheit Hand in Hand. Elf der dreizehn «einsamen» Männer, aber nur drei der siebenundzwanzig «Freundlichen», zeigten vorwiegend unreife Abwehrformen. In der Tat wurden auf Projektion und Phantasie hindeutende Verhaltenssegmente bei den «Einsamen» *dreißigmal so häufig* beobachtet wie bei den «Freundlichen».

Wenn es jedoch zutrifft, daß die Fähigkeit zu lieben und die Fähigkeit, sich an die Lebensrealität anzupassen, wechselseitig voneinander abhängen, dann fragt man sich: gibt das Herz oder der Kopf den Ton an? Wer von beiden ist Pferd, wer Wagen? Nach allem, was in diesem Buch bisher gesagt worden ist, gibt es kaum Beweise dafür, daß reife Abwehrmechanismen als Wohltat zu betrachten wären, in deren Genuß vor allem die Männer kommen, die als Kind geliebt worden sind. Unterdrückung zeigte sich als nur schwach mit einer liebevollen Kindheitsumgebung verknüpft, wies jedoch eine deutliche Korrelation zu der Liebesfähigkeit beim Erwachsenen auf.

Was ist Ursache, was Wirkung? Schwere Depression – plötzlicher Liebesverlust – führt zu jäher Mobilisierung unreifer Abwehrmechanismen; doch ist die Wahrscheinlichkeit, ohne Liebe zu sein, bei denen, die ohnehin mißtrauisch, selbstzerstörerisch und von eingebildeten Leiden geplagt sind, eben auch höher. Vielleicht wird die Mutterliebe ebenso häufig durch die vom Kind als Abwehr produzierten erschreckenden Entstellungen der Schizophrenie zerstört wie das Kind durch eine lieblose, «Schizophrenie erzeugende» Mutter geschädigt wird. Schließlich können die unreifen Abwehrmechanismen, die häufig als Abwehr des Mangels an Liebe eingesetzt werden, auch am einfachsten durch liebe- und vertrauensvolle Beziehungen durchbrochen werden. In der Gemeinschaft der «Anonymen Alkoholiker» kann sich die Ehefrau des Trinkers zum ersten Mal ihren Masochismus eingestehen. Der Delinquent, der einen wirklich verständnisvollen Bewährungshelfer hat, kann aufhören, seine Wut impulsiv abzureagieren und gegen sein eigenes Selbst zu wenden. Dank der verläßlichen

Wärme und Offenheit einer liebevollen Verlobten konnte ein in Theorien schwelgender Astronom wie William Mitty seine lebhaften Phantasien von anderen Sternen aufgeben und wieder auf die Erde zurückkommen. Das Tragische liegt darin, daß unreife Abwehrmechanismen die Liebe zurückstoßen – eben *die* Macht, die nötig ist, um sie zu durchbrechen. Die Kausalbeziehung zwischen Liebesfähigkeit und Reifung der Abwehrvorgänge ist nicht leicht zu durchschauen.

Lassen Sie mich nun den recht einseitigen *psychodynamischen* Begründungen der Wahl des jeweiligen Anpassungsstils, die ich bis hierher angeführt habe, das Leben Francis Oswalds gegenüberstellen. Wie James O'Neill gehörte auch Oswald zu den Männern, an denen sich zeigen läßt, welche Rolle biologische Defekte beim Mißlingen der Lebensanpassung spielen können. Francis Oswald wurde bereits im 9. Kapitel als einer der «Einsamen» eingeführt. Sein Leben zeigt, daß die Liebesfähigkeit eines Menschen durch das ungeklärte Auftreten anhaltender Projektionstätigkeit im Erwachsenenalter zerstört werden kann. Seine Geschichte muß so lange unverständlich bleiben, wie wir nicht zugestehen, daß seine Anpassungsfähigkeit in manchen Teilbereichen von den Menschen seiner Umgebung unabhängig war; seine Depression wird erst dann verständlich, wenn man seinem Leiden auch eine biologische Komponente zugrunde legt. Sein Leben erhellt jedoch deutlich die Beziehung zwischen Anpassung und Liebesfähigkeit.

Ich kann mich sehr gut an das Interview mit Francis Oswald erinnern. Es herrschte eine für Florida ungewöhnlich kalte Witterung. Ich hatte ihn um ein Gespräch bei ihm zu Hause gebeten, aber er wollte mir unbedingt die landschaftlichen Schönheiten der Everglades zeigen. Obwohl Oswald Naturwissenschaftler und so etwas wie ein Entdecker war, verließ er sich auf eine ziemlich ungenaue Straßenkarte und fragte schließlich mich, der ich in Florida völlig fremd war, nach dem Weg. Vielleicht war die Stelle, die er mir hatte zeigen wollen, zu weit, vielleicht konnte er auch einfach den Weg nicht finden – ich erfuhr es nie. Statt dessen parkten wir auf einer Klippe am Ufer des Ozeans und sprachen, umgeben von der Eiseskälte seiner Isolierung und der Witterung am winterlich grauen Atlantik, über sein Leben.

Oswald lachte gern und viel und unterhielt sich mit mir mit der unpersönlichen Klarheit des erfahrenen öffentlichen Redners, doch ich saß dabei in der letzten Reihe seines Publikums. Er versuchte, mir verschiedene Einsichten in seine Person zu geben, doch auch hier setzte er den Februarozean an die Stelle der Everglades. Ich konnte nicht spüren, daß er mir wirklich etwas von sich gegeben und daß es mich bereichert hätte, ihn kennengelernt zu haben. Anders als die Mehrzahl der Teilnehmer der Grantstudie interessierte es Oswald nicht im mindesten, was wir mit dem Datenmaterial der Grantstudie anfangen würden.

Als wir am Flughafen voneinander Abschied nahmen, trat ich eine Reise rund um den Erdball an, doch Oswald schien das nicht zu interessieren. Statt dessen zog er, als ich aus seinem Wagen stieg, sein Hosenbein hoch, um mir eine mehrere Jahre alte Operationsnarbe zu zeigen, und danach bat er mich noch, ihm zu helfen, seinen angeblichen Wahn vor seinem Chef zu verteidigen. In Wirklichkeit war die Operation jedoch seit langem verheilt, und es waren während unseres Gesprächs nicht die geringsten Anzeichen von Wahn aufgetreten. Vermutlich suchte er, als ich ihn verließ, nach einer Möglichkeit, mich festzuhalten und sich wärmen zu lassen. In seinem Wagen war es so kalt gewesen.

Es war nicht sein gelegentlich auftretender Verfolgungswahn, der Oswald zum eindeutigsten Fall «psychischer Krankheit» innerhalb der Studie machte. Die wirkliche Tragödie lag darin, daß er nicht mehr wußte, wie man andere Menschen erreicht. Allen unseren Unterlagen nach hatte sich die Kindheits- und Adoleszenzentwicklung Francis Oswalds im mittleren Bereich der von uns Untersuchten bewegt. Er war tatsächlich in einer «sehr liebevollen Familie» aufgewachsen, die weitaus stabiler zu sein schien als etwa die Familie Goodharts. Der Blindbewerter («blind rater») hatte seine Kindheit als überdurchschnittlich eingestuft.

In seiner High-School-Zeit war Oswald ein guter Sportler und Eagle Scout* gewesen. Nach Aussage seiner Mutter «dachte er stets an andere und war das ‹leuchtende Vorbild› sehr vieler junger Leute in der Nachbarschaft». Die Sozialarbeiterin bezeichnete ihn bei seinem Eintritt in die Studie als «intelligent, klardenkend, ehrgeizig, sympathisch, ausgeglichen» und bemerkte, er habe «ausgezeichnete soziale Fähigkeiten, gepaart mit erworbenen guten Manieren und ei-

---

* Eagle Scout – höchster Pfadfindergrad.

nem ausgeprägten Sinn für Humor ... eine würdevolle Haltung». Der Arzt der Studie hatte ihn nicht nur «einen sehr liebenswürdigen, anziehenden, höflichen, verläßlichen Jungen ..., geistig und körperlich eher unreif» genannt, sondern auch «ehrgeizig, ichbezogen und überaus sanft in Sprache und Umgang».

So wie die Erziehung, die Oswald genossen hatte, vor allem an übermäßiger Rigidität krankte, so begann er während der Collegejahre vor allem an der übermäßigen Strenge seines eigenen Gewissens zu leiden. Dennoch deutete an dem Collegestudenten noch nichts auf den Mann hin, der in der verzweiflungsvollen Stagnation der mittleren Lebensjahre die Gebote seines Gewissens wahnhaft projizieren und seinen Zimmergenossen im Krankenhaus verdächtigen sollte, daß er die Wände mit Marihuana einsprühe, damit er, Oswald, vom Rauschgiftdezernat festgenommen würde. Selbstverständlich lassen sich aus den Berichten über Oswalds Kindheit in der Rückschau Einzelheiten herauslösen, die seine Paranoia und spätere Depression «erklären» können, doch entkräftet das prospektiv gesammelte Material meine nachträglichen Schlußfolgerungen. In Oswalds Fall tragen die Längsschnittdaten der Grantstudie nicht dazu bei, das Undurchschaubare seiner psychopathologischen Symptome zu mildern; sie machen sie im Gegenteil nur noch unerklärlicher.

Francis Oswald hatte keineswegs eine unglückliche Kindheit erlebt. Die elterliche Fürsorge erschien selbst in der Rückschau noch durchaus angemessen. Sein Doktorvater an der Graduate School hatte ihn wie einen Sohn geliebt, und die Frau, die er geheiratet hatte, war als Ehegattin nicht weniger hingebungsvoll als alle anderen Frauen in der Studie. Es war die Art, wie Oswald die Welt betrachtete, die andere Menschen nicht an ihn herankommen ließ. Sein die Realität entstellendes Ich wurde zum Pferd, das den Karren seines Liebesmangels zog. (Erinnern wir uns daran, daß Oliver Kane trotz seiner kläglichen Kindheit reife Abwehrmittel entwickelt hatte.)

Während der Adoleszenz traten die ersten Anzeichen zukünftiger Einsamkeit auf. Es war wohl kein reiner Zufall, daß die zwei besten Freunde Oswalds in den Collegejahren Probanden der Grantstudie waren, die von dem Forschungsstab als menschenscheu und isoliert eingestuft und wie Oswald zur Gruppe der «Einsamen» gezählt wurden. Obwohl Oswald in der High School sportlich sehr vielseitig gewesen war, entschied er sich im College nur für den einsamen Sport des Geländelaufs. Die ganzen Collegejahre hindurch lebte seine ständige Freundin tausend Meilen weit entfernt. Er stellte sich vor, daß sie unweigerlich eine alte Jungfer werden oder sich hemmungsloser Promiskuität hingeben würde, falls er sie verließe und sich in der Nähe eine neue Freundin suchte. Obwohl er ihr in der Ferne treu war, ängstigte ihn die Tatsache, daß sie zur Heirat drängte. Nach dem Krieg wurde Oswald immer wieder von demselben Alptraum heimgesucht. Er befand sich darin in einem Gefängnis, das er verteidigte, indem er durch Schießscharten auf «Einbrecher» feuerte, die in das Gefängnis einzudringen versuchten.

Den «Einsamen» bereitete es offenbar außergewöhnlich große Schwierigkeiten, sich über den sexuellen Bereich Aufklärung zu verschaffen. Entsprechend empfand Oswald sein Onanieren als stärker belastend als die meisten anderen Probanden, obwohl er Biologie in der High School als Hauptfach gewählt und einen Arzt zum Vater hatte. Der Psychiater der Studie hatte zum selben Thema notiert: «Francis hat diesbezüglich nie genaue Auskünfte oder Ratschläge erhalten.» Als er zwanzig war, bemerkten die Mitarbeiter: «Das Hauptproblem dieses Jungen besteht darin, daß seine Feinfühligkeit fast ans Paranoide grenzt. Er unterlegt vielen Worten, die andere ihm gegenüber äußern, eine andere Bedeutung als die, die gemeint war.» Entsprechend wurde die Beurteilung seines Gesundheitszustandes im College von «A» auf «B» heruntergesetzt, ein Urteil, das ihn gleichwohl immer noch deutlich als «psychisch gesund» auswies.

Als Sechsundzwanzigjähriger stand Francis Oswald unter starker innerer Spannung. Immer wieder drangen sexuelle Vorstellungen in seine Gedanken ein, doch es wollte ihm nicht gelingen, mit Frauen in Kontakt zu kommen, da er an einer jeden etwas auszusetzen hatte. In Lebenskrisen flüchtete er sich in die Einstellung: «Hinsichtlich persönlicher Beziehungen und noch mehr des Zustandes, in dem die Menschheit sich befindet, gebe ich mich allmählich keinen Illusionen mehr hin.» Über den Dreißigjährigen sagte der Arzt, der ehemals so große Stücke auf Oswald gehalten hatte: «Francis empfindet Mißtrauen den Motiven anderer Menschen gegenüber ... Er hat die Erfahrung gemacht, daß er sich zurückhalten mußte, um anderen gegenüber nicht gewalttätig zu werden.» Als seine Reaktionsbildung dann völlig durch Projektion ersetzt wurde, nahm Oswald sein wachsendes Mißtrauen selbst nicht mehr wahr. «Ich neige immer noch dazu, den Menschen so lange Vertrauen entgegenzubringen, bis sie gezeigt haben, daß man ihnen nicht vertrauen kann. In dieser Hinsicht habe ich ein paarmal draufzahlen müssen.»

In mittleren Jahren wurde Oswald durch sein eigenes Mißtrauen gegenüber dem Universum überwältigt. Zunächst schienen gefühllose Universitätsbürokratien seine Beförderung zu blockieren, dann waren auf einmal seine Akademikerkollegen vor ihm auf der Hut, und schließlich erklärte er: «Mein Chef hat angefangen, mich zu verdächtigen» – er hielt ihn für einen kommunistischen Spion und Rauschgifthändler. Owald wurde zunehmend alkoholabhängiger, projizierte jedoch alle Verantwortung nach außen. «Die Belastung durch die beiden älteren Kinder», so schrieb er, «hat meinen Bierkonsum gesteigert.» Er hatte Übergewicht, zeigte eine Neigung zu Unfällen und litt unter hohem Blutdruck und chronischen Rückenschmerzen.

All das war das Vorspiel zu Oswalds Unfähigkeit zu lieben. Mit sechsundzwanzig noch immer ohne sexuelle Kontakte, hing Oswald an einem Collie, seinem «ständigen Gefährten vor und nach der Heirat». Manchmal verbrachte er ganze Monate mit seinem Hund allein in den Wäldern. Zwanzig Jahre später rief er manchmal mitten in der Nacht, während er trank, ferne Freunde an; doch auf meine Frage nach Freunden in der unmittelbaren Nachbarschaft antwortete er mir mit der Anzahl der Weihnachtskarten, die er jedes Jahr erhielt. Vertrauensvoll wandte er sich an die über 3000 Kilometer entfernte Grantstudie, wenn er Hilfe brauchte. Mühelos freundete er sich im Urlaub mit den einsam in ihren Türmen sitzenden Feuerwachen an. Doch Freunde bei der Arbeit fand er nie. Statt dessen sah er in seinen Kollegen entweder ehrgeizige «Schmeichler» oder hinterhältige Drahtzieher, die versuchten, ihn für ihre Forschungsarbeit einzuspannen. Der Paranoiker fürchtet die Liebe ebensosehr, wie er sich nach ihr sehnt.

Vor seinem Tod arbeitete Oswald als – normalerweise unbezahlter – Berater für eine Organisation, die sich für die Erhaltung der Everglades in Florida einsetzte. Ich frage ihn, wer ihm für seine gegenwärtige Arbeit als Rollenvorbild gedient habe, worauf er mir von einem Mann erzählte, der, der Arbeit in einem kleinen College überdrüssig, Sozialarbeiter geworden war. Doch hatte Oswald nur *von ihm gehört*; er war nie mit ihm befreundet gewesen. Oswald erzählte mir, er finge an zu weinen, wenn in einem Fernsehinterview jemand einem anderen etwas Nettes sagte. Als ich ihn jedoch bat, mir seinen ältesten Freund zu schildern, nannte er einen Kriegskameraden, der ihm jedes Jahr zu Weihnachten «zwei, drei Sätze» schrieb und den er schon vierzehn Jahre nicht mehr gesehen hatte. Auf einmal überwältigte ihn die Erinnerung. «Ich mag ihn sehr», lachte Oswald, «doch der dumme Kerl schreibt mir noch nicht einmal einen Brief.» Vielleicht, sagte er, würde er ihn auf seiner Fahrt in den Westen nächstes Jahr besuchen. Ich bat Oswald, mir von dem Freund zu erzählen, dem er am ehesten Ungelegenheiten bereiten würde. Daraufhin beschrieb er mir einen Freund, der sechzehn Stunden am Tag arbeitete, einen Freund, der «zwischen halb zwölf und zwölf zu Mittag ißt, der einzigen Zeit, wo er zu sprechen ist». Ich bemerkte, das höre sich nicht so sehr nach einem Menschen an, den man gern um Hilfe bäte, worauf Oswald lächelte und fast triumphierend meinte: «Aber genau der ist es.»

Innerhalb seiner Familie war Oswald ebenso isoliert. Seine Brüder und seine Schwester hatte er seit dem Tod seiner Mutter im Jahre 1952 nicht mehr wiedergesehen. Zur Beerdigung seines Bruders 1962 war er nicht gegangen. Nachdem er voller Wärme von seiner Schwester gesprochen hatte, fügte er hinzu: «Ich habe ihre Familie und ihre Kinder nie kennengelernt, aber ich glaube doch, daß wir einen ziemlich guten Kontakt haben.» An diesem Punkt angelangt, fröstelte ich schon bis auf die Knochen.

Obwohl Oswald im neunten Kapitel als Musterbeispiel des paranoiden Charakters angeführt wurde, brachte er der Grantstudie dennoch volles Vertrauen entgegen. Die Mitarbeiter des Forschungsteams hatten im Laufe der Jahre eine besondere Zuneigung zu ihm entwickelt. Aber je älter Oswald wurde, desto stärker wurde sein Leben von Projektionen und Phantasien beherrscht. Seine Reaktionsbildung machte – mit derselben Heimtücke wie wir sie bei Patienten kennen, die an Schwerhörigkeit oder degenerativer Gehirnschädigung erkranken – der Projektion und Selbstzerstörung Platz. Parallel zur Regression seiner Abwehrmechanismen ging Oswalds Liebesfähigkeit noch weiter zurück. Sicherlich hatte die Gewalt des Krieges unauslöschliche Spuren hinterlassen, sicherlich hatte Oswald als Dreißigjähriger beide Eltern verloren und am Ende so viel getrunken, daß man nur noch von Alkoholismus sprechen kann – und dennoch geht meine stärkste Vermutung dahin, daß er an einer Depression litt, die in seinen biologischen Anlagen wurzelte.

Vaterschaft

Im allgemeinen spiegelte sich die psychische Gesundheit der Teilnehmer der Grantstudie in ihrem Verhältnis zu ihren Kindern wider. Als ich einen Mann mit einem der besten Ergebnisse der Studie, der zudem noch sehr bekannt war, danach fragte, wofür er von anderen am meisten bewundert würde, antwortete er ohne zu zögern: «Ich werde wegen meiner Frau und meiner Familie bewundert.» Mir erschien er als glänzend erfolgreicher Geschäftsmann ohne emotionale Einschränkungen und mit einem außerordentlichen Talent, Freundschaften zu schließen; er selbst jedoch sah sich ähnlich wie Cornelia im alten Rom: sein Juwel war seine *Familie*.

Zwei «Blindbewerter» erhielten außer den Schilderungen, die die Männer in den jedes zweite Jahr auszufüllenden Fragebogen über ihre (1975) mindestens fünfzehnjährigen Kinder abgaben, keinerlei weitere Information und beurteilten daraufhin jeden Probanden danach, wie eng seine Beziehung zu seinen Kindern war und wie das «Gesamtergebnis» jedes Kindes ausfiel. Dieses Gesamtergebnis umfaßt die Beziehungen des Kindes zu Gleichaltrigen, seinen seelischen Gesundheitszustand und seine schulische Leistung. Zum Zeitpunkt der Bewertung lag das Durchschnittsalter der Kinder bei zweiundzwanzig. Das Prädikat »1» in psychischer Gesundheit erhielt beispielsweise «ein fröhlicher junger Erwachsener ohne merkliche Perioden der Depression, Krise oder Straffälligkeit»; wurde ihm das Prädikat «4» zugesprochen, so deutete das auf «anhaltende emotionale Probleme, mißglückte Anpassung, Kriminalität, Schizophrenie und/oder psychiatrische Behandlung» hin. (Im Anhang steht genauer aufgeführt, wie das Gesamtergebnis im einzelnen zustande kam.) Obwohl eine derartige Beurteilung des Gesamtergebnisses der Kinder impressionistisch anmutet, zeichneten sich über längere Zeiträume hinweg deutliche Unterschiede zwischen ihnen ab, so daß sich zwischen den verschiedenen Gutachtern hinreichende Übereinstimmung ergab.

Betrachten wir das folgende Beispiel eines der vergleichsweise guten Väter und zur Gruppe der «Freundlichen» gehörenden Teilnehmers, der uns über seinen sechzehnjährigen Sohn Frederick schrieb, er sei «ängstlich und sehr feinfühlig für die Empfindungen anderer ... Großartige Konzentrationsgabe. Schweigsam ... natürliches Führertalent, namentlich im Bereich der Musik und des

Sports . . . Besitzt ganz besondere Talente. Könnte nach Ansicht seiner Lehrer professioneller Geiger werden, interessiert sich jedoch mehr für Sport, Biologie, Chemie – außerordentlich gute Körperbeherrschung. Kapitän mehrerer Mannschaften, hat eine Freundin . . .»

Als Siebzehnjähriger war Frederick immer noch «ein Sportler, der sich für das medizinische Vorstudium interessiert, aber Biologie als Hauptfach gewählt hat . . . Bedächtig und entspannt . . . vielseitig begabt . . . ordentlich und zielstrebig». Mit neunzehn war er im zweiten Jahr in Stanford. «Liebt das Land, hat eine Abneigung gegen Städte. Seine Interessengebiete sind Biologie, Neurophysiologie und Musik. Nächste Woche nimmt er an der Olympia-Ausscheidung im Rudern teil. Er kann fast alles, ohne daß er das selbst weiß. Seine jüngere Schwester liebt ihn sehr.»

Als Einundzwanzigjähriger studierte Fred Neurophysiologie als Hauptfach. «In Yale zum Graduiertenstudium zugelassen. Inzwischen Kriegsdienstverweigerer . . . wäre sonst sicher zur Marine gekommen. Sollte Arzt werden . . . Sehr sensibel.» Seine Tochter stellte dieser Vater in ebenso glühenden Farben dar.

Beim Vergleich der Kinder der dreißigköpfigen Spitzengruppe der Studie mit denen der dreißig Männer, die das schlechteste Endergebnis erzielten, ergaben sich deutliche Unterschiede. Dabei hatte der Beobachter, der die Anpassungsleistung der Kinder bewertete, keinerlei Information über das Endergebnis der Väter erhalten. Es gab keinen Vater, dem seine heranwachsenden Kinder nicht Kummer und Sorgen bereitet hätten, doch sobald sich die Stürme der Adoleszenz einmal gelegt hatten, erschienen die Kinder in beiden Gruppen fast ebenso unterschiedlich wie ihre Väter. Die Hälfte der Kinder der Männer mit dem besten Endergebnis besuchte eines der Elite-Colleges, während das bei den Kindern der Schlußgruppe nur auf ein Sechstel zutraf. Die unterschiedlichen Schul- und Studienleistungen waren weder durch wirtschaftliche noch durch intellektuelle Faktoren zu erklären, denn die Männer mit dem schlechtesten Ergebnis waren ja nicht dümmer als die mit dem besten, genausowenig wie das Ganze ein finanzielles Problem war. Es hatte jedoch den Anschein, als seien die Kinder der Männer mit dem schlechtesten Ergebnis weniger geneigt und weniger fähig, sich mit dem Ausbildungsstandard ihrer Väter zu identifizieren.

Bei den Kindern der Studienteilnehmer mit dem schlechtesten Endergebnis lag die Zahl der Studienabbrüche in High School und College doppelt so hoch. Bei den Kindern der Männer mit dem besten Endergebnis wurden zwei Drittel als seelisch gesund und in gesellschaftlicher Hinsicht erfolgreich eingestuft; bei den Kindern der Männer mit dem schlechtesten Endergebnis galt das nur für ein Drittel. Jedes siebte Kind der Spitzengruppe, jedoch fast jedes zweite Kind der Schlußgruppe zeigte sich beständig unglücklich, unzufrieden und nicht bereit, Verantwortung zu übernehmen.

Für diese Befunde bieten sich mehrere Erklärungen an. So kann erstens Projektion dabei eine Rolle spielen. Möglicherweise sahen erfolglose Väter ihre Kinder ebenfalls in der Hoffnungslosigkeit ihres eigenen Lebens gefangen, während diejenigen mit gutem Abschneiden ihre Kinder wohl eher mit dem Glanz ihres Erfolges umgaben. Wie dem auch sei: die Unterschiede in der Wahl des College lassen sich mit der Voreingenommenheit der Darstellung wohl kaum erklären, genausowenig wie die Tatsache, daß von den achtundachtzig Kindern der Spitzengruppe nur eines, von den siebenundfünfzig Kindern der Schlußgruppe (nur die über 15 Jahre eingerechnet) dagegen fünf entweder deutlich zu kriminellen Handlungen neigten oder in psychiatrische Kliniken eingeliefert wurden.

Zweitens läge es nahe, die oben genannten Zusammenhänge der Wahl eines gleichgearteten Ehepartners zuzuschreiben. Liebevolle Männer führten im allgemeinen gute Ehen, so daß sich das überlegene Abschneiden ihrer Kinder durch bessere mütterliche Fürsorge und stabilere Familienverhältnisse erklären ließe. Wenn das so wäre, könnte die Relation gutangepaßte Kinder – gutangepaßte Väter womöglich als Zufallsbefund betrachtet werden. Doch stellte sich schließlich heraus, daß die allgemeine Liebesfähigkeit der Männer eine deutlichere Korrelation zu dem Resultat des Kindes zeigte als die Beschaffenheit der Ehe. Das soll nur heißen, daß Väter wichtig sind – nicht, daß Mütter es *nicht* seien.

Drittens: vielleicht war die Erklärung im genetischen Bereich zu suchen. Während genetische Einflüsse nicht von vornherein ausgeschlossen werden können, wiesen jedoch alle Versuche zur Unterscheidung von genetischen und Umwelteinflüssen darauf hin, daß die oben genannten Verknüpfungen nicht in erster Linie durch Vererbung zustande kamen. Für sich allein genommen wirkten sich Fälle von psychischer Krankheit in der Familie genauso wenig auf die Ergebnisse der Kinder aus, wie sie sich auf die Ergebnisse der Männer ausgewirkt hatten.

Die Umwelt spielte eine wichtige Rolle, und die emotionale Reife des Vaters stand in enger Beziehung zur Gesamtentwicklung seiner Kinder. Schlechte Väter waren im College dreimal so häufig hinsichtlich ihrer emotionalen Gesundheit mit «C» eingestuft und achtmal so häufig im Erwachsenenalter als psychisch krank bezeichnet worden. Zehn Prozent der besten Väter wandten als Erwachsene vorwiegend unreife Abwehrmechanismen an gegenüber der Hälfte der schlechtesten Väter. Wie im Falle Francis Oswalds waren Phantasie und Projektion die am deutlichsten mit unglücklichen Kindern korrelierenden Abwehrformen der Väter.

Die Hälfte der besten Väter, jedoch nur ein Zehntel der schlechtesten Väter hatte eine einigermaßen glückliche Kindheit erlebt. Einflüsse der Mütter der Studienteilnehmer waren statistisch an den Ergebnissen ihrer Enkelkinder nicht festzustellen, doch wurden Männer, die eine distanzierte Beziehung zu ihrem eigenen Vater gehabt hatten, mit besonders hoher Wahrscheinlichkeit selbst schlechte Väter.

Soziale Variablen spielten bei der Untersuchung von guten und schlechten Vätern keine Rolle. Probanden, die von ihren Eltern durch eine große Dienerschaft abgeschirmt in Oberschichtsfamilien aufgewachsen waren, wurden später keine schlechteren Väter als die, die aus den viel enger aufeinander bezogenen Mittelschichtsfamilien stammten, und die letzteren wiederum erfüllten ihre Aufgabe als Vater nicht besser als die sozial benachteiligten Männer mit aufwärtsgerichteter Mobilität, die in den ersten Jahren nach Collegeabschluß wirtschaftlich weit mehr zu kämpfen hatten. Viele Männer mit sozial aufwärtsgerichteter Mobilität sind schlechte Väter, doch gilt das nicht minder für viele Väter, die sozial absteigen.

Augenscheinlich erreichten die «Einsamen» kaum je die Fähigkeit zur Fürsorge für andere, die laut Erikson das Reifestadium der mittleren Lebensjahre kennzeichnet. Ein unglücklicher Versprecher beleuchtet Francis Oswalds Unvermögen, generativ zu werden. Auf meine Frage nach seiner größten Sorge hatte er zur Antwort gegeben: «Daß ich in der Lage sein könnte, meine Familie zu ernähren.» Er hatte sagen wollen: «Daß ich *nicht* in der Lage sein könnte.»

Obwohl Oswalds Kindheitssituation als vergleichsweise günstig beurteilt worden war, schätzte der Blindbewerter («blind rater»), der sich allein auf das Leben der Kinder der Teilnehmer konzentrierte, nur Dr. Tarrytown als schlechteren Vater ein. Durch die alle zwei Jahre auszufüllenden Fragebogen läßt sich Oswalds Versagen genau verfolgen. Als William, sein ältestes Kind, acht Jahre alt war, hatte er geschrieben: «Wegen der Konflikte zwischen den beiden ältesten Kindern, Bill und Jane, die zu einem extremen Rückzug auf seiten Janes geführt haben, haben wir einen Bostoner Kinderpsychiater konsultiert. Mit Jane geht es nur ermüdend langsam vorwärts, und der Aufwand an finanziellen Mitteln, Zeit und Nervenkraft hat uns als Eltern beide zermürbt.» Das ganze nächste Jahrzehnt hindurch war Janes Anpassung eine Quelle ständiger Sorge. Später teilte uns Oswald mit: «Als Sechzehnjährige ist Jane weiterhin in psychiatrischer Behandlung – das geht nun schon seit zweieinhalb Jahren so! Bisher hat sich noch nichts daran geändert, daß sie durch Leistungsverweigerung gegen ihre Eltern rebelliert . . . Ich fühle mich durch die ganze Sache sehr entmutigt, denn sie könnte mit Leichtigkeit lauter Einsen und Zweien haben . . . Jane hat in einem großen Kaufhaus ein paar Kleinigkeiten mitgenommen, ohne zu bezahlen. Die Aufsicht hat uns angerufen, wir sollten kommen und sie abholen . . .»

«Sie ist außergewöhnlich aufgeweckt, aber unordentlich. Sie ist schöpferisch begabt, behindert sich aber selbst durch ihr ungestümes Wesen. Häufig verliert sie die Kontrolle über sich und zerstört Dinge, die sie notwendig braucht . . . oder sie zertrümmert das, was sie selbst gemacht hat.»

Als Zwanzigjährige, so schrieb er uns, sei Jane «abwechselnd schwierig, und dann macht sie uns auch wieder sehr viel Freude, aber mit ihr haben wir doch die meisten Probleme. Sie kann eine solche Bequemlichkeit an den Tag legen, daß man es kaum für möglich hält; sie kann aber auch einen erstaunlichen Eifer entwickeln. Sie ist jetzt wieder am New Yorker City College, nachdem sie für ein Semester unterbrochen hatte. Sie weiß nicht so recht, welchen Weg sie einschlagen soll. Exzellente Körperbeherrschung, spielt Badminton und Tennis . . .»

Über seinen fünfzehnjährigen Sohn Bill schrieb Oswald, er sei «in vieler Hinsicht unzufrieden, ziemlich faul»; über den Neunzehnjährigen sagte er: «Bill ist zusammen mit ein paar Kameraden in eine eigene Wohnung gezogen. Ausgelöst wurde das Ganze durch diskretes und manchmal auch weniger diskretes Drängen von seiten seines Psychiaters. Sein Auszug war womöglich noch von größerer Feindseligkeit begleitet, als er sie zu Hause je gezeigt hatte. In diesem Semester fängt er am Junior College an. Ich habe das Gefühl, bei ihm versagt zu haben. Seine Leistungsverweigerung bezog sich auf seine Eltern, vor allem auf mich.» Ein Jahr darauf schrieb Oswald voller Hoffnung, der jetzt zwanzigjährige William habe «im vergangenen Winter geheiratet» und sei inzwischen «viel ernsthafter» geworden. Er stünde jetzt «mit beiden Beinen auf der Erde». Später berichtete er mir im Gespräch: «Seine Frau, mit der er nicht ganz zwei Jahre verheiratet war, hat sich von ihm scheiden lassen. Sie wollte aus allem heraus, er nicht. Als er uns im Juni zu Hause besuchte, führten wir das beste Gespräch, das wir je miteinander gehabt haben.» Schließlich schrieb Oswald wieder hoffnungsvoll: «Bill ist jetzt ein Mann, er ist Soldat in Fort Bragg. Zwei von drei Wochenenden kommt er nach Hause; nach der Entlassung aus der Armee will er wieder ans College zurück. Es ist jetzt eine Freude, ihn um sich zu haben.» Über sein drittes Kind schrieb uns Oswald: «Wie es mit zwei Kindern so schiefgehen kann und dann mit dem nächsten so gut, das begreife ich nicht.»

Die große Gefahr der Projektion liegt darin, daß der paranoide Charakter dazu neigt, die Probleme, die er mit seinen Eltern gehabt hat, an seinen Kindern zu wiederholen. Wie in Alpträumen und im Vorurteil werden kleine Kränkungen in erschreckendem Maße aufgebauscht. Der Paranoiker projiziert in der Kindheit seine Wut auf seine Eltern und fühlt sich dann durch seine zurückgespiegelte Wut selbst verletzt. Als Erwachsener behandelt er dann seine eigenen Kinder unbewußt so, wie er als Kind selbst behandelt worden zu sein meint. Entsprechend betrachtete Oswald das Verhalten seines Sohnes als «ganz allgemein darauf berechnet, mich die meiste Zeit zu ärgern» und befürchtete, Bill und Jane wollten ihn und seine Frau «mit dem Messer erstechen». In Wirklichkeit war es jedoch Oswald selbst, der übermäßig streng mit seinen Kindern umging und ihr Leben in Gefahr brachte. Nachdem er beim Segeln in Maine mit seiner Tochter in einen Sturm geraten war und die Orientierung verloren hatte, schrieb Oswald an die Studie: «Meine Tochter war so erschöpft, daß sie zu nichts mehr fähig war und nur noch leise vor sich hinweinend im Cockpit saß. Es erinnerte mich daran, wie ich mich als Junge mit meinem Vater vor der Küste von Maryland im Nebel verirrt hatte. Wir drehten uns damals mit unserem Motorboot im Kreis und stießen immer wieder auf unsere eigene Ölspur ... Ich finde es sehr erstaunlich, wie Werte und Einstellungen derart von einer Generation zur nächsten weitergegeben werden.» Bei der Erinnerung an Oswalds Worte überfiel mich Angst, als er mich im Auto spazierenfuhr und vergeblich die Zufahrt zu den Everglades suchte.

Ehe

Eine »gute Ehe» ist nicht leichter zu definieren als «gute psychische Gesundheit», und die dazugehörige Vorstellung erweist sich als mindestens ebenso wertebefrachtet. In unserer Gesellschaft wird die Rolle der Ehe zunehmend in Frage gestellt, und zwar in einem solchen Maße, daß das Untersuchungsmaterial, auf dem die vorliegende Studie beruht, manchem vielleicht schrecklich unzeitgemäß erscheinen mag. Ist die Ehe denn in Wirklichkeit nicht bloß ein längst überholter Brauch, der bei den weißen, bürgerlich-braven Männern und Frauen einer altmodischen chauvinistischen Ära in Mode gewesen ist? Das mag sein; doch innerhalb der durch die Kultur des amerikanischen Bürgertums und den besonderen historischen Zeitpunkt gezogenen Grenzen wirft unsere Untersuchung doch Licht auf verschiedene Fragen, etwa: Unter welchen Umständen ist es gesünder, sich scheiden zu lassen als verheiratet zu bleiben? Welche Rolle spielt die sexuelle Übereinstimmung der Partner in einer stabilen Ehe? Ist es richtig zu sagen, eine gute Ehe weise auf psychisches Gesundsein hin? Gibt es in der Realität überhaupt so etwas wie eine «glückliche Ehe»?

Lassen Sie mich mit dem Hinweis beginnen, daß im Rahmen der Grantstudie wohl keine einzelne Längsschnittvariable klarer auf psychische Gesundheit hindeutete als die Fähigkeit, über einen längeren Zeitraum hinweg eine glückliche Ehe zu führen. Die Art, wie die Männer während der ganzen Jahre der Untersuchung über ihre Ehe sprachen, erlaubte ebenso zuverlässige Rückschlüsse auf ihren Berufserfolg, den relativen Reifegrad ihrer Abwehrmechanismen und ihr subjektives Wohlbefinden wie die viel einleuchtenderen Untersuchungsergebnisse bezüglich der Frage, ob sie je als «psychisch krank» klassifiziert wurden oder nicht.

Bevor wir jedoch diesen Befund genauer untersuchen, müssen wir erst noch darauf hinweisen, daß es tatsächlich glückliche Ehen gibt, und wir müssen darstellen, woran wir sie erkannten. 1954, 1967 und 1972 wurden die Männer mit Hilfe eines einfachen Multiple-Choice-Fragebogens befragt, wie stabil ihre Ehe sei, wieweit sie Scheidung in Betracht gezogen hätten, wieweit ihre sexuelle Übereinstimmung befriedigend sei und wie – relativ gesehen – leicht es ihnen fiele, Meinungsverschiedenheiten zu lösen. 1967 wurden ihren Ehefrauen dieselben Fragen gestellt.

Sechsundzwanzig der fünfundneunzig Probanden berichteten konstant (wobei ihre Frauen ihnen zustimmten), sie hielten ihre Ehe für «stabil», hätten Scheidung «nie in Betracht gezogen» und hätten entweder eine «befriedigende» oder sogar «sehr befriedigende» sexuelle Übereinstimmung erreicht. Diese Männer waren alle mindestens zehn, im Durchschnitt jedoch sogar zwanzig Jahre verheiratet. Nach fünfundzwanzig Jahren des Erwachsenendaseins bestanden also unter den fünfundneunzig Männern sechsundzwanzig stabile und erfreuliche Ehen. Wir wollen diese Ehen im folgenden als die «guten Ehen» bezeichnen.

Woran erkannt man die Männer, die in glücklichen Ehen leben? Zyniker mögen solche Männer vielleicht als Lügner oder aber als unverbesserliche Optimisten betrachten, doch wurden die Abwehrformen Dissoziation und Reaktionsbildung (d. h. die Anpassungsweisen, bei denen das Subjekt eine unerfreuliche emotionale Realität verleugnet, indem es glückselige Phantasiegebilde an ihre Stelle setzt) weit häufiger von den Männern gebraucht, die ihre Ehe als unglücklich einschätzten. Ich möchte damit nicht sagen, daß die Teilnehmer der Studie sich über den Zustand ihrer Ehe nie selbst etwas vorgemacht hätten, sondern nur unterstreichen, daß derartige Selbsttäuschungen nicht über Jahrzehnte hinweg durchgehalten werden konnten. Umgekehrt zeigte sich eine deutliche Korrelation zwischen dem Gebrauch der Unterdrückung als Abwehrmechanismus und dauerhaft guten Ehen.

Eine zweite Möglichkeit, die Validität der subjektiven Einschätzung der eigenen Ehe zu überprüfen, lag darin, noch mehr Zeit verstreichen zu lassen. 1972 wurden die sechsundzwanzig «guten Ehen», die 1967 als die stabilsten erschienen waren, denen der achtzehn

Männer mit «schlechten Ehen» gegenübergestellt. (1967 hatten jene achtzehn Männer ihre Ehe zwar noch aufrechterhalten, betrachteten sie jedoch als «instabil», ihre sexuelle Übereinstimmung als «nicht so gut wie gewünscht» oder »dürftig» und hatten zumindest «gelegentlich» an Scheidung gedacht.) Wären die Kriterien, die der Einteilung der Ehen in zwei einander entgegengesetzte Gruppen zugrunde lagen, vorübergehender Natur oder unwahr gewesen, so hätte man erwarten können, nach fünf Jahren etliche der «guten Ehen» in Scherben und umgekehrt mehrere der «schlechten», doch vielleicht aufrichtiger eingeschätzten Ehen in besserem Zustand vorzufinden. Statt dessen betrachteten 1972 dreiundzwanzig der sechsundzwanzig Teilnehmer mit angeblich «guten Ehen» ihr Eheleben immer noch als überaus befriedigend. Bei den achtzehn Männern mit «schlechten Ehen» schätzten dagegen nur vier ihre Ehe nach fünf Jahren ein wenig günstiger ein. Von den übrigen vierzehn Männern hatten sich vier tatsächlich scheiden lassen, sechs weitere meinten, ihr Zusammenleben habe sich noch weiter verschlechtert, und ihre Ehefrauen stimmten dem zu.

Es erwies sich als aufschlußreich, die *zweiten* Ehen der Geschiedenen mit den *ersten* Ehen der Männer zu vergleichen, die – obwohl sie unglücklich waren – bei ihrer ersten Frau blieben. Es gibt eindeutige Belege dafür, daß Scheidungen mit größerer Häufigkeit unter Menschen auftreten, die unter irgendeiner psychischen Krankheit leiden[4], doch steht andererseits außer Frage, daß in einer chronisch unglücklichen Ehe allein die Scheidung die Möglichkeit eines neuen, stabilen ehelichen Zusammenlebens eröffnet. Angesichts eines Freundes, der sich mit dem Gedanken an Scheidung trägt, erwägen viele Menschen innerlich das Für und Wider einer solchen Entscheidung für sich selbst. Scheidung verletzt einerseits unsere gefühlsmäßige Gewißheit, daß das Familienleben stabil sein sollte, bricht mit religiösen Gelübden und macht die Kinder nur selten glücklicher. Andererseits erlaubt uns die Scheidung, aus einem veralteten Sozialkodex und strengen elterlichen Moralvorstellungen auszubrechen; sie ermöglicht uns die Befreiung aus einem stets schmerzhaften emotionalen Gefängnis und vermag Kinder aus dem unsicheren Niemandsland zwischen zerstrittenen Eltern herauszuholen. Der Verlauf der von den Teilnehmern der Grantstudie geschlossenen zweiten Ehen war deshalb von hohem Interesse.

1973 waren vierzehn der siebzehn Männer, die sich vor 1967 hatten scheiden lassen, seit mehr als einem Jahr wiederverheiratet. Von diesen vierzehn Zweitehen hatten acht ebenfalls in Scheidung geendet, während vier weitere solche Schwächen zeigten, daß sie nicht mehr in die Kategorie der «guten Ehen» eingereiht werden konnten. Mit anderen Worten: von den vierzehn Wiederverheiratungen wurden nur zwei – die zur Zeit der Beurteilung allerdings erst seit kurzem bestanden – als eindeutig glücklich eingestuft.

Eine andere Möglichkeit, die Verläßlichkeit der Aussagen, die diese Männer auf den Multiple-choice-Fragebogen über ihre Ehe machten, zu überprüfen, liegt im Heranziehen dessen, was sie sonst noch über ihre Ehe sagten. So schrieb uns einer der Männer mit einer «guten Ehe» folgendes: «Ich könnte mir gar keine bessere Ehe wünschen. Bei uns hat von Anfang an alles geklappt. So erinnere ich mich zum Beispiel noch an unsere erste Verabredung; wir feiern sie jetzt nach zwanzig Jahren immer noch. Schon sehr früh in unserer Ehe machten wir es so, daß jeder von uns beiden zur Sprache brachte, was ihm am Tun des anderen nicht behagte.» Ein anderer schrieb: «Unsere Ehe wird von Jahr zu Jahr immer besser. Mir ist selbst nicht klar, ob ich eine so überragende Wahl getroffen oder einfach Glück gehabt habe.» Ein Dritter sagte uns: «Jill und ich sind einander so nahe, wie zwei Menschen es überhaupt nur sein können . . . wir genießen sehr vieles gemeinsam.»

Stellen wir diesen Aussagen die der Männer mit «schlechten Ehen» gegenüber: «In den letzten zwei Jahren», so schrieb uns einer der Teilnehmer, «haben uns die Kinder und das Fehlen realer Alternativen für jeden von uns zusammengehalten – reines Beharrungsvermögen.» Ein anderer schrieb: «Wenn sie mit Tellern wirft, fange ich sie auf. Ich werfe nie zurück. Wenn sie auf mich losgeht, schlage ich nie zurück, obwohl ich sie auch schon geohrfeigt habe, um sie wieder zur Besinnung zu bringen.» Dieser letzte Mann hatte zwar nie an Scheidung gedacht, doch überraschte es uns nicht, daß er seine Unzufriedenheit mit der sexuellen Beziehung zu seiner Frau zum Ausdruck brachte und in seiner Ehe «ernste Schwächen» sah.

Wie kann ich beweisen, daß stabile Ehen auf psychische Gesundheit hindeuten? Die Gegenüberstellung der Ehen der dreißig Männer der «Spitzengruppe» mit denen der dreißig Männer der «Schlußgruppe» liefert die deutlichste Antwort. Bei den Teilnehmern, die das beste Endergebnis erzielten, heirateten *alle dreißig* und blieben für den größten Teil ihres Erwachsenenlebens verheiratet. Als diese Männer das siebenundvierzigste Lebensjahr erreicht hatten, erwiesen sich nur fünf ihrer Ehen, als unbefriedigend während zwei in Scheidung geendet hatten. Im Gegensatz dazu waren von den dreißig Männern mit dem schlechtesten Endergebnis nur neun je stabil verheiratet. Sieben weitere verbrachten den größten Teil ihres Erwachsenendaseins unverheiratet, und im Alter von siebenundvierzig Jahren vereinigten die dreißig Männer der Schlußgruppe siebzehn Scheidungen auf sich.

Die folgenden Zitate sind charakteristisch für die Männer mit dem besten Endergebnis, deren Ehen zwei Jahrzehnte zufriedenstellend überdauert hatten. «Meine Frau ist der gütigste und rücksichtsvollste Mensch, den ich je gekannt habe.» »Unsere Ehe ist eine ständige Herausforderung, ein ständiges Abenteuer.» «Tennisdoppel mit meiner Frau sind mein größtes Vergnügen.» «Wir sind sehr glücklich aufeinander eingespielt; ich bin sehr stolz auf sie.» «Ich liebe und bewundere sie; sie ist mein bester Freund.» «Ich bin stolz auf sie. Wenn ich nicht so erfolgreich wäre, würde ich ihren Erfolg übelnehmen.» «Für mich ist das Glücklichsein an meine Frau geknüpft.» «Mit ihr ist das Leben sehr schön.» «Sie ist ein tolles Mädchen, genau die Richtige für mich.» «Es hat sich alles viel einfacher ergeben, als wir erwartet hatten. Wir haben sehr viel Zeit miteinander verbracht.» «Unsere Ehe ist WUNDERBAR. Meine Frau ist das Beste, was ich je erlebt habe.»

Die folgenden ambivalenten Zitate charakterisieren die neun erfolgreichsten Ehen aus der dreißigköpfigen Schlußgruppe. «Sie ist liebevoll und eine ausgesprochen gute Mutter.» «Sie ist eine dominante Person; unsere Ehe ist viel besser geworden, als wir erwartet hatten.» «Ehe stabil, Gott weiß warum. Sie kreist um die Interessen und Freunde meiner Frau.» «Sie nörgelt an mir herum, ist aber dennoch ein emotional warmherziger Mensch.» «Eine gute Entscheidung, aber sie ist eine verklemmte, penible Perfektionistin.»

Unter den verbleibenden einundzwanzig Männern der Schlußgruppe waren elf entweder eine zweite Ehe eingegangen, oder ihre erste Ehe war zwar angeschlagen, aber immer noch intakt. Die Kommentare dieser letzteren zwölf Männer zeugten von stärkerer Ambivalenz. Zum Beispiel: «Sie hat einen Minderwertigkeitskomplex. Ich fühle mich sexuell nicht von ihr angezogen.» «Ich bin liebevoller als sie.» (Mit Ausnahme der Wochenenden lebte dieses Paar getrennt.) «Sie mag ihr Bier.» (Auch dieses Paar lebte getrennt.) «Ernsthaft Scheidung erwogen. Es ist leichter, ohne sie zu leiden als mit ihr.» «Ihrre Attacken sind manchmal so heftig, daß ich nur noch weinen kann. Aber ich glaube doch, daß ich meine Frau liebe.» «Wir schlafen in verschiedenen Zimmern. Wenn ich noch einmal zu entscheiden hätte, würde ich eine andere heiraten.»

Tabelle 6 zieht einen Vergleich zwischen den sechsundzwanzig Männern mit «guten Ehen», den achtzehn Männern mit «schlechten», jedoch intakten Ehen und den übrigen siebzehn Männern, die sich bis 1968 mindestens einmal hatten scheiden lassen. Bei den Teilnehmern mit «schlechter Ehe» wurden gewöhnlich entweder die Kinder oder die Religion als Grund für die Aufrechterhaltung der Ehe angeführt. Entsprechend zeigten die unglücklich Verheirateten weitaus regelmäßigere Kirchgangsgewohnheiten als die Geschiedenen. So schrieb uns etwa ein Mann: «Scheidung ist praktisch undenkbar, also mach' ich gute Miene zum bösen Spiel und halte durch . . . Unsere Ehe wäre wahrscheinlich schon vor fünfzehn Jahren zu Ende gewesen, wenn es weder die Religion noch die Kinder gegeben hätte.» Ein anderer meinte: «Unsere Ehe ist stabil, solange man berücksichtigt, daß sie ebensosehr durch Willenskraft wie durch Begehren zusammengehalten wird.» Ein Dritter schrieb: «Diese Ehe wird weiterbestehen, und sei es auch nur aus dem einzigen Grund, daß wir ein Paar steifleinener, nachgeborener Viktorianer sind, für die Scheidung jedenfalls nie in Betracht käme.» Bei den Männern, die eine unglückliche Ehe erduldeten, war die Wahrscheinlichkeit, daß sie auch in anderen Bereichen ihres Lebens passiv waren, deutlich höher als bei denen, die sich scheiden ließen.

Die Männer, die sich scheiden ließen, besaßen mit höherer Wahrscheinlichkeit Mütter, die auch nach dem einundzwanzigsten Lebensjahr ihrer Söhne eine wichtige Rolle in ihrem Leben gespielt hatten. Diese Männer neigten häufiger zum Gebrauch unreifer Abwehrmechanismen, und sie fielen mit größerer Wahrscheinlichkeit unter die «Einsamen». Häufig standen sie nicht nur der formalen Religionsausübung, sondern auch ihren Eltern und Geschwistern sowie der Zugehörigkeit zu anderen gemeinschaftlichen Organisationen fern.

Überraschenderweise zeigten die Kinder aus «guten Ehen» nur eine geringfügig bessere Anpassung als die Kinder, die aus «schlechten

Tabelle 6
Die Anpassung der Männer mit «guten» und der mit «schlechten» Ehen

	Eheliche Anpassung 1967		
	Gut 26 Männer	Schlecht 18 Männer	Scheidung 17 Männer
Fällt in die Gruppe mit dem schlechtesten Endergebnis	8 %	50 %	59 %
Ohne engen Kontakt zu Eltern und Geschwistern	12 %	22 %	41 %
Ohne engen Kontakt zu den eigenen Kindern	19 %	31 %	46 %
Emotionales Ergebnis der Kinder dürftig	33 %	44 %	36 %
Die eigene Mutter im Erwachsenenleben dominant	4 %	11 %	47 %
Häufiges passives Verhalten	35 %	61 %	35 %
Unreife Abwehrmechanismen	23 %	39 %	71 %
Wenig Freunde	8 %	33 %	53 %
Erkrankung im psychiatrischen Sinne	8 %	50 %	41 %
Drogen- oder Alkoholmißbrauch	8 %	56 %	41 %
Jemals Angst vor der Sexualität geäußert	0 %	50 %	41 %

Ehen» stammten. Allerdings bestand bei den Männern mit «schlechten Ehen» eine höhere Wahrscheinlichkeit, daß sie keinen engeren Kontakt zu ihren Kindern fanden.

Die fünfunddreißig Männer mit entweder «schlechter» oder aufgelöster Ehe waren mit fünfmal höherer Wahrscheinlichkeit als die Teilnehmer mit «guten Ehen» zu irgendeinem Zeitpunkt ihres Lebens als psychisch krank diagnostiziert worden. Diese Männer hatten sich auch fünfmal häufiger einer psychotherapeutischen Behandlung unterzogen und stimmungsändernde Drogen genommen. Gewiß sind derartige Befunde sowohl durch die Geschlechtszugehörigkeit als auch durch kulturelle Faktoren beeinflußt. Langzeitbefunde des Berkeley Institute of Human Development legen nahe, daß die Ehe im Falle amerikanischer Mittelschichtsfrauen keineswegs derartig deutliche Voraussagen hinsichtlich ihrer Gesundheit erlaubt.[5] Mag sein, daß der Erfolg der Ehe in anderen Kulturen und anderen historischen Epochen keine wesentliche Rolle für die psychische Gesundheit spielt. Die entscheidende Frage liegt jedoch nicht darin, ob ein Mann sich nun tatsächlich scheiden läßt, sondern ob er es fertigbringt, zwanzig Jahre lang auf erfreuliche Weise mit einem anderen Menschen zusammenzuleben oder nicht.

Im vorangegangenen Kapitel wurde gezeigt, daß die Kindheit Anhaltspunkte sowohl für das später gezeigte Vertrauen in das Universum als auch für das zukünftige Freundschaftsverhalten, nicht jedoch für die Stabilität der Ehe bietet. Wie die Anpassungsmechanismen erwies sich auch die Ehe nicht selten als ein Mittel, mit dem die Männer die Erfahrung einer freudlosen Kindheit ausgleichen konnten. In einigen Fällen, etwa bei Herman Crabbe und Francis Oswald, stellte die exogene Realität einer guten Ehe ein wirksames Gegenmittel für nicht ganz adäquate Formen der Abwehr dar. Oswald hatte eine wirklich hingebungsvolle Frau geheiratet, die, um in seinen Worten zu sprechen, «sich mehr um ihre Mitmenschen kümmert als irgend jemand sonst, den ich je kennengelernt habe». Während der letzten sechs Jahre seines verquälten Lebens konnten Oswalds endogene Anpassungsmechanismen nur als «psychotisch» bezeichnet werden, und er hatte es hauptsächlich seiner Frau zu verdanken, daß er überlebte.

Im Lauf der Untersuchung wurde offenkundig, daß immer dann, wenn die Fragen zu vorwitzig in das Sexualleben der Männer eindrangen, ein hoher Prozentsatz nicht zurückgesandter Fragebogen die Folge war. Die einzige über den ganzen Zeitraum hinweg systematisch eingeholte Information hinsichtlich der Sexualität bestand deshalb in der Antwort auf die Frage, ob die Männer ihre eigene sexuelle Anpassung als «sehr befriedigend», «befriedigend», «nicht so gut wie gewünscht» oder «dürftig» wahrnahmen. Zwischen der auf diese Weise eingestuften sexuellen Anpassung und der Frage, ob ein Mann reichhaltige Freundschaftsbeziehungen besaß, im Sport gut und im Sexuellen herausfordernd war und einen männlichen Körperbau aufwies, zeigten sich keine Korrelationen. Entgegen dem Freudschen Dogma stellte sich heraus, daß der Mangel an sexuellem Genuß und ein objektiv nachgewiesenes Vorhandensein psychischer Krankheit nur schwach korrelierten. Die sexuelle Anpassung der Männer, die unreife Abwehrmechanismen gebrauchten, war ebenso gut wie die der übrigen Teilnehmer der Untersuchung, und Francis Oswalds sexuelle Befriedigung lag sogar durchgängig höher als die Goodharts. Doch haben nicht die Prüden und Moralisten seit Anbeginn der Zeiten darüber geklagt, daß die mit «Charakterstörungen» Behafteten ihr Leben am meisten genössen?

Die Korrelate fortgesetzter ehelicher Sexualbefriedigung stammten aus unterschiedlichen Bereichen. Die Männer, die in ihrer ehelichen Sexualanpassung ihr ganzes Leben hindurch stets Befriedigung fanden, erfreuten sich mit wesentlich höherer Wahrscheinlichkeit auch einer guten Gesamtanpassung, hatten Freude an ihrer Arbeit und Erfolg im Beruf. Seltsamerweise hatten dieselben Männer im College auch häufiger bessere Abschlüsse erworben und waren während ihres ganzen Erwachsenenlebens als ausdauernd und maßvoll eingestuft worden. Andersherum betrachtet können wir sagen, daß die Männer, die ihre eigene Sexualanpassung durchgängig als «dürftig» bezeichneten, eher als depressiv, passiv, erfolglos im Beruf angesehen wurden und zu starkem Alkohol- und Schlafmittelkonsum neigten.

Weit zuverlässiger als unzureichende sexuelle Befriedigung in der Ehe deutete offene Angst vor Sex auf mangelnde psychische Gesundheit hin. Schließlich hängt der Grad der sexuellen Übereinstimmung sehr stark vom jeweiligen Partner ab, während *Angst* vor sexuellen Kontakten, wie wir festgestellt haben, eng mit einem allgemeinen Mißtrauen gegenüber dem Universum verknüpft ist. So zeigte beispielsweise die Hälfte der fünfunddreißig Männer, die in schlechten Ehen oder als Geschiedene lebten, Sexualbeziehungen gegenüber Anzeichen von Ängstlichkeit und Unbehagen. Bei keinem einzigen der glücklich verheirateten Männer wurden ähnliche Verhaltensweisen beobachtet. Doch gab es viele gute Ehen, in denen die sexuelle Übereinstimmung zu der Zeit, als der Ehegatte das fünfzigste Lebensjahr erreichte, nicht gerade ideal war.

Daraus können wir die Schlußfolgerung ziehen, daß die vorliegende Untersuchung die traditionelle Freudsche Erkenntnis, daß Reife und «Genitalität» durch eine geglückte Sexualanpassung gekennzeichnet seien, nur in sehr geringem Maße bestätigt. Die Frage, ob ein Mann fähig war, seine Freunde, seine Ehefrau, seine Eltern und seine Kinder zu lieben, erwies sich als weit sicherere Bemessungsgrundlage für seine psychische Gesundheit und seine Generativität als die Frage, ob er sein Vergnügen als Fünfzigjähriger im ehelichen Schlafzimmer oder in fremden Betten fand.

Zur Zeit, als sie fünfundvierzig wurden, waren Frederick Lion, David Goodhart und Steven Kowalski im Spiel des Lebens sehr erfolgreich; doch hätten sie nicht die Fähigkeit erworben, ihre Frau und ihre Freunde zu lieben und für die von ihnen Abhängigen zu sorgen, dann wäre das folgende Lebensjahrzehnt von vornherein mißlungen.

«Wenn ich mit Menschen- und mit Engelszungen redete und hätte der Liebe nicht, so wäre ich ein tönend Erz oder eine klingende Schelle.»

IV. Teil: Schlußfolgerungen

15. Kapitel Das reifende Ich

> Er [der amerikanische Baseball-Star Roy Campanella] drückte den Hebel herunter, und der Rollstuhl setzte sich mit dem gelähmten Körper in Bewegung; ich blieb zurück – und vielleicht auch Roxie Campanella – voller Bewunderung für diesen unbändig freien, wenn auch in Fesseln niedergehaltenen Menschengeist, welcher in der edlen Reinheit des einstigen Athletenleibes wohnte, in dem strahlenden Gebilde, das dieser Mann gewesen war.
>
> ROGER KAHN
> *The Boys of Summer*

> Das Bestreben nach Beherrschung, Integration und Begreifen der eigenen Erfahrungen ist nicht eine Ich-Funktion unter anderen, sondern das Wesen des Ichs.[1]
>
> JANE LOEVINGER
> *Theories of Ego Development*

Eine Zentralthese dieses Buchs besagt, daß die Reifung unserer Anpassungsstile vonnöten ist, wenn wir je fähig sein sollen, Konflikte geschickt zu lösen und triebhafte Strebungen schöpferisch zu nutzen. Der Mensch ist jedoch ein viel zu komplexes Wesen, als daß es möglich wäre, die Reifung seiner geistigen Prozesse eingehend zu untersuchen, ohne zugleich seine körperliche und spirituelle Entwicklung zu berücksichtigen. Wie kann ich für eine derartige These, die auf ein geistiges *und* spirituelles Wachstum hinweist, Beweise anführen, die mehr sind als reine metaphysische Spekulationen? Wie kann ich gegenüber einem Standpunkt, der eine biologische Auffassung des Geistigen nahelegt, den Beweis erbringen, daß Erwachsene auch dann noch weiterwachsen, wenn ihr Körper bereits zu schrumpfen anfängt? Wie kann ich das innere Wachsen Roy Campanellas logisch erklären, jenes berühmten Tormanns aus Brooklyn, der sich mit sechsunddreißig den Hals brach und danach an allen vier Gliedmaßen gelähmt war – und der dem Sportberichterstatter Roger Kahn als fünfzigjähriger Krüppel dennoch als ein großer Mann vorkam, der ihn stärker beeindruckte als der Baseball-Star Campanella mit dreißig?

Als erster Schritt gilt es aufzuzeigen, daß Anpassungsstile in der Tat reifen. Wie Anna Freud schon 1937 bemerkt hat, ist »die Chronologie [der Abwehrmechanismen] eines der ungeklärtesten Gebiete innerhalb der analytischen Theorie«[2], doch zweifelte sie nicht daran, daß eine derartige Chronologie existiert. Im Laufe der Jahre haben mehrere Autoren entwicklungsmäßige Hierarchien für die Reifung der kindlichen Abwehrvorgänge erstellt[3], doch werden diese Studien durch das Fehlen experimenteller Überprüfung beeinträchtigt.

Meines Wissens ist die Reifung der Ich-Abwehr beim Erwachsenen mit Ausnahme von Norma Haan am Institute of Human Development in Berkeley bisher noch von niemandem systematisch untersucht worden. Norma Haan und Jack Block verglichen die Ergebnisse, die eine prospektive Untersuchung einer Anzahl von Jugendlichen ergeben hatte, mit den Resultaten, die dieselben Probanden als Dreißig- und als Fünfundvierzigjährige lieferten.[4] Da der untersuchte Personenkreis sowohl Männer als auch Frauen umfaßt, erhält die Tatsache, daß die dabei gewonnenen Befunde die Ergebnisse der vorliegenden Studie bestätigen, besondere Bedeutung. Die beiden in Berkeley arbeitenden Wissenschaftler beobachteten, daß die auf Reaktionsbildung und Phantasie hindeutenden Verhaltensweisen im Laufe der Zeit zurückgingen, während die Altruismus und Unterdrückung widerspiegelnden Verhaltensformen zunahmen. Sie beobachteten ferner, daß der Fünfundvierzigjährige im Vergleich zum Dreißigjährigen «mitfühlender, bereiter zu geben, produktiver und verläßlicher» erscheint.[5]

Die Gesamtheit der Daten der Grantstudie stützt Haans und Blocks Befund, daß reife Abwehrmechanismen im Laufe der Jahre mit relativ größerer Häufigkeit verwandt werden.[6] Mit anderen Worten: im mittleren Abschnitt des Lebenszyklus der Erwachsenen finden wir nicht nur eine Zunahme des beruflichen Engagements und der Verantwortlichkeit für andere, sondern auch eine fortschreitende Weiterentwicklung der Anpassungsstile. Abbildung 2 zeigt, daß die Männer der Grantstudie in der Adoleszenz doppelt so häufig auf unreife wie auf reife Abwehrformen zurückgriffen, als junge Erwachsene jedoch doppelt so oft reife Mechanismen anwandten wie unreife und schließlich in mittleren Jahren um ein Vierfaches häufiger reife als unreife Abwehrmittel einsetzten.

Der in Abbildung 2 wiedergegebene, mit der Reifezeit einherge-

Abbildung 2
Verlagerungen im Abwehrstil während des Erwachsenen-Lebenszyklus

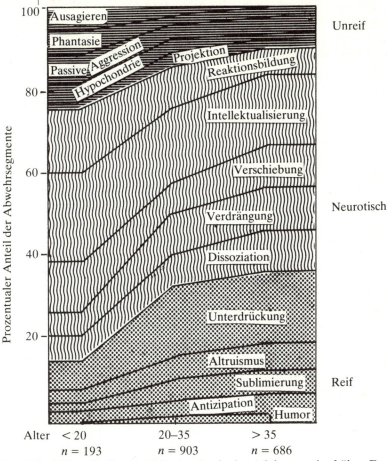

Das Schaubild stellt die von 95 Probanden in der Adoleszenz, im frühen Erwachsenenalter und in den mittleren Jahren gezeigten Abwehrsegmente dar.
Die den Abbildungen 2 bis 4 zugrunde liegenden Daten wurden auf folgende Weise erhoben: Sämtliche in den Beobachtungsunterlagen der Männer aufgefundenen Anpassungssegmente wurden nach dem jeweiligen Alter, in dem sie auftraten, und dem jeweiligen Abwehrstil, dem sie angehörten, systematisiert. Auf diese Weise war es möglich, jeden der über 2000 Anpassungssegmente aus den Lebensläufen der Männer in eine der drei Altersstufen (12–19, 20–35, 36–50) einzuordnen. Weitere Details siehe Anhang C.

hende Rückgang von Phantasie und Ausagieren ist uns bereits bekannt. Dagegen stimmt die Tatsache, daß Dissoziation, Verdrängung, Sublimierung und Altruismus im mittleren Lebensabschnitt offenbar zunehmen, während Projektion, Hypochondrie und Masochismus am häufigsten bei Adoleszenten zu beobachten sind, mit der gängigen Auffassung von Adoleszenz und mittlerem Lebensabschnitt keineswegs überein. Wir sehen manchmal eher die Jungen als traumverlorene Künstler und die Menschen in mittleren Jahren als hypochondrische Märtyrer.

Schaubild 2 bekräftigt den bereits im zehnten Kapitel angesprochenen Befund, daß nämlich die Dekade vom fünfundzwanzigsten bis zum fünfunddreißigsten Lebensjahr stark durch Schuldgefühle bestimmt ist. Wie Haan ebenfalls beobachtet hat, werden die Abwehrmechanismen Verdrängung und Reaktionsbildung mit größerer Häufigkeit verwendet, wenn das Aufbegehren der Adoleszenzzeit sich gelegt hat.[7] In einer anderen Untersuchung zog der Psychologe Percival Symonds aus Columbia einen Vergleich zwischen dem Thematischen Apperzeptionstest Zwölf- bis Achtzehnjähriger und dem junger Erwachsener zwischen fünfundzwanzig und einunddreißig.[8] Er fand, daß das Thema «Kriminalität» zurückging, während die Themenkreise «Schuld» und «Depression» zunahmen. Kriminologen ist die Tatsache wohlbekannt, daß bei manchen unverbesserlichen Kriminellen zwischen dem fünfundzwanzigsten und vierzigsten Lebensjahr aus unerklärlichen Gründen eine Besserung eintritt und ihre Disposition zu Gewaltverbrechen verschwindet. Die Zahl der nach dem fünfundzwanzigsten Lebensjahr begangenen Morde nimmt stetig ab, während Selbstmord und Selbstbeschuldigung zunehmen.

Abbildung 3 und 4 zeigen, daß das Vorliegen oder Fehlen eines Reifungsschubes im Abwehrstil *das* Kriterium darstellte, mittels dessen man die Teilnehmer der Grantstudie, die die Stadien der psychozozialen Entwicklung durchliefen (in dem von Erikson beschriebenen Lebenszyklus voranschritten), von denen unterscheiden konnte, bei denen das nicht der Fall war. Durch die Reifung ihres Anpassungsstils unterschieden sich jene, die sich später zu den «Generativen» entwickelten, von denen, die permanente Muttersöhnchen blieben. Bei den permanenten Muttersöhnchen zeigte sich auch über längere Zeit hinweg keine merkliche Verlagerung, während die Anpassungsstrukturen der «Generativen» über die in Abbildung 2 dargestellten Reifungsschübe sogar noch hinausgingen und der Gebrauch unreifer Mechanismen in mittleren Jahren bei ihnen praktisch ganz verschwand. («Die eigene Autonomie zu bewahren, während man auf die drängenden Wünsche des Ehegatten und der Kinder eingeht», schreibt Roger Gould, Psychoanalytiker in Los Angeles und empirischer Erforscher der menschlichen Entwicklung im Erwachsenenalter, «ist eine Aufgabe größeren Umfangs als frühere Aufgaben und erfordert einen höher entwickelten psychischen Apparat.»[9]

Angesichts der Abbildung 3 wird der Leser vielleicht fragen, warum die permanenten Muttersöhnchen in der Adoleszenz tatsächlich weniger unreifes Abwehrverhalten zeigten als die Männer, die zur Gruppe mit dem besten Endergebnis gehörten. Wenn auch dramatische Gefühlsstürme in der Adoleszenz nicht unbedingt die Regel sind, meine ich doch, daß die Antwort auf die obengenannte Frage in der Erklärung Anna Freuds zu suchen ist, die – wohl zu Recht – behauptet: «Die Aufrechterhaltung eines beständigen Gleichgewichts während der Vorgänge der Adoleszenz ist an sich abnorm.»[10] Die permanenten Muttersöhnchen hatten also während ihrer Adoleszenz weniger Wagnisse auf sich genommen als die Männer, die später das Stadium der Generativität erreichten. Vielleicht hatten sie auch nicht immer so viel Vertrauen zu den Mitarbeitern der Grantstudie, daß sie über eigene Verhaltensweisen berichteten, die auf unreife Abwehrmechanismen schließen ließen. Jedenfalls sahen sich die permanenten Muttersöhnchen, die nicht in ihrer Jugend bereits Risiken eingegangen waren, im Erwachsenenleben wiederholt wesentlich komplexeren Lebensaufgaben gegenübergestellt, in denen sie dann in weit stärkerem Maße unreife Abwehrformen zu Hilfe nahmen als die in Abbildung 2 angeführten modaleren Teilnehmer der Grantstudie.

Während des Jahrzehnts, in dem ich an der Grantstudie mitgearbeitet habe, ist es mir immer schwergefallen, zu erklären, wie Abwehrmechanismen entstehen. Erklärungen, die allein auf Erlernen und Sozialisation beruhen, schienen mir nicht ausreichend. So bin ich zu dem Schluß gekommen, daß die in Abbildung 2 und 4 dargestellten Reifungsmuster der Anpassung genau wie zahlreiche sportliche oder intellektuelle Fertigkeiten ebensosehr auf biologischen wie auf psychosozialen Faktoren beruhen.

Anders gesagt: ich meine, daß die Ich-Entwicklung, wie wir sie bei Francis DeMille, Godfrey Camille und Herman Crabbe beobachtet

Abbildung 3
Verlagerungen im Abwehrstil während des Erwachsenenlebens der permanenten Muttersöhnchen

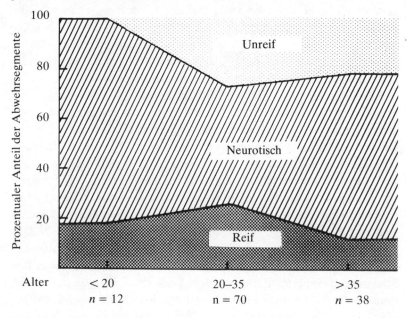

Die Abbildung zeigt die Abwehrverlagerungen der sieben Untersuchungsteilnehmer, die nie wirklich in den Lebenszyklus der Erwachsenen eintraten.

haben, trotz einer gewissen Parallelität gesondert zu der etwa am Beispiel Adam Carsons erläuterten psychosozialen Entwicklung verläuft. Obwohl die Ich-Entwicklung von der biologischen Entwicklung (der physischen Reifung) und der kognitiven oder intellektuellen Entwicklung (wie sie durch den IQ und das Alter angezeigt wird) zu unterscheiden ist, gleicht sie beiden Prozessen doch insofern, als sie mehr als die psychosoziale Entwicklung von inneren Entwicklungsvorgängen abhängt, während jene stärker von der interpersonellen Umgebung gespeist wird. Oder, um es noch anders zu formulieren: die psychosoziale Entwicklung beruht auf der stufenweise voranschreitenden Bewältigung des von Neofreudianern und Erikson beschriebenen Lebenszyklus. In der psychoanalytischen Fachsprache wird dieses

Abbildung 4
Verlagerungen im Abwehrstil während des Erwachsenenlebens der «Generativen»
Abwehrverlagerungen der dreißig Männer mit dem besten Endergebnis

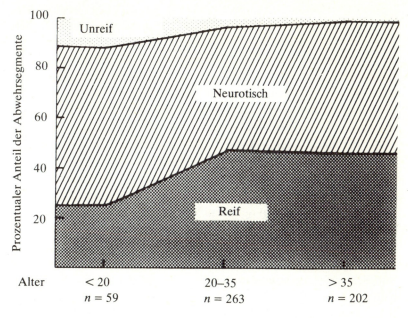

Konzept häufig als *psychosexuelles* Entwicklungsmodell bezeichnet und seine einzelnen Stufen werden mit metaphorischen Kennzeichnungen versehen (oral, anal, phallisch, latent, pubertär und genital). Die höchste Entwicklungsstufe liegt, innerhalb dieses Modells betrachtet, im Erreichen wechselseitiger, liebevoller Beziehungen zu anderen Menschen. Im Gegensatz dazu bauen die Modellvorstellungen zur Ich-Entwicklung stärker auf einem an Jung und Piaget orientierten Konzept der psychischen Reifung auf. Sie gehen von der strukturellen Entfaltung der Fähigkeit zur autonomen Bewältigung und zum Begreifen des eigenen inneren Erlebens aus. So kann beispielsweise ein in psychosozialer Hinsicht weniger reifes, jedoch wohlangepaßtes Grundschulkind reifere Abwehrmechanismen gebrauchen als ein psychosozial gereifterer Adoleszenter.

Lassen Sie mich diese Unterscheidung zwischen Ich- und Sozialentwicklung genauer ausführen. Bei den Männern der Grantstudie schien sich die Herausbildung reifer Abwehrformen in überraschender Unabhängigkeit von sozial oder genetisch günstigen Faktoren zu vollziehen. Männer, deren Eltern ebenfalls das College besucht hatten, die man auf Privatschulen geschickt und die ein von der großen Wirtschaftskrise weitgehend abgeschirmtes Leben geführt hatten, gebrauchten keineswegs reifere Abwehrmittel als die Söhne von Eltern mit einem schlechteren Schulabschluß, die es nicht vermocht hatten, ihre Kinder vor schrecklicher materieller Not zu beschützen. Die Hochintelligenten zeigten keinen höheren Reifegrad ihrer Ich-Operationen als die vergleichsweise weniger Begabten. Männer ohne psychisch Kranke in der Verwandtschaft wählten keineswegs nur reife Abwehrmechanismen, genausowenig wie Probanden, deren Stammbaum durch Geisteskrankheiten, Neurosen und Exzentrizität «befleckt» war, bevorzugt unreife Mechanismen anwandten (dies galt jedoch nur, solange die in der Familie vorhandenen Störungen vor ihren Eltern haltmachten).[11] Was noch problematischer ist: *anders als bei der psychosozialen Reifung* zeigte sich nur eine schwache Korrelation zwischen dem Reifegrad der Abwehr und der Erfahrung einer unbeschwerten, geschützten Kindheit. Obwohl Goodhart bezüglich seines Kindheitsmilieus Tarrytown an schlechten Erfahrungen wohl kaum nachsteht, verwendete der letztere zum Beispiel merklich weniger reife Abwehrformen. Günstige Genausstattung und eine glückliche Kindheit sind nicht unsere einzigen Verbündeten im Kampf um die Anpassung: das Ich des Menschen entfaltet sich sowohl unter mißlichen als auch unter förderlichen Umständen.

Die im 11. Kapitel angeführten Fallgeschichten bieten Hinweise auf die *biologischen* Faktoren, von denen wir annehmen können, daß sie die Fortentwicklung unreifer Mechanismen zu reiferen Formen begünstigen.

Erstens: im Fall einer Gehirnverletzung kann die Regression zu unreifen oder psychotischen Abwehrformen auf eine gesunde Anpassung an ein biologisch geschädigtes Nervensystem hinweisen. Am Leben von James O'Neill läßt sich ablesen, wie chronischer Alkoholismus zu einer Regression der Abwehrmechanismen führen und die Überwindung des Alkoholismus mit einer Reifung des Anpassungsstiles einhergehen kann. Als junger Mann hatte O'Neill ein an Besessenheit grenzendes Interesse für Volkswirtschaft und Rechnungswesen aufgebracht; im Zustand ständigen Berauschtseins flüchtete er sich in die aufregendere, wenn auch für eine Anpassung weniger geeignete Welt des zwanghaften Spiels; als er reif und nüchtern geworden war, gelang es ihm, aus seiner Beratertätigkeit für den Gouverneur von Massachusetts beim Aufbau einer staatlichen Lotterie zur Finanzierung der öffentlichen Bildung sowohl persönliches Vergnügen als auch eine soziale Belohnung zu gewinnen.

Zweitens verfügen Erwachsene mit der Zeit über ein immer erfahreneres und vielleicht auch höherentwickeltes Zentralnervensystem. Es besteht die reale Möglichkeit, daß sich das Gehirn in seiner Struktur und Komplexität noch bis zum Alter von vierzig oder gar fünfzig Jahren weiter verändert.[12] Es gibt Belege dafür, daß sich die Produktion von Nervengewebe (oder, wie die Neurologen sagen, der «Myelinisation») im Gehirn bis in die mittleren Lebensjahre hinein vermehrt fortsetzt. Der Prozeß vermehrter Myelinisation spielt, wie wir wissen, bei der geistigen Entwicklung in der Kindheit eine wichtige Rolle, so daß wir wahrscheinlich davon ausgehen können, daß ähnliche Veränderungen beim Erwachsenen jene Entwicklungsschübe, die wir innerhalb seiner Ich-Entwicklung beobachten, zumindest teilweise mit hervorrufen. Derartige Reifungsvorgänge begünstigen möglicherweise die Herausbildung integrierterer sozialer Reaktionsweisen und bieten vielleicht auch eine Erklärung dafür, warum wir uns über den reinen Erfahrungserwerb hinaus auch nach dem zwanzigsten Lebensjahr geistig weiterentwickeln. Gewiß verliert das Gehirn nach dem sechzehnten Lebensjahr jährlich ein Gramm seiner Substanz[13], gewiß sterben Neuronen in alarmierender Zahl und deuten *Querschnittstudien* darauf hin, daß der IQ von den frühen Zwanzigern an bis zum Tod ständig zurückgeht. Neuere *Längsschnittstudien*, die an denselben Individuen vorgenommen wurden, kommen jedoch zu dem Ergebnis, daß die menschliche Intelligenz stabil ist beziehungsweise bis zu der Zeit zwischen dem vierzigsten und fünfzigsten Lebensjahr noch zunimmt.[14] Es ist denkbar, daß die Verbindung von zunehmender Lebenserfahrung mit einem komplexer strukturierten Gehirn die Häufigkeit unerwarteter und unbekannter, von den Trieben und der Außenwelt her drohender Gefahren, durch die unreife Abwehrformen auf den Plan gerufen werden, verringert.

Wahrscheinlich ist *Reife* nicht nur als ein wertebezogenes Ideal, sondern beim Menschen nicht anders als beim Tier als biologische Realität zu sehen. Meine nach dem Gesichtspunkt der Höherentwicklung vorgenommene Gliederung der achtzehn Anpassungsmechanismen dieses Buches[15] zeigt deutliche Parallelen zu der von Jane Loevinger vorgelegten Einteilung der Ich-Entwicklung in einzelne aufeinanderfolgende Stadien[16] sowie der von Lawrence Kohlberg erarbeiteten Stufenfolge der Moralentwicklung[17]. Der in Abbildung 2 dargestellte Sachverhalt sowie die im elften Kapitel angeführten Fallbeispiele deuten darauf hin, daß die biologische Entwicklung bei der Reifung des Anpassungsstils dieselbe Rolle spielen könnte wie bei der Entwicklung von Intellekt und Moral. Für sich allein ist das Eintreten der biologischen Reife noch nicht als ausreichender Grund für das Erreichen einer bestimmten Höhe der intellektuellen beziehungsweise der Ich-Entwicklung anzusehen, doch könnte es möglicherweise eine *notwendige* Voraussetzung darstellen. Francis DeMilles verspätete Wandlung vom weibischen Muttersöhnchen zu einem betont männlich auftretenden leitenden Versicherungsangestellten läßt auf einen derartigen Prozeß schließen.

Die dritte die Reifung der Anpassungsstruktur eines Menschen beeinflussende Variable ist die Auswirkung lang anhaltender Beziehungen zu liebenden Mitmenschen, die – so jedenfalls scheint es – den Umwelteinflüssen zuzurechnen ist. Jedoch geht auch die biologische Reifung mit zunehmender Leichtigkeit im Umgang mit anderen und erhöhter Wertschätzung zwischenmenschlicher Beziehungen einher. Je weiter sich die Lebensläufe der von der Grantstudie untersuchten Männer entfalteten, desto mehr offenbarte sich bei ihnen ein Vorgang, der mit der Zeit auch die allereinsamsten Herzen einander näherbrachte. Anhand der Werdegänge von Adam Carson, Godfrey Minot Camille, Jacob Hyde und Herman Crabbe haben wir bereits gesehen, daß zwischenmenschliche Intimität, auch wenn sie bis zum dreißigsten Lebensjahr nicht erreicht wurde, durch das Weiterwirken der Reifungsvorgänge später noch erlangt werden kann. Innerhalb unserer Untersuchung fand sich kein einziger Mann, dem menschliche Beziehungen mit fünfzig weniger wichtig gewesen wären als mit fünfundzwanzig. Diese Neigung zu befriedigenderen zwischenmenschlichen Kontakten kann sich, wie Norma Haan ausführt, beim einzelnen Menschen noch bis zum Alter von siebzig Jahren weiter steigern.[18]

Ein anschauliches Beispiel für die unbeirrbare Höherentwicklung seiner Fähigkeit, zwischenmenschliche Beziehungen zu knüpfen, liefert uns ein Teilnehmer der Grantstudie, der mit einer starken Abneigung gegen seine Eltern aufgewachsen war. «Beruflich habe ich mich jetzt endgültig dazu entschlossen, in die physikalische Forschungsarbeit zu gehen», schrieb er uns mit fünfundzwanzig. «Die Arbeit, die ich im Bereich der Physik bisher geleistet habe, ist das Befriedigendste, was ich in meinen Leben je getan habe.» Dies geschah zu einer Zeit, als er mit einer schizoiden Frau eine überaus verstandesbetonte, leidenschafts- und kinderlose Ehe eingegangen war – eine Ehe, die stärker in seinem Denken als in Wirklichkeit existierte. Seine vorherrschende Abwehr war Phantasie. Als Dreißigjähriger verlagerte er sein Interesse an der reinen Physik auf ihre humaneren Anwendungsbereiche – den Einsatz von Radioisotopen und kybernetischen Methoden in der klinischen Medizin – und heiratete erneut, diesmal unter realistischeren Voraussetzungen. Immer noch ganz naturwissenschaftlich orientiert, entschied er sich kurz darauf, Medizin zu studieren. Bevor er diese Entscheidungen getroffen hatte, hatte er noch nie in seinem Leben mit einem anderen Menschen wohltuende Intimität genossen. Nachdem er seine Medizinerausbildung als Vierzigjähriger abgeschlossen hatte, stürzte er sich in eine neue berufliche Laufbahn im Bereich der Jugendmedizin. Er sagte mir zwar, Freundschaften seien noch immer nicht seine Stärke, doch war seine zweite Ehe für ihn ebenso real wie für seine Frau, und er liebte seine Kinder. Heute ist er nicht mehr mit Elektronen beschäftigt, sondern ausschließlich mit Patienten.

Wenn wir also davon ausgehen, daß unsere Anpassungsweisen durch innere Reifungsvorgänge beeinflußt werden, welche Rolle fällt dann noch der Umgebung zu? Als erstes ist zu sagen, daß Unterdrückung, Antizipation und Altruismus leichter erworben werden, wenn andere diese Abwehrformen in uns vorbilden. Sowohl als Kind wie als Erwachsener lernen wir nur dann, zukünftigen Schmerz wirkungsvoll zu antizipieren, wenn ein anderer uns zuvor beim Erlernen der Fähigkeit, auf uns eindringende Ängste zu ertragen, zur Seite gestanden hat. Über längere Phasen hin durchgeführte Untersuchungen an Kindern zeigen, daß die Fähigkeit des Kindes, Befriedigung aufzuschieben, durch frühe Trennung von den Eltern beeinträchtigt wird; Kinder aus zerbrochenen Ehen sind denn auch charakteristischerweise kaum in der Lage, Antizipation oder Unterdrückung anzuwenden. Beispielsweise verfügte Dr. Tarrytown, dem es in den ersten Jahren an stabilen, liebevollen Beziehungen gemangelt hatte, nur über einen sehr schwach ausgeprägten Zeitsinn und eine geringe Fähigkeit, die Zukunft zu planen; insbesondere war er vollkommen unfähig, seine Befriedigung aufzuschieben.

Manche Männer entwickelten offenbar ein ungewöhnliches Geschick darin, aufzunehmen, was ihnen von anderen angeboten wurde. Im siebten Kapitel wurde Bürgermeister Timothy Jefferson als Beispiel stetigen Wachsens infolge der Ausbildung reifer Abwehrmechanismen des Ichs angeführt. Sein stetiges Sichweiterentwickeln nährte sich zum Teil aus seiner beachtlichen Fähigkeit, von anderen zu lernen. Jedes Talent ist auf gute Lehrer angewiesen, doch entwickelt es sich nicht zuletzt auch aus der Fähigkeit, ständig lernend aufzunehmen und systematisch zusammenzufügen, was andere lehren. Jefferson hatte sich in seinem Graduiertenstudium zwei akademische Grade erworben, um sich auf seine Laufbahn als Bürgermeister vorzubereiten. Er konnte auch mehrere Mentoren nennen, von denen er beeinflußt worden war und deren Lehren er verinnerlicht und zum Bestandteil seines Denkens gemacht hatte, um sie nun bei der Lösung der komplizierten Aufgabe, die das Leben darstellt, anzuwenden. Sogar aus der Tatsache, daß die Grantstudie ihn zum Versuchskaninchen gemacht hatte, hatte er Nutzen gezogen. Als ich ihn fragte, wie schwer es ihm fiele, andere um Hilfe zu bitten, antwortete er: «Die Grantstudie hat mich die Fähigkeit gelehrt, meine Probleme mit anderen zu besprechen . . . Oft komme ich mir wie ein Behälter vor, den alle mit ihren Problemen vollstopfen, doch habe ich eine enge Beziehung zu einem der Stadträte aufgebaut, und mit ihm rede ich über alles, was mir Schwierigkeiten bereitet.»

Zweitens: wenn Abwehrmechanismen auch nicht erlernbar sind, so können sie doch absorbiert werden. Während es beispielsweise *keineswegs* der Fall war, daß diejenigen Teilnehmer der Grantstudie, die psychisch kranke Verwandte hatten, den Gebrauch unreifer Abwehrformen immer über die ihnen entsprechende Phase hinaus fortsetzten, gebrauchten die Männer, deren *Eltern* psychisch krank waren, stets weiter unreife Abwehrstile. Ständiger Kontakt mit unreifen Abwehrmechanismen in der Kindheit schien ihre Anwendung zu verewigen. Umgekehrt wiesen Stoiker wie Byron, Kowalski und Lucky gute, weit über dem Durchschnitt liegende Beziehungen zu ihren Eltern auf, und ich meine, daß derartige Beziehungen erklären, warum sie Meister der Unterdrückung waren.

Im menschlichen Ich schlagen sich in einem ungeheuren, jedoch immer noch unerforschten Ausmaß diejenigen Menschen nieder, die es um sich erfahren hat. Wenn die Männer auch nicht auf eine äußerst günstige Kindheitssituation angewiesen waren, um einen reifen Anpassungsstil zu entwickeln – und das waren sie in der Tat nicht –, so brauchten sie doch in entscheidenden, wenn auch nicht klar zu bezeichnenden Zeitabschnitten ihres Lebens enge Beziehungen mit wohlwollenden Individuen, die sowohl als Vorbilder als auch als positive Identifikationsobjekte dienen konnten. Diese entscheidenden, im Zusammenhang mit Veränderungen des Anpassungsstils wichtigen Personen waren während des Erwachsenendaseins normalerweise enge Freunde, Ehefrauen und Psychotherapeuten. Die graduelle Umwandlung der Hypochondrie Dr. Godfrey Camilles beruht auf einem derartigen Prozeß. Es bleibt ein Mangel, daß die Grantstudie keine prospektiven Daten über die Kindheits- und Jugendjahre der beteiligten Männer erhob, das heißt über die Jahre, in denen die Internalisierung von Beziehungen eine noch wesentlich größere Rolle spielt.

Drittens müssen wir uns angesichts der Tatsache, daß die Abwehrmechanismen sich von weniger reifen zu reiferen Formen weiterentwickeln, auch darüber im klaren sein, daß die Welt des Erwachsenen sicherer und vorhersagbarer ist als die des Kindes. Ein von fremdartigen aggressiven oder sexuellen Regungen überschwemmter Adoleszenter dürfte kaum in der Lage sein, sich zur Kanalisierung dieser Regungen derselben sublimierten und altruistischen Verhaltensweisen zu bedienen wie ein erfahrener Vierzigjähriger. Es liegt auf derselben Ebene, daß ein von vielen Geliebter es sich erlauben kann, in reiferer Weise auf Objektverlust zu reagieren als ein Mensch, der auf einen einzigen Freund angewiesen ist. Umgekehrt begünstigten äußere, über längere Zeit andauernde Streßsituationen (etwa psychisch kranke Eltern oder chronische Krankheiten) häufig das Auftreten anpassungswidriger Abwehrmechanismen und hemmten dadurch die Reifungsvorgänge; mit Aufhebung der Streßsituation verschwanden die Störungen jedoch wieder. So gefühllos es sich auch anhören mag, zog Crabbe doch Nutzen aus dem Tod seiner Mutter, genauso wie er Gewinn aus der nachfolgenden Genesung seines Vaters zog.

Frederick Lions Sublimierung als Publizist wurde, wie bereits bemerkt, dadurch erleichtert, daß er nicht nur in einer relativ stabilen Familie aufgewachsen war, in der selbstbewußtes Verhalten respektiert wurde, sondern darüber hinaus in einem Land lebte, das eine freie Presse zu schätzen weiß. Zwischen sozialen Stützen (ich meine damit sämtliche Formen der Zugehörigkeit, sei es zu einer stabilen Familie, einer Kirche, einem Tennisklub oder einer vom Status quo profitierenden Teilgruppe der Gesellschaft) und reifen Abwehrmechanismen zeigten sich deutliche Korrelationen.

Schließlich werden Verlagerungen in der Abwehrstufe auch durch psychotherapeutisches Eingreifen – im weitesten Sinne – beeinflußt. Sei es nun eine Psychoanalyse wie bei Dr. Camille, die Mitgliedschaft bei den «Anonymen Alkoholikern» wie bei Dr. O'Neill oder eine stützende Ehe wie bei Herman Crabbe – alle diese Beziehungen erlaubten doch gleichermaßen, starre Abwehrmechanismen aufzugeben und durch flexiblere Mittel zur Lebensbewältigung zu ersetzen.

Bei der Hierarchisierung der Abwehrmechanismen nach aufeinanderfolgenden Entwicklungsstufen gehe ich davon aus, daß Wachstum und Höherentwicklung der menschlichen Persönlichkeit sowohl moralische als auch adaptive Konsequenzen nach sich ziehen. Wie wir beobachten konnten, führten Altruismus, »Zähnezusammenbeißen« und Vorausplanen nicht anders als in den alten Kindergeschichten der Viktorianischen Zeit zu genau dem materiellen Erfolg, dem Geliebtwerden durch andere und der inneren Gelassenheit, die später bei der Auswahl der dreißig Untersuchungsteilnehmer mit dem besten Endergebnis als Kriterien für gutes Abschneiden zugrunde gelegt wurden. Umgekehrt waren eben die zu «unmoralischem» Verhalten wie Exzentrizität, Vorurteilsbefangenheit und Impulsivität führenden Abwehrmechanismen charakteristisch für die dreißig Teilnehmer der Grantstudie, die als die unbeliebtesten, verantwortungslosesten und kindischsten eingestuft worden waren.

Ich habe angedeutet, daß die Reifung der Abwehrmechanismen ebenso wie die des Moralbewußtseins sowohl mit der kognitiven Höherentwicklung als auch mit der Herausbildung der Impulskontrolle verknüpft ist. Vergegenwärtigen wir uns etwa, wie sich die bei verschiedenen Altersgruppen beliebten Späße in genau vorhersagbarer Weise ändern. So reicht die Entwicklung von *passiver Aggression* (der sadomasochistische Reinfall und der Jubel über den Reißnagel auf dem Stuhl) über die Gefühlsverlagerung in Zeichentrickfilm, Wortspiel und Schulhofszote und der komplexeren *Verschiebung* in Parodie und Broadway-Musical bis zu der subtil mildernden Gesellschaftskritik, die den erwachsenen *Humor* im Cartoon eines *Punch* oder *New Yorker* beherrscht.

Lassen Sie mich zum Beweis dafür, daß dieser Entwicklungsprozeß nicht nur auf Sozialisationsvorgängen, sondern auf inneren Entfaltungsprozessen beruht, und zur Demonstration der Tatsache, daß mehr dahintersteckt als nur das «Jungwerden Amerikas»* und die zwischen 1950 und 1970 erfolgte Werteverschiebung, auf die Forschungsarbeit von Jean Piaget, Jane Loevinger und Lawrence Kohlberg eingehen.

In der Entwicklungspsychologie ist man in zunehmendem Maße zu der Überzeugung gelangt, daß Moral- und Ich-Entwicklung als ein einziger Prozeß zu betrachten sind. Vor der Zeit, in der Jean Piaget seine Studien durchführte, stimmten Freudianer und Jesuiten darin überein, daß die Moralentwicklung eines jeden Kindes gesichert sei, wenn man es ihnen nur bis zum siebten Lebensjahr überließe. Wie Jean Piaget gezeigt hat, ist das nicht zutreffend. Die embryologische Entfaltung des menschlichen Geistes setzt sich noch lange nach der Kindheit fort.[20] In Übereinstimmung mit der in diesem Buch vertretenen These, daß die Ich-Entwicklung sich großenteils von innen heraus vollzieht, haben Forscher auf den Spuren Piagets gezeigt, daß die Moralentwicklung in den westlichen Kulturen zumindest teilweise unabhängig von der sozialen Klassenzugehörigkeit, der Nationalität und der religiösen Überzeugung voranschreitet. Und was das Wichtigste ist: die Moralentwicklung verläuft unabhängig von den zahlreichen formalen Anstrengungen, moralisches Verhalten zu lehren. Wie das Beispiel Heinz Hartmanns zeigt, stellt sich die moderne psychoanalytische Theorie nicht auf die Seite Freuds, sondern auf die Piagets; sie sieht die treibende Kraft moralischer Lebensführung nicht im Gewissen, sondern im Reifegrad des erreichten Anpassungsniveaus, nicht in dem von außen hergeleiteten Über-Ich, sondern im Ich.[21]

Wie Jean Piaget ausgeführt hat, wird in der Entwicklung des Intellekts die Entfaltung der Naturwissenschaft rekapituliert.[22] Er hat dar-

---

* Anspielung auf das Buch ‹The Greening of America› (dt. ‹Die Welt wird jung›) von Charles Reich.

auf hingewiesen, daß jede neue Generation heranreifender Kinder wieder in der Lage ist, die Gesetze der physischen Natur in der Reihenfolge nachzuvollziehen, in der sie von früheren Naturwissenschaftlern entdeckt worden sind. Im Bereich der Moralentwicklung hat Piaget ähnliche Beobachtungen gemacht. In der Antike agierten olympische Göttergestalten alle die auf sie projizierten menschlichen Wünsche aus; gelänge es einem Menschen, so mächtig zu werden wie Zeus, dann könnte er tun, was er wollte. Später, als die Religionen sich weiterentwickelten, traten Gesetze der Vergeltung und strikte, gegen die Sünde gerichtete Gebote (als eine in Stein gemeißelte Form der Reaktionsbildung) an die Stelle der Göttererscheinungen; diese Gebote mußten verinnerlicht werden, und niemals durfte man sie übertreten – wenn dies aber doch geschah und der Mensch sündigte, dann waren in seiner Vorstellung gefallene Engel daran schuld. Bei den Kindern auf der ganzen Welt spielt sich zwischen dem dritten und achten Lebensjahr dasselbe Geschehen ab: das Ausagieren durch die griechischen Götter wird durch die Projektionen und Reaktionsbildungen des Alten Testaments ersetzt. Piaget hat beobachtet, daß die Kinder danach, während ihre Entwicklung voranschreitet, zu der Ansicht gelangen, die Absicht des Sünders sei wichtiger als die eigentliche Handlung, und ihre vom Prinzip des «Auge um Auge, Zahn um Zahn» geprägte Moraleinstellung wird genau wie im Neuen Testament durch die Vorstellung der Gnade gemildert. In jeder Generation gehen die Kinder erneut den Weg, auf dem die Schöpfer der abendländischen Moral vom Berg Olymp über die Gesetzbücher Mose bis zur Bergpredigt voranschritten.

In neuerer Zeit haben die beiden Entwicklungspsychologen Jane Loevinger von der Washington University in St. Louis und Lawrence Kohlberg in Chicago und Harvard von eingehenden empirischen Studien abgeleitete theoretische Modelle erstellt, die die den Reifeprozeß begleitende Höherentwicklung der Anpassungsstrategien sowie der Moralentwicklung nachzeichnen.[23] Loevinger und Kohlberg haben das von Piaget errichtete behelfsmäßige Gerüst ausgebaut und erweitert, und sie haben weitaus mehr Sorgfalt darauf verwendet, sich innerhalb der von der akademischen Psychologie gezogenen engen Grenzen zu halten, als ich es getan habe. Weit wichtiger noch: beide Forscher haben der Notwendigkeit einer Bestätigung ihrer Befunde in anderen Kulturen, bei Angehörigen des jeweils anderen Geschlechts und anderer Sozialschichten Rechnung getragen. Stuart Hauser, Psychiater in Harvard, hat in einer kritischen Besprechung vor kurzem aufgezeigt, daß eine beeindruckende Anzahl experimenteller Arbeiten vorliegt, die Kohlbergs und Loevingers Ergebnisse bestätigen.[24]

Lawrence Kohlberg bezieht die extreme Position, daß die Reifungsprozesse der Moralvorstellungen stets «demselben unveränderlichen Entwicklungsgang» folgten. Sein Beobachtungsmaterial deute darauf hin, daß «das höherentwickelte Denkstadium nur dann erreicht wird, wenn sämtliche vorangegangenen Stadien durchlaufen worden sind, wobei mit Erreichen jedes neuen Stadiums eine Neustrukturierung und Verlagerung aller vorhergehenden erfolgt».[25] Angesichts der erstaunlichen Tatsache, daß Sonntagsschulen und elterliche Gebote nur geringen Einfluß auf die des Kindes Moralentwicklung ausüben, führt Kohlberg aus, daß das Moralverhalten wahrscheinlich stärker durch eine ausgereifte Denkfähigkeit als durch zwanghafte Schuldgefühle gesteuert wird. Wie er beobachtete, lagen neurotische Kinder, die theoretisch sehr viel mehr Schuldgefühle mit sich herumtragen, in der Entwicklung von Moralurteilen tatsächlich um einiges hinter der Kontrollgruppe zurück. (In ganz ähnlicher Weise litten die Teilnehmer der Grantstudie, die das Stadium der Generativität nicht erreichten, zwar sehr viel mehr unter Schuld*gefühlen* als ihre reiferen Altersgenossen, zeigten jedoch tatsächlich ein weitaus weniger moralisches *Verhalten* als diese.)

Obwohl Kohlberg bei der Erhebung der Daten von einem ganz anderen begrifflichen Bezugsrahmen ausging als Norma Haan und ich, decken sich seine Schlußfolgerungen völlig mit dem Modell der Entwicklungshierarchie der Abwehrmechanismen. Kohlbergs Stufenfolge der Moralentwicklung bewegt sich vom Drang des Kleinkindes nach völliger Vermeidung von Schuldgefühlen (Verleugnung) über den Wunsch des Kindes, sich ganz an das System anzupassen (Reaktionsbildung), über den Wunsch des Jugendlichen, sich nach der Mehrheit zu richten (Unterdrückung), zum Wunsch des Erwachsenen, auf die Erfordernisse der Gemeinschaft einzugehen (Altruismus), und gipfelt im Wunsch des Weisen, ganz den Forderungen seines eigenen Gewissens zu gehorchen. Wie Kohlberg ausführt, umfaßt die Moralität beim reifen Erwachsenen die Fähigkeit, «die Folgen des eigenen Handelns auf lange Sicht abzuschätzen» (Antizipation), sowie das Vermögen, «die weiter entfernte größere Befriedigung der unmittelbaren, jedoch schwächeren Befriedigung vorzuziehen» (Unterdrückung); beide Entwicklungsprozesse beruhen auf «der Fähigkeit, die Reaktion der anderen auf die eigenen Handlungen im voraus abzusehen» (in meiner Auffassung des Altruismus impliziert). Er weist ferner darauf hin, daß die Moralentwicklung zwar in einer festen Stufenfolge vor sich geht, das Alter, in dem bestimmte Veränderungen eintreten, jedoch unter den einzelnen Individuen stark variiert. Kinder mit hoher Intelligenz, die bei ihren Altersgenossen beliebt waren und zu einer sozial höheren Schicht gehörten, «durchliefen zwar dieselbe Stufenfolge, doch kamen sie offensichtlich schneller und weiter voran».[26]

Jane Loevinger, die andere Entwicklungspsychologin, die der Ich-Entwicklung systematische Untersuchungen gewidmet hat, weist darauf hin, daß der Mensch in dem Maße, in dem er reifer wird, seine Konflikte zunehmend internalisiert. Sie betrachtet den Augenblick, in dem das Subjekt in der Lage ist, zuzugeben: «Das ist nicht dein, sondern mein Problem», als einen wichtigen Entwicklungsschritt; in der Tat markiert dieses Eingeständnis den Wechsel von unreifen zu neurotischen Abwehrmechanismen. Loevinger zeigt weiterhin eine mit fortschreitender Reifung eintretende Verlagerung auf, die darin besteht, daß Triebkonflikte nun nicht mehr als beschämend und schmerzhaft erfahren, sondern in fruchtbarer Weise bewältigt werden. Verschiebung und Reaktionsbildung wandeln sich zu Altruismus und Sublimierung. Nicht anders als Kohlberg und Piaget betrachtet auch Loevinger die Entwicklung des Ichs als irreversibel und phasenabhängig.

Während mein Modell und meine Beobachtungen darauf hindeuten, daß die Ich-Entwicklung in viel stärkerem Maße umkehrbar ist als Kohlberg in seinem Modell voraussetzt, lassen meine Befunde jedoch zweifellos darauf schließen, daß psychische Reifung und Moralverhalten untrennbar miteinander verknüpft sind. Dr. Camille war nur einer unter vielen Männern, deren Idealismus erst nach Erreichen des vierzigsten Lebensjahres greifbare Gestalt annehmen konnte. Ein anderer Teilnehmer der Grantstudie mußte erst daran erinnert werden, daß er in seinen Zwanzigern an der Entwicklung eines neuen Verfahrens zur Erzeugung von Giftgas beteiligt gewesen war, denn als Fünfzigjähriger konzentrierte er seine Forschungstätigkeit auf die Verringerung der Luftverschmutzung. Ein dritter Mann rebellierte, nachdem er seine Jugend mit der Berechnung des Explosionsradius von Atomsprengköpfen zugebracht hatte, stieg aus der militärisch-industriellen Machtelite aus und führte mit fünfzig Jahren einen Collegekurs über Humanismus ein.

Ein weiterer Untersuchungspunkt, den die dreißigjährige Entwicklung der Probanden zu Männern im mittleren Lebensalter mit sich brachte, bestand darin, daß der Graben zwischen Absicht und Ausführung zusehends schmaler wurde. Als Fünfundzwanzigjährige hatten sie oftmals vergessen, sich an Wahlen zu beteiligen; mit siebenundvierzig dachten sie stets daran. Sicherlich gab es auch selbstsüchtige Fünfundvierzigjährige innerhalb unserer Untersuchung, doch sie hatten sich auch als Achtzehnjährige nicht anders verhalten. Ein Archie Bunker hätte sich auch mit achtzehn nicht freiwillig zum Peace Corps gemeldet, sondern wäre zu den Hell's Angels gegangen. Und Dr. Tarrytown, der als Achtzehnjähriger sehr viel idealistischer geredet hatte als mit fünfundvierzig, hatte der Welt in mittleren Jahren jedoch tatsächlich sehr viel mehr zu geben.

Um die poetische Metapher vom spirituellen Wachsen noch weiter auszuspinnen: erst dann, wenn wir andere Menschen in uns aufgenommen haben, können wir teilen und der Welt mehr zurückgeben als nur das, was wir selbst sind. Um die volle menschliche Reife zu erlangen, müssen wir zuerst unsere Eltern wiederentdecken, damit sie, verinnerlicht und dadurch unsterblich geworden, zu einer Quelle neuer Kraft werden können; und als zweites müssen wir dann darauf achten, daß wir immer wieder Menschen um uns haben, für die wir sorgen können, auch wenn die alten sterben oder aus unserer Umgebung wegziehen.

Mit anderen Worten: wachsen heißt, andere Menschen in unser Inneres aufnehmen und uns mit ihnen identifizieren. Es gab in unserer Untersuchung zwei Brüder, der eine sehr erfolgreich, der andere im Vergleich mit ihm ein Versager. Ihr Vater hatte seine Familie verlassen, als beide noch ganz klein gewesen waren. Der eine Bruder war damals sechs Jahre alt; er reagierte auf den Verrat, indem er den Vater für immer aus seinem Leben ausschloß. Er war später nie fähig, sich mit einem anderen Menschen zu identifizieren. Sein Leben führte zu einer Kette von Enttäuschungen. Der andere Bruder, der beim Weggehen des Vaters erst vier gewesen war, suchte immer wieder begierig nach einem Ersatz. Als Jugendlicher fuhr er Tausende von Kilometern, um seinen Vater zu treffen. Er fand in seinem Leben drei Mentoren und zwei Frauen, mit denen er eine Ehe einging; sie alle bereicherten ihn auf eigene Weise. In mittleren Jahren war er jungen Menschen gegenüber ein verantwortungsvoller und einflußreicher Führer.

Vielleicht kann sich der Leser an dieser Stelle ein verwundertes Lächeln nicht versagen: wie soll man denn, ausgenommen den konkreten Fall der Schwangerschaft, einen anderen Menschen in sich aufnehmen können? Gewiß sprechen die Psychoanalytiker davon, das Individuum könne andere Menschen *inkorporieren, introjizieren* oder *internalisieren*; doch wie sollten wir sicher sein, daß es sich dabei nicht bloß um eine Mythenbildung aus Freudianischer Vorstellungskraft handelt? Denken wir jedoch einen Augenblick an die religiösen Sakramente (d. h. die Aufnahme von Blut und Leib Christi durch Wein und Brot beim Abendmahl), an den Bildungsprozeß (d. h. an das Absorbieren der Kenntnisse eines Lehrers) oder an das Verliebtsein (wenn man etwa sagt: «Sie lebt in meinem Herzen fort») – so fällt uns auf, daß die im übertragenen Sinne gebrauchte Wendung *«sich eine andere Person einverleiben»* nicht allein in der Psychoanalyse anzutreffen ist. Dr. Adam Carson etwa sagte mir: «Es steht außer Frage, daß mir mein Vater schon den größten Teil meines Lebens beständig über die Schulter sieht. Ich fühle die physische Gegenwart meines Vaters Tag und Nacht.» Danach konnte ich voller Faszination beobachten, wie beim Telefonieren in Dr. Carsons ganzer Person ein Wandel vor sich ging. In der Rolle des erfahrenen Ratgebers benutzte er auf einmal dieselben Redensarten und manierierten Umgangsformen, wie sein Vater sie dem Forschungsteam der Studie gegenüber vor fünfundzwanzig Jahren gebraucht hatte. Es war, als ob der Vater auf einmal in das Sprechzimmer – ja sogar in den Körper seines Sohnes eingetreten wäre. Vielleicht war es kein reiner Zufall, daß der Kliniker Carson in mittleren Jahren seinen jugendlichen Glauben an Gott wiederfand, den er als junger Forscher verloren hatte.

Francis DeMille liefert uns ein weiteres Beispiel für einen Mann, der neue Kräfte in sich entdeckte, als ihm bewußt wurde, daß es in seiner Jugend eine starke männliche Persönlichkeit gegeben hatte. Als Jugendlicher hatte Frederick Lion seinen Vater abgelehnt; im späteren Leben trat er jedoch in die Fußstapfen eines dominierenden männlichen Verwandten seiner Mutter, eines Mannes, dessen Bedeutung für die eigene Entwicklung er auch erst in mittleren Jahren eingestand. Ein dritter Mann hatte in seiner Collegezeit sämtliche Identifikationsfiguren abgelehnt, und als ich ihn mit siebenundvierzig erneut danach fragte, verfiel er zunächst wieder in Ausflüchte und beharrte darauf, er «habe nie darüber nachgedacht». Doch dann brachte er auf einmal die Rede auf seinen Großvater mütterlicherseits, «einen Mann, der mich stark beeinflußt hat . . . Ein Pfundskerl, der einzige, zu dem ich wirklich ohne Vorbehalte aufsehen konnte. Er war einfach beeindruckend!»

Die Männer, die ihre Väter ursprünglich abgelehnt hatten, waren zumeist von dramatischer, übersteigerter Emotionalität – so als ob es für sie eine übergroße Bedrohung dargestellt hätte, ihren Vater bereits in der Adoleszenz anzuerkennen. Solche Männer fanden häufig erst recht spät im Leben zu ihrer Identität. Ganz anders verhielt es sich mit den beherrschteren und gewissenhaften Männern, mit den Männern, die wußten, was sie wollten und es auch taten, den zwanghaften Männern vom Schlage eines Timothy Jefferson oder Henry Clay Penny, die schon immer eine wohlgeformte Identität besessen hatten: diese Männer hielten keineswegs damit hinter dem Berge, wie wichtig ihre Väter für sie gewesen waren. Kürzlich hat die Bostoner Psychoanalytikerin Ana Maria Rizzuto erläutert, welch außerordentliche Übereinstimmung beim Erwachsenen zwischen dem vorgestellten und erfahrenen Gottesbild und den internalisierten Wesenszügen der eigenen Eltern besteht.[27]

Bei den Männern der Grantstudie bestand offensichtlich ein qualitativer Unterschied zwischen der Religiosität der Jugend und der der mittleren Jahre. Doch beklagen sich die «Schmetterlinge» jenseits der Vierzig schon jahrhundertelang darüber, die noch nicht vierzigjährigen «Raupen» hätten die alten religiösen «Schmetterlings»-Wahrheiten gänzlich vergessen. Wahrscheinlich ist es so, daß die Jungen noch nie den Glauben ihrer Väter geteilt haben. Teenager mögen sich nicht zum Gott ihrer Eltern bekennen; sie hungern bezeichnenderweise viel mehr nach einer spirituellen Bestätigung ihrer eigenen keimenden Identität.

Wenn sich also hinsichtlich des religiösen Engagements der Männer der Grantstudie überhaupt eine modale Gesetzmäßigkeit herausschälen läßt (denn selbstverständlich gleicht kein Individuum genau dem anderen), dann die, daß die Glaubensintensität in der Adoleszenz relativ hoch lag, in den Jahrzehnten zwischen zwanzig und vierzig abnahm und danach wieder schrittweise anstieg. Anders ausgedrückt: als die Männer älter wurden, verlor die Gottesvorstellung für sie die Funktion als Surrogat des alttestamentarischen Gewissens und wandelte sich statt dessen zu der voll assimilierten Vorstellung einer ganz und gar unsichtbaren, doch mit Vertrauen zu betrachtenden, das Universum regierenden Macht, einer Macht, die als Katalysator für den von Erikson sogenannten «Glauben an die Spezies» wirkte, ohne den es keine Generativität geben kann.

An Bill Forsythe, dem zur Veranschaulichung des Abwehrmechanismus der Antizipation eingeführten, auf die Lösung politischer Konflikte in Südostasien spezialisierten Mitarbeiter am State Department, läßt sich die Beziehung erhellen, die zwischen der zunehmenden Intensität des religiösen Glaubens und dem Voranschreiten im Lebenszyklus besteht. Forsythe war bis zum Alter von vierzehn Jahren von einer betont ritualistischen Frömmigkeit gewesen. Ebenso wie für Robert Jordan im zehnten Kapitel bestand die Religion auch für Forsythe aus einer Anzahl von Regeln, die er befolgte. Dann begann er auf einmal, zu zweifeln. In der Adoleszenz hörte er auf, regelmäßig zu beten; im College stellte er den Kirchgang ganz ein. Als Siebenunddreißigjähriger kehrte er zögernd zur Kirche zurück, angeblich um seinen Kindern ein Gefühl für ihr religiöses Erbe zu vermitteln.

Tatsache war, daß Forsythes Rückkehr zur Kirche im Jahr nach dem Tod seines Vaters und zu einer Zeit erfolgte, die im ganzen durch starke Zweifel an seiner eigenen beruflichen Tüchtigkeit geprägt war. Als er sich seinen Vater ins Gedächtnis zurückrief, sagte mir Forsythe als erstes: «Wir haben uns nie besonders nahegestanden.» Dann jedoch nahm er fast unwillkürlich die entgegengesetzte Position ein. «Vielleicht», so fuhr er fort, «sollte ich meinen Vater doch zu den Menschen zählen, durch die ich beeinflußt worden bin.» In seiner Jugend und im frühen Erwachsenenalter hatten sie sich voneinander entfernt, doch in seinen Dreißigern änderte sich das. «Wir sind uns allmählich sehr nahegekommen, und ich hatte Freude daran, mit Dad ernsthaft über die Weltprobleme zu diskutieren. Vielleicht war da eine tiefere Bindung, als mir eigentlich bewußt ist.» Und so hatten sich im Alter von vierzig Jahren bei ihm religiöser Glaube,

Vertrauen in seine berufliche Kompetenz und das bewußte Wissen, den eigenen Vater verinnerlicht zu haben, miteinander verbunden. Ähnlich wie bei Crabbe, wenn auch mit unterschiedlicher Dynamik, hatte der Tod eines Elternteils auch bei Forsythe die Neuanordnung und Überprüfung der internalisierten Werte begünstigt, die für den mittleren Lebensabschnitt charakteristisch sind.

Als Achtundvierzigjähriger, der im wahrsten Sinne des Wortes versuchte, die Welt zusammenzuhalten, und der Vierzehnstundentage ableistete, spielte William Forsythe sein religiöses Engagement herunter. Nichtsdestoweniger fand er immer noch Zeit, Mitglied des Rates seiner im Stadtzentrum gelegenen Kirche zu werden und als Beauftragter für christliche Erziehung zu fungieren. Trotz seiner internationalen Verpflichtungen besuchte Forsythe dort allwöchentlich den Gottesdienst und erklärte nun, eines seiner Kinder habe ihn der Kirche zugeführt. «Wir haben gemerkt», sagte er, «daß wir unser ganzes Leben lang danach gesucht haben.» Mit neunundvierzig schrieb er uns: «Ich habe nun endlich eine Heimat gefunden. Es ist mir zwar nie gelungen, Jesus Christus als göttliches Wesen anzusehen, aber ich meine doch, daß es notwendig ist, nach einer Erklärung für das Weltall zu suchen und zumindest von der Möglichkeit eines göttlichen Schöpfers auszugehen.» Als Einundfünfzigjähriger sagte er, sein Glaube werde immer stärker. Er vermochte nun auch einzugestehen, daß die Religion seit seinen frühen Vierzigerjahren ein echtes Bedürfnis bei ihm erfüllt hatte.

Wenn Fünfundvierzigjährige einerseits auch häufig zu der Religion zurückkehrten, so nahmen sie andererseits doch auch immer stärker die Verantwortung auf sich, eigene Verpflichtungen zu erfüllen. So war ein Proband etwa als Neunzehnjähriger ein glühender Anhänger der Christian Scientists gewesen. Er glaubte an den Vorrang des Geistes über die Materie und an ein Leben nach dem Tode und fragte sich bloß, ob sein magischer Glaube dem Plan, Arzt zu werden, nicht vielleicht im Wege stehen würde. Mit fünfundzwanzig Jahren hatte er zwar seine medizinische Ausbildung beendet, doch in Lebenskrisen zog er sich nach wie vor auf die Überzeugung zurück, Gott werde sich schon um alles kümmern. Doch auch er ging von zwanzig bis dreißig so gut wie nie zur Kirche.

Nach dem fünfunddreißigsten Lebensjahr wurde seine Beziehung zur Religion immer enger. Er erwartete nun nicht mehr, daß die gütigen Mächte der Christian Science seine Arbeit für ihn erledigen würden. Als Arzt war er jetzt aktiv an der Einführung gesundheitsdienstlicher Versorgung in den Großstadtgettos beteiligt. Ohne institutionelle Unterstützung setzte er sich für die Verbesserung der medizinischen Versorgung in den Chicagoer Slums ein, wobei der Kampf gegen Krankheit für ihn zum Kampf gegen das Böse wurde. Für ihn war nun Krebs der Feind, gegen den er mit solcher Inbrunst kämpfte, daß die Verleugnung des Todes, so wie Mary Baker Eddy* sie vorschrieb, nicht mehr möglich war. In der Tat nahm er es nun der Religion seiner Jugend bitter übel, daß sie den Tod einfach ignorierte, und wandte sich gegen die «süßliche Oberflächlichkeit der Christian Science». Er ist jedoch dann einer presbyterianischen Gemeinde beigetreten.

Gegen Ende unseres Gesprächs legte der reservierte Arzt die Hände hinter den Kopf. In seinem Rollkragenpullover sah er halb wie ein jugendlicher Chirurg, halb wie ein rauher Bursche aus. Er wirkte hart, männlich, entschlossen; doch nun erzählte er mir von der Abschiedsfeier, die seine Kirchengemeinde für ihn gegeben hatte. Dieses Fest, so sagte er, habe ihm wirklich gezeigt, was für tiefempfundene Gefühle die Leute ihm entgegengebracht hätten, worauf er sich die feucht gewordenen Augen rieb und hinzusetzte: «Man ist überrascht, wenn man merkt, daß man geliebt wird.»

Zum Nachweis dafür, daß nicht die Christian Science, sondern dieser Chirurg selbst für seine ursprüngliche religiöse Unreife verantwortlich war, sei noch einmal an die Erfahrung Carlton Tarrytowns erinnert. Erst nach dem Tod seiner Mutter gelang es Dr. Tarrytown, eine stabile Alkoholenthaltsamkeit zu erreichen; erst dann konnte er jedoch auch den starken Glauben seiner Mutter an die Christian Science als eine Quelle neuer Kraft in sich aufnehmen. Die «Wahre Religion» muß erst noch gefunden werden, doch die Art, in der wir mit unserem religiösen Glauben umgehen, spiegelt unsere Reife, unsere Anpassungsweisen und die Menschen, die uns geliebt haben, wider.

Wenn die Neuentdeckung der inneren Eltern auch stets mit neuen

---

* Mary Baker Eddy (1821–1910) – entwickelte seit 1866 die Lehre der Christian Science, auf deren Grundlage 1879 die Church of Christ, Scientist, gegründet wurde.

Entfaltungsmöglichkeiten verknüpft war, so mußte doch häufig Gutes und Schlechtes zusammen aufgenommen werden. So hatte ein Neunzehnjähriger seine Mutter als liebenswürdig und mächtig erlebt und intellektuelle Vorlieben, Heuschnupfen und Asthma mit ihr geteilt. Seinen Vater dagegen sah er als schwach, distanziert, ohne Freunde, von Migräne und vielfältigen Verdauungsbeschwerden geplagt. Mit charakteristischem «Ungeschehnmachen» erklärte er der Studie: «Meine kleine Schwester ist der Liebling meines Vaters, was aber nicht heißt, daß er mich nicht gern hätte.» In Wirklichkeit gab es zwischen Vater und Sohn keinerlei Gemeinsamkeiten, und noch als Fünfundzwanzigjähriger lebte dieser Teilnehmer der Grantstudie zölibatär und hatte noch keine beruflichen Erfolge erzielt. Genau wie Godfrey Camille mußte er erst vierzig werden, ehe er, nach Abschluß einer Psychoanalyse, heiratete und berufliche Kompetenz erwarb.

Jedoch als er vierzig geworden war, starb sein Vater. Auf einmal klagte der Hinterbliebene über Kolitis und Kopfschmerzen, zwei Symptome, die noch nie bei ihm aufgetreten, jedoch für seinen Vater charakteristisch gewesen waren. Als Fünfundvierzigjähriger gestand er im Gespräch mit mir zu, daß nicht nur seine Glatze, sondern auch viele Dinge von größerem Wert von «der väterlichen Seite der Familie» gekommen seien. Er nannte nun den Vater den stärkeren Elternteil und sprach von dem wunderbaren Humor, den er besessen habe. Umgekehrt schilderte er seine ehemals allmächtige Mutter jetzt als «neurotisch, ängstlich und machtlos». Auf einmal litt rätselhafterweise nur noch die Mutter an Asthma und Heuschnupfen. Ein Jahrzehnt später ist dieser Mann, inzwischen fünfundfünfzig Jahre alt und Fachbereichsleiter in Princeton, frei von Allergien. Gelegentlich nimmt er noch Medikamente gegen Kolitis und ganz selten ein Aspirin gegen Kopfweh.

Im vorliegenden Buch werden Themen und Bilder des Neuen Testamentes wiederholt mit der menschlichen Entwicklung und Reifung in Zusammenhang gebracht. Ich machte mir deswegen Gedanken: könnte es vielleicht so sein, daß die Enge meiner protestantischen Erziehung auch mein Verständnis der Entwicklungsprozesse geprägt hat? Selbstverständlich trifft das zu, und ich meine sogar, daß es unmöglich ist, diese meine Voreingenommenheit ganz auszulöschen.

Doch hat mich die interdisziplinäre Studie *«Adulthood»*, die 1976 in der Zeitschrift *Daedalus* erschienen ist, in meiner Sicht der Dinge bestärkt.[28] Die angegebene Nummer vereinigt Beiträge einer Vielzahl von Autoren, die bewußt nach den zwischen ihnen bestehenden gegenläufigen kulturellen Unterschieden hinsichtlich ihrer Herkunft sowie ihrer religiösen und intellektuellen Orientierung ausgewählt wurden. Die beteiligten Autoren stimmen darin überein, daß die ungeheure Komplexität der Sozialordnung es erforderlich macht, daß der Mensch im Gegensatz zum Tier erst jahrzehntelange Entwicklungsprozesse durchläuft, bevor er in der Lage ist, sich an die gesellschaftlich vorgegebene Form anzupassen. Sie weisen darauf hin, daß die christliche Metapher von der Wanderschaft des Pilgers, die einerseits von dunklen inneren Entfaltungsprozessen abhängig ist, andererseits auf der Inspiration durch ebenso dunkle äußere Mächte beruht, sich gut mit einer derartigen Modellvorstellung vereinen läßt. Ungeachtet ihrer jeweiligen religiösen Überzeugung besteht zwischen den betreffenden Sozialwissenschaftlern offensichtlich Einigkeit darüber, daß die Symbolik des «Lebenszyklus» es erlaubt, sich der Metapher des «christlichen» Lebensganges mit der darin eingeschlossenen Möglichkeit unendlichen Wachstums zu bedienen. Erik Erikson, ein Gelehrter, der sicherlich in der Lage ist, sich über eine engbegrenzte christliche Weltsicht zu erheben, schrieb in der genannten Sammlung: «Das ethische Gesetz des Erwachsenseins besteht darin, in erster Linie den anderen hilfreich zu begegnen, auch wenn das praktisch heißt, daß man sich selbst zur weiteren Entfaltung verhilft.»[29]

Bei der Erforschung der Lebensläufe von fünfundneunzig gesunden Männern habe ich mich in diesem Buch überwiegend mit den *Reifungsprozessen*, dem jeweiligen *Anpassungsstil* und der *äußeren Anpassung* der Untersuchungsteilnehmer befaßt. Jede dieser drei Variablen spiegelt jedoch unzweifelhaft nur Teilbereiche einer integrierten menschlichen Persönlichkeit wider. Im fünften Kapitel wurde die Wechselbeziehung zwischen der Wahl der *äußeren Anpassung* und dem *Anpassungsstil* erörtert. Im ersten Teil dieses Kapitels habe ich die Beziehung zwischen dem *Reifungsprozeß* und der Entwicklung eines «reifen» *Anpassungsstils* untersucht. Lassen Sie mich nun die Verbindung zwischen der *Reifung* und der *äußeren Anpassung* zusammenfassend darstellen.

Ich stütze mich dabei auf das in Tabelle 7 aufbereitete Datenmaterial. Es handelt sich dabei um eine Gegenüberstellung des relativen Ergebnisses, mit dem die Männer der Spitzen- und die der Schlußgruppe die aufeinanderfolgenden Stadien des Eriksonschen Lebenszyklus durchliefen. (Hier ist nun wieder von der psychosexuellen, nicht von der Ich-Reifung, die Rede.)

Das Datenmaterial der Tabelle erlaubt den Schluß, daß die Männer der Spitzengruppe die Stadien des Erwachsenen-Lebenszyklus weit reibungsloser durchliefen als die Männer mit der weniger gut geglückten Anpassung im Erwachsenenalter. Kindheitsumgebungen, die von Blindbewertern («blind raters») als der Entwicklung von Urvertrauen, Autonomie und Initiative – laut Erikson sind dies die wichtigsten Aufgaben der Kindheit – wenig förderlich eingestuft worden waren, kamen unter den Männern mit dem schlechtesten Endergebnis dreimal so häufig vor. Bei diesen Männern lebte das Mißtrauen gegen sich selbst und gegen die eigene Welt bis ins Erwachsenenalter hinein fort; auf Pessimismus, Selbstzweifel und Angst vor Sexualität hindeutende Verhaltenssegmente traten wesentlich häufiger im Erwachsenenleben der Männer mit dem schlechtesten Endergebnis auf. Blindbewerter stuften die Persönlichkeit dieser Männer in der Adoleszenz als weniger integriert ein. Im Erwachsenenalter zeigten sie stärkere Unsicherheit im Hinblick auf ihre eigene *Identität*. Die Männer mit dem schlechtesten Endergebnis zeigten eine weniger starke Bereitschaft, den eigenen Vater als Rollenvorbild zu internalisieren und neigten statt dessen dazu, vom äußeren Einfluß ihrer Mütter abhängig zu bleiben.

Objektiv lag die Wahrscheinlichkeit, daß sie als Dreißig- beziehungsweise als Fünfzigjährige die Aufgabe, Intimität zu erreichen, bewältigt hätten, bei den Männern mit dem schlechtesten Endergebnis wesentlich niedriger. Ihre Ehe- und Freundschaftsbeziehungen waren dürftig. Bei der Bewältigung konkreter, indirekt auf Eriksons platonischen Begriff der *Generativität* hinweisender Lebensaufgaben zeigten sich im mittleren Lebensabschnitt schließlich in fünffacher Hinsicht Unterschiede zwischen der Spitzen- und der Schlußgruppe. So waren die Männer der Schlußgruppe deutlich weniger geneigt, Verantwortung für andere Erwachsene zu übernehmen. Allem Anschein nach konnten sie auch ihren Kindern nicht so viel geben, denn ihre Nachkommen vermochten weder das akademische Niveau ihrer

Tabelle 7
Vergleich zwischen der Gruppe mit dem besten und der mit dem schlechtesten Endergebnis im Hinblick auf das Eriksonsche Modell des Lebenszyklus

	Spitzengruppe (30 Männer)	Schlußgruppe (30 Männer)
Dürftige Kindheitsumgebung	17 %	47 %*
Pessimismus, Selbstzweifel, Passivität und Angst vor Sexualität im 50. Lebensjahr	3 %	50 %*
Persönlichkeitsintegration während der Collegezeit im untersten Fünftel	0 %	33 %*
Berufswahl, die auf Identifizierung mit dem Vater hindeutet	60 %	27 %*
Im Erwachsenenleben von der Mutter beherrscht	0 %	40 %**
Mit 30 noch unverheiratet	3 %	37 %*
Kümmerliche Freundschaftsbeziehungen mit 50	0 %	57 %**
Augenblickliche Arbeit hat nur geringe Leitungsverantwortung	20 %	93 %**
Kinder am College des Vaters zugelassen	47 %	10 %*
Ergebnis der Kinder «gut» oder «ausgezeichnet»	66 %	23 %*
Durchschnittlicher jährlicher Spendenbeitrag für karitative Zwecke	3000 $	500 $

* Signifikanter Unterschied ($p < .03$ – ein Unterschied, der der Wahrscheinlichkeit nach in einem von 33 Fällen auftritt).
** Hochsignifikanter Unterschied ($p < .001$ – ein Unterschied, der der Wahrscheinlichkeit nach nur in einem von 1000 Fällen auftritt).

Väter zu erreichen noch sich mit derselben Leichtigkeit in sozialer wie emotionaler Hinsicht an ihre Umwelt anzupassen wie die Kinder der Männer der Spitzengruppe. Schließlich zahlten sie der Welt auch – soweit es in Dollars und Cents gemessen werden kann – weniger zurück.

16. Kapitel Noch einmal: Was ist psychische Gesundheit?

> Die Normalität ist ein Heiliger Geist. Ihm zur Seite stehen böse Engel und gute . . . Die Normalität ist ein mörderisches, wesenloses Phantom. Und ich bin sein Priester! Meine Werkzeuge sind sehr fein. Mein Mitgefühl ist ehrlich. Ich habe Kindern ehrlich geholfen in diesem Zimmer. Ich habe schreckliche Ängste vertrieben. Ich habe Todesqualen gelindert. Aber ich habe den Kindern – ganz zweifellos – ein Stück von ihrer Individualität weggeschnitten, ein Stück, das dieser Gott nicht duldet.
>
> *Equus** PETER SHAFFER

Als ich begann, über die in der Grantstudie untersuchten Lebensläufe zu berichten, zogen meine Freunde häufig die Enge meiner Schlußfolgerungen in Zweifel. Wo war in meinem System zum Beispiel der Platz des schöpferischen Menschen, des Künstlers? Darauf antwortete ich gewöhnlich, Dostojewski sei ein Ausnahmefall, der unter einer Milliarde Menschen vielleicht einmal aufträte, während meine Schlußfolgerungen von hundert fortlaufend untersuchten gewöhnlichen Sterblichen abgeleitet seien. Erst, nachdem ich die Interviews, auf denen die statistischen Schlüsse dieses Buches beruhen, bereits abgeschlossen hatte, sprach ich mit Alan Poe.**

Das Interview fand eher zufällig statt. Um Daten für ein anderes Projekt zu erheben, hatte ich beschlossen, zehn weitere Interviews durchzuführen. Ich hielt mich aus anderen Gründen in San Franzisco auf, doch als ich Poe in letzter Minute anrief, willigte er freundlicherweise sofort ein, mich zu sehen. So wanderte ich also früh an einem Sonntagmorgen in meinem Nadelstreifenanzug, den ich mir für die Oper mitgebracht hatte, den Telegraph Hill hinunter nach North Beach. Dies war ein Stadtteil, den ich allein aus der Oststaatenpresse kannte – das San Franzisko der Hippies, der um den Erfolg ringenden

---

* Hier zitiert nach der Übersetzung in *Theater heute*, Nr. 3/1974.
** Alan Poe – erinnert an Edgar Alan Poe.

Künstler, der Alkoholiker und vielleicht der letzten Überreste von Jack Kerouacs schmuddeligem Gefolge. Es kam mir unwahrscheinlich vor, daß einer der Teilnehmer der Grantstudie hier wohnen sollte. Im Falle Alan Poes, dessen im Social Register* verzeichnete Eltern ihn in vornehme Privatschulen in Lake Forest, nach Andover** und in ein Elite-College geschickt hatten, wirkte es besonders unwahrscheinlich. Während ich durch den Nieselregen ging, überlegte ich mir, was für einen Menschen ich wohl antreffen würde.

Als ich bei Poes Haus angekommen war, stieg ich eine schmierige Treppe hinauf, eine Treppe, die mich mehr an meine zwölf Jahre hindurch fortgeführte Untersuchung Heroinsüchtiger erinnerte als an irgendeine der Umgebungen, in die meine Arbeit an der Grantstudie mich je geführt hatte. Ich klopfte an Poes Tür, worauf mir ein bärbeißiger, kräftiger Schlepperkapitän – oder vielleicht eher ein alternder Führer der französischen Widerstandsbewegung – aufmachte.

Der fünfundfünfzigjährige Poe beeindruckte mich sofort durch seine starke Vitalität und seinen aufmerksamen, durchdringenden Blick. Sein glatt zurückgekämmtes Haar und sein Akzent waren das einzige, was noch an seine Privatschulerziehung erinnerte. (Auch Humphrey Bogart gelang es nie ganz, die Tatsache zu überspielen, daß auch er einmal in Andover erzogen worden war.) An Poe vorbei sah ich mich in dem bescheidenen, vielleicht drei mal drei Meter großen Raum um, der ihm als Büro, Wohnzimmer und Küche diente. Die Kochecke war das erste, was meine Blicke auf sich zog; sie war kein bißchen komfortabler als die Kombüse auf einem Schlepper: der Spülstein, der mit Geschirr vollgestellt war, der rußige Herd, die Kanne mit altem Kaffee, die wenigen Konservendosen und der Aluminium-Salzstreuer – all das waren Gegenstände, wie man sie in der Küche jedes beliebigen alleinlebenden Arbeiters gefunden hätte. Links von der Kochecke stand ein solider, einfacher, zweckmäßiger Eichentisch vor einer ramponierten Couch, und in der einen Ecke fand sich zu meiner Überraschung ein Holzstuhl mit dem Wappen von Poes College. In der gegenüberliegenden Ecke des ohnehin berstend vollen Raumes hatte Poe seine Studierecke eingerichtet, die

* Social Register – Verzeichnis derer, die gesellschaftlich zählen.
** Andover – 1776 gegründete, älteste und berühmteste Privatschule der USA.

nur etwas über einen Quadratmeter groß war; dort hatte Poe eine manuelle Schreibmaschine untergebracht, mehrere Stapel einfachen Schreibmaschinenpapiers, ein Stoß unberührten Manuskriptpapiers, keine Bücher – nur Geschäftliches. Es hätte genausogut die Geschäftsstelle einer Kleinstadtzeitung oder eine Mönchszelle sein können. Schließlich wanderten meine Augen wieder zu der Kochecke zurück. «Also dann», sagte der Schlepperkapitän, der mich die ganze Zeit nicht aus den Augen gelassen hatte, «im College ist immer noch alles beim alten, wie?» Ich sah von seinem massigen Pullover, den formlosen Hosen und Arbeitsschuhen auf meine eigene Kleidung – auf den formellen Anzug, das Diplomatenköfferchen, die bereits für den Opernbesuch polierten Schuhe.

Alan Poe begann mit dem Interview. «Ich habe mit euch Herrschaften ein Hühnchen zu rupfen: ich bin homosexuell.» Darauf warf er mir einen Umdruck der Grantstudie zu und wies auf die Stellen hin, an denen ich in meiner Zusammenfassung der Untersuchungsergebnisse der Studie auf Delinquenz, Alkoholismus, Psychosen und Homosexualität als auf gleichwertige, wenn auch seltene Defekte der Untersuchungsteilnehmer zu sprechen komme. Poe beschwerte sich zu Recht. Genau in jenem Jahr hatte die American Psychiatric Association *per Abstimmung* festgestellt, daß Homosexualität nicht mehr als psychische Erkrankung zu klassifizieren sei. Wie aber kann man darüber abstimmen, ob jemand gesund oder krank ist, es sei denn, die Kritiker der offiziellen Psychiatrie hätten recht mit ihrer Behauptung, psychische Gesundheit sei in Wirklichkeit nicht mehr als eine kulturspezifische Täuschung?

Ich merkte, daß Alan Poe ein Untersuchungsteilnehmer war, bei dem das Zuhören sich für mich lohnte. Er rauchte eine Zigarette nach der anderen, schüttete große Mengen Kaffee in sich hinein und dozierte dabei – während ich so schnell ich konnte aufschrieb, was er sagte. Poe unterrichtete mich über seine drei Ehen, ein unter zehntausend Dollar liegendes Einkommen und das «C» in psychischer Robustheit, mit dem er im College von der Grantstudie eingestuft worden war. Er sagte mir, er treibe keinerlei Sport, mache nie Urlaub und habe seine frühere Berufslaufbahn nur mit Widerstreben beschritten. Er konsumierte Alkohol im Übermaß, und der Arzt hatte ihm gesagt, er befinde sich «in einem sehr schlechten körperlichen Zustand». Nach meinen bisher entwickelten Kriterien fiel Poe hinsichtlich seines psychischen Gesundheitszustandes ins unterste Fünftel. Aber er war nur einer von hundert, und so hielt er mir einen Vortrag, und ich hörte zu.

Er fragte mich: «Welches ist Ihre Definition der Normalität?» und wies dann darauf hin, daß er im Zweiten Weltkrieg Kriegsdienstverweigerer gewesen sei. Er hatte es nie bereut; er war stets imstande gewesen, seine Gründe zu formulieren, und auch jetzt erklärte er, für ihn seien Kriegsdienstverweigerer immer noch mit den Führern der französischen Résistance vergleichbar. Er bekannte, im Zweiten Weltkrieg sei er der einzige Kriegsdienstverweigerer gewesen, «der die Kriegsnachrichten im *Time Magazine* immer von vorne bis hinten las». Er hatte nie einen Zweifel daran, daß die Nazis Feinde der Menschheit seien, doch das galt in seinen Augen genauso für alle Militaristen überhaupt.

Nach dem Krieg versuchte Poe, sich weiterhin treu zu bleiben. Während die meisten jener Männer der Grantstudie, die davon geträumt hatten, Romanautoren zu werden, vor dem fünfunddreißigsten Lebensjahr aufgaben, gehörte Poe zu den wenigen Schriftstellern, die weitermachten. Dreißig Jahre lang hatte er sich mit großer Disziplin dazu angehalten, jeden Tag zu schreiben. Da seine Werke nicht veröffentlicht wurden, ernährte er sich selbst durch eine Reihe ausgesprochen «rechtschaffener» Arbeiten: er unterrichtete Englisch an Schulen im Stadtzentrum, verfaßte Anzeigentexte für den Sierra Club* und feilte beharrlich an seinem Talent, das mit fünfundvierzig endlich Früchte zu tragen begann. Neben seine unveröffentlichten Romane traten im mittleren Lebensabschnitt Gedichte, die veröffentlicht wurden, häufig in den kleinen literarischen Zeitschriften der Westküste, hin und wieder auch in den großen Magazinen *New Yorker* oder *Atlantic Monthly*. Doch wie seine Wohnung erkennen ließ, brachten seine Gedichte ihm keineswegs Reichtümer ein.

Weitaus problematischer war die Tatsache, daß Poes drei Ehen alle in Scheidung geeendet hatten. «Ich bringe es nicht fertig, mich in Erfolgen zu sonnen», meinte er dazu. Anders als Tarrytown hatte Poe seine Ehefrauen jedoch immer aufrichtig geliebt, und ich zweifelte keinen Augenblick daran, daß er im Innersten ein liebevoller und gü-

---

* Sierra Club – aktiver, schlagkräftiger, politisch engagierter Naturschützerverein.

tiger Mann war. Aber die konflikthafte Situation, in der er lebte, umfaßte mehr als nur die Tatsache, daß er Pazifist war, während seine Landsleute im Krieg kämpften. Im College hatte Alan den Psychiater der Studie erschreckt, als er bekannte, er fühle sich wie von einer Schlange umfaßt, wenn einer der anderen Jungen auch nur den Arm um ihn legte. Erst als Fünfzigjähriger, als seine dritte Ehe zerbrochen und er bereits die zweite homosexuelle Beziehung eingegangen war, erkannte Poe, wer er war. «Inzwischen», so sagte er, «trage ich meinen gelben Stern voller Stolz.» Er sagte, er könne nachfühlen, was Juden und Schwarze, Pazifisten und Homosexuelle empfänden.

«Ja», fuhr Poe fort, «ich habe euch ein Jahr lang ganz schön an der Nase herumgeführt.» Er fragte, warum wir denn nicht sehen wollten, daß eine gesunde Persönlichkeit sich ebensogut durch Aufbegehren wie durch Konformität entwickele. Er selbst sei «in einem von den Werten der WASPs beherrschten Schneckenhaus aufgewachsen . . . Von der Privatschule in Lake Forest ging ich nach Andover und von da zum College. Es war alles ein einziger großer Schutzraum.»

Als Fünfzigjähriger, auf eine Weise gereift, wie man vielleicht auch die Kinoversion Humphrey Bogarts «gereift» nennen kann, begriff Alan Poe, was Generativität bedeutet. Er sagte mir: «Die jungen Leute hier in North Beach sind in den Zwanzigern, und ich behandle sie wie ein Onkel. Sie nennen mich sogar Onkel Alan . . . Ich bin alt genug, um ihnen Rat zu geben, und ich mag sie gern genug, daß ich ihnen helfe beim Flüggewerden.»

Dann fuhr Alan Poe, der jeden einzelnen der von der Grantstudie aufgestellten Maßstäbe der Gesundheit verletzt hatte, mit seiner Lektion fort: «Seit 1970 habe ich mich besser an die Lebensumstände angepaßt, bin glücklicher und schöpferischer als je zuvor . . . oder hängt das vielleicht einfach nur damit zusammen, daß ich jetzt mit fünfzig auf einmal weiß, was ich will?» Er machte eine Pause und danach, in verändertem Ton, sprudelte er fast heraus: «Gehen wir jetzt zum Thema ‹Alkohol› über . . . Können Sie sich einen Schriftsteller ohne Trinkproblem vorstellen? Ich zeige Ihnen die positiven Aspekte. Ich arbeite jeden Tag, und ich arbeite hart, und um fünf Uhr abends bin ich erschöpft. Vier bis sieben Stunden an der Schreibmaschine holen alles aus einem heraus, man steht geistig unter der strengsten Disziplin. Um fünf Uhr abends läßt man dann schließlich nach und hört auf, sich am Riemen zu reißen. Manchmal wacht man dann morgens mit Kopfweh auf – also lernt man, wie weit man gehen kann. Das Ganze spielt sich ein, und am Morgen reißt man sich dann wieder wie üblich zusammen.» In den letzten fünf Jahren, behauptete er, hätte es nicht mehr als fünf Tage gegeben, an denen er vor fünf Uhr abends getrunken hätte, doch vermutete ich, daß er wahrscheinlich auch nicht öfter als zehnmal nach dem Abendessen noch nüchtern gewesen war. «Ich weiß genau», gestand er, «daß ich ein gefährliches Spiel spiele.» Dennoch sei seine vorherrschende Stimmung im letzten halben Jahr nur folgendermaßen auszudrücken: «Wow»!

Mir schien, daß Poe sich ständig am Rand von Tod, Selbstmord oder dem endgültigen sozialen Abrutschen bewegte, doch gab ihm sein Staunen darüber, daß er imstande war, seine Kraft zu bezähmen, die Stärke, trotzdem weiterzuleben. Er meinte, seine Fähigkeit, darüber zu schreiben, helfe ihm über den Schmerz zerbrochener Beziehungen hinweg. «Jeder Schlag, den ich bekomme, kommt mir beim Schreiben wieder zugute . . . Man kann ungeheuer objektiv sein und die Schwierigkeiten bezwingen.» Dreißig Jahre zuvor hatte er der Studie geschrieben: «Somerset Maugham hat gesagt, der Künstler sei der einzige freie Mensch auf der Welt – er kann sich den ganzen verdammten Mist immer wieder von der Seele wälzen.» Vielleicht bot ihm die bloße Genugtuung, nicht trivial zu sein, einen Ausgleich dafür, daß er nie in Urlaub fuhr, sich kaum je an seinen wohlgeratenen Kindern erfreute und nicht mit Vernunft, sondern zu oft geliebt hatte.

Außerdem hatte Poe die Studie vor einem Paradoxon gewarnt, über das ich auf dem Nachhauseweg nachdachte. «Sie haben ein viel größeres Problem, als Ihnen vielleicht selbst klar ist; viele der alten Ideen passen einfach nicht mehr.» Zugleich hatte er uns bei der Grantstudie aber auch angetrieben: «Auf die wissenschaftliche Erforschung des ganzen Menschen kommt es heute entscheidend an. Sie darf keine blinden Flecke enthalten.» Als ich seine Wohnung verließ, war ich wie betäubt, aber heftig angeregt zum Denken.

Langsam ging Alan Poe neben mir her zu der Drahtseilbahn, und im San Franziscoer Nieselregen sagte er mir: «Ich glaube, ich bin im Grunde von Natur aus ein glücklicher Mensch.» Er setzte hinzu, er wüßte gern, «was jene Menschen empfinden, die nicht ihrem inneren Licht gefolgt sind». Schließlich beendete er unser Gespräch mit einer Anekdote über jemanden, der Winston Churchill auf dem Höhepunkt des Zweiten Weltkrieges gefragt hatte: «Sind Sie in fröhlicher Stimmung?»

Ich stieg in die Bahn, und Poe kehrte zu seiner Wohnung, seinen schwulen jungen «Neffen» und den Träumen vom Nobelpreis für seine Lyrik zurück. Doch als ich mich verabschiedete, fühlte ich mich im ungewissen, vielleicht so, wie der Leser nach der Lektüre von Frank Stocktons Kurzgeschichte ‹*The Lady or the Tiger?*›. Zu welcher der beiden Türen hatte ein mißgünstiges Schicksal Alan geschickt? Würde es die Tür sein, hinter der die «Lady» wartete, würde er schließlich zur Meisterschaft kommen und Anerkennung finden für seine Gedichte, oder würde die Tür, die er öffnete, den «Tiger» verbergen, würde Poe sich am Ende nicht mehr am Riemen reißen können und verschlungen werden? Ich wußte es nicht; doch als ich in meinem ordentlichen Anzug durch den Nebel zu der ordentlichen Wohnung meines ordentlichen Freundes zurückging, schien es mir das Wichtigste, daß Poe glücklich war und sich um andere Menschen sorgte. Ich wußte, er würde »in fröhlicher Stimmung» auf die Tür zugehen.

Freud hatte gesagt: «Leider muß die Analyse vor dem Problem des Dichters die Waffen strecken»[1]. Ich mußte ihm zustimmen. Hier war ein Mann, der objektiv ebenso verquält war wie Dr. Tarrytown, vor dem ich jedoch ebenso viel Achtung hatte wie vor Mr. Goodhart. Hier war ein Mann, der mich als Fünfundfünfzigjähriger noch ebenso herausfordern konnte, wie er das patriotische Team der Grantstudie dreißig Jahre zuvor herausgefordert hatte. «Wenn Menschen sich an eine Gesellschaft angepaßt haben, die es offenbar darauf abgesehen hat, sich binnen der nächsten zwei Jahrzehnte selbst zu zerstören», so hatte Poe als vierundzwanzigjähriger Kriegsdienstverweigerer geschrieben, «was sagt das denn wohl über die Menschen aus?»

Ich hatte das Gefühl, daß ich unsere Diskussion fortsetzen sollte, und so sandte ich Alan Poe bei meiner Rückkehr nach Boston das erste Kapitel. Würde meine Darstellung Goodharts und Tarrytowns seine Befürchtungen beschwichtigen, daß die Grantstudie vielleicht in die falsche Richtung steuerte? Er antwortete mir. «Wie Sie wissen, bin ich über einige Punkte beunruhigt ... Vielleicht ist es für die weiteren Teile des Buches von Nutzen, wenn ich versuche, meine Befürchtungen für Sie niederzuschreiben.» Er hatte recht, doch schließlich haben Kriegsdienstverweigerer und Widerstandskämpfer oft recht. In dem Brief hieß es weiter:

«Sicher, Ihre Daten sind phantastisch, die Methoden, die Sie anwenden, hochkomplex – dennoch scheinen die Urteile, zu denen Sie am Ende kommen, die letzten Schlüsse, sehr vereinfacht zu sein. Wenn ich mir das Material ansehe, scheint alles darauf hinauszulaufen, ob einer ein gutes Einkommen, eine stabile Familie, angemessene berufliche Befriedigung, die Fähigkeit zu lieben und die Fähigkeit zu spielen besitzt. Der Patient – oder Proband, oder wie auch immer wir ihn nennen wollen – paßt sich also an und erreicht diese Endziele (und das ist dann offenbar gut) oder er paßt sich nicht an und erreicht diese Endziele nicht (und das ist dann offenbar schlecht). Er kommt entweder zufriedenstellend voran und bewältigt sein Leben, oder er hinkt hinterher.

Ist dies – geben Sie mir die Hand darauf! – wirklich das ganze, vollständige Bild, so wie Sie es sehen? Ich wette, es ist nicht so, ich hoffe von ganzem Herzen, daß es nicht so ist!

Ich meine, ich kann mir durchaus irgendeinen armen Kerl vorstellen, der alle Ihre Kriterien für geglückte Lebensanpassung erfüllt und – etwa wie Charles Colson oder Jeb Magruder* – im Gefängnis sitzt und die Wände anstarrt oder nach seiner Pensionierung in einer der Altersenklaven bei Tampa ständig aufs Meer schaut, auf den nächsten Anfall von Herzschmerzen wartet und sich fragt, was ihm eigentlich in seinem Leben immer gefehlt hat . . . Worin liegt denn wohl der Unterschied zwischen dem Menschen, auf dessen Gesicht in den letzten bewußten Augenblicken vor seinem Tod ein wehmütiges Lächeln liegt, als ob er sagen wollte: ‹Ich habe weiß Gott was davon gehabt!›, und demjenigen, der um jeden neuen Atemzug ringt, weil er die Zeit zurückdrehen möchte zu einer drängenden unerledigten Aufgabe?

Verflucht, ich weiß es auch nicht, aber ich denke doch, daß es sich lohnt, darüber nachzudenken . . .

. Ich habe da zwei etwas verschwommene Konzepte, die Sie vielleicht ein wenig im Hinterkopf bedenken wollen.

Ich denke, Sie würden das eine vielleicht als ‹Feiersinn› (celebrant sense) oder mit jenem herrlichen Hippie-Wort ‹Wow!› bezeichnen . . . In Ihrem Porträt von Mr. Goodhart entdecke ich nichts von einem solchen Feiergefühl. Vielleicht ist es dennoch da; vielleicht sa-

---

* Colson und Magruder – zwei Watergate-Täter.

hen Sie es nur nicht als besonderen Wert an. Ich meine jedoch, daß es eine wichtige Komponente des Anpassungsprozesses darstellt. Man sollte das Leben auch *genießen*!

Die andere Komponente der Anpassung, die meiner Ansicht nach berücksichtigt werden sollte, betrachte ich als die große Entdeckung meiner Fünfzigerjahre. Es gibt eine Menge Namen dafür, je nachdem, was für eine religiöse, philosophische oder auch mystische Orientierung man hat. Ich nenne sie jedenfalls ‹*Einfühlung*› ... Ich denke immer noch an den Vietnamkrieg. Ich denke immer noch an jene höchst anpassungsfähigen ‹A-Typen› [unter den Probanden der Grantstudie], die ‹Intelligentesten und Besten› der Kennedy-Administration, die auf die Ausübung einer kaltschnäuzigen Außenpolitik erpicht waren, durch die wir in die größte moralische, militärische und politische Katastrophe unserer Geschichte geraten sind. Wo lag der Fehler? Lautet nicht die Grundregel jedes Konflikts, sich darum zu kümmern, mit was für einem Gegner man es zu tun hat? Und wer war der Anführer der Gegner, denen sich Kennedy und seine Helferscharen gegenübersahen? Ho Tschi Minh – und man brauchte weiß Gott nicht die CIA zu fragen, um herauszukriegen, wer dieser Ho Tschi Minh war! Es genügte, das *Time Magazine* zu lesen, um ein ganz zutreffendes Bild von ihm zu bekommen: Dichter, Kettenraucher mit Vorliebe für Salem-Zigaretten, ein zweiter Stalin in der Hackordnung der kommunistischen Welt und jenen Emporkömmling Mao Tse Tung sogar noch überragend. Ebenso unbestritten Herr seines unabhängigen Machtbereiches wie Tito; listiger, in Frankreich erzogener Gelehrter, dessen Idealismus sich ebenso sehr auf die amerikanische Unabhängigkeitserklärung wie auf Marx und Engels berief.

Wo lag der Fehler? An Intelligenz, Macht und Willenskraft mangelte es nicht – nur an dem erschreckenden Fehlen jeglichen Einfühlungsvermögens ... Ohne Einfühlungsvermögen sind Intelligenz, Macht und Wille weiter nichts als ein tönend Erz oder eine klingende Schelle ... Nun, verstehen Sie mich nicht falsch. Ich habe nichts gegen vereinfachte bürgerliche Werte. Tatsächlich bewundere ich sie eher (vielleicht weil ich sie so schlecht erfülle), aber ich meine doch, daß echte Anpassung eine größere Dimension hat.

Vorwärts – und meinen Segen!
Herzlichst, Alan Poe.

Der Brief machte mich sprachlos. Ich gab ihn meiner Forschungsassistentin. Wie schon oft erteilte sie mir einen Rat von weiser Einfachheit: «Es gibt kaum etwas dazu zu sagen; das, worum es geht, steht alles schon da.»

1952 hatte der Stab der Grantstudie versucht, Alan Poes Zukunft vorherzusagen. «Es scheint möglich, daß mit Voranschreiten der Reifung Poes seine gesetztere Grundpersönlichkeit zum Vorschein kommen wird – wenn sie sich nicht bereits gezeigt hat. Es hat heute schon den Anschein, als ob die Gefährdung seiner Ehe [durch eine Liebesbeziehung] und vielleicht auch sonstige Faktoren, etwa der lange Kampf um finanzielle Sicherung und Ernährung seiner Familie, dämpfend auf Poe gewirkt hätten.» Ich war froh, daß dieses Epitaph auf den fünfzigjährigen Poe keineswegs zutraf. Poe zog nicht in ein Häuschen am Stadtrand; statt dessen schrieb er uns: «Je älter ich werde, desto mehr Bewunderung habe ich für den zwanzigjährigen Jungen übrig, den Sie damals so ausgiebig studiert haben . . ., den Jungen, der die Kultur der oberen Mittelschicht, in der er aufgewachsen war, über weite Strecken zurückwies . . . Hier steht ein zweiundfünfzigjähriger Mann, der sich immer noch anstrengen muß, um mit ihm Schritt zu halten.»

Was der Stab der Studie nicht gewürdigt hatte, war, daß Poe sich selbst erstickt hätte, wenn er sich – wie andere Männer, die bis ins Erwachsenenalter hinein Reaktionsbildung anwandten – mit seinen konformistisch-angepaßten Eltern identifiziert hätte. Schließlich war seine Kindheitsumgebung nicht viel besser gewesen als die Dr. Tarrytowns. Poe jedoch vergaß nie, daß er Kriegsdienstverweigerer und Dichter war. Seine Heroen waren nach wie vor Thoreau und Gandhi, die ihrerseits auf der Anpassungs-Skala der Grantstudie ebenfalls nicht besonders gut abgeschnitten hätten.

Im ganzen gesehen hatten sich die Mitarbeiter der Grantstudie Poe gegenüber jedoch recht scharfsichtig erwiesen. So hatte etwa der Physiologe angesichts der spirographischen Aufzeichnungen der Atemtätigkeit Poes – und, wie eine Zigeunerin in Betrachtung der Teeblätter, angesichts einer Vielzahl anderer Anzeichen – 1940 geschrieben: «Ich meine, Poe ist ein gutes Beispiel für die Tatsache, daß die Gesellschaft auch für instabile Individuen einen Platz hat, wenn ihre Instabilität von bestimmter Art ist.» Während Alan Poe sich als Neunzehnjähriger selbst entweder als «manisch-depressiv» oder als «verzogenes Gör» diagnostizierte, war der beteiligte Psychiater gewitzt genug, diese Diagnose in: «eine Rakete, die ziemlich unberechenbar und unbeherrschbar losgeht» umzuändern. Der Arzt der Studie schrieb: «Falls es Alan gelingt, seine Energie und Begeisterungsfähigkeit zu bezähmen, kann er sehr wohl große – wenn auch exzentrische – Leistungen vollbringen. Ich habe den Eindruck, er ist in vieler Hinsicht so, wie Noel Coward sein muß!»

Auch mit fünfundfünfzig verausgabte sich Alan Poe immer noch übermäßig, wenn er auch nicht manisch oder emotional krank war. Überschäumende Energie war seine Art, mit alten Wunden umzugehen, die durch die kulturelle Unterdrückung immer wieder aufgerissen wurden. Wie Edna St. Vincent Millay sagt, ist solch verschwenderisches Sichverbrennen zwar nur von kurzer Dauer, aber «es verbreitet ein wunderbares Licht».

Der puritanische Wissenschaftler in mir merkt an dieser Stelle vorsichtig an, daß es nur in Ausnahmefällen gelingt, so brillant zu sublimieren, daß alle Regeln der Biologie außer Kraft gesetzt werden. Thoreaus und Gandhis werden nicht jeden Tag geboren. Ich habe mit über hundert Männern gesprochen, bevor ich Alan Poe fand, und bei diesen ersten hundert war die Fähigkeit, sich einzufühlen und zu begeistern, mit konventionelleren Gesundheitsindikatoren verknüpft.

Hieraus ist keineswegs der Schluß zu ziehen, daß wir uns nun alle eilends bemühen sollten, so zu werden wie Poe; eher sollten wir uns fragen, wie wir ein wenig von seiner Leidenschaft in uns selbst integrieren können. Der Künstler verlangt nie, daß wir sein Leben leben sollten, sondern nur, daß wir sein besonderes Gefühl der inneren schöpferischen Kraft mit bedenken. Auf der anderen Seite würde der Puritaner in mir einräumen, daß Scheidung weder ungesund noch schlecht ist; was ich meine, ist nur, daß es eben gut ist, andere Menschen über längere Zeiträume hinweg zu lieben.

Beim Schreiben dieses Buches trage ich die Scheuklappen und zeige die Voreingenommenheiten meines Berufsstandes. Ich betrachte die Persönlichkeit als Produkt biologischer und innerer Entwicklungsprozesse. «Gesundheit» und «Krankheit» sind für mich greifbare und absolute, nicht relative und wertebeladene Zustände. Mögen sich die Soziologen im allgemeinen und Alan Poe im besonderen getrost an meiner engstirnigen Sichtweise ergötzen. Beinhaltet denn der Begriff

«Gesundheit» gewöhnlich kein Werturteil? Ändert er sich etwa nicht von Kultur zu Kultur? Vielleicht liegt auch die «Gesundheit» des Objektes allein im Auge des Betrachters und ist als ausgesprochen relativ anzusehen!

«Nein!» rufe ich dagegen. Ebenso wie John Keats bin ich Arzt und meine, daß Schönheit und Wahrheit dasselbe sind. Aber wie soll ich das beweisen? Beweise erfordern selbstverständlich Experimente und Übereinstimmung; das ist der Grund, weshalb dieses Buch so viele Statistiken, Vergleiche und Einstufungen durch Blindbewerter anführt.

Aber wozu das alles? Wenn ich von (aktiver) «Anpassung» (adaptation) spreche, wird der Soziologe stets nur «Konformität» und (passives) Sich-Einpassen (adjustment) hören. (Mit «Soziologen» meine ich diejenigen, die die Menschen mehr durch äußere als durch innere Faktoren beeinflußt sehen.) Ich hoffe, die Unterschiede zwischen aktiver Anpassung und passivem Sich-Einpassen genügend klargemacht zu haben. Leutnant Edward Keats hatte sich, als er im Zweiten Weltkrieg seine Thunderbolts flog, sicherlich konformistischer verhalten und sich weitaus mehr eingepaßt als Alan Poe in seinem Arbeitslager für Kriegsdienstverweigerer. Doch war er auch im aktiven Sinne besser angepaßt? Gewiß hatten sowohl Leutnant Edward Keats als auch Alan Poe einen höheren Grad aktiver Anpassung erreicht als etwa Leslie Angst, dem die Sicherheit und Langeweile seines *Eingepaßtseins* im Labor zuwider war, oder als Francis Oswald, der sich *konformistisch* verhielt, indem er darauf bestand, als Marinesoldat in vorderster Front zu kämpfen – um dann im Gefecht zusammenzubrechen, weil er zu der erforderlichen *aktiven Anpassung* an das Töten nicht fähig war. Die wohlangepaßten Byron und Lion sind wohl kaum als Konformisten zu bezeichnen, während diese Bezeichnung mit Sicherheit auf die schlechtangepaßten Smythe und Lamb zutrifft.

Aktive Anpassung ist ebenso verschieden von passivem Sich-Einpassen wie Kunst von Gebrauchsgraphik. Das Eingepaßtsein kann man in einer Momentaufnahme erfassen, während man zur Beobachtung aktiver Anpassung zumindest eine Filmkamera benötigt. Alan Poe verletzte alle unsere statischen Auffassungen von psychischer Gesundheit, doch ihn deshalb als «nicht gesund» zu bezeichnen, liefe darauf hinaus, eine viertausend Jahre alte Borstenzapfen-Kiefer oder eine windgezauste Zeder am Ufer des Ozeans «krank» zu nennen.

Der soziologisch gebildete Psychoanalytiker Norman Zinberg bringt den Gegensatz zwischen der soziologischen und der psychiatrischen Sichtweise deutlich zum Ausdruck, wenn er schreibt: «Die Fähigkeit eines Individuums, in der Gesellschaft zu funktionieren, hängt nicht allein von seiner Persönlichkeit ab, sondern auch von den Regeln der jeweiligen Gesellschaft, in der es lebt. Bei einem Versagen im psychologischen Sinne handelt es sich demnach nicht um eine objektive und naturgegebene, sondern um eine subjektive und kulturbedingte Störung, die sich wesentlich von körperlicher Krankheit unterscheidet.»[2]

Damit deutet Zinberg bereits an, auf welch unsicherem Grund ich mich im neunten Kapitel über die unreifen Abwehrmechanismen begeben habe. Obwohl ich dort stolz darauf hinwies, daß die Biologie sehr wohl imstande sei, Fakten und Werte auseinanderzuhalten, ist das natürlich nur Wunschdenken. Wie der Soziologe weiß, übersehen Mediziner häufig die Interaktion, die zwischen Patient und Beobachter stattfindet. Unreife Abwehrmechanismen wirken tatsächlich wegen dieser Interaktion anpassungswidrig. Wie wir im achten Kapitel gesehen haben, hängt die Frage, ob neurotische Anpassungsmechanismen zum Erfolg oder zum Scheitern führen, entsprechend mehr von der äußeren Umgebung als von der «Gesundheit» des jeweiligen Individuums ab.

Peter Sedgwick hat die von Autoren wie Zinberg, Ronald D. Laing, Thomas Szasz, Philip Slater und Erving Goffman betriebene Infragestellung der Lehre von der psychischen Gesundheit noch ausgeweitet, indem er darauf hinwies, wie wertebezogen unsere Auffassungen von Gesundheit sind. Krankheit, so behauptet Sedgwick, sei ein reines Werturteil, sei unter dem Diktat des Gemeinschaftsinteresses angewandte Biologie. «Tulpen, Rüben oder auch solche hochgeschätzten Bewohner der Naturlandschaft wie Ulmen werden immer wieder von Pflanzenkrankheiten befallen; wenn jedoch ein Pilz- oder Parasitenbefall bei einer Pflanzenart aufträte, an der der Mensch kein Interesse hat (sagen wir, bei einem Wüstengras), dann würden wir nicht mehr von ‹Krankheit›, sondern lediglich vom Wettkampf zwischen zwei Arten sprechen.»[3] Weiter gibt Sedgwick zu bedenken: «Der ‹Brand›, der Getreide und Kartoffeln befällt, ist eine *menschliche Erfindung*, denn wenn es dem Menschen darauf ankäme, anstatt Kartoffeln oder Getreide Parasiten anzubauen, dann gäbe es keinen

‹Brand›, sondern nur die notwendige Ernährung der Parasitenkultur.» Auf seinem Standpunkt beharrend schreibt er: «Im Reich der Natur hat die Oberschenkelfraktur eines Siebzigjährigen nicht mehr Bedeutung als das Abfallen des Blattes vom Zweig im Herbst.»[4]

Wie kann ich aber dann den hellhörigen Kritikern, die dieses Buch sicher «wertebefrachtet» nennen werden, fundiert antworten? Ich kann ihnen recht geben und mich bemühen, zu erklären, warum eine derartige Kritik am Wesentlichen vorbeigeht. Erstens: Anpassung deutet nicht auf einen moralischen Lebenswandel – und darin liegt selbstverständlich ein Werturteil –, Anpassung deutet auf *Erfolg* hin, und wenn ich von «Erfolg» spreche, meine ich nicht bloß Erfolg in den Augen anderer. Alan Poe zum Beispiel war tatsächlich «fröhlicher Stimmung».

Zweitens: es trifft zu, daß unreife Abwehrmechanismen – anders als Lepra oder Furunkel – auf verlassenen Inseln verschwinden; es trifft ebenfalls zu, daß psychische Gesundheit, so wie sie in diesem Buch dargestellt wird, als *sozialer Erfolg* zu definieren ist. Sicherlich kommen den in diesem Buch zugrunde gelegten Kriterien der psychischen Gesundheit, «Lieben und Arbeiten», ebenso wie den unreifen Abwehrmechanismen auf einsamen Inseln keine besondere Bedeutung zu. Dennoch bildet «Lieben und Arbeiten» das Ziel der menschlichen Gesellschaft – ausnahmslos jeder Gesellschaft.

Drittens würde ich den Soziologen darin zustimmen, daß psychiatrisches «Etikettieren» Gefahren mit sich bringt. Durch Diskriminierung und die Verwechslung von Gesundheit mit Krankheit und von Krankheit mit Minderwertigkeit kann die Gesellschaft einem Menschen tiefe Wunden zufügen. Was Alan Poe dazu trieb, sowohl Kriegsdienstverweigerer als auch Homosexueller zu werden, waren nicht «kranke», sondern «gesunde» Beweggründe. An der Reaktion der Gesellschaft hatte er sein Leben lang schwer zu tragen. Andererseits war James O'Neills Alkoholismus tatsächlich eine «Krankheit» und keineswegs der Ausdruck «moralischer Verworfenheit», als den die Firma, für die er arbeitete, ihn ansah. Ihm war nicht geholfen durch die Tatsache, daß die Gesellschaft, seine Frau und das medizinische Versorgungssystem erst einmal zwanzig Jahre abwarteten, bevor sie ihm das Etikett «Alkoholiker» zubilligten; vielmehr trug er schweren Schaden davon. Sobald James O'Neill offen bekennen durfte: «Ich bin Alkoholiker», befand er sich schon auf dem Weg zur Besserung, ebenso wie sich Alan Poe zu der Zeit, als er sagen konnte: «Ich bin homosexuell», auf das Ziel des Sichakzeptierens zubewegte. Die Soziologen sind im Irrtum, wenn sie meinen, es gäbe keinen Unterschied zwischen biologischen und sozialen Wertsetzungen.

Viertens hat der Mediziner nur dann eine Chance, im Streit mit dem Soziologen Sieger zu bleiben, wenn er empirische Beweise anführt. Die Werturteile dieses Buches basieren auf den Lebensläufen von hundert wirklichen Menschen, die fünfunddreißig Jahre lang beobachtet und systematisch miteinander verglichen worden sind. Von dieser Grundlage konkreter Resultate her möchte ich noch einmal bekräftigen, daß es für eine Auster besser, gesünder und schöner ist, aus einem Sandkorn eine Perle zu machen als sich mit der Behinderung durch ein entzündetes, schwächendes Geschwür abzufinden.

Mag ich auch ein ungenügender, voreingenommener Beobachter sein, so schließt die Biologie doch Täuschungen aus. Wie sich die Tatsache, daß der Körper schützende Hornhaut bildet, nicht leugnen läßt, so ist auch an der Existenz von Abwehrmechanismen nicht zu zweifeln. Wenn Goodharts Altruismus Ihnen gesünder erscheint als Tarrytowns Vorurteilsbefangenheit, dann teilen Sie meine Werte; es stellt jedoch kein Werturteil dar, zu behaupten, daß sich Altruismus als psychischer Prozeß von Projektion unterscheidet, und zu beobachten, daß er erfahrungsgemäß zu unterschiedlichen sozialen Folgen führt. In den von Empathie geleiteten Bürgerrechtsmärschen Martin Luther Kings auf Selma und Birmingham starben weniger Menschen als durch die paranoiden Ketzer- und Hexenverbrennungen der Inquisition.

Die Tatsache, daß Hakenwurm und Epilepsie in einigen Kulturen sozial akzeptiert werden, macht sie noch lange nicht zu Faktoren, die einer Anpassung günstig sind; ebenso braucht Homosexualität allein dadurch, daß sie als Krankheit eingestuft wird, in einer einsichtigen Gesellschaft noch nicht als Versagen zu gelten. Empirisch betrachtet behindern Alkoholismus und Hakenwurmbefall eine Vielzahl anderer Funktionen. Homosexualität, unkritisches Wählen der Kandidaten der demokratischen Partei oder regelmäßige Lektüre des Wirtschaftsblattes *Wall Street Journal* hat relativ wenig mit Anpassung zu tun.

Fünftens: manche Soziologen beharren in einer Weise auf der Relativität des Gesundheitsbegriffs, die schon fast an Dissoziation grenzt. Rousseaus «edler Wilder» wie auch Laings überlegener Schizophrener stellen Gestalten dar, die die Wirklichkeit idealisieren. Mit ihrer Leugnung menschlichen Leidens grenzen diese Vorstellungen an Marie Antoinettes sorgenfreie Schäferinnen oder an Stephen Forsters glückliche Schwarze. Will man herausfinden, ob jemand wirklich «fröhlicher Stimmung» ist, so muß man ihn fragen, und zwar möglichst nicht mit einem Multiple-Choice-Fragebogen.

Schließlich stellt «sozialer Erfolg» in jedem Falle, selbst wenn er sehr idealistisch definiert wird, ein Werturteil dar, und dasselbe gilt für den Begriff der Vorwärtsbewegung und der Geschwindigkeit. Alle drei – Geschwindigkeit, Vorwärtsbewegung und sozialer Erfolg – sind vom Blickpunkt des Beobachters abhängig. Doch wenn wir unseren Lebensraum verstehen wollen, kommen wir ohne diese Urteile nicht aus.

Norman Zinberg warnt vor einer Vereinfachung der Phänomene, die notwendigerweise immer zur Verfälschung führt, so daß «die Suche nach dem, was psychische Gesundheit ist, schließlich zum Selbstzweck werden kann. Diese Suche kann uns weiterbringen, wenn wir bereit sind, zu *kämpfen*, sie kann uns aber auch demoralisieren, falls wir zu dem Schluß kommen, das höchste Ziel sei eine ideale Gesellschaft von Menschen, die ihr Leben lang immer nur ‹gesund› sind.»[5] Als er hörte, wie viele Abwehrmechanismen sogar einer der gesündesten Männer der Grantstudie aufwies, rief ein älterer Kollege aus: «Nein so etwas, welch Vielzahl pathologischer Züge!» Er ließ dabei einen Moment lang außer acht, daß die Anpassungsvorgänge immer auch heftige Reaktionen auf Veränderungen, Krankheiten und Schwankungen in der Umwelt widerspiegeln.

Zinberg erhebt seine Mahnung, bei der Definition und Anwendung des Begriffes «Gesundheit» stets mit Vorsicht und Zurückhaltung zu Werke zu gehen, mit Recht. Deshalb scheint es mir beim Abschluß dieses Kapitels angebracht, noch einmal zusammenzufassen, worin entsprechende methodische «Vorsichtsmaßnahmen» bei der Erforschung der Gesundheit bestehen könnten. Erstens: Gesundheit ist stets weit zu definieren und in relative und vorläufige Begriffe zu fassen. Zweitens: jedes Gesundheitskonzept ist empirisch auf seine Gültigkeit zu prüfen. Drittens: die Überprüfung der Gültigkeit eines Konzepts hat unter besonderer Berücksichtigung kulturvergleichender Studien zu erfolgen. Schließlich darf niemand, der auf dem Feld der Gesundheit forscht, die Unterschiede zwischen wahrer Gesundheit und wertbezogener Moralauffassung, zwischen menschlicher Anpassung und dem Darwinschen Gedanken des Überlebens der Tüchtigsten, zwischen echtem Lebenserfolg und bloßer Anbetung des Götzen Erfolg aus dem Auge verlieren.

Wie könnte eine weite Definition der psychischen Gesundheit lauten? Marie Jahoda liefert in ihrem Buch ‹Current Concepts of Mental Health› wohl die bisher beste Definition.[6] Ohne den Zwang, bei wirklichen Individuen besondere Merkmale aufzeigen zu müssen, führt Jahoda sechs allgemeine Grundzüge der psychischen Gesundheit an. Psychisch gesunde Individuen sollten eine Verbindung zu ihrer eigenen Identität und zu ihren Gefühlen haben; sie sollten zukunftsorientiert und auf lange Sicht gesehen in fruchtbarer Auseinandersetzung mit dem Leben begriffen sein. Sie sollten über eine integrierte Psyche verfügen, die sie streßresistent macht. Sie sollten Autonomie besitzen und imstande sein zu erkennen, was ihren Bedürfnissen entspricht; sie sollten die Realität unverzerrt wahrnehmen und dennoch Einfühlungsvermögen besitzen. Sie sollten ihre Umwelt meistern – arbeits-, liebes- und spielfähig sein und Probleme wirksam lösen können.

Obwohl dieses Buch in einem ganz anderen Begriffsrahmen steht, braucht es doch nicht allzuviel Vorstellungsvermögen, um sich darüber klarzuwerden, daß Unterdrückung, Antizipation, Humor, Altruismus und Sublimierung die sehr abstrakten Qualitäten fördern, die Jahoda mit «Gesundheit» gleichsetzt, und daß andererseits Phantasie, Masochismus, Ausagieren, Projektion und Hypochondrie jedem der genannten Kriterien entgegenstehen.

Leo Kass, forschender Professor für Bioethik und Neurologie, weist in einer brillanten Widerlegung Peter Sedgwicks darauf hin, daß das englische Wort für Gesundheit, «health», wörtlich «Heilsein» und «heilen» (to heal) eigentlich «heil machen» bedeutet. Er definiert Gesundheit als «die Aktivität des lebendigen Körpers in Übereinstimmung mit seinen spezifischen Fähigkeiten» und weitet diese Definition dann anschaulich aus.

«Was zum Beispiel ist ein gesundes Eichhörnchen?» so fragt sich Kass. «Gewiß ist es nicht das Bild eines Eichhörnchens, auch nicht wirklich oder jedenfalls nicht ausschließlich ein Eichhörnchen im Schlafzustand, nicht einmal das Zusammenspiel von normalem Blutdruck, Blut-Kalzium-Spiegel, Zinkgehalt des Körpers, normaler Verdauung, Fruchtbarkeit und ähnlichem. Nein, das gesunde Eichhörnchen ist ein Kerlchen mit einem buschigen Schwanz, das wie ein Eichhörnchen aussieht und sich wie ein solches verhält, das mit großem Wagemut von einem Baum zum andern springt, das Eicheln sammelt, vergräbt, mit Erde bedeckt und sie später ausgräbt und neu entdeckt, das hoch oben thronend seine Nüsse knackt und sich schnüffelnd vergewissert, ob Gefahr droht, das wach und vorsichtig ist und rhythmisch mit seinem Schwanz schlägt, das schwatzt und wirbt und sich paart und seine Jungen in geräumigen, seltsam aussehenden Nestern in der Baumkrone aufzieht, das mit Energie kämpft und mit Schlauheit Futter sucht, das nicht nur Lebhaftigkeit, sondern sogar Ärger und mehr Umsicht als viele Menschen zeigt.

Zusammenfassend läßt sich sagen: Gesundheit ist ein natürlicher Standard, eine natürliche Norm, und damit weder eine moralische Norm noch ein ‹Wert›, den man einem ‹Faktum› gegenüberstellt, noch eine Verpflichtung, sondern ein Seinszustand, der sich als Aktivität zeigt.»[7]

Auch bei Jane Loevinger klingt die Komplexität von Kass' gesundem Eichhörnchen an, wenn sie schreibt: «Je tiefer man in diese Materie [die reife Ich-Entwicklung] eindringt, desto stärker erhebt sich der Anschein, als seien Impulskontrolle, Charakterentwicklung, zwischenmenschliche Beziehungen und bewußte Inhalte in der Tat Aspekte eines einzigen Prozesses, so eng miteinander verwoben, daß man sie kaum einzeln definieren, geschweige denn messen kann.»[8]

Zur Klärung der Wertfrage im Bereich der psychischen Gesundheit sollten wir uns jedoch ebenso der wissenschaftlichen Methode bedienen. Die Pockenschutzimpfung hat sich durch Generationen hindurch als wirksam erwiesen, während das Aderlassen bei Fieber und der Insulinschock bei Schizophrenen bald als medizinische Eintagsfliegen zu erkennen waren. Die somatische Medizin hat Kriterien entwickelt, mit deren Hilfe sich auch Beobachter unterschiedlicher Vorbildung und Auffassung darüber einigen können, was gesund und was krank ist; wir müssen für den Bereich der psychischen Gesundheit entsprechende Kriterien ausarbeiten. Nirgendwo ist die Genauigkeit und Strenge des experimentellen Vorgehens mehr am Platze als bei der begrifflichen Erfassung und Handhabung der unreifen Abwehrmechanismen, die während der Interaktion mit dem Beobachter jede klare Sicht der Dinge verzerren. Im Bereich der Kriminaljustiz wird die Notwendigkeit rationaler Einschätzung besonders deutlich.

Die schwerwiegendste Begrenzung dieses Buches liegt darin, daß es die dritte «Vorsichtsmaßnahme» mißachtet. Die Grantstudie erstreckt sich ganz offensichtlich *nicht* über mehrere Kulturen. Immer und immer wieder wird meine Glaubwürdigkeit durch die Tatsache untergraben, daß die untersuchte Stichprobe keine Frauen und nur Collegeabsolventen enthält; daß keine Schwarzen, aber nur Amerikaner vertreten sind; daß kein nach 1924 Geborener, aber nur nach dem Ausbruch des Ersten Weltkriegs Geborene darunter sind. In einer Einzelstudie geraten experimentelle Methode und die Notwendigkeit zu kulturvergleichender Validierung jedoch heftig miteinander in Konflikt. Stellen Sie sich den Wirrwarr vor, der entstanden wäre, wenn sich die Studie mit tausend wahllos aus der Weltbevölkerung der letzten fünfzig Jahre herausgegriffenen Menschen beschäftigt hätte. Wie hätte man kontrollieren sollen, wieweit man es mit den Auswirkungen unterschiedlicher Ernährungsweisen und Kultureinflüsse, den Folgen von Seuchen, Kriegen, mangelndem Einfühlungsvermögen bei den Beobachtern oder auch der unterschiedlichen Übersetzbarkeit emotional befrachteter Wörter zu tun hatte?

Der Leser muß selbst entscheiden, wo die Männer der Grantstudie für den Menschen schlechthin stehen können und wo der allgemeinmenschliche Vorgang des Verheilens einmal geschlagener Wunden an ihnen sichtbar wird, und wo sie nichts als die fremden Sitten einer vielleicht wenig vertrauten Gruppe widerspiegeln. Meine eigene Vermutung geht dahin, daß kulturvergleichende Untersuchungen zeigen werden, daß psychische Gesundheit in den verschiedenen Teilen der Welt keineswegs in so unterschiedlicher Form auftritt, wie wir es vielleicht erwarten würden. Denken wir zum Beispiel daran, daß die Ernährungsweisen eines New Yorker Bauarbeiters, eines japanischen Aristokraten und eines australischen Ureinwohners außerordentlich verschieden erscheinen, obwohl das gesunde Gleichgewicht der Grundnährstoffe, durch die die jeweilige Kost erst nahrhaft wird, bei jeder der genannten Ernährungsweisen ziemlich konstant dasselbe ist.

Als letzte Vorsichtsmaßregel bei der Erforschung der Gesundheit gilt es darauf zu achten, gesunden Erfolg nicht mit Materialismus zu verwechseln. Ich muß eingestehen, daß die Grantstudie beides nicht immer ganz klar auseinandergehalten hat. Das vorliegende Buch, das ja von der Anpassung handelt, berührt Themen von Herbert Spencer und Charles Darwin, und in Übereinstimmung mit diesen beiden Forschern geht es davon aus, daß nur die Tüchtigsten überleben. Muß man aus der Tatsache, daß wir Steven Kowalski als das Musterbild des gesunden Menschen betrachten, folgern, daß es im Leben allein auf ein schlagkräftiges Angriffs- und standhaftes Abwehrverhalten ankommt? Sollte man dann nicht, wenn man schon nicht gewinnen kann, das Spiel lieber gleich aufgeben? Beileibe nicht.

Das Problem bei der in der Grantstudie untersuchten Stichprobe lag weniger darin, daß es sich dabei um Männer und um sozial Privilegierte handelte, sondern daß sie nach Selbstvertrauen ausgelesen waren und ihr Leben lang vom Gespenst der Leistungsbesessenheit (overachievement) verfolgt wurden. Bei einigen der Männer war ein Leben in stiller Verzweiflung der Preis, den sie für ihren Berufserfolg bezahlten, und trotz gesunder Ich-Funktionen und sichtlichem Erfolg opferten sie eine gesunde Abhängigkeit, Eheleben und Muße. Doch vergessen wir nicht, daß ruhelose Aktivität beim Menschen, nicht anders als der groteske Wuchs sehr alter, doch überlebender Bäume, dem Verheilen von Wunden dienen kann. Arbeitssüchtige wie Kane und Newton spielten ein gutes Spiel mit den Karten, die das Leben ihnen in die Hand gedrückt hatte. Tatsächlich läuft das ganze elfte Kapitel auf den Nachweis hinaus, daß beruflicher Erfolg entgegen unseren Befürchtungen gewöhnlich *nicht* mit der Verkümmerung des Familienlebens einhergeht.

Ein Umweg mag uns helfen, das Gegensatzpaar gesunder Erfolg – Materialismus weiter zu klären. Gesundheit ist nicht gleich Ruhm, Ruhm nicht gleich Gesundheit. Gesundheit bedeutet geglückte Lebensführung, was etwas ganz anderes ist. Man hat mich gefragt, welche Rolle das Glück im Leben der Männer der Grantstudie gespielt habe. Im allgemeinen antworte ich darauf, daß der jeweilige Anpassungsstil, wenn man das ganze Leben betrachtet, den erreichten Endzustand offenbar weitaus stärker beeinflußt als die Schläge, die der Zufall den Männern zufügt. Nach Beendigung der Kindheit fanden wir kaum mehr eine Beziehung zwischen Glück und gesunder Entwicklung.

Glück und Ruhm schienen jedoch untrennbar miteinander verbunden. Vier der Männer, vier der gesündesten, ehrgeizigsten und verantwortungsbewußtesten Teilnehmer der Studie hatten kein Glück und mußten auf Ruhm verzichten; zufällige Ereignisse hinderten sie daran, ihr – vielleicht gefährlich hohes – Potential auszuschöpfen. In gewisser Weise erinnerte jeder dieser Männer ein bißchen an Ikarus: zu nahe an die Sonne heranzufliegen, ist immer gefährlich.

Einer der vier, ein Mann, dem ein Platz in jedem Schulgeschichtsbuch sicher schien, wurde sinnlos dahingemordet, bevor er den Gipfel erreichte. Die außergewöhnlichste Führerpersönlichkeit in einer der großen Städte der USA, die auf der Anpassungsskala der Grantstudie ein geradezu perfektes Ergebnis erzielte, erlag als Fünfzigjähriger einem überraschenden Herzanfall. Ein Dritter hatte das Pech, in der Zeit nach den Studentenunruhen von 1967 Collegepräsident zu werden, als die Unterstützung durch die großen Stiftungen immer spärlicher floß und er zudem in seiner Familie mit einer Folge schwieriger äußerer Umstände zu kämpfen hatte. In jedem anderen geschichtlichen Abschnitt hätte sein Weg weiter nach oben an die Spitze einer der bedeutendsten Universitäten geführt, während er so auf halbem Wege zum Stillstand gekommen war. Ein vierter Mann hatte eine glänzende Karriere als Politiker gemacht, wobei er durch harte Arbeit Schritt für Schritt nach oben gekommen war; seine Karriere zerbrach, als sich ihm nacheinander zwei Gegner stellten, die beide jeweils einer Sorte Mensch angehörten, gegen die zu kämpfen ihm unmöglich war. Zwei aufeinanderfolgende Wahlniederlagen kann sich jedoch kein Politiker erlauben.

Betrachtet man das Leben jedes dieser Männer bis zu dem verhängnisvollen «Zwischenfall», so bietet es sich als eine Reihe ungeschmälerter Erfolge dar. Jeder der Männer hatte die Nachwirkungen einer freudlosen Kindheit oder psychische Behinderungen mit gesundem Stoizismus, mit Unterdrückung und Energie bezwungen. Jeder der Männer gehörte zu den Bestangepaßten. Jeder hatte außergewöhnlich herzliche Beziehungen genossen. Doch wahrscheinlich hätte sich jeder dieser Männer zu einem früheren Zeitpunkt seines Lebens damit bescheiden sollen, sich in größerer Nähe zu den Mittelmäßigen anzusiedeln. Ich glaube, daß der Erfolg deshalb für die Mehrzahl der Männer der Grantstudie so «gesund» schien, weil sie im richtigen Augenblick aufhören konnten.

17. Kapitel Zusammenfassung

> Unser ganzes Leben lang stehen wir in dem Prozeß der Anpassung an unsere Umgebung; das ganze Leben ist ein einziger Akkommodationsvorgang. Geht es uns ein wenig daneben, sind wir dumm. Geht es sehr daneben, sind wir verrückt. Ob unser Leben gelingt oder nicht, hängt davon ab, ob unsere Akkommodationsfähigkeit die Anstrengung, innere und äußere Gegebenheiten miteinander zu vereinbaren und aneinander anzupassen, bewältigen kann oder ob sie darunter zusammenbricht.
>
> SAMUEL BUTLER
> *The Way of All Flesh*

«Bei der Erforschung des optimalen menschlichen Funktionierens», so schreibt ein führender Psychologe, «sollten wir auch die faktischen Beziehungen erhellen, die mit darüber entscheiden, welche Werte der einzelne und die Gemeinschaft verfolgen.»[1] Worin bestehen also die wichtigen Lektionen, die ich durch die zufällige Bekanntschaft mit den Männern der Grantstudie gelernt habe? Welches sind die hauptsächlichen Lehren, die ich nach der Beobachtung von fünfunddreißig Jahren ihrer Lebensläufe weiterreichen möchte?

Meine erste Schlußfolgerung besagt, daß es kaum je isolierte traumatische Ereignisse sind, die das Leben des Individuums prägen. Damit ist nicht gesagt, daß der vorzeitige Tod eines Elternteils, die unerwartete Bewilligung eines Stipendiums, die zufällige erste Begegnung mit dem späteren Ehegatten oder ein Herzanfall nicht zu einer jähen Veränderung in der Lebensbahn führen könnten. Natürlich haben auch unerwartete Ereignisse eine Auswirkung auf unser Leben, genauso wie eine falsch gewählte oder aufs Geratewohl genommene Kurve eine Irrfahrt durchs Gelände zur Folge haben kann. Aber die Qualität der ganzen Reise wird kaum durch eine einzige Kehre verändert. Die Lebensumstände, die wirklich auf unsere Gesundheit einwirken, die Umstände, die uns die Anpassung erleichtern oder die Weiterentfaltung hemmen, sind – im Unterschied zum Ruhm – nicht isolierte Ereignisse. Ob wir glücklich oder unglücklich werden, darüber entscheidet offenbar die ständige Wechselwirkung zwischen den von uns gewählten Anpassungsmechanismen und unseren lang andauernden Beziehungen zu anderen Menschen. Obwohl der Verlust eines Elternteils die psychische Gesundheit von Kindern und Heranwachsenden ernsthaft beeinträchtigen kann, zählte bei den Männern der Grantstudie der einzelne, in der Kindheit erlittene Verlust nicht zu den wesentlichen Determinanten ihrer Lebensanpassung in den mittleren Jahren. Keine Laune des Schicksals, kein Freudsches Trauma, keine gewaltsame Trennung von einem geliebten Menschen wirkt so verheerend auf den menschlichen Geist wie ein länger dauerndes, ambivalentes Verhältnis, aus dem wir uns nicht zu lösen vermögen. Was die Anpassung im Erwachsenenleben beeinträchtigte, war weniger der plötzliche Verlust eines Elternteils als vielmehr die ständige Gegenwart eines gestörten Elternteils, weniger ein gestörtes Verhältnis zu einem der Eltern als vielmehr eine im gesamten gestörte Kindheit. (Die Depressionen und affektive Verarmung seiner verwitweten Mutter haben Oliver Kane in seiner frühen Kindheit wahrscheinlich tiefer getroffen als ihr Tod, als er fünfzehn war.) Im Rahmen der Präventivpsychiatrie wird man gut daran tun, den Kindern psychisch kranker und/oder Alkoholiker-Eltern in den Schulen und den psychischen Beratungsstellen der Gemeinden besondere Aufmerksamkeit zu schenken.

Meine zweite Schlußfolgerung lautet, daß Adolf Meyer mit seiner Behauptung, es gäbe keine psychischen Krankheiten, sondern nur charakteristische Reaktionsweisen auf Streß, eher recht als unrecht hat. Nicht daß ich völlig mit Meyer übereinstimmte: organische Gehirnschäden können sicherlich spezifische Krankheiten hervorrufen; die manisch-depressive Psychose ist wahrscheinlich genetisch bedingt; die durch länger anhaltenden Alkoholismus hervorgerufene Zerstörung eines Menschen kann die Gestalt einer Krankheit annehmen; und schließlich könnte sich sehr wohl herausstellen, daß es sich bei der Schizophrenie um einen angeborenen Defekt und nicht um ein Scheitern der Anpassungsvorgänge handelt. Doch ein Großteil dessen, was in unseren Lehrbüchern und in der diagnostischen Terminologie als «Krankheit» erscheint – die Neurosen, die Depressionen, die Persönlichkeitsstörungen – ist lediglich das äußere Anzeichen für innere Kämpfe, mit denen sich das Individuum an das Leben anzupassen versucht. Diese «Krankheiten» stellen ständige Anpassungsvorgänge dar, die irgendwann einmal bemerkt und durch ein «Etikett» vergegenständlicht worden sind.

Mit anderen Worten: eine psychische Erkrankung ähnelt zumeist mehr der rötlichen, empfindlichen Schwellung in der Nähe eines Knochenbruches, durch die der Knochen stillgelegt wird, so daß er verheilen kann, als dem konkreten biochemischen Defekt einer Diabetes. Wir brauchen unseren Blickpunkt nur ein klein wenig zu verschieben, um das, was bislang als neurotische Phobie oder als gemeines Vorurteil erschien, als Bestandteil eines verstehbaren Anpassungsprozesses zu begreifen. Claude Bernard hat das schon 1856 klar gesehen, als er schrieb: «Wir werden nie eine wissenschaftliche Medizin haben, solange wir die Erklärung der pathologischen von der der normalen, lebenswichtigen Phänomene trennen.»[2] Einer der größten Fortschritte der modernen Chirurgie besteht in der Erkenntnis, daß das einzige, was getan werden kann, um das Verheilen einer Wunde zu beschleunigen, darin besteht, daß man die dabei ablaufenden Vorgänge so gut zu verstehen sucht, daß man sie nicht behindert.

Die bei Entzündungen auftretenden Symptome Rubor, Calor, Turgor* und Schmerz wurden seit dem Mittelalter nicht als Krankheitserscheinungen, sondern als normale menschliche Reaktionen betrachtet. In neuerer Zeit hat die Medizin die der Entzündung zugrunde liegende Aktivierung der weißen Blutkörperchen, der Antikörper, der Kapillarausscheidungen und Nervenenden als durchaus gesund und normal erkannt. Dasselbe gilt für einen großen Teil der psychischen Erkrankungen und chronischen Fehlverhaltensformen. Wir müssen den gesunden Entzündungsvorgang verstehen und unterstützen, anstatt ihn zu behandeln oder zu bestrafen.

Angst und Depression werden – nicht anders als Blasen und Brüche – zum Preis für ein Leben, das vor Wagnissen nicht zurückscheut. Indem wir es wagen, zu leben und erwachsen zu werden, schaffen wir Störungen des inneren Gleichgewichtes zwischen unseren Gewissens- und Triebansprüchen und zwischen diesem anfälligen Gleichgewicht und den Menschen, die wir lieben. Gewiß kann der Arzt Geschwüre öffnen und Phobien desensibilisieren, Schlacken entfernen und Ängste betäuben – doch genau wie in der Medizin wird

---

* Rubor – Rötung der Haut; Calor – Erwärmung entzündeten Gewebes; Turgor – gespannter Zustand des Gewebes.

auch ein Großteil der Psychiatrie zu einem einfachen Unterstützen der natürlichen Heilungsvorgänge.

Wenn ich jedoch erkläre, daß psychische Erkrankungen größtenteils Anpassungsreaktionen und nicht eigenständige Defekte darstellen, heißt das nicht, daß die Ärzte das Feld der psychischen Gesundheit räumen, sondern nur, daß sie es auch anderen öffnen sollten. Ich behaupte einerseits, daß die Lebensanpassung ein biologischer Prozeß ist und damit in das Gebiet der Mediziner und nicht in das der Philosophen und Metaphysiker fällt. Andererseits behaupte ich, daß die Biologie von jedem verstanden werden kann. Genauso wie ein Patient mit Bluthochdruck das Recht hat, selbst seinen Blutdruck zu messen, und eine schwangere Frau bei Bewußtsein bleiben und das Geschehen im Kreißsaal mitlenken darf, während sie ihr Kind zur Welt bringt, genauso ist es auch überhaupt kein besonderer, heiliger oder furchterregender Vorgang, Genaueres über die Abwehrmechanismen des Ichs zu erfahren. Es gibt in der Biologie vieles, was wahr und mitteilbar ist.

Die dritte Schlußfolgerung dieses Buches – sie ergibt sich aus der zweiten – besteht darin, daß ich mich bemüht habe, achtzehn grundlegende Anpassungsmechanismen zu beschreiben und zu differenzieren. Ich hoffe, den Leser davon überzeugt zu haben, daß die einzelnen Abwehrmechanismen sich voneinander unterscheiden und daß die Unterschiede zwischen ihnen wesentliche Konsequenzen mit sich bringen.

Die in diesem Buch aufgestellte Hierarchie der Abwehrmechanismen kann zur Vorhersage der Persönlichkeitsentwicklung und zur Bestimmung psychischer Gesundheit im Erwachsenenalter eingesetzt werden. Die Abwehrmechanismen können als die entscheidenden Variablen darüber Auskunft geben, ob der Umweltstreß zur Verrücktheit oder zur Bildung von «Perlen» führt. Anders gesagt: ein Großteil des bei emotional Kranken beobachteten erhöhten Stresses ist *Folge* und nicht Ursache dürftiger Anpassung. Wenig geglückte Anpassung führt zu manifesten Ängsten und zu Depressionen, wodurch umgekehrt die Resistent gegen Streßfaktoren herabgesetzt wird. Geglückte Unterdrückung wiederum erhöht unsere Schmerztoleranz.

Eine der wichtigsten Lehren, die ich von diesen Männern erhalten habe – eine der großen aus der prospektiven Erforschung von Lebensläufen zu ziehenden Erkenntnisse – ist der begleitende Befund, daß die «unangenehmen Typen» auf dieser Welt weder von Geburt an so waren noch durch ihren eigenen Willen dazu geworden sind. «Unangenehme Typen» haben sich durch ihre unbewußten Anpassungsbemühungen an eine Welt, die ihnen nicht vernunftgeleitet erscheint, zu dem entwickelt, was sie sind. Manchmal müssen wir erst alle Einzelheiten über ganze Ereignisketten in ihrem Leben kennen, um sie lieben zu können, doch normalerweise fehlt dieses Wissen, selbst bei unseren eigenen Angehörigen. Dank des durch die Grantstudie ermöglichten außergewöhnlichen Einblicks in das Leben der Männer gab es keinen unter den Untersuchungsteilnehmern, den ich am Ende nicht gemocht hätte. Der Grund lag nicht darin, daß sie so über die Maßen liebenswert oder ich unermeßlich tolerant gewesen wäre: ich mochte sie, weil ich sie verstehen konnte. Ein großer Teil dessen, was wir gewöhnlich als Ausdruck von Psychopathologie ansehen, weist auf einen potentiellen Heilungsprozeß hin.

Das Verständnis einer differenzierten Abwehrhierarchie ermöglicht uns außerdem, anderen auch in Streßsituationen oder Notfällen auf rationalere Art zu helfen. Wir sollten reifen Abwehrmechanismen mit Achtung begegnen und lernen, sie zu bewundern und zu unterstützen. Im Falle von Stoizismus, Altruismus und künstlerischer Kreativität gibt es kaum einen Grund, einzugreifen, während bei Fanatikern und Kriminellen entweder eine Konfrontation mit dem eigenen Verhalten oder eine Hilfeleistung erfolgen muß. Es wird uns kaum je gelingen, unreife Abwehrmechanismen mit Hilfe von Argumenten, Interpretation oder Bestrafung aufzubrechen. Und ein letztes: wenn wir in Psychotherapie und interpretierender Beratung mit Erfolg arbeiten wollen, müssen wir nach Möglichkeit Klienten mit neurotischer Abwehr aussuchen – den Phobiker mit seiner Verschiebung, den Zwangsneurotiker mit seiner Isolierung und seinem Ungeschehenmachen und den Hysteriker mit seiner neurotischen Verleugnung und seiner Verdrängung. Neurotiker werden sich stets am stärksten verändern und am dankbarsten sein.

Zugegeben: Abwehrmechanismen existieren nicht konkret; wie die Schwerkraft sind sie nur logisch einleuchtend. Durch ihr Verständnis kann jedoch das Irrationale rational und der Ungeliebte liebenswert werden. Abwehrmechanismen, die wir nicht erkennen, können uns erschrecken und durch Ansteckung auf uns übergreifen. Ein Großteil der irrationalen und überflüssigen Komponenten unseres Strafrechtssystems haben ihren Ursprung darin, daß wir weder die Anpassungsweisen des Kriminellen noch die der geschädigten Gesellschaft ganz verstehen. Es fällt uns außerordentlich schwer, unverkrampft und verständnisvoll zu reagieren, wenn wir angegriffen werden. Das unnötige Leiden in der Welt entsteht zu einem großen Teil aus der Tatsache, daß wir Abwehrverhalten als unverständlich betrachten, oder, anstatt uns um das Verständnis seiner Hintergründe zu bemühen, darauf reagieren, als sei es das, als was es an der Oberfläche erscheint.

Verständnis kann jedoch nur aus dem genauen Erkennen der Abwehr entstehen. Ein zeitgenössisches Beispiel liefert uns Martin Luther King, der erkannte, daß die Weißen ihren eigenen, auf Schuldgefühlen beruhenden Zorn auf die Schwarzen projizierten und es dann mit der Angst bekamen. Wer kann ermessen, wie viele Menschenleben King dadurch rettete, daß er imstande war zu sagen: «Wollen unsere weißen Brüder ihre Furcht wirklich überwinden, so brauchen sie nicht nur selbst christliche Nächstenliebe, sondern können auch auf unsere christliche Bruderliebe vertrauen, die wir ihnen entgegenbringen ... Der Neger muß den Weißen überzeugen, daß er Gerechtigkeit nicht nur für sich, sondern auch für den Weißen erstrebt.»[3]

Nachdem ich zehn Jahre mit dem Problem des Ursprungs der Abwehrmechanismen gerungen habe, werde ich mich nun mit dem Staunen über ihren Einfallsreichtum und dem Vergnügen, sie hin und wieder verstehen zu können, zufriedengeben. Ich kann nicht erklären, *warum* in einem bestimmten Fall gerade diese Abwehrmechanismen auftreten und nicht jene. Meiner Ansicht nach ist die Entstehung der Abwehrmechanismen genauso wie die Entstehung von Humor und Kunst von vielen Determinanten abhängig. Alle drei erfordern eine bestimmte Mischung aus Konflikten, innerer Kraft und früherer äußerer Hilfe. Alle erfordern Schmerz, Talent, ein aufnahmebereites Publikum, kulturelle Duldung und eine seltene Mischung aus Identifikation, Selbstdisziplin und Spontaneität. Genetische Anlagen, Eltern-Einflüsse, enge Beziehungen und Einsamkeit spielen allesamt bei der künstlerischen Schöpfung eine Rolle, und ich könnte mir vorstellen, daß die Wahl eines individuellen Abwehrmechanismus ähnlich komplex verläuft.

Die vierte Schlußfolgerung dieses Buches besagt, daß sich auch Erwachsene im Lauf der Zeit ändern. Unsere prospektiv erforschten Lebensläufe unterscheiden sich von dem Bild, das wir uns nachträglich von unseren Werdegängen machen. Wir waren nicht schon immer die kleinen Schmetterlinge, so wie wir es uns vorstellen. In der Rückschau sind es immer die Zeiten, die sich ändern; sobald wir erwachsen sind, meinen wir, schon immer erwachsen gewesen zu sein. Doch treten bei jahrelanger Beobachtung auch bei Erwachsenen überraschende Wandlungen und Entwicklungen zutage. Beim Erwachsenen sind Entwicklungssprünge zu beobachten, die den Unterschieden zwischen den Persönlichkeiten eines Neunjährigen und eines Fünfzehnjährigen gleichkommen. Lassen Sie uns die Akne als Analogie heranziehen. Im Querschnitt gesehen erscheint Akne als unheilbare Krankheit, die sich den Einwirkungen von Seife, Diät und den teuersten Dermatologen entzieht. In der Prospektiv- und Längsschnittbetrachtung wird sie zu einer Krankheit, die beim Zwanzigjährigen wahrscheinlich von allein und vorhersagbar verschwinden wird. Häufig verhält es sich mit psychischen Erkrankungen im Erwachsenenalter nicht viel anders.

Doch derartige Veränderungen sind weder unerklärlicher Zauber noch von außen bedingt. Ein Leben vom Querschnitt her verstehen zu wollen, kommt dem Versuch gleich, von der Mitte des Times Square aus übersehen zu wollen, wie der Verkehr fließt. Das Durcheinander ist beängstigend, und äußere Ereignisse erscheinen entscheidend. Tageszeit, Verkehrsampeln, Regen, zufällige Begleitumstände scheinen die Hauptrolle zu spielen. Doch sowie die Autos unter der Perspektive der Zeit betrachtet werden, verfolgen sie auf einmal alle eine bestimmte, wenn auch nicht völlig vorhersagbare Bahn, die – aus weiterer Entfernung gesehen – weit mehr durch den Fahrer des Wagens gelenkt wird als durch die komplexen äußeren Mächte, die am Times Square wirksam sind.

Als man mit der Arbeit an der Grantstudie begann, hoffte man, daß sie Vorhersagen ermöglichen würde, so daß der Berater im College nach Abschluß der Datenerhebung mit den Studenten im zweiten Semester sprechen und ihnen sagen könnte, was sie in ihrem Leben anfangen sollten. Dazu kam es jedoch nicht. Der Lebenszyklus ist mehr als eine unveränderliche Stufenfolge, die stets zu dem einen, vorhersagbaren Ergebnis führt. Da die Lebensläufe der Männer der Grantstudie voller Überraschungen steckten, kann die Studie auch keine Vorhersagetafel anbieten. Die Erforschung ganzer Lebensläufe ähnelt viel eher dem Studium der Himmelsnavigation: weder Himmelskarte noch Sextant können uns zeigen, *wohin wir gehen sollten*; wenn wir jedoch herausfinden wollen, *wo wir gerade sind*, leisten uns beide Instrumente unschätzbare Dienste. Sowohl in meinem eigenen Leben wie in meiner klinischen Arbeit mit Patienten habe ich in den Lebensläufen der Männer der Grantstudie außerordentlich nützliche Navigationshilfen gefunden.

Aber ich höre schon den Protest zahlreicher Leser: Warum umfaßt die Studie keine Menschen, die uns ähnlicher sind? Ich hoffe, daß wir alle, so wie die Kulturanthropologen es uns gelehrt haben, von eingehend erforschten, wenn auch einzigartigen menschlichen Populationen lernen können, seien es Trobriand-Indianer, die alten Griechen – oder eben die Männer der Grantstudie.

Die fünfte Schlußfolgerung dieses Buches lautet: psychische Gesundheit existiert tatsächlich. Im Gegensatz zu dem allgemein verbreiteten Glauben heißt «Glück im Beruf» auch «Glück in der Liebe»; das Fehlen äußerlich wahrnehmbaren emotionalen Kummers führt nicht zu Kopfschmerzen und Bluthochdruck, sondern zu robuster körperlicher Gesundheit; diejenigen, die am häufigsten zum Internisten gehen, gehen auch am ehesten zum Psychiater. Inneres Sichwohlfühlen, äußeres Spielenkönnen, objektiver beruflicher Erfolg, die reifen Abwehrmechanismen im Innern, die gute Beziehung zum Ehepartner – all das steht in deutlicher Wechselbeziehung zueinander, zwar nicht perfekt, doch immerhin so stark, wie Körpergröße und Gewicht korrelieren. Das paradoxe Leben Alan Poes ist die Ausnahme, nicht die Regel.

Ich bin heute nicht allein der Überzeugung, daß psychische Gesundheit greifbar vorhanden ist, sondern ich meine auch, daß sie als Dimension der Persönlichkeit existiert. Ich bin überzeugt, daß psychische Gesundheit ebenso wie Intelligenz und Musikalität als Kontinuum existiert und nicht bloß im Fehlen einzelner psychischer Krankheiten besteht. Langzeittherapien, namentlich Psychotherapien, sind wahrscheinlich wirksamer und besser zu beurteilen, wenn man den Fortschritt des Patienten entlang eines Kontinuums positiver äußerer Verhaltensweisen aufzeichnet, anstatt sich auf das Vorhandensein oder Nichtvorhandensein individueller Symptome zu konzentrieren.

Als Mitglieder der uns übergeordneten Gesellschaft haben wir die

Aufgabe, uns darum zu bemühen, daß unsere Kultur und unser eigenes Verhalten es anderen ermöglichen, zu spielen, Kunst hervorzubringen, ihre Arbeit mit Freude zu tun. Wir müssen den anderen helfen, auf eine Weise für ihre Kinder zu sorgen, daß diese Kinder liebesfähig werden. Wir alle sollten uns fragen, was wir tun können, damit aus der Projektion des Paranoikers ein Roman, aus der sexuellen Phantasie des Exzentrikers eine Plastik und aus dem Mordimpuls des Kriminellen kreative Mitarbeit an der Gesetzgebung oder ein so subtiles Gebilde wie ein Cartoon im *New Yorker* werden kann.

Trotz seiner psychoanalytischen Terminologie stimmt dieses Buch mit dem von Claude Bernard und Walter B. Cannon, den Vätern der Inneren Medizin, aufgestellten Modell der psychischen Gesundheit überein. Die Individuen, die zur Aufrechterhaltung der Homöostase (d. h. ihres physiologischen Gleichgewichts) fähig sind, überleben. Das gesunde Individuum ist konservativ – und zwar nicht im Sinne von «knauserig» oder «anal retentiv», sondern insofern, als es in der Lage ist, zu bewahren und seine persönlichen Kosten abzuschätzen. Hans Selye hat unrecht: es ist nicht der Streß, der uns umbringt. Wirkungsvolle Anpassung an den Streß ermöglicht uns, zu leben.

Wie würde ich nun abschließend die Anfangsfrage dieses Buches: «Was ist psychische Gesundheit?» beantworten? Lassen Sie mich mit derselben Parabel antworten wie die Hauptfigur aus Lessings großem Drama aus dem 18. Jahrhundert, ‹Nathan der Weise›. Der zornige Sultan hatte unter Androhung des Todes von Nathan verlangt, ihm unter Christentum, Islam und Judentum die einzig wahre Religion zu nennen. Behutsam wies Nathan, ein Jude, auf die Notwendigkeit hin, das Problem unter einer langfristigen Perspektive zu betrachten:

> «Vor grauen Jahren lebt' ein Mann im Osten,
> Der einen Ring von unschätzbarem Wert
> Aus lieber Hand besaß. Der Stein war ein
> Opal, der hundert schöne Farben spielte,
> Und hatte die geheime Kraft, vor Gott
> Und Menschen angenehm zu machen, wer
> In dieser Zuversicht ihn trug . . .»

Nathan berichtet dann, daß jeder der drei Söhne des Besitzers danach strebt, den Ring zu erben. Doch hat der liebende Vater, der seine Söhne alle gleichermaßen liebte, jedem von ihnen den gleichen Ring gegeben. Als seine drei Söhne nach seinem Tode bemerkten, daß nur einer von ihnen den echten Ring bekommen haben konnte, eilten sie zu einem Richter und baten ihn, den glücklichen Besitzer des echten Ringes zu nennen.

Nathan schildert dann den Richterspruch:

«Doch halt! Ich höre ja, der rechte Ring
Besitzt die Wunderkraft, beliebt zu machen,
Vor Gott und Menschen angenehm. Das muß
Entscheiden! Denn die falschen Ringe werden
Doch das nicht können! . . .
Es strebe von euch jeder um die Wette,
Die Kraft des Steins in seinem Ring an Tag
Zu legen! komme dieser Kraft mit Sanftmut,
Mit herzlicher Verträglichkeit, mit Wohltun . . .
Zu Hülf! Und wenn sich dann der Steine Kräfte
Bei euren Kindes-Kindeskindern äußern:
So lad ich über tausend tausend Jahre
Sie wiederum vor diesen Stuhl . . .»

Anhang A   Glossar der Abwehrmechanismen

Stufe I – «Psychotische» Mechanismen

Diese Mechanismen treten häufig bei Individuen unter fünf Jahren und in den Träumen und Phantasien Erwachsener auf. Für den *Benutzer* verändern diese Mechanismen die Realität; für den *Beobachter* erscheinen sie «verrückt». Sie zeigen die Tendenz, sich der Veränderung durch konventionelle psychotherapeutische Interpretation zu entziehen, *wandeln* sich jedoch bei Veränderung der Realität (z. B. durch Chlorpromazin, Beseitigung der Streßsituation, Entwicklung zur Reife.) Das betroffene Subjekt kann in der Therapie zeitweilig auf diese Mechanismen verzichten, wenn es starke zwischenmenschliche Unterstützung, verbunden mit direkter Konfrontation mit der verleugneten Realität, erfährt.

1. *Wahnhafte Projektion.*

Ausgeprägte Wahnvorstellungen im Hinblick auf die äußere Realität, gewöhnlich vom Typ des Verfolgungswahns.

Hierher gehören sowohl das Wahrnehmen der eigenen Gefühle bei einer anderen Person mit nachfolgendem, auf dieser Wahrnehmung beruhendem Handeln (z. B. bei voll ausgeprägtem Verfolgungswahn) als auch das Wahrnehmen anderer oder der Gefühle anderer buchstäblich im Inneren der eigenen Person (wie es z. B. in folgender Behauptung eines erregten depressiven Patienten zum Ausdruck kommt: «Der Teufel frißt mein Herz auf»). Dieser Mechanismus unterscheidet sich von der *Projektion* durch die Tatsache, daß die Realitätsprüfung praktisch ganz aufgegeben wird. Von der *Entstellung* unterscheidet er sich durch das Fehlen der Wunscherfüllung, von der *Introjektion* durch die Tatsache, daß die Verantwortung für die eingestandenen inneren Gefühle immer noch projiziert wird. In der toxischen Psychose organisiert die *wahnhafte Projektion* ansonsten chaotische Wahrnehmungen in anpassungsfördernder Weise.

2. *Verleugnung.*

Verleugnen der äußeren Realität.

Anders als die Verdrängung beeinträchtigt die *Verleugnung*, so wie sie hier definiert wird, die Wahrnehmung der äußeren Realität (z. B.: «Mädchen haben ebenfalls einen Penis») stärker als die Wahrnehmung der inneren Realität (z. B.: «Ich bin gar nicht verärgert»). Verleugnung schließt den Gebrauch von Phantasie als hauptsächlicher Ersatz für andere, insbesondere abwesende Menschen, ein (z. B.: «In Gedanken werde ich ihn mir neu erschaffen»).

3. *Entstellung.*
Grobes Umgestalten der äußeren Wirklichkeit entsprechend den eigenen inneren Bedürfnissen.

Entstellung umfaßt unrealistische Größenwahn-Vorstellungen, Halluzinationen, wahnhafte Wunscherfüllungsideen und das Auftreten anhaltender Gefühle wahnhafter Überlegenheit oder wahnhaften Anspruchs. Sie kann auch ständiges Verleugnen der Verantwortlichkeit für das eigene Verhalten einschließen. Außerdem beinhaltet sie die ins Unrealistische führende Beeinflussung von Handeln und Denken durch Zwangs- und Verfolgungsideen. In der Entstellung kann es auch zu einem als wohltuend empfundenen Verschmelzen und Einswerden mit einer anderen Person kommen (z. B.: «Jesus lebt in mir und antwortet mir auf alle meine Gebete»). Anders als bei der *wahnhaften Projektion*, bei der zur Linderung des eigenen Schmerzes die Verantwortung für offensive Regungen nach außen verlegt wird, werden bei der *Entstellung* unangenehme Gefühle durch ihr Gegenteil ersetzt. *Entstellung,* so wie sie sich im religiösen Glauben manifestiert, kann höchst anpassungsfördernd sein.

Stufe II – Unreife Mechanismen

Die Mechanismen dieser Stufe treten häufig bei «gesunden» Individuen im Alter von drei bis fünfzehn Jahren, bei Charakterstörungen und bei Erwachsenen in psychotherapeutischer Behandlung auf. Vom *Benutzer* her gesehen modifizieren sie zumeist den Schmerz, der durch die als bedrohlich empfundene zwischenmenschliche Intimität beziehungsweise durch drohenden Verlust derselben entsteht; vom Standpunkt des *Beobachters* aus erscheinen sie als gesellschaftlich unerwünscht. Obwohl sie sich der Beeinflussung widersetzen, *verändern* sich unreife Mechanismen durch Verbesserung der zwischenmenschlichen Beziehungen (d. h. bei persönlicher Reifung, einem reiferen Ehegatten, intuitiv begabteren Arzt, faireren Bewährungshelfer) oder durch wiederholte und überzeugende Interpretation im Rahmen einer über einen längeren Zeitraum durchgeführten Psychoanalyse oder auch durch die von der Gleichaltrigengruppe ausgehende Konfrontation.

4. *Projektion.*
Anderen die eigenen uneingestandenen Gefühle zuschreiben. Dazu zählen schwere Vorurteilsbefangenheit, Zurückweisung von Intimität durch ungerechtfertigtes Mißtrauen, deutliche Übervorsichtigkeit gegenüber äußeren Gefahren und ständiges Sich-ungerecht-behandelt-Fühlen. Das Benehmen eines Menschen, der diese Abwehr anwendet, mag exzentrisch und empörend wirken, hält sich jedoch immer noch «im Rahmen der Gesetze».

5. *Schizoide Phantasie.*
Tendenz zum Gebrauch von Phantasien und zu autistischem Sich-zurückziehen zum Zwecke der Konfliktlösung und der Schaffung von Befriedigung.

Schizoide Phantasien gehen mit umfassender Vermeidung zwischenmenschlicher Intimität und mit exzentrischen Verhaltensweisen, durch die andere auf Abstand gehalten werden sollen, einher. Im Unterschied zu psychotischer *Verleugnung* fehlt hier der uneingeschränkte Glaube an die eigenen Phantasien beziehungsweise das Beharren darauf, sie im Handeln zu verwirklichen. Dennoch dienen schizoide Phantasien – anders als bloße Wünsche – der Befriedigung unerfüllter Bedürfnisse nach persönlichen Beziehungen und der Verschleierung des offenen Ausdrucks aggressiver oder sexueller, auf andere Personen gerichteter Impulse. Im Unterschied zur *Dissoziation* erschafft Phantasie nicht die innere, sondern die äußere Welt neu.

6. *Hypochondrie.*
Die Umwandlung von aus dem Verlust eines Menschen, aus Einsamkeit oder unannehmbaren aggressiven Impulsen herrührenden Vorwürfen gegen andere über Selbstvorwürfe in Klagen über Schmerzen, somatische Krankheiten und Neurasthenie.

Hierher gehören jene Aspekte der Introjektion, die es dem Individuum ermöglichen, Züge einer als mit ambivalenten Gefühlen wahrgenommenen Person bei sich selbst festzustellen, wo sie als plausible Krankheitsursache erscheinen. Anders als die Identifikation erzeugt die hypochondrische Introjektion Dysphorie und ein Gefühl des Leidens; hypochondrische Introjekte sind «ich-fremd». Dieser Mechanismus kann es dem Individuum ermöglichen, anderen mit seinen Schmerzen und seinem Unbehagen in den Ohren zu liegen, anstatt direkte Forderungen an sie zu richten oder sich darüber zu beklagen, daß seine (häufig unausgesprochenen) Abhängigkeitsbedürfnisse übergangen worden sind. Krankheiten wie Asthma, Magengeschwüre und hoher Blutdruck, die wahrscheinlich weder anpassungsfördernd noch als Abwehr wirken, zählen *nicht* hierzu. Im Unterschied zu hysterischen Konversionssymptomen geht Hypochondrie mit dem genauen Gegenteil von heiterer Gelassenheit einher.

7. *Passiv-aggressives Verhalten.*

Aggressionen gegen andere, die mit Hilfe von Passivität indirekt und unwirksam geäußert oder gegen das eigene Selbst gerichtet werden.

Passiv-aggressives Verhalten umfaßt Versagen, Aufschieben und Erkrankungen, die (zumindest anfänglich) andere mehr beeinträchtigen als einen selbst. Dazu gehören albernes oder provozierendes Verhalten, um Aufmerksamkeit zu erringen, und Clownerien zur Vermeidung von Konkurrenz. Menschen, die sadomasochistische Beziehungen eingehen, zeigen häufig sowohl *passiv-aggressive* als auch *hypochondrische* Abwehrformen.

8. *Ausagieren.*

Direkter Ausdruck eines unbewußten Wunsches oder Impulses, durch den vermieden werden soll, daß der damit einhergehende Affekt ins Bewußtsein eintritt.

Dieser Mechanismus umfaßt den Einsatz von Motorik, krimineller oder impulsiver Handlungen, um die eigenen Gefühle nicht bewußt werden zu lassen. Dazu gehören ebenso ständiger Drogenkonsum, Versagen, Perversionen wie die zum Zweck der Spannungsminderung selbst zugefügte Kränkung (d. h. subjektive Ängste und Depressionen). Ausagieren heißt, stets den eigenen Impulsen nachzugeben, um der Spannung, die jeder Triebaufschub zur Folge hätte, zu entgehen.

Stufe III – «Neurotische» Mechanismen

Diese Mechanismen treten häufig bei «gesunden» Individuen von drei bis neunzig Jahren, bei neurotischen Störungen und bei der Bewältigung akuter Streßsituationen auf. Vom *Benutzer* her gesehen, verändern diese Mechanismen persönliche Gefühle und den Triebausdruck. Aus der Perspektive des *Betrachters* erscheinen sie als individuelle Marotten oder «neurotische Fixierungen». Häufig können sie durch konventionelle, kurze psychotherapeutische Interpretation radikal *verändert* werden.

9. *Intellektualisierung.*

Formales Nachdenken über Triebwünsche ohne affektive Beteiligung und ohne entsprechendes *Handeln*. Die Vorstellung ist im Bewußtsein, doch das Gefühl fehlt.

Der Terminus umschließt die Mechanismen Isolierung, Rationalisierung, Ritual, Ungeschehenmachen, Wiedergutmachen, magisches Denken und «Übergeschäftigkeit». Obwohl die einzelnen Mechanismen sich voneinander unterscheiden, treten sie normalerweise als ganzes Bündel auf. Intellektualisierung bedeutet, leblosen Gegenständen unangemessen viel Beachtung zu schenken, um der Intimität mit anderen Menschen aus dem Weg zu gehen, oder seine Aufmerksamkeit auf die äußere Realität zu richten, um die Äußerung innerer Gefühle zu vermeiden, oder dem unbedeutenden Detail Beachtung zu schenken, um nicht das Ganze wahrnehmen zu müssen. Hierzu gehören auch die Zwangs- und Verfolgungsideen, die nicht im Handeln zum Ausdruck kommen, obwohl man sie sich auch als eine Form der intrapsychischen *Verschiebung* denken kann.

10. *Verdrängung.*

Scheinbar unerklärliche Naivität, Gedächtnisversagen oder Unfähigkeit, die Eindrücke eines bestimmten Sinnesorgans aufzunehmen. Das Gefühl ist im Bewußtsein, doch die Vorstellung fehlt.

Das mit der Verdrängung verbundene «Vergessen» ist insofern einzigartig, als es häufig von stark symbolischem Verhalten begleitet wird, das darauf hindeutet, daß das Verdrängte *nicht wirklich* vergessen worden ist. Abweichend von der *Unterdrückung* führt dieser Mechanismus zur unbewußten Triebhemmung, die so weit gehen kann, daß bisher hochgeschätzte Ziele nicht bloß aufgeschoben, sondern ganz aufgegeben werden. Anders als die *Verleugnung* blockiert die Verdrängung weniger das Erkennen äußerer Umstände und das Reagieren auf sie als vielmehr das bewußte Wahrnehmen von Triebregungen und Gefühlen. Wenn ein Mensch weinte und dabei vergessen hätte, um wen er weinte, wäre das *Verdrängung*; wenn er das Vorhandensein seiner Tränen verleugnete oder darauf beharrte, daß der, um den er weint, noch am Leben sei, wäre das *Verleugnung*.

11. *Verschiebung.*

Die Wendung von Gefühlen auf ein Objekt, das – verglichen mit der Person oder Situation, die sie hervorgerufen hat – weniger intensiv beachtet wird (geringer besetzt ist).

Dazu zählen schnelles «Übertragen» sowie das Ersetzen emotional wichtiger Menschen durch Dinge oder fremde Personen. Streiche, Witze mit verborgenem feindseligem Inhalt und die Karikatur beruhen ebenso auf Verschiebung wie die Mehrzahl der Phobien, ein Großteil der hysterischen Konversionsreaktionen und manches Vorurteil.

12. *Reaktionsbildung.*

Verhalten, das einem unannehmbaren Triebimpuls diametral entgegengesetzt ist.

Dieser Mechanismus umfaßt äußerliches Sorgen für einen anderen Menschen, wenn man selbst umsorgt werden möchte, das «Hassen» eines Gegenstandes oder Menschen, den man in Wirklichkeit mag, oder das «Lieben» eines verhaßten Rivalen oder einer unangenehmen Pflicht.

13. *Dissoziation.*

Vorübergehende, doch drastische Modifizierung des eigenen Charakters oder Identitätsgefühls zur Vermeidung emotionalen Schmerzes. Gleichbedeutend mit neurotischer Verleugnung.

Darunter fallen Bewußtseinslücken, ein Großteil der hysterischen Konversionsreaktionen, ein unvermitteltes, ungerechtfertigtes Überlegenheitsgefühl beziehungsweise eine Tollkühnheitspose («Ach, hol's der Teufel!») und eine *kurzzeitige* Weigerung, die Verantwortung für die eigenen Handlungen und Gefühle zu sehen. Hierzu gehören ebenfalls Hyperaktivität, Kompensationsverhalten zum Auslöschen phobischer Ängste und schmerzlicher Gefühle, «sicheres» Ausdrücken von Triebwünschen durch Theaterspielen sowie *akutes* Einsetzen religiöser «Freude» und pharmakologischer Berauschung zur Betäubung des eigenen Unbehagens. *Dissoziation* ist für die Umwelt eher verständlich als Entstellung, anderen gegenüber rücksichtsvoller und weniger ausgedehnt als *Ausagieren.*

Stufe IV – Reife Mechanismen

Die Mechanismen dieser Stufe finden sich häufig bei «gesunden» Individuen zwischen zwölf und neunzig Jahren. Für den *Benutzer* integrieren sie die Realität, die zwischenmenschlichen Beziehungen und die persönlichen Gefühle zueinander. Dem *Betrachter* erscheinen sie als willkommene Tugenden. Unter erhöhtem Streß können sie sich zu weniger reifen Mechanismen *umwandeln.*

14. *Altruismus.*

Stellvertretender, jedoch konstruktiver und die eigenen Triebwünsche befriedigender Dienst am anderen.

Altruismus umfaßt wohltuende und konstruktive Reaktionsbildung, Menschenliebe sowie Dienst am Nächsten, der sich für einen selbst auszahlt. Altruismus unterscheidet sich von *Projektion* und *Ausagieren* insofern, als dabei nicht bloß ein vorgestellter, sondern ein realer Nutzen für andere entsteht; er unterscheidet sich von *Reaktionsbildung* dadurch, daß das diese Abwehr gebrauchende Subjekt zumindest eine Teilbefriedigung erlangt.

15. *Humor.*

Offener Ausdruck von Vorstellungen und Gefühlen ohne persönliches Unbehagen oder ein Gefühl der Lähmung und ohne unerfreuliche Wirkung auf andere.

Manche Spiele und spielerischen Regressionen fallen unter diese Kategorie. Anders als der Witz, der eine Form der *Verschiebung* darstellt, ermöglicht uns der Humor, die Dinge ohne Beschönigung beim Namen zu nennen. *Humor* kann nie ganz ohne Beteiligung eines «beobachtenden Ichs» auftreten. Ebenso wie die Hoffnung hilft uns der *Humor* zu ertragen – und dennoch genau zu sehen, was eigentlich so schrecklich ist, daß man es nicht ertragen kann. Der Witz dagegen schließt stets Zerstreuung ein. Anders als die *schizoide Phantasie* schließt der *Humor* die anderen Menschen nie aus.

16. *Unterdrückung.*

Der bewußte oder halbbewußte Entschluß, einem bewußten konflikthaften Impuls erst nach einem Aufschub Aufmerksamkeit zuzuwenden.

Dieser Mechanismus beinhaltet, nach einem Hoffnungsschimmer Ausschau zu halten, das eingestandene Unbehagen möglichst klein zu halten, «sich nicht klein kriegen zu lassen» und Dinge bewußt aufzuschieben, ohne ihnen auszuweichen. Bei der *Unterdrückung* sagt man sich: «Ich werde morgen darüber nachdenken», und am nächsten Tag erinnert man sich daran und tut es.

17. *Antizipation.*

Realitätsgerechte Vorwegnahme oder Vorbereitung auf zukünftiges inneres Unbehagen.

Dieser Mechanismus umfaßt zielgerichtetes, doch übermäßig sorgsames Planen oder Sichsorgen, vorzeitiges, doch realistisches affektives Vorwegnehmen von Tod, Operationen, Trennungen und die bewußte Anwendung von «Einsichten», die innerhalb einer Psychotherapie gewonnen wurden.

18. *Sublimierung*.

Indirekter oder abgeschwächter Triebausdruck ohne nachteilige Folgen oder merklichen Verlust an Befriedigung.

Dazu zählen sowohl der Ausdruck von Aggression durch erfreuliches Spielen, durch Sport und Hobbys als auch die in der Umwerbung eines Menschen vollzogene romantische Abschwächung des Triebausdrucks. Im Unterschied zum Humor hat die «Regression im Dienst des Ichs» bei der *Sublimierung* reale Folgen. Anders als bei den «neurotischen» Abwehrmechanismen werden die Triebregungen bei der *Sublimierung* nicht zurückgedämmt oder zerstreut, sondern in bestimmte Bahnen gelenkt. Das klassische Beispiel dafür ist nach wie vor der gelungene künstlerische Ausdruck. Bei der *Projektion* werden die eigenen Gefühle (z. B. Ärger) einem anderen Menschen zugeschrieben. Bei der *Verschiebung* werden die Gefühle zwar als die eigenen erkannt, jedoch – häufig ohne Befriedigung – auf ein anderes, relativ unwichtiges Objekt gerichtet. Bei der *Sublimierung* werden die Gefühle erkannt, modifiziert und so auf eine relativ wichtige Person oder ein wichtiges Ziel gerichtet, daß maßvolle Triebbefriedigung die Folge ist.

Anhang B Das Interview-Schema

Anschließend folgt das halbstandardisierte Fragenschema, nach dem ich zweistündige Befragungsgespräche mit den Männern führte, als sie siebenundvierzig Jahre alt waren. Die aufgeführten Fragen wurden, soweit es möglich war, immer in derselben Reihenfolge gestellt. Während der Interviews machte ich mir Notizen in Langschrift. Immer wenn eine Frage ein Problembereich im Leben eines der Männer berührte, forschte ich nach seinen spezifischen Bewältigungstechniken.

I. Arbeit

a) Was tun Sie? Gibt es in neuerer Zeit irgendwelche Veränderungen in Ihrem Verantwortungsbereich?
b) Welche Ziele möchten Sie in zehn Jahren erreicht haben?
c) Was gefällt und was mißfällt Ihnen an Ihrer Arbeit?
d) Was bereitet Ihnen die größten Schwierigkeiten?
e) Was für eine Position hätten Sie vorgezogen?
f) Welches sind die guten, welches die schlechten Seiten im Verhältnis zu Ihrem Chef, zu Ihren Mitarbeitern?
g) Wie bewältigen Sie Probleme, die mit diesen Partnern entstehen?
h) Wenn Sie zurückschauen: wie sind Sie zu Ihrer gegenwärtigen Arbeit gekommen?
i) Gab es Menschen, mit denen Sie sich identifiziert haben?
j) Was für nebenberufliche Arbeiten erledigen Sie? Mit welchem Verantwortungsgrad?
k) Was haben Sie für Pläne für den Ruhestand?
l) Waren Sie je länger als einen Monat arbeitslos? Aus welchem Grund?
m) Was wollen Sie in der ersten Woche Ihres Ruhestands tun? Voraussichtliche Stimmung?

II. Familie

a) Was gibt es Neues bei Eltern und Geschwistern?
b) Schildern Sie jedes Ihrer Kinder, ihre Probleme und sie betreffende Dinge, die Ihnen Sorgen bereiten.

c) In welcher Weise verhalten Sie sich gegenüber der Entwicklung Ihrer Kinder in der Adoleszenz anders, als Ihre Eltern das getan haben?
d) Bei Todesfällen: erste Reaktion, spätere Reaktion, Ihre Art und Weise, schließlich mit Ihren Gefühlen umzugehen.
e) Dies ist die schwierigste Frage, die ich Ihnen stellen werde: können Sie Ihre Frau beschreiben?
f) Da es niemanden gibt, der vollkommen ist: worüber machen Sie sich bei ihr Gedanken?
g) Auf welche Art werden Meinungsverschiedenheiten beigelegt?
h) Ist je an Scheidung gedacht worden? Einzelheiten.
i) Die Art des Kontakts mit den Eltern und der Grad der dabei erreichten Freude.
j) Welcher der beiden Elternteile gab den Ton an, als Sie klein waren?

III. Medizinische Gesichtspunkte

a) Wie steht es insgesamt mit Ihrer Gesundheit?
b) Wie viele Tage pro Jahr bleiben Sie krankheitshalber der Arbeit fern?
c) Was tun Sie bei Erkältung?
d) Besondere Krankheiten und Ihre Art, mit den Beschwerden fertigzuwerden.
e) Ansichten und irrige Vorstellungen über diese Krankheiten.
f) Verletzungen und Krankenhausaufenthalte seit der Collegezeit.
g) Feste Verhaltensmuster in bezug auf Zigarettenkonsum und auf das Abgewöhnen des Rauchens, Erinnerungen an den Abgewöhnungsprozeß.
h) Feste Verhaltensmuster bezüglich Medikamenten- und Alkoholkonsum.
i) Kommt es vor, daß Sie wegen emotionaler Belastung, allgemeiner Erschöpfung oder seelischer Störungen nicht zur Arbeit gehen?
j) Die Folgen der Arbeit für Ihre Gesundheit, und umgekehrt.
k) Wie schnell werden Sie müde?
l) Welche Auswirkung hat Ihr Gesundheitszustand auf Ihr sonstiges Leben?

IV. Psychologische Gesichtspunkte

a) Ihre größten Sorgen im letzten Jahr.
b) Welches war Ihre vorherrschende Stimmung im letzten halben Jahr?
c) Manchen Leuten fällt es schwer, um Hilfe oder um Rat zu bitten. Wie ist das bei Ihnen?
d) Können Sie über Ihre ältesten Freunde sprechen? Wie kam es, daß Sie Freunde geworden sind?
e) Welches sind die Menschen (außerhalb Ihrer Familie), die Sie ohne Scheu um Hilfe bitten würden?
f) Welchen geselligen Klubs gehören Sie an, und wie sieht Ihr Verhalten als Gastgeber aus?
g) Wie oft treffen Sie Ihre Freunde?
h) Was wird von anderen an Ihrer Person kritisiert oder als störend empfunden?
i) Was wird von anderen bewundert und als liebenswert empfunden?
j) Bezüglich welcher Punkte sind Sie mit sich selbst zufrieden bzw. unzufrieden?
k) Haben Sie je einen Psychiater aufgesucht? Wen? Wann? Für wie lange? Woran können Sie sich erinnern? Was haben Sie dabei gelernt?
l) Haben Sie hartnäckige Tagträume oder Sorgen, die Sie mit sich herumtragen, über die Sie jedoch mit niemandem sprechen?
m) Auswirkungen emotionaler Streßsituationen?
n) Einstellung gegenüber Lebenskrisen?
o) Hobbys und Freizeitgestaltung? Sport?
p) Urlaub – wie und mit wem verbracht?
q) Fragen zu meiner Zusammenfassung der Fallgeschichte.
r) Welche Fragen haben Sie bezüglich der Studie?

Anhang C   Einstufungsskalen

1. Erwachsenen-Anpassungs-Skala (Einstufung von 0 bis 32)

Unter Berücksichtigung des gesamten Zeitraums von fünfundzwanzig Jahren (von der Graduierung am College bis zum Jahr 1967) wurde bei Zutreffen jedes der folgenden zweiunddreißig Items ein Punkt vergeben. Die Männer, die weniger als sieben Punkte erhielten, gehören zur Spitzengruppe derer mit dem besten Endergebnis, während diejenigen mit einer Punktzahl von 14 oder mehr zur Schlußgruppe mit dem schlechtesten Endergebnis zählen.

I. Berufslaufbahn
a) Keine stetige, nach Möglichkeit etwa alle fünf Jahre seit der Graduierung eingetretene Beförderung oder Zunahme der Verantwortlichkeit.
b) Nicht in ‹Who's Who in America› oder ‹American Men of Science› vertreten.
c) Das durch eigene Tätigkeit erzielte Jahreseinkommen liegt unter 40 000 Dollar (außer bei Lehrberufen, bei Kirchenämtern oder verantwortlicher Tätigkeit im Dienst des Allgemeinwohls oder für mehr oder weniger karitative Zwecke).
d) Das durch eigene Tätigkeit erzielte Jahreseinkommen liegt unter 20 000 Dollar (bezogen auf 1967).
e) Berufserfolg nicht eindeutig größer als der des Vaters (hinsichtlich Verdienst, Verantwortungsbereich und beruflichem Status).
f) Berufserfolg liegt eindeutig unter dem des Vaters.
g)* Hat im Laufe der Jahre nicht aktiv an außerberuflichen Aktivitäten im öffentlichen Interesse teilgenommen.
h) Unabhängig von dem Prestige, welches er nach Meinung anderer genießt, entspricht seine Position nicht dem, was er sich wünscht, oder sie hat im Lauf der Zeit doch nicht seinen realistischen Ehrgeiz befriedigen können.

* Der Übereinstimmungsgrad zwischen den einzelnen Beurteilern liegt bei jedem Item zwischen fünfundachtzig und hundert Prozent. Das gilt nicht für die mit einem Kreuz markierten Items, bei denen die Übereinstimmung zwischen fünfundsiebzig und fünfundachtzig Prozent beträgt.

II. Soziale Gesundheit
a) War nicht wenigstens zehn Jahre verheiratet (ohne Trennung) oder äußerte nach Ablauf des ersten Ehejahres nicht wenigstens zweimal offene Befriedigung über seine Ehe. (Dieses Item wird durch eventuelle spätere Scheidung nicht berührt.)
b) Geschieden, getrennt lebend oder ledig. (Witwer sind auszuschließen.)
c) Wollte nie Kinder haben bzw. adoptieren. (Dieses Item ist zu übergehen, falls der Proband infolge äußerer Umstände gezwungen ist, ledig zu sein, z. B. als katholischer Geistlicher.)
d) Kinder zeigen mindestens zu einem Drittel deutliche Leistungsschwierigkeiten in der Schule, zeigen delinquentes Verhalten oder befinden sich in psychiatrischer Behandlung. [Wie eine später durchgeführte Datenanalyse erbracht hat, wäre diese Frage 1975 aufschlußreich gewesen. Im Jahr 1967, als sie gestellt wurde, zeigte sie jedoch keinerlei Korrelation zu irgendeinem der übrigen Faktoren.]
e) Er hält keinen Kontakt mit den noch lebenden Mitgliedern seiner Herkunftsfamilie aufrecht, es sei denn, aus Pflichtgefühl oder äußerer Notwendigkeit.
f) Erklärt regelmäßig, daß er ungewöhnlich wenig Interesse daran hat, enge Freunde zu besitzen, oder daß er weniger als die durchschnittliche Anzahl enger Freunde besitzt. (Subjektiver Eindruck.)
g)* Nicht ständiges Mitglied zumindest eines geselligen Klubs. Weniger als zwei Nachweise, daß der Proband mehr als einen engen Freund besitzt. (Objektiver Befund.)
h) Kein regelmäßiger Zeitvertreib, auch sportlicher Art, an dem andere beteiligt sind (Familienangehörige ausgenommen).
Bemerkung: Die Items a, b, c, f, g und h dienten dazu, die «freundlichen» von den «einsamen» Männern zu unterscheiden.

III. Psychische Gesundheit
a)* Nahm während mehr als der Hälfte des Beobachtungszeitraums nicht die volle Urlaubszeit in Anspruch oder verwendete sie auf Arbeiten zu Hause oder zu Pflichtbesuchen bei Verwandten.
b) Ausdrücklicher Hinweis darauf, daß der Proband dadurch, daß er zu ruhig, zu unerschütterlich, zu beherrscht oder zu unemotional war,

etwas verpaßt hat (an zwei Zeitpunkten). [Wie bei Item II d zeigte sich auch bei diesem Item keine signifikante Korrelation zur Gesamtanpassung.]

c)* Äußerte nicht bei mindestens drei Gelegenheiten und einmal während der letzten drei Jahre, daß er mit seiner Arbeit zufrieden sei.

d) Äußerte bei drei verschiedenen Gelegenheiten und einmal während der letzten drei Jahre, daß er ausgesprochen unzufrieden mit seiner Arbeit sei, oder wechselte seit dem dreißigsten Lebensjahr einmal den Arbeitsbereich oder dreimal die Arbeitsstelle, ohne daß sich zugleich eine Zunahme an persönlicher Zufriedenheit oder Erfolg gezeigt hätte.

e) Vorliegen schädlichen Alkoholkonsums (Beeinträchtigung von Gesundheit, beruflicher Laufbahn oder der persönlichen Beziehungen in der Familie), oder wöchentliche Einnahme von Sedativa oder stimulierenden Drogen über einen Zeitraum von mehr als drei Jahren, oder täglicher Konsum von mehr als 180 ccm starken Alkohols über mehr als drei Jahre, oder länger als ein Jahr durchgehaltene regelmäßige Einnahme von Tranquilizern.

f) Krankenhausaufenthalt im Zusammenhang mit seelischem Zusammenbruch, Alkoholmißbrauch oder «körperlichen» Beschwerden – ohne Nachweis somatischer Krankheit.

g) Mehr als zweimal Anzeichen dafür, daß der Proband chronisch depressiv oder mit dem Verlauf seines Lebens unzufrieden ist, oder der Nachweis, daß er sich selbst oder andere ihn beständig als emotional krank ansehen.

h) Mehr als zehn Besuche beim Psychiater.

IV. Körperliche Gesundheit

a) Ein Krankenhausaufenthalt oder schwerer Unfall seit Abschluß des College. [Zwischen diesem Item und der Gesamtanpassung besteht keine signifikante Korrelation.]

b) Mehr als zwei Operationen und/oder schwere Unfälle seit Abschluß des College (Kriegsverletzungen ausgenommen). [Zwischen diesem Item und der Gesamtanpassung besteht keine signifikante Korrelation.]

c) Zwei Krankenhausaufenthalte seit Abschluß des College (ausgenommen die Fälle von chirurgischen Eingriffen, Verletzungen oder körperlichen Untersuchungen.

d) Den eigenen allgemeinen Gesundheitszustand seit Abschluß des College in über einem Viertel der Befragungen nicht mit der günstigsten der vorgegebenen Antworten eingeschätzt.
e) Versäumt im Durchschnitt mindestens zwei Arbeitstage pro Jahr infolge Krankheit.
f) Versäumt im Durchschnitt mindestens fünf Arbeitstage pro Jahr infolge Krankheit.
g) Vorliegen einer chronischen (medizinische Behandlung erfordernden) Krankheit, die die Aktivität deutlich einschränkt, oder über mehr als einen Monat andauerndes Fernbleiben von der Arbeit infolge Krankheit.
h) Regelmäßige Einnahme einer vom Arzt verordneten Arznei oder mehrerer rezeptfreier Medikamente, oder Aufsuchen des Arztes wegen geringerer Beschwerden (Kopfschmerzen, Sinusitis, Allergien, Hautbeschwerden usw.).

2. *Kindheitsumgebungs-Skala* (Einstufung von 0 bis 20)

In den siebziger Jahren stuften Mitarbeiter des Forschungsteams, die nichts über das weitere Schicksal der Männer nach dem zweiten Collegejahr wußten, wohl aber über die neueren Theorien zur kindlichen Entwicklung, insbesondere über die Arbeiten Eriksons, unterrichtet waren, die Männer nach ihren Kindheitsbedingungen auf einer Zwanzig-Punkte-Skala ein. Die einzigen Daten, zu denen die Bewerter Zugang erhielten, waren a) die Notizen des Psychiaters und der Familienarbeiterin zu den Berichten der Jungen über ihr Leben in der Familie, b) die Schilderung, die die Eltern von ihrer Beziehung zu ihrem Jungen abgaben, und c) die durch die Familienarbeiterin von den Eltern erfragte Entwicklungs- und Gesundheitsgeschichte. Die Familienarbeiterin befragte die Eltern in ihrem Heim.

Eine Punktzahl unter 6 kennzeichnet die «Ungeliebten», eine Punktzahl von 14 oder mehr Punkten kennzeichnet die «Glücklichen». Die Zwanzig-Punkte-Skala hat folgenden Wortlaut:
a) Probleme im Säuglings- und Kindesalter: Fütterungsschwierigkeiten, schrie sehr viel, schwer ansprechbar, weitere aufgetretene Probleme (z. B. Phobien) – kein Punkt. Durchschnittliche, nicht besonders problematische Kindheit – 1 Punkt. Keine Probleme bis

zum Alter von zehn Jahren bekannt, normal gesellig und «gutmütig» – 2 Punkte.
b) Gesundheitszustand des Kindes: Schwere oder längere Krankheit oder körperliche Behinderung – kein Punkt. Eine Kindheit mit leichteren Erkrankungen ohne schwere Krankheiten – 1 Punkt. Fortlaufend guter Gesundheitszustand – 2 Punkte.
c) Häusliche Atmosphäre: Unangemessenes Elternhaus mit geringem familiären Zusammenhalt, frühe Abwesenheit der Mutter, getrennt lebende Eltern, häufige Umzüge oder finanzielle Nöte, die das Familienleben beeinträchtigten – kein Punkt. Durchschnittliches Elternhaus, oder geringe Informationen – ein Punkt. Durch Wärme und Zusammenhalt geprägte Beziehungen, in der die Eltern in einer Atmosphäre des Miteinanderteilens vieles gemeinsam taten; seltene Umzüge und finanzielle Stabilität – 2 Punkte.
d) Mutter-Kind-Beziehung: Distanzierte, feindselige oder abwesende Mutter; eine Mutter, die ihre falschen Erziehungsmethoden anderen (z. B. Kinderpflegerinnen, Lehrern usw.) zur Last legt; eine Mutter, die offenbar übermäßig viel bestraft und gefordert hat, oder die in übertriebener Form behütend und/oder verführerisch war – kein Punkt. Keine klaren Informationen, oder offensichtlich durchschnittliche Beziehung – 1 Punkt. Eine warmherzige Mutter, die Unabhängigkeit und Selbstachtung förderte – 2 Punkte.
e) Vater-Kind-Beziehung: Abwesender, distanzierter, feindseliger oder übermäßig strafender Vater; Vater mit unrealistischen Erwartungen – kein Punkt. Keine klaren Informationen, oder offensichtlich durchschnittliche Beziehung – ein Punkt. Warmherziger Vater, der positive Unabhängigkeit ermutigte, seinem Sohn half, Selbstachtung zu entwickeln, und an Aktivitäten von beiderseitigem Interesse teilnahm – 2 Punkte.
f) Geschwister-Beziehung: Tiefgreifende Rivalität und eine destruktive Beziehung, in der sich die Geschwister beständig bekämpften, oder keine Geschwister – kein Punkt. Keine Informationen – 1 Punkt. Enge, erfreuliche Beziehung mit zumindest einem der Geschwister – 2 Punkte.
g) Anpassung an der High School: Ausgeprägte Probleme in den Sozialbeziehungen – kein Punkt. «Durchschnittliche» Sozialanpassung, nimmt jedoch nicht am Wettkampfsport teil – 1 Punkt. Sozial erfolgreich bei Teilnahme am Wettkampfsport – 2 Punkte.

h) Gesamteinschätzung [Hierbei handelt es sich um den Gesamteindruck des Bewerters von der Kindheitsumgebung, entsprechend den verfügbaren Daten.] Eindruck einer im ganzen negativen, wenig Förderung bietenden Umgebung – kein Punkt. Vorherrschender Eindruck unbestimmt – 3 Punkte. Eine positive Kindheit, in der es warme, anhaltende Beziehungen gab und die Umwelt der Entwicklung von Unabhängigkeit, Selbstachtung und Initiative förderlich war (eine Umgebung, wie sie der Bewerter selbst gern gehabt hätte) – 6 Punkte.

Auf diese Weise wurde jedem Teilnehmer eine Punktzahl zwischen 0 und 20 zugesprochen.

Dabei ergab sich eine Beurteilungsreliabilität von $r = .71$ (ein statistischer Ausdruck, der angibt, in welchem Grad unterschiedliche Beobachter bei der Einstufung derselben Fallberichte Übereinstimmung erzielen; ein Wert r, der .7 übersteigt, gilt gewöhnlich als angemessen).

3. Skala zur Messung der objektiven körperlichen Gesundheit (Einstufung von 1 bis 5)

1969 und 1974 wurden alle Männer von ihrem eigenen Arzt, der natürlich von anderen Beurteilungen nichts wußte, körperlich untersucht. Diese Untersuchungen wurden größtenteils von Internisten durchgeführt und erstreckten sich gewöhnlich auf eine Blut- und Urinuntersuchung, eine Routineuntersuchung der chemischen Zusammensetzung des Blutes, ein Elektrokardiogramm sowie eine Röntgenaufnahme der Brust. Der Gesundheitszustand jedes der Männer wurde auf folgender Grundlage eingestuft:

1 = Gute Gesundheit, körperliche Untersuchung ergibt im wesentlichen normale Ergebnisse, sämtliche positiven Befunde heilbar.

2 = Vielfältige *geringfügige* chronische Beschwerden; leichte Rückenbeschwerden, Prostatitis, Gicht, Nierensteine, Beschwerden einzelner Gelenke, chronische Ohrenbeschwerden usw.

3 = Chronische Erkrankungen ohne Arbeitsunfähigkeit; Krankheiten, bei denen keine völlige Remission, sondern wahrscheinliches Fortschreiten zu erwarten ist (z. B. behandelter Bluthochdruck, Lungenemphysem mit Cor pulmonale, Diabetes).

4 = Wahrscheinlich irreversible chronische Krankheit, die mit Arbeitsunfähigkeit verbunden ist (z. B. Angina pectoris, verkrüppelnde Rückenleiden, Bluthochdruck *in Verbindung mit* extremer Fettleibigkeit, Diabetes *in Verbindung* mit Arthritis, multiple Sklerose).
5 = Verstorben.

4. Eheglücks-Skala (Einstufung von 1 bis 4)

1954, 1967 und 1972 bekamen die Männer, 1967 (und 1975, nachdem die Analyse der Daten bereits abgeschlossen war) auch ihre Ehefrauen mit der Post einen Fragebogen (siehe unten) zugesandt. Die Durchschnittsantworten auf die Fragen i, j, k der zwischen 1954 und 1972 versandten Fragebogen wurden der Beurteilung des «Eheglücks» zugrunde gelegt.

1 = Ehen, die als «recht stabil» angesehen wurden, bei denen die sexuelle Anpassung zumindest «befriedigend» war und Scheidung «nie» in Betracht gezogen wurde. In Tabelle 6 sind Verbindungen dieser Art als «gute» Ehen aufgeführt.

2 = Ehen, die weder durchgängig so gut waren wie die mit «1» eingestuften noch so schlecht wie die mit «3» eingestuften.

3 = Die «schlechten» Ehen aus Tabelle 6. Ehen, von denen es hieß, sie hätten im Laufe der Zeit «mäßige Schwächen» gezeigt und seien in der sexuellen Übereinstimmung «nicht so gut wie gewünscht» gewesen, und in denen man «ernsthaft» an Scheidung gedacht hatte. (Im Falle, daß eine Antwort schlechter ausfiel, durfte eine der anderen Antworten dafür eine Stufe besser sein; d. h., wenn bei der sexuellen Übereinstimmung «ziemlich gering» angegeben worden war, dann konnte man «nur gelegentlich» an Trennung gedacht haben.

4 = Scheidung.

Der Text des eigentlichen Fragebogens lautet wie folgt: Kreisen Sie zur Frage der ehelichen Anpassung bitte diejenigen der folgenden Punkte ein, die auf Sie zutreffen:

a) Meine Frau und ich sind insgesamt im Temperament ähnlich / im Temperament verschieden.

b) Wir denken und arbeiten im ganzen: gleich / unterschiedlich, doch in sich ergänzender Weise / gegeneinander.

c) Meinungsverschiedenheiten gibt es zwischen meiner Frau und mir: nie / selten / gelegentlich / häufig / ständig.
d) Unsere Meinungsverschiedenheiten sind gewöhnlich: unbedeutend / mäßig / tiefgreifend.
e) Ursachen unserer Meinungsverschiedenheiten sind im allgemeinen (einen oder mehrere Punkte umkreisen): meine Arbeit / ihre Arbeit / die Kindererziehung / die Finanzen / ihre Familie / meine Familie / das Haus / unser Lebensstandard / Freunde und Bekannte / Interessen außerhalb der Familie / persönliches Temperament / Sexualverkehr / sonstige (bitte angeben) ....
f) Lösungen finden wir im allgemeinen: leicht / mit mäßigen Schwierigkeiten / stets nur schwer.
g) Ich meine, mich seit meiner Heirat: im wesentlichen nicht verändert zu haben / mäßig verändert zu haben / stark verändert zu haben.
h) Ich meine, sie hat sich seit unserer Heirat: nicht wesentlich verändert / mäßig verändert / stark verändert.
i) Für wie stabil halten Sie Ihre Ehe? Recht stabil / einige kleinere Schwächen / mäßige Schwächen / starke Schwächen / nicht stabil.
j) Die sexuelle Übereinstimmung ist im ganzen gesehen: sehr befriedigend / befriedigend / zeitweise nicht so gut wie gewünscht / ziemlich dürftig.
k) Trennung oder Scheidung wurden erwogen: nie / gelegentlich / ernsthaft / vollzogen (beschreiben Sie bitte die Umstände).
Fügen Sie, wenn Sie wollen, Bemerkungen hinzu:

5. Skala zur Messung des Reifegrads der Abwehrmechanismen (Einstufung von 1 bis 26)

Die Wahl des Abwehrstils wurde wie folgt bewertet: Die Unterlagen jedes Mannes, die ungefähr dreihundert Seiten prospektiv erhobene Daten in Form von autobiographischen Antworten auf Fragebogen, Interviews, zusammenfassende Berichte, psychologische Tests, Protokolle usw. umfassen, wurden von mir durchgesehen. Das Verhalten jedes der Männer in Krisen- und Konfliktzeiten wurde jeweils als Segment festgehalten. Häufig ließ sich nur durch spätere Nachuntersuchung nachweisen, daß ein Segment tatsächlich ein Abwehrverhalten widerspiegelt. Jedes Verhaltenssegment wurde sodann entsprechend der in Anhang A umrissenen Hierarchie der Abwehrmechanismen vorläufig eingestuft; auch wurde das Lebensalter, in dem sie aufgetreten war, notiert. Darauf wurden die Abwehrsegmente all jener sprachlichen Momente entkleidet, die direkt auf einen bestimmten Abwehrmechanismus hindeuteten. Von jedem Teilnehmer sammelte man etwa zwanzig derartige Segmente (die Anzahl reicht von 11 bis 34). Ähnliche Segmente wurden in Gruppen zusammengefaßt. Die gebündelten Segmente legte man sodann zusammen mit einer knappen, auf einer Seite konzentrierten Zusammenfassung des Lebensstiles jedes der Männer Blindbewertern («blind raters» – einem psychiatrischen Sozialarbeiter mit achtjähriger Erfahrung sowie einem fachlich kompetenten, auch psychoanalytisch ausgebildeten Psychiater) vor, die jeden der fünfzig Fälle unabhängig voneinander bewerteten. Sie kennzeichneten jedes Segmentbündel entsprechend dem in Anhang A abgedruckten Glossar. Wie sich herausstellte, wendet jeder der untersuchten Männer im Durchschnitt 5,5 Abwehrstile an (die gefundene Anzahl bewegt sich zwischen 3 und 9). Die Beurteiler nannten drei Abwehrkennzeichnungen, die sie für den jeweiligen Mann als besonders charakteristisch empfanden – die *Haupt*abwehrstile. Andere Abwehrbündel wurden als *Neben*abwehrstile bezeichnet.

Das Protokoll von Leutnant Edward Keats zeigt, auf welche Weise die Segmente präsentiert wurden. Keats gebrauchte in seinem Leben zwei sehr unterschiedliche Mittel, um mit Konflikten des Triebausdrucks umzugehen. Nachstehend folgt ein Teil der zusammenfassenden Darstellung, die jedem der Blindbewerter übergeben wurde.

«Der erste Stil zieht sich durch Keats' ganzes Leben. Seine Mutter hatte der Studie gegenüber geäußert, er habe als Kind ein Clown-Stadium durchgemacht, aber er kam darüber hinweg. Seine Fehlschläge erschienen Keats im Alter von zwanzig Jahren in der Rückschau als ‹spaßig›, und das ‹Hinauszögern› nannte er sein ‹Gewohnheitslaster›. Den Mitarbeitern der Grantstudie fiel auf, daß er zu den Interviews unweigerlich zu spät kam, doch es schien niemanden zu stören. Im Alter von dreißig Jahren, zu einem Zeitpunkt, als er den Mitarbeitern des Forschungsteams seine Entdeckung verborgener feindseliger Gefühle mitzuteilen begann, schrieb er: ‹Früher war ich stolz darauf, überhaupt keine zu haben.› Er gab seinen Fragebogen an seinen Psychologieprofessor weiter und umging auf diese Weise die Beantwortung. Zwei Jahre danach schrieb er: ‹Es tut mir leid wegen des Fragebogens vom letzten Jahr. Ich bin nie dazu gekommen, ihn auszufüllen.› Obwohl er von da an keinen Fragebogen mehr zurücksandte, konnte er im September 1967 schreiben: ‹Inzwischen ist Ihr lieber Brief vom letzten Mai hier im Osten eingetroffen, jedoch ohne daß ich bisher dazu gekommen wäre, ihn zu beantworten. Ich werde versuchen, Ihnen den Fragebogen zurückzusenden.› Das tat er jedoch nie. Als Siebenundvierzigjähriger hatte er lange Jahre von seiner Frau getrennt gelebt, ohne sich jedoch zu einem offenen Konflikt zu bekennen und ohne sich scheiden zu lassen. Er verbrachte sieben Jahre mit einem Graduiertenstudium, arbeitete jedoch als Siebenundvierzigjähriger immer noch an seiner Doktorarbeit. Seine hauptsächliche politische Betätigung bestand in der aktiven Teilnahme an Sit-ins.»

Die beiden Blindbewerter und ich stimmten darin überein, daß passiv-aggressives Verhalten als *Haupt*abwehrform auftrat.

«Ein zweiter Stil trat in einem kürzeren Abschnitt von Edward Keats' Leben in Erscheinung. Obwohl er als Teenager am menschlichen Körper nichts Anziehendes fand, war er vom Zusammenspiel der Körperfunktionen fasziniert und betrachtete Skulpturen mit Vergnügen, namentlich solche von Frauen. Shelley, Keats und Wordsworth waren seine Lieblingsdichter, doch blieb er bis zum Alter von dreißig Jahren ohne sexuelle Erfahrung. Da ihm der American Football, worin er ein überragender Spieler war, zu aggressiv erschien, begann er mit dem Fliegen. Er schrieb: ‹Einfach nur in der Luft zu sein, ist ein Genuß. Zwei Dinge reizen mich: auf ein Ziel zu schießen und ein kleines Flugzeug nach meinem Willen lenken zu können.› Mit dreiundzwanzig berichtete er in überschwenglichen Briefen nach Hause von seinem Leben als Kampfbomberpilot im Krieg gegen die Nazis. Er haßte die Gewalttätigkeit des Kampfes Mann gegen Mann und erhielt als Offizier außerordentlich hohe Bewertungen; er gewann drei ‹Air Medals› für seinen Einsatz im Luftkampf, den er liebte. Es war ihm jedoch bewußt, daß er sein Vergnügen daran als Selbstsucht hätte ansehen müssen, wenn Deutschland nicht ein wichtiger Feind gewesen wäre.» Ich kennzeichnete diese Segmente als *Sublimierung*; einer der Blindbewerter nannte sie *Intellektualisierung*, der andere *Verschiebung*.

I. Skala zur Bewertung individueller Abwehrmechanismen
Die Abwehrsegmente der fünfzig Männer, die durch die «blind raters» eingestuft wurden, wurden wie folgt bewertet: Wenn eine Abwehr von beiden Blindbewertern als eine *Haupt*abwehrform betrachtet wurde, erhielt sie die Punktzahl 5. Nannte sie der eine Bewerter eine *Haupt*-, der andere eine *Neben*abwehrform, dann wurde sie mit 4 Punkten eingestuft. Mit 3 Punkten wurde die Abwehr bewertet, wenn beide Beurteiler sie als *Neben*abwehrform ansahen, oder wenn der eine sie als *Haupt*abwehr, der andere sie als nicht vorhanden ansah. 2 Punkte erhielt eine Abwehr, wenn der eine Beurteiler sie als *Neben*abwehr und der andere sie als nicht vorhanden einstufte. 1 Punkt schließlich erhielt die Abwehr, die von beiden Bewertern als nicht vorhanden betrachtet wurde. Der Autor stufte jede Abwehr bei allen fünfundneunzig Probanden mit einer Punktzahl zwischen 1 und 5 ein. Die jeweilige Einstufung einer bestimmten Abwehr spiegelt also die *Anzahl* aufgezeichneter Verhaltenssegmente wider, die als eben jene Abwehrform gekennzeichnet wurden. Bei der Unterdrückung erhielten Stoiker die Punktzahl 5, Lotusesser dagegen die 1.

II. Skala für den Gesamttreifegrad der Abwehrmechanismen
Die untersuchten Männer wurden hinsichtlich des Gesamttreifegrads ihres Abwehrstils eingeordnet, indem die numerische Summe der Bewertungen der fünf reifen Abwehrmechanismen von der Summe der Bewertungen der fünf unreifen Abwehrmechanismen abgezogen wurde. Die jeweilige Bewertung der theoretisch dazwischenliegenden (neurotischen) Abwehrgruppe wurde dabei außer acht gelassen. Dieses Verfahren wurde auf die fünfzig durch Blindbewerter und auf die übrigen fünfundvierzig allein von mir eingestuften Männer angewandt. (Um alle Bewertungen in positive Zahlen umzuwandeln, wurde jeder Punktzahl jeweils 15 hinzugezählt. Die erreichten Punktzahlen bewegen sich folglich zwischen 1 und 261. Die Männer, die vorherrschend – bis hin zum völligen Fehlen von unreifen Abwehrformen – reife Mechanismen anwandten, erhielten sehr niedrige Punktzahlen.)

Die bei den einzelnen Abwehrmechanismen zu beobachtende Beurteilungsreliabilität zwischen den Blindbewertern und mir läßt sich zusammenfassend wie folgt darstellen:

Beurteilungsreliabilität*

	Beide Beurteiler gemeinsam gegen G. Vaillant	Beurteiler A gegen Beurteiler B
Gesamtreifegrad der Abwehr	.77**	.72**
Unreife Abwehrmechanismen		
Phantasie	.53**	.15
Projektion	.96**	.95**
Passive Aggression	.83**	.90**
Hypochondrie	.84**	.87**
Ausagieren	.76**	.54**
Neurotische Abwehrmechanismen		
Intellektualisierung	.69**	.44
Verdrängung	.78**	.63**
Reaktionsbildung	.70**	.74**
Verschiebung	.63**	.41
Dissoziation	.55**	−.01
Reife Abwehrmechanismen		
Altruismus	.75**	.41
Unterdrückung	.60**	.59**
Humor	.81**	.74**
Antizipation	.91**	.75**
Sublimierung	.57**	.32

* Zur Erklärung der «Beurteilungsreliabilität» siehe die Kindheitsumgebungs-Skala.
** $p < .001$ (Der Wahrscheinlichkeit nach wäre Übereinstimmung zwischen den Beurteilern in weniger als 1 von 1000 Fällen zu erwarten.)

6. Skala zur Erfassung des Gesamtergebnisses der Kinder (Einstufung von 6 bis 22)

Die beiden ältesten (über fünfzehnjährigen) Kinder eines jeden Mannes wurden jeweils auf der Basis seiner alle zwei Jahre gegebenen Schilderung seiner Söhne und Töchter eingestuft. Den Auswertern war sonst kein anderer Teil der Fallberichte der Männer zugänglich.

Das Durchschnittsalter der auf diese Weise eingestuften Kinder lag bei 22 (vertreten waren Fünfzehn- bis Neunundzwanzigjährige). Das Gesamtergebnis wurde ermittelt, indem zwei Bewerter die Durchschnittspunktzahl jedes Kindes in den Items II, III und IV (Ausbildungsniveau, menschliche Beziehungen, Gefühlshaushalt) feststellten. Mit diesem Durchschnittswert wurde die Gesamtpunktzahl jedes Kindes (3 bis 11) addiert. (Bei einem Einzelkind wurde die Gesamtpunktzahl verdoppelt.)

Diejenigen Männer der Grantstudie, deren Kinder ein Gesamtergebnis zwischen 6 und 11 Punkten erreichten, wurden als «Gute Väter» bezeichnet; eine Punktzahl zwischen 12 und 22 diente zur Idenfifizierung der «Schlechten Väter».

Dabei lag die Beurteilungs-Reliabilität r bei .78 (eine Erläuterung hierzu findet sich bei der Kindheitsumgebungs-Skala).

I. Die Beziehung des Vaters zu seinen Kindern
1 = Vater stark stützend, konstantes Interesse an seinem Kind, gemeinsame Aktivitäten, deutliche Anteilnahme und gegenseitige Vertrautheit.
2 = Stützendes Elternhaus und positive Beziehung, doch keine echte Vertrautheit (jedoch keineswegs eine dürftige oder negative Beziehung).
3 = Nicht besonders stützend; vernachlässigend, jedoch ohne direkte Ablehnung; keine gemeinsamen Aktivitäten, Vater *kennt* das Kind gar nicht; oder stützender Vater, den sein Kind nach der Adoleszenz beständig zurückweist.

II. Ausbildungsniveau
(*Entfällt bei Kindern unter 18 Jahren.*)
1 = Stark konkurrenzbetontes College (Genannt wurden Harvard, MIT, Radcliffe, Berkeley, Yale, Princeton, University of Pennsylvania, Cornell, Bryn Mawr, Columbia, Brown, Stanford, Wellesley, Smith, Barnard).
2 = Sonstige Vier-Jahres-Colleges, oder hochstehende künstlerische Ausbildung.
3 = Junior Colleges, Kurse im kaufmännischen Bereich, oder endgültiger Studienabbruch nach weniger als zwei Jahren.
4 = Abbruch oder deutliche Leistungsminderung in der High

School, oder kein Collegebesuch trotz entsprechender Fähigkeiten. (Die Mittel waren bei allen vorhanden.)

III. Menschliche Beziehungen
1 = Viele Freunde, beliebt. aktiv, einige enge Beziehungen, keine Schwierigkeiten mit dem anderen Geschlecht; Vater *erwähnt* Beliebtheit, Führungsrolle, Freundschaften.
2 = Von den obigen Punkten einer oder mehrere fehlend oder negativ, jedoch nicht alle (z. B.: schließt nicht leicht Freundschaften; ein oder zwei sehr enge Freunde, sonst jedoch *keine* weiteren Freundschaften; meidet das andere Geschlecht konstant).
3 = Weder enge Freunde noch viele Bekannte, oder konstant schwache Beziehungen (verliert Freunde, karge Ehe); außerdem auf allen Gebieten, wo andere beteiligt sind, äußerst inaktiv (ohne physischen Grund), und allgemeine Interesselosigkeit.

IV. Gefühlshaushalt
1 = Ausgezeichnet ausgeglichene Person ohne tiefgreifende, länger dauernde Perioden von Depression, Krise oder Delinquenz.
2 = Kurze problematische Perioden, die jedoch überwunden werden konnten (z. B. schwierige Adoleszenz usw.). Oder als Mensch nicht sehr ausgeglichen und mit sich zufrieden, doch keine Delinquenz und keine «Krisen». Oder verschiedene negative Züge trotz allgemein guter Anpassung.
3 = Konstant unausgeglichen, unzufrieden oder in Probleme verstrickt, doch ohne ernsthafte Störungen. Mangel an Ehrgeiz, Richtung, Motivation, und Weigerung, Verantwortung zu übernehmen (über die Adoleszenz hinaus).
4 = Tiefgreifende emotionale Probleme und anhaltend schwache Anpassung (z. B. echte Delinquenz, Schizophrenie, psychiatrische Behandlung).

Literatur

Einführung
1. HEATH, C. W.: What People Are. Cambridge 1945, S. 4.
2. BARRON,F.: Personal Soundness in University Graduate Students. In: Creativity and Psychological Health. Princeton 1963.
3. HARTMANN, H.: Ich-Psychologie und Anpassungsproblem. Stuttgart 1975, S. 25.
4. HEATH, a. a. O.
   HOOTON, E.: Young Man, You Are Normal. New York 1945.
5. HOOTON, a. a. O.
6. GLOVER, E.: On the Early Development of Mind. New York 1956.
7. BARRON, a. a. O.
8. TROYAT, H.: Tolstoi oder Die Flucht in die Wahrheit. Wien/Düsseldorf 1966, S. 129.
9. GRINKER, R. R., WERBLE,B.: «Mentally Healthy» Young Males (Homoclites). In: Archives of General Psychiatry 6 (1962).
10. HAVENS, L.: Approaches to the Mind. Boston 1974.
11. FREUD, S.: Die Abwehr-Neuropsychosen. Gesammelte Werke (GW), Bd. 1. London 1952, S. 68.

Kapitel 2
1. MONKS, J. P.: College Men at War. Boston 1951.
2. CAHALAN, D., CISIN, I. H.: American Drinking Practices: Summary of Findings from a National Probability Sample; 1. Extent of Drinking by Population Subgroups. In: Quarterly Journal Studies of Alcohol 29 (1968).
3. SROLE, L., LANGNER, T. S., MICHAEL, S. T., OPLER, M. K., RENNIE, T. A. C.: Mental Health in the Metropolis. New York 1962.
4. ODEN, M. H., TERMAN, L. M.: The Fulfillment of Promise – 40 Year Follow-Up of the Terman Gifted Group. In: Genetic Psychological Monographs 77 (1968).
   ODEN, M. H., TERMAN, L. M.: The Gifted Group at Midlife. Stanford 1959.

Kapitel 3
1. VAILLANT, G. E.: Natural History of Male Psychological Health. II: Some Antecedents of Healthy Adult Adjustment. In: Archives of General Psychiatry 31 (1974).
2. CHAPMAN, A. H.: Harry Stack Sullivan. New York 1976.
3. FREUD, A.: Das Ich und die Abwehrmechanismen. 11. Aufl. München 1978.
4. HARTMANN, a. a. O.
5. ERIKSON, E.: Kindheit und Gesellschaft. 7. Aufl. Stuttgart 1979.
6. BRISCOE, C. u. a.: Divorce and Psychiatric Disease. In: Archives of General Psychiatry 29 (1973).

Kapitel 5
1. FREUD, S.: Die Abwehr-Neuropsychosen. GW, Bd. 1. London 1952, S. 57–74.
2. FREUD, S.: Meine Ansichten über die Rolle der Sexualität in der Ätiologie der Neurosen. GW, Bd. 5. London 1942, S. 156.
3. FREUD, S.: Brief an Romain Rolland (Eine Erinnerungsstörung auf der Akropolis). GW, Bd. 16. London 1950, S. 255.

4. Freud, A., a. a. O.
5. Wallerstein, R. S.: Development and Metapsychology of the Defense Organization of the Ego. In: Journal of the American Psychoanalytic Association 15 (1967).
6. Freud, S.: Drei Abhandlungen zur Sexualtheorie. GW, Bd. 5. London 1942, S. 141.
7. Freud, S.: Bruchstück einer Hysterie-Analyse. GW, Bd. 5. a. a. O., S. 210.
8. Freud, S.: Drei Abhandlungen zur Sexualtheorie. GW, Bd. 5. a. a. O., S. 140.
9. Freud, S.: Der Witz und seine Beziehung zum Unbewußten. GW, Bd. 6. London 1940, S. 266.
10. Symonds, P. M.: Defenses: The Dynamics of Human Adjustment. New York 1945.
11. Freud, A., a. a. O.
12. Bibring, G. L., Dwyer, T. F., Huntington, D. S., Valenstein, A.: A Study of the Psychological Process in Pregnancy and of the Earliest Mother-Child Relationship: II. Methodological Considerations. In: The Psychoanalytic Study of the Child 16 (1961).
13. Semrad, E.: The Organization of Ego Defenses and Object Loss. In: Moriarity, D. M. (Hrsg.): The Loss of Loved Ones. Springfield, Illinois, 1967.
14. Fenichel, O.: The Psychoanalytical Theory of Neurosis. New York 1945.
15. Kolb, L. C.: Noyes' Modern Clinical Psychiatry. Philadelphia 1968.
16. Vaillant, G. E.: Theoretical Hierarchy of Adaptive Ego Mechanisms. In: Archives of General Psychiatry 24 (1971).
17. Vaillant, G. E.: Natural History of Male Psychological Health, V: The Relation of Choice of Ego Mechanisms of Defense to Adult Adjustment. In: Archives of General Psychiatry 33 (1976).
18. Haan, N.: Proposed Model of Ego Functioning: Coping and Defense Mechanisms in Relationship to IQ Change. In: Psychological Monographs 77 (1963).
    Kroeber, T.: The Coping Functions of the Ego Mechanisms. In: The Study of Lives. New York 1963, S. 178–198.
19. Haan, N.: The Relationship of Ego Functioning and Intelligence to Social Status and Social Mobility. In: Journal of Abnormal and Social Psychology 69 (1964).
20. Weinstock, A.: Longitudinal Study of Social Class and Defense Preferences. In: Journal of Consulting Psychology 31 (1967).
    Miller, D. R., Swanson, G. E.: Inner Conflict and Defense. New York 1960.
21. Vaillant, G. E.: Natural History of Male Psychological Health, V, a. a. O.
22. Langner, T. S., Michael, S. T.: Life Stress and Mental Health. New York 1963.
23. Ebd., S. 156.
24. Piaget, J.: Das moralische Urteil beim Kinde. Zürich 1954.
25. Flavell, J. H.: The Developmental Psychology of Jean Piaget. Princeton, New Jersey, 1963.
26. Kohlberg, L.: Development of Moral Character and Moral Ideology. In: Hoffman, M., Hoffman, L. W. (Hrsg.): Review of Child Development Research, Bd. 1, New York 1964. S. 383–431.

Kapitel 7

1. Hamburg, D., Adams, J. E.: A Perspective on Coping Behavior. In: Archives of General Psychiatry 17 (1967).
2. Janis, I.: Psychological Stress. New York 1958.
3. Ezekiel, R. S.: The Personal Future and Peace Corps Competence. In: Journal of Personal and Social Psychology, Monograph Supplement 8,2 (Februar 1968).

4. FREUD, S.: Der Witz und seine Beziehung zum Unbewußten, a. a. O., S. 266
5. Ebd., S. 260.

Kapitel 8
1. FREUD, S.: Die Abwehr-Neuropsychosen, a. a. O.
2. FREUD, S.: Zur Geschichte der psychoanalytischen Bewegung. GW, Bd. 10. London 1946, S. 54.
3. Freud, S.: Die Traumdeutung. GW, Bd. 2/3. London 1942, Fußnote S. 612.
4. Freud, S.: Hemmung, Symptom und Angst. GW, Bd. 14. London 1948, S. 150.
5. Freud, S.: Die Abwehr-Neuropsychosen, a. a. O., S. 63 u. 65.
6. LEIGHTON, A. H.: My Name is Legion: The Stirling County Study of Psychiatric Disorder and Sociocultural Environment. Band 1. New York 1959.
7. LEIGHTON, D. C., HARDING, J. S., MACKLIN, D. B. u. a.: The Character of Danger. New York 1963.
8. BEISER, M.: The Lame Princess: A Study of the Remission of Psychiatric Symptoms Without Treatment. In: American Journal of Psychiatry 129 (1972).
9. LEIGHTON, D. C., HARDING, J. S., MACKLIN, D. B., HUGHES, C. C., LEIGHTON, A. H.: Psychiatric Findings of the Stirling County Study. In: American Journal of Psychiatry 119 (1963).
10. VAILLANT, G. E.: Why Men Seek Psychotherapy, I: Results of a Survey of College Graduates. In: American Journal of Psychiatry 129 (1972).
11. FREUD, S.: Die Abwehr-Neuropsychosen, a. a. O., S. 67.
12. LORENZ, K.: Das sogenannte Böse. Zur Naturgeschichte der Aggression. Wien 1963.
13. JANIS, I.: Psychological Stress. New York 1958.

Kapitel 9
1. VAILLANT, G. E.: Natural History of Male Psychological Health, V: The Relation of Choice of Ego Mechanisms of Defense to Adult Adjustment. In: Archives of General Psychiatry 33 (1976).
2. ERIKSON, E.: Gandhis Wahrheit. Frankfurt a. M. 1978.
3. FREUD, A., a. a. O.

Kapitel 10
1. JUNG, C. G.: Seelenprobleme der Gegenwart. 6. Aufl. Zürich 1969, S. 185.
2. ERIKSON, E.: Kindheit und Gesellschaft, a. a. O.
3. BLOCK, J.: Lives Through Time. Berkeley 1971.
LEVINSON, D. u. a.: The Psychosocial Development of Men in Early Adulthood and the Mid-Life Transition. In: Life History Research in Psychopathology, hrsg. v. Ricks, D., Thomas, A. und Roff, M. Minneapolis 1974.
ODEN, M. H., TERMAN, L. M.: The Fulfillment of Promise – 40 Year Follow-Up of the Terman Gifted Group. In: Genetic Psychological Monographs 77 (1968).
SHEEHY, G.: In der Mitte des Lebens. München 1976.
WHITE, R. W.: Lives in Progress. New York 1957.
GOETHALS, G. W., KLOS, D. S.: Experiencing Youth. Boston 1976.
4. CLAUSEN, J.: The Life Course of Individuals. In: Aging and Society, Bd. 3, The Sociology of Age Stratification, hrsg. v. Riley, M. W., Johnson, J., Foner, A. New York 1972, S. 457–514.
5. FREUD, A.: On Adolescence. In: Psychoanalytic Study of the Child, Bd. 13. New York 1958.

6. PESKIN, H., LIVSON, N.: Pre- und Postpubertal Personality and Adult Psychologic Functioning. In: Seminars in Psychiatry 4 (1972).
7. WELLS, F. L., WOODS, W. L.: Outstanding Traits. In: Genetic Psychological Monographs 33 (1946).
8. OFFER, D., OFFER, J. B.: From Teenage to Young Manhood. New York 1975.
   KING, S.: Five Lives. Cambridge 1973.
9. ERIKSON, E.: Identität und Lebenszyklus. Drei Aufsätze. Frankfurt a. M.1966.
10. KAGAN, J., MOSS, H.: From Birth to Maturity. New York 1962.
11. NEWCOMB, T. M. u. a.: Persistence and Change: Bennington College and Its Students After Twenty-Five Years. New York 1967.
    KUHLEN, R. G.: Personality Change With Age. In: Personality Change, hrsg. v. Worchel, P. und Byrne, D. New York 1964.
12. GOULD, R.: The Phases of Adult Life: A Study in Developmental Psychology. In: American Journal of Psychiatry 129 (1972).
13. CRANDALL, V. C.: The Fels Study: Some Contributions to Personality Development and Achievement in Childhood and Adulthood. In: Seminars in Psychiatry 4 (1972).
    ELDER, G. H.: Children of the Great Depression. Chicago 1974.
    COX, R. D.: Youth Into Maturity. New York 1970.
    TERMAN, L. M., ODEN, M. H.: The Gifted Group of Midlife. Stanford 1959.
    LIDZ, T.: The Person. New York 1968.
14. LEVINSON, D. u. a., a. a. O.
15. JACQUES, E.: Death and the Mid-Life Crisis. In: International Journal of Psychoanalysis 46 (1965).
16. NEUGARTEN, B. L.: Personality in Middle and Late Life. New York 1964.
17. NEUGARTEN, B. L., DATAN, J., zitiert nach BRIM, O.: Theories of the Male Mid-Life Crisis. In: The Counseling Psychologist 6 (1976), S. 29.
18. NEUGARTEN, B. L.: Women's Attitudes Towards the Menopause. In: Vita Humana 6 (1963).
19. WINOKUR, G., CADORET, R.: The Irrelevance of the Menopause to Depressive Disease. In: Topics in Psychoendocrinology, hrsg. v. Sachar, E. J. New York 1975.
20. STREIB, G. F., SCHNEIDER, C. J.: Retirement in American Society. Ithaca, New York, 1971.
21. ROE, A.: Changes in Scientific Activities With Age. In: Science 150 (1965).
22. ERIKSON, E.: Jugend und Krise. Stuttgart 1970. S. 142.
23. JUNG, C. G., a. a. O., S. 190.
24. NEUGARTEN, B. L.: Dynamics of Transition of Middle Age to Old Age. In: Journal of Geriatric Psychiatry 4 (1970).
25. BRIM, O. C.: Theories of the Male Mid-Life Crisis. In: The Counseling Psychologist 6 (1976).
26. NEUGARTEN, B. L.: Adult Personality: Toward a Psychology of the Life Cycle. In: The Human Life Cycle, hrsg. v. Sze, W. C. New York 1975.
27. NEUGARTEN, B. L.: Personality in Middle and Late Life. New York 1964. S. 189.

Kapitel 11
1. BREUER, J., FREUD, S.: Studien über Hysterie. GW, Bd. I. London 1952.
2. FREEMAN, L.: The Story of Anna O. New York 1972.
3. Ebd.
4. VAILLANT, G. E.: The Natural History of Alcoholism: 1, A Preliminary Report.

Vorgelegt beim «1976 Annual Meeting for the Society for Life History Research in Psychopathology». (Fort Worth, Texas, 6.–8.10. 1976.)

Kapitel 12

1. SROLE, L., LANGNER, T. S., MICHAEL, S. T. u. a.: Mental Health in the Metropolis: Midtown Manhattan Study. Bd. 1. New York 1962.
2. LUBORSKY, L., BACHRACH, H.: Factors Influencing Clinicians' Judgments of Mental Health. In: Archives of General Psychiatry 31 (1974).
3. FREUD, S.: Vorlesungen zur Einführung in die Psychoanalyse. GW, Bd. 11. London 1940, S. 476.
4. ELDER, G. H.: Occupational Mobility, Life Patterns, and Personality. In: Journal of Health and Social Behavior 10 (1969).
5. BRISCOE, C., u. a.: Divorce and Psychiatric Disease. In: Archives of General Psychiatry 29 (1973).
6. VAILLANT, G. E.: Prospective Prediction of Schizophrenic Remission. In: Archives of General Psychiatry 120 (1963).
7. VAILLANT, G. E.: A Twelve-Year Follow-Up of New York Narcotic Addicts: IV, Some Characteristics and Determinants of Abstinence. In: American Journal of Psychiatry 123 (1966).
8. GLUECK, E., GLUECK, S.: Delinquents and Non-Delinquents in Perspective. Cambridge 1968.
9. HARTMANN, a. a. O.
10. KAGAN, J., MOSS, H.: From Birth to Maturity. New York 1962.
11. GRINKER, R. R., WERBLE, B.: «Mentally Healthy» Young Males (Homoclites). In: Archives of General Psychiatry 6 (1962).
12. LUBORSKY, BACHRACH, a. a. O.
13. GRINKER, WERBLE, a. a. O.
    GOLDEN, J., MANDEL, N., GLUECK, B., FEDER, Z.: A Summary Description of Fifty «Normal» White Males. In: American Journal of Psychiatry 119 (1962).
14. BARRON, a. a. O.
15. REINHARDT, R.: The Outstanding Jet Pilot. In: American Journal of Psychiatry 127 (1970).

Kapitel 13

1. SIEGELMAN, E., BLOCK, J., VON DER LIPPE, A.: Antecedents of Optimal Psychological Adjustment. In: Journal of Consulting and Clinical Psychiatry 35 (1970).
    KOHLBERG, L., LACROSSE, J., RICKS, D.: The Predictability of Adult Mental Health from Childhood Behavior. In: Manual of Child Psychopathology, hrsg. v. Wolman, B. B. New York 1972.
2. VAILLANT, G. E.: Why Men Seek Psychotherapy, I: Results of a Survey of College Graduates. In: American Journal of Psychiatry 129 (1972).
3. LANGNER, T. S., MICHAEL, S. T.: Life Stress and Mental Health. New York 1963.
4. Stoller, R. J.: Symbiosis, Anxiety and the Development of Masculinity. In: Archives of General Psychiatry 30 (1974), S. 169.
5. MCFARLANE, J.: Perspectives on Personality Consistency and Change from the Guidance Study. In: Vita Humana 7 (1964), S. 121.

Kapitel 14

1. GORNEY, R.: Interpersonal Intensity, Competition, and Synergy: Determinants of Achievement, Aggression, and Mental Illness. In: American Journal of Psychiatry 128 (1971).
2. KEPHART, W. M.: Is Sex Overrated? In: Medical Aspects of Human Sexuality 8 (1974), S. 8.
3. ROBSON, K.: Development of Object Relations During the First Year of Life. In: Seminars in Psychiatry 4 (1972).
4. BRISCOE, C. W., SMITH, J. B.: Psychiatric Illness – Marital Units and Divorce. In: Journal of Nervous and Mental Disease 158 (1974).
5. PESKIN, T. R.: Personality Antecedents of Divorce. Vorgelegt beim «Western Psychological Association Symposium: Interpersonal Relationships Over the Life Span». (Sacramento, Kalifornien, 26. April 1975.)

Kapitel 15

1. LOEVINGER, J.: Theories of Ego Development. In: L. Breger (Hrsg.): Clinical Cognitive Psychology: Models and Integrations. Englewood Cliffs, New Jersey, 1969.
2. FREUD, A.: Das Ich und die Abwehrmechanismen, a. a. O., S. 43.
3. MURPHY, L.: The Widening World of Childhood. New York 1962.
   ENGEL, G. L.: Psychisches Verhalten in Gesundheit und Krankheit. 2. Aufl. Bern 1976.
4. HAAN, N.: Personality Development from Adolescence to Adulthood in the Oakland Growth and Guidance Studies. In: Seminars in Psychiatry 4 (1972).
5. BLOCK, J.: Lives Through Time. Berkeley, Kalifornien, 1971.
6. VAILLANT, G. E.: Natural History of Male Psychological Health, V: Relation of Choice of Ego Mechanisms of Defense to Adult Adjustment. In: Archives of General Psychiatry 33 (1976).
7. HAAN, a. a. O.
8. SYMONDS, P. M.: From Adolescent to Adult. New York 1961.
9. GOULD, R.: The Phases of Adult Life: A Study in Developmental Psychology. In: American Journal of Psychiatry 129 (1972), S. 522.
10. FREUD, A.: On Adolescence, a. a. O.
11. VAILLANT, G. E.: Natural History of Male Psychological Health, II: Some Antecedents of Health Adult Adjustment. In: Archives of General Psychiatry 31 (1974).
12. YAKOVLEV, P. I., LECOURS, A. R.: The Myelogenetic Cycles of Regional Maturation of the Brain. In: Minkowski, A. (Hrsg.): Regional Development of the Brain in Early Life. Oxford 1967.
13. SEARS, R. R., FELDMAN, S. S.: The Seven Ages of Man. Los Altos, Kalifornien, 1973.
14. BALTES, P. B.: Longitudinal and Cross-Sectional Sequences in the Study of Age and Generation Effects. In: Human Development 11 (1968).
15. VAILLANT, G. E.: Theoretical Hierarchy of Adaptive Ego Mechanisms. In: Archives of General Psychiatry 24 (1971).
16. LOEVINGER, J.: The Meaning and Measurement of Ego Development. In: American Psychologist 21 (1966).
17. KOHLBERG, L.: Development of Moral Character and Moral Ideology. In: Review of Child Development Research, Bd. 1. New York 1964, S. 383–431.
18. HAAN, N., zitiert nach CASADY, M.: If You're Active and Savvy at 30, You'll Be Warm and Witty at 70. In: Psychology Today (November 1975), S. 138.

19. VAILLANT, G. E.: Natural History of Male Psychological Health, V: Relation of Choice . . ., a. a. O.
20. FLAVELL, J. H.: The Developmental Psychology of Jean Piaget. New York 1963.
PIAGET, J.: Das moralische Urteil beim Kinde. Zürich 1964.
21. HARTMANN, H.: Psychoanalyse und moralische Werte. Stuttgart 1973.
22. FLAVELL, a. a. O.
23. LOEVINGER, J.: Ego Development. San Francisco 1976.
KOHLBERG, a. a. O.
24. HAUSER, S. T.: Loevinger's Model and Measure of Ego Development: A Critical Review. In: Psychological Bulletin 83 (1976).
25. KOHLBERG, a. a. O., S. 404.
26. Ebd., S. 406.
27. RIZZUTO, A.: Object Relations and the Formation of the Image of God. In: British Journal of Medical Psychology 47 (1974).
28. GRAUBARD, S. R. (Hrsg.): Adulthood. In: Daedalus (Proceedings of American Academy of Arts and Sciences) 105, Nr. 2 (Frühjahr 1976).
29. ERIKSON, E.: Reflections on Dr. Borg's Life Cycle. In: Daedalus, a. a. O., S. 10.

Kapitel 16

1. FREUD, S.: Dostojewski und die Vatertötung. GW, Bd. 14. London 1948.
2. ZINBERG, N.: The Mirage of Mental Health. In: British Journal of Sociology 21 (1970). S. 265.
3. SEDGWICK, P.: Illness – Mental and Otherwise. In: Hastings Center Studies I (1973). S. 30f.
4. Ebd., S. 31.
5. ZINBERG, a. a. O., S. 271.
6. JAHODA, M.: Current Concepts of Positive Mental Health. New York 1959.
7. KASS, L. R.: Regarding the End of Medicine and the Pursuit of Health. In: The Public Interest 40 (1975). S. 28.
8. LOEVINGER, J.: The Meaning and Measurement of Ego Development. In: American Psychologist 21 (1966). S. 200.

Kapitel 17

1. SMITH, M. B.: Mental Health Reconsidered. In: American Psychologist 16 (1961).
2. BERNARD, C.: Einführung in das Studium der experimentellen Medizin. Leipzig 1961.
3. KING, C. S.: Mein Leben mit Martin Luther King. Stuttgart 1970.

Danksagung

1937 wurde die Grant Study of Adult Development gegründet. Ich war damals gerade drei Jahre alt. Erst 1967, als die Studie bereits dreißig Jahre lang bestand, wurde ich in den Kreis ihrer Mitarbeiter aufgenommen. Mit dem vorliegenden Buch bringe ich also eine Ernte ein, für deren Wachsen und Reifen zahlreiche andere vor mir in jahrzehntelanger geduldiger Arbeit gesorgt haben. So möchte ich William T. Grant, Dr. Earl Bond und Dr. Arlie V. Bock für das hohe Maß an Voraussicht danken, das sie bei der Planung der Studie bewiesen haben. Gleichermaßen verpflichtet bin ich Dr. Clark W. Heath, der die Studie sicher durch die ersten siebzehn Jahre ihres Bestehens führte, sowie den vielen Sozialwissenschaftlern – zu viele, um sie alle hier zu nennen –, die an der Erhebung der Daten beteiligt waren. Mein besonderer Dank gilt Frau Lewise W. Gregory Davies, die als einziges Mitglied des gegenwärtigen Forschungsstabes von Anfang an bei der Studie mitgewirkt hat. Mit der Wärme und Herzlichkeit ihres Wesens hat sie es nun schon fast vierzig Jahre lang vermocht, lebendige Menschen zu dem abstrakten Ganzen einer Untersuchung der Persönlichkeitsentwicklung Erwachsener zusammenzuschweißen.

Zahlreiche Lehrer haben mir im Laufe der Jahre Anregung und Anleitung geschenkt und damit indirekt auch auf dieses Buch eingewirkt. Unter den wichtigsten sind zu nennen Lee Robbins, Peter Dews, Norma Haan, William Binstock und vor allem Elvin Semrad, auf den die hier vorgelegte Hierarchisierung der Abwehrmechanismen zurückgeht.

Verschiedenen Persönlichkeiten habe ich es zu danken, daß ich während meiner zehn Jahre bei der Grantstudie stets die geistige Atmosphäre und institutionelle Unterstützung vorfand, die zur Planung, wissenschaftlichen Vorarbeit und Niederschrift dieses Buches nötig waren. Bert Boothe vom Career Investigator Grant Program des National Institute of Mental Health sowie Douglas Bond und Philip Sapir von der Grant Foundation haben meine Arbeit beständig gefördert. Dank Paul Myerson und John Mack, die beide mit großer Geduld als eine Art «Chef vom Dienst» fungierten, wie auch Dana Farnsworth und Warren Wacker als meinen «institutionellen Gastgebern» blieben mir Zeit und Spielraum genug, um in Ruhe meiner Neugier nachzugehen. (Konkreter gesagt: die Grant-Stiftung und die beiden Forschungsstipendien MH-10361 und MH-38798 sicherten mir die nötige finanzielle Unterstützung.)

Viele einzelne waren sogar noch unmittelbarer an der Entstehung dieses Buches beteiligt, so, als Mitarbeiter bei der Erfassung und unparteiischen Auswertung der Daten, Jane Brighton, Nancy Sobowale, Charles Ducey, Ana-Maria Rizzuto, Kenneth Robson, Eleanor Weeks, Henry Vaillant und Eva Milofsky.

Andere haben mir mit inhaltlicher Kritik geholfen, so Leon Shapiro, Leston Havens, Norman Zinberg, Bennett Simon, John Mack, Jerome Kagan, George Goethals, Henry Grunebaum und Stuart Hauser.

Bei den Lektoratsarbeiten wurde ich unterstützt von Clark Heath, Suzannah Vaillant Hatt und namentlich Llewelyn Howland III vom Verlag Little, Brown and Company.

Dafür, daß sie bei Forschungsaufgaben assistiert, redaktionelle Arbeiten ausgeführt und überdies zusammen mit Ronnie Ventura und Liv Bjonard die ungezählten Fassungen dieses Buches ohne ein Wort der Klage immer wieder von neuem abgeschrieben hat, verdient Phyllis Remolador dreifache Anerkennung.

Zwei weiteren Helfern gebührt besonderer Dank für die Unterstützung, die sie mir in vielfältiger Form gewährt haben. Der erste ist Charles McArthur, der die Studie von 1955 bis 1972 als Forschungsdirektor geleitet hat. Es ist fraglich, ob sie ohne seinen selbstlosen Einsatz je dieses ausgereifte Stadium hätte erreichen können. Charles McArthur hat nicht nur einen Großteil des Datenmaterials der Untersuchung selbst erhoben, sondern – indem er mir sein «Labor» zur Verfügung stellte und mir großherzig mit Rat und Hilfe zur Seite stand – auch die Bedingungen geschaffen, unter denen meine persönlichen Forschungsvorhaben gedeihen konnten. Damit meisterte Charles McArthur die schwierigste und zugleich uneigennützigste Aufgabe eines Mentors: er hat es mir ermöglicht, eine Arbeit, die ohne seine Hilfe nicht zustande gekommen wäre, ganz als mein eigenes Werk zu sehen.

Die andere Helferin ist meine Frau, Caroline Officer Vaillant. Über Jahre hinweg hat sie – als Mitarbeiterin der Studie, Kritikerin und Herausgeberin – einen unschätzbaren Beitrag zu diesem Buch geleistet. Auf mir unerklärliche Weise hat sie es immer verstanden, genau die richtigen Fragen zu stellen, und schon seit Jahren macht sie die Gegenwart für mich zum Höhepunkt des Lebenszyklus.

Nur die von der Grantstudie untersuchten Männer selbst haben noch entscheidender zum Entstehen dieses Buches beigetragen.

George E. Vaillant

Karin Obholzer

Gespräche mit dem Wolfsmann
Eine Psychoanalyse und die Folgen

Ein junger Russe begibt sich 1910 in die Behandlung Sigmund Freuds. Seine psychoanalytische Kur dauert vier Jahre. Zentrale Bedeutung hat ein Angsttraum aus der Kindheit des Patienten, in dem Wölfe eine Rolle spielen. Deswegen nennt Freud ihn den «Wolfsmann». Er ist der wohl berühmteste und folgenreichste Fall in der Geschichte der Psychoanalyse.
Eine junge Journalistin, frisch promoviert, und zwar nicht etwa über ein psychoanalytisches, sondern über ein philosophisches Thema, begibt sich 1972 auf die Suche nach dem «Wolfsmann». Und tatsächlich steht sie eines Tages dem hochbetagten Emigranten Dr. jur. Sergej P. gegenüber, der ein sorgfältig abgeschirmtes Pensionistenleben in der Wiener Innenstadt führt. Nur einige wenige Wissenschaftler hüten das Geheimnis, daß dieser unauffällige alte Herr Freuds «Wolfsmann» ist.
Karin Obholzer wird die letzte Gesprächspartnerin des «Wolfsmannes», den Freud ein halbes Jahrhundert früher von seinen quälenden Problemen vor allem mit Frauen kuriert hatte. Und die orthodoxe Psychoanalyse hat seither vielfältig publiziert, daß der «Wolfsmann» von seiner «infantilen Neurose» psychoanalytisch geheilt wurde.
Karin Obholzer begleitet den «Wolfsmann» in seinen letzten Jahren. Auf ihren Tonbändern sind alle Gespräche gespeichert, die noch einmal die Probleme dieses langen Lebens umkreisen und berühren, die gelösten wie auch die – immer noch – ungelösten. Wie sieht dieser berühmt gewordene Patient nun am Ende sein Leben und sein Leiden?
Wenn man diese an russische Romane erinnernde Bilanz liest, drängt sich ein Bonmot auf, das Karl Kraus schon 1909 in Wien auf die Freudsche Lehre gemünzt hat: «Die Psychoanalyse ist jene Geisteskrankheit, für deren Therapie sie sich hält.»
Der «Wolfsmann» starb im Mai 1979. Bis zum Schluß verharrte er in Abhängigkeit (auch finanzieller) von verschiedenen Psychoanalytikern. Deswegen dürfen diese ungefilterten Gespräche erst jetzt veröffentlicht werden.

Ca. 320 Seiten. Geb.

Rowohlt

Der Einzelne und die Gesellschaft – Konflikte und Konzepte

Horst Brück
*Die Angst des Lehrers
vor seinem Schüler*
Zur Problematik verbliebener
Kindlichkeit in der
Unterrichtsarbeit des Lehrers –
ein Modell
460 Seiten. Brosch.

Christopher Jencks
Chancengleichheit
394 Seiten. Brosch.

Manu L. Kothari/
Lopa A. Mehta
Ist Krebs eine Krankheit?
Vom leidbringenden Mißverständnis
der Krebsbehandlung
221 Seiten. Kart.

James J. Lynch
Das gebrochene Herz
344 Seiten. Brosch.

Jerry Mander
Schafft das Fernsehen ab!
Eine Streitschrift
gegen das Leben
aus zweiter Hand
319 Seiten. Kart.

Stanley Milgram
Das Milgram-Experiment
Zur Gehorsamsbereitschaft
gegenüber Autorität
257 Seiten mit 25 Abbildungen
im Text und auf 4 Tafeln.
Brosch.

Michael Lukas Moeller
Selbsthilfegruppen
Selbstbehandlung und Selbst-
erkenntnis in eigenverantwortlichen
Kleingruppen. 445 Seiten. Brosch.

Gerd und Annegret Overbeck (Hg.)
*Seelischer Konflikt – körperliches
Leiden*
Reader zur psychoanalytischen
Psychosomatik. 377 Seiten. Kart.

Niels Pörksen
Kommunale Psychiatrie
Das Mannheimer Modell.
Auf dem Wege zur Überwindung
des Institutionalismus sozialer
und psychiatrischer Einrichtungen
228 Seiten. Brosch.

Helge Pross
Die Männer
Eine repräsentative Untersuchung
über Selbstbilder von Männern
und ihre Bilder von der Frau
191 Seiten. Brosch.

Helge Pross (Hg.)
Familie – wohin?
Leistungen, Leistungsdefizite und
Leistungswandlungen der Familien
in hochindustrialisierten
Gesellschaften
256 Seiten. Kart.

Horst E. Richter
Der Gotteskomplex
Die Geburt und die Krise des
Glaubens an die Allmacht
des Menschen
340 Seiten. Brosch.

Horst E. Richter
Engagierte Analysen
Über den Umgang des Menschen mit dem Menschen. Reden, Aufsätze, Essays. 325 Seiten. Brosch.

Flüchten oder Standhalten
315 Seiten. Brosch.

Lernziel Solidarität
320 Seiten. Brosch.

Die Gruppe
Hoffnung auf einen neuen Weg, sich selbst und andere zu befreien. Psychoanalyse in Kooperationen mit Gruppeninitiativen
351 Seiten. Brosch.

H. E. Richter/H. Strotzka/ J. Willi (Hg.)
Familie und seelische Krankheit
Eine neue Perspektive der psychologischen Medizin und der Sozialtherapie. 378 Seiten. Kart.

Wolfgang Schmidbauer
Alles oder nichts
Über die Destruktivität von Idealen
448 Seiten. Brosch.

Die hilflosen Helfer
Über die seelische Problematik der helfenden Berufe
231 Seiten. Brosch.

Eberhard Schorsch/Nikolaus Becker
Angst, Lust, Zerstörung
Sadismus als soziales und kriminelles Handeln. Zur Psychodynamik sexueller Tötungen
320 Seiten. Brosch.

Edward Shorter
Die Geburt der modernen Familie
367 Seiten. Geb.

B. F. Skinner
Was ist Behaviorismus?
287 Seiten. Kart.

Robert J. Stoller
Perversion
Die erotische Form von Haß
290 Seiten. Brosch.

Stefan Wieser
Isolation
Vom schwierigen Menschen zum hoffnungslosen Fall. Die soziale Karriere des psychisch Kranken
223 Seiten. Brosch.

Jürg Willi
Die Zweierbeziehung
Spannungsursachen – Störungsmuster. Klärungsprozesse – Lösungsmodelle.
296 Seiten. Brosch.

Therapie der Zweierbeziehung
Analytisch orientierte Paartherapie. Anwendung des Kollusions-Konzeptes. Handhabung der therapeutischen Dreiecksbeziehung
377 Seiten. Brosch.

Adrienne Windhoff-Héritier
Sind Frauen so, wie Freud sie sah?
Bausteine zu einer neuen analytisch-sozialpsychologischen Theorie der weiblichen Psyche
225 Seiten. Brosch.

Marie Winn
Die Droge im Wohnzimmer
Für die kindliche Psyche ist Fernsehen Gift. Warum es nur ein Gegenmittel gibt: Abschalten!
319 Seiten. Brosch.

Rowohlt